W0089654

Lernbücher Jura
Familienrecht
Dr. Marina Wellenhofer

Familienrecht

von

Dr. Marina Wellenhofer

o. Professorin an der Universität Frankfurt a. M.

3., überarbeitete Auflage

Verlag C. H. Beck München 2014

www.beck.de

ISBN 978 3 406 66429 8

© 2014 Verlag C. H. Beck oHG
Wilhelmstraße 9, 80801 München

Druck und Bindung: Nomos Verlagsgesellschaft
In den Lissen 12, 76547 Sinzheim

Satz: Fotosatz H. Buck
Zweikirchener Str. 7, 84036 Kumhausen

Gedruckt auf säurefreiem, alterungsbeständigem Papier
(hergestellt aus chlorfrei gebleichtem Zellstoff)

Vorwort zur 3. Auflage

Dieses Buch will nicht Lehrbuch, sondern Lernbuch sein. Es dient der Vermittlung, Wiederholung und Anwendung von Grundwissen auf dem Gebiet des Familienrechts. Die Zielgruppe sind Studenten im Pflichtfach- und Schwerpunktbereichsstudium sowie Rechtsreferendare. Die Darstellung orientiert sich an den Erfordernissen im Examen. Auswahl und Gewichtung des Stoffs richten sich nach der Examensbedeutung und Aktualität der Materie. Im Vordergrund steht der Fallbezug. Betont werden daher auch die Bezüge zum allgemeinen Schuld- und Sachenrecht; schließlich wird das Familienrecht in den zivilrechtlichen Examensklausuren meist in diesen Zusammenhängen abgefragt. Demgemäß werden etwa den Haftungsfragen oder den sachenrechtlichen Bezügen des Eherechts eigene Kapitel gewidmet. Auf diese Weise wird zugleich auch Stoff aus den anderen Büchern des BGB wiederholt und vertieft. Verfahrensrechtliche Bezüge werden im erforderlichen Umfang im jeweiligen Sachzusammenhang hergestellt.

Von den Studierenden stets unterschätzt wird der Wert der Gesetzeslektüre. Doch nur wer sein Gesetz gut kennt, kann damit auch gut arbeiten. Daher wird dringend empfohlen, beim Lernen immer wieder die einschlägigen Paragrafen zu lesen. In jedem Fall sollte man stets vor der Bearbeitung eines neuen Stoffs zunächst die dazugehörenden Normen nachlesen.

Das Buch befindet sich auf dem Gesetzesstand vom 1.5.2014. Neue examensrelevante Rechtsprechung, die seit Erscheinen der letzten Auflage ergangen ist, wurde eingearbeitet. Berücksichtigt wurden zudem die vielfältigen Anregungen aus meiner Leserschaft, über die ich mich sehr gefreut habe.

Den Mitarbeitern an meinem Lehrstuhl Dr. Katrin Lack, Antje Süßenberger, Meike Löwer, Dragana Damljanovic, Alexander Voigt und Felix Fischer sowie Alexandra von Christen im Sekretariat sei herzlich für ihre Unterstützung gedankt. Hinweise aller Art zur weiteren Verbesserung des Buches an wellenhofer@jur.uni-frankfurt.de sind jederzeit sehr willkommen.

Frankfurt am Main, im Juli 2014   *Marina Wellenhofer*

Inhaltsverzeichnis

Kapitel 2. Verlöbnis, Eheschließung und Ehename

Kapitel 3. Die eheliche Lebensgemeinschaft

Kapitel 4. Zugewinnausgleich und sonstiger Vermögensausgleich

Kapitel 5. Scheidung und Scheidungsfolgenrecht

Kapitel 7. Kindschaftsrecht

Kapitel 8. Vormundschaft, Pflegschaft, Betreuung

Abkürzungsverzeichnis

a.A.	andere(r) Ansicht
a.a.O.	am angegebenen Ort
abl.	ablehnend
Abs.	Absatz
AcP	Archiv für die civilistische Praxis
AdVermiG	Gesetz über die Vermittlung der Annahme als Kind und über das Verbot der Vermittlung von Ersatzmüttern (Adoptionsvermittlungsgesetz)
a.E.	am Ende
a.F.	alter Fassung
AG	Amtsgericht
AGLPartG	Gesetz zur Ausführung des Lebenspartnerschaftsgesetzes (Bayern)
Alt.	Alternative
a.M.	am Main
Anh.	Anhang
Anm.	Anmerkung
AöR	Archiv für öffentliches Recht
Art.	Artikel
AT	Allgemeiner Teil (des BGB)
AufenthG	Aufenthaltsgesetz
Aufl.	Auflage
AuslG	Gesetz über die Einreise und den Aufenthalt von Ausländern im Bundesgebiet (Ausländergesetz)
BayObLG	Bayerisches Oberstes Landesgericht
BayObLGZ	Amtliche Entscheidungssammlung des Bayerischen Obersten Landesgerichts (BayObLG)
BbgJAO	Brandenburgische Juristenausbildungsordnung
bez.	bezüglich
BGB	Bürgerliches Gesetzbuch
BGBl	Bundesgesetzblatt
BGH	Bundesgerichtshof
BGHSt	Amtliche Entscheidungssammlung des Bundesgerichtshofs in Strafsachen
BGHZ	Amtliche Entscheidungssammlung des Bundesgerichtshofs in Zivilsachen
BMJ	Bundesministerium der Justiz
BNotO	Bundesnotarordnung
BrandVerf	Verfassung des Landes Brandenburg
BR-Drs.	Bundesratsdrucksache
BtÄndG	Betreuungsrechtsänderungsgesetz
BT-Drs.	Bundestagsdrucksache
BtG	Betreuungsgesetz
BtPrax	Betreuungsrechtliche Praxis

h.M.	herrschende Meinung
HmbJAG	Hamburgisches Juristenausbildungsgesetz
Hrsg.	Herausgeber
Hs.	Halbsatz
i.d.R.	in der Regel
i.S.d.	im Sinne des/der
i.S.v.	im Sinne von
i.V.	in Vertretung
i.V.m.	in Verbindung mit
JA	Juristische Arbeitsblätter
JAG	Juristenausbildungsgesetz (Hessen/Saarland)
JAG NRW	Juristenausbildungsgesetz Nordrhein-Westfalen
JAmt	Das Jugendamt: Zeitschrift für Jugendhilfe und Familienrecht
JAO	Juristenausbildungsordnung (Berlin)
JAPG	Juristenausbildungs- und -prüfungsgesetz (Bremen)
JAPO	Ausbildungs- und Prüfungsordnung für Juristen (Bayern/Mecklenburg-Vorpommern/Rheinland-Pfalz)
JAPrO	Juristenausbildungs- und Prüfungsordnung (Baden-Württemberg)
JAPrVO	Ausbildungs- und Prüfungsverordnung für Juristinnen und Juristen (Sachsen-Anhalt)
JAVO	Juristenausbildungsverordnung (Schleswig-Holstein)
Jg.	Jahrgang
JR	Juristische Rundschau
Jura	Juristische Ausbildung
JuS	Juristische Schulung
JWG	Jugendwohlfahrtsgesetz
JZ	Juristenzeitung
Kap.	Kapitel
Kfz	Kraftfahrzeug
KG	Kammergericht (Berlin)
KindRG	Gesetz zur Reform des Kindschaftsrechts (Kindschaftsrechtsreformgesetz)
KindRVerbG	Gesetz zur weiteren Verbesserung von Kindesrechten (Kinderrechtsverbesserungsgesetz)
KJHG	Gesetz zur Neuordnung des Kinder- und Jugendhilferechts
krit.	kritisch
LG	Landgericht
LPartG	Lebenspartnerschaftsgesetz
m.	mit
MDR	Monatsschrift für deutsches Recht
m.E.	meines Erachtens
mind.	mindestens
Mio.	Million
MünchKomm	Münchener Kommentar zum Bürgerlichen Gesetzbuch
m.w.Nw.	mit weiteren Nachweisen
NEhelG	Gesetz über die rechtliche Stellung der nichtehelichen Kinder
Nehel. LG	nichteheliche Lebensgemeinschaft
Neubearb.	Neubearbeitung
n.F.	neuer Fassung
NJAVO	Niedersächsische Juristenausbildungsverordnung

NJW	Neue Juristische Wochenschrift
NJW-FER	Neue Juristische Wochenschrift (NJW) – Entscheidungsdienst Familien- und Erbrecht
NJW-RR	Neue Juristische Wochenschrift (NJW) – Rechtsprechungsreport Zivilrecht
Nr.	Nummer
NZFam	Neue Zeitschrift für Familienrecht
NZV	Neue Zeitschrift für Verkehrsrecht
OHG	Offene Handelsgesellschaft
OLG	Oberlandesgericht
OLGE	Entscheidungen der Oberlandesgerichte (OLG) in Zivilsachen
OLGR	Oberlandesgerichts-Report, Schnelldienste zur Zivilrechtsprechung der Oberlandesgerichte (für den jeweils angegebenen Oberlandesgerichts-Bezirk)
OpferentschädigungsG	Opferentschädigungsgesetz
Österr. OGH	Österreichischer Oberster Gerichtshof
PC	Personal Computer
PdW	Prüfe dein Wissen
Pkw	Personenkraftwagen
PStG	Personenstandsgesetz
PStRG	Personenstandsrechtsreformgesetz
PWW	Prütting/Wegen/Weinreich, Bürgerliches Gesetzbuch: Kommentar
RG	Reichsgericht
RGRK	Das Bürgerliche Gesetzbuch: Mit besonderer Berücksichtigung der Rechtsprechung des Reichsgerichts und des Bundesgerichtshofes – Kommentar
RGZ	Amtliche Entscheidungssammlung des Reichsgerichts in Zivilsachen
RKEG	Gesetz über die religiöse Kindererziehung
Rn.	Randnummer
RpflG	Rechtspflegergesetz
Rspr.	Rechtsprechung
S.	Seite/Satz
s.	siehe
SächsJAPO	Sächsische Juristenausbildungs- und Prüfungsordnung
SGB	Sozialgesetzbuch
SGB V	Fünftes Buch Sozialgesetzbuch (SGB): Gesetzliche Krankenversicherung
SGB VII	Siebtes Buch Sozialgesetzbuch (SGB): Gesetzliche Unfallversicherung
SGB VIII	Achtes Buch Sozialgesetzbuch (SGB): Kinder- und Jugendhilfe
SGB XII	Zwölftes Buch Sozialgesetzbuch (SGB): Sozialhilfe
sog.	sogenannt
SorgeRG	Gesetz zur Neuregelung des Rechts der elterlichen Sorge
SPD	Sozialdemokratische Partei Deutschlands
st.	ständig(e)
StAG	Staatsangehörigkeitsgesetz
Stat. Bundesamt	Statistisches Bundesamt

StAZ	Das Standesamt: Zeitschrift für Standesamtswesen, Familienrecht, Staatsangehörigkeitsrecht, Personenstandsrecht, internationales Privatrecht des In- und Auslands
StGB	Strafgesetzbuch
StPO	Strafprozessordnung
str.	strittig
ThürJAPO	Thüringer Juristenausbildungs- und -prüfungsordnung
TPG	Transplantationsgesetz
Tz.	Teilziffer
u.a.	unter anderem
u.Ä.	und Ähnliche(s)
UÄndG	Unterhaltsrechtsänderungsgesetz
u.U.	unter Umständen
v.	von
v.a.	vor allem
VAStrRefG	Gesetz zur Strukturreform des Versorgungsausgleichs
VersAusglG	Versorgungsausgleichsgesetz
VerschG	Verschollenheitsgesetz
vgl.	vergleiche
VO	Verordnung
Vorbem zu	Vorbemerkung zu
VvB	Verfassung von Berlin
VVG	Versicherungsvertragsgesetz
WM	Entscheidungssammlung zum Wirtschafts- und Bankrecht
z.B.	zum Beispiel
ZEuP	Zeitschrift für europäisches Privatrecht
ZHR	Zeitschrift für das gesamte Handels- und Wirtschaftsrecht
zit.	zitiert
ZKJ	Zeitschrift für Kindschaftsrecht und Jugendhilfe
ZPO	Zivilprozessordnung
ZR	Zivilrecht
ZRP	Zeitschrift für Rechtspolitik
ZVG	Zwangsversteigerungsgesetz

Verzeichnis der abgekürzt zitierten Literatur

Bamberger/Roth/ Bearbeiter	Bamberger/Roth, Bürgerliches Gesetzbuch, 3. Aufl., 2012
Benner	Benner, Klausurenkurs im Familien- und Erbrecht, 4. Aufl., 2013
Dethloff	Dethloff, Familienrecht, 30. Aufl., 2012
Engstler/Menning......	Engstler/Menning, Die Familie im Spiegel der amtlichen Statistik, 2003
Erman/Bearbeiter	Erman, Handkommentar zum Bürgerlichen Gesetzbuch, 13. Aufl., 2011
Gernhuber/ Coester-Waltjen	Gernhuber/Coester-Waltjen, Familienrecht, 6. Aufl., 2010
Grziwotz	Grziwotz, Nichteheliche Lebensgemeinschaft, 4. Aufl., 2006
Jarass/Pieroth/ Bearbeiter	Jarass/Pieroth, Grundgesetz, 12. Aufl., 2012
Johannsen/Henrich/ Bearbeiter	Johannsen/Henrich, Familienrecht: Scheidung, Unterhalt, Verfahren, 5. Aufl., 2010
Looschelders	Looschelders, Schuldrecht Besonderer Teil, 8. Aufl., 2013
Löhnig	Löhnig, Fälle zum Familien- und Erbrecht, 2. Aufl., 2010
Medicus/Petersen	Medicus/Petersen, Bürgerliches Recht, 24. Aufl., 2013
MünchKomm/ Bearbeiter	Münchener Kommentar zum BGB, 6. Aufl., 2012 ff.
Muscheler, FamR	Muscheler, Familienrecht, 3. Aufl., 2013
Muscheler, Lebenspartnerschaft	Muscheler, Das Recht der eingetragenen Lebenspartnerschaft, 2. Aufl., 2004
Palandt/Bearbeiter....	Palandt, Bürgerliches Gesetzbuch, 73. Aufl., 2014
PWW/Bearbeiter......	Prütting/Wegen/Weinreich, Bürgerliches Gesetzbuch, 8. Aufl., 2013
Rauscher	Rauscher, Familienrecht, 2. Aufl., 2007
RGRK/Bearbeiter ...	RGRK, Das Bürgerliche Gesetzbuch mit besonderer Berücksichtigung der Rechtsprechung des Reichsgerichts und des Bundesgerichtshofes, Kommentar, 12. Aufl., 1975 ff.
Roth	Roth, Familien- und Erbrecht mit ausgewählten Verfahrensfragen – Ein fallbezogenes Examinatorium, 5. Aufl., 2010
Röthel	Röthel, Fallrepetitorium Familien- und Erbrecht, 2009
Schellhammer	Schellhammer, Familienrecht nach Anspruchsgrundlagen, 4. Aufl., 2006
Schlüter	Schlüter, BGB-Familienrecht, 14. Aufl., 2012
Schlüter, PdW	Schlüter, Prüfe dein Wissen – Erbrecht, 10. Aufl., 2007
Schwab, FamR	Schwab, Familienrecht, 21. Aufl., 2013
Schwab, PdW	Schwab, Prüfe dein Wissen – Familienrecht, 12. Aufl., 2013
Soergel/Bearbeiter....	Soergel, Bürgerliches Gesetzbuch, 13. Aufl., 2000 ff.
Staudinger/ Bearbeiter	Staudinger, Kommentar zum Bürgerlichen Gesetzbuch, Neubearbeitung, 2009 ff.

Tschernitschek/Saar ..   *Tschernitschek/Saar*, Familienrecht, 4. Aufl., 2008
Wolf/Wellenhofer ......   *Wolf/Wellenhofer*, Sachenrecht, 29. Aufl., 2014
Zorn ....   *Zorn*, Das Recht der elterlichen Sorge, 2008

Literaturverzeichnis

I. Lehrbücher zum Familienrecht

Dethloff, Familienrecht, 20. Aufl., 2012
Gerhardt/v. Heintschel-Heinegg/Fixl/Siede, Materielles Scheidungsrecht, 10. Aufl., 2012
Gernhuber/Coester-Waltjen, Familienrecht, 6. Aufl., 2010
v. Heintschel-Heinegg/Seiler/Siede, Das Verfahren in Familiensachen, 10. Aufl., 2011
Hohloch, Familienrecht, 2002
Münder/Ernst/Behlert, Familienrecht, 7. Aufl., 2013
Muscheler, Familienrecht, 3. Aufl., 2013
Rauscher, Familienrecht, 2. Aufl., 2007
Schellhammer, Familienrecht nach Anspruchsgrundlagen, 4. Aufl., 2006
Schlüter, BGB-Familienrecht, 14. Aufl., 2012
Schwab, Familienrecht, 21. Aufl., 2013
Seidl, Familienrecht, Examenskurs für Rechtsreferendare, 7. Aufl., 2010
Thalmann/May/Benner, Praktikum des Familienrechts, 5. Aufl., 2006
Tschernitschek/Saar, Familienrecht, 4. Aufl., 2008
Wörlen, Familienrecht: Lernbuch, Strukturen, Übersichten, 2008
Ziegler/Mäuerle, Familienrecht, 2. Aufl., 2000
Zorn, Das Recht der elterlichen Sorge, 2. Aufl., 2008

II. Praxishandbücher

Fieseler/Herborth, Recht der Familie und Jugendhilfe, 7. Aufl., 2010
Finke/Ebert, Familienrecht in der anwaltlichen Praxis, 6. Aufl., 2008
Gerhardt/v. Heintschel-Heinegg/Klein, Handbuch des Fachanwalts Familienrecht, 9. Aufl., 2013
Grziwotz, Nichteheliche Lebensgemeinschaft, 5. Aufl., 2014
Hausmann/Hohloch, Das Recht der nichtehelichen Lebensgemeinschaft, 2. Aufl., 2004
Luthin/Koch, Handbuch des Unterhaltsrechts, 12. Aufl., 2012
Münchener Vertragshandbuch, Band 6, Familienrecht, 6. Aufl., 2010
Muscheler, Das Recht der eingetragenen Lebenspartnerschaft, 2. Aufl., 2004
Scholz/Kleffmann/Motzer, Praxishandbuch Familienrecht (Loseblatt), 25. EL, Stand: 2013
Schwab, Handbuch des Scheidungsrechts, 7. Aufl., 2013

III. Fallsammlungen und Repetitorien

Benner, Klausurenkurs im Familien- und Erbrecht, 4. Aufl., 2013
Fixl/Krätzschel/Siede, Assessorklausuren zum Familien- und Erbrecht, 7. Aufl., 2012
Jox, Fälle zum Familien- und Jugendrecht, 3. Aufl., 2013
Lipp, Examens-Repetitorium Familienrecht, 4. Aufl., 2013
Löhnig, Fälle zum Familien- und Erbrecht, 2. Aufl., 2010
Oberloskamp/Marx, Kindschaftsrechtliche Fälle für Studium und Praxis, 6. Aufl., 2006
Roth, Familien- und Erbrecht mit ausgewählten Verfahrensfragen – Ein fallbezogenes Examinatorium, 5. Aufl., 2010

Röthel, Fallrepetitorium Familien- und Erbrecht, 2009

Schwab, Prüfe dein Wissen – Familienrecht, 12. Aufl., 2013

Werner, 21 Probleme aus dem Familien- und Erbrecht, 4. Aufl., 2013

IV. Kommentare (auch) zum Familienrecht

Bamberger/Roth, Bürgerliches Gesetzbuch, 3. Aufl., 2012

Erman, Handkommentar zum Bürgerlichen Gesetzbuch, 13. Aufl., 2011

Jauernig, Bürgerliches Gesetzbuch, 15. Aufl., 2013

Johannsen/Henrich, Familienrecht: Scheidung, Unterhalt, Verfahren, 5. Aufl., 2010

Jürgens, Betreuungsrecht, Kommentar, 7. Aufl., 2011

Kropholler, BGB Studienkommentar, 12. Aufl., 2010

Münchener Kommentar zum BGB, 6. Aufl., 2012 ff.

Palandt, Bürgerliches Gesetzbuch, 73. Aufl., 2014

Prütting/Wegen/Weinreich, Bürgerliches Gesetzbuch, 8. Aufl., 2013

Soergel, Bürgerliches Gesetzbuch, 13. Aufl., 1999 ff.

Staudinger, Kommentar zum Bürgerlichen Gesetzbuch, Neubearbeitung, 2009 ff.

Weinreich/Klein, Kompaktkommentar Familienrecht, 5. Aufl., 2013

Kapitel 1. Grundlagen

§ 1. Einführung

I. Die Regelungsbereiche des Familienrechts

Das Familienrecht findet sich im vierten Buch des BGB. Es umfasst die 1
§§ 1297–1921 BGB. Man kann drei Regelungsbereiche („Abschnitte") unterscheiden: das Eherecht (§§ 1297 ff. BGB), das Kindschaftsrecht („Verwandtschaft", §§ 1589 ff. BGB) und den Abschnitt über Vormundschaft, Betreuung und Pflegschaft (§§ 1773 ff. BGB).

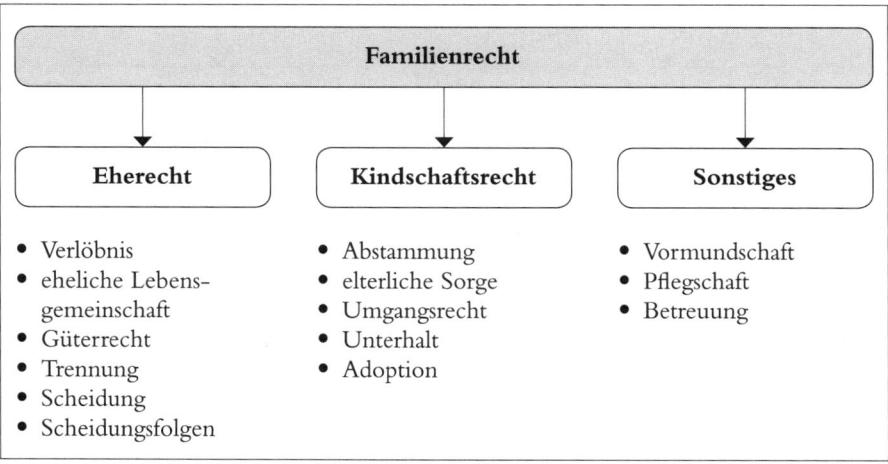

Unter **Familienrecht** versteht man den Inbegriff der in Bezug auf Ehe und Verwandtschaft geltenden Rechtsregeln (*Schwab*, FamR, Rn. 1). Die Normen über Vormundschaft und Betreuung haben damit allerdings nur am Rande zu tun. Wird somit an den Begriff der **„Familie"** angeknüpft, fragt sich, was im Rechtssinne darunter zu verstehen ist. Eine allgemeingültige Definition ist indes kaum möglich. Die beliebte Formulierung „Familie ist dort, wo Kinder sind", schöpft die rechtlichen Probleme noch nicht ganz aus. Tatsächlich muss der Begriff Familie im jeweiligen Sach- und Normzusammenhang immer wieder neu bestimmt werden. Wichtige Rahmenbedingungen sind dafür heute die Gleichberechtigung von Mann und Frau (Art. 3 II GG) sowie die rechtliche Gleichstellung von ehelichen und nichtehelichen Kindern (vgl. Art. 6 V GG). Während früher ein Vater und sein nichteheliches Kind nicht einmal als miteinander verwandt galten, wird heute nicht nur die Kernfamilie aus Vater, Mutter und Kind (egal ob verheiratet oder nicht), sondern auch der Alleinerziehende und sein Kind als „Familie" begriffen. Zum verfassungsrechtlichen Familienbegriff § 2 Rn. 3.

2   Zum Familienrecht zählt auch das Recht der **eingetragenen Lebenspartnerschaft**, die ein gleichgeschlechtliches Paar begründen kann (vgl. § 1 LPartG). Ehe und Lebenspartnerschaft wurden in den vergangenen Jahren immer mehr aneinander angeglichen. Außerhalb des Familienrechts steht allerdings nach wie vor das Recht der **nichtehelichen Lebensgemeinschaft**. Hier fehlt es nicht nur an einschlägigen (familienrechtlichen) Rechtsnormen; auch verfahrensrechtlich hat der Gesetzgeber keine Zuordnung diesbezüglicher Streitigkeiten an die Familiengerichte vorgenommen. Eine Ausnahme gilt allerdings beim BGH. Dort ist der Familiensenat auch für die Rechtsfragen der nichtehelichen Lebensgemeinschaft zuständig.

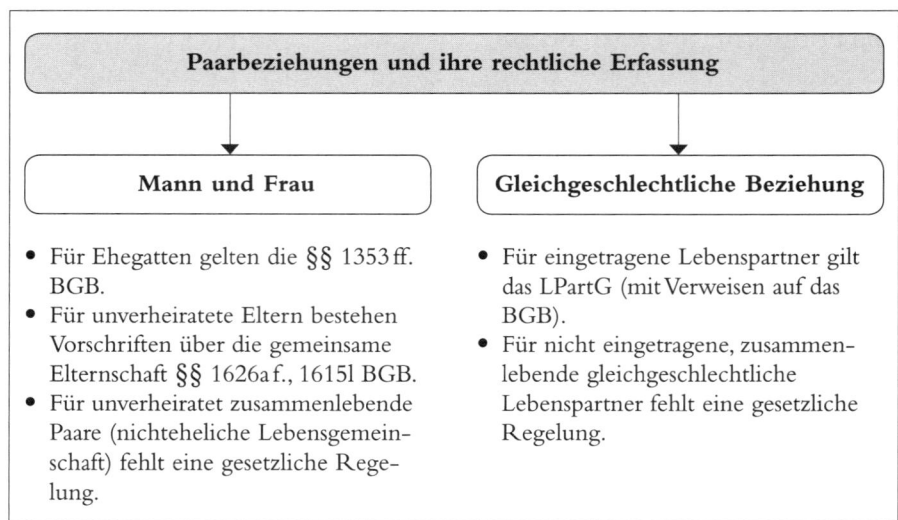

II. Daten zur Entwicklung des modernen Familienrechts

1. Die Dynamik des Familienrechts

3   Das Familienrecht ist wie kaum ein anderes Rechtsgebiet gefordert, mit der gesellschaftlichen Wirklichkeit Schritt zu halten und seine Konfliktlösungsmodelle immer wieder den gewandelten Formen und Vorstellungen von Partnerschaft und Familie anzupassen. Insoweit war das letzte Jahrhundert von vielen grundlegenden Familienrechtsreformen in Deutschland geprägt. Als Meilensteine können die Durchsetzung der Gleichstellung von Mann und Frau im Eherecht, die Einführung des Zerrüttungsprinzips im Scheidungsrecht (1976/1977), die kindschaftsrechtliche Gleichstellung von ehelichen und nichtehelichen Kindern (1998) und die Unterhaltsrechtsreform von 2008 gelten. Einen Datenüberblick bringt die Tabelle unten (Rn. 4).

Was die gegenwärtige gesellschaftliche Entwicklung betrifft, so beobachten wir heute europaweit eine große **Vielfalt an familiären Lebensformen.** Während früher die eheliche Familie bestehend aus Vater, Mutter und Kind das absolut vorherrschende Familienmodell war, zeigt sich im 21. Jahrhundert ein sehr buntes Bild. Wir kennen Alleinerziehende mit Kind(ern), unverheiratete Eltern mit Kind(ern), Zweitehen, in die Kinder aus früheren Beziehungen mitgebracht wurden und in denen ggf. auch noch weitere gemeinsame Kinder zur Welt kommen (sog. Patchworkfamilien), nichteheliche Beziehungen mit mitgebrachten Kindern oder auch gleichgeschlechtliche Beziehungen, in denen Kinder aufwachsen. Ehe und Familie gehören nicht mehr zwangsläufig zusammen. Die Zahl der Eheschließungen nimmt ab, während nichteheliche Lebensgemeinschaften zunehmen. Ca. 2,7 Millionen Paare in Deutschland leben nichtehelich zusammen, das betrifft ca. 7,5 % der Familien mit Kindern und 15,5 % der Paargemeinschaften ohne Kinder (Stat. Bundesamt, Statistisches Jahrbuch 2013 für die Bundesrepublik Deutschland, 2013, S. 51).

2. Überblick zu den wesentlichen gesetzlichen Entwicklungen

Die Jahresdaten beziehen sich auf das Jahr des Inkrafttreten des jeweiligen Gesetzes. **4**

1938 — **Ehegesetz (EheG)** vom 6.7.1938: Die Normen zur Eheschließung und Ehescheidung werden aus dem BGB herausgenommen und nationalsozialistischen Vorstellungen angepasst.

1949 — **Grundgesetz (GG)** vom 23.5.1949 mit wichtigen Bestimmungen für das Familienrecht, insbesondere: Art. 3 II (Gleichberechtigung von Mann und Frau); Art. 6 I (staatlicher Schutz für Ehe und Familie); Art. 6 II (Garantie des Elternrechts), Art. 6 V (Verbesserung der Stellung des unehelichen Kindes).

1969 — Gesetz über die rechtliche Stellung der nichtehelichen Kinder (NEhelG) vom 19.8.1969 (BGBl. I, 1243): Neuregelungen in Erfüllung des Verfassungsauftrags aus Art. 6 V GG.

1976 — Erstes Gesetz zur **Reform des Ehe- und Familienrechts** (1. EheRG) vom 14.6.1976 (BGBl. I, 1421): Abschaffung des Schuldprinzips und Einführung eines neuen Scheidungsrechts auf der Grundlage des Zerrüttungsprinzips; Einführung des Versorgungsausgleichs; Schaffung der Familiengerichte.

1979 — Gesetz zur Neuregelung des Rechts der elterlichen Sorge (SorgeRG) vom 18.7.1979 (BGBl. I, 1061).

1991 — Kinder- und Jugendhilfegesetz (KJHG) vom 26.6.1990 (BGBl. I, 1163): Ablösung des bis dahin geltenden Jugendwohlfahrtsgesetzes (JWG); Ausgestaltung des SGB VIII als modernes Leistungsgesetz.

1992 — Gesetz zur Reform des Rechts der **Vormundschaft und Pflegschaft für Volljährige** (Betreuungsgesetz – BtG) vom 12.9.1990 (BGBl. I, 2002): Abschaffung der Entmündigung von Volljährigen und Schaffung des Instituts der rechtlichen Betreuung. Eine Änderung erfolgte durch das Betreuungsrechtsänderungsgesetz – BtÄndG vom 29.6.1998.

1994 — Gesetz zur Neuordnung des **Familiennamensrechts** (Familiennamensrechtsgesetz – FamNamRG) vom 16.12.1993 (BGBl. I, 2054): Abschaffung des Prinzips der obligatorischen Namenseinheit.

1995	Schwangeren- und Familienhilfeänderungsgesetz (SFHÄndG) vom 21. 8. 1995 (BGBl. I 1050).
1998	Gesetz zur Reform des **Kindschaftsrechts** (Kindschaftsrechtsreformgesetz – KindRG) vom 16. 12. 1997 (BGBl. I, 2942): Gleichstellung der ehelichen und nichtehelichen Kinder im Kindschaftsrecht.
1998	Gesetz zur Neuordnung des **Eheschließungsrechts** (Eheschließungsrechtsgesetz – EheschlRG) vom 4. 5. 1998 (BGBl. I, 833): Aufhebung des EheG von 1938: Rückführung der Eheschließungsnormen in das BGB und Neufassung.
1999	Gesetz zur Beschränkung der **Haftung Minderjähriger** (Minderjährigenhaftungsbeschränkungsgesetz – MHbeG) vom 25. 8. 1998 (BGBl. I, 866): Einfügung von § 1629a BGB.
2001	Gesetz zur Verbesserung des zivilgerichtlichen **Schutzes bei Gewalttaten** und Nachstellungen sowie zur Erleichterung der Überlassung der Ehewohnung bei Trennung vom 11. 12. 2001 (BGBl. I, 3513).
2002	Gesetz zur weiteren **Verbesserung von Kinderrechten** (Kinderrechteverbesserungsgesetz – KindRVerbG) vom 9. 4. 2002 (BGBl. I, 1239).
2004	Gesetz zur Änderung der Vorschriften über die Anfechtung der Vaterschaft und das Umgangsrecht von Bezugspersonen des Kindes vom 23. 4. 2004 (BGBl. I, 598): Schaffung des Anfechtungsrechts des leiblichen Vaters.
2008	Gesetz zur Änderung des **Unterhaltsrechts** (UÄndG) vom 21. 12. 2007 (BGBl. I, 3189); seit dem 1. 1. 2008 in Kraft: Umgestaltung des gesamten Unterhaltsrechts.
2008	Gesetz zur **Klärung der Vaterschaft** unabhängig vom Anfechtungsverfahren vom 26. 3. 2008 (BGBl. I, 441): Einfügung von § 1598a BGB.
2008	Gesetz zur Erleichterung familiengerichtlicher Maßnahmen bei Gefährdung des Kindeswohls vom 4. 7. 2008 (BGBl. I, 1188): insbesondere Neuformulierung von § 1666 BGB.
2009	Gesetz zur Reform des **Personenstandsrechts** (Personenstandsrechtsreformgesetz – PStRG) vom 19. 2. 2007 (BGBl. I, 122). Regelungen in Kraft getreten zum 1. 1. 2009.
2009	Gesetz über das **Verfahren in Familiensachen** und den Angelegenheiten der freiwilligen Gerichtsbarkeit (FamFG) vom 17. 12. 2008 (BGBl. I, 2586): umfassende Neuordnung des familienrechtlichen Verfahrens außerhalb der ZPO (s. unten Rn. 7).
2009	Gesetz zur **Strukturreform des Versorgungsausgleichs** (VAStrRefG) vom 3. 4. 2009 (BGBl. I, 700): Neuordnung des Rechts des Versorgungsausgleichs, insbesondere im neuen Gesetz über den Versorgungsausgleich (VersAusglG).
2009	Gesetz zur Änderung des **Zugewinnausgleichs**- und Vormundschaftsrechts vom 6. 7. 2009 (BGBl. I, 1696): Änderungen im Bereich des Zugewinnausgleichs; Einfügung der §§ 1568a, 1568b in das BGB.
2009	Drittes Gesetz zur Änderung des Betreuungsrechts vom 29. 7. 2009 (BGBl. I 2286): Einfügung von § 1901a zur **Patientenverfügung** in das BGB.
2013	Gesetz zur Reform der elterlichen Sorge nicht miteinander verheirateter Eltern vom 19. 4. 2013 (BGBl. I, 1795): Die gemeinsame elterliche Sorge kann kraft gerichtlichen Beschlusses auch gegen den Willen der Mutter angeordnet werden.
2013	Gesetz zur Stärkung der Rechte des leiblichen, nicht rechtlichen Vaters vom 4. 7. 2013 (BGBl. I, 2176): Für den nur leiblichen Vater wurde unter bestimmten Voraussetzungen ein Umgangsrecht mit dem Kind geschaffen (§ 1686a BGB).

III. Die Rechtsquellen des Familienrechts

Die wesentliche Rechtsquelle des Familienrechts bildet das **BGB**. Daneben 5
sind vor allem die folgenden Gesetze zu beachten, auf die im jeweiligen Zusammenhang einzugehen sein wird:

- GG (vor allem Art. 6 GG)
- FamFG (Gesetz über das Verfahren in Familiensachen und den Angelegenheiten der freiwilligen Gerichtsbarkeit)
- LPartG (Lebenspartnerschaftsgesetz)
- VersAusglG (Versorgungsausgleichsgesetz)
- AdVermiG (Adoptionsvermittlungsgesetz)
- SGB VIII (Sozialgesetzbuch VIII: Kinder- und Jugendhilfe)
- PStG (Personenstandsgesetz)
- ZPO (Zivilprozessordnung)
- GVG (Gerichtsverfassungsgesetz)

Aus internationaler Sicht spielen außerdem eine Rolle die **EMRK** (Konvention zum Schutz der Menschenrechte und Grundfreiheiten; Art. 8 EMRK regelt das Recht auf Achtung des Privat- und Familienlebens) sowie verschiedene Übereinkommen über Behördenzuständigkeiten, die Anerkennung und Vollstreckung von Entscheidungen, die Geltendmachung von Ansprüchen sowie die internationale Adoption und Kindesentführung. Die Vorschriften sind abgedruckt in: Familienrecht, Beck-Texte im dtv Nr. 5577. Entscheidungen des Europäischen Gerichtshofs für Menschenrechte (EGMR) zur Verletzung von Konventionsrechten haben wichtige Impulse gegeben für die Fortentwicklung des deutschen Kindschaftsrechts (s. § 2 Rn. 13; § 32 Rn. 13; § 34 Rn. 17).

IV. Überblick zum familienrechtlichen Verfahren

Das Verfahrensrecht hat im Familienrecht eine große Bedeutung, da viele 6
Rechtsfolgen ausschließlich durch gerichtliche Entscheidung erlangbar sind, insbesondere die Scheidung, die Vaterschaftsanfechtung oder die Änderung des Sorgerechts nach Scheidung der Eltern. Erst mit Rechtskraft der gerichtlichen Entscheidung wird hier die Rechtslage umgestaltet.

1. Gerichte und Instanzenzug

Durch das **1. EheRG von 1976** sind **Familiengerichte** eingeführt worden. Es handelt sich insoweit um Abteilungen für Familiensachen bei den Amtsgerichten, § 23b I GVG. Der Familienrichter entscheidet als Einzelrichter. Außerdem werden bei den Amtsgerichten Abteilungen für Betreuungssachen gebildet (Betreuungsgerichte), § 23c GVG. Vormundschaftsgerichte gibt es nicht mehr. Bei den Oberlandesgerichten, die insbesondere für Beschwerden gegen Entscheidungen der Amtsgerichte in den von den Familiengerichten entschiedenen Sachen zuständig sind (§ 119 I Nr. 1 a) GVG), bestehen Familiensenate mit drei Richtern, § 119 II GVG. Für die Rechtsbeschwerde ist der BGH zuständig. Dort ist für Familiensachen und Angelegenheiten der nichtehelichen Lebensgemeinschaft der XII. Zivilsenat zuständig. Entscheidungen werden in der Besetzung mit fünf Richtern gefällt. Den Instanzenzug zeigt das folgende Schaubild.

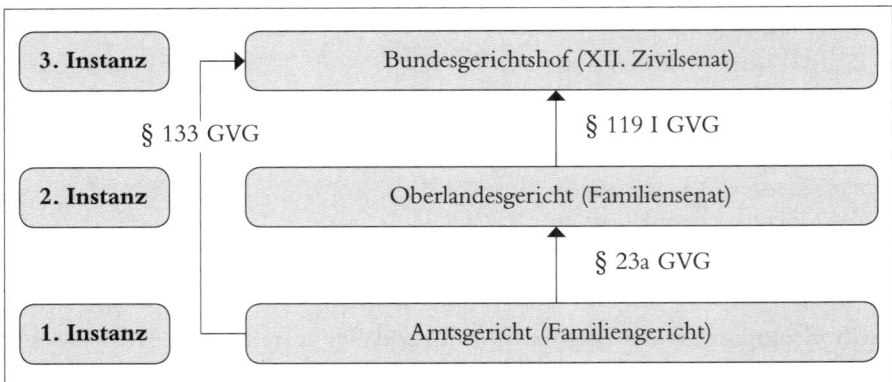

2. Das FamFG

7   Das Gesetz über das Verfahren in Familiensachen und den Angelegenheiten der freiwilligen Gerichtsbarkeit (FamFG) gilt seit dem 1. 9. 2009. Es führt insbesondere die bis dahin in ZPO und FGG enthaltenen familienrechtlichen Verfahrensnormen zusammen.

FamFG	
Buch 1 (§§ 1–110)	Allgemeiner Teil
Buch 2 (§§ 111–185)	Verfahren in Familiensachen – Abschnitt 1: Allgemeine Vorschriften (§§ 111–120) – Abschnitt 2: Verfahren in Ehesachen, Verfahren in Scheidungssachen und Folgesachen (§§ 121–150) – Abschnitt 3: Verfahren in Kindschaftssachen (§§ 151–168a) – Abschnitt 4: Verfahren in Abstammungssachen (§§ 169–185)
Buch 2 (§§ 186–270)	– Abschnitt 5: Verfahren in Adoptionssachen (§§ 186–199) – Abschnitt 6: Verfahren in Ehewohnungs- und Haushaltssachen (§§ 200–209) – Abschnitt 7: Verfahren in Gewaltschutzsachen (§§ 210–216a) – Abschnitt 8: Verfahren in Versorgungsausgleichssachen (§§ 217–229) – Abschnitt 9: Verfahren in Unterhaltssachen (§§ 231–260) – Abschnitt 10: Verfahren in Güterrechtssachen (§§ 261–265) – Abschnitt 11: Verfahren in sonstigen Familiensachen (§§ 266–268) – Abschnitt 12: Verfahren in Lebenspartnerschaftssachen (§§ 269, 270)

Buch 3 (§§ 271–341)	Verfahren in Betreuungs- und Unterbringungssachen
Buch 4 (§§ 342–373)	Verfahren in Nachlass- und Teilungssachen
Buch 5 (§§ 374–409)	Verfahren in Registersachen, unternehmensrechtliche Verfahren
Buch 6 (§§ 410–414)	Verfahren in weiteren Angelegenheiten der freiwilligen Gerichtsbarkeit
Buch 7 (§§ 415–432)	Verfahren in Freiheitsentziehungssachen
Buch 8 (§§ 433–484)	Verfahren in Aufgebotssachen
Buch 9 (§§ 485–493)	Schlussvorschriften

Der Allgemeine Teil (Buch 1) regelt übergreifende Verfahrensgrundsätze (z.B. Beteiligtenbegriff, Akteneinsicht, Fristbestimmung, Verfahren im ersten Rechtszug, Beschluss, einstweilige Anordnung, Rechtsmittel, Verfahrenskostenhilfe, Kosten und Vollstreckung). Das Buch 2 betrifft die Familiensachen. Was „**Familiensachen**" sind, ergibt sich aus § 111 FamFG sowie aus den Überschriften der im Schema genannten Abschnitte 1–12. Daneben wird der (Unter-)Begriff der „**Familienstreitsachen**" verwandt, § 112 FamFG, worunter die meisten aus Verlöbnis, Ehe, Lebenspartnerschaft, Güterrecht oder Unterhaltsrecht resultierenden Ansprüche fallen (näher *Schael*, FamRZ 2009, 7).

3. Ergänzende Geltung der ZPO

Das FamFG verweist bereits in seinem Allgemeinen Teil in vielen Einzel- **8** normen auf die ZPO (z.B. §§ 16, 21, 32 ff., 95 FamFG). In Ehe- und Familienstreitsachen erklärt zudem § 113 I 2 FamFG die Allgemeinen Vorschriften der ZPO und die Vorschriften der ZPO über das Verfahren vor den Landgerichten für entsprechend anwendbar; insoweit gelten die §§ 2–37, 40–48 sowie 76–96 FamFG nicht, vgl. § 113 I 1 FamFG. Besonderheiten gelten dabei wiederum für Ehesachen, § 113 IV FamFG.

Bei der Einordnung verfahrensrechtlicher Probleme gilt somit, dass zunächst ein Blick in den jeweiligen besonderen familienrechtlichen Abschnitt des FamFG zu werfen ist. Fehlt dort eine Regelung, ist im Allgemeinen Teil des FamFG weiterzusuchen. Erst danach ist auf die genannten allgemeinen Vorschriften der ZPO zurückzugreifen, sofern sie nicht ausdrücklich durch § 113 FamFG von der Anwendung ausgenommen sind.

4. Besonderheiten des familienrechtlichen Verfahrens

9   Auf prüfungsrelevante verfahrensrechtliche Einzelheiten wird später im jeweiligen Sachzusammenhang (z.B. bei der Scheidung oder der Vaterschaftsanfechtung) einzugehen sein. Vorab sei aber auf folgende Besonderheiten hingewiesen:

- **Anwaltszwang** besteht vor den Familiengerichten sowie den Oberlandesgerichten grundsätzlich in Ehesachen, Folgesachen (z.B. nachehelicher Unterhalt) und selbstständigen Familienstreitsachen (z.B. Antrag auf vorzeitigen Zugewinnausgleich), § 114 I FamFG.
- Statt Klage, Kläger und Beklagter heißt es: **Antrag**, Antragsteller und Antragsgegner, § 113 V FamFG. Man spricht zudem nicht von den Parteien, sondern von den **Beteiligten**.
- Das Gericht entscheidet in Familiensachen durch **Beschluss**, § 116 I FamFG.
- Das **Rechtsmittel** gegen den Beschluss in Ehe- und Familienstreitsachen ist die **Beschwerde**, § 117 I FamFG. Näheres dazu regeln die §§ 58 ff. FamFG. Die Beschwerdefrist beträgt einen Monat, § 63 I FamFG. Zuständig ist das OLG, § 119 I GVG.
- Das Rechtsmittel gegen die Entscheidung über die Beschwerde ist die **Rechtsbeschwerde**, § 70 FamFG. Soll die Beschwerdeinstanz ausgelassen werden, kommt unter den Voraussetzungen des § 75 FamFG auch die **Sprungrechtsbeschwerde** in Betracht. Hier entscheidet jeweils der BGH, § 133 GVG.

V. Das Familienrecht in der juristischen Ausbildung und Prüfung

1. Das Familienrecht in der Klausur

10   Rein familienrechtliche Klausuren sind im ersten juristischen Staatsexamen nicht so häufig. Meist stehen schuld- oder sachenrechtliche Fallkonstellationen im Vordergrund, die mit familienrechtlichen Problemen angereichert werden. Es muss dann – wie sonst auch – nach der richtigen Anspruchsgrundlage gesucht und inzident geklärt werden, ob familienrechtliche (Spezial-)Normen zu beachten sind. Demgemäß wird in diesem Buch besonders auf die Beziehungen des Familienrechts zum Schuld- und Sachenrecht Wert gelegt.

Beispiel: Hat die Ehefrau eingekauft, wird aber der Ehemann auf Zahlung in Anspruch genommen, so ergibt sich der Anspruch nach wie vor aus § 433 II BGB; aber ob auch der Mann dafür haftet, bestimmt sich nach § 1357 BGB.

Beliebt sind überdies Aufgabenstellungen, die Fragen aus dem Erbrecht mit dem Familienrecht verbinden. Hier muss dann ggf. im Rahmen der Prüfung der Erbfolge eine familienrechtliche Vorfrage geklärt werden.

Beispiel: Das gesetzliche Erbrecht des Ehegatten ist nach § 1933 BGB ausgeschlossen, wenn zum Zeitpunkt des Todes des Erblassers die Voraussetzungen für die Scheidung der Ehe gegeben waren und der Erblasser die Scheidung beantragt oder ihr zugestimmt hatte. Hier müssen dann inzident die Scheidungsvoraussetzungen der §§ 1565 ff. BGB geprüft werden.

2. Familienrecht als Pflichtfachstoff

Das Familienrecht gehört seit jeher zum Pflichtstoff im ersten juristischen **11**
Staatsexamen. Allerdings stellen die Ausbildungs- und Prüfungsordnungen
der einzelnen Bundesländer im Detail unterschiedliche Anforderungen. Was
hier wo zum Pflichtstoff gehört und daher von jedem Kandidaten beherrscht
werden sollte, ergibt sich aus folgender Übersicht (Stand 1. 1. 2014).

Baden-Württemberg (§ 8 II 1 Juristenausbildungs- und Prüfungsordnung – JAPrO):
„die Bezüge des Familienrechts zum bürgerlichen Vermögensrecht (insbesondere die
§§ 1357, 1359, 1362, 1363 bis 1371, 1408, 1589, 1626, 1629, 1643, 1664, 1795 BGB)".

Bayern (§ 18 II Ausbildungs- und Prüfungsordnung für Juristen – JAPO):
„das Familienrecht (nur Wirkungen der Ehe im Allgemeinen, eheliches Güterrecht,
Scheidungsgründe und Unterhalt des geschiedenen Ehegatten, allgemeine Vorschriften
über Verwandtschaft, Abstammung, Unterhaltspflicht unter Verwandten und Ehegatten,
elterliche Sorge) in Grundzügen".

Berlin und Brandenburg (§ 3 IV Berliner Juristenausbildungsordnung – JAO/§ 3 IV
Brandenburgische Juristenausbildungsordnung – BbgJAO):
„aus dem Familienrecht (G): Eingehung der Ehe, Wirkungen der Ehe im Allgemeinen,
Eheliches Güterrecht (nur gesetzliches Güterrecht), Scheidung der Ehe (ohne Versorgungsausgleich), Allgemeine Vorschriften zur Verwandtschaft, Unterhaltspflicht, Rechtsverhältnis zwischen den Eltern und dem Kind im Allgemeinen, Elterliche Sorge".
Hinweis: Bei Gebieten, die mit dem Buchstaben G gekennzeichnet sind, werden nur
Grundzüge verlangt. Grundzüge erfordern das Verständnis der gesetzlichen Systematik
und Kenntnisse über Sinn und Inhalt der wesentlichen Vorschriften und Rechtsinstitute,
§ 3 II JAO/3 II BbgJAO.

Bremen (§ 5 I 1c Bremisches Gesetz über die Juristenausbildung und die erste juristische
Prüfung – JAPG):
„Familienrecht (…) jeweils im Überblick".

Hamburg (§ 12 Hamburgisches Juristenausbildungsgesetz – HmbJAG i.V.m. § 1 der Prü-
fungsgegenständeverordnung):
„aus dem Buch 4 (Familienrecht): die Bezüge des Familienrechts zum bürgerlichen
Vermögensrecht (insbesondere §§ 1357, 1359, 1363 bis 1371, 1408, 1589, 1626, 1629, 1643,
1664, 1795 BGB)".

Hessen (§ 7 Juristenausbildungsgesetz – JAG):
„aus dem Familienrecht: Wirkung der Ehe, gesetzliches Güterrecht, Scheidungsgründe
sowie die Grundzüge des Rechts der Abstammung, der elterlichen Sorge und der nichtehelichen Lebensgemeinschaft sowie der Lebenspartnerschaft".

Mecklenburg-Vorpommern (§ 11 II Juristenausbildungs- und Prüfungsordnung –
JAPO):
„aus dem Familienrecht jeweils in Grundzügen Wirkungen der Ehe im Allgemeinen
(Abschnitt 1 Titel 5) und gesetzliches Güterrecht (Abschnitt 1 Titel 6 Untertitel 1)".

Niedersachsen (§ 16 Verordnung zum Niedersächsischen Gesetz zur Ausbildung der
Juristinnen und Juristen – NJAVO):
„in Grundzügen die … Vorschriften des … Familienrechts (Ehewirkungen, Zugewinngemeinschaft, Scheidungsgründe und -folgen, Verwandtschaft, Abstammung, elterliche
Sorge sowie Betreuung)".

Nordrhein-Westfalen (§ 11 II Juristenausbildungsgesetz Nordrhein-Westfalen – JAG NRW):

„im Überblick aus dem Buch 4 (Familienrecht) aus dem Abschnitt 1 die Wirkungen der Ehe im Allgemeinen und das gesetzliche Güterrecht sowie aus dem Abschnitt 2 die Allgemeinen Vorschriften über die Verwandtschaft und die elterliche Sorge".

Rheinland Pfalz (Anlage zu § 1 II Nr. 1 Juristische Ausbildungs- und Prüfungsordnung – JAPO)

„aus dem Familienrecht folgende Gebiete im Überblick: a) Ehewirkungen, b) Zugewinngemeinschaft und Gütertrennung, c) Verwandtschaft und Abstammung, d) allgemeine Bestimmungen der Unterhaltspflicht unter Verwandten, e) gesetzliche Vertretung des Kindes und deren Beschränkungen (§§ 1643, 1821 und 1822 BGB)".

Saarland (§ 8 II Juristenausbildungsgesetz – JAG):

„die Grundzüge des Familien- und Erbrechts".

Sachsen (§ 14 III Ausbildungs- und Prüfungsordnung für Juristen des Freistaates Sachsen – SächsJAPO):

„aus dem Familienrecht in Grundzügen: die Voraussetzungen und Wirkungen der Ehe im Allgemeinen, das eheliche Güterrecht, Scheidungsgründe und Unterhalt des geschiedenen Ehegatten, allgemeine Vorschriften über Verwandtschaft, Abstammung, Unterhaltspflicht unter Verwandten und Ehegatten sowie elterliche Sorge".

Sachsen-Anhalt (§ 14 II Ausbildungs- und Prüfungsverordnung für Juristen – JAPrVO):

„aus dem Familienrecht im Überblick: Ehewirkungen, Zugewinngemeinschaft, Scheidungsgründe, allgemeine Vorschriften über Verwandtschaft und elterliche Sorge; Prinzipien der Unterhaltspflicht zwischen Ehegatten, der ehelichen Lebensgemeinschaft und der eingetragenen Lebenspartnerschaft".

Schleswig Holstein (§ 3 III Juristenausbildungsverordnung – JAVO):

„aus dem Familienrecht im Überblick: Ehe und Familie und nichteheliche Lebensgemeinschaft".

Thüringen (§ 14 II Thüringer Juristenausbildungs- und -prüfungsordnung – ThürJAPO):

„Grundzüge des Familienrechts und des Erbrechts".

3. Das Familienrecht im Schwerpunktbereichsstudium

12   Angesichts der großen Bedeutung des Familienrechts in der anwaltlichen und gerichtlichen Praxis haben sich mehrere juristische Fachbereiche entschieden, eine Vertiefung des Familienrechts im Rahmen des Schwerpunktbereichsstudiums anzubieten (vgl. Überblick zum Schwerpunktstudium bei *Rolfs/ Rossi-Wilberg,* JuS 2007, 297).

Zu nennen sind:
- Humboldt-Universität Berlin: Schwerpunktbereich 3 – Zivilrechtliche Rechtsberatung und Rechtsgestaltung mit Familien- und Erbrecht aus rechtsberatender Sicht.
- Universität Bochum: Schwerpunktbereich Familie, Vermögen, Verfahren.
- Universität Frankfurt a.M.: Familienrecht als Teilgebiet des Schwerpunktbereichs 5 – Arbeit, Soziales, Lebenslagen.
- Universität Frankfurt/Oder: Schwerpunktbereich 1 – Zivilrechtspflege.
- Universität Freiburg: Schwerpunktbereich 2 – Zivilrechtliche Rechtspflege in Justiz und Anwaltschaft.
- Universität Gießen: Schwerpunktbereich 1 – Deutsches und internationales Familien- und Erbrecht.

- Universität Hamburg: Schwerpunktbereich Zivilverfahrensrecht mit Familienverfahrensrecht (FamFG) sowie Schwerpunktbereich Internationales und europäisches Privatrecht und Rechtsvergleichung mit internationalem Familien- und Erbrecht.
- Universität Hannover: Schwerpunktbereich 1 – Familien- und Erbrecht sowie Grundlagen des Rechts.
- Universität Jena: Schwerpunktbereich 7 – Zivilrechtspflege und Vertragsgestaltung.
- Universität Kiel: Schwerpunktbereich 1 – Zivilrechtspflege mit Ausrichtung auf Familien- und Erbrecht.
- Universität Mainz: Das Familienrecht gehört zur Fächergruppe 2c.
- Universität Marburg: Familienrecht als Teilgebiet des Schwerpunktbereichs 1 – „Recht der Privatperson".
- Universität Regensburg: Schwerpunktbereich 5 – Deutsche und Internationale Zivilrechtspflege.

§ 2. Familienrecht und Grundgesetz

I. Die Bedeutung von Art. 6 GG

Die Grundrechte, insbesondere Art. 1 I, Art. 2 I, Art. 3 und Art. 6 GG spielen **1** im Familienrecht eine große Rolle. Demgemäß haben zahlreiche BVerfG-Entscheidungen wesentlich zur Fortentwicklung des Familienrechts beigetragen und wichtige Gesetzesreformen bewirkt. Auf Details wird später einzugehen sein. Zudem beeinflussen grundrechtliche Wertungen die Auslegung von unbestimmten Rechtsbegriffen und **Generalklauseln** des Familienrechts.

1. Schutz von Ehe und Familie, Art. 6 I GG

a) Begriff der Ehe

Art. 6 I GG lautet: „**Ehe und Familie** stehen unter dem **besonderen Schutz** **2** der staatlichen Ordnung." Die Ehe wird vom BVerfG als das auf Dauer angelegte und zuvor staatlich beurkundete Zusammenleben von Mann und Frau in einer grundsätzlich unauflösbaren Lebensgemeinschaft begriffen (BVerfGE 6, 10, 59, 66; 53, 224, 245; 62, 323, 330). Dabei liegt dem GG das Bild einer verweltlichten und damit von der Kirche losgelösten Ehe zu Grunde (BVerfGE 31, 58, 83). Geschützt wird nur die **Einehe**, also die Verbindung *eines* Mannes mit *einer* Frau (BVerfGE 10, 59, 66). Wegen ihrer Gleichgeschlechtlichkeit fallen homosexuelle Partner nicht unter Art. 6 I GG (*BVerfG* NJW 1993, 3058; BVerfGE 105, 313, 345 f.). Eingetragene Lebenspartnerschaften ohne Kinder genießen lediglich den allgemeinen Schutz des Art. 2 I GG (BVerfGE 104, 51, 59). Nichteheliche Lebensgemeinschaften können sich ebenfalls nur auf Art. 2 I GG berufen (BVerfGE 82, 6, 16; 87, 234, 267; s. auch § 27 Rn. 3).

b) Begriff der Familie

3   Vom verfassungsrechtlichen Familienbegriff wird jede den bürgerlich-recht-
lichen Normen entsprechende **Kleinfamilie** geschützt. Familie ist dabei „die
umfassende Gemeinschaft zwischen Eltern und Kindern" (BVerfGE 10, 59,
66). Auf eine Verheiratung der Eltern kommt es nicht an. Zur Familie gehören
sowohl eheliche als auch nichteheliche Kinder (BVerfGE 45, 104, 123; 92, 158,
176 ff.), ebenso minderjährige und volljährige Kinder (BVerfGE 57, 170, 178)
sowie Adoptiv-, Stief- und Pflegekinder (BVerfGE 18, 97, 105 f.). Insbesondere
bilden auch der einzelne Elternteil und sein Kind eine Familie i.S.v. Art. 6 I GG.
Leben eingetragene Lebenspartner mit dem leiblichen oder angenommenen
Kind eines Lebenspartners in sozial-familiärer Gemeinschaft, bilden sie mit
diesem eine durch Art. 6 I GG geschützte Familie im Sinne des GG (*BVerfG*
NJW 2013, 847; s. auch unten § 26 Rn. 11). Nicht in den Schutzbereich von
Art. 6 I GG fällt die Großfamilie, also die Beziehung zu weiteren Verwandten.

c) Art. 6 I GG als Schutz- und Abwehrrecht

4   Art. 6 I GG bietet als Grund- und Freiheitsrecht ein Abwehrrecht gegenüber
staatlichen Beeinträchtigungen von Ehe und Familie (z.B. BVerfGE 6, 386,
388; 55, 114, 126 f.; 81, 1, 6). Ehe und Familie werden dabei als geschlosse-
ner und vom Staat abgeschirmter Autonomie- und Lebensbereich beschrie-
ben (BVerwGE 91, 130, 134). Dieser Schutz ist vorbehaltlos gewährleistet
(BVerfGE 24, 119, 135).

In Bezug auf die **Ehe** werden nach Art. 6 I GG insbesondere geschützt:
- die positive Eheschließungsfreiheit (BVerfGE 28, 324, 347; 29, 166, 175)
- das ungestörte Zusammenleben und die Ehegestaltungsfreiheit (vgl. BVerfGE 80, 81,
  92; 105, 1, 10)
- die freie Rollenverteilung innerhalb der Ehe (z.B. BVerfGE 39, 169, 183; 107, 27, 53)
- die (Ehe-)Vertragsfreiheit (BVerfGE 103, 89, 101)
- die Wahl des Ehe- oder Familiennamens, Art. 6 I i.V.m. Art. 2 I, 1 I GG (BVerfGE 104,
  373, 387)
- die negative Eheschließungsfreiheit = das Nichtheiraten (BVerfGE 56, 363, 384)
- die Ehescheidungsfreiheit; denn nur die Scheidung ermöglicht die Eingehung einer
  neuen Ehe (vgl. BVerfGE 31, 58; ein vollkommen freies Kündigungsrecht wäre mit dem
  Ehebegriff aber nicht vereinbar).

Im Hinblick auf die **Familie** werden nach Art. 6 I GG insbesondere geschützt:
- die freie Gestaltung des Familienlebens (das Recht, die „Gemeinschaft nach innen in
  familiärer Verantwortung und Rücksicht frei zu gestalten", BVerfGE 80, 81, 92)
- die Lebens- und Erziehungsgemeinschaft, nach Auflösung der Hausgemeinschaft auch
  als Begegnungsgemeinschaft mit Umgang zwischen Eltern(-teil) und Kind (abgestufter
  Schutz je nach Intensität der familiären Gemeinschaft, vgl. BVerfGE 80, 81, 90 f.; s. auch
  BVerfG FamRZ 2010, 2050).

d) Art. 6 I GG als Institutsgarantie

Art. 6 I GG gewährleistet die Ehe als Institut. Mangels gesetzlicher Defini- **5** tion der Ehe wird dabei auf den **Kernbereich der Ehe** als die auf dem freien Entschluss beruhende, in der rechtlich vorgeschriebenen Form geschlossene Verbindung zwischen Mann und Frau abgestellt (BVerfGE 10, 59, 66; 29, 166, 176). Zudem ist die Ehe als dauernde Gemeinschaft versprochen (vgl. BVerfGE 53, 224, 245 f.). So hat der Gesetzgeber etwa bei der Ausgestaltung des Eherechts (insbesondere des Scheidungsrechts) die grundsätzliche Unauflösbarkeit der Ehe zu beachten (vgl. BVerfGE 53, 224, 245 ff.).

e) Art. 6 I GG als wertentscheidende Grundsatznorm

Art. 6 I GG enthält eine verbindliche Wertentscheidung für die gesamte **6** Rechtsordnung. Der Staat wird dadurch verpflichtet, Ehe und Familie vor Beeinträchtigungen zu bewahren und durch geeignete Maßnahmen zu fördern (BVerfGE 28, 324, 347). Daraus resultieren sowohl ein Schädigungsverbot als auch ein **Förderungsgebot**. Letzteres realisiert sich insbesondere in der Verpflichtung zu einem Familienlastenausgleich (vgl. BVerfGE 39, 316, 326; 82, 60, 81). Aus dem Fördergebot folgt aber kein Benachteiligungsgebot für andere Lebensformen wie der eingetragenen Lebenspartnerschaft oder nichtehelichen Lebensgemeinschaft (BVerfGE 105, 313, 348).

Ferner ist Art. 6 I GG als wertentscheidender Grundsatznorm ein **Diskriminierungsverbot** zu entnehmen, wonach die Ehe anderen Lebensformen gegenüber nicht schlechter gestellt werden darf (st. Rspr., z.B. BVerfGE 109, 96, 125). So sollen Ehen nicht schlechter stehen als nichteheliche Lebensgemeinschaften oder eingetragene Lebenspartner. Familien wiederum sollen nicht schlechter stehen als (kinderlose) Ehen (*BVerfG NJW 1983, 271 ff.*) oder als Alleinstehende ohne Kinder (BVerfGE 45, 104, 124). Das Diskriminierungsverbot wird insbesondere im Steuerrecht relevant.

2. Schutz des Elternrechts, Art. 6 II GG

Art. 6 II GG lautet: „Pflege und Erziehung der Kinder sind das natürliche Recht der Eltern und die zuvörderst ihnen obliegende Pflicht. Über ihre Betätigung wacht die staatliche Gemeinschaft."

Das Elternrecht (Art. 6 II, III GG) ist nicht nur ein Grund- und Freiheitsrecht **7** der Eltern und eine „Richtlinie für die Rechtsordnung" (BVerfGE 4, 52, 57), Art. 6 II 1 GG normiert auch eine **Pflicht der Eltern** (sog. Elternverantwortung, BVerfGE 10, 59, 67, 76 ff.; 103, 89, 107). Das Elternrecht ist nämlich im Wesentlichen ein Recht im Interesse des schutzbedürftigen Kindes (vgl. etwa BVerfGE 61, 358, 371 f.; 72, 122, 137). Art. 6 II und III GG fungieren einerseits als Abwehrrechte und andererseits als **verbindliche Wertentscheidung** (BVerfGE 21, 132, 138). Im Hinblick auf das Eltern-Kind-Verhältnis sind Art. 6 II und III GG leges speciales gegenüber Art. 6 I GG (BVerfGE 24, 119, 135 f.; 31, 194, 204).

8   **Träger des Elternrechts** sind die Eltern jeweils für sich (BVerfGE 47, 46,
76; 99, 145, 164; zur Rechtsstellung des „nichtehelichen Vaters" s. *BVerfG*
FamRZ 2010, 1403 und § 32 Rn. 13); ausgenommen sind allerdings Pflegeeltern (z.B. BVerfGE 79, 51, 60) und Stiefeltern. Auch eingetragene Lebenspartner können jeweils Elternteile i.S.v. Art. 6 II GG sein; der Gesetzeswortlaut ist
nicht auf verschiedengeschlechtliche Elterngemeinschaften festgelegt (*BVerfG*
NJW 2013, 847). Falls rechtliche und leibliche Vaterschaft auseinanderfallen,
steht dem leiblichen Vater kein Elternrecht zu, da ein Kind im Rechtssinne nur
einen Vater haben kann; ihm wird aber unter bestimmten Voraussetzungen
die Möglichkeit eröffnet, die rechtliche Vaterschaft oder zumindest ein Umgangsrecht zu erlangen (BVerfGE 108, 82, 104 ff.; s. § 31 Rn. 28, § 34 Rn. 16).
Ansonsten kann die tatsächliche Beziehung zum leiblichen Vater unter den
Familienschutz des Art. 6 I GG fallen.

9   Das Elternrecht umfasst die Entscheidungsfreiheit über die Pflege des Kindes. Diese beinhaltet insbesondere:
* die Sorge für das körperliche Wohl des Kindes
* die Erziehung einschließlich der religiösen Erziehung (BVerfGE 41, 29, 47 f.)
* das Namensgebungsrecht (BVerfGE 104, 373, 385)
* das Umgangsrecht (*BVerfG* FamRZ 2007, 105 und 1078 und 1625).

Grenzen des Elternrechts ergeben sich aus dessen Pflichtbindung (s. Rn. 7), wobei sich
die Pflicht auf den gleichen Bereich bezieht wie das Elternrecht (Jarass/Pieroth/*Pieroth*,
Art. 6 Rn. 33). Kinder können aus dem Elternrecht sogar einen Anspruch auf Pflege,
Erziehung und Beaufsichtigung durch die Eltern ableiten (vgl. BVerfGE 56, 363, 381; 68,
256, 269) sowie auf Schutz durch den Staat (BVerfGE 24, 119, 144). In Ausübung des staatlichen Wächteramts aus Art. 6 II 2 GG können Eingriffe in das Elternrecht gerechtfertigt
sein, wobei der Grundsatz der Verhältnismäßigkeit strikt zu wahren ist (z.B. *BVerfG* ZKJ
2014, 242; s. § 32 Rn. 30).

3. Gleichstellung der ehelichen und nichtehelichen Kinder, Art. 6 V GG

Art. 6 V GG lautet: „Den unehelichen Kindern sind durch die Gesetzgebung die gleichen Bedingungen für ihre leibliche und seelische Entwicklung und ihre Stellung in der
Gesellschaft zu schaffen wie den ehelichen Kindern."

10   Art. 6 V GG ist als **Auftrag an den Gesetzgeber** formuliert (vgl. BVerfGE
84, 168, 185), wendet sich aber auch an Judikative und Exekutive. Grund für
die Aufnahme von Art. 6 V GG in die Verfassung waren die ungünstigeren
Lebensbedingungen nichtehelicher Kinder. Mittlerweile ist der Gesetzgeber
seiner Verpflichtung durch zahlreiche Reformen nachgekommen. Der Verfassungsauftrag besteht gleichwohl weiterhin. Art. 6 V GG realisiert sich über den
Gesetzesauftrag hinaus auch als **Grundrecht** und verfassungsrechtliche Wertentscheidung (BVerfGE 8, 210, 216 f.). Es handelt sich um ein Art. 3 III GG
vergleichbares Gleichheitsgrundrecht (BVerfGE 17, 280, 286) und zugleich
um eine Schutznorm zugunsten nichtehelicher Kinder (BVerfGE 17, 148, 153).

Der Schutz des Art. 6 V GG richtet sich an jede **nichteheliche Person**, unabhängig von deren Alter (BVerfGE 44, 1, 19 f.). Nichtehelich ist eine Person dann, wenn ihre Eltern im Zeitpunkt der Geburt nicht miteinander verheiratet. Nicht in den Schutzbereich fallen die Eltern des nichtehelichen Kindes.

In sachlicher Hinsicht muss für den Schutz- und Anwendungsbereich des **11** Art. 6 V GG eine nichtehelichkeitsbezogene **Ungleichbehandlung** vorliegen, also eine unterschiedliche Behandlung zweier vergleichbarer Sachverhalte in Abhängigkeit zur Nichtehelichkeit. Zudem muss dem Grundrechtsträger aus der Ungleichbehandlung ein Nachteil erwachsen (vgl. BVerfGE 17, 148, 153 f.), der aber oftmals schon in der Ungleichbehandlung als solcher liegen wird (Jarass/Pieroth/*Jarass*, Art. 6 Rn. 57). Der Nachteil und die Ungleichbehandlung können entweder unmittelbar an die Nichtehelichkeit der Personen anknüpfen oder auch nur **mittelbare Folgen** sein, z.B. wenn die nichteheliche Mutter im Unterhaltsrecht benachteiligt und damit mittelbar auch die Lebensstellung des nichtehelichen Kindes berührt wird (vgl. BVerfGE 36, 126, 133; *BVerfG* FamRZ 2007, 965).

II. Der Gleichbehandlungsgrundsatz im Familienrecht, Art. 3 II GG

Im Hinblick auf die eheliche Lebensgemeinschaft wird zwar auch Art. 6 I GG **12** der Gedanke gleichberechtigter Partnerschaft entnommen (vgl. nur BVerfGE 76, 1, 72). Doch primär ist die Gleichbehandlung von Mann und Frau verfassungsrechtlich in Art. 3 II GG festgeschrieben. Das hat auch im Familienrecht Auswirkungen, wo heute in allen Bereichen gleichberechtigte Rechtspositionen von Mann und Frau gewährleistet sind, insbesondere bei der

- Bestimmung des Ehenamens, § 1355 BGB (s. § 7 Rn. 1)
- Betätigung der Schlüsselgewalt, § 1357 BGB (s. § 10 Rn. 1 f.)
- ehelichen Rollenverteilung, vgl. § 1356 BGB (s. § 9 Rn. 13 f.).

Wichtig ist dabei die gesetzliche Wertung zu Gunsten der unterhaltsrechtlichen **Gleichwertigkeit** von Haushaltsführung und Kindererziehung im Vergleich zur Bereitstellung der notwendigen Barmittel aufgrund von Erwerbstätigkeit. Bar- und Naturalunterhalt werden im rechtlichen Sinne als gleichwertige Beiträge begriffen (vgl. § 1360 BGB beim Familienunterhalt; § 1606 III 2 BGB beim Kindesunterhalt). In Verbindung mit Art. 6 I GG folgt aus dem Gleichbehandlungsgrundsatz der sog. **Halbteilungsgrundsatz**. Da beide Ehegatten – auch bei traditioneller Rollenverteilung – während der Ehe gleichwertige Beiträge erbringen, sollen sie im Fall der Scheidung auch einen Anspruch auf gleiche Teilhabe am gemeinsam Erwirtschafteten haben (z.B. *BVerfG* FamRZ 2011, 437). Im Rahmen von Unterhalt, Zugewinn- und Versorgungsausgleich ist somit grundsätzlich jedem Ehegatten die Hälfte der verteilungsfähigen Werte zuzubilligen (vgl. BVerfGE 105, 1, 12).

III. Exkurs: Art. 8 EMRK und das Familienrecht

13   Der Gesetzgeber, aber auch die übrige staatliche Gewalt, hat zur Wahrung
des Rechtsstaatsprinzips neben dem Grundgesetz auch die Europäische Men-
schenrechtskonvention (EMRK) und die Rechtsprechung des Europäischen
Gerichtshofs für Menschenrechte (EGMR) zu beachten. Im Familienrecht
spielt das insbesondere im Kindschaftsrecht eine Rolle (vgl. *BVerfG* FamRZ
2010, 1403).

Die EMRK gilt in Deutschland nach Ratifizierung unmittelbar, allerdings
nur als einfaches Gesetz, also im Rang unter dem GG (*BVerfG* NJW 2004,
3407). Gem. Art. 8 I EMRK hat jede Person das Recht auf **Achtung ihres
Privat- und Familienlebens,** ihrer Wohnung und ihrer Korrespondenz. Das
Recht auf Eheschließung und Familiengründung hingegen wird über Art. 12
EMRK geschützt. Das „Familienleben" i.S.v. Art. 8 EMRK ist weit zu verstehen (*Meyer-Ladewig*, EMRK, 2006, Art. 8 Rn. 18). Es wird zunächst die Beziehung zwischen den Partnern geschützt, wobei es nicht darauf ankommt, ob sie
verheiratet sind oder nicht. Damit ergibt sich eine Abweichung gegenüber dem
deutschen Recht. Darüber hinaus wird die Beziehung zwischen Elternteilen
und (ehelichen wie nichtehelichen) Kindern geschützt (*EGMR* NJW 1979,
2449, teils i.V.m. Art. 14 EMRK; *EGMR* NJW 2001, 2315). Der Schutz erstreckt sich auch auf die reine „**De-facto-Familie**", d.h. auch auf enge persönliche Bindungen des Kindes, z.B. zu einem nichtehelichen Stiefelternteil (vgl.
EGMR NJW 2003, 809). Zu den geschützten Familienbeziehungen zählen
ferner auch die Beziehungen zu allen nahen Verwandten, also z.B. zwischen
Großeltern und Enkel (*EGMR* NJW 1979, 2449, 2452).

14   Sachlich gehört zur Achtung des Familienlebens insbesondere die Möglichkeit des
tatsächlichen Zusammenlebens. Demgemäß gewährleistet Art. 8 EMRK auch ein Sorge-
und Umgangsrecht der Eltern nach Trennung oder Scheidung (s. z.B. *EGMR* NJW 2004,
3397 – Görgülü/Deutschland).

Empfehlungen zur vertiefenden Lektüre

Coester-Waltjen, Grundgesetz und EMRK im deutschen Familienrecht, Jura 2007, 914;
dies., Art. 6 GG und die Familienautonomie, Jura 2009, 105; *Hilbig*, Abgrenzungsfragen
hinsichtlich der Zuständigkeit der Familiengerichte, FPR 2011, 68; *Kirchhof*, Der besondere Schutz der Familie in Art. 6 Abs. 1 des Grundgesetzes, AöR 2004, 542; *Di Fabio*, Der
Schutz von Ehe und Familie: Verfassungsentscheidung für die vitale Gesellschaft, NJW
2003, 993; *Papier*, Ehe und Familie in der neueren Rechtsprechung des BVerfG, NJW
2002, 2129; *Steiner*, Zum Ehebild in der jüngeren Rechtsprechung des Bundesverfassungs-
gerichts, FS Schwab, 2005, S. 433; *Zimmermann*, Die allgemeinen Regelungen des neuen
FamFG, JuS 2009, 692.

§ 3. Wiederholung

1. In welche Regelungsbereiche lässt sich das Familienrecht unterteilen?
2. Welches sind die zentralen Rechtsquellen des Familienrechts?
3. Welche Normen regeln das familienrechtliche Verfahren?
4. Wie gestaltet sich der Instanzenzug im Familienrecht?
5. Was ist eine Familie im verfassungsrechtlichen Sinne?

Die Antworten zu den Kontrollfragen finden Sie am Ende des Buches.

Kapitel 2. Verlöbnis, Eheschließung und Ehename

§ 4. Das Verlöbnis

> ### Die Regelungsbereiche des Eherechts
>
> - Verlöbnis, §§ 1297 f. BGB
> - Eheschließung, §§ 1303 ff. BGB
> - Eheliche Lebensgemeinschaft, §§ 1353 ff. BGB
> - Güterrecht, §§ 1363 ff. BGB
> - Scheidungsrecht, §§ 1564 f. BGB
> - Nachehelicher Unterhalt, §§ 1569 ff. BGB
> - Versorgungsausgleich, VersAusglG

I. Überblick

1 Die §§ 1297–1302 BGB regeln das Verlöbnis. Dessen zivilrechtliche Bedeutung ist freilich eher gering. Das ergibt sich bereits aus der Kernaussage des § 1297 I BGB, wonach aus einem Verlöbnis nicht auf Eingehung der Ehe geklagt werden kann. Man kann sich die Ehe also versprechen, der rechtliche Vollzug dieses Versprechens ist jedoch nicht durchsetzbar. § 120 III FamFG bestimmt ergänzend, dass die Verpflichtung zur Eingehung der Ehe nicht der Vollstreckung unterliegt. Die Regelung des § 1297 I BGB soll auch nicht dadurch umgangen werden können, dass man sich für den Fall der Nichtheirat eine Entschädigung versprechen lässt, etwa im Sinne von: „Für den Fall, dass ich dich doch nicht heiraten sollte, bekommst du zumindest einen neuen Mercedes." Ein solches Vertragsstrafeversprechen (vgl. zum Begriff § 339 BGB) wäre nach § 1297 II BGB unwirksam.

2 Die **Rechtswirkungen** des Verlöbnisses realisieren sich aber im Schutz desjenigen, der auf das Verlöbnis vertraut sowie Dispositionen getroffen hat und nun mit dem unbegründeten Rücktritt des anderen Teils konfrontiert wird. Hier gewährt § 1298 BGB in beschränktem Umfang Schadensersatzansprüche. Außerdem gibt es bei Auflösung des Verlöbnisses einen Anspruch auf Rückgabe von Geschenken, § 1301 S. 1 BGB. Weitere Rechtswirkungen des Verlöbnisses zeigen sich in anderen Rechtsbereichen, etwa im Erbrecht, vgl. z.B. §§ 2275 III, 2276 II, 2279 II, 2290 III BGB. Außerdem kommt Verlobten im Prozess ein Zeugnisverweigerungsrecht zu, §§ 383 I Nr. 1 ZPO, 52 I Nr. 1 StPO. Im Strafrecht handelt es sich beim Verlobten um einen Angehörigen gem. § 11 I Nr. 1a StGB.

II. Begriff und Rechtsnatur des Verlöbnisses

1. Der Theorienstreit

Das Verlöbnis ist zum einen das gegenseitige Versprechen von Mann und **3** Frau, künftig die Ehe miteinander eingehen zu wollen, zum anderen aber auch der daraus folgende Rechtszustand bzw. das Rechtsverhältnis zwischen den Verlobten (*Schwab,* FamR, Rn. 36). Das Versprechen kann ausdrücklich oder auch konkludent, z.B. durch Anstecken eines Verlobungsrings, erfolgen.

Die Rechtsnatur des Verlöbnisses ist **umstritten.** Relevant wird der Theo- **4** rienstreit im Klausurfall vor allem bei Beteiligung eines Minderjährigen am Verlöbnis. Sind die Parteien laut Klausursachverhalt indes bereits „verlobt", bedarf es keiner weiteren Auseinandersetzung mit dem Begriff des Verlöbnisses.

Nach der wohl überwiegend vertretenen **Vertragstheorie** (RGZ 61, 267, 271; BGHZ 28, 375, 377; *Gernhuber/Coester-Waltjen,* § 8 Rn. 5; *Muscheler,* FamR, Rn. 228; Palandt/*Brudermüller,* Einf. v. § 1297 Rn. 1) kommt das Verlöbnis durch einen Vertrag zustande, also durch zwei übereinstimmende Willenserklärungen i.S.d. §§ 116 ff. BGB. Trotz Unklagbarkeit der eingegangenen Pflichten (§ 1297 I BGB) werden durch das Verlöbnis nach dieser Theorie gleichwohl echte Rechtspflichten begründet. Da deren Erfüllung (durch Eheschließung) jedoch letztlich im freien Belieben der Parteien steht, überzeugt die Einordnung als Vertrag nicht wirklich.

Die **abgeschwächte Vertragstheorie** betrachtet das Verlöbnis nur als vertragsähnlich. Schließlich wird anders als bei einem echten Vertrag keine echte Rechtspflicht begründet. Demgemäß sei nicht von Willenserklärungen, sondern von geschäftsähnlichen Handlungen auszugehen. Die Normen über Willenserklärungen sollen daher nur „soweit passend" zur Anwendung kommen (*Schwab,* FamR, Rn. 42; Staudinger/*Löhnig,* Vorbem. zu §§ 1297 ff. Rn. 20 ff.). Damit ist freilich eine gewisse Unsicherheit in der Rechtsanwendung verbunden.

Nach der heute nicht mehr vertretenen **Tatsächlichkeitstheorie** (z.B. *Mathiaß*, Lehrbuch des Bürgerlichen Rechts, 6./7. Aufl., 1914, § 223) erweist sich das Verlöbnis nicht als Rechtsgeschäft, sondern nur als tatsächliche soziale Erscheinung infolge natürlicher Willensübereinstimmung. Das Verlöbnis sei demgemäß nur ein Realakt, auf den die §§ 116 ff. BGB nicht zur Anwendung kämen. Dagegen spricht aber, dass das Gesetz in den §§ 1298, 1301 BGB durchaus an die getroffene Vereinbarung Rechtsfolgen knüpft.

Nicht zuletzt wird die Auffassung vom Verlöbnis als **gesetzlichem Rechtsverhältnis der Vertragsvorbereitung** vertreten (*Canaris,* AcP 165 (1965), 1 ff.; *Rauscher,* Rn. 106; *Dethloff,* § 2 Rn. 5 ff.). In Anlehnung an das Rechtsinstitut der c.i.c. wird das Verlöbnis nicht als Rechtsgeschäft begriffen – schließlich liegt auch noch kein bindender Vertrag vor – sondern als vorvertraglicher Vertrauenstatbestand. Dafür sind keine Willenserklärungen erforderlich, kennzeichnend ist vielmehr das in zurechenbarer Weise von beiden Seiten erzeugte Vertrauen auf das künftige Zustandekommen des Vertrags bzw. der Ehe. Demgemäß gibt es auch keine (einklagbaren) primären Leistungspflichten, wohl aber (sekundäre) Ansprüche wegen enttäuschten Vertrauens (§ 1298 BGB). Diese Theorie der **Vertrauenshaftung** lässt sich meines Erachtens dogmatisch am stimmigsten in das Konzept der §§ 1297 ff. BGB einfügen.

2. Das Verlöbnis eines Minderjährigen

5   Der Theorienstreit wirkt sich aus, wenn am Verlöbnis ein Minderjähriger beteiligt ist. Wird in diesem Fall, etwa nach einseitigem Rücktritt vom Verlöbnis, ein Anspruch aus § 1298 BGB geltend gemacht, so wäre als erstes Tatbestandsmerkmal dieses Anspruchs (s. unten Rn. 10) das wirksame Verlöbnis zu prüfen. Dann fragt sich, unter welchen Voraussetzungen sich ein beschränkt Geschäftsfähiger wirksam verloben kann. Schon aus dem **höchstpersönlichen Charakter** des Verlöbnisses ergibt sich dabei, dass ein Minderjähriger nicht ohne seine Zustimmung durch seinen ges. Vertreter bzw. seine Eltern mit einem anderen verlobt werden kann. Eindeutig ist auch, dass das Verlöbnis wirksam ist, wenn sowohl der Minderjährige als auch sein ges. Vertreter einverstanden sind.

6   Fraglich sind aber die Rechtsfolgen, wenn sich der **Minderjährige ohne Zustimmung der Eltern** verlobt hat, sei es heimlich oder trotz verweigerter Zustimmung. Die Vertragstheorien kämen zur Anwendung der §§ 107 ff. BGB und würden die Wirksamkeit von der Genehmigung der Eltern abhängig machen. Nach der Tatsächlichkeitstheorie wäre das Verlöbnis ohne Weiteres wirksam. Nach der Theorie der Vertrauenshaftung wäre das Verlöbnis als solches zwar wirksam, eine Haftung des Minderjährigen aus § 1298 BGB käme gleichwohl nur in Betracht, wenn insoweit von ihm ein zurechenbares Vertrauen auf die künftige Eheschließung erzeugt worden ist. Und das wäre im Sinne des Minderjährigenschutzes nach der **Wertung der §§ 107 ff. BGB** regelmäßig nur zu bejahen, wenn die Zustimmung des ges. Vertreters zum Verlöbnis vorliegt (so etwa *Dethloff*, § 2 Rn. 9). Insoweit ist man sich im Ergebnis darüber einig, dass der **Minderjährigenschutz** auch im Verlöbnisrecht effektiv zur Geltung kommen muss. Der Minderjährige soll einerseits vor ihn belastenden Rechtsfolgen des (heimlichen) Verlöbnisses geschützt werden, etwa vor gegen ihn gerichteten Ansprüchen aus § 1298 BGB; andererseits sollen ihm solche Ansprüche aber nicht vorenthalten werden, wenn er selbst der Geschädigte ist. Je nach gewünschtem Ergebnis versucht man insofern, im einen Fall die Unwirksamkeit des Verlöbnisses zu begründen, im anderen Fall hingegen die Wirksamkeit. Wie das rechtstechnisch funktioniert, sollen die folgenden Fallbeispiele verdeutlichen.

Beispielsfall: Die 17-jährige Tita hat sich ohne Wissen ihrer Eltern mit dem 30-jährigen Zorro verlobt. Sie kauft daher vom ersparten Taschengeld ein Verlobungsgeschenk für Z sowie ein Hochzeitskleid zum Preis von 500 €. Nachdem Z es sich anders überlegt hat und nicht mehr heiraten will, verlangt T von Z das Geschenk zurück und will Schadensersatz, weil sie das Kleid im Second-Hand-Laden nur mit einem Verlust in Höhe von 250 € veräußern konnte.

Anspruchsgrundlage für die Rückgabe des Geschenks könnte § 1301 i.V.m. § 818 I BGB sein, Anspruchsgrundlage für den Schadensersatz **§ 1298 I BGB**.

Beide Normen setzen tatbestandlich ein **wirksames Verlöbnis** voraus. Daran könnte es fehlen, weil T als beschränkt Geschäftsfähige zu rechtlich nachteilhaften Willenserklärungen der Einwilligung ihrer Eltern bedürfte, §§ 106, 107 BGB. Diese Normen sind indes nur dann anwendbar, wenn es sich beim Verlöbnis tatsächlich um ein Rechtsgeschäft bzw. einen Vertrag handelt. Diese Frage ist umstritten (s. Rn. 4; in der Klausur wären die verschiedenen Meinungen kurz darzulegen).

– Nach den **Vertragstheorien** müsste ein wirksames Verlöbnis hier eigentlich abgelehnt werden, weil die §§ 107 ff. BGB danach direkt oder entsprechend anwendbar sind, die Einwilligung des ges. Vertreters aber eben fehlt. Das ginge aber nur zum Nachteil der T, die sich dann nicht zu ihren Gunsten auf die §§ 1301, 1298 BGB berufen könnte. Einfach wäre es, wenn das Verlöbnis noch schwebend unwirksam wäre. Dann könnten die Eltern das Verlöbnis noch durch ihre Genehmigung wirksam werden lassen (§ 108 I BGB) und somit die Grundlagen für die genannten Ansprüche schaffen. Wurde die Genehmigung aber schon endgültig verweigert, hilft nur noch die Anwendung von § 242 BGB. Dem volljährigen anderen Verlobten, der sich nicht rechtstreu verhalten hat, wird die Berufung auf die Unwirksamkeit des Verlöbnisses versagt. Außerdem kann im Einzelfall die Heranziehung des Gedankens von § 109 II BGB die Lösung bringen: Dem anderen Verlobten wird der Verweis auf das unwirksame Verlöbnis versagt, wenn er die Minderjährigkeit seines Partners kannte.

– Nach den **anderen Theorien** kommen die §§ 107 ff. BGB nicht (direkt) zur Anwendung, so dass auch ohne Zustimmung des ges. Vertreters zu Gunsten des Minderjährigen von einem wirksamen Verlöbnis auszugehen wäre.

Umgekehrt liegt das Problem, wenn die **Ansprüche gegen den minder-** 7 **jährigen Verlobten** gerichtet werden.

Beispielsfall: Die 17-jährige Viola spiegelt vor, volljährig und Vollwaise zu sein und verlobt sich mit dem 25-jährigen Ernst. Die Eltern des E investieren mit Einverständnis der V 1.000 € in die Hochzeitsvorbereitungen. Kurz danach meint V, sie liebe E doch nicht mehr und ihre Eltern seien ohnehin gegen die Verbindung. Können die Eltern des E von V Ersatz ihrer Investitionskosten verlangen?

Die Eltern des E könnten einen **Schadensersatzanspruch aus § 1298 I BGB** haben. Voraussetzung dafür ist wiederum ein wirksames Verlöbnis.

– Folgt man der **Vertragstheorie**, tut man sich jetzt leicht. Das Verlöbnis wird als Rechtsgeschäft eingestuft und die Vorschriften über Willenserklärungen einschließlich der §§ 107 ff. BGB sind anwendbar. Da die Zustimmung der Eltern der V vorliegend fehlt und wohl auch endgültig verweigert wurde, liegt kein wirksames Verlöbnis vor. Ein Anspruch der Eltern des E entfällt. Der Minderjährigenschutz kann sich ohne Weiteres durchsetzen.

- Nach der **abgeschwächten Vertragstheorie** wird man hier zum Schutz des Minderjährigen die §§ 107 ff. BGB entsprechend zur Anwendung kommen lassen. Das Ergebnis ist dann dasselbe wie zuvor.
- Bei Zugrundelegung der **Tatsächlichkeitstheorie** hingegen müsste man ein wirksames Verlöbnis bejahen. Für Gesichtspunkte des Minderjährigenschutzes bleibt dann letztlich kein Platz. Das überzeugt kaum und spricht auch gegen diese Theorie.
- Schließt man sich der hier vertretenen Auffassung vom Verlöbnis als **gesetzlichem Rechtsverhältnis der Vertragsvorbereitung** an, wird die Begründung des Ergebnisses etwas schwieriger. Da das Verlöbnis selbst noch nicht als Vertrag, sondern nur als Akt der Vertragsvorbereitung begriffen wird, wären die §§ 107 ff. BGB insoweit nicht unmittelbar anwendbar. Das Verlöbnis eines Minderjährigen wäre danach auch ohne Zustimmung des ges. Vertreters wirksam. Ein zu Lasten des Minderjährigen wirkender, haftungserzeugender Vertrauenstatbestand wäre gleichwohl nur zu bejahen, wenn in zurechenbarer Weise ein schutzwürdiges Vertrauen des anderen Teils auf das Zustandekommen der Ehe begründet worden ist. Dafür wäre aber ein rechtsgeschäftsähnliches Handeln erforderlich, so dass zum Schutz des Minderjährigen die Wertungen der §§ 107 ff. BGB und auch der Gedanke des § 179 III 2 BGB zu beachten wären. Da hier keine Zustimmung der Eltern vorlag, käme man daher regelmäßig zur Ablehnung einer Haftung des Minderjährigen. Der Minderjährigenschutz würde sich somit gegenüber dem Vertrauensschutz durchsetzen. Im vorliegenden Fall könnte man aber auch anderer Ansicht sein; denn V, die immerhin schon 17 Jahre alt ist, hat gewusst, was sie macht. Sie hat sich vorsätzlich als volljährig ausgegeben. Sie hat die Dispositionen der Eltern des E akzeptiert und nicht verhindert. Unter diesen Umständen erscheint es angemessen, als Maßstab für die Beurteilung der Zurechenbarkeit § 828 III BGB heranzuziehen und nicht die §§ 107 ff. BGB (a. A. vertretbar). Die Eltern des E haben unter den gegebenen Umständen auch auf die bevorstehende Eheschließung vertrauen können. Der Anspruch der Eltern wäre demgemäß zu bejahen.

Somit lässt sich über die Anwendung dieser Theorie ein einzelfallgerechtes Ergebnis erzielen. Je nach Alter, Kenntnissen und Mitverschulden des Minderjährigen mag der Minderjährigenschutz nämlich unter Umständen auch zurückzutreten haben. Im üblichen Fall des arglosen Minderjährigen hingegen wird man die Zurechenbarkeit regelmäßig über das Wertungsmodell der §§ 106 ff. BGB zu beurteilen und damit dem Schutz des Minderjährigen den Vorrang einzuräumen haben.

Hinweis: Ein Anspruch gegen V aus § 823 I BGB scheidet aus, weil nur das Vermögen der Eltern geschädigt wurde. Für einen Anspruch aus § 826 BGB fehlt es wohl an der Schädigungsabsicht.

3. Anwendung weiterer Normen des BGB AT

8   Weitgehend unbestritten ist, dass sich **Geschäftsunfähige** nicht wirksam verloben können. Die §§ 104, 105 BGB gelten insoweit – je nach Theorienansatz – direkt oder entsprechend auch im Verlöbnisrecht. Nicht anzuwenden sind jedoch die Vorschriften über die **Anfechtung** von Willenserklärungen wegen Irrtums, Drohung oder Täuschung, §§ 119 ff. BGB, denn insoweit enthalten die §§ 1298, 1299 BGB die spezielleren Regeln. Im Übrigen ist ein Rücktritt vom Verlöbnis ohnehin jederzeit möglich. Da das Verlöbnis höchstpersönlicher Natur ist, sind die Stellvertretungsregeln, §§ 164 ff. BGB, nicht anwendbar.

§ 138 BGB kommt nach h.M. zur Anwendung, wenn sich eine anderweitig bereits ver- **9**
heiratete Person verlobt. Das Verlöbnis eines Verheirateten ist daher nichtig (*BGH* FamRZ
1984, 384), und zwar auch dann, wenn die Scheidung schon läuft oder sich ungebührlich
lang hinzieht. Ob sich die Verlobten eines Sittenverstoßes bewusst sind, ist unerheblich
(*OLG Karlsruhe* NJW 1988, 3023). Das soll gleichwohl nicht dazu führen, dass etwa eine
Frau, die nicht weiß, dass ihr „Verlobter" noch verheiratet ist, schutzlos gestellt wird. Tritt
sie nach Aufdeckung der wahren Verhältnisse vom Verlöbnis zurück, sollen ihr Ansprüche
aus §§ 1298, 1301 BGB nicht in jedem Fall versagt bleiben. Man kann das über eine analoge Anwendung von § 1298 BGB erreichen oder über den Verweis auf **§ 242 BGB** (*BGH*
FamRZ 1969, 474, 475 f. zu § 1301 BGB), der es dem anderen Teil verbietet, sich auf die
Unwirksamkeit des Verlöbnisses zu berufen (unzulässige Rechtsausübung). Schließlich
soll der betroffene Verlobte hier nicht schlechter stehen als bei einem gültigen Verlöbnis
und der andere Teil aus der Nichtigkeit nicht noch Vorteile ziehen. Außerdem kann ein
Anspruch aus § 826 BGB in Betracht kommen.

III. Der Anspruch aus § 1298 BGB auf Schadensersatz bei unbegründetem Rücktritt

§ 1298 BGB gibt bei grundlosem Rücktritt vom Verlöbnis dem anderen **10**
Verlobten, dessen Eltern und bestimmten dritten Personen einen Anspruch auf
Ersatz des Schadens, der daraus entstanden ist, dass in Erwartung der Ehe Aufwendungen gemacht oder Verbindlichkeiten eingegangen wurden. Die Norm
ist insoweit **lex specialis** gegenüber einer allgemeinen Haftung aus § 311 II
BGB. Deliktsrecht bleibt daneben anwendbar. Verfahrensrechtlich handelt es
sich um eine sonstige Familiensache nach § 266 I Nr. 1 FamFG.

Prüfungsschema § 1298 BGB

1. **Wirksames Verlöbnis**
2. **Auflösung des Verlöbnisses durch Rücktritt eines Verlobten**
   a) durch Rücktritt des Anspruchsgegners ohne wichtigen Grund, § 1298 I, III BGB
   b) oder durch verschuldete Veranlassung des Rücktritts, § 1299 BGB
3. **Berechtigter Anspruchsteller**
   a) der betroffene Verlobte oder
   b) dessen Eltern oder
   c) dritte Personen, die an Stelle der Eltern gehandelt haben
4. **Schaden**
   a) durch Aufwendungen oder Eingehung von Verbindlichkeiten
      oder Nachteile infolge von Maßnahmen, die das Vermögen oder die Erwerbs-
      stellung berühren, § 1298 I 2 BGB
   b) in kausalem Zusammenhang mit erwarteter Eheschließung
   c) in angemessenem Umfang, § 1298 II BGB

---

1. Der grundlose oder schuldhaft veranlasste Rücktritt

11   Zentrales Tatbestandsmerkmal des § 1298 BGB ist der Rücktritt vom Verlöbnis ohne wichtigen Grund, vgl. Abs. 3. Der Rücktritt selbst ist eine höchstpersönliche, empfangsbedürftige Willenserklärung, die vom Minderjährigen
ohne Zustimmung des gesetzlichen Vertreters erklärt werden kann (vgl. RGZ
98, 13, 15). Natürlich hat man immer seine Gründe, wenn man von einem
Verlöbnis zurücktritt. Schließlich ist eine Eheschließung eine Entscheidung
von besonderer Tragweite und sollte gut überlegt sein. Daher ist der Rücktritt jederzeit erlaubt. Indes ist die andere Seite schutzwürdig, wenn sie auf
das Verlöbnis vertraut, demgemäß disponiert hat und nun – ohne selbst dazu
Veranlassung gegeben zu haben – mit dem Rücktritt konfrontiert wird. Hier
besteht Anspruch auf Ersatz des Vertrauensschadens.

     Ein „**grundloser**" **Rücktritt** liegt vor, wenn beim Zurücktretenden ledig-
lich ein allgemeiner Gesinnungswandel stattgefunden hat, den er sich selbst zuzurechnen hat. Ein wichtiger Grund, der die Schadensersatzhaftung ausschließt,
ist jedoch gegeben, wenn nach dem Verlöbnis aus der Sphäre des anderen Partners Umstände hinzutreten oder bekannt werden, die es mit Rücksicht auf das
Wesen der Ehe als verständlich erscheinen lassen, dass eine Eheschließung nun
abgelehnt wird. Solche Umstände können z.B. sein: **Treuebruch**, gravierendes
Fehlverhalten, Erbkrankheiten in der Familie, bestehende Krankheit (*BGH*
FamRZ 2005, 1151, 1154), Vorstrafen, Vorverheiratung oder die Existenz
von unterhaltsberechtigten Kindern. Im Zweifelsfall muss insoweit überlegt
werden, in wessen **Risikosphäre** ein Umstand letztlich fällt (*Schwab*, FamR,
Rn. 48) und welche Verteilung des Investitionsrisikos demgemäß angemessen
erscheint. Das zu entscheiden, kann im Einzelfall allerdings schwierig sein.

> **Beispiel:** Ein Verlobter ist infolge eines Unfalls behindert. Ist die Abstandnahme des
> anderen Partners vom Verlöbnis dann „grundlos" oder nicht? Hier liegt wohl eine Risi-
> koteilung nahe (*Dethloff*, § 2 Rn. 14).

12   **§ 1299 BGB** stellt klar, dass nicht nur derjenige Schadensersatz schuldet, der grundlos
zurücktritt, sondern auch derjenige, der den Rücktritt des anderen Verlobten durch ein
Verschulden, das einen wichtigen Grund für den Rücktritt bildet, veranlasst. In allen erdenklichen Fallvarianten ist also nicht entscheidend, wer (zuerst) den Rücktritt ausspricht,
sondern in wessen Risikosphäre der Anlass hierfür fällt. Bei einverständlicher Aufhebung
des Verlöbnisses gilt § 1298 BGB nach überwiegender Meinung nicht (Palandt/*Brudermüller*, § 1298 Rn. 2; *Rauscher*, Rn. 116).

2. Die Anspruchsberechtigten

13   Als Anspruchsberechtigte nennt das Gesetz zum einen den Verlobten, der
vom grundlosen Rücktritt betroffen ist, bzw. denjenigen, der selbst im Sinne
von § 1299 BGB zum Rücktritt veranlasst wurde. Entsprechende Investitionen
werden oft aber auch von den **Eltern** der Verlobten getroffen oder **dritten
Personen**, die anstelle von Eltern handeln, etwa Paten. Daher sind auch sie
gem. § 1298 I BGB anspruchsberechtigt. Das Vertrauen sonstiger Personen
wird nicht geschützt.

Beispiel: Die Patentante, die den Blumenschmuck für die Feierlichkeiten bestellt hat, kann Schadensersatz verlangen, wenn einer der Verlobten es sich kurzfristig anders überlegt. Die Nachbarin jedoch, die für das besorgte Hochzeitsgeschenk keine andere Verwendung hat, kann nichts verlangen.

3. Der Schaden

Zu ersetzen ist nur der Schaden, der daraus entstanden ist, dass in Erwartung der Ehe Aufwendungen gemacht oder Verbindlichkeiten eingegangen wurden. Solche Aufwendungen können z.B. Anschaffungen für den künftigen gemeinschaftlichen Haushalt, die Buchung einer Hochzeitsreise, die Kosten der Verlobungsfeier, die Vorbereitung des Hochzeitsfests oder die Anmietung einer neuen Wohnung betreffen. Der **Kausalzusammenhang** mit der erwarteten Eheschließung muss indes klar sein. Nicht zu ersetzen sind Investitionen, die ohnehin getroffen worden wären. Das gilt insbesondere für allgemeine Kosten des Zusammenlebens von Verlobten, Dienstleistungen im Haushalt etc. Auch Schäden, die erst infolge des Rücktritts eintreten, z.B. in Form von Gesundheitsschäden, sind nicht nach § 1298 BGB ersatzfähig. **14**

Nach § 1298 I 2 BGB ist dem anderen Verlobten aber auch der Schaden zu ersetzen, den dieser dadurch erleidet, dass er **in Erwartung der Ehe** sonstige sein Vermögen oder seine **Erwerbsstellung** berührende Maßnahmen getroffen hat. So mag der Verlobte in der Erwartung eines mit der Heirat verbundenen Umzugs seine Arbeitsstelle gekündigt oder seinen Gewerbebetrieb aufgegeben haben. Demgemäß mag es zu einem längeren Verdienstausfall oder zumindest zu Neugründungskosten kommen. Anders liegt es aber mit einem Verdienstausfall infolge von Schwangerschaft und Geburt eines Kindes, nachdem in Erwartung der Verheiratung die Pille abgesetzt worden war. Das ist kein Fall von § 1298 BGB (*OLG Hamm* FamRZ 1995, 296, 297). Hier kann die Frau jedoch Unterhalt nach § 1615 l BGB verlangen.

Der Normzweck des § 1298 BGB, der im Vertrauensschutz liegt, rechtfertigt es nicht, dem betroffenen Verlobten ein unbegrenztes Haftungsrisiko aufzuhalsen. Daher bestimmt § 1298 II BGB, dass nur den Umständen nach **angemessene Aufwendungen** ersatzfähig sind. Das Risiko für übertrieben luxuriöse oder vorschnelle Ausgaben soll der Investierende selbst tragen. Maßstab sind insoweit die jeweiligen **Lebensverhältnisse** der Beteiligten und gerade auch des Schuldners. Bedeutung hat das auch im Hinblick auf Maßnahmen beruflicher Art. Das Risiko für weitreichende Dispositionen kann man nur dann auf den anderen Verlobten abwälzen, soweit sie gemeinsamer Planung entsprechen. Die Aufgabe einer gesicherten Erwerbsmöglichkeit nach nur kurzer Verlobungszeit und bei noch nicht absehbarer Eheschließung ist regelmäßig unangemessen (*OLG Frankfurt a.M.* FamRZ 2008, 1181; *BGH* FamRZ 1961, 424). Bei unverhältnismäßigen Aufwendungen bleibt ein Anspruch wegen Wegfalls der Geschäftsgrundlage (§ 313 BGB) zu prüfen (*OLG Oldenburg* FamRZ 2009, 2004). **15**

IV. Der Anspruch auf Rückgabe der Geschenke, § 1301 BGB

Prüfungsschema § 1301 BGB (i.V.m. § 818 BGB)

1. **Wirksames Verlöbnis**
2. **Unterbleiben der Eheschließung**
   Ausdrücklicher Rücktritt vom Verlöbnis ist nicht erforderlich.
3. **Verlobungsgeschenk an den anderen Partner**
   Nicht: Geburtstagsgeschenke oder allgemeine Leistungen auf die nichteheliche
   Lebensgemeinschaft
4. **Kein Ausschluss der Rückforderung wegen Todes, § 1301 S. 2**

Rechtsfolge: Herausgabe des Geschenks nach Bereicherungsrecht, §§ 818 ff. BGB

---

16   Der Anspruch aus § 1301 BGB macht relativ wenige Probleme. Vorsicht
ist lediglich beim Tatbestandsmerkmal **Verlobungsgeschenk** geboten. Zwar
können darunter Zuwendungen aller Art fallen. Von der Zweckrichtung her
ist der Begriff jedoch eng auszulegen. Nicht erfasst werden Geschenke zu
anderen Anlässen. Gleiches gilt für Leistungen, die bei Gelegenheit erfolgen,
weil man verlobt ist.

> **Beispielsfall** (*BGH* NJW-RR 2005, 1089): Klaus und Bea wollen heiraten und leben
> auch schon die meiste Zeit zusammen. Da B knapp bei Kasse ist, übernimmt K für sie
> die Bezahlung einer privaten Zahnarztrechnung in Höhe von 1.500 €. Als es dann doch
> nicht zur Heirat, sondern zur Trennung kommt, verlangt K von B das Geld zurück.
>
> Ein **Anspruch aus § 1301 BGB** scheidet aus, weil die Begleichung der Zahnarztrech-
> nung kein Geschenk i.S.v. § 1301 BGB ist. Die Kosten wurden nicht in Erwartung der
> Ehe, sondern im Hinblick auf das gegenwärtige Zusammenleben übernommen.

17   Ob § 1301 BGB auf der Rechtsfolgenseite eine Rechtsgrund- (so BGHZ 45,
258, 262; Palandt/*Brudermüller*, § 1301 Rn. 3) oder eine **Rechtsfolgenverweisung** (Staudinger/*Löhnig*, § 1301 Rn. 14; *Erbarth*, FPR 2011, 89, 94) enthält, ist
umstritten. Die Vertreter der ersten Auffassung prüfen aber auch nicht § 812 I 1
Alt. 1 BGB, sondern nehmen unter den Voraussetzungen von § 1301 BGB automatisch einen Fall von § 812 I 2 Alt. 2 BGB (condictio causa data causa non
secuta) an, was – wenn man dem folgt – im Schema dann als weiterer Punkt (5)
anzusprechen wäre. Letztlich kommt man nach beiden Auffassungen mehr oder
weniger direkt zu § 818 BGB. Bedeutsam bleibt lediglich, dass **§ 815 BGB** nur
dann zur Anwendung kommen kann, wenn man eine Rechtsgrundverweisung
annimmt. § 815 BGB schließt die Rückforderung aus, wenn der Leistende wusste, dass der Erfolg (hier: Eheschließung) unmöglich eintreten kann, oder wenn
er den Erfolgseintritt wider Treu und Glauben verhindert hat.

Neben § 1301 BGB kann man auch einen Anspruch direkt aus **§ 812 I 1 Alt. 1 BGB** **18** prüfen. Der andere Verlobte wird regelmäßig Eigentum an dem jeweiligen Geschenk durch Leistung erlangt haben. Indes gibt es dafür meist einen **Rechtsgrund**, nämlich die Schenkung (§ 516 BGB). Dieser Rechtsgrund bleibt von der Auflösung des Verlöbnisses grundsätzlich unberührt. Anders liegt es nur, wenn die Schenkung wirksam angefochten (§§ 119 ff. BGB) oder aus sonstigen Gründen unwirksam ist. Ansonsten wäre allenfalls an einen Schenkungswiderruf zu denken, der aber nur bei Verarmung (§ 528 BGB) oder schwerer Verfehlung bzw. grobem Undank (§ 530 I BGB) möglich ist. Das müsste gesondert geprüft werden. In diesen Fällen käme man dann über § 531 II BGB ins Bereicherungsrecht.

Empfehlungen zur vertiefenden Lektüre:

Zur Vertiefung: *Erbarth*, Ansprüche bei Beendigung eines Verlöbnisses, FPR 2011, 89; *Röthel*, Rückgewähr von Zuwendungen durch Verlobte, Ehegatten, Lebenspartner, Jura 2006, 641.

Fälle und Klausuren: *Benner*, 2. Teil, Fall 2; *Schwab*, PdW, Fälle 1–7.

§ 5. Die Eheschließung

I. Einführung

1. Begriff der Ehe

Der Begriff der Ehe ist gesetzlich nicht definiert. Nach traditioneller Auf- **1** fassung ist für eine Ehe kennzeichnend, dass sie nur zwischen einem Mann und einer Frau geschlossen werden kann (**Heterosexualität** und **Monogamie**, vgl. § 1306 BGB) und grundsätzlich auf Lebenszeit (*BVerfG* FamRZ 1959, 416, 417) angelegt ist (**Lebenszeitprinzip**, vgl. § 1353 I 1 BGB). Eine Ehe kommt auf Basis des erklärten Ehewillens von Mann und Frau durch Vertrag zustande (**Konsensprinzip**). Der Konsens muss vor einer staatlichen Behörde erklärt werden („obligatorische Zivilehe"). Die Ehe wird von kirchlichen Verpflichtungen nicht beeinflusst; zugleich bleiben diese Verpflichtungen von den Vorschriften des Eherechts unberührt, § 1588 BGB. Eine **kirchliche Trauung** wird grundsätzlich nur vorgenommen, wenn die „weltliche" Eheschließung nachgewiesen ist. Die diesbezügliche gesetzliche Regelung in § 67 PStG a.F. ist mittlerweile allerdings gestrichen worden, so dass theoretisch auch die nur kirchliche Trauung ohne zivilrechtliche Konsequenzen denkbar ist (dazu *Schwab*, FamRZ 2008, 1121).

Die Ehe steht unter besonderem verfassungsrechtlichem Schutz und ist als **Institut garantiert**, Art. 6 I GG (BVerfGE 36, 146, 161; s. § 2 Rn. 5). Es besteht **Eheschließungsfreiheit** (BVerfGE 29, 166, 175). Daher hat sich der Gesetzgeber darauf beschränkt, im Sinne der Rechtsklarheit nur die Formalien der Eheschließung zu regeln und Eheverbote nur für den Ausnahmefall vorzusehen. Wollen sich Personen gleichen Geschlechts eheähnlich rechtlich mit-

einander verbinden, so steht ihnen das Institut der eingetragenen Lebenspartnerschaft offen (dazu § 26).

2. Vorbereitendes Verfahren und Trauung

2   Der Trauung ist ein vorbereitendes Verfahren beim Standesamt vorgeschal-
tet (näher §§ 12 ff. PStG). Die Verlobten haben bestimmte Urkunden u.a. vorzulegen, damit der Standesbeamte prüfen kann, ob alle Voraussetzungen für
die Eheschließung erfüllt sind. Ausländer haben ggf. ein Ehefähigkeitszeugnis
(§ 1309 BGB) beizubringen, damit sicher ist, dass der Eheschließung nach deren
Heimatrecht kein Hindernis entgegensteht. Fraglich ist z.B., ob ein Paar, das
in den Niederlanden bereits eine registrierte Partnerschaft miteinander eingegangen ist, ein Ehefähigkeitszeugnis braucht, um in Deutschland heiraten zu
können (dazu *BGH* FamRZ 2012, 1635). Außerdem wird der Standesbeamte
die Verlobten fragen, ob sie einen Ehenamen bestimmen wollen (§ 14 I PStG).
        Bei der Eheschließung selbst soll der Standesbeamte die Eheschließenden
einzeln befragen, ob sie die Ehe miteinander eingehen wollen, und, wenn beide
dies bejaht haben, aussprechen, dass sie nunmehr kraft Gesetzes rechtmäßig
verbundene Eheleute sind, § 1312 S. 1 BGB. Zuständig für die Eheschließung
ist jedes deutsche Standesamt, § 11 PStG.

II. Die Voraussetzungen einer wirksamen Eheschließung

3   Von 1938 bis 1998 waren die einschlägigen Vorschriften im EheG geregelt; erst das EheschlRG vom 4. 5. 1998 brachte sie zurück in das BGB. Die
§§ 1303 ff. BGB enthalten nun zahlreiche Normen über die persönlichen Voraussetzungen der Eheschließungswilligen, über das Verfahren der Eheschließung, über Eheverbote u.a. Welche Voraussetzungen demgemäß an sich für
eine wirksame Eheschließung erfüllt sein sollen, ergibt sich aus nachfolgender
Checkliste. Indes handelt es sich nur zum Teil um zwingende **Wirksamkeitsvoraussetzungen** einer Ehe. Davon zu unterscheiden sind zum einen reine
Sollvorschriften, deren Nichtbeachtung ohne Rechtsfolgen bleibt. Und zum
anderen gibt es Eheschließungsmängel, die zwar nicht das wirksame Zustandekommen der Ehe verhindern, aber einen Eheaufhebungsgrund schaffen, der die
im Vergleich zur Scheidung einfachere Aufhebung der Ehe nach den §§ 1313 ff.
BGB (dazu § 6) ermöglicht.

4   Zu welcher dieser drei Fehlerkategorien die jeweiligen Voraussetzungen zählen, ist im
Schema kenntlich gemacht: *kursiv* gesetzte Voraussetzungen bedeuten, dass bei Nichterfüllung keine wirksame Ehe vorliegt. Voraussetzungen mit * bezeichnen Sollvorschriften;
auch bei ihrer Nichtbeachtung ist die Eheschließung voll wirksam. Voraussetzungen mit
dem Zusatz (A) zeigen an, dass die Nichtbeachtung dieser Voraussetzung zwar nicht die
wirksame Ehe verhindert, daraus aber ein Aufhebungsgrund folgt.

Checkliste Eheschließung

1. *Beiderseitige Erklärung des Ehewillens, § 1310 I 1 BGB*
   a) *Verlobte: Mann und Frau*
   b) Höchstpersönliche Erklärungen, § 1311 S. 1 BGB (A)
   c) Gleichzeitige Anwesenheit, § 1311 S. 1 BGB (A)
   d) Erklärung ohne Bedingungen oder Zeitbestimmung, § 1311 S. 2 BGB (A)
   e) In vollem Bewusstsein, vgl. § 105 II BGB (A)
2. *Mitwirkung des Standesbeamten, § 1310 I 1 BGB*
   a) *Echter Standesbeamter oder Person gem. § 1310 II BGB*
   b) *Bereitschaft des Standesbeamten zur Mitwirkung, § 1310 I 2 BGB*
   c) *Mitwirkung des Standesbeamten gem. §§ 1310 I, 1312 BGB oder Ausnahme gem.*
      § 1310 III BGB
3. Erfüllung der persönlichen Ehevoraussetzungen
   a) Ehemündigkeit bzw. Volljährigkeit, § 1303 I BGB (A)
      Ausnahme für 16- oder 17-Jährige nach § 1303 II–IV BGB (A)
   b) Keine Geschäftsunfähigkeit, §§ 104, 1304 BGB (A)
   c) Keine anderweitige Verheiratung eines Verlobten, § 1306 BGB (A)
   d) Keine anderweitige eingetragene Lebenspartnerschaft, § 1306 BGB (A)
   e) Keine Verwandtschaft zwischen den Verlobten, § 1307 BGB (A)
   f) Kein bestehendes Adoptionsverhältnis zwischen den Verlobten, § 1308 BGB*

---

1. Die beiderseitige Erklärung des Ehewillens, § 1312 I 1 BGB

Absolute Wirksamkeitsvoraussetzung der Ehe ist, dass sie zwischen einem **5**
Mann und einer Frau zustande kommt. Weiterhin müssen, da die Ehe ein Vertrag ist, beiderseitige, objektiv übereinstimmende **Willenserklärungen** vorliegen, aus denen sich ergibt, dass die Verlobten die Ehe miteinander eingehen
wollen. Die Eheschließung ist ein höchstpersönliches Rechtsgeschäft, so dass
die Willenserklärungen **höchstpersönlich** abgegeben werden müssen (§ 1311
S. 1 BGB); Stellvertretung und Botenschaft sind ausgeschlossen. Die Eheschlie-
ßungserklärungen dürfen nicht unter einer **Bedingung** oder **Zeitbestimmung**
erfolgen, § 1311 S. 2 BGB. Diesbezügliche Fehler machen die Ehe gleichwohl
nicht unwirksam, sondern begründen nur den Eheaufhebungsgrund des § 1314 I
BGB. Gleiches gilt für den Fall, dass die Erklärungen entgegen § 1311 S. 1 BGB
nicht bei gleichzeitiger Anwesenheit abgegeben wurden. Wird lediglich unter
falscher Namensangabe geheiratet, liegt gar kein relevanter Mangel vor.

Für wirksame Willenserklärungen ist generell Voraussetzung, dass sich der **6**
Erklärende im Zeitpunkt der Abgabe nicht in einem Zustand der Bewusstlosigkeit oder **vorübergehenden Störung der Geistestätigkeit** (z.B. Volltrunkenheit, Drogenrausch) befindet. Andernfalls ist die Willenserklärung
nach § 105 II BGB nichtig. Tatsächlich führt ein solcher Fall bei der Eheschließung jedoch nicht zur Unwirksamkeit der Ehe. Das ergibt sich aus § 1314 II
Nr. 1 BGB, wonach lediglich ein Eheaufhebungsgrund gegeben ist, wenn ein

Ehegatte sich bei der Eheschließung im Zustand der Bewusstlosigkeit (!) oder vorübergehenden Störung der Geistestätigkeit befunden hat. § 105 II BGB kommt somit nicht direkt zur Anwendung. Zur dauernden Geschäftsunfähigkeit unten Rn. 8.

Sonstige **Willensmängel** stehen der Wirksamkeit der Eheschließung nicht entgegen. Die §§ 116 ff. BGB sind nicht anwendbar, da sie durch die eherechtlichen Spezialnormen verdrängt werden. Ein Mangel an Ernstlichkeit, ein geheimer Vorbehalt, nur zum Schein abgegebene Erklärungen, Irrtümer, Täuschung oder Drohung lassen die Wirksamkeit der Ehe unberührt. Eine andere Lösung wäre mit der **Rechtssicherheit** und dem Schutz der Beteiligten wie auch etwaiger aus der Ehe hervorgehender Kinder nicht vereinbar. Eine Anfechtung i.S.d. §§ 119 ff., 142 BGB ist ausgeschlossen. Es kann im Einzelfall aber die Aufhebung der Ehe in Betracht kommen, § 1314 II BGB (dazu § 6 Rn. 6 ff.).

2. Die Mitwirkung des Standesbeamten, § 1310 I 1 BGB

7   Absolutes Wirksamkeitserfordernis für die Eheschließung ist die Mitwirkung eines echten Standesbeamten bzw. einer Person i.S.v. § 1310 II BGB. Nach § 1310 II BGB gilt als Standesbeamter auch, wer zwar kein Standesbeamter ist, aber das Amt eines solchen öffentlich ausgeübt hat und die unter seiner Mitwirkung geschlossene Ehe in das Eheregister eingetragen hat. Man denke beispielsweise an den Fall, dass die Ernennung des Standesbeamten aus beamtenrechtlichen Gründen nichtig war, dies aber unerkannt blieb und die betreffende Person ihren vermeintlichen Dienstaufgaben eben wie ein wirksam ernannter Standesbeamter nachging.

Die wirksame Eheschließung setzt zwingend die **Bereitschaft** des Standesbeamten **zur Mitwirkung** an der Trauung voraus, vgl. §§ 1310 I, 1312 BGB. Dass er nur unfreiwillig Zeuge der beiderseitigen Ehewillenserklärungen wird, reicht nicht. Was die tatsächlichen Mitwirkungsakte und die Trauungszeremonie angeht, enthält das Gesetz zum Teil aber nur Sollvorschriften (z.B. § 1312 BGB). Bei sonstigen Unterlassungen des Standesbeamten bleibt § 1310 III BGB zu prüfen, wonach es – unter bestimmten weiteren Voraussetzungen – etwa auch genügen kann, dass der Standesbeamte die Ehe in das Eheregister (vgl. § 15 PStG) eingetragen hat.

3. Die persönlichen Ehevorausssetzungen

a) Geschäftsunfähigkeit

8   Wer **geschäftsunfähig** ist (Kinder unter sieben Jahren, Geisteskranke, § 104 BGB), kann eine Ehe nicht eingehen, § 1304 BGB. Allerdings gilt es zu prüfen, ob eine vorliegende Geistesstörung auch die Einsicht in die Bedeutung der Ehe und den freien Willensentschluss zur Eheschließung beeinträchtigt. So kann die Einsichtsfähigkeit für andere Rechtsgeschäfte zwar fehlen, eine (partielle) Ehegeschäftsfähigkeit aber zu bejahen sein (*OLG Brandenburg* FamRZ 2011, 216; zur partiellen Geschäftsfähigkeit *BVerfG* FamRZ 2003, 359, 360 f.). Im Übrigen zeigt der Blick auf § 1314 I BGB, dass ein Verstoß gegen § 1304 BGB keine unwirksame, sondern nur eine aufhebbare Ehe begründet. § 105 I BGB findet somit keine Anwendung.

b) Beschränkte Geschäftsfähigkeit

Ehemündig sind grundsätzlich nur Volljährige (§ 2 BGB). Die §§ 106 ff. BGB **9** kommen nicht zur Anwendung. Für Minderjährige, die das 16. Lebensjahr vollendet haben (also 16 oder 17 Jahre alt sind), gibt es aber die Sonderregelung des § 1303 II BGB mit der Möglichkeit einer Befreiung vom Volljährigkeitserfordernis. § 1303 I BGB enthält zunächst den verständlichen Appell, dass an sich nur Volljährige heiraten sollen. Indes mag gerade der Fall der schwangeren 17-Jährigen zeigen, dass im Einzelfall auch eine Verheiratung vor Erreichung der Volljährigkeit gewünscht sein kann und daher auch möglich sein soll. Ausgangspunkt ist, dass zur Überwindung der beschränkten Geschäftsfähigkeit nicht einfach die Zustimmung des ges. Vertreters genügt; vielmehr bedarf es einer ausdrücklichen Befreiung durch das Familiengericht. Andernfalls wird der Standesbeamte seine Mitwirkung verweigern. Das Familiengericht kann die **Befreiung von dem Volljährigkeitserfordernis** nur erteilen, wenn der Antragsteller das 16. Lebensjahr vollendet hat und der künftige Ehepartner volljährig ist (§ 1303 II BGB). Für die **Entscheidung des Familiengerichts** wird dabei eine Rolle spielen, ob die Eheschließung dem Wohl des Minderjährigen dient (*OLG Hamm* FamRZ 2010, 1801), ob er oder sie geistig reif genug ist, die Tragweite des Heiratsentschlusses zu begreifen (*OLG Saarbrücken* FamRZ 2008, 275), ob die wirtschaftliche Grundlage der Ehe gesichert und ob die Erziehung eines evtl. erwarteten Kindes gewährleistet ist. Die Schwangerschaft der Antragstellerin allein spricht hingegen noch nicht für deren Ehemündigkeit. Die Befreiung wird nicht abstrakt, sondern nur in Bezug auf die konkret geplante Eheschließung mit einer bestimmten Person gewährt.

Liegt die Befreiung vor, gilt der (mindestens 16-jährige) Minderjährige als ehemündig und bedarf für die Eheschließung nicht der Einwilligung seines ges. Vertreters, § 1303 IV BGB. Ist der ges. Vertreter gegen die Verheiratung, hat er lediglich die Möglichkeit, im familiengerichtlichen Verfahren der Antragstellung des Minderjährigen zu **widersprechen** und Gründe vorzutragen, die gegen die geplante Ehe sprechen. Das Familiengericht hat diesen Vortrag zu berücksichtigen und darf die Befreiung in diesem Fall nur erteilen, wenn der Widerspruch nicht auf triftigen Gründen beruht, § 1303 III BGB.

Ein **Verstoß** gegen § 1303 BGB (Verheiratung eines Minderjährigen trotz fehlender gerichtlicher Befreiung) macht die Eheschließung nicht unwirksam, sondern begründet lediglich einen Eheaufhebungsgrund, vgl. § 1314 I BGB.

c) Die Eheverbote

Nach § 1306 BGB besteht das Eheverbot der **Doppelehe** (vgl. auch § 172 StGB). Wer **10** schon verheiratet ist, darf nicht zugleich eine weitere Ehe eingehen. In gleicher Weise ist das parallele Unterhalten einer Ehe und einer eingetragenen Lebenspartnerschaft i.S.v. §§ 1 ff. LPartG untersagt. Für die Doppelehe im Fall, dass der frühere Ehegatte fälschlich für tot erklärt wurde, gilt die Spezialregelung des § 1319 BGB. Weiterhin sind Ehen zwischen engsten **Blutsverwandten** verboten, nämlich zwischen Verwandten in gerader Linie (zum Begriff § 1589 S. 1 BGB) sowie zwischen Voll- und Halbgeschwistern. Cousin und Cousine oder Onkel und Nichte hingegen dürfen heiraten. Verstöße gegen die vorgenannten Eheverbote machen die Ehe aber nicht unwirksam, sondern begründen nur Aufhebungsgründe, vgl. § 1314 I BGB. Ferner soll nicht geheiratet werden, solange ein Adoptionsverhältnis zwischen den Ehewilligen besteht, § 1308 BGB. Hier soll das Adoptionsverhältnis zunächst aufgelöst werden. Insoweit handelt es sich aber um eine reine Sollvorschrift.

Empfehlungen zur vertiefenden Lektüre

Zur Vertiefung: *Schwab,* Kirchliche Trauung ohne Standesamt, FamRZ 2008, 1121.
Fälle und Klausuren: *Roth,* Fall 1; *Schwab,* PdW, Fälle 8–10.

§ 6. Die Eheaufhebung

I. Eheschließungsmängel und Fehlerfolgen

1   Je nachdem, ob bei der Eheschließung nur eine Sollvorschrift verletzt wurde, ein Eheaufhebungsgrund geschaffen oder eine zwingende Voraussetzung missachtet wurde, muss bei den Fehlerfolgen differenziert werden. Zu unterscheiden sind insoweit:

- die Nichtehe
- die aufhebbare Ehe
- die vollgültige Ehe.

Fehlt eine **zwingende Voraussetzung** der Eheschließung, z.B. die Mitwirkung eines Standesbeamten, so liegt gar keine Ehe vor bzw. eine **Nichtehe.** Daraus ergeben sich keinerlei Ehewirkungen. Etwaigen Zweifeln darüber, ob eine Nichtehe oder nur eine aufhebbare Ehe vorliegt, kann im Wege eines Antrags bei Gericht auf Feststellung des Bestehens oder Nichtbestehens einer Ehe abgeholfen werden. Zuständig wäre das Familiengericht; es handelt sich um eine Ehesache nach § 121 Nr. 3 FamFG. Bis 1998 gab es zudem die Kategorie der (teilweise auch rückwirkend) nichtigen Ehe infolge gerichtlicher Nichtigerklärung. Die diesbezüglichen Regelungen sind inzwischen abgeschafft.

2   Der Verstoß gegen reine **Sollvorschriften** hingegen zeitigt keinerlei Rechtsfolgen, sondern führt zu einer vollgültigen Ehe. Das betrifft etwa einen Verstoß gegen § 1308 BGB. **Dazwischen** liegen die Fälle der zwar wirksam zustande gekommenen, aber **aufhebbaren Ehe.** Das gilt für Verstöße gegen die Eheverbote (§§ 1306 f. BGB), fehlende Ehemündigkeit oder Geschäftsunfähigkeit (§§ 1303 f. BGB), die Nichtbeachtung von § 1311 BGB oder den Einfluss von bestimmten Willensmängeln (§ 1314 II Nr. 2 BGB) auf die Eheschließung. In diesen gesetzlich abschließend geregelten Fällen leidet die Eheschließung zwar unter einem erheblichen Mangel, dieser soll aber – erst recht wenn man an den Fall denkt, dass der Mangel unentdeckt bliebe – nicht zur Unwirksamkeit der Eheschließung führen; zumal mancher Mangel auch nachträglich wegfallen bzw. geheilt werden mag. Daher hat der Gesetzgeber vorgesehen, dass solche

Fehler lediglich zur gerichtlichen Aufhebung der Ehe mit Wirkung für die
Zukunft berechtigen sollen.

II. Die Aufhebung der Ehe

1. Begriff der Aufhebung

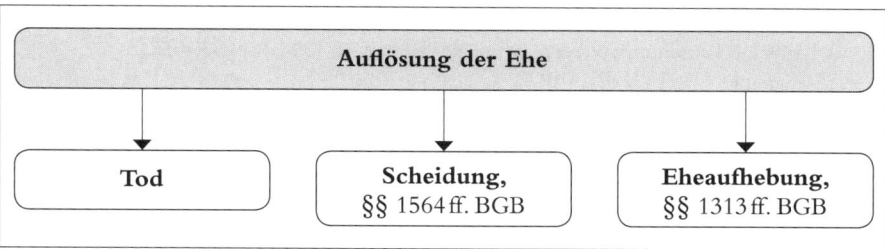

Ähnlich wie die Scheidung ist die Aufhebung eine Form der Auflösung **3**
der Ehe durch gerichtliche Entscheidung (§ 1313 S. 1 BGB) mit Wirkung für
die Zukunft (**ex nunc**). Zuständig ist das Familiengericht (Familiensache nach
§ 121 Nr. 2 FamFG). Das Verfahren wird durch Einreichung einer Antragsschrift anhängig. Begrifflich unglücklich ist, dass das LPartG für eingetragene
Lebenspartnerschaften keine Unterscheidung zwischen Scheidung und Aufhebung trifft, sondern nur die „Aufhebung" kennt. Anders als bei der Scheidung
kommt es bei der Eheaufhebung nicht auf die Zerrüttung der Ehe an, sondern
allein auf das Vorliegen eines Aufhebungsgrundes. Die **Rechtsfolgen der
Aufhebung** orientieren sich zwar an den Vorschriften über die Scheidung,
§ 1318 I BGB, differenzieren im Detail aber nach der Schutzwürdigkeit der betroffenen Ehegatten. Der Bigamist soll natürlich keinen Unterhalt bekommen,
wohl aber die von ihm hintergangene Frau. Die Einzelheiten regelt § 1318 II
BGB, dessen Inhalt durch sorgfältige Subsumtion zu erschließen sein sollte.

2. Die Voraussetzungen der Eheaufhebung

Die Eheaufhebung setzt einen **fristgerechten Antrag** eines Antragsberech- **4**
tigten beim Familiengericht voraus, § 1313 BGB, §§ 121 Nr. 2, 124 FamFG.
Antragsgegner ist der jeweilige andere Ehegatte; beim Antrag durch die Behörde (dazu Rn. 8) sind es beide Ehegatten. Der Antrag ist begründet, wenn ein
Aufhebungsgrund gegeben ist. Die Aufhebungsgründe sind in § 1314 BGB abschließend geregelt. Die Beweislast für das Vorliegen eines Aufhebungsgrundes
trägt der Antragsteller (*OLG Nürnberg* FamRZ 2011, 1508). Was insgesamt zu
prüfen sein kann, ergibt sich aus dem nachfolgenden Schema. Die Reihenfolge
der Prüfung ist nicht zwingend.

Voraussetzungen der Eheaufhebung

1. **Antrag, vgl. § 1313 BGB, §§ 121 Nr. 2, 124 FamFG**
   Antragsteller muss mindestens beschränkt geschäftsfähig sein, vgl. § 1316 II BGB
2. **Aufhebungsgrund**
   a) Fälle des § 1314 I BGB
   b) Vorübergehende Bewusstlosigkeit/Geistesstörung, § 1314 II Nr. 1 BGB
   c) Irrtum über Tatbestand der Eheschließung, § 1314 II Nr. 2 BGB
   d) Arglistige Täuschung; widerrechtliche Drohung, § 1314 II Nr. 3, 4 BGB
   e) Scheinehe, § 1314 II Nr. 5 BGB
3. **Kein Ausschlussgrund, § 1315 BGB**
   a) Wirksame Bestätigung, § 1315 I Nr. 1–4 BGB
   b) Bei Scheinehe: Zusammenleben, § 1315 I Nr. 5 BGB
   c) Bei Doppelehe: Scheidung oder Aufhebung der früheren Ehe, § 1315 II Nr. 1 BGB
   d) Bei Formfehlern: 3- bzw. 5-jähriges Zusammenleben, § 1315 II Nr. 2 BGB
4. **Antragsberechtigung, § 1316 BGB**
   a) Grundsätzlich jeder Ehegatte und die zuständige Verwaltungsbehörde
   b) Ausnahme: in Fällen des § 1314 II Nr. 2–4 BGB nur der dort genannte Ehegatte, dessen Erklärung von Willensmangel/Täuschung/Drohung betroffen war, § 1316 I Nr. 2 BGB
   c) Erweiterung: bei Doppelehe, § 1306 BGB, auch die betreffende dritte Person
5. **Frist, § 1317 BGB**
   a) Grundsätzlich Antrag unbefristet möglich
   b) Ausnahme: Einjahres- bzw. Dreijahresfrist in Fällen nach § 1314 II Nr. 2–4 BGB
   Antrag kann nur binnen eines Jahres ab Entdeckung von Irrtum oder Täuschung bzw. binnen drei Jahren nach Aufhören der Zwangslage gestellt werden, § 1317 I BGB.

Folge: Aufhebung der Ehe durch gerichtliche **Entscheidung**, § 1313 BGB

---

3. Die einzelnen Eheaufhebungsgründe

a) Fälle des § 1314 I und II Nr. 1 BGB

5   Eheaufhebungsgründe liegen gem. § 1314 I BGB vor bei Nichtbeachtung von: § 1303 BGB (fehlende Ehemündigkeit), § 1304 BGB (Geschäftsunfähigkeit), § 1306 BGB (Doppelehe bzw. Nebeneinander von Ehe und eingetragener Lebenspartnerschaft), § 1307 BGB (Verwandtschaft) und § 1311 BGB (nicht höchstpersönliche Eheschließung bzw. Stellvertretung; keine gleichzeitige Anwesenheit; Erklärung unter Bedingung oder Zeitbestimmung). Außerdem bildet die vorübergehende Störung der Geistestätigkeit im Zeitpunkt der Eheschließung einen Aufhebungsgrund, § 1314 II Nr. 1 BGB. Wie man sich nach dem Gesetzeswortlaut eine Eheschließung „im Zustand der Bewusstlosigkeit" vorstellen soll, dürfte allerdings ungeklärt sein.

b) Irrtümer, § 1314 II Nr. 2 BGB

Aufhebbar ist die Ehe, wenn einer der Ehegatten bei der Eheschließung nicht gewusst   **6**
hat, dass es sich bei der Zeremonie um eine Eheschließung handelte, § 1314 II Nr. 2 BGB.
Solche Missverständnisse dürften in der Praxis freilich selten sein. Man mag allenfalls
daran denken, dass jemand meinte, es handele sich erst um die Generalprobe oder nur um
eine Filmaufnahme.

Unbeachtlich sind **Eigenschaftsirrtümer**, also Irrtümer über persönliche Eigenschaf-
ten des anderen Ehegatten, etwa über dessen Gesundheitszustand, Zeugungsfähigkeit,
Vorleben etc. Diesbezügliche Irrtümer spielen nur eine Rolle, wenn sie Folge einer arglistigen Täuschung sind und insoweit von § 1314 II Nr. 3 BGB erfasst werden.

c) Arglistige Täuschung und widerrechtliche Drohung, § 1314 II Nr. 3, 4 BGB

Eine Ehe ist aufhebbar, wenn ein Ehegatte zu ihrer Eingehung durch **arg-**   **7**
listige Täuschung über solche Umstände bestimmt worden ist, die ihn bei
Kenntnis der Sachlage und bei richtiger Würdigung des Wesens der Ehe von
der Heirat abgehalten hätten, § 1314 II Nr. 3 BGB. Der Begriff der arglistigen
Täuschung entspricht grundsätzlich dem des § 123 BGB.

Dabei müssen sich die Täuschung und der dadurch erregte Irrtum auf Umstände bezogen haben, die mit dem Sinn und Zweck der ehelichen Lebensgemeinschaft in Zusammenhang stehen, vgl. § 1314 II Nr. 3 BGB mit dem Hinweis auf die „richtige Würdigung des Wesens der Ehe". Demgemäß sind etwa
Täuschungen über die eigenen Vermögensverhältnisse (vgl. ausdrücklich Hs. 2),
den Lebensstil oder die privaten und beruflichen Beziehungen irrelevant, denn
diese Aspekte haben mit dem eigentlichen Sinn der Ehe wenig zu tun. Beacht-
liche Umstände wären aber etwa Zeugungsunfähigkeit oder Vorstrafen wegen
Bigamie oder Unterhaltspflichtverletzung. Eine Täuschung kann auch durch
pflichtwidriges Verschweigen wichtiger Tatsachen begangen werden (*BGH*
FamRZ 1958, 314, 315). Man darf den anderen nicht bewusst über Umstände
im Unklaren lassen, die vernünftiger Weise für dessen Heiratsentschluss entscheidend sind. So muss z.B. die schwangere Frau den Mann darüber aufklären,
dass das erwartete Kind evtl. gar nicht von ihm abstammt (BGHZ 29, 265,
268). Insoweit bestehen Offenbarungspflichten. Wird die **Täuschung durch**
einen Dritten (z.B. Schwiegervater) verübt, begründet dies nur dann einen
Aufhebungsgrund, wenn der andere Ehegatte davon positiv Kenntnis hatte,
§ 1314 II Nr. 3 Hs. 2 BGB.

Eine Ehe ist weiterhin aufhebbar, wenn ein Ehegatte zu ihrer Eingehung **widerrecht-**
lich durch Drohung bestimmt worden ist, § 1314 II Nr. 4 BGB. Nicht ganz selten ist dabei
in der Praxis der Fall der **Zwangsheirat**, von der in Deutschland vor allem Migrantinnen
betroffen sein können. Insoweit werden junge Frauen durch Androhung von Gewalt oder
einem sonstigen Übel zur Heirat gegen ihren Willen gezwungen. Der Druck geht dabei
überwiegend von Angehörigen der eigenen Familie aus (vgl. BT-Drucks. 17/4401, S. 8).
Der Nötiger macht sich nach § 237 StGB strafbar.

d) Scheinehe, § 1314 II Nr. 5 BGB

8   Eine Scheinehe liegt vor, wenn die Eheschließenden gar nicht die Absicht haben, wie Mann und Frau zusammenzuleben, sondern lediglich einzelne Sekundärwirkungen der Ehe herbeiführen wollen. Ausländer mögen die Erlangung einer Aufenthaltserlaubnis (§ 7 AufenthG) im Sinn haben, Frau Schädlich mag sich durch die Verheiratung mit dem Grafen von Pfeil (ggf. gegen Entgelt) einen schöneren Namen verschaffen (zur „Namensehe" im Rahmen von § 1314 II Nr. 5 BGB *Muscheler*, Familienrecht, Rn. 262). Demgemäß ist meist von vornherein geplant, die Ehe nach gewisser Zeit wieder einverständlich aufzulösen. Freilich wäre es in solchen Fällen schon Aufgabe des Standesbeamten, die Situation zu durchschauen und die Mitwirkung bei der **Eheschließung zu verweigern**, vgl. § 1310 I 2 Hs. 2 i.V.m. § 1314 II Nr. 5 BGB. Nach § 13 II PStG hat der Standesbeamte auch die Befugnis, bei konkreten Anhaltspunkten für die Aufhebbarkeit der Ehe die Verlobten zu befragen und von ihnen die Beibringung geeigneter Nachweise zu verlangen. Gleichwohl dürfte es für den Beamten regelmäßig sehr schwierig sein, Scheinehen rechtzeitig zu erkennen.

Daher bestimmt § 1314 II Nr. 5 BGB, dass eine **Ehe aufhebbar** ist, wenn beide Ehegatten sich bei der Eheschließung darüber einig waren, dass sie keine Verpflichtung gem. § 1353 I BGB begründen wollten. Eine Verpflichtung in diesem Sinne meint grundsätzlich das lebenslange Zusammenleben unter einem Dach, und zwar in Geschlechtsgemeinschaft sowie in Beistand und Fürsorge füreinander. Eine Scheinehe liegt gleichwohl noch nicht vor, wenn Ehegatten nur einzelne Ehewirkungen aufheben, z.B. aus beruflichen Gründen längere Zeit getrennt leben, Unterhaltsansprüche in einem Ehevertrag ausschließen oder aufgrund von Alter oder Krankheit keine Geschlechtsgemeinschaft mehr begründen. Auch die Eheschließung auf dem Sterbebett fällt nicht unter den Begriff der Scheinehe.

4. Ausschluss der Aufhebung, § 1315 BGB

9   Ein Eheschließungsmangel soll nur dann zur Aufhebung der Ehe berechtigen, wenn er wirklich von fortbestehender Bedeutung ist. Daher bestimmt § 1315 I BGB, dass diverse im Zeitpunkt der Eheschließung bestehende Mängel (fehlende Ehemündigkeit, dauernde oder vorübergehende Geschäftsunfähigkeit, Irrtum, Täuschung, Drohung) nachträglich unbeachtlich werden bzw. keinen Aufhebungsgrund mehr bilden, wenn der volljährige, geschäftsfähige Betroffene nach ihrem Wegfall zu erkennen gegeben hat, dass er die Ehe fortsetzen will. Die **Bestätigung** (der Begriff ist nicht mit § 141 BGB gleichzusetzen) der geführten Ehe führt somit zu einer **Heilung des Mangels**. Dabei wird bereits die Ausübung des Geschlechtsverkehrs (in Kenntnis des Aufhebungsgrundes) von der Rechtsprechung als konkludente Bestätigung gewertet (*OLG Köln* FamRZ 2003, 375).

Für den Bereich der **Scheinehe** ist das etwas anders formuliert: Hier ist die Aufhebung ausgeschlossen, wenn die Ehegatten schließlich doch wie Ehegatten „miteinander gelebt haben", § 1315 I Nr. 5 BGB. Außerdem ist die Aufhebung der **Doppelehe** ausgeschlossen, wenn die Scheidung oder Aufhebung der früheren Ehe schon vor Eingehung der Doppelehe ausgesprochen war und nun nachträglich rechtskräftig wurde, § 1315 II Nr. 1 BGB. Für Verstöße gegen § 1311 BGB (Erfordernis der gleichzeitigen, höchstpersönlichen, bedingungslosen Erklärungen) sieht § 1315 II Nr. 2 BGB vor, dass nach Ablauf einer gewissen Zeit des ehelichen Zusammenlebens die Aufhebung ausgeschlossen ist.

5. Antragsberechtigung und Antragsfrist, §§ 1316, 1317 BGB

In den Fällen des Irrtums, der arglistigen Täuschung und widerrechtlichen **10** Drohung (§ 1314 II Nr. 2–4 BGB) ist nur der hiervon betroffene **Ehegatte antragsberechtigt**, § 1316 I Nr. 2 BGB. In allen anderen Fällen sind beide Ehegatten antragsberechtigt, zusätzlich aber auch die durch Landesrecht bestimmte, zuständige **Verwaltungsbehörde**. Praktische Bedeutung hat das behördliche Antragsrecht vor allem bei Scheinehen. Die Behörde soll den Antrag nicht stellen, wenn damit eine **schwere Härte** für die Ehegatten oder ihre Kinder verbunden wäre, § 1316 III BGB. Im Fall der Doppelehe hat zudem die „**dritte Person**" ein Antragsrecht, also der weitere Ehegatte des doppelt Verheirateten, § 1316 I Nr. 1, S. 1 BGB.

Beispiel (nach *BGH* NJW-RR 2012, 897 = JuS 2012, 750): Der demenzkranke, geschäftsunfähige D lebt seit Jahren mit seiner Bekannten B zusammen, die ihn auch seit Jahren pflegt. Nun drängt B zur Eheschließung, welche im Wohnhaus des D vollzogen wird. Tochter T von D ist entsetzt, weil sie B für eine Erbschleicherin hält und ihr eigenes Erbe bedroht sieht. Hier hat T kein Recht, die Aufhebung der Ehe zu beantragen. Antragsberechtigt, den Aufhebungsgrund gem. §§ 1304, 1314 I BGB geltend zu machen, wäre allerdings die zuständige Behörde, § 1316 I Nr. 1 BGB. Das Antragsrecht dient insbesondere dem Schutz des Selbstbestimmungsrechts bzw. der Eheschließungsfreiheit. Bei einem behördlichen Antrag hat das Gericht aber die Härteklausel des § 1316 III BGB zu prüfen. Eine Aufhebung der Ehe ist nicht geboten, wenn vom Standpunkt eines billig und gerecht denkenden Betrachters dem öffentlichen Interesse an der Aufhebung kein wesentliches Gewicht mehr beigemessen kann (*BGH* NJW-RR 2012, 897). Angesichts der langjährigen Pflegeleistungen der B für D konnte man hier durchaus von gelebter ehelicher Solidarität sprechen, so dass ein öffentliches Aufhebungsinteresse fehlte und der Aufhebungsantrag als unzulässig einzustufen war.

Die Beantragung der Eheaufhebung ist **grundsätzlich unbefristet** möglich. Eine Aus- **11** nahme macht das Gesetz für die Fälle des Irrtums, der Täuschung (jeweils Einjahresfrist) und Drohung (Dreijahresfrist), § 1317 I 1 BGB. Wie sonst auch (vgl. §§ 121, 124 BGB) soll sich der Betroffene hier innerhalb eines befristeten **Überlegungszeitraums** klar darüber werden, ob er rechtliche Konsequenzen zieht oder nicht. Der Bestand der Ehe soll nicht zu lange in der Schwebe bleiben. Die Frist beginnt mit der Entdeckung des Irrtums oder der Täuschung bzw. mit dem Aufhören der Zwangslage, § 1317 I 2 BGB. Die Dreijahresfrist für Fälle der Drohung bzw. **Zwangsehe** (Rn. 7) hat der Gesetzgeber damit gerechtfertigt, dass sich die Betroffenen in einer besonderen emotionalen Situation befinden und oft erst mit Verzögerung in der Lage sind, eine Aufhebung der Ehe aktiv zu betreiben (BT-Drucks. 17/4401, S. 13).

Empfehlungen zur vertiefenden Lektüre

Zur Vertiefung: *Coester-Waltjen*, Ehefähigkeit und das Ordnungsinteresse des Staates, FamRZ 2012, 1185; *Eisfeld*, Rechtspolitische und verfassungsrechtliche Probleme des Eheaufhebungsgrundes der Scheinehe, AcP 201 (2001), S. 662 ff.; *Kaiser*, Zwangsheirat, FamRZ 2013, 77.

Fälle und Klausuren: *Benner*, 2. Teil, Fall 1; *Roth*, Fall 1; *Schwab*, PdW, Fälle 8–13.

§ 7. Der Ehename

I. Die Entwicklung des ehelichen Namensrechts

1   Nach der ursprünglichen Fassung des BGB trugen die Ehegatten zwingend als einheitlichen Ehenamen den Namen des Mannes. Da diese Regelung mit dem Gleichbehandlungsgrundsatz aus Art. 3 II GG nicht vereinbar war, wurde mit dem 1. Eherechtsreformgesetz von 1976 bestimmt, dass fortan der Name des Mannes **oder** der Frau zum Ehenamen gewählt werden konnten. Für den Fall, dass sich die Ehegatten diesbezüglich nicht einigten, war allerdings wiederum vorgesehen, dass sich dann kraft Gesetzes der Mannesname durchsetzte. Da somit nach wie vor keine **Gleichberechtigung** erreicht war, forderte das BVerfG mit Entscheidung vom 5. 3. 1991 (FamRZ 1991, 535) ein neues Namensrecht. Diese Entwicklung mündete in das Familiennamensrechtsgesetz, das am 1. 4. 1994 in Kraft trat und der heutigen Regelung zu Grunde liegt. Die obligatorische Namensgleichheit von Ehegatten wurde damit abgeschafft.

II. Die Grundzüge des geltenden Rechts

1. Die Wahl eines gemeinsamen Ehenamens

2   Nach der Wunschvorstellung des Gesetzgebers sollen die Ehegatten einen gemeinsamen Familiennamen (= Ehenamen) bestimmen, § 1355 I 1 BGB. Den Ehegatten steht es indes frei, auch nach der Eheschließung ihren jeweiligen bisherigen Namen fortzuführen, § 1355 I 3 BGB. Ist ein Ehename aber gewollt, wird die Erklärung über seine Bestimmung meist sogleich bei der Eheschließung erfolgen, § 1355 III 1 BGB. Eine Nachholung bleibt allerdings möglich. In diesem Fall bedarf die Erklärung der öffentlichen Beglaubigung, § 1355 III 2 BGB. Zum Ehenamen kann der Name des Mannes **oder** der Frau gewählt werden, § 1355 II BGB. Ist ein gemeinsamer Ehename bestimmt, bildet dieser zugleich den Familiennamen gemeinschaftlicher Kinder, § 1616 BGB.

Ein **gemeinsamer Doppelname** hingegen ist **nicht möglich**. Herr Schmal und Frau Schick können also nicht Schick-Schmal zum gemeinsamen Ehenamen bestimmen. Das BVerfG hält dieses Verbot für verfassungsgemäß (*BVerfG* FamRZ 2002, 530). Die Rechtfertigung dafür wird im Anliegen gesehen, **mehrgliedrige Namensketten** in der Generationenfolge zu vermeiden. Ansonsten bestände die Gefahr, dass sich das Namensgefüge in Deutschland nach wenigen Generationen grundlegend ändere (BT-Drucks. 12/5982, S. 18). Meines Erachtens wird die Persönlichkeitsentfaltung des Einzelnen damit jedoch unverhältnismäßig eingeschränkt (so auch *Sacksofsky*, FPR 2010, 15, 18). Die moderne Datenverarbeitung bewältigt auch längere Namen, eine Inflation von Mehrfachnamen wäre nicht zu erwarten. Ein gesetzliches Verbot sollte sich darauf beschränken, lediglich drei- oder mehrgliedrige Namen auszuschließen.

§ 1355 II BGB bestimmt, dass zum Ehenamen der **Geburtsname** eines Ehe- **3** gatten oder der zur Zeit der Erklärung über die Bestimmung des Ehenamens **geführte Name** des Mannes oder der Frau ausgewählt werden kann. Diese Regelung gilt erst seit 2005. Zuvor war es lediglich möglich, einen der Geburtsnamen zu nehmen. Darunter versteht § 1355 VI BGB den Namen, der in die Geburtsurkunde eines Ehegatten zum Zeitpunkt der Erklärung gegenüber dem Standesbeamten einzutragen ist. Gemeint ist damit der vor der ersten Eheschließung getragene Name. Dieser Name wird meist seit Geburt unverändert geblieben sein. Es können sich aber auch (mehrere) Änderungen ergeben haben, z.B. durch nachträgliches gemeinsames Sorgerecht der Eltern (§ 1617b BGB), durch Namensänderung der Eltern, die sich auf das Kind erstreckte (§ 1617c BGB) oder durch Adoption (vgl. § 1757 BGB).

Die heutige Regelung **in § 1355 II BGB**, die auch erlaubt, den **zum Zeit-** **4** **punkt der Eheschließung geführten Namen** zum Ehenamen zu machen, ist Antwort des Gesetzgebers auf die Entscheidung des *BVerfG* vom 18. 2. 2004 (FamRZ 2004, 515; krit. *Sacksofsky*, FPR 2004, 371).

Beispiel: Die 20-jährige Klara Kratzer (K) heiratet den Grafen von Romberg und heißt nun Klara Gräfin von Romberg. Da die Ehe kinderlos bleibt, kommt es nach fünfzehn Jahren zur Scheidung. Klara behält den Ehenamen, zumal sie unter diesem Namen ein Gewerbe betreibt. In zweiter Ehe heiratet sie Herrn Meier. Klara will weiter Gräfin von Romberg heißen und diesen Namen auch zum neuen Ehenamen bestimmen, so dass aus Herrn Meier ein Graf von Romberg werden soll. Auch der von Klara nun erwartete Sohn soll demgemäß diesen Namen tragen.

Nach früherem Recht war eine solche Namenswahl nicht möglich. Man konnte zum Ehenamen nur die Geburtsnamen machen (im Beispiel: Kratzer oder Meier). Dahinter stand der Gedanke, dass der „erheiratete" Name nicht gegen den Willen des „Namensgebers" in eine andere Ehe mitgenommen werden soll, um dort – wie im Fallbeispiel – etwa einen neuen Stamm dieser Familie zu begründen, der mit der blutsmäßigen Abstammung gar nichts zu tun hat. Auch wollte man etwaigen **Missbrauchsfällen** vorbeugen. Diese Argumente sind zwar beachtlich; die Interessen des namenstragenden Ehegatten hat das BVerfG indes als noch höher eingestuft. Zum einen war zu berücksichtigen, dass die alte Regelung fast nur Frauen betraf, die früher zwangsweise den Mannesnamen annehmen mussten und es auch heute im Fall, dass ein gemeinsamer Ehename bestimmt wird, immer noch ganz überwiegend tun. Das Verbot, diesen (vielleicht lange getragenen) Namen in einer zweiten Ehe zum Ehenamen zu machen, ging somit faktisch nur zu **Lasten**

von Frauen. Eben das war unter dem Blickwinkel von Art. 3 II GG jedoch höchst bedenklich. Vor allem aber bedeutete die alte Regelung eine Verletzung des Namensrechts als Teil des **Persönlichkeitsrechts, Art. 2 I, 1 I GG**. Denn insoweit ist laut BVerfG zu beachten, dass der erheiratete Name nicht nur ein geliehener Name ist, sondern zum eigenen Namen seines neuen Trägers und zum Teil seiner Persönlichkeit wird. Damit genießt auch dieser Name (über die Dauer der Ehe hinaus) den vollen Schutz von Art. 2 I, 1 I GG. Das wird im Fallbeispiel besonders deutlich. Wer jung geheiratet hat, wird sich nach langer Ehezeit nur noch mit dem erheirateten Namen identifizieren. Erst recht gilt dies, wenn man sich unter diesem Namen auch beruflich etabliert hat. Eine Einschränkung der Ehenamenswahl auf den Geburtsnamen würde insoweit einem Entzug des Namensrechts gleichkommen, der unverhältnismäßig wäre. Aus Sicht des Adels wird das freilich kritisch gesehen (MünchKomm/*v. Sachsen Gessaphe*, § 1355 Rn. 4).

2. Die Führung eines Doppelnamens durch einen Ehegatten

5   Der Ehegatte, dessen Name nicht Ehename wird, hat die Option, seinen bisherigen Namen bzw. seinen Geburtsnamen dem Ehenamen voranzustellen oder anzufügen, um so einen Doppelnamen zu bilden, **1355 IV 1 BGB**. Bestimmen Herr Schmal und Frau Schick den Namen Schmal zum Ehenamen, so kann die Frau wählen, ob sie Schmal, Schmal-Schick oder Schick-Schmal heißen will. Sollte Schick ein Name sein, der bereits aus einer vorangegangenen Ehe der Frau stammt und war ihr Geburtsname Gruber, so kann die Frau alternativ auch diesen Namen in den Doppelnamen einfügen und sich Schmal-Gruber oder Gruber-Schmal nennen. Falls sich die Frau jedoch schon in ihrer ersten Ehe für einen Doppelnamen entschieden hatte (z.B. Gruber-Schick), so kann an diesen Doppelnamen nun bei Verheiratung mit Herrn Schmal nicht auch noch der Name Schmal angehängt werden, **§ 1355 IV 3 BGB**. Es kann dann nur der Name Gruber *oder* der Name Schick mit dem Ehenamen Schmal kombiniert werden. Auch kann kein Doppelname gewählt werden, wenn bereits der Ehename aus mehreren Namen besteht, § 1355 IV 2 BGB (laut *BVerfG* NJW 2009, 1657 verfassungsgemäß; krit. *Sacksofsky*, FPR 2010, 15).

Die Bestimmung des persönlichen Namenszusatzes erfolgt ebenfalls durch Erklärung gegenüber dem Standesbeamten, **§ 1355 IV 1 BGB**. Eine Frist dafür besteht nicht, die Erklärung kann jederzeit nachgeholt werden. Die Erklärung über den Doppelnamen kann zudem **später widerrufen** werden, § 1355 IV 4 BGB. Der Widerruf ist dann aber endgültig.

Der zum Beinamen bestimmte Geburtsname kann sich nach Eheschließung kraft Gesetzes dadurch ändern, dass der Ehegatte als Volljähriger **adoptiert** wird, §§ 1757 I, 1767 II BGB. Bestandteil des Doppelnamens wird dann automatisch der neue Geburtsname. Ein Wahlrecht, den bisherigen Doppelnamen zu behalten, besteht laut BGH nicht (*BGH* NJW 2011, 3094; dazu *Löhnig*, FamRZ 2012, 679). Man kann lediglich die Doppelnamensbestimmung widerrufen.

3. Die Wahlmöglichkeiten bei Eheauflösung

Die Eheauflösung (durch Tod, Scheidung oder Eheaufhebung) hat keine **6** automatischen Folgen für den Namen. Man behält den zu diesem Zeitpunkt geführten Namen. Jedoch eröffnet das Gesetz nun weitere Optionen. So kann der Ehegatte auch zu seinem vor der Eheschließung geführten Namen zurückkehren oder seinen Geburtsnamen wieder annehmen. Außerdem besteht die Möglichkeit, erstmalig zu diesem Zeitpunkt einen Doppelnamen zu bilden, **§ 1355 V 2 BGB**. Wurde also Schmal als Ehename gewählt und später die Ehe geschieden, so kann Frau Schmal entweder weiterhin Schmal heißen oder zu ihrem Geburtsnamen Gruber oder zu dem aus früherer Ehe stammenden Namen Schick zurückkehren. Die Rückkehr zum früheren Namen ist dann aber unwiderruflich (*OLG Frankfurt a.M.* NJW-RR 2010, 73). Weiterhin kann sie sich nun Schick-Schmal, Schmal-Schick, Gruber-Schmal oder Schmal-Gruber nennen.

III. Sonderproblem: Die Untersagung der Fortführung des Ehenamens

Fraglich ist, ob dem Ehegatten im Einzelfall untersagt werden kann, den **7** „erheirateten" Namen auch nach Auflösung der Ehe weiterhin zu tragen.

Fallbeispiel (nach *BGH* NJW-RR 2005, 1521 = FamRZ 2005, 1658): Als Tom Alt und Ruth Daxenberger heiraten, bestimmen sie Daxenberger zum Ehenamen, weil R unter diesem Namen bereits erfolgreich einen Betrieb führt. Da T seine erheblich eingeschränkte Zeugungsfähigkeit arglistig verschwiegen hatte, kommt es auf Antrag von R einige Jahre später zur Eheaufhebung. Trotz Eheaufhebung behält T den Namen Daxenberger bei und tritt nun durch Kleinkriminalität in Erscheinung. R, die am Ort um den guten Ruf ihres Namens fürchtet, will T gerichtlich untersagen lassen, den Ehenamen fortzuführen.

Das erste Problem des Falles liegt darin, dass es an sich keine **Anspruchsgrundlage** für einen entsprechenden Untersagungs- bzw. Unterlassungsanspruch gibt. Eine frühere Regelung in § 57 EheG a.F., die es dem Mann ermöglichte, der Frau im Fall ehrlosen oder unsittlichen Lebenswandels die Fortführung des Mannesnamens zu untersagen, ist schon lange abgeschafft. Ein Anspruch aus §§ 1004, 823 I BGB analog wegen Verletzung des Persönlichkeitsrechts von R liegt auch fern, da T nicht in die Rechte der R eingegriffen hat. Insofern bleibt allenfalls ein Anspruch aus **§ 242 BGB** unter dem Gesichtspunkt des Rechtsmissbrauchs, sofern man die Eignung des § 242 BGB als Anspruchsgrundlage bejahen will.

Die nächste Frage wäre somit, ob vorliegend von **Rechtsmissbrauch** des T gesprochen werden kann. Ein wichtiger Maßstab für diese Beurteilung wäre die gesetzlich vorgesehene Namensregelung für den Fall der Eheaufhebung. Eine klare gesetzliche Regelung fehlt jedoch. § 1318 BGB, der die Folgen der Eheaufhebung behandelt, enthält keine Regelung zum Namensrecht. Da sich die Rechtsfolgen jedoch generell an die Scheidungsfolgen anlehnen, kommt eine Analogie zu § 1355 V BGB in Betracht (so z.B. Palandt/*Brudermüller*, § 1318 Rn. 16, mit dem Argument, das Namensrecht sei Annex des Eheschließungsrechts; a.A. allerdings *OLG Celle* FamRZ 2013, 955). Bejaht man eine Analogie oder einen allgemeinen Grundsatz der Namenskontinuität (so *Keuter*, FamRZ 2013, 1936), hat T grundsätzlich das Recht, den erheirateten Namen auch über die Eheauflösung hinaus zu tragen. Der Gedanke an Rechtsmissbrauch liegt insoweit eher fern. Anders könnte es allenfalls liegen, wenn sich T die Eheschließung mit R gerade in der Absicht erschlichen hätte, deren Namen annehmen zu können. Solche Umstände sind hier jedoch nicht ersichtlich.

Gegen die Annahme von Rechtsmissbrauch sprechen auch **grundrechtliche** Erwägungen, da der Name als Teil des Persönlichkeitsrechts, Art. 1 I, 2 I GG, geschützt ist. Der „erheiratete Name" wird zum eigenen Namen seines neuen Trägers und damit auch „Teil der Persönlichkeit seines Trägers. Als eigener und nicht nur geliehener Name genießt dieser Name den Schutz des allgemeinen Persönlichkeitsrechts, und zwar unabhängig davon, ob die Ehe, die Anlass für den Namenserwerb war, fortbesteht oder nicht" (*BGH* a.a.O. mit Verweis auf *BVerfG* FamRZ 2004, 515, 517; dazu auch Rn. 4). Der BGH lässt offen, ob man in „krassen Fällen" zu einem anderen Ergebnis kommen mag.

Ein Untersagungsanspruch der R gegen T besteht nicht.

8   Fehlen somit grundsätzlich Untersagungsansprüche gegenüber dem geschiedenen Ehegatten, so könnte es nahe liegen, bereits bei Eheschließung in einem **Ehevertrag** denjenigen Ehegatten, dessen Name nicht zum Ehenamen bestimmt worden ist, zu verpflichten, im Falle der Auflösung der Ehe seinen Geburtsnamen oder den von ihm bis zur Bestimmung des Ehenamens geführten Namen wieder anzunehmen. Dann ergäbe sich ein Anspruch aus Vertrag. Laut BGH sind solche Absprachen in der Regel nicht als sittenwidrig zu erachten und auch gerichtlich durchsetzbar (*BGH* FamRZ 2008, 859 = JuS 2008, 748; *LG Bonn* FamRZ 2008, 1183; *AG Hamburg* NJW 2010, 1890). Ob dies auch dann gilt, wenn für den Verzicht auf die Fortführung des Ehenamens ein Entgelt vereinbart wird, bleibt offen.

Empfehlungen zur vertiefenden Lektüre

Zur Vertiefung: *Battes*, Der Weg aus der Sackgasse – Vorschlag für eine gründliche Reform des deutschen Namensrechts, FamRZ 2008, 1037; *Coester-Waltjen*, „Auf dass Ihr Euch auf ewig bindet …" – Das Ehenamensrecht, Jura 2007, 586; *Gaaz*, Das deutsche Ehenamensrecht – gestern, heute und morgen, StAZ 2006, 157; *von Oertzen/Engelmeier*, Namensrechtliche Regelungen in Eheverträgen und Scheidungsfolgenvereinbarungen, FamRZ 2008, 1133; *Sacksofsky*, Das Ehenamensrecht zwischen Tradition und Gleichberechtigung – zum neuen Ehenamensurteil des BVerfG, FPR 2004, 371; *dies.*, Das Bundesverfassungsgericht und das Familiennamensrecht, FPR 2010, 15; *Schwab*, From Status to Contract? – Aspekte der Vertragsfreiheit im Familienrecht im Lichte seiner Reformen, DNotZ-Sonderheft (100 Jahre Deutsche Notar-Zeitschrift), 2001, 9.

Fälle: *Schwab*, PdW, Fälle 28–31.

§ 8. Wiederholung

1. In welchen Fallgestaltungen spielt die Rechtsnatur des Verlöbnisses eine besondere Rolle? Welche Theorien wurden dazu entwickelt?
2. Welche typischen Aufwendungen können zu Schäden führen, die nach § 1298 BGB zu ersetzen sind?
3. Kann ein Verlobter geleistete Schenkungen wegen groben Undanks widerrufen, wenn der andere das Verlöbnis auflöst?
4. Welche Merkmale prägen den Begriff der Ehe?
5. Was bedeutet Eheschließungsfreiheit?
6. Unter welchen Voraussetzungen kann ein Minderjähriger eine Ehe eingehen?
7. Welche Arten der Auflösung einer Ehe sind zu unterscheiden?
8. Aus welchem Grund ist es heute nicht mehr vorgeschrieben, dass die Ehegatten einheitlich den Geburtsnamen des Ehemannes als Ehenamen tragen?
9. Herr Wehr und Frau Wolf möchten heiraten. Für beide ist dies die erste Ehe. Welche Möglichkeiten in Bezug auf den Familiennamen bieten sich dem Paar?

Die Antworten zu den Kontrollfragen finden Sie am Ende des Buches.

Kapitel 3. Die eheliche Lebensgemeinschaft

§ 9. Die allgemeinen Wirkungen der Ehe

I. Überblick zum Eherecht

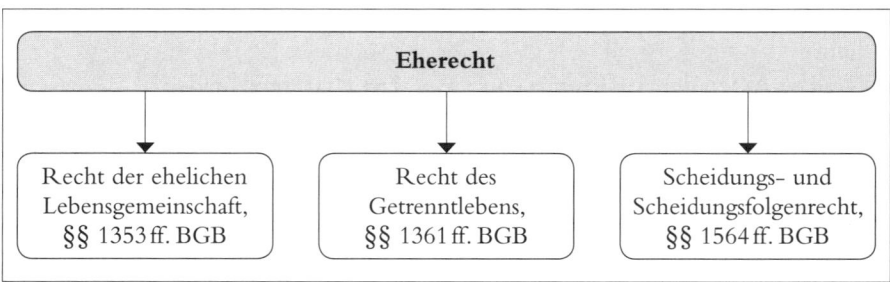

1   Das Eherecht gliedert sich in drei Teile. Den ersten Teil bildet das Recht der bestehenden ehelichen Lebensgemeinschaft, §§ 1353 ff. BGB. Insoweit geht es um die allgemeinen Ehewirkungen, die auch schuld- und sachenrechtlich bedeutsam und daher sehr prüfungsrelevant sind. Heben die Ehegatten die eheliche Lebensgemeinschaft auf, leben sie getrennt. Das Recht des Getrenntlebens ist v.a. in den §§ 1361–1361b BGB geregelt. Daran mag sich die Scheidung der Ehegatten anschließen. Das Scheidungsrecht betrifft zum einen die Scheidungsvoraussetzungen, §§ 1564 ff. BGB, zum anderen die Scheidungsfolgen wie z.B. den Zugewinnausgleich, §§ 1372 ff. BGB, den Versorgungsausgleich, § 1587 ff. BGB, oder die Unterhaltsleistung, §§ 1569 ff. BGB.

II. Die Verpflichtung zur ehelichen Lebensgemeinschaft, § 1353 BGB

1. Die Generalklausel des § 1353 I BGB

2   Die eheliche Grundnorm des § 1353 I BGB bestimmt zum einen, dass die Ehe auf Lebenszeit geschlossen wird (S. 1), und zum anderen, dass die Ehegatten einander zur ehelichen Lebensgemeinschaft verpflichtet sind und füreinander Verantwortung tragen (S. 2). Das bleibt in der Aussage vage, betont aber zugleich, dass die konkrete Ausgestaltung der Ehe der **privatautonomen** Entscheidung der Ehegatten überlassen bleiben soll. Was im Einzelnen unter der Pflicht zur ehelichen Lebensgemeinschaft zu verstehen ist, haben Recht-

sprechung und Schrifttum inzwischen konkretisiert. Im Wesentlichen fallen darunter **drei Pflichtenbereiche**: die Pflicht zum Zusammenleben unter einem Dach, die Pflicht zur Geschlechtsgemeinschaft einschließlich ehelicher Treue und die Pflicht zu gegenseitiger Rücksichtnahme und Beistand.

§ 1353 I 2 BGB ist **Anspruchsgrundlage**. Der eine Ehegatte kann gegen den anderen auf Einhaltung der jeweiligen ehelichen Pflichten klagen (Herstellungsantrag; s. Rn. 9). Weiterhin stellt § 1353 I BGB klar, dass mit der wirksamen Eheschließung kraft Gesetzes gegenseitige Rechte und Pflichten entstehen, die ein **Schuldverhältnis** zwischen den Ehegatten begründen. Darüber hinaus hat § 1353 I BGB Bedeutung als **Auslegungsmaßstab**, wann immer es um die Bestimmung von Rechten und Pflichten der Ehegatten geht.

2. Die Pflicht zur Wohngemeinschaft

Wenn die Ehegatten zur Gemeinschaft verpflichtet sind, meint dies zu- **3** nächst eine Pflicht zum Zusammenleben in häuslicher Gemeinschaft an einem von den Ehegatten gemeinsam gewählten Wohnsitz. Das kann einen festen Wohnsitz betreffen oder auch das gemeinsame Leben im Zirkuswagen. Leben die Ehegatten – etwa beruflich bedingt – eine Zeit lang oder von Anfang an getrennt, ist das freilich unproblematisch, solange dies ihren gemeinsamen Planungen entspricht (vgl. *OLG Brandenburg* FamRZ 2008, 1534). Probleme entstehen aber bei Uneinigkeit der Ehegatten.

Beispielsfall (nach *BGH* NJW 1987, 1761): Chefsekretärin Celia und Richter Rex heiraten. Sie planen, ihren gemeinsamen Wohnsitz in Düsseldorf zu nehmen, wo C berufstätig ist. R, der bisher im bayerischen Staatsdienst beschäftigt ist, geht davon aus, dass seine Versetzung nach Nordrhein-Westfalen möglich sein wird. Als sich die Versetzung dann jedoch als undurchführbar erweist, fordert R von C, dass sie zu ihm nach Traunstein zieht, was C aber ablehnt. Der Streit führt schließlich zur Scheidung, obwohl inzwischen ein Kind geboren ist. Nun verlangt C von R Unterhalt wegen der Betreuung des Kindes. R meint, er könne doch keinen Unterhalt schulden, nachdem die Ehe letztlich an der Sturheit von C zerbrochen sei. Wie ist die Rechtslage?

C könnte hier wegen der Betreuung des Kindes einen **Unterhaltsanspruch gegen R aus § 1570 BGB** haben. Unterhalt wird allerdings nicht geschuldet, wenn die Verpflichtung zur Unterhaltsleistung im Einzelfall grob unbillig wäre, § 1579 BGB. Hier könnte § 1579 Nr. 7 BGB greifen, wenn C tatsächlich ein offensichtlich schwerwiegendes, eindeutig bei ihr liegendes **Fehlverhalten** gegenüber R vorgeworfen werden könnte. Wenn die ursprüngliche Wohnsitzplanung nicht aufgeht, folgt aus der Verpflichtung zur ehelichen Lebensgemeinschaft gem. § 1353 I 2 BGB jedoch nur, dass sich beide Ehegatten weiterhin in gegenseitigem Einvernehmen um eine neue Lösung bemühen müssen. Kommt es zu keinem Einvernehmen, weil jeder seine Gründe hat, haben die Ehegatten das grundsätzlich hinzunehmen. Ein Fehlverhalten könnte nur angenommen werden, wenn sich ein Ehegatte ohne sachliche Gründe einem objektiv vernünftigen und zumutbaren Vorschlag des anderen willkürlich verschließt. Das war hier zu verneinen (s. auch *BGH* FamRZ 1990, 492).

3. Die Pflicht zur Geschlechtsgemeinschaft

4   Je nach Alter und Gesundheitszustand gehören auch die Verpflichtung zur Geschlechtsgemeinschaft bzw. zum Geschlechtsverkehr und die Pflicht zur Wahrung der ehelichen Treue zum Inbegriff der ehelichen Lebensgemeinschaft. Der BGH führte dazu einst aus, dass es nicht genüge, wenn die Ehefrau den Beischlaf „teilnahmslos, gleichgültig oder gar widerwillig über sich ergehen" lasse, sondern verpflichtet sei, ihn „in ehelicher Zuneigung und Opferbereitschaft zu gewähren" (*BGH* NJW 1967, 1078, 1079). Das kann als überholt gelten. Mittlerweile geht es um andere Fragen. So lässt sich etwa eine Pflicht bejahen, den Partner über eine Aidsinfektion aufzuklären (*OLG Brandenburg* NJW 2006, 2861, 2862: Aufklärungspflicht bei Eingehung der Ehe; *Tiedemann*, NJW 1988, 729, 730). Aus § 1353 I 2 BGB kann auch ein Anspruch auf Unterlassung eines **Treubruchs** bzw. einer Ehestörung hergeleitet werden. Es besteht aber **keine Offenbarungspflicht** in Bezug auf einen begangenen Ehebruch, und zwar auch dann nicht, wenn daraus ein (scheineheliches) Kind hervorgegangen ist. Anders liegt es nur, wenn die Ehelichkeit eines Kindes erkennbar die Geschäftsgrundlage für bestimmte Schenkungen oder Zuwendungen an den Ehegatten bildet (*BGH* NJW 2012, 2728; näher § 31 Rn. 57).

5   Nach st. Rspr. des BGH ergeben sich aus § 1353 I 2 BGB keinerlei Rechtspflichten im Bereich der **Familienplanung**. Es kann weder die Zeugung von Kindern verlangt werden noch die sichere Empfängnisverhütung. Das abredewidrige Absetzen von empfängnisverhütenden Mitteln bleibt daher ohne rechtliche Sanktion (BGHZ 97, 372, 379 f. = NJW 1986, 2043, 2045; a.A. *Grziwotz*, FamRZ 2002, 1154, 1156) und verstößt auch nicht gegen § 1353 I 2 BGB. Sogar die Entscheidung über die eigene Sterilisation kann ohne Beteiligung des Partners getroffen werden (BGHZ 67, 48, 51). Praktische Konsequenzen zeigen sich auch hier wieder im Unterhaltsrecht.

Beispielsfall (nach *BGH* NJW 2001, 1789): Ehefrau Ella und Ehemann Marc können auf natürlichem Wege keine Kinder bekommen. Sie entschließen sich daher, es im Wege der homologen In-Vitro-Fertilisation (Reagenzglas-Zeugung) zu versuchen. Nachdem die ersten Befruchtungsversuche scheitern, gibt M seiner Frau gegenüber zu verstehen, dass er keine weiteren Versuche wünscht, zumal er inzwischen eine andere Frau kennengelernt hat. E geht trotzdem erneut zu ihrem Arzt und wird nun infolge künstlicher Befruchtung schwanger. Nach Geburt des Kindes lassen sich die Ehegatten scheiden und E verlangt von M Unterhalt wegen der Betreuung des Kindes. M verweigert Unterhaltzahlungen; schließlich hätte sich E ihre jetzige Situation selbst zuzuschreiben.

Wie im obigen Fallbeispiel könnte der **Unterhaltsanspruch** zwar aus **§ 1570 BGB** folgen, aber ausnahmsweise nach § 1579 BGB ausgeschlossen sein. Hier käme insbesondere **§ 1579 Nr. 4 BGB** in Betracht, da E ihre Unterhaltsbedürftigkeit ggf. mutwillig herbeigeführt hat. Der BGH hat das zu Recht verneint. Zwar entscheiden die Ehegatten in freier gemeinsamer Verantwortung darüber, ob, wann und wie sie ggf. Kinder wollen, jedoch ergäbe sich daraus keine Bindung auf Dauer. Es gehöre zum höchstpersönlichen Selbstbestimmungsrecht jedes Ehegatten, sich jederzeit erneut für oder gegen Kinder zu entscheiden. Eine Unterscheidung danach, ob die Gründe moralisch-sittlich gerechtfertigt sind oder nicht, verbiete sich aus der höchstpersönlichen Rechtsnatur der Entscheidung. Es sei auch nicht Aufgabe der Rechtsordnung, den Ehegatten auf diesem Gebiet Maßstäbe vorzugeben.

4. Die Pflicht zu Rücksicht und Beistand (eheliche Solidarität)

a) Allgemeines

Die ehelichen **Solidar- und Rücksichtnahmepflichten** haben viele Facet- **6** ten. Zum einen haben sich beide Ehegatten um die gemeinsamen Angelegenheiten zu kümmern, also um die Aufbringung der nötigen Finanzen, die Erledigung des Haushalts, die Betreuung der Kinder etc. Hier wird regelmäßig eine bestimmte Form der Arbeitsteilung festgelegt (Rn. 13 ff.). Ehegatten sind in der Regel füreinander als Empfangsboten anzusehen, ggf. sogar außerhalb der Ehewohnung (vgl. *BAG* JuS 2012, 68). In Alleineigentum stehende Hausratsgegenstände sind dem Partner zu Mitbesitz und Mitbenutzung zu überlassen (näher zum Sachenrecht der Ehegatten § 12 Rn. 1 ff.). Was persönliche Angelegenheiten des einzelnen Ehegatten angeht (Berufstätigkeit; Religionsausübung; politische, wissenschaftliche oder künstlerische Betätigung; Sport etc.), ist der andere zu Rücksichtnahme und Beistand verpflichtet, soweit dies zumutbar ist. Hier sind auch die Wertungen der einschlägigen Grundrechte zu beachten. Prägend für die ehelichen Pflichten ist heute zudem die **Gleichberechtigung** von Mann und Frau, Art. 3 II GG. Strafrechtlich besteht eine Garantenpflicht zwischen den Ehegatten; unterlassene Beistandshandlungen können strafrechtliche Sanktionen nach sich ziehen (§ 13 StGB). Das gilt etwa für den nicht verhinderten Selbstmord des Ehegatten (BGHSt 2, 150, 152 ff.; str.).

Das eigene Persönlichkeitsrecht und das Recht auf eine eigene Intimsphäre werden durch die Eheschließung nicht berührt. Jeder Ehegatte hat gegenüber dem anderen ein Recht auf **Wahrung der eigenen Persönlichkeitssphäre**. Damit unvereinbar wären der Zugriff auf Tagebücher oder sonstige vertrauliche Aufzeichnungen des anderen, die Verletzung des Briefgeheimnisses (*BGH* FamRZ 1990, 846, 847), heimliche Tonbandaufnahmen oder systematische Beschattung (vgl. *Schwab,* FamR, Rn. 113).

b) Mitwirkung bei der günstigsten steuerlichen Veranlagungsform

Aus § 1353 I 2 BGB folgt auch die Pflicht, die finanziellen Lasten des ande- **7** ren Teils nach Möglichkeit zu vermindern, soweit dies ohne eine Verletzung eigener Interessen möglich ist (*BGH* FamRZ 2007, 1229). Praktische Bedeutung gewinnt das im **Steuerrecht** bei der Wahl der Veranlagungsform der Ehegatten. Aus § 1353 I 2 BGB ergibt sich eine einklagbare Pflicht auf Mitwirkung an der steuerlich günstigsten Veranlagungsform, d.h. regelmäßig eine Pflicht zur Zustimmung zur gemeinsamen Veranlagung, damit die Ehegatten in den Genuss des Splittingtarifs kommen (*BGH* FamRZ 2002, 1024, 1025; FamRZ 2005, 182; FamRZ 2007, 1229). Die Verweigerung der geschuldeten

Zustimmung kann **Schadensersatzansprüche** begründen (z.B. *BGH* NJW 2010, 1897), die auf §§ 1353 I 2, 280 I BGB zu stützen und ohne Rücksicht auf § 120 III FamFG auch vollstreckbar sind.

Allerdings muss die Zustimmung grundsätzlich nur Zug-um-Zug gegen eine entsprechende **Freistellungserklärung** des anderen Ehegatten erteilt werden. Denn würde der einzelne Ehegatte bei Einzelveranlagung für sich genommen steuerlich besser stehen als bei Zusammenveranlagung, so ist ihm eine Zustimmung dazu nur zumutbar, wenn ihm der andere Ehegatte das dadurch entstehende Defizit ersetzt. Der Anspruch darauf ergibt sich aus **§ 426 I BGB**, da die Ehegatten im Hinblick auf die Steuerschuld gegenüber dem Finanzamt Gesamtschuldner sind, § 26b EStG. Während des Zusammenlebens verzichtet der andere Ehegatte aber meist auf die Geltendmachung dieses Anspruchs, weil der finanzielle Gewinn ohnehin für gemeinsame Zwecke verwendet wird. An diesem Verzicht muss sich der Ehegatte für die zurückliegenden Zeiträume später auch im Fall von Trennung oder Scheidung festhalten lassen, denn insoweit ist der Halbteilungsgrundsatz des § 426 I 1 BGB eben durch die anderweitige Übung der Ehegatten verdrängt. Anders liegt es nur für die Zeit ab Trennung. Mit Aufhebung der ehelichen Lebensgemeinschaft besteht kein Anlass mehr, an der früheren Übung festzuhalten und für sich selbst eine höhere steuerliche Belastung in Kauf zu nehmen (*BGH* FamRZ 2007, 1229, 1230). Ab diesem Zeitpunkt können regelmäßig Ausgleichsansprüche aus § 426 I BGB geltend gemacht werden.

c) Sittenwidrige Ehegattenbürgschaften

8   Die praktische Bedeutung der ehelichen Rücksichtnahmepflicht zeigt sich zudem im Fall der Ehegattenbürgschaft. Sind keine anderen Sicherheiten vorhanden, mag ein Kreditinstitut seinen Kreditschuldner auffordern, Angehörige als Bürgen zu stellen. Als Ehepartner wird man sich hier schwer wehren können, wenn beim anderen das berufliche oder betriebliche Schicksal auf dem Spiel steht. Gleichwohl bedeutet es einen Verstoß gegen die eheliche **Rücksichtnahmepflicht**, wenn ein Ehegatte den anderen zur Bürgschaftsübernahme drängt und ihm damit ein unübersehbares wirtschaftliches Risiko aufbürdet. Insbesondere dürfen finanzielle oder **emotionale Abhängigkeiten** des Partners nicht auf diese Weise missbraucht werden. Das hat auch Auswirkungen gegenüber Dritten: Nutzt die Bank als Gläubigerin eine solche Pflichtwidrigkeit ihres Kreditschuldners ohne rechtfertigende Gründe zu ihren Gunsten aus, kann die Bürgschaft eines vermögenslosen Ehegatten im Einzelfall sittenwidrig (§ 138 I BGB) und somit nichtig sein (z.B. *BGH* NJW 1994, 1726; NJW 1997, 3372; NJW 1999, 58, 58 f.; NJW 2009, 2671).

III. Der Herstellungsantrag

1. Antrag ohne Vollstreckungsmöglichkeit

9   Aus der Anspruchsgrundlage des § 1353 I 2 BGB kann auf Einhaltung einzelner ehelicher Pflichten bzw. auf die Herstellung und Verwirklichung der ehelichen Lebensgemeinschaft geklagt werden. Man sprach demgemäß von

der „Herstellungsklage"; nach der Nomenklatur des FamFG wäre nun vom „Herstellungsantrag" zu sprechen. Es handelt sich um die Geltendmachung eines aus der Ehe herrührenden Anspruchs und somit um eine sonstige Familiensache i.S.v. § 266 I Nr. 2 FamFG. Zu beachten ist allerdings, dass zwar die „Verurteilung" denkbar ist, **nicht aber die Vollstreckung.** Nach § 120 III FamFG unterliegt die Verpflichtung zur Herstellung des ehelichen Lebens nicht der Vollstreckung. Auch deshalb wird von dieser Antragsmöglichkeit praktisch kein Gebrauch gemacht; für Klausurfälle ist sie gleichwohl im Auge zu behalten.

Der Herstellungsantrag kann gerichtet werden auf:

- Herstellung der häuslichen Gemeinschaft bzw. Unterhaltung eines gemeinsamen Wohnsitzes
- Wahrung der ehelichen Treue
- Führung des Haushalts
- Mithilfe im Haushalt oder Betrieb
- Unterrichtung über die Vermögenslage und Einkommensverhältnisse des anderen in einer Weise, dass die Berechnung von Unterhaltsansprüchen oder Taschengeld möglich ist (*BGH* FamRZ 2011, 21, 23).

Damit das Vollstreckungshindernis nicht faktisch umgangen wird, scheiden im Zusammenhang mit der Verletzung dieser Pflichten (vertragliche oder deliktische) **Schadensersatzansprüche** oder Ansprüche aus Vertragsstrafeversprechen aus. Denn andernfalls würde angesichts der befürchteten Sanktion doch wieder Druck auf den Partner erzeugt, den § 120 III FamFG im Hinblick auf die **personalen, höchstpersönlichen Ehepflichten** gerade vermeiden will. Auch daher wird die eheliche Lebensgemeinschaft als solche im Deliktsrecht von der h.M. nicht als sonstiges Rechtsgut anerkannt (dazu § 11 Rn. 11). Unberührt von all dem bleiben allerdings sonstige Anträge der Ehegatten, die vermögensrechtlicher Art sind, z.B. Zahlungsanträge auf Taschengeld oder Zugewinnausgleich (s. § 11 Rn. 8).

2. Die Verweigerungsgründe nach § 1353 II BGB

Der Herstellungsantrag ist **unbegründet**, wenn der andere Ehegatte die Herstellung **10** der ehelichen Gemeinschaft gem. **§ 1353 II BGB verweigern** kann. Dies betrifft zum einen die Situation, dass die Ehe bereits gescheitert ist. Daneben bezieht sich das Gesetz auf den Fall, dass das Verlangen des Ehegatten als Missbrauch seines Rechts erscheint und die Herstellung der Lebensgemeinschaft daher für den anderen unzumutbar ist. Das mag den Antrag eines gewalttätigen Ehegatten betreffen. Ferner wäre an einen Herstellungsantrag im Fall der aufhebbaren Ehe zu denken, solange der andere Teil noch überlegt, ob er von seinem Aufhebungsrecht Gebrauch machen soll (*OLG Nürnberg* FamRZ 1966, 104, 106).

IV. Die Verpflichtung zum Familienunterhalt, §§ 1360 f. BGB

1. Art und Umfang des Unterhalts

11   Während der bestehenden ehelichen Lebensgemeinschaft besteht eine beiderseitige Verpflichtung zur Leistung des Ehegatten- bzw. Familienunterhalts, §§ 1360–1360b BGB. Je nach Form der ehelichen Arbeitsteilung (siehe Rn. 13) tragen die Ehegatten durch Erwerbstätigkeit in Form von **Barunterhalt** und durch Haushaltsführung in Form von **Naturalunterhalt** zum Unterhalt bei, § 1360 BGB. Beide Arten der Unterhaltsleistung sind gleichwertig. Unterhaltsleistungen können zudem durch Kinderbetreuung, Gewährung von Wohnraum, Gewährung von Barmitteln aus Vermögenserträgen oder Gebrauchsüberlassung von Gegenständen (z.B. Pkw) erbracht werden. Bei Doppelverdienern sind die Ehegatten im Verhältnis ihrer Einkünfte zu anteiligen Beiträgen verpflichtet. Die Haushaltsarbeit ist dann angemessen untereinander aufzuteilen.

Der **angemessene Unterhalt** umfasst alles, was nach den Verhältnissen der Ehegatten erforderlich ist, um die Kosten des Haushalts (z.B. Miete, Strom, Heizung, Essen, Möbel, Reparaturen) zu bestreiten und die persönlichen Bedürfnisse der Ehegatten und gemeinschaftlichen Kinder (z.B. Kleidung, Kosmetik, ärztliche Behandlung, Altersvorsorge, Schulbedarf, Spielzeug) zu befriedigen, § 1360a I BGB. Das nötige **Haushaltsgeld** ist dem haushaltsführenden Partner für einen angemessenen Zeitraum im Voraus zur Verfügung zu stellen, § 1360a II 2 BGB (z.B. *OLG Celle* FamRZ 1978, 589).

Leistet ein Ehegatte einen **höheren Unterhaltsbeitrag** als ihm obliegt, so stellt § 1360b BGB die Vermutung auf, dass er im Zweifel nicht vorhat, später von dem anderen Ehegatten Ersatz zu verlangen. Das Geleistete kann also weder nach § 812 I BGB noch aus Geschäftsführung ohne Auftrag zurückverlangt werden. Etwas anderes würde nur gelten, wenn sich der Leistende dies ausdrücklich vorbehalten hätte.

2. Der Taschengeldanspruch

12   Praktische Bedeutung hat im Rahmen des Familienunterhalts der Taschengeldanspruch. Der Unterhaltsanspruch des nicht erwerbstätigen Ehegatten umfasst auch einen Anspruch auf Taschengeld für persönliche Zwecke. Die Rechtsprechung beziffert den Anspruch auf 5–7 % des zur Verfügung stehenden Nettoeinkommens (*BGH* NJW 1998, 1553; 2004, 2450). Der Anspruch ist **einklagbar und vollstreckbar;** der Ehegatte selbst wird aber kaum so weit gehen. Anders liegt es jedoch, wenn Gläubiger versuchen darauf zuzugreifen.

> **Beispielsfall** (nach *BGH* NJW 1998, 1553): Ehemann Ernst hat Geldschulden bei Gläubiger Gringo. Da das Arbeitseinkommen des E in Höhe von 800 € unpfändbar ist (vgl. § 850c ZPO), sucht G, der bereits einen Titel gegen E erwirkt hat, nach anderen Vollstreckungsmöglichkeiten. Als G bemerkt, dass Ehefrau Fiona in Vollzeit arbeitet und 2.500 € netto verdient, während E neben seiner Teilzeittätigkeit auch den Haushalt führt, beschließt er, den Taschengeldanspruch des E gegen F zu pfänden.

G könnte versuchen, einen **Pfändungs- und Überweisungsbeschluss** zu erwirken, §§ 829, 835 f. ZPO. Nach h.M. ist der Taschengeldanspruch als Bestandteil des Familienunterhalts eine Unterhaltsrente i.S.v. § 850b I Nr. 2 ZPO und damit unter den Voraussetzungen von § 850b II ZPO bedingt pfändbar (*BGH* NJW 2004, 2450). Die Pfändbarkeit ist auch mit Art. 6 I GG vereinbar (*BVerfG* FamRZ 1986, 773). Fraglich ist hier allerdings, ob überhaupt ein durchsetzbarer Anspruch des E gegen F besteht. Ein Taschengeldanspruch besteht grundsätzlich auch in einer **Zuverdienstehe** (zum Begriff Rn. 13). Auch derjenige, der neben einer Teilzeittätigkeit die Haushaltsführung übernimmt, hat einen Taschengeldanspruch, und zwar grundsätzlich in Höhe von 5–7 % des gesamten der Familie zur Verfügung stehenden Nettoeinkommens. Anderes würde nur gelten, sofern die vorhandenen Barmittel bereits für den notwendigen Familienunterhalt völlig aufgebraucht würden. Der Anspruch ist unabhängig von einer ausdrücklichen Vereinbarung der Ehegatten. Er besteht kraft Gesetzes und unabdingbar in der genannten Höhe (vgl. §§ 1360a III, 1614 I BGB). In einer Zuverdienstehe ist jedoch zu beachten, dass der Taschengeldanspruch nach der Lebenserfahrung in der Weise befriedigt wird, dass der weniger verdienende Ehegatte das auf der Grundlage des Mehreinkommens des anderen Ehegatten berechnete Taschengeld von seinem Verdienst einbehalten darf, sofern dieses dafür ausreicht (so auch *KG* FamRZ 1979, 428; Palandt/ *Brudermüller*, § 1360a Rn. 4). Danach steht E im Fallbeispiel kein Taschengeldanspruch mehr gegen F zu, den G pfänden könnte.

V. Die eheliche Arbeitsteilung: Haushaltsführung und Erwerbstätigkeit, § 1356 BGB

1. Die Formen der Arbeitsteilung

§ 1356 I 1 BGB bestimmt, dass die Ehegatten die Haushaltsführung in ge- **13** genseitigem **Einvernehmen** regeln. Parallel dazu heißt es in § 1356 II 1 BGB im Sinne der Gleichberechtigung, dass beide Ehegatten berechtigt sind, erwerbstätig zu sein. Die Ehegatten müssen sich also bemühen, privatautonom eine sinnvolle Arbeitsteilung im Hinblick auf Erwerbstätigkeit und Haushaltsführung zu finden. Dabei, wie auch bei der Wahl und Ausübung einer Erwerbstätigkeit, ist auf die Belange des anderen Ehegatten und der Familie die gebotene Rücksicht zu nehmen, § 1356 II 2 BGB.

Formen der ehelichen Arbeitsteilung

- Alleinverdienerehe (Hausfrauenehe bzw. Hausmannehe)
- Zuverdienstehe
- Doppelverdienerehe

Bei der Alleinverdiener- bzw. Hausfrauenehe ist nur ein Ehegatte berufstä- **14** tig, während der andere (Hausfrau oder Hausmann) den Haushalt führt. Die

Doppelverdienerehe ist durch die Vollzeit-Erwerbstätigkeit beider Ehegatten gekennzeichnet. In der Zuverdienstehe ist der eine Partner voll berufstätig, der andere (i.d.R. die Frau) geht einer Teilzeitbeschäftigung oder Nebentätigkeit nach und versorgt im Übrigen den Haushalt. Die meisten **Ehen in Deutschland** sind Zuverdienstehen. Nur bei Familien mit Kindern unter drei Jahren überwiegt die Hausfrauenehe (nähere Daten bei *Engstler/Menning*, S. 111).

Die **Haushaltsführung** umfasst alle im Haushalt anfallenden Arbeiten (Zubereitung von Mahlzeiten, Wäsche, Putzarbeiten, Gartenarbeit, Einkäufe u.a.). Der Haushaltsführende leitet den Haushalt in eigener Verantwortung, § 1356 I 2 BGB. Es gibt also keine Weisungsrechte des anderen Ehegatten. Die selbstständige Haushaltsführung wird gerade auch durch die sog. „Schlüsselgewalt" (§ 1357 BGB; dazu § 10 Rn. 1 ff.) ermöglicht.

2. Die Änderung der getroffenen Vereinbarung

15   **Beispiel:** Ernst und Fiona beschließen anlässlich ihrer Eheschließung, dass E weiter seiner Berufstätigkeit als selbstständiger Ingenieur nachgeht, während F ihren Job kündigen und die Einrichtung der neuen Wohnung sowie die Haushaltsführung übernehmen soll. Zudem ist die Gründung einer Familie geplant. Nach sechs Monaten zu Hause vermisst F, die zuvor in einer Werbeagentur gearbeitet hatte, ihre früheren Kollegen und die Kundenkontakte so sehr, dass sie gegen den Willen des E wieder an ihren Arbeitsplatz zurückkehrt. Da im Haushalt nun Einiges liegen bleibt, fragt sich E, ob er aufgrund der ursprünglichen Vereinbarung einen Anspruch auf die Haushaltsführung durch F hat.

Hier hat E gegen F einen Anspruch auf angemessenen Beitrag zum Familienunterhalt aus § 1360 BGB. Diese Norm verbietet F jedoch nicht, ihren Beitrag durch Erwerbstätigkeit bzw. durch Zuverfügungstellung von Barmitteln zu erbringen. Durch die getroffene Vereinbarung könnte sich F aber wirksam dazu verpflichtet haben, den Haushalt zu führen. Der Anspruch des E hängt insoweit von der **Rechtsnatur** bzw. der **Bindungswirkung** der getroffenen Vereinbarung ab. Diese Frage ist umstritten. Eine Meinung geht von einer echten rechtsgeschäftlichen Vereinbarung aus (*Haas*, FamRZ 2002, 205, 208; wohl auch *Kurr*, FamRZ 1978, 2 ff.). Folge wäre, dass eine Änderung der Vereinbarung nur nach den allgemeinen vertraglichen Grundsätzen möglich wäre, also etwa durch Anfechtung (§§ 119 ff. BGB) oder nach den Regeln vom Wegfall der Geschäftsgrundlage (§ 313 BGB; z.B. nach Geburt eines Kindes). Das überzeugt aber kaum. § 1356 BGB spricht nicht von Vertrag, sondern nur von einem „**Einvernehmen**". Zudem fällt es angesichts der sich ständig ändernden Lebensumstände schwer, den Ehegatten einen Verpflichtungswillen in dem Sinne zu unterstellen, dass sie sich tatsächlich auf Dauer an die gewählte Form der Aufgabenverteilung binden wollen.

Die **h.M.** lehnt daher zu Recht einen rechtsgeschäftlichen Verpflichtungswillen ab. Unabhängig davon, ob sich die Ehegatten ausdrücklich oder stillschweigend für ein bestimmtes Modell entscheiden, wird vielmehr aufgrund gleichgerichteter Erklärungen nur eine Art **Vertrauenstatbestand** begründet (*Gernhuber/Coester-Waltjen*, § 20 Rn. 3; auf den Einzelfall abstellend Staudinger/

Voppel, § 1356 Rn. 10; Bamberger/Roth/*Hahn*, § 1356 Rn. 4). Die Ehegatten können darauf vertrauen, dass sich der andere Teil grundsätzlich an die Vereinbarung hält und nicht grundlos und ohne Vorwarnung von ihr Abstand nimmt. Das würde letztlich auch schon die eheliche Beistands- und Rücksichtnahmepflicht (§ 1353 I 2 BGB) verbieten. Eben daraus ergibt sich aber auch, dass man **Rücksicht** auf neue Wünsche oder gewandelte Vorstellungen des Partners zu nehmen hat und jeder erwarten kann, dass man sich je nach veränderten Lebensumständen immer wieder neu um eine einvernehmliche Lösung bemüht. Beachtlich sind demgemäß auch Umstände, die unterhalb der Schwelle liegen, ab der man von einer Störung der Geschäftsgrundlage i.S.v. § 313 BGB spricht. Danach kann F im Fallbeispiel durchaus von E erwarten, dass er ihre (jetzt deutlich gewordenen) Bedürfnisse respektiert und sie gemeinsam überlegen, wie der Haushalt bewältigt werden kann (z.B. durch Einstellung einer Haushälterin). E hat somit keinen Anspruch darauf, dass F als Hausfrau auf Dauer zu Hause bleibt.

Als Folgeproblem stellt sich die Frage, ob der andere Ehegatte bei grundloser **16** oder zu Unzeit erfolgter Abstandnahme von der getroffenen Vereinbarung Anspruch auf Ersatz des **Vertrauensschadens** hat (bejahend *Diederichsen*, NJW 1977, 217, 219). Man denke etwa an den Fall, dass sich dieser Ehegatte nun selbst um die Kinder kümmern muss und daher vorübergehend berufliche Einbußen hat. Die h.M. (Erman/*Kroll-Ludwigs*, § 1356 Rn. 5; Soergel/*Lange*, § 1356 Rn. 9; Staudinger/*Voppel*, § 1356 Rn. 28) verneint solche Ansprüche indes zu Recht; denn man darf nicht außer Acht lassen, dass es sich hier um innereheliche Vorgänge handelt, die von richterlichen Eingriffen möglichst frei gehalten werden müssen. Auch bestehen Bedenken im Hinblick auf das bei personalen Ehepflichten geltende Vollstreckungshindernis des § 120 III FamFG. Daher ist mit der Annahme von Schadensersatzansprüchen zwischen Ehegatten in solchen Fällen Zurückhaltung geboten.

3. Pflicht zur Mitarbeit im Betrieb des anderen Ehegatten?

Im Zusammenhang mit § 1356 II BGB wird diskutiert, ob ein Ehegatte **17** im Einzelfall verpflichtet sein kann, im Betrieb bzw. Berufsbereich des anderen Ehegatten mitzuarbeiten. Grundsätzlich wird eine solche Verpflichtung **abgelehnt**, weil es auch einem Ehegatten freisteht, die Erwerbstätigkeit zu wählen, die seinen Fähigkeiten und Neigungen am meisten entspricht. Dass die Familienmitarbeit in manchen Bereichen (z.B. Landwirtschaft) üblich ist, genügt nicht (*BGH* NJW 1994, 2545, 2546). Nach h.M. (Palandt/*Brudermüller*, § 1356 Rn. 7; *Schwab*, FamR, Rn. 126 f., 139) kann sich aber im besonderen **Ausnahmefall** aus der ehelichen Rücksichts- und **Beistandspflicht** eine Mitarbeitspflicht ergeben. Die entscheidenden Anknüpfungspunkte sind insoweit die Absicherung des Familienunterhalts und die zwischen den Ehegatten getroffenen Absprachen.

So kann eine (vorübergehende) Mitarbeitspflicht zu bejahen sein, wenn der Betrieb des Partners **die wirtschaftliche Grundlage für den Familienunterhalt** bildet und ohne die Mitarbeit in seiner Funktionsfähigkeit oder gar in seinem Bestand gefährdet wäre (*Schwab*, FamR, Rn. 126). Ohne die Mitarbeit müsste also die Gefahr bestehen, dass der Familienunterhalt nicht mehr gesichert wäre. Das heißt aber auch, dass eine Mitarbeitspflicht regelmäßig entfällt, wenn der Partner in der Lage ist, die Familie durch eine **anderweitige Erwerbstätigkeit** hinreichend zu ernähren. Unabhängig davon wäre aber wohl aus der ehelichen Beistandspflicht heraus auch eine Mitarbeitspflicht im Notfall (recht weitgehend *BGH* FamRZ 1959, 454 für die Phase des Betriebsaufbaus; krit. *Gernhuber/Coester-Waltjen*, § 20 Rn. 1) zu bejahen, etwa bei überraschender fristloser Kündigung eines Mitarbeiters.

Weiterhin kann sich eine Mitarbeitspflicht aus einer **einvernehmlichen Regelung** der Ehegatten ergeben. Wenn sich ein Landwirt bei Eheschließung von seiner künftigen Frau zusichern lässt, dass sie auf dem Hof mitarbeitet, so kann er diese Mitarbeit auch nach §§ 1353 I, 1356 II 2 BGB gerichtlich einfordern (allerdings nicht vollstrecken, vgl. § 120 III FamFG) und davon ausgehen, dass die Frau ihn nicht ohne triftige Gründe rücksichtslos im Stich lässt (*Schwab*, FamR, Rn. 127). Zur Frage der (nachträglichen) **Vergütungsansprüche** für geleistete Mitarbeit s. § 18 Rn. 9 ff.

Empfehlungen zur vertiefenden Lektüre

Zur Vertiefung: *Balthasar*, Die Pfändung des Taschengeldanspruchs des vermögenslosen Ehegatten – zu den Beschlüssen des BGH vom 19. 3. 2004 – IXa ZB 57/03 und vom 19. 5. 2004 – IXa ZB 224/03, FamRZ 2005, 85; *Elden*, Ausgleichspflicht bei zusammen veranlagten Ehegatten, FamFR 2011, 171; *Stake*, Die Pflichten aus der ehelichen Lebensgemeinschaft und ihre gerichtliche Geltendmachung, JA 1994, 115; *Stein*, Aus der Ehe herrührende Ansprüche, FPR 2011, 85; *Tiedtke*, Mitwirkungspflichten der Ehegatten an der Zusammenveranlagung zur Einkommensteuer und ihre Durchsetzung, FPR 2003, 400; *Tiedtke/Szczesny*, Familienrechtliche Einschränkungen der steuerrechtlich bestehenden Möglichkeit, die getrennte Veranlagung frei zu wählen, FamRZ 2011, 425.

Fälle und Klausuren: *Löhnig*, Fälle 1, 4; *Schwab*, PdW Fälle, 14, 15, 20–22.

§ 10. Die Schlüsselgewalt

I. Normzweck und Rechtsnatur von § 1357 BGB

1 § 1357 BGB bestimmt, dass aus Geschäften, die der Deckung des angemessenen Lebensbedarfs der Familie dienen, beide Ehegatten berechtigt und verpflichtet werden. Das bedeutet etwa, dass für das Heizöl, das die Ehefrau bestellt hat, auch der Ehemann auf Zahlung in Anspruch genommen werden kann. Der Lieferant kann ihn allein auf Zahlung verklagen. Dahinter steckt der Gedanke, dass die Hausfrau (bzw. der Hausmann) ihr Recht zur eigenständigen Haushaltsführung (§ 1356 I 2 BGB) auch mit wirtschaftlicher Bewegungsfreiheit nach außen soll verwirklichen können. Auch wenn sie über kein eigenes Einkommen verfügt, soll sie in die Lage versetzt werden, ihrer Aufgabe gerecht zu werden, ohne auf die Mitwirkung des Ehemannes angewiesen zu sein (*BVerfG* NJW 1990, 175 f.). Die über § 1357 BGB der Hausfrau verliehene Macht wird als Schlüsselgewalt bezeichnet; denn einst war die Übergabe des

Schlüssels an die Braut das Symbol für ihre Beauftragung mit den hausfrauli-
chen Pflichten.

Gleichzeitig dient § 1357 BGB dem **Schutz der Gläubiger.** Es soll nicht   2
darauf ankommen, ob ein Gläubiger zufällig mit dem erwerbstätigen und
somit zahlungsfähigen oder mit dem haushaltsführenden und daher vielleicht
einkommenslosen Ehegatten den Vertrag geschlossen hat. Ihm sollen beide Ehegatten gleichermaßen als Schuldner (und Gläubiger) gegenüberstehen.
Unabhängig von diesem Schutzzweck gilt § 1357 BGB indes auch für Dop-
pelverdiener-Ehegatten und unabhängig davon, welcher Ehegatte den Vertrag
schließt (vgl. *Brudermüller*, NJW 2004, 2265 – sehr lesenswert).

Die **Rechtsfolgen** des § 1357 BGB erinnern an die der Stellvertretung in   3
§ 164 I BGB. Es wird eine nicht am Abschluss des Rechtsgeschäfts beteiligte
Person berechtigt und verpflichtet. Die Wirkungen der Schlüsselgewalt unterscheiden sich jedoch in mehrfacher Hinsicht von denen der Stellvertretung.
Zum einen wird zusätzlich auch der vertragschließende Teil selbst mitverpflichtet, zum anderen kommt es weder auf einen entsprechenden Willen des
Vertragsschließenden noch auf die Offenkundigkeit der Mitverpflichtung des
anderen Ehegatten an. Der Vertragspartner muss zudem nicht wissen, dass er
es mit einem Ehegatten zu tun hat. Die Rechtsfolge der Mitverpflichtung tritt
automatisch kraft Gesetzes ein. § 1357 BGB verleiht einem Ehegatten somit die
Rechtsmacht, seinen Partner bei bestimmten Geschäften mitzuverpflichten.
Der Rechtsnatur nach kann man daher von einer **gesetzlichen Verpflich-
tungsermächtigung** sprechen (vgl. *Schwab*, FamR, Rn. 160; *Medicus*, FS
Schwab, 2005, S. 359, 361; a.A. *Berger*, FamRZ 2005, 1129).

Die Regelung des § 1357 BGB hat das BVerfG für **verfassungsgemäß** gehalten
(BVerfGE 81, 1 = NJW 1990, 175; krit. *Derleder*, FuR 1990, 104). Zweifel können hier im
Hinblick auf Art. 6 I GG bestehen, der die Ehe unter den besonderen Schutz des Staates
stellt. Damit scheint eine Norm wie § 1357 BGB, die auch Rechtsfolgen zu Lasten der
Ehegatten anordnet, nur schwer vereinbar zu sein (vgl. *Struck*, FF 2004, 107). Tatsächlich
stehen Unverheiratete insoweit besser. Daher ist es auch nur ein schwaches Argument,
wenn geltend gemacht wird, dass die Norm nicht nur zur Mitverpflichtung, sondern positiv auch zur Mitberechtigung des Partners führe, und im Übrigen nicht mit Missbräuchen
zu rechnen sei. Es ist jedoch zu beachten, dass § 1357 BGB **abdingbares Recht** darstellt.
Die Ehegatten können die Wirkungen der Norm ausschließen, § 1357 II BGB. Daher ist
die Verfassungsmäßigkeit trotz aller Bedenken zu bejahen.

II. Die Prüfung des § 1357 BGB

1. Prüfungsaufbau

§ 1357 BGB ist **keine** Anspruchsgrundlage, sondern nur inzident im Rah-   4
men einer anderen Anspruchsgrundlage (meist §§ 433 II, 611 I oder 631 I BGB)
zu prüfen. Die Prüfung im Gutachten erfolgt regelmäßig an der Stelle, an der

man sonst die Stellvertretungsvoraussetzungen prüfen würde, also dort, wo es um die Klärung der am Rechtsgeschäft beteiligten Personen geht.

Beispiel: Die Ehefrau hatte den Handwerker mit der Reparatur der Heizung beauftragt. Der Handwerker nimmt jedoch den Ehemann auf Zahlung in Anspruch. Die Anspruchsgrundlage dafür ist § 631 I BGB. Ein wirksamer Werkvertrag ist auch zustande gekommen, geschlossen wurde er aber zwischen der Frau und dem Handwerker. Eine Zahlungspflicht des Ehemannes wäre nur zu bejahen, wenn die Voraussetzungen des § 1357 BGB erfüllt wären. Folglich ist mit der Prüfung dieser Voraussetzungen fortzufahren.

2. Die Tatbestandsvoraussetzungen

Voraussetzungen des § 1357 BGB

1. **Wirksame Ehe**
2. **Kein Getrenntleben** der Ehegatten, § 1357 III BGB
3. Wirksamer **Abschluss eines Rechtsgeschäfts** durch einen Ehegatten
4. Geschäft zur angemessenen **Deckung des Lebensbedarfs**, § 1357 I 1 BGB
5. Aus den Umständen darf sich **nichts anderes ergeben**, § 1357 I 2 BGB
6. **Kein Ausschluss** der Schlüsselgewalt nach §§ 1357 II, 1412 BGB

Rechtsfolge: Mitberechtigung und Mitverpflichtung des anderen Ehegatten aus dem Rechtsgeschäft

---

a) Wirksame Ehe

5   § 1357 BGB gilt nur, wenn die Ehegatten wirksam verheiratet sind. Ob die Ehe ggf. aufhebbar wäre (s. § 6), ist irrelevant. Auf den Güterstand kommt es nicht an. Für nichteheliche Lebensgemeinschaften gilt § 1357 BGB nicht, auch nicht analog (Palandt/*Brudermüller*, § 1357 Rn. 6; *Dethloff*, § 8 Rn. 9; a.A. *Harke*, FamRZ 2006, 88, 91).

b) Kein Getrenntleben

6   Diese Voraussetzung findet sich in § 1357 III BGB und kann freilich genauso gut auch erst am Schluss geprüft werden. Entscheidend ist, dass die Ehegatten **im Zeitpunkt des Vertragsschlusses** zusammengelebt haben (**Stichtagsprinzip**). Unbedeutsam ist hingegen, ob sie zuvor zeitweilig getrennt lebten oder ob sie sich nach Vertragsschluss trennen, so dass die Lieferung nur noch an den einen Ehegatten erfolgt. Lebten die Ehegatten jedoch im Zeitpunkt des Vertragsschlusses getrennt, so greift § 1357 BGB nicht; die Schlüsselgewalt **ruht**. Ein nachträgliches Wiederzusammenleben führt nicht zur „Heilung". Für den Begriff des Getrenntlebens gilt § 1567 BGB (dazu § 21 Rn. 2). Ob der Vertragspartner etwas vom Getrenntleben weiß oder nicht, ist irrelevant. Auch für eine Rechtsscheinshaftung ist insoweit kein Raum (*LG Tübingen* FamRZ 1984, 50).

Fraglich ist, ob § 1357 BGB bei **Dauerschuldverhältnissen** auch Leistungen erfasst, die zu einem Zeitpunkt erfolgen, in dem die Ehegatten bereits getrennt leben.

Beispielsfall (nach *BGH* NJW-RR 2013, 897 = JuS 2013, 1137): Stromanbieter S hat im Jahr 2008 mit Ehemann E einen Stromlieferungsvertrag für die Ehewohnung geschlossen. Zum Zeitpunkt des Vertragsschlusses lebten E und seine Frau F in der Wohnung. Zum 31.12.2012 trennte sich das Ehepaar und F zog aus. Nun verlangt S von F Bezahlung der Stromrechnung für 2013.

Der **Anspruch** von S gegen F könnte sich **aus § 433 II i.V.m. § 1357 I BGB** ergeben.

Der Strombedarf für die Ehewohnung fällt jedenfalls unter die angemessene laufende Bedarfsdeckung (vgl. Rn. 8). Das Problem ist aber, dass die Ehegatten im Zeitpunkt der Leistungserbringung bereits getrennt lebten. Laut BGH gilt aber auch bei Dauerschuldverhältnissen das Stichtagsprinzip. Entscheidend sei allein der Zeitpunkt des Abschlusses des schuldrechtlichen Geschäfts, der hier in den Zeitraum des Zusammenlebens fiel. Eine Enthaftung eines Ehegatten durch Auszug sehe das Gesetz nicht vor. Auch eine analoge Anwendung von § 1357 III BGB auf solche Fälle wird mangels gesetzlicher Regelungslücke abgelehnt. Schließlich könne kein Unterschied gemacht werden zu den Fällen, in denen die Bestellung noch während der bestehenden ehelichen Lebensgemeinschaft erfolgte und die Lieferung erst nach Trennung. Der ausziehende Ehegatte muss also darauf achten, entsprechende Verträge für seine Person rechtzeitig zu kündigen (a.A. als der BGH mit guten Argumenten *Stalinski*, FamRZ 2013, 1933). Folgt man dem BGH, kann S von F Zahlung verlangen.

c) Wirksamer Abschluss eines Rechtsgeschäfts durch einen Ehegatten

Auf diese Voraussetzung wird man regelmäßig schon zu Beginn der Prüfung **7** der jeweiligen Anspruchsgrundlage eingegangen sein. Zunächst müssen ja der wirksame Vertragsschluss, der Vertragstyp und das Fehlen von rechtshindernden Einwendungen geprüft werden. Fehlt es schon hieran, kommt man nicht mehr zur Prüfung von § 1357 BGB. Problematisch bleibt der Fall des Vertragsschlusses durch den **minderjährigen Ehegatten**.

Beispielsfall: Die 17-jährige Ehefrau E kauft für das Baby im Kaufhaus eine Wiege, die eine Woche später geliefert werden soll. Kann das Kaufhaus K Ehemann M auf Zahlung in Anspruch nehmen?

Der **Anspruch** von K gegen M könnte sich **aus § 433 II BGB** ergeben.

Allerdings hat M selbst den Kaufvertrag nicht geschlossen, sondern seine Ehefrau E. Jedoch ist schon fraglich, ob der von E geschlossene Kaufvertrag überhaupt wirksam ist. Ausgangspunkt ist, dass ein Minderjähriger rechtlich nachteilhafte Geschäfte nur mit Zustimmung seines gesetzlichen Vertreters schließen kann, §§ 107 f. BGB. Das Verheiratetsein ändert daran nichts. Fehlt die Zustimmung, liegt somit kein wirksames Rechtsgeschäft vor, so dass eigentlich kein Raum für § 1357 BGB und eine Mitverpflichtung des anderen Ehegatten bleibt. Die h.M. wendet hier jedoch zu Recht § 165 BGB analog an (Palandt/*Brudermüller*, § 1357 Rn. 19; a.A. Bamberger/Roth/*Hahn*, § 1357 Rn. 9). Nach § 165 BGB ist die Willenserklärung eines Vertreters nicht deshalb

unwirksam, weil er in seiner Geschäftsfähigkeit beschränkt ist. Überträgt man diesen Gedanken auf § 1357 BGB, so bedeutet dies, dass das Rechtsgeschäft für den Minderjährigen selbst zwar nach wie vor (schwebend) unwirksam bleibt, der Ehegatte jedoch gleichwohl wirksam berechtigt und verpflichtet wird. Damit dürfte der andere Ehegatte eben auch einverstanden sein, wenn er dem Minderjährigen die Haushaltsführung zuvor übertragen hat.
Somit kann K von M Zahlung verlangen.

Kauft hingegen der volljährige Ehegatte ein, gibt es keinen Grund, den Minderjährigenschutz über § 1357 BGB zu durchbrechen. Der Minderjährige wird daher durch das Geschäft seines Ehegatten nicht mitverpflichtet (Palandt/ *Brudermüller*, § 1357 Rn. 19; Soergel/*Lange*, § 1357 Rn. 6; a.A. Bamberger/ Roth/*Hahn*, § 1357 Rn. 10; *Gernhuber/Coester-Waltjen*, § 19 Rn. 43).

d) Geschäft zur angemessenen Deckung des Lebensbedarfs, § 1357 I 1 BGB

8   Dieser Punkt bildet die zentrale Voraussetzung des § 1357 BGB; hier sind meist längere Ausführungen erforderlich. Man kann die Prüfung in der Weise strukturieren, dass man in einem **ersten Schritt** untersucht, ob das Geschäft objektiv auf die Bedarfsdeckung der Ehegatten bzw. der Familie abzielt. Maßstab sind insoweit die **Unterhaltsbedürfnisse** der Familie gem. §§ 1360, 1360a BGB. Was zum Unterhalt der Familie benötigt wird (Essen, Kleidung, Körperpflege, ärztliche Behandlung, Bedarf der Kinder, Haushaltsgeräte, Reparaturen im Haushalt, Telefonanschluss, Energieversorgung etc.) fällt regelmäßig auch unter § 1357 BGB. Der Ankauf eines Pferdes hingegen könnte nicht mehr unter die übliche Deckung des Unterhaltsbedarfs subsumiert werden. Kleinmöbel mögen je nach Verhältnissen unter § 1357 BGB fallen, die Anschaffung einer kompletten Einrichtung jedoch nicht (*OLG Brandenburg* FamRZ 2007, 558, zugleich ablehnend für PayTV). Zum Unterhaltsbedarf zählen zudem nicht Anschaffungen und Verträge, die nur dem persönlichen Berufs- oder Erwerbsbereich des einzelnen Ehegatten zuzurechnen sind, z.B. die Anschaffung eines Laptops für die berufliche Arbeit oder der Abschluss eines Gesellschaftsvertrags. Ebenfalls **nicht** erfasst werden Maßnahmen der Vermögensanlage oder -verwaltung (z.B. Abschluss von Sparverträgen, Kauf von Wertpapieren). Hier kann kaum von Bedarfsdeckung gesprochen werden. Was Freizeitgestaltung angeht (z.B. Tennisstunden), so mag dieser Bereich grundsätzlich den Unterhaltsbedürfnissen zuzurechnen sein; es wird jedoch genau zu prüfen sein, was im Einzelfall angemessen ist.

In einem zweiten Schritt ist zu prüfen, ob die jeweilige Bedarfsdeckung auch **subjektiv angemessen** ist. Unter die Schlüsselgewalt fallen nur solche Geschäfte, die sich im Rahmen der wirtschaftlichen Verhältnisse und Lebensgewohnheiten der konkreten Familie halten. Bei durchschnittlichem Einkommen und Lebensstil wäre etwa die Anschaffung von teurer Designer-Babymode nicht mehr angemessen i.S.v. § 1357 BGB. Entscheidend sind allerdings die nach außen in Erscheinung getretenen Verhältnisse (*BGH* NJW 2004, 1593; 1985, 1394, 1396; *OLG Köln* NJW-RR 1991, 1092). Wer laufend über seine Verhältnisse lebt, muss sich daran festhalten lassen. War der andere Ehegatte vorab mit dem betreffenden Geschäft einverstanden, spricht dies für seine Angemessenheit. Eine Abgrenzungshilfe bildet im Einzelfall zudem die Frage, ob es sich um ein Geschäft handelt, das ein Ehegatte nach den Lebensverhältnissen typischer Weise selbstständig zu erledigen pflegt (*BGH* NJW 1985, 1394, 1396), oder ob es eher ein Geschäft größeren Umfangs ist, das ohne Schwierigkeiten auch zurückgestellt werden kann (BGHZ 116, 184, 186) und über das sich die Ehegatten üblicher Weise vorher absprechen. Schließlich soll die Schlüsselgewalt einem Ehegatten nicht dabei helfen, den anderen vor vollendete Verhältnisse zu stellen. Daher wird sowohl der Ankauf eines Autos als auch die Buchung einer Ferienreise (*OLG Köln* NJW-RR 1991, 1092, Seychellen-Reise für 6.400 DM im Jahre 1988) regelmäßig nicht unter § 1357 BGB fallen, auch nicht die Beauftragung eines Steuerberaters (*LG Paderborn* BeckRS 2012, 09662). Auf die typischen Fallgruppen wird unten noch näher eingegangen (s. Rn. 14 ff.).

> **Beispielsfall** (nach *BGH* NJW 2004, 1593): Ehemann Max hat einen Telefondienst- **9**
> vertrag abgeschlossen. Bezahlt wird monatlich nach Rechnungstellung. Als sich M und
> seine Frau Flora wieder wochenlang streiten, zieht M aus der Ehewohnung aus. Da er
> die letzte Telefonrechnung nicht bezahlt hat, wird nun F auf Zahlung in Anspruch
> genommen. Als sie den Rechnungsbetrag von über 3.000 € sieht, verschlägt es ihr die
> Sprache. Die Telefongesellschaft erklärt den Rechnungsbetrag damit, dass Sonderdiens-
> te (Telefonsex) in Anspruch genommen worden seien.
>
> Hier fallen zwar die Kosten für den **Telefonanschluss** sowie den (freilich schwer
> abschätzbaren) laufenden Telefonbedarf unter § 1357 BGB; insbesondere zählt ein
> Festnetzanschluss auch in Zeiten der Handybenutzung zum üblichen Lebensbedarf
> einer Familie. „Das rechtfertigt aber nicht, Kosten, die diesen Rahmen exorbitant
> überschreiten und die finanziellen Verhältnisse der Familie sprengen, der angemessenen
> Deckung des Lebensbedarfs zuzurechnen …" (*BGH* a.a.O.). F muss also nicht für die
> Sonderdienste zahlen.

Die Schlüsselgewalt erstreckt sich nicht auf sog. **Grundlagengeschäfte**, **10** also seltener vorkommende Geschäfte von grundlegender Bedeutung für die Familie. Das betrifft etwa die Anmietung einer Wohnung für die Familie, den Abschluss eines Bauvertrags für ein Wohnhaus (*BGH* FamRZ 1989, 35), die Kündigung der Familienwohnung (*LG Köln* FamRZ 1990, 744), die Maklerprovision im Zusammenhang mit dem Kauf eines Hauses (*OLG Oldenburg* NJW-RR 2010, 1717) oder die Anmeldung des Kindes in einer Schule (*Schwab*, FamR, Rn. 167). Im Hinblick auf die Anwaltskosten zur Abwehr einer gegen die Ehegatten gerichteten Räumungsklage wurde ein Fall von § 1357 BGB indessen bejaht (*OLG Düsseldorf* FamRZ 2011, 35).

e) Aus den Umständen darf sich nichts anderes ergeben, § 1357 I 2 BGB

11   Weiterhin ist zu prüfen, ob sich im Einzelfall nach den Umständen ergibt, dass § 1357 BGB (doch) nicht gelten soll. So kann der Ehegatte den Willen, ausschließlich sich allein verpflichten zu wollen, bei Vertragsschluss ausdrücklich klarstellen. Auch eine konkludente Abbedingung ist denkbar, etwa wenn dem Vertragspartner klar ist oder klargemacht wird, dass der andere Ehegatte gegen diesen Vertragsschluss ist.

> **Beispiel:** Die Ehefrau kauft eine Katze, erzählt dem Verkäufer aber gleichzeitig, dass ihr Mann Katzen hasst und zudem allergisch auf sie reagiert.

Weiterhin gehören zu den maßgeblichen „Umständen" auch die wirtschaftlichen Verhältnisse der Familie. Übersteigen die Kosten des abgeschlossenen Rechtsgeschäfts eindeutig die finanziellen Möglichkeiten der Familie bzw. des mitverpflichteten Ehegatten, so scheidet eine Mitverpflichtung des anderen Ehegatten nach den Umständen aus (BGHZ 116, 184, 188; dazu Fall bei Rn. 14). Meist wird in diesen Fällen aber ohnehin schon die Angemessenheit der Bedarfsdeckung abgelehnt worden sein.

12   Die Geltung des § 1357 BGB wird nicht dadurch ausgeschlossen, dass ein Ehegatte das Bedarfsdeckungsgeschäft ausdrücklich im Namen seines Ehegatten als dessen **Bevollmächtigter** abschließt. In einem solchen Fall kann nichts anderes gelten, als wenn der vertretene Ehegatte den Vertrag selbst geschlossen hätte; denn dann hätte der Vertrag als Schlüsselgewaltgeschäft den anderen Ehegatten auch mitverpflichtet. Der Ehegatte kann aber **ausdrücklich** klarstellen, dass nur der Vertretene verpflichtet werden soll.

> **Beispiel:** Der Ehemann unterschreibt im Krankenhaus den Vertrag über ärztliche Wahlleistungen im Rahmen der gynäkologischen Behandlung seiner Frau mit „i.V.". Da die gewählten Leistungen nach dem Lebensstil der Ehegatten angemessen waren, bejahte der BGH einen Fall von § 1357 BGB (BGHZ 94, 1 = NJW 1985, 1394).

f) Kein Ausschluss der Schlüsselgewalt nach §§ 1357 II, 1412 BGB

13   § 1357 BGB enthält abdingbares Recht. Die Ehegatten können für ein einzelnes, bestimmte oder alle Bedarfsdeckungsgeschäfte festlegen, dass § 1357 BGB nicht gelten soll. Dritten gegenüber entfaltet eine solche Vereinbarung jedoch nur dann Wirkung, wenn der Ausschluss im Güterrechtsregister (dazu § 13 Rn. 4) eingetragen ist, §§ 1357 II 2, 1412 BGB. Ob der Dritte in das Register geschaut hat, ist dabei unerheblich. Ist ein Ehegatte mit der Abbedingung oder Einschränkung des § 1357 BGB zu seinen Lasten nicht einverstanden, kann er das Gericht anrufen, § 1357 II 1 BGB.

III. Fallgruppen

1. Ärztliche Behandlung

Notwendige ärztliche Behandlungen wie auch Vorsorgeuntersuchungen ge- **14**
hören zum Unterhaltsbedarf der Familie und werden von der Schlüsselgewalt
abgedeckt. Dass eine Mit*berechtigung* des anderen Ehegatten dabei regelmäßig
keinen Sinn macht, weil nur der Kranke behandelt werden will, ist irrelevant. Eine nähere Prüfung ist allerdings erforderlich, wenn es um kostspielige
ärztliche Wahlleistungen geht, um Schönheitsoperationen, teure Brillen oder
Zahnersatz. Hier muss mit Blick auf den Lebenszuschnitt der Familie indivi-
duell entschieden werden. Mit guter Argumentation sind ggf. beide Ergebnisse
vertretbar. Problematisch wird es, wenn eine ärztliche Behandlung zwar objektiv erforderlich, von den Ehegatten aber nicht finanzierbar ist.

Beispielsfall (nach BGHZ 116, 184): Emil und Wilma sind verheiratet. Da Emils Betrieb in die roten Zahlen geraten ist, kann er auch seine Krankenversicherungsbeiträge
nicht mehr zahlen, woraufhin ihm der Versicherungsvertrag gekündigt wird. Nun
wird bei E eine Krebserkrankung diagnostiziert. Er begibt sich schließlich in statio-
näre, chemotherapeutische Behandlung, jedoch ohne Heilungserfolg. Nach dem Tod
von E wird W als seine Frau wegen der Krankenhauskosten in Höhe von 30.000 € in
Anspruch genommen.
Der Anspruch auf die Behandlungskosten könnte sich aus § 611 I BGB ergeben.
1. Vertragspartner war an sich nur E selbst. Die Haftung der W könnte sich aber aus
   § 1922 BGB ergeben, wenn W Erbin des E ist. Darüber ist allerdings nichts bekannt.
   Wenn E hoch verschuldet war, wird W im Zweifel auch eine etwaige Erbschaft
   ausschlagen, §§ 1942 ff. BGB.
2. Die Zahlungsverpflichtung der W könnte aus § 1357 I 2 BGB folgen.
   a) E und W waren zum Zeitpunkt des Vertragsschlusses verheiratet.
   b) Sie lebten nicht getrennt, § 1357 III BGB.
   c) E hat einen wirksamen Behandlungsvertrag (Dienstvertrag i.S.v. § 611 BGB)
      geschlossen.
   d) Fraglich ist, ob dieses Rechtsgeschäft ein Geschäft zur angemessenen Deckung des
      Lebensbedarfs der Ehegatten darstellte. Eine notwendige, lebenserhaltende oder
      -verlängernde ärztliche Behandlung gehört zum Unterhaltsbedarf der Ehegatten,
      so dass der Abschluss entsprechender Verträge grundsätzlich unter § 1357 BGB
      fällt. Vorliegend könnte indes zweifelhaft sein, ob die kostspielige Behandlung
      angesichts der Verschuldung des E und des Fehlens einer Krankenversicherung,
      also nach den individuellen Umständen, angemessen war. Das könnte man mit
      guten Argumenten durchaus verneinen. Der BGH hält eine unaufschiebbare,
      dringende ärztliche Behandlung, für die es keine Alternative gibt und auf deren
      Kosten der Patient ohnehin keinen Einfluss nehmen kann, jedoch in jedem Fall
      für angemessen. Dafür spricht in der Tat, dass Entscheidungen dieser Art generell
      nicht von finanziellen Erwägungen abhängen (sollten).
   e) Die Ehegatten hatten die Wirkungen des § 1357 BGB nicht ausgeschlossen.
   f) Zu überlegen bleibt jedoch, ob sich vorliegend aus den Umständen etwas anderes
      ergab, § 1357 I 2 a.E. BGB. Ausdrückliche Erklärungen von E oder W waren

nicht erfolgt. Allerdings war objektiv aufgrund der Verschuldung des E und der fehlenden Krankenversicherung klar, dass die kostspielige Behandlung die wirtschaftlichen Verhältnisse und finanziellen Möglichkeiten der Ehegatten eindeutig überschritt. In einem solchen Fall muss die Mitverpflichtung des anderen Ehegatten „nach den Umständen" von vornherein ausscheiden (*BGH* a.a.O.; *OLG Bremen* FamRZ 2010, 1080).
W ist nicht zur Zahlung verpflichtet.

2. Kredit- und Abzahlungsgeschäfte

a) Abzahlungsgeschäfte

15   § 1357 wird praktisch nur dann relevant, wenn kein Barzahlungsgeschäft des täglichen Lebens vorliegt, sondern erst nachträglich bezahlt werden soll, etwa nach Lieferung der bestellten Sache. Früher mag auch das „Anschreiben" beim Kaufmann oder Bäcker eine Rolle gespielt haben. Daran knüpft die Frage an, ob § 1357 BGB zudem Geschäfte abdeckt, bei denen eine (ggf. längerfristige) Abzahlung in Raten vereinbart wird (§ 510 BGB). Freilich muss auch hier zunächst gefordert werden, dass sich das Geschäft inhaltlich auf einen Gegenstand der angemessenen Bedarfsdeckung richtet. Ist das der Fall, wird allerdings meist auch eine Ratenzahlungsvereinbarung angemessen i.S.v. § 1357 BGB sein (*Cebulla/Pützhoven*, FamRZ 1996, 1124; *M. Schmidt*, FamRZ 1991, 629, 637; *Löhnig*, FamRZ 2001, 135, 137 f.; a.A. RGRK/*Roth-Stielow*, § 1357 Rn. 31). Der mitverpflichtete Ehegatte steht regelmäßig nicht deswegen schlechter, weil der Kaufpreis nicht sofort in Gänze, sondern in Raten fällig wird. Dass längerfristige Kosten eintreten, steht der Anwendung von § 1357 BGB nicht entgegen; schließlich fallen auch Dauerschuldverhältnisse wie der Abschluss eines Telefonvertrags darunter (*BGH* NJW 2004, 1593). Letztlich muss bei Abzahlungsgeschäften aber auf den Einzelfall abgestellt werden, insbesondere auf die Dauer der Verpflichtung und den Umfang der Kreditkosten.

b) Verbraucherkredite

16   **Beispiel:** Um für den anstehenden Skiurlaub richtig ausgestattet zu sein, braucht Ehefrau Flora Geld. Sie lässt sich bei der Billig-Bank einen kurzfristigen „Konsumentenkredit" über 2.000 € gewähren, den sie auch sogleich bar ausbezahlt bekommt. Davon kauft sie u.a. Skianzüge für sich und die Kinder zum Gesamtpreis von 600 €. Kann nun später auch Ehemann Max auf Rückzahlung des Kredits von der Bank in Anspruch genommen werden?

Wird im Vorfeld eines **geplanten Bedarfsdeckungsgeschäfts** ein Kredit aufgenommen, so fragt sich, ob bereits die Kreditaufnahme ein Geschäft i.S.v. § 1357 BGB sein kann. Das ist umstritten. Dieser Fall ist jedoch nicht mit der Teilzahlungsvereinbarung vergleichbar. Man könnte zwar sagen, dass es keinen wesentlichen Unterschied macht, ob zunächst ein Kredit aufgenommen wird, um dann den Einkauf zu tätigen, oder ob das Kreditgeschäft direkt mit dem Kauf verbunden wird als finanzierter Kauf. Das Kreditgeschäft dient dann zumindest mittelbar der Deckung des Lebensbedarfs (*Bamberger/Roth/ Hahn*, § 1357 Rn. 21). Aber eben in der **Trennung von Kredit- und Bedarfsdeckungsgeschäft** liegt die Gefahr, vor welcher der andere Ehegatte geschützt werden muss. Es besteht nämlich keine Sicherheit, dass der Kredit wirklich nur für Geschäfte i.S.v. § 1357 BGB verwendet wird. Es muss aber stets möglich sein, bereits im Zeitpunkt des Abschlusses des Vertrags endgültig zu entscheiden, ob § 1357 BGB für den Vertrag gilt oder nicht. Zudem dient die Kreditaufnahme selbst eben noch nicht der Bedarfsdeckung, sondern lediglich ihrer Vorbereitung. Die h.M. subsumiert den isolierten (nicht zweckgebundenen) Darlehensvertrag daher zu Recht nicht unter § 1357 BGB (*LG Aachen* NJW 1980, 1472 f.; *Staudinger/Voppel*, § 1357 Rn. 96). Dafür spricht auch die Bankenpraxis. Die Bank überprüft allein die Kreditwürdigkeit des einzelnen Darlehensnehmers; wenn sie die Mitverpflichtung des Ehegatten für erforderlich hält, holt sie dessen Unterschrift ohnehin zusätzlich ein.

3. Doppelanschaffungen

Beispiel: Einen Tag nach Erwerb eines blauen Skianzugs für 200 € entdeckt Flora bei **17** Sports & More einen noch viel schickeren roten Skianzug für 250 €. Da ihre Größe nicht vorrätig ist, wird der Anzug für F bestellt. Muss Ehemann Max zahlen, wenn der Anzug eine Woche später geliefert wird?

Bei Doppelanschaffungen fragt sich, ob das zweite Rechtsgeschäft überhaupt noch angemessen ist, nachdem der Bedarf bereits durch das erste Geschäft gedeckt ist. Würde man dies verneinen, wäre man jedoch gezwungen, stets eine Gesamtbetrachtung mehrerer Geschäfte vorzunehmen. Dagegen spricht aber, dass § 1357 BGB auch dem Gläubigerschutz dient und insoweit ein objektiver Maßstab anzulegen ist. Dem Gläubiger ist es im Rahmen des einzelnen Geschäfts nicht möglich zu erkennen, ob bereits andere ähnliche Geschäfte zuvor abgewickelt wurden oder nicht. Es kann daher nur auf eine **Einzelbetrachtung** des einzelnen Geschäfts ankommen. Im Beispiel muss M daher grundsätzlich zahlen. Nichts anderes hätte bei parallelen Bedarfsdeckungsgeschäften der Ehegatten zu gelten, die jeweils in Unkenntnis des Geschäftsabschlusses des anderen Ehegatten erfolgen (*MünchKomm/Roth*, § 1357 Rn. 21).

4. Veräußerungsgeschäfte

Bedarfsdeckung erfordert den Erwerb von Gütern. Die Veräußerung von **18** Gegenständen hingegen dient allenfalls mittelbar den Unterhaltsbedürfnissen der Familie.

Beispiel: Um den Ankauf der dringend benötigten Spülmaschine finanzieren zu können, verkauft Flora einen alten, im Miteigentum der Ehegatten stehenden Bauernschrank, ohne vorher Ehemann Max zu fragen. Ist M nun verpflichtet, den Schrank an den Käufer herauszugeben?

Auch insoweit muss gelten, dass die nur mittelbare Bedarfsdeckungsfunktion des Geschäfts nicht genügen kann, um den Tatbestand des § 1357 BGB zu erfüllen. Insbesondere würde über § 1357 BGB sonst eine Art Verfügungsmacht des einen Ehegatten über das Vermögen des anderen begründet (vgl. *Schwab*, FamR, Rn. 170; MünchKomm/*Roth,* § 1357 Rn. 25). Zudem würde man in Konflikt mit anderen Normen geraten, wie etwa mit § 1369 BGB, der Verfügungen über Haushaltsgegenstände stets von der Zustimmung des anderen Ehegatten abhängig macht.

Übersicht zu den *nicht* unter § 1357 BGB fallenden Geschäften

- Luxusanschaffungen
- Grundlagengeschäfte
- Vermögensanlage und -verwaltung
- (Isolierte) Kreditaufnahme
- Berufsbezogene Geschäfte
- Veräußerungen

IV. Die Rechtsfolgen des § 1357 BGB

1. Mitberechtigung und Mitverpflichtung

19   Die Rechtsfolgen des § 1357 I 2 BGB treten automatisch kraft Gesetzes ein. Auf den Willen oder die Kenntnis der Vertragspartner oder Ehegatten kommt es nicht an. Der Geschäftspartner muss nicht wissen, dass er es mit Ehegatten zu tun hat. Die Mitverpflichtung des anderen Ehegatten bedeutet, dass die Ehegatten dem Vertragspartner als **Gesamtschuldner** haften, § 421 BGB. Einen Vollstreckungsbescheid gegen einen Ehegatten muss auch der andere Ehegatte gegen sich gelten lassen, wenn die zu Grunde liegende Schuld ein Schlüsselgewaltgeschäft betrifft (*LG Karlsruhe* NJW-Spezial 2013, 485).

Die **Mitberechtigung** des anderen Ehegatten führt zu einer gemeinsamen Gläubigerstellung der Ehegatten gegenüber dem Vertragspartner als Schuldner. Nach h.M. sind sie als **Gesamtgläubiger** i.S.v. **§ 428 BGB** anzusehen (*Gernhuber/Coester-Waltjen,* § 19 Rn. 54; *Dethloff,* § 4 Rn. 67; a.A. *Büdenbender,* FamRZ 1976, 662, 667, der § 432 BGB anwendet). Jeder Ehegatte kann unabhängig vom anderen die Leistung fordern; der Gläubiger kann an jeden einzelnen Ehegatten befreiend leisten.

2. Geltendmachung von Sekundäransprüchen

20   Bei der Abwicklung der unter § 1357 BGB fallenden Rechtsgeschäfte können **Leistungsstörungen** auftreten. Dann fragt sich, wie auf beiden Seiten Sekun-

däransprüche geltend zu machen sind. Muss sich der Vertragspartner stets an beide Ehegatten halten, um beiden gegenüber Rechtsfolgen zu erzeugen? Genügt es
andererseits auf Seiten der Ehegatten, dass hier nur einer von beiden aktiv wird?

Beispiel: Flora hat den bereits angelieferten Skianzug noch nicht bezahlt und reagiert
auch auf die wirksame Mahnung nicht. Nun wird Max aufgefordert, den Rechnungsbe-
trag zuzüglich Verzugszinsen zu begleichen. M weigert sich, die Zinsen zu zahlen, weil
er weder von dem Kauf noch der Mahnung bislang etwas wusste.

Das Gesetz gibt hier nur für Teilbereiche Antworten. Für das **Rücktritts-
recht** bestimmt § 351 BGB die Unteilbarkeit, wenn mehrere am Geschäft beteiligt sind. Der Rücktritt muss eben zwangsläufig für und gegen alle gelten.
Soweit § 351 BGB dafür aber Erklärungen von allen bzw. gegenüber allen fordert, müssen im Zusammenhang mit § 1357 BGB Abstriche gemacht werden.
So muss es beim Rücktritt des Vertragspartners genügen, wenn dieser nur dem
vertragschließenden Ehegatten gegenüber erklärt wird, um auch Wirkung gegenüber dem anderen Ehegatten zu erzielen. Alles andere wäre wenig sinnvoll,
da der Vertragspartner meist gar nicht weiß, dass es auch einen Ehegatten gibt.

In gleicher Weise muss es bei Ausübung von **Gewährleistungs- und Ge-**   21
staltungsrechten durch die Ehegatten ausreichen, wenn nur einer von ihnen
dem Vertragspartner gegenüber eine Erklärung (z.B. Anfechtung, Rücktritt,
Nacherfüllungsverlangen) abgibt. Zur Abgabe solcher Erklärungen ist demgemäß jeder Ehegatte allein berechtigt (MünchKomm/*Roth*, § 1357 Rn. 41;
Erman/*Kroll-Ludwigs*, § 1357 Rn. 18; a.A. *Berger*, FamRZ 2006, 1129, 1133;
Simon, FS Schwab, 2005, S. 415, 426 f.). Die Wirkungen der Erklärung treffen
dann – in Weiterführung des Gedankens des § 1357 BGB – beide Ehegatten
gleichermaßen. Auch das **Widerrufsrecht bei Verbraucherverträgen (z.B.**
Verbraucherkredit- oder Fernabsatzvertrag) kann jeder Ehegatte allein
mit Wirkung für beide erklären (*Löhnig*, FamRZ 2001, 135, 137; *Cebulla/Pütz-
hoven*, FamRZ 1992, 1124 f.). Die Einhaltung der diesbezüglichen Form- und
Informationsanforderungen bei Vertragsschluss gegenüber dem handelnden
Ehegatten wirkt auch gegenüber dem anderen Ehegatten (MünchKomm/*Roth*,
§ 1357 Rn. 33; *Medicus*, FS Schwab, S. 359, 365).

Erfüllung und Aufrechnung durch einen Ehegatten wirken gem. § 422   22
BGB auch zu Gunsten des anderen Ehegatten. Der **Gläubigerverzug** des Vertragspartners wirkt für beide Ehegatten, § 424 BGB. Angesichts der besonderen
Verbundenheit der Ehegatten, die über eine herkömmliche Gesamtschuldner-
schaft hinausgeht (vgl. *Schwab*, FamR, Rn. 184 f.), sollte das umgekehrt auch
(entgegen § 425 II BGB) für den Schuldnerverzug gelten. Kommt ein Ehegatte
schuldhaft in Zahlungsverzug (s. Beispiel Rn. 20), schulden somit beide Ehegatten Verzugszinsen (Bamberger/Roth/*Hahn*, § 1357 Rn. 27; a.A. *Büdenbender*,
FamRZ 1976, 662, 667). Gerät der Vertragspartner in Verzug (etwa mit der
Lieferung), so muss genügen, wenn nur ein Ehegatte die Mahnung ausspricht.
Begründen lässt sich das wiederum mit § 1357 I 2 BGB analog.

> **Klausurhinweis:** Im Hinblick auf die Sekundäransprüche ist vieles umstritten. Angesichts der lückenhaften gesetzlichen Regelungen bedarf es sorgfältiger Argumentation und der Entwicklung eines sach- und interessengerechten Ergebnisses im Einzelfall.

3. Keine dinglichen Wirkungen

23   Fälle zur Schlüsselgewalt münden bisweilen in die Folgefrage, wem der erworbene Gegenstand nun gehört. Bei Sachen, die wie Lebensmittel dem Verbrauch unterliegen, kann die **Eigentumsfrage** dahinstehen, nicht aber bei langlebigen Wirtschaftsgütern.

> **Beispiel:** Ehefrau Flora hat mithilfe des Haushaltsgeldes eine schöne neue Kaffeemaschine erworben. Als sich F und ihr Ehemann Max ein Jahr später trennen, streiten sie sich darüber, wem die Maschine gehört.

Nach wohl **h.M.** kommt § 1357 BGB keine unmittelbare dingliche Wirkung zu (BGHZ 114, 74, 76 = NJW 1991, 2283; Erman/*Kroll-Ludwigs,* § 1357 Rn. 21; krit. Palandt/*Brudermüller,* § 1357 Rn. 20). Ein Gegenstand, der im Wege eines Schlüsselgewaltgeschäfts erworben wurde, steht also nicht automatisch im Miteigentum der Ehegatten. Die Mitberechtigung i.S.v. § 1357 I 2 BGB ist ausschließlich **schuldrechtlich** zu verstehen. Hätte der Gesetzgeber anderes gewollt, so hätte er die Norm anders gefasst. Zudem wird bei Ehegatten – sowohl in der Zugewinngemeinschaft als auch bei Gütertrennung – grundsätzlich von getrennten Vermögensmassen ausgegangen, vgl. § 1363 II 1 BGB. Die **Gegenauffassung** (OLG *Schleswig* FamRZ 1989, 88; *Schwab,* FamR, Rn. 186) verweist darauf, dass eine Mitberechtigung nur Substanz erlange, wenn auch die Übereignung an beide Ehegatten zu Miteigentum gefordert werden könne. Folgt man der h.M., steht dem indes gar nichts im Wege. Im Einzelfall kann durchaus eine Übereignung an beide Ehegatten gemeinsam erfolgt sein. Eben das folgt aber nicht zwangsläufig aus § 1357 BGB, sondern muss im Einzelfall durch **Auslegung der Übereignungserklärungen** nach § 929 BGB ermittelt werden. Dabei gelten die Grundsätze über den Erwerb für den es angeht (dazu § 12 Rn. 1). Ist kein ausdrücklicher Wille erkennbar, mag es beim Erwerb von Haushaltsgegenständen aber durchaus nahe liegen anzunehmen, dass die Ehegatten gewillt sind, zu Miteigentum zu erwerben (*BGH* FamRZ 1991, 923; krit. *Simon,* FS Schwab, S. 417, 422). Das dürfte auch im Beispielsfall das richtige Ergebnis sein, zumal das Haushaltsgeld verwendet wurde.

Empfehlungen zur vertiefenden Lektüre

Zur Vertiefung: *Berger,* Gestaltungsrechte und Prozessführung bei Schlüsselgewaltgeschäften nach § 1357 BGB, FamRZ 2006, 1129; *Brudermüller,* Schlüsselgewalt und Telefonsex, NJW 2004, 2265; *P. Huber,* Die Schlüsselgewalt, § 1357 BGB, Jura 2003, 145; *Löhnig,* Verbrauchergeschäfte mit Ehegatten – zum Verhältnis von Verbraucherschutz und Schlüsselgewalt, FamRZ 2001, 135; *Stalinski,* Schlüsselgewalt unlimited?, FamRZ 2013, 1933; *Medicus,* Gedanken zur „Schlüsselgewalt", FS Schwab, 2005, S. 359; *Simon,* Zu den

Gestaltungs- und Gewährleistungsrechten bei den Schlüsselgewaltgeschäften des § 1357 BGB, FS Schwab, 2005, S. 417.

Fälle und Klausuren: *Benner*, 2. Teil, Fall 5; *Kaiser*, Mitberechtigung von Ehegatten, JuS 2013, 146; *Kindl*, Das Fernsehgerät, JuS 2002, 994; *Löhnig*, Fall 8; *Preisner*, Examenstypische Klausurenkonstellationen des Familien- und Erbrechts, Teil I, JA 2010, 424; *Röthel*, Fall 1; *Roth*, Fall 2; *Schwab*, PdW, Fälle 32–45.

§ 11. Haftungsfragen der ehelichen Lebensgemeinschaft

I. Der Haftungsmaßstab im Innenverhältnis, § 1359 BGB

1. Regelungsinhalt und -zweck

Wenn Ehegatten untereinander schadensersatzpflichtig werden, so ist der **1** **Haftungsmaßstab des § 1359 BGB** zu beachten: Die Ehegatten haben bei der Erfüllung der sich aus dem ehelichen Verhältnis ergebenden Verpflichtungen einander nur für diejenige Sorgfalt einzustehen, welche sie in eigenen Angelegenheiten anzuwenden pflegen. Was das bedeutet, klärt **§ 277 BGB**. Wer nur für die eigenübliche Sorgfalt einzustehen hat, ist von der Haftung wegen grober Fahrlässigkeit nicht befreit. Für leichte Fahrlässigkeit wird also regelmäßig nicht gehaftet. Der Zweck des milderen Haftungsmaßstabs liegt in der Erhaltung des **Familienfriedens**. Gerade weil die „Schadensanfälligkeit" der ehelichen Lebensgemeinschaft angesichts des täglichen Kontakts und des ständigen Einflusses der Ehegatten auf die Rechtsgüter des anderen nicht gering ist, muss verhindert werden, dass aus jeder Unsorgfältigkeit sogleich Haftungsansprüche resultieren. Abgesehen davon hat man sich den anderen Partner selbst ausgesucht und muss ihn daher so nehmen, wie er ist.

Lernhinweis: Auf die eigenübliche Sorgfalt wird auch abgestellt:
- beim Rücktrittsberechtigten, § 346 III 1 Nr. 3 BGB
- beim widerrufsberechtigten Verbraucher, § 357 I 1 BGB
- unter Gesellschaftern, § 708 BGB
- im Eltern-Kind-Verhältnis, § 1664 I BGB
- unter eingetragenen Lebenspartnern, § 4 LPartG
- im Verhältnis von Vorerben und Nacherben, § 2131 BGB.

Davon zu unterscheiden ist die generelle Reduzierung der Haftung auf Vorsatz und grobe Fahrlässigkeit, z.B. bei der Leihe, § 599 BGB, oder bei der Schenkung, § 521 BGB.

2. Prüfung im Fallaufbau

§ 1359 BGB ist **keine Anspruchsgrundlage**, sondern gibt nur den Grad **2** der Fahrlässigkeit an, für den im Ehegatteninnenverhältnis gehaftet wird. Einzubauen ist die Prüfung von § 1359 BGB dort, wo es im Rahmen der jeweils geprüften Anspruchsgrundlage (z.B. §§ 280 I, 823 I, II BGB) auf das Verschulden ankommt. An dieser Stelle sollte zunächst allgemein festgestellt werden, welches Verschulden dem Ehegatten tatsächlich zur Last fällt (leichte, mittlere oder grobe Fahrlässigkeit oder gar Vorsatz). Erst danach ist zu fragen, ob eine Haftung hierfür wegen § 1359 BGB vielleicht ganz entfällt.

3. Die Tatbestandsvoraussetzungen des § 1359 BGB

Prüfungsschema § 1359 BGB

1. Bestehende **Ehe** zwischen den Parteien
2. Erfüllung einer **Pflicht aus dem ehelichen Lebensverhältnis**
3. **(Nicht-)Beachtung** der eigenüblichen Sorgfalt
4. Keine Geltung des § 1359 BGB bei Verstoß gegen Regeln des **Straßenverkehrs** (h.M.)

---

a) Personeller Anwendungsbereich

3   § 1359 BGB enthält einen verallgemeinerungsfähigen Rechtsgedanken (vgl. Rn. 1). Daher gilt der mildere Haftungsmaßstab des § 1359 BGB nach h.M. auch für Paare, die in nichtehelicher Lebensgemeinschaft zusammenwohnen (*OLG Celle* FamRZ 1992, 941; *OLG Oldenburg* NJW 1986, 2259).

b) Erfüllung einer Pflicht aus dem ehelichen Lebensverhältnis

4   § 1359 BGB gilt nach seinem Wortlaut für Fälle der Verletzung einer sich aus dem ehelichen Verhältnis ergebenden Verpflichtung. Das betrifft zweifellos alle Handlungen, die im Zusammenhang mit der ehelichen Lebensgemeinschaft bzw. mit der Erfüllung der ehelichen Unterhaltspflichten stehen, also insbesondere die Führung des Haushalts, die (aus Unterhaltsgründen gebotene) Mitarbeit im Geschäft des Ehegatten sowie die Erledigung von Schlüsselgewaltgeschäften i.S.v. § 1357 BGB. Indes hat der BGH inzwischen betont, dass die Norm insofern weit zu verstehen ist und durchaus auch im Freizeitbereich der Ehegatten zur Anwendung kommt (*BGH* FamRZ 2009, 1048: Wasserski).

Beispiel: § 1359 BGB führt zum Haftungsausschluss, wenn die Hausfrau beim Putzen aus Versehen eine Vase des Mannes umstößt und zerstört oder wenn die Ehegatten beim Skifahren kollidieren und sich verletzen.

c) Die eigenübliche Sorgfalt

5   Nach dem Gesetzeswortlaut enthalten die §§ 1359, 277 BGB nicht nur eine Reduzierung der Haftung auf Fälle grober Fahrlässigkeit. Vielmehr geht es primär darum zu ermitteln, welchen Sorgfaltsmaßstab der schädigende Ehegatte normalerweise anlegt, wenn er mit seinen eigenen Rechtsgütern zu tun hat.

Beispiel: Wenn Ehemann Ernst sein eigenes Fahrrad nie abschließt, während er beim Bäcker schnell ein Brot holt, wird er dies eben auch nicht tun, wenn er ausnahmsweise mal das Rad seiner Frau benutzt hat. Also soll er gem. § 1359 BGB nicht haften, wenn dieses nun infolge seiner Unachtsamkeit von einem Dieb entwendet wird. Anders liegt es aber, wenn E auf seine eigenen Sachen immer sehr gut aufpasst, dies aber im Umgang mit den Sachen seiner Frau nicht für notwendig hält. Hier kann ein Verstoß gegen die eigenübliche Sorgfalt auch vorliegen und zur Haftung führen, wenn E objektiv betrachtet nur mittlere Fahrlässigkeit zur Last fällt.

Klausurhinweis: Wenn im Klausursachverhalt konkrete Hinweise zur eigenüblichen Sorgfalt des Ehegatten fehlen, kann man sich aber darauf beschränken, dem § 1359 BGB einen Ausschluss der Haftung für leichte und mittlere Fahrlässigkeit zu entnehmen.

d) Keine Geltung des § 1359 BGB bei Verstoß gegen Regeln des Straßenverkehrs

Der BGH (BGHZ 53, 352, 355; 61, 101, 104 f.) verneint in st. Rspr. die An- **6** wendbarkeit von § 1359 BGB, wenn ein Ehegatte den anderen unter Verstoß gegen die Regeln des Straßenverkehrsrechts schädigt.

Beispiel: Auf dem Heimweg vom Supermarkt verkennt Ehemann Max leicht fahrlässig die Vorfahrtsverhältnisse und fährt tatsächlich seiner eigenen Ehefrau ins Auto, die gerade mit ihrem Wagen aus dem Büro kommt. Hier führt § 1359 BGB nach h.M. nicht zum Haftungsausschluss. M haftet auch für leichte Fahrlässigkeit.

Mit der Anwendung von § 1359 BGB wäre den Ehegatten in solchen Fällen auch nicht geholfen. Denn würde man einen Anspruch verneinen, so gäbe es auch keinen Grund für die Kfz-Haftpflichtversicherung, den Schaden zu decken, so dass die Ehegatten ggf. auf dem Schaden sitzen bleiben würden. Das wäre dem Familienfrieden kaum förderlich. Außerdem müssen im Straßenverkehr einheitliche **objektive Sorgfaltsmaßstäbe** gelten und alle Verkehrsteilnehmer gleich behandelt werden. Diese Grundsätze hat der BGH auch im Fall eines Motorbootunfalls zur Anwendung kommen lassen und die Anwendbarkeit von § 1359 BGB insoweit verneint (*BGH* FamRZ 2009, 1048).

II. Schadensersatzansprüche zwischen Ehegatten

1. Kein Schadensersatz bei Verletzung personaler Ehepflichten

Aus der ehelichen Lebensgemeinschaft (§ 1353 I 2 BGB) ergeben sich ver- **7** schiedene personale Verpflichtungen, etwa zur ehelichen Treue oder zum Zusammenleben (s. § 9 Rn. 2 ff.), die auch einklagbar sind (vgl. § 9 Rn. 9). § 120 III FamFG bestimmt allerdings, dass insoweit keine Vollstreckung stattfindet. Diese Wertung darf nach Rechtsprechung und h.M. auch nicht dadurch unterlaufen werden, dass man bei Verletzung oder Nichterfüllung der Ehepflichten durchsetzbare Schadensersatzpflichten bejaht.

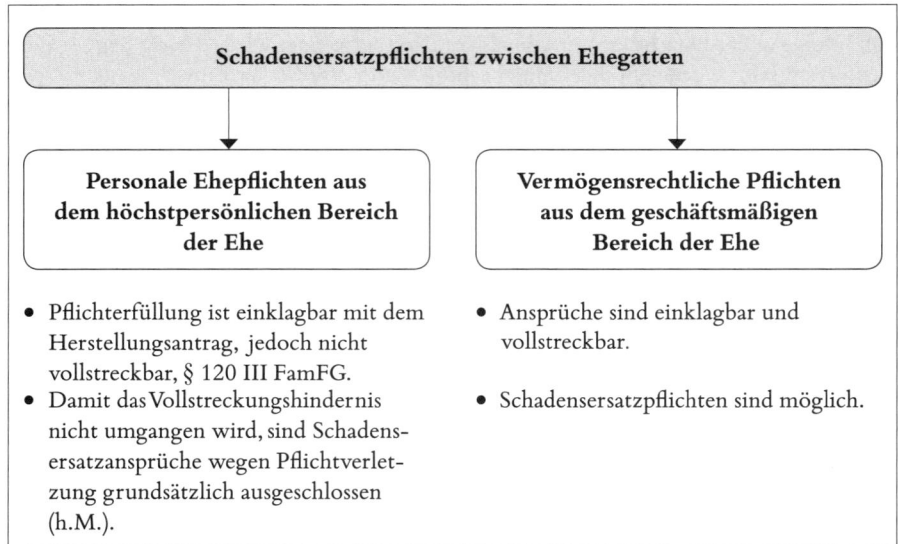

BGH NJW 1988, 2032, 2033: „Die Verletzung der Pflicht zur ehelichen Lebensgemeinschaft begründet in der Regel **keinen Schadensersatzanspruch**, weil die Erfüllung der persönlichen Pflichten, die aus der ehelichen Lebensgemeinschaft fließen, nur durch die auf freier sittlicher Entscheidung beruhende eheliche Gesinnung gewährleistet werden kann. Damit ist jeder auch indirekte staatliche Zwang, etwa durch eine Vertragsstrafe oder eine Schadensersatzpflicht, unvereinbar."

Im inneren, höchstpersönlichen Gestaltungsbereich der Ehe hat eine staatliche bzw. gerichtliche Kontrolle eben nichts zu suchen. Aufkommende Probleme müssen die Ehegatten selbst bewältigen; wenn sie das nicht schaffen, müssen sie sich ggf. scheiden lassen. Dass es dabei auch zu verbleibenden Einbußen kommen kann, ist letztlich dem allgemeinen Lebensrisiko zuzuschreiben. Die Gegenmeinung (*Gernhuber/Coester-Waltjen*, § 17 Rn. 22 ff.; Staudinger/*Voppel*, § 1353 Rn. 118 ff., 127 f.), die hier teilweise Ansprüche auf Ersatz des Vertrauensschadens bzw. des Abwicklungsinteresses bejaht, vermag daher nicht zu überzeugen (dazu auch unten Rn. 11).

Beispiel: Als Ehemann Ernst der Seitensprung seiner Ehefrau Fiona bekannt wird, erleidet er einen Hörsturz. Daraus resultieren Arztkosten sowie ein erheblicher Verdienstausfall. E kann gleichwohl von F keinen Schadensersatz verlangen. Hier verwirklicht sich das allgemeine Lebensrisiko.

2. Schadensersatzansprüche aus dem geschäftsmäßigen Bereich der Ehe

8   Von den personalen Ehepflichten zu unterscheiden sind sonstige Streitigkeiten **vermögensrechtlicher Art** (*BGH* NJW 1988, 2032, 2033). Das betrifft etwa Anträge eines Ehegatten bei Gericht auf Zahlung von Taschengeld,

Unterhalt, Zugewinnausgleich oder steuerliche Ausgleichszahlungen. In solchen Fällen gilt das Vollstreckungshindernis des § 120 III FamFG nicht. Auch Schadensersatzansprüche sind denkbar. So ist etwa der Ehegatte, der grundlos die Mitwirkung an der Wahl der steuerlich günstigsten Veranlagungsform verweigert (s. § 9 Rn. 7), regelmäßig aus § 1353 I 2 BGB (ggf. i.V.m. § 280 I BGB) verpflichtet, den Schaden zu ersetzen, der dem anderen Ehegatten durch die erhöhte Steuerlast entsteht.

3. Deliktsrechtliche Ansprüche aus § 823 BGB

a) Verletzung absoluter Rechtsgüter

Zwischen Ehegatten kann es in gleicher Weise wie unter Fremden zur **9** Verletzung der in § 823 I BGB genannten Rechtsgüter kommen. Man denke vor allem an eine fahrlässige oder vorsätzliche Körperverletzung oder Eigentumsbeschädigung. Auch zwischen Ehegatten bestehen dann grundsätzlich einklagbare und vollstreckbare Ansprüche. Eine Einschränkung mag sich – von § 1359 BGB abgesehen – allenfalls aus der ehelichen Rücksichtnahmepflicht ergeben (dazu Rn. 18).

b) Recht der elterlichen Sorge als absolutes Recht i.S.v. § 823 I BGB

Beispiel (nach BGHZ 111, 168): Die Ehegatten Max und Flora leben getrennt. F hat das **10** alleinige Sorgerecht für Sohn Simon. Zwei Wochenenden pro Monat verbringt S bei M. An einem Sonntag bringt M den S entgegen der gerichtlichen Umgangsregelung abends nicht zu F zurück. F muss schließlich einen Detektiv einschalten, um den Aufenthalt von M und S zu ermitteln. Die Detektivkosten verlangt F nun von M ersetzt.

Auch das Recht der elterlichen Sorge (§ 1626 BGB) ist als absolutes, sonstiges Recht im Sinne von § 823 I BGB anerkannt, das Wirkung sowohl im Verhältnis zum anderen Elternteil als auch gegenüber Dritten erzeugt. Andernfalls wäre das Recht der Personensorge auch nur unzureichend geschützt. Wer ein Kind dem Sorgeberechtigten widerrechtlich vorenthält und ihm damit die Ausübung der Sorge zeitweilig unmöglich macht, kann sich somit schadensersatzpflichtig machen. Der Schadensersatz erstreckt sich jedoch nur auf den Aufwand, der für die Aufenthaltsermittlung und Rückführung des Kindes erforderlich ist (BGHZ 111, 168 ff.).

c) Die Ehe als sonstiges geschütztes Recht?

Vorsicht mit deliktsrechtlichen Ansprüchen ist aber geboten, wenn es um **11** die Verletzung personaler Ehepflichten geht (s. schon Rn. 7).

Beispielsfall: Louis überredet Fiona nicht nur zum Seitensprung mit ihm, sondern schließlich auch dazu, ihren Ehemann Ernst zu verlassen und zu ihm zu ziehen. Nach dem Auszug von F verlangt E von L und F Schadensersatz. Der Schaden bestehe in den Kosten für eine eingestellte Haushaltshilfe, einem Verdienstausfall, weil er in seiner Verzweiflung Tage lang nicht in der Lage gewesen sei, seiner Arbeit nachzugehen,

und in den nun anfallenden Anwaltskosten im Vorfeld der Scheidung. Außerdem will
E Schmerzensgeld für die erlittene Schmach.

Hier hat F ihre aus § 1353 I 2 BGB herrührende Pflicht zur ehelichen Treue verletzt und
wohl auch gegen die mit E getroffene Vereinbarung verstoßen, dass sie den gemeinsamen Haushalt führt, vgl. § 1356 I BGB. Demgemäß könnte E aus **§ 1353 I 2 BGB**
auf Erfüllung dieser Pflichten klagen bzw. auf **Unterlassung** des ehebrecherischen
Verhältnisses mit L. Gegenüber L hingegen hat E insoweit keine Ansprüche, da § 1353 I
BGB nur das Ehegatteninnenverhältnis betrifft.

Schadensersatzansprüche aus § 1353 I 2 BGB (ggf. i.V.m. § 280 I BGB) gegen F
scheiden jedoch aus den bereits genannten Gründen (Rn. 7. und § 9 Rn. 9) aus, weil es
nicht um das geschäftsmäßige Handeln, sondern um höchstpersönliche Ehepflichten
geht (s. Rn. 7).
Es bleibt aber die Frage, ob ein Anspruch gegen F und/oder L aus § 823 I BGB in
Betracht kommt. Da hier weder Leben, Körper, Gesundheit, Freiheit noch Eigentum
verletzt wurden, ist ein solcher Anspruch nur denkbar, sofern man die Ehe oder eheliche
Treue als sonstiges Rechtsgut anerkennt.

Die Stellungnahmen zur Ehe als Rechtsgut sind unterschiedlich. Eine Auffassung (Staudinger/*Voppel*, § 1353 Rn. 131; *Gernhuber/Coester-Waltjen*, § 17
Rn. 1 ff.; *Erbarth*, NJW 2013, 3478, 3483) plädiert dafür, das **„Recht am un-
gestörten Fortbestand der ehelichen Gemeinschaft"** als sonstiges Rechtsgut dem Schutz des § 823 I BGB zu unterstellen. Daraus sollen sich nicht nur
negatorische Ansprüche auf Unterlassung ergeben, sondern auch Schadens-
satzansprüche gegen den Dritten sowie den untreuen Ehegatten. Schließlich sei
auch die Wertung des Art. 6 I GG zu beachten, der die Ehe unter den besonderen Schutz der staatlichen Ordnung stellt. Andere verankern den Anspruch
gegen den untreuen Ehegatten hingegen allein in § 1353 I 2 BGB, wobei nur
das Abwicklungsinteresse zu ersetzen sein soll (*Rauscher*, Rn. 249).

12   Der **BGH** hingegen lehnt die Anerkennung der Ehe als Rechtsgut i.S.v.
§ 823 I BGB in st. Rspr. ab und gewährt aus § 823 BGB heraus bei Ehestörungen grundsätzlich weder Unterlassungs- noch Schadensersatz- oder Schmer-
zensgeldansprüche (BGHZ 196, 207; BGHZ 23, 279, 281; FamRZ 1956,
180; FamRZ 1973, 295; so auch *Löhnig/Preisner*, NJW 2013, 2080 f.). Die Ehe
steht danach außerhalb der Rechtsverhältnisse, deren Verletzung allgemeine
Ansprüche auf Ersatz von Vermögensschäden auslösen kann. Hierfür spricht
in der Tat, dass man sonst die oben getroffenen Wertungen (s. Rn. 7) über
den Umweg über § 823 I BGB wieder missachten würde. Der **innereheliche
höchstpersönliche Bereich** muss – unabhängig von der Art der Anspruchsgrundlage – von staatlicher Kontrolle und staatlichem Zwang unberührt
bleiben. Zudem sollten Überlegungen darüber, wer am Scheitern einer Ehe
schuld ist, mit Abschaffung des Verschuldensprinzips (1977) grundsätzlich nicht
mehr zum Gegenstand gerichtlicher Auseinandersetzung gemacht werden. Ein
Nachforschen im Intimleben der Ehegatten muss vermieden werden, zumal es
ein Richter aufgrund der beschränkten Erkenntnismöglichkeiten kaum in der

Hand hat, Ursachen und Wirkungen ehelicher Untreue richtig einzuordnen (vielleicht hat sich im Fallbeispiel E ja alles selbst zuzuschreiben, weil er F mit seiner dauerhaft schlechten Laune und herzlosen Art aus dem Haus getrieben hat). Daher werden Ansprüche sowohl gegen den untreuen Ehegatten als auch gegen den ehebrecherischen Dritten verneint; denn auch Ansprüche gegen den Dritten würden mittelbar den innerehelichen Lebensbereich zum Gegenstand des Rechtsstreits machen. Gegen die Ersatzfähigkeit von **Scheidungskosten** spricht zudem, dass diese Kosten abschließend in § 150 FamFG geregelt sind. Nach § 150 I FamFG werden die Kosten grundsätzlich gegeneinander aufgehoben, und zwar unabhängig vom Scheidungsverschulden. Ein verschuldensabhängiger Schadensersatzanspruch wäre damit unvereinbar.

> **Klausurhinweis:** Da die Rechtsprechung die besseren Argumente auf ihrer Seite hat, sollte man ihr im Zweifel folgen. Das ist klausurtaktisch auch sinnvoll, weil man damit weiteren Fragen zum konkreten Umfang des Schadensersatzes (nur Vertrauensschaden?) entgeht.

d) Ausnahme: Der Schutz des räumlich-gegenständlichen Bereichs der Ehe

Vom vorgenannten Grundsatz, dass die Ehe als solche nicht deliktsrechtlich **13** geschützt ist, macht der BGH für einen Teilbereich eine Ausnahme, nämlich für den sog. **räumlich-gegenständlichen Bereich der Ehe** (BGHZ 6, 360, 365 f.; *BGH* FamRZ 1956, 50; FamRZ 1963, 553, 554 f.). Gemeint ist damit der Bereich der ehelichen Wohnung, welcher die Grundlage für das gemeinsame Ehe- und Familienleben bildet und den Familienmitgliedern die Entfaltung ihrer Persönlichkeit (Art. 2 I i.V.m. 1 I GG) ermöglichen soll (zuletzt *BGH* NJW 2014, 1243). Dieser Bereich soll vor Ehestörungen bewahrt werden. Deshalb ist anerkannt, dass der räumlich-gegenständliche Bereich der Ehe den Rang eines sonstigen Rechtsguts i.S.v. § 823 I BGB genießt.

BGHZ 6, 360, 365: „Neben diesem rein persönlichen Bereich der Ehe oder richtiger aus diesem Bereich heraus bildet sich jedoch in der Ehe regelmäßig ein anderer räumlich-gegenständlich bestimmter Bereich, der die äußere sachliche Grundlage für das gemeinsame Ehe- und Familienleben abgibt und zugleich den einzelnen Familienmitgliedern die Entfaltung ihrer Persönlichkeit ermöglichen soll. Diese Entfaltung ihrer Persönlichkeit ist der wesentliche Inhalt und Zweck der Familiengemeinschaft. Zu dem äußeren Bereich, in dem sie sich vollzieht, gehört vor allem (...) die Ehe- und Familienwohnung. Sie ist insbesondere der natürliche Wirkungskreis der Ehefrau, auf den sie in ihrem eigenen Interesse wie im Interesse der Familie zur Entfaltung und Verwirklichung ihrer Persönlichkeit in dem Maße angewiesen ist, wie sie in der Ehe und Familie ihre eigentliche Lebensaufgabe gefunden hat (vgl. § 1356 BGB)."

Beispiel: Ehemann Ernst hat sich mit der Briefträgerin Babette angefreundet und empfängt sie wiederholt vormittags in der Wohnung. Als Ehefrau Fiona auf Geschäftsreise ist, übernachtet B in der Ehewohnung. Schließlich zieht B sogar auf Wunsch von E in die Ehewohnung ein und beansprucht für sich das Gästezimmer. F erleidet daraufhin einen Nervenzusammenbruch und muss ärztlich behandelt werden. Hier ist der räumlich-gegenständliche Bereich der Ehe verletzt, da E sein ehewidriges Verhältnis in der Ehewohnung auslebt.

14   Aus der Verletzung des räumlich-gegenständlichen Bereichs der Ehe folgen zunächst aus § 823 I i.V.m. § 1004 BGB **Unterlassungs- und Beseitigungsansprüche** gegen den untreuen Ehegatten sowie den Dritten. Vom Ehegatten kann verlangt werden, dass er/sie das ehewidrige Verhältnis nicht in der Ehewohnung ausübt und den/die Geliebte/n aus der Ehewohnung entfernt. Vom Dritten kann in entsprechender Weise Unterlassung verlangt werden sowie Entfernung aus der Ehewohnung. Finanzielle Schäden, die in **unmittelbarem** Zusammenhang hiermit stehen, können auch **Schadensersatzansprüche** aus § 823 I BGB auslösen. So kann die Ehefrau die Hotelrechnung erstattet verlangen, wenn sie nach Entdeckung der Geliebten in der Ehewohnung ins Hotel geflüchtet ist und dort übernachtet hat. Weiter entfernte Schäden sind hingegen nicht ersatzfähig. Andernfalls würde der allgemeine Grundsatz, dass bei Verletzung personaler Ehepflichten keine Schadensersatzpflichten bestehen, wieder in Frage gestellt.

Im Einzelfall kann die genaue **Reichweite des räumlichen Schutzes** zu klären sein. Anerkannt ist insoweit, dass der/dem Geliebten auch das Betreten der **Geschäftsräume** verboten werden kann, sofern eine enge Verbindung zwischen Ehewohnung und Geschäft besteht, z.B. der Ehepartner im Familienbetrieb mitarbeitet (BGHZ 34, 80, 86; *BGH* NJW 1952, 1136; *OLG Köln* FamRZ 1984, 267). Anders liegt es jedoch, wenn sich die Ehewohnung im dritten Stock eines Mietshauses befindet und der untreue Ehepartner nun seine Beziehung in der Erdgeschosswohnung auslebt. Hier bestehen keine Unterlassungsansprüche. Der Kernbereich des räumlich-gegenständlichen Bereichs der Ehe endet regelmäßig an der Wohnungstür (*OLG Düsseldorf* NJW-RR 1991, 2).

4. Die Anwendung von § 826 BGB im Eherecht

15   Der Tatbestand des § 826 BGB verlangt im Gegensatz zu § 823 I BGB nicht die Verletzung eines konkreten Rechtsguts; es genügt der bloße Vermögensschaden. Zentrale Voraussetzung ist jedoch die vorsätzliche sittenwidrige Schädigung eines anderen.

Prüfungsschema § 826 BGB

1. **Schadenszufügung**
2. **Durch sittenwidrige Handlung**
   Die Handlung muss einen Verstoß gegen das Anstandsgefühl aller billig und gerecht Denkenden beinhalten. Die Sittenwidrigkeit kann in Zweck, Mittel oder Zweck-Mittel-Relation liegen.
3. **Vorsatz bez. des eingetretenen Schadens**

Nachdem bei ehelichem Fehlverhalten – vom räumlich-gegenständlichen **16**
Bereich der Ehe abgesehen – ein deliktischer Schutz im Grundsatz verneint
wird, weil es insoweit an einem sonstigen Recht i.S.v. § 823 I BGB fehlt,
kommt § 826 BGB, der eben kein entsprechendes Rechtsgut voraussetzt, besondere Bedeutung zu. Bei der Anwendung von § 826 BGB ist allerdings stets
Vorsicht geboten. Die Norm darf keinesfalls dazu instrumentalisiert werden,
generell nach Gutdünken zum Ersatz von Vermögensschäden zu gelangen. Das
subjektive Tatbestandselement der vorsätzlichen Schädigung muss vielmehr
sorgfältig geprüft werden. Im Zweifel ist **Zurückhaltung** geboten. Ein Anspruch aus § 826 BGB ist etwa abzulehnen bei bewusster Täuschung über die
Einnahme empfängnisverhütender Mittel (*BGH* NJW 1986, 2043; s. § 9 Rn. 5).

Die Anwendung von § 826 BGB ist aber grundsätzlich denkbar, wenn die **17**
Frau ihren Partner bewusst über die **Abstammung des Kindes** täuscht, auf
diese Weise eine Vaterschaftsanerkennung auslöst (*BGH* FamRZ 1981, 531)
und dabei rein eigensüchtige Motive verfolgt bzw. allein den leiblichen Vater
vor Ansprüchen schützen will (*OLG Karlsruhe* NJW-RR 1992, 515). Das
Unterschieben eines Kindes für sich allein ist allerdings noch nicht als vorsätzliche sittenwidrige Schädigung einzuordnen.

5. Insbesondere: Schadensersatz für ein scheineheliches Kind

Beispielsfall: Ehefrau Fiona bringt ein Kind auf die Welt, weiß aber, dass es aus dem **18**
Seitensprung mit Louis stammt und nicht von Ehemann Ernst. F sagt dem E gleichwohl
nichts davon, da sie ihre Ehe nicht gefährden will und auch meint, dass E für das Kind
der bessere Vater ist. Erst nach drei Jahren erfährt E, dass K nicht sein leibliches Kind
ist. Er ficht erfolgreich bei Gericht die Vaterschaft an und verlangt nun von F Ersatz
der Verfahrenskosten sowie Ersatz des Unterhaltsaufwands für das Kind, da er hierfür
vom zahlungsunfähigen L nichts zu erlangen vermag.

Hier könnte man zunächst an einen **Schadensersatzanspruch** von E gegen F aus
§ 280 I i.V.m. § 1353 I 2 BGB denken. Die für den Anspruch aus § 280 I BGB erforderliche schuldrechtliche Sonderverbindung könnte in der Ehe zwischen M und
F gesehen werden. Der Ehebruch der F wiederum könnte als entsprechende Pflichtverletzung gewertet werden. Nach h.M. und Rechtsprechung ist es jedoch mit dem
Vollstreckungshindernis des § 120 III FamFG unvereinbar, die Verletzung personaler
ehelicher Pflichten mit einer Schadensersatzpflicht zu sanktionieren (vgl. § 9 Rn. 9).
Der genannte Anspruch muss daher ausscheiden. Zur Frage, ob die Verweigerung der
Offenbarung des Namens des leiblichen Vaters eine Schadensersatzpflicht auslösen
kann s. § 31 Rn. 56.

Ein Anspruch auf **Schadensersatz aus § 823 I BGB** (ggf. i.V.m. § 1353 BGB) ist ebenfalls nicht gegeben. Zwar ist das Verhalten von F durchaus als erhebliches Fehlverhalten
zu werten. Indem sie ihren Ehemann in dem Glauben gelassen hat, dass allein er als
Vater des Kindes in Frage kommt, hat sie in einer elementaren persönlichen Frage in die
Lebensgestaltung des Ehemannes eingegriffen (*BGH* NJW 2012, 1443 und 2728). Im
unterhaltsrechtlichen Sinne würde man von einem schweren Fehlverhalten (§ 1579 Nr. 7
BGB) sprechen, so dass F im Scheidungsfall wohl ihre Unterhaltsansprüche verlieren

würde. Ein Rechtsgut i.S.v. § 823 I BGB hat sie damit gleichwohl nicht verletzt, so dass E aus dieser Norm keine Schadensersatzansprüche herleiten kann. Die Ehe oder eheliche Treue als „sonstiges Recht" scheidet wie gesagt aus (Rn. 11 f.; a.A. *Erbarth* NJW 2013, 3478, 3483, der die Vaterschaftsanfechtungskosten für ersatzfähig hält).

Denkbar bleibt ein **Anspruch aus § 826 BGB**. Die Nichtoffenbarung des Seitensprungs ist für sich betrachtet allerdings noch kein verwerfliches Verhalten (*OLG Brandenburg* NJW-RR 2013, 1282). Es muss ein weiteres sittenwidriges Verhalten hinzutreten, das über den Ehebruch als solchen hinausgeht (BGHZ 196, 207). Dafür ist vorliegend nichts ersichtlich. Daher ist eine vorsätzliche sittenwidrige Schädigung durch F zu verneinen. Sie hat zwar die ideellen wie finanziellen Interessen des E missachtet. F hat jedoch auch lobenswerte Motive verfolgt, indem sie ihre Ehe schützen und das Beste für ihr Kind wollte.

Von der genannten Fallkonstellation zu unterscheiden ist der Fall, dass der Ehemann auf die leibliche Abstammung des Kindes von ihm vertraut und der Ehefrau deshalb bestimmte **Zuwendungen** macht, z.B. eine Wohnung schenkt. Stellt sich dann die anderweitige Abstammung des Kindes heraus, kommen Ansprüche wegen Wegfalls der Geschäftsgrundlage (§ 313 BGB) in Betracht (dazu § 31 Rn. 57).

6. Die Durchsetzung von Haftungsansprüchen während bestehender Lebensgemeinschaft

19   Aus § 1353 I 2 BGB ergibt sich eine Pflicht zu Rücksicht und Beistand. Ob damit die rücksichtslose gerichtliche Durchsetzung von (grundsätzlich bestehenden) Schadensersatzansprüchen zwischen Ehegatten zu vereinbaren ist, erscheint fraglich. Der Geschädigte kann vielmehr wegen der gegenseitigen Schutz- und Fürsorgepflicht im Einzelfall gehalten sein, einen Ersatzanspruch nur teilweise oder gar nicht geltend zu machen. Hier wird eine „**Pflicht zum Stillhalten**" erwogen (BGHZ 53, 352, 356; 61, 101, 105; 63, 51, 58; 75, 134, 135), solange sich der schuldige Ehegatte im Rahmen seiner wirtschaftlichen Möglichkeiten in einer der ehelichen Gemeinschaft angepassten Weise um einen anderweitigen Ausgleich des Schadens bemüht. Auf diese Weise kann sich aus § 1353 I 2 BGB auch der Einwand der unzulässigen Rechtsausübung ergeben.

Beispielsfall (nach *BGH* NJW 1988, 1208): Ehefrau Fiona fährt das Auto ihres Mannes Ernst fahrlässig zu Schrott. Da der Schaden nicht von der Versicherung gedeckt ist und die Ehegatten nicht liquide sind, gewährt der Vater der F dem E ein Darlehen in Höhe von 15.000 €. Davon wird ein neues Auto angeschafft. Drei Jahre später trennen sich E und F. Als V stirbt, kündigt F als seine Alleinerbin das Darlehen und verlangt Rückzahlung von E. Daraufhin erklärt E die Aufrechnung mit seinem Schadensersatzanspruch aus der Autobeschädigung in gleicher Höhe.

Der **Darlehensrückzahlungsanspruch** der F ergibt sich aus § 488 I 2 i.V.m. § 1922 BGB.

Dagegen könnte E wirksam mit seinem **Anspruch aus § 823 I BGB** aufgerechnet haben, §§ 387, 389 BGB, mit der Folge, dass der Anspruch der F erloschen ist.

1. Der Gegenanspruch des E beruht auf § 823 I BGB, weil F fahrlässig das Eigentum des E am Auto zerstört hat. § 1359 BGB führt nicht zu einer Haftungsprivilegierung, weil diese Norm bei Pflichtverletzungen im Straßenverkehr nicht zur Anwendung kommt (vgl. Rn. 6).
2. Fraglich könnte aber sein, ob dieser Anspruch gegen den Ehegatten **durchsetzbar** (bzw. hier aufrechenbar) ist. Nach den genannten Grundsätzen zur „Stillhaltepflicht" könnte sich aus der Verpflichtung zur ehelichen Lebensgemeinschaft (§ 1353 I 2 BGB) eine Pflicht des E ergeben, den (noch bestehenden) Schadensersatzanspruch nicht geltend zu machen bzw. sich vorerst mit der anderweitigen „Ersatzleistung" der F (hier Beschaffung des Darlehens) zufrieden zu geben. Vorliegend ist jedoch zu beachten, dass die Ehegatten inzwischen getrennt leben. Zwar wäre eine rücksichtslose Durchsetzung von Ansprüchen auch nach einer Trennung mit der fortwirkenden ehelichen Solidarität kaum vereinbar. Hier hat F aber mit der Kündigung des Darlehens ihre früheren Bemühungen um einen anderweitigen Schadensausgleich letztlich wieder rückgängig gemacht. Unter solchen Umständen besteht für den geschädigten Ehegatten kein Grund mehr, mit seiner Ersatzforderung weiter zurückzuhalten. Daher konnte E mit Erfolg aufrechnen.
3. Der Anspruch des E ist auch noch nicht verjährt. § 207 I 1 BGB bestimmt, dass die **Verjährung** von Ansprüchen zwischen Ehegatten gehemmt ist, solange die Ehe besteht.
Der Anspruch von F gegen E besteht somit nicht mehr.

III. Tötung oder Verletzung von Ehegatten durch Dritte, §§ 842 ff. BGB

1. Überblick

Deliktsrechtliche Fragen stellen sich auch im Verhältnis zu Dritten. Dabei **20** geht es zum einen um die Tötung eines Ehegatten (§ 844 II BGB), zum anderen um die Verletzung der Hausfrau/des Hausmannes durch einen Dritten (§§ 842, 843 BGB). Hier ist jeweils mittelbar die **Unterhaltspflicht** des Verletzten bzw. Getöteten mit betroffen. Im einen Fall kann die Verletzung dazu führen, dass der Ehegatte seinen Beitrag zum Familienunterhalt vorübergehend oder sogar auf Dauer nicht mehr wie bisher erfüllen kann. Im anderen Fall führt die Tötung des Unterhaltspflichtigen zum Verlust der Unterhaltsansprüche seiner Angehörigen. Der Bewältigung dieser Schadensposten dienen die §§ 842 ff. BGB.

Zu beachten bleibt, dass **§ 845 S. 1 BGB** im Ehegattenverhältnis **nicht passt**, denn ein Ehegatte ist gerade nicht kraft Gesetzes dem anderen zur „Leistung von Diensten in dessen Hauswesen oder Gewerbe verpflichtet" (BGHZ 51, 109, 111; *BGH* FamRZ 1980, 776). Aus dem Gesetz ergibt sich nur die Verpflichtung zu Unterhalt schlechthin; was konkret geschuldet ist (Barmittel, Haushaltsführung), folgt nicht aus dem Gesetz, sondern aus der Vereinbarung der Ehegatten (§ 1356 BGB).

2. Ansprüche bei Tötung des Ehegatten, § 844 II BGB

21   Im Deliktsrecht gilt der Grundsatz, dass nur derjenige Ansprüche hat, der in seinen **eigenen** Rechtsgütern verletzt wurde. Im Fall der Tötung kann der Tote mangels eigener Rechtsfähigkeit den Verlust seiner Unterhaltsleistungsfähigkeit aber nicht mehr geltend machen. Und auch die Angehörigen, die nun Unterhaltsansprüche gegen den Getöteten verlieren, können sich selbst nicht auf § 823 I BGB berufen, weil bei ihnen keines der genannten Rechtsgüter verletzt wurde. Um hier Abhilfe zu schaffen, hat der Gesetzgeber für die unterhaltsberechtigten Angehörigen in § 844 II BGB eine **eigene Anspruchsgrundlage** gegen den Schädiger geschaffen.

Führt die Tötung also dazu, dass einer Person der Unterhalt, den der Getötete ihr **kraft Gesetzes** schuldete, verloren geht, so umfasst die Schadensersatzpflicht des Schädigers auch diese **Unterhaltsleistungen**. Wird der erwerbstätige Familienvater getötet, der seiner Frau gem. § 1360 BGB den ehelichen (Bar-)Unterhalt und gem. §§ 1601 ff. BGB seinen Kindern den Kindesunterhalt schuldete, so muss für diesen Unterhalt nun der Schädiger in Form einer Geldrente aufkommen. Wird der haushaltsführende Ehegatte (v.a. die Hausfrau) getötet, so hat der überlebende Ehegatte gegen den Schädiger Anspruch auf Ersatz für die weggefallene Naturalunterhaltsleistung i.S.v. § 1360 S. 2 BGB. Auch der Wert dieser Leistungen lässt sich in Geld ausdrücken und führt zu einer Schadensersatzpflicht in Form einer Geldrente (BGHZ 51, 109; *BGH* FamRZ 1979, 687; ausführlich *Diederichsen*, NJW 2013, 641 ff.). Haben sich die (Doppelverdiener-)Ehegatten beiderseits um den Haushalt gekümmert, so besteht eine Ersatzpflicht immerhin in dem Umfang, in dem der Getötete entsprechend dem Einvernehmen der Ehegatten (vgl. § 1356 I BGB) tatsächlich im Haushalt tätig war und demgemäß nach § 1360 S. 2 BGB Naturalunterhalt schuldete (*BGH* NJW 1988, 1783, auch zur Berechnung). Gewisse Arbeitsersparnisse dadurch, dass nun im Haushalt eine Person weniger zu versorgen ist, sind aber zu berücksichtigen. Gleiches gilt für andere mit dem Schadensereignis korrespondierende Vorteile, insbesondere Versicherungs- und Versorgungsleistungen.

3. Eigener Anspruch der Hausfrau bei Verletzung durch Dritte, § 842 BGB

22   Wird ein Ehegatte verletzt und demgemäß seine Erwerbsfähigkeit oder seine Fähigkeit, den Haushalt zu führen, eingeschränkt, so leiden darunter auch die unterhaltsberechtigten Angehörigen. Indes räumt das Gesetz nicht ihnen, sondern **allein dem Geschädigten** diesbezügliche Ersatzansprüche ein. Hier umfasst der zu leistende Schadensersatz auch die Nachteile, die die schädigende Handlung für den Erwerb oder das Fortkommen des Verletzten herbeiführt, § 842 BGB. Fortkommensnachteile i.S.d. § 842 BGB bestehen auch, wenn die verletzte Hausfrau (bzw. der verletzte Hausmann) vorübergehend oder auf Dauer ihrer unterhaltsrechtlichen Pflicht zur Haushaltsführung nicht oder nur noch eingeschränkt nachkommen kann (Erman/*Schiemann*, § 842 Rn. 4; *Dethloff*, § 4 Rn. 55). Als Schadensposten kommen die Kosten für eine Haushaltshilfe in Betracht, und zwar auch dann, wenn nicht der Geschädigte selbst, sondern der andere Ehegatte die diesbezüglichen Kosten trägt (BGHZ 38, 55; 50, 304; 51, 109).

Empfehlungen zur vertiefenden Lektüre

Zur Vertiefung: *Diederichsen,* Ansprüche naher Angehöriger von Unfallopfern, NJW 2013, 641; *Erbarth,* Die Ehe ist kein Schuldverhältnis, NJW 2013, 3478; *Stein,* Aus der Ehe herrührende Ansprüche, FPR 2011, 85.

Fälle und Klausuren: *Benner,* 2. Teil, Fälle 3 und 4; *Kindl,* Der praktische Fall – Bürgerliches Recht: Das Fernsehgerät, JuS 2002, 994; *Löhnig,* Fälle 1, 4, 8, 12; *Roth,* Fälle 5 und 8; *Schwab,* PdW, Fälle 16–19, 23–27.

§ 12. Eigentums- und Besitzverhältnisse; Eigentumsvermutung

I. Eigentums- und Besitzverhältnisse in der ehelichen Lebensgemeinschaft

1. Eigentumsverhältnisse im Ehegatteninnenverhältnis

Ausgangspunkt für die Beurteilung der Eigentumsverhältnisse zwischen **1** den Ehegatten ist, dass die Eheschließung die zuvor bestehende Eigentumslage unberührt lässt. Das Vermögen des Mannes und der Frau werden – sofern nicht ausnahmsweise Gütergemeinschaft vereinbart wird (dazu § 13 Rn. 3) – nicht gemeinschaftliches Vermögen der Ehegatten, § 1363 II 1 BGB. Bei erst während der Ehe angeschafften Sachen kann sich jedoch später – vor allem nach Trennung der Ehegatten – die Frage stellen, wem was gehört. Insoweit gelten grundsätzlich die allgemeinen **sachenrechtlichen Regeln**. Es erwirbt derjenige das Eigentum, der nach den dinglichen Einigungserklärungen gem. § 929 BGB Eigentümer werden soll. Indes ist es dem Verkäufer bei Bargeschäften des täglichen Lebens regelmäßig schwer erkennbar und tatsächlich auch egal, welcher Ehegatte Eigentümer wird oder ob sie Miteigentum erwerben wollen. Insoweit gelten die Grundsätze über den Erwerb „für den es angeht" (BGHZ 114, 74, 79). Es erwirbt derjenige das Eigentum, der den Erwerbswillen hat bzw. derjenige, für den das Geschäft erledigt wird.

Beispiel: Die Eheleute Max und Flora begeben sich ins Einrichtungshaus, um einen Teppich für ihr Wohnzimmer zu kaufen. Sie entscheiden sich für einen roten Kelim zum Preis von 1.500 €. M bezahlt mit seiner Kreditkarte; er hatte auch kurz zuvor eine Gehaltserhöhung bekommen. Die letzte größere Anschaffung, eine Waschmaschine, hatte F bezahlt. Drei Jahre später trennen sich M und F und streiten nun darüber, wem der Teppich gehört.

Allein auf den Erwerbswillen abzustellen, hilft oft nicht weiter; jeder wird diesen Willen für sich geltend machen. Der Umstand, dass ein Schlüsselgewaltgeschäft vorliegt, ist sachenrechtlich ebenfalls ohne Konsequenzen. § 1357 I 2 BGB begründet nur eine schuldrechtliche Mitberechtigung der Ehegatten und führt nicht automatisch zu Miteigentum (s. § 10 Rn. 23). In der Klausur ist demgemäß zunächst zu überlegen, ob eine der gesetzlichen Eigentumsvermutungen einschlägig ist.

a) Die Vermutung des § 1362 II BGB

2   Diese Norm enthält für die ausschließlich zum persönlichen Gebrauch von Ehegatten bestimmten Sachen die Vermutung, dass diese im Zweifel dem Ehegatten gehören, für dessen Gebrauch sie bestimmt sind. Das betrifft etwa Hobbyutensilien (Tennisschläger), beruflich genutzte Sachen (Laptop) oder auch geschlechtsspezifische Gegenstände (Damenbekleidung, Damenschmuck, Herrenfahrrad). Die Vermutung ist allerdings widerlegbar.

> **Beispielsfall** (nach *OLG Nürnberg* NJW-RR 2001, 3): Ehemann Ernst hat eine kostbare Perlenkette erworben, die er in einer Schmuckschatulle verwahrt. Bei besonderen Anlässen darf Ehefrau Fiona die Kette tragen. Als sich E und F trennen, macht F geltend, die Kette gehöre ihr, und verlangt sie von E heraus. E beansprucht das Eigentum jedoch für sich, die Kette diene primär der Vermögensanlage.
>
> F könnte gegen E ein **Herausgabeanspruch aus § 985 BGB** zustehen. Voraussetzung dafür wäre, dass F Eigentümerin der Kette ist. Eine Damenhalskette im Besitz der Ehegatten ist normalerweise zum persönlichen Gebrauch durch die Ehefrau bestimmt, so dass die Vermutung des § 1362 II BGB für das Eigentum der F sprechen könnte. Indes muss sich der Zweck eines wertvollen Schmuckstücks nicht in seinem Gebrauch erschöpfen. Vielmehr wird E vorliegend angesichts des Umstands, dass die Kette bei ihm allein unter Verschluss war, plausibel darlegen können, dass ihm die Kette primär als Vermögensanlage diente. Damit ist die Eigentumsvermutung des § 1362 II BGB zunächst widerlegt. F wird daher mit ihrem Herausgabeanspruch nur Erfolg haben, wenn sie eine Eigentumsübertragung auf sie (z.B. aufgrund einer Schenkung) beweisen kann. Dafür ist aber nichts ersichtlich.
> Somit kann F nicht Herausgabe verlangen.

b) Die Vermutung des § 1568b II BGB

3   Für die bei Scheidung bestehenden Ansprüche auf Überlassung von Haushaltsgegenständen enthält § 1568b II BGB die Vermutung, dass Haushaltsgegenstände, die während der Ehe für den gemeinsamen Haushalt angeschafft wurden, für die Verteilung als gemeinsames Eigentum der Ehegatten gelten. Dieser Gedanke erscheint verallgemeinerungsfähig (BGHZ 114, 74, 80). Was für den Haushalt zum Zweck der gemeinsamen Benutzung angeschafft wurde, soll wohl auch beiden Ehegatten gemeinsam gehören. Angemessen erscheint dies insbesondere für Hausfrauenehen, in denen die meisten Anschaffungen vom Ehemann finanziert werden; hier darf die eheliche Arbeitsteilung nicht einseitig zulasten der Ehefrau gehen. Nach diesen Grundsätzen wird man auch im Beispiel bei Rn. 1 von Miteigentum ausgehen können.

c) Gesamtwürdigung der Umstände im Einzelfall

4   Lässt sich anhand der vorgenannten Vermutungen noch kein klares Ergebnis erzielen, muss die Eigentumslage im Wege einer Gesamtwürdigung aller Umstände des Einzelfalls ermittelt werden. So kann auch die Alleinfinanzierung durch einen Ehegatten dafür sprechen, dass er Alleineigentum erwerben wollte

und sollte. Vor allem bei teureren Einrichtungsgegenständen ist zu beachten, dass sie nicht nur dem Gebrauch, sondern auch der Vermögensanlage dienen können (z.B. Gemälde), was eher für Alleineigentum des Finanzierenden spricht. Weiterhin mag man nach der Art der Ehe differenzieren können. Bei der Hausfrauenehe wird der Erwerb zu Miteigentum näher liegen als bei einer Doppelverdienerehe, bei der die Ehegatten ihre Konten getrennt halten. Wenn allerdings nach Würdigung aller Umstände genauso viel für Alleineigentum wie für Miteigentum spricht, bleibt der Rückgriff auf die Eigentumsvermutung des **§ 1006 I 1 BGB**. Aus dem Mitbesitz der Ehegatten an dem jeweiligen Gegenstand kann dann i.V.m. § 1008 BGB auf ihr gemeinsames **Miteigentum** geschlossen werden.

2. Übereignungen zwischen Ehegatten

Ehegatten können sich wie Dritte gegenseitig Sachen übereignen. Leben die 5 Ehegatten zusammen, scheidet eine Übereignung beweglicher Sachen nach § 929 BGB allerdings aus. Diese Übergabeform setzt nämlich voraus, dass sich der Veräußerer vollständig des Besitzes entledigt (*Wolf/Wellenhofer,* § 7 Rn. 7). Der veräußernde Ehegatte bliebe innerhalb der Ehewohnung jedoch regelmäßig Mitbesitzer der meisten Sachen. Für die Übereignung gilt daher **§ 930 BGB**. Die eheliche Lebensgemeinschaft genügt dabei als Grundlage für ein gesetzliches Besitzmittlungsverhältnis. Insoweit wird stillschweigend vereinbart, dass der veräußernde Ehegatte die Gegenstände weiter benutzen darf und aufgrund der Ehe dem Erwerber den Besitz vermittelt (*BGH* NJW 1979, 976). Gleiches gilt für Übereignungen zwischen Eltern und Kind, wenn die Eltern dem Kind aufgrund des Rechtsverhältnisses der Vermögenssorge den Besitz vermitteln (*BGH* NJW 1989, 2542). Damit sich eine solche Übereignung nachträglich gegenüber Gläubigern auch beweisen lässt, ist es allerdings sinnvoll, darüber zugleich eine schriftliche Urkunde auszustellen.

3. Die Besitzverhältnisse zwischen den Ehegatten

Aus § 1353 I 2 BGB folgt für beide Ehegatten ein Recht zum Mitbesitz an 6 den Haushaltsgegenständen des anderen Ehegatten. Der gemeinsam benutzte Hausrat steht im (berechtigten) unmittelbaren Mitbesitz (§ 866 BGB) der Ehegatten; beide haben ein Besitzrecht i.S.v. § 986 I 1 BGB. Der Ehegatte hat auch ein **Recht auf Mitbesitz** der vom anderen Ehegatten gemieteten Ehewohnung und ist kein Dritter i.S.v. §§ 540, 553 BGB (*BGH* NJW 2013, 2507). Der Entzug des Mitbesitzes gegen den Willen des Mitbesitzers löst Besitzschutzansprüche nach §§ 859 ff. BGB aus (z.B. *OLG Koblenz* FamRZ 2009, 1934). Das gilt sowohl gegenüber Dritten als auch im Ehegatteninnenverhältnis.

Beispielsfall: Nach längerem Streit mit seiner Frau zieht Ehemann Max ohne Vorwarnung vorübergehend aus der Ehewohnung aus und nimmt sowohl den Fernseher als auch den von den Eheleuten gemeinsam benutzten PC mit.

Hier kann die Ehefrau aus **§ 861 BGB die Wiedereinräumung des Besitzes** von M verlangen, denn M hat ihr gegenüber verbotene Eigenmacht (§ 858 BGB) verübt. § 866 BGB steht nicht entgegen, da es insoweit nicht um die Grenzen des Mitbesitzes im Einzelnen geht, sondern um den gänzlichen Entzug des Mitbesitzes. Zum Verhältnis der §§ 861 f. BGB zu § 1361a BGB s. § 21 Rn. 13.

7   Bei unfreiwilligem Besitzentzug liegt zudem ein Abhandenkommen i.S.v. § 935 I BGB vor, so dass ein **gutgläubiger Erwerb** durch Dritte ausscheidet.

Beispielsfall: Während Ehemann Max auf Dienstreise ist, verkauft Ehefrau Flora einen alten Bauernschrank, der M gehört, an den Trödler Thoma. F findet den Schrank sehr hässlich und möchte ihn gerne gegen ein modernes Designerstück austauschen. Wider Erwarten ist M über den Verkauf entsetzt und fragt nach seinen Rechten.

M kann den Schrank von T aus **§ 985 BGB herausverlangen**. Er ist Eigentümer geblieben. F hat als Nichtberechtigte verfügt. Ein Erwerb des T kraft guten Glaubens gem. § 932 I 1 BGB scheidet aus, weil M der Mitbesitz am Schrank abhanden gekommen war, § 935 I BGB. Ein Besitzrecht (§ 986 BGB) aus dem Kaufvertrag kann T nur F, nicht aber M entgegenhalten. Zur analogen Anwendung von § 1369 BGB in solchen Fällen s. § 14 Rn. 24.

II. Die Eigentumsvermutung des § 1362 BGB

1. Normzweck des § 1362 BGB

8   Im Einzelfall kann es schwierig sein zu bestimmen, welchem Ehegatten ein Haushaltsgegenstand gehört. Im Laufe einer Ehe verlieren hier auch die Ehegatten selbst den Überblick. Das kann im Trennungsfall zum Streit zwischen ihnen führen. Darüber hinaus ist die Lage aber auch für den **Gläubiger** eines Ehegatten problematisch, der im Rahmen von Vollstreckungsmaßnahmen auf das Eigentum seines Schuldners (etwa des Ehemanns) zugreifen will. In der **Zwangsvollstreckung** wegen Geldforderungen kann der Gläubiger das bewegliche Vermögen seines Schuldners pfänden, §§ 803 ff. ZPO. Die Pfändung der sich im Gewahrsam des Schuldners befindlichen beweglichen Sachen erfolgt in der Weise, dass der Gerichtsvollzieher sie in Besitz nimmt, § 808 I ZPO. In der Ehewohnung wird es dem Gerichtsvollzieher jedoch schwer fallen zu entscheiden, was im Eigentum des Schuldners steht und somit (im Rahmen der §§ 811 ff. ZPO) pfändbar ist und was dem anderen Ehegatten gehört und daher nicht gepfändet werden darf. Pfändet der Gerichtsvollzieher nämlich Sachen des anderen Ehegatten, so besteht die Gefahr, dass dieser gegen die Vollstreckungsmaßnahme mit der **Drittwiderspruchsklage** gem. § 771 ZPO vorgeht und obsiegt. Der Erfolg der Klage wäre auf Basis von § 1006 I 1 BGB tatsächlich recht sicher; denn vom Mitbesitz des Ehegatten an der jeweiligen Sache wäre im Zweifel auf sein Miteigentum zu schließen, §§ 1006 I 1, 1008

BGB. Mangels näheren Einblicks in die ehelichen Verhältnisse hätte der Gläubiger auch kaum Chancen, im Prozess andere Eigentumsverhältnisse zu beweisen. Hat die Drittwiderspruchsklage aber Erfolg, so würden die anfallenden Kosten den Gläubiger treffen. Will er diesem Kostenrisiko entgehen, kann der Gläubiger natürlich gänzlich auf Pfändungen in der Ehewohnung verzichten. Damit wäre dem Gläubiger jedoch auch nicht gedient.

Exkurs: Zulässigkeitsvoraussetzungen der Drittwiderspruchsklage, § 771 ZPO

1. **Statthaftigkeit der Klage**: wenn ein die Veräußerung hinderndes Recht geltend gemacht wird (z.B. Eigentum des Klägers)
2. **Zuständiges Gericht**, §§ 771 I, 802 ZPO: Gericht, in dessen Bezirk die Zwangsvollstreckung stattfindet
3. **Antrag des Klägers**, die Vollstreckungsmaßnahme (v.a. Pfändung) in einen bestimmten Gegenstand für unzulässig zu erklären
4. **Prozessführungsbefugnis**: Dritter, der von Vollstreckungsmaßnahme betroffen ist
5. **Rechtsschutzbedürfnis**: besteht von Beginn bis Beendigung der Zwangsvollstreckung

---

Um den Gläubiger vor dem geschilderten Dilemma zu bewahren, hat der **9** Gesetzgeber § 1362 BGB geschaffen. Danach wird zu Gunsten der Gläubiger des Mannes und der Frau **vermutet**, dass die im Besitz eines oder beider Ehegatten befindlichen beweglichen Sachen dem Schuldner gehören, § 1362 I 1 BGB. Diese Vorschrift verdrängt in ihrem Anwendungsbereich die Eigentumsvermutung des § 1006 I 1 BGB. Demgemäß kann sich der Gläubiger im Prozess auf § 1362 BGB stützen, während der klagende Ehegatte nicht auf § 1006 I 1 BGB verweisen kann; er hat vielmehr die Last darzulegen und zu beweisen, dass die gepfändete Sache tatsächlich ihm und nicht dem Schuldner-Ehegatten gehört. § 1362 I 1 BGB bewirkt insoweit eine **Beweislastumkehr** zu Gunsten des Gläubigers.

Ergänzt wird die Vorschrift durch **§ 739 ZPO**, wonach zu Gunsten der Gläubiger im Rahmen der Zwangsvollstreckung gegen Ehegatten nur der Schuldner als Gewahrsamsinhaber der zu pfändenden beweglichen Sache gilt. Damit entgeht der Gläubiger zudem der Gefahr einer Vollstreckungserinnerung nach § 766 ZPO; denn der andere Ehegatte könnte sonst auch einen Verstoß gegen die §§ 808 I, 809 ZPO rügen, wonach nur Sachen gepfändet werden dürfen, die sich im (Allein-)Gewahrsam des Schuldners befinden oder im Gewahrsam herausgabebereiter Dritter.

2. Die Tatbestandsvoraussetzungen des § 1362 BGB

> ### Voraussetzungen des § 1362 BGB
>
> 1. **Schuldnerstellung eines Ehegatten**
> 2. **Bewegliche Sache im Besitz eines oder beider Ehegatten**
> 3. **Ausnahmen**
>   Die Eigentumsvermutung gilt nicht:
>   a) bei Getrenntleben für Sachen, die sich im Besitz des anderen Ehegatten befinden, der nicht Schuldner ist, § 1362 I 2 BGB
>   b) für Sachen, die ausschließlich zum persönlichen Gebrauch des anderen Ehegatten bestimmt sind, § 1362 II BGB

a) Schuldnerstellung eines Ehegatten

10   Im Rahmen der ersten Tatbestandsvoraussetzung ist ggf. inzident zu klären, ob die Ehegatten wirksam verheiratet sind, da die Vorschrift nur für Ehegatten gilt. Für die Partner einer **nichtehelichen Lebensgemeinschaft** gilt § 1362 BGB **nicht analog** (*BGH* FamRZ 2007, 459 = JuS 2007, 591; *OLG Köln* NJW 1989, 1737; a.A. *Löhnig/Würdinger,* FamRZ 2007, 1856, 1858; *Roth*, JZ 2007, 530 f.). Die dafür vom BGH gelieferte Begründung, dass es angesichts der absichtlichen Untätigkeit des Gesetzgebers an einer planwidrigen Regelungslücke fehle, die eine Analogie rechtfertigen könnte, überzeugt aber nicht ganz. Schließlich muss immer wieder neu überprüft werden, ob eine Untätigkeit wirklich auf einen entsprechenden negativen gesetzgeberischen Willen hindeutet.

b) Bewegliche Sache im Besitz eines oder beider Ehegatten

11   § 1362 BGB gilt nur für **bewegliche Sachen**. Bei unbeweglichen Sachen gibt das Grundbuch hinreichend Aufschluss über die Eigentumsverhältnisse. Inhaber- und Orderpapiere, die mit Blankoindossament versehen sind, stehen beweglichen Sachen gleich, § 1362 I 3 BGB. Die Sache kann sich im Besitz eines der Ehegatten oder im Mitbesitz beider befinden. Mittelbarer Besitz genügt (*BGH* NJW 1993, 935); in diesem Fall kann der Herausgabeanspruch gegen den unmittelbaren Besitzer gepfändet werden.

c) Die Ausnahmen

12   § 1362 I 1 BGB gilt gem. S. 2 nicht, wenn die Ehegatten **getrennt leben** **und** sich die Sache im Alleinbesitz desjenigen Ehegatten befindet, der nicht Schuldner ist. Dabei wird kein Getrenntleben im scheidungsrechtlichen Sinne von § 1567 BGB vorausgesetzt; es genügt, wenn die Ehegatten z.B. aus beruflichen Gründen (vorübergehend) getrennte Wohnungen unterhalten. Nach **§ 1362 II BGB** gilt die Vermutung des Abs. 1 zudem nicht, wenn es um

Sachen geht, die ausschließlich zum **persönlichen Gebrauch** eines Ehegatten bestimmt sind. Das kann z.B. allein benutzte Arbeitsgeräte eines Ehegatten oder den Pelzmantel der Frau betreffen (s. schon Rn. 2). Ob die Ehegatten zusammenleben, ist insoweit irrelevant.

3. Rechtsfolgen

§ 1362 BGB bewirkt, dass sich der Gläubiger im Prozess auf die Vermutung   13
berufen kann, dass sein Schuldner der Eigentümer der gepfändeten Sache sei. Das kann einen Prozess vor dem Vollstreckungsgericht infolge einer Drittwiderspruchsklage des anderen Ehegatten nach § 771 ZPO betreffen oder einen Rechtsstreit vor dem Prozessgericht wegen geltend gemachter Eigentumsverletzung nach § 823 I BGB. Hier trifft nun den klagenden Ehegatten die Beweislast für sein Eigentum. Der Kläger mag z.B. nachweisen können, dass er den Gegenstand allein bezahlt hat oder dass ihm der Gegenstand von einem Dritten geschenkt worden ist, der das bezeugen kann.

Weiterhin kann sich der klagende Ehegatte zwar nicht auf § 1006 I 1 BGB, wohl aber auf **§ 1006 II BGB** berufen (*BGH* MDR 1992, 904). Das bedeutet vor allem, dass zu Gunsten desjenigen Ehegatten, der die Sache schon zuvor in Besitz hatte und dann in die Ehe mitgebracht hat, vermutet wird, dass er weiterhin ihr Alleineigentümer geblieben ist. Dafür genügt der Nachweis des früheren Eigentumserwerbs (z.B. auch kraft Erbgangs). Für den Fortbestand des Eigentums seit dem Erwerbsvorgang trifft den Ehegatten keine Beweislast mehr (*BGH* NJW 1976, 238; NJW 1993, 935). Hier müsste nun der Gläubiger beweisen, dass die Sache später dem Schuldner zu Eigentum übertragen wurde.

Empfehlungen zur vertiefenden Lektüre

Zur Vertiefung: *Brox,* Zur Frage der Verfassungswidrigkeit von §§ 1362 BGB, 739 ZPO, FamRZ 1981, 1125; *Coester-Waltjen,* Die Eigentumsverhältnisse in der Ehe, Jura 2011, 341; *Eichenhofer,* Die Auswirkungen der Ehe auf Besitz und Eigentum der Eheleute, JZ 1988, 326; *Wolf,* Zur Verfassungsmäßigkeit der §§ 739 ff. ZPO, 1362 BGB nach der Entscheidung des BVerfG zur „Schlüsselgewalt", FuR 1990, 216.

Fälle und Klausuren: *Benner,* 2. Teil, Fall 7; *Hennemann,* Verlorenes Auto, Jura 2011, 558; *Löhnig,* Fälle 1, 8, 10; *Roth,* Fall 13; *Schwab,* PdW, Fall 41.

§ 13. Überblick zum Güterrecht; Eheverträge

I. Die Güterstände

1. Überblick

> **Die ehelichen Güterstände**
>
> - Zugewinngemeinschaft, §§ 1363 ff. BGB (tritt kraft Gesetzes ein)
> - Gütertrennung, § 1414 BGB (nur durch Ehevertrag)
> - Gütergemeinschaft, §§ 1415 ff. BGB (nur durch Ehevertrag)
> - Wahl-Zugewinngemeinschaft, § 1519 BGB (nur durch Ehevertrag)

1 Das Güterrecht regelt die interne vermögensrechtliche Verfassung der Ehegatten. Den Ehegatten stehen **vier Güterstände** zur Wahl: die Zugewinngemeinschaft, die Gütertrennung, die Gütergemeinschaft sowie der deutsch-französische Wahlgüterstand (sog. Wahl-Zugewinngemeinschaft). Die Zugewinngemeinschaft tritt kraft Gesetzes mit Eheschließung ein, sofern die Ehegatten nichts anderes vereinbaren. Daher spricht man auch vom **gesetzlichen Güterstand**. Die anderen Güterstände hingegen können nur durch notariellen Ehevertrag vereinbart werden (**Wahlgüterstände**). Werden die Zugewinngemeinschaft oder der Zugewinnausgleich vertraglich ausgeschlossen, tritt grundsätzlich Gütertrennung ein, § 1414 BGB.

Zugewinngemeinschaft wie auch Gütertrennung bedeuten, dass die **Vermögensbereiche** der beiden Ehegatten **getrennt** bleiben, § 1363 II 1 BGB. Jeder bleibt auch nach Eheschließung Alleineigentümer seines Vermögens, das er weiterhin selbstständig verwaltet, § 1364 BGB. Zugleich haftet jeder nur für seine eigenen Schulden. Bei während der Ehe erworbenem Vermögen muss im Einzelfall geklärt werden, wer Eigentümer geworden ist (dazu § 12 Rn. 1 ff.). Natürlich kann auch Miteigentum (§ 1008 BGB) begründet werden.

2 Der **Unterschied** zwischen **Zugewinngemeinschaft** und **Gütertrennung** liegt zum einen darin, dass es bei der Zugewinngemeinschaft mit Scheidung der Ehe zum Zugewinnausgleich kommt (§§ 1363 II 2, 1372 ff. BGB). Derjenige Ehegatte, der während der Ehe mehr Vermögen als der andere erwirtschaftet hat, muss die Hälfte des überschießenden Saldos an den anderen Ehegatten auszahlen, § 1378 I BGB (näher § 16). Bei Beendigung der Ehe durch Tod erhöht sich der gesetzliche Erbteil des überlebenden Ehegatten, § 1371 I BGB. Zum anderen bestehen in der Zugewinngemeinschaft Verfügungsbeschränkungen. Verfügungen über das Vermögen im Ganzen oder über ihm gehörende Haushaltsgegenstände kann ein Ehegatte nur mit Zustimmung des anderen vornehmen (§§ 1365 ff. BGB; dazu § 14).

> **Wesensmerkmale der Zugewinngemeinschaft**
>
> * Getrennte Vermögensmassen, § 1363 II 1 BGB
> * Zugewinnausgleich bei Scheidung, §§ 1372 ff. BGB
> * Erweitertes Ehegattenerbrecht, § 1371 I BGB
> * Verfügungsbeschränkungen während der Ehe, §§ 1365 ff. BGB

2. Die Gütergemeinschaft

Der Gütergemeinschaft widmet das BGB mehr als hundert Paragrafen; **3** dabei hat dieser Güterstand heute kaum noch praktische Bedeutung. Für Prüfungszwecke wird genügen zu wissen, dass die Gütergemeinschaft einen der denkbaren Güterstände bildet und dass sich die Regelung in den §§ 1415 ff. BGB befindet. Zum Standardwissen gehört allerdings auch, dass die Gütergemeinschaft neben der BGB-Gesellschaft und Erbengemeinschaft zu den drei **Gesamthandsgemeinschaften** zählt, die das Zivilrecht kennt.

Kennzeichen der Gütergemeinschaft ist, dass das Vermögen des Mannes und der Frau **gemeinschaftliches Vermögen** werden, § 1416 I 1 BGB. Das Vermögen steht beiden Ehegatten zur gesamten Hand zu, § 1419 BGB. Gehören Grundstücke zum Vermögen der Ehegatten, muss das Grundbuch entsprechend berichtigt werden, § 1416 III 1 BGB. Das während der Ehe hinzuerworbene Vermögen fällt ebenfalls in das Gesamtgut, § 1416 I 2 BGB. Daneben können die Ehegatten aber auch weitere Vermögensmassen bilden, die sie selbstständig verwalten. Vorgesehen sind insoweit das **Sondergut**, das Gegenstände betrifft, die nicht durch Rechtsgeschäft übertragen werden können (z.B. Nießbrauch), § 1417 BGB, sowie das **Vorbehaltsgut**, das u.a. Vermögen erfasst, das von den Ehegatten ausdrücklich zum Vorbehaltsgut erklärt wird, § 1418 BGB. Verfügt jeder Ehegatte sowohl über ein Sonder- wie auch über ein Vorbehaltsgut, lassen sich somit insgesamt fünf Vermögensmassen unterscheiden.

Für die Gesamthandsgemeinschaft ist charakteristisch, dass die Gesamthänder weder über ihren Anteil am Gesamtgut noch an den einzelnen Gegenständen verfügen können, § 1419 BGB. Es besteht somit eine strenge gegenseitige Bindung. Im Hinblick auf die Verwaltung des Gesamtguts gilt grundsätzlich gemeinschaftliche **Verwaltung** (§§ 1421 S. 2, 1450 ff. BGB). Die Ehegatten können aber auch durch Ehevertrag die Alleinverwaltung durch den Mann oder die Frau bestimmen (§§ 1421 S. 1, 1422 ff. BGB). Die Rechtsposition des nicht verwaltenden Ehegatten reduziert sich auf bestimmte Einwilligungsrechte und ein Notverwaltungsrecht (§§ 1423 ff. BGB).

3. Der deutsch-französische Wahlgüterstand

Auf Grundlage des deutsch-französischen Abkommens vom 4.2.2010 über **4** den Güterstand der **Wahl-Zugewinngemeinschaft** (WZGA; in Kraft seit dem 1.5.2013) ist ein neuer Wahlgüterstand geschaffen worden, der – wie § 1519 BGB klarstellt – ebenfalls durch Ehevertrag vereinbart werden kann. Der Gesetzgeber hatte dabei vor allem deutsche Ehegatten in Frankreich, französische Ehegatten in Deutschland sowie binationale deutsch-französische

Ehen im Blick; letzlich steht die Wahl-Zugewinngemeinschaft aber allen Ehegatten offen. Inhaltlich entspricht dieser Wahlgüterstand in vieler Hinsicht der deutschen Zugewinngemeinschaft. Er enthält aber eine Reihe von Besonderheiten, die auf den französischen gesetzlichen Güterstand der Errungenschaftsgemeinschaft zurückzuführen sind. Das Abkommen, das 23 Artikel enthält, ist im Internet z.B. unter http://www.dnoti.de/DOC/2010/Abkommen_deutsche_franzoesisch_gueterstand_barrierefrei.pdf abrufbar.

Die Wahl-Zugewinngemeinschaft kennt **keine Verfügungsbeschränkung** über das Vermögen im Ganzen (s. dazu § 14 1 ff.), dafür aber einen Schutz bei Rechtsgeschäften betreffend die Ehewohnung. Schmerzensgelder werden beim Zugewinnausgleich privilegiert behandelt und dem Anfangsvermögen zugerechnet. **Wertsteigerungen von Immobilien** des Anfangsvermögens sind nicht ausgleichspflichtig. Die Zugewinnausgleichsforderung ist auf den halben Wert des Vermögens beschränkt, das am Stichtag noch vorhanden ist. Im Erbfall bildet der Zugewinnausgleichsanspruch eine Nachlassverbindlichkeit; eine pauschale Erhöhung des Erbrechts des überlebenden Ehegatten (§ 1371 I BGB) gibt es dafür nicht. Näher dazu: *Dethloff*, RabelsZ Bd. 76 (2012), 509 ff.; *Jünemann*, ZEV 2013, 353 ff.; *Keller/von Schrenck*, JA 2014, 87 ff., *Meyer*, FamRZ 2010, 612 ff.

II. Das Güterrechtsregister

5   Bei den Amtsgerichten bestehen Güterrechtsregister (§§ 1558 ff. BGB). Auf Antrag der Ehegatten können hier Eintragungen über ihre güterrechtlichen Verhältnisse erfolgen. Die Offenlegung dient der Erleichterung des Rechts- und Geschäftsverkehrs (BGHZ 66, 203, 207).

Eintragungsfähig sind Regelungen, die die Rechtsstellung der Ehegatten gegenüber Dritten berühren können. Das betrifft etwa die Wahl der Gütertrennung oder der Gütergemeinschaft, die spätere Aufhebung des zunächst gewählten Güterstands, Modifizierungen des gesetzlichen Güterstands (z.B. Herausnahme des Betriebsvermögens aus dem Zugewinnausgleich) oder Ausgestaltungen der Wahlgüterstände (z.B. die Bestimmung von Vorbehaltsgut bei der Gütergemeinschaft). Zudem kann der Ausschluss der Schlüsselgewalt eingetragen werden (§ 1357 II BGB). Die Eintragungen werden **öffentlich bekannt** gemacht, § 1562 BGB. Sie sind lediglich **deklaratorischer Natur**; die Eintragung ist also nicht Wirksamkeitsvoraussetzung für die gewählten Regelungen.

6   Die **Einsicht des Registers** ist jedermann gestattet, § 1563 S. 1 BGB. In der Praxis wird freilich – ganz anders als beim Handelsregister – wenig vom Einsichtsrecht Gebrauch gemacht. Für die Ehegatten hat die Eintragung jedoch den Vorteil, dass sie sich Dritten gegenüber in jedem Fall auf die Eintragung berufen können. Ob der Dritte von der Existenz des Registers wusste oder vom Inhalt der konkreten Eintragung, ist irrelevant.

Beispiel: Ist der Ausschluss der Schlüsselgewalt (§ 1357 II BGB) im Güterrechtsregister eingetragen, so kann sich ein Gläubiger nur an den vertragschließenden Ehegatten halten, nicht aber an dessen Ehegatten. Sein etwaiges Vertrauen auf die Geltung von § 1357 I 1 BGB verdient keinen Schutz.

Ohne Eintragung hingegen können sich die Ehegatten Dritten gegenüber 7
ggf. nicht auf die getroffene Regelung berufen. So bestimmt § 1412 I BGB, dass
sich die Ehegatten, die den gesetzlichen Güterstand ausgeschlossen oder modifiziert haben, daraus Einwendungen im Rahmen von **Rechtsgeschäften mit
Dritten** nur herleiten können, wenn die betreffende Regelung eingetragen ist
oder dem Dritten positiv bekannt war, § 1412 I BGB. Gleiches gilt für den Fall,
dass die Ehegatten später eine zuvor im Güterrechtsregister eingetragene Regelung aufheben oder abändern, § 1412 II BGB. Insofern entfaltet das Schweigen des Registers Vertragspartnern gegenüber eine **negative Publizität**. Ein
genereller (positiver) Vertrauensschutz auf die Richtigkeit der Eintragungen
ist demgegenüber nicht gewährleistet.

III. Eheverträge

1. Regelungsinhalte

In Eheverträgen können Ehegatten vielfältige Regelungen treffen, sei es 8
betreffend das Güterrecht, den Versorgungsausgleich (vgl. § 6 VersAusglG),
den nachehelichen Unterhalt, die Geltung der Schlüsselgewalt oder auch die
Namensführung. Eheverträge finden sich allerdings nur in jeder zehnten Ehe
(*BVerfG* NJW 2001, 957). Abgesehen davon können Ehegatten natürlich auch
wie Dritte sonstige Verträge schließen, z.B. einen Darlehens- oder Schen-
kungsvertrag; dafür gelten die allgemeinen Grundsätze.

Im **Güterrecht** geht es primär um den Ausschluss des gesetzlichen Güterstands oder dessen Modifizierung. So mag es sich anbieten, auf die Verfügungsbeschränkungen der §§ 1365 ff. BGB zu verzichten oder bestimmte
Vermögensgegenstände aus dem Zugewinnausgleich herauszunehmen. Wer
ein erfolgversprechendes Unternehmen betreibt, wird die Gütertrennung
vorziehen, um im Scheidungsfall den möglicherweise existenzbedrohenden
Zahlungspflichten im Rahmen des Zugewinnausgleichs zu entgehen. Wird
der gesetzliche Güterstand ausgeschlossen, bedeutet dies im Zweifel, dass Gütertrennung gelten soll, § 1414 S. 1 BGB. Meist werden Eheverträge bei Eheschließung geschlossen. Sie können aber auch während der Ehe geschlossen
werden. Der Gestaltungsfreiheit sind im Güterrecht wenig Grenzen gesetzt.
Es gilt der **Grundsatz der Vertragsfreiheit**, § 1408 I BGB (*BGH* NJW 1997,
2239; NJW 2013, 457 = JuS 2013, 844).

Beispiel (nach *BGH* NJW 2013, 2753): Die Ehegatten hatten bei Eheschließung vereinbart, dass das Wohnhaus, welches im Eigentum der Ehefrau stand, in keiner Weise beim
Zugewinnausgleich berücksichtigt werden sollte. Auf diese Weise sollte vor allem eine
Auszahlungspflicht wegen etwaiger Wertsteigerungen der Immobilie vermieden werden.
Eine solche Vereinbarung ist regelmäßig wirksam. Der BGH stellt insoweit in st. Rspr.
klar, dass die Ehegatten den von ihnen als unbillig empfundenen Verteilungsergebnissen
des gesetzlichen Güterstands durch eine eigenverantwortliche Gestaltung entgegen wir-

ken können (z.B. auch *BGH* NJW 2013, 457). Wenn sich die Regelung dann (ggf. wider Erwarten) dahin auswirkt, dass der Ehemann ausgleichspflichtig wird, verstößt das auch nicht gegen Treu und Glauben.

2. Form

9   Eheverträge bedürfen der **notariellen Beurkundung**. Das ergibt sich für güterrechtliche Regelungen und solchen zum Versorgungsausgleich aus § 1410 BGB und § 7 VersAusglG sowie für Vereinbarungen über den nachehelichen Unterhalt aus § 1585c S. 2 BGB. Bis zum 31. 12. 2007 geschlossene Unterhaltsvereinbarungen sind und bleiben aber auch ohne Beachtung dieser Form gültig, weil § 1585c BGB a.F. das Formerfordernis noch nicht enthielt.

3. Inhaltskontrolle von Eheverträgen

a) Die Rechtsprechung bis zum Jahr 2000

10   Die Inhaltskontrolle von Eheverträgen gehört zu den in den letzten Jahren besonders intensiv diskutierten Themen des Eherechts. Im Mittelpunkt steht die Frage, in welchem Umfang die Ehegatten vertraglich vom (grundsätzlich disponiblen) gesetzlichen Scheidungsfolgenrecht abweichen dürfen. Ausgangspunkt der Entwicklung war eine Rechtsprechung des BGH, die weitreichende ehevertragliche Vereinbarungen sogar dann akzeptierte, wenn sie einen der Ehegatten deutlich benachteiligten (z.B. *BGH* NJW 1987, 776; NJW 1997, 126 und 2239). Verwiesen wurde insbesondere auf die Eheschließungsfreiheit. Niemand müsse heiraten. Wer aber auf Wunsch des anderen heirate oder die Ehe fortsetze, solle auch seine Bedingungen geltend machen können.

> **Beispielsfall** (nach *BGH* FamRZ 1997, 156): Egon und Sarah heiraten, nachdem E sein Examen erfolgreich bestanden hat. S ist nicht berufstätig, zumal sie auch immer wieder krank ist. Bald wird Tochter Tara geboren. Als T zwei Jahre alt ist, kommt es zu einer heftigen Ehekrise. Nun fordert E von S als Bedingung für die Fortsetzung der Ehe die Unterzeichnung eines Ehevertrags, wonach beide Seiten auf Zugewinnausgleich, Versorgungsausgleich und Unterhalt nach der Scheidung verzichten. Nach weiteren zehn Jahren wird die Ehe geschieden.
>
> Der BGH hielt den die Ehefrau massiv benachteiligenden Vertrag für rechtens mit dem Ergebnis, dass S nach der Scheidung keine Ansprüche gegen E (auf Zugewinnausgleich oder Unterhalt) zustanden.

b) Die Rechtsprechung des BVerfG

11   **Generalverzichtserklärungen** eines Ehegatten anlässlich der Eheschließung oder auch zu einem späteren Zeitpunkt erscheinen indes höchst problematisch. Auf entsprechende Verfassungsbeschwerden hin hat das BVerfG in zwei grundlegenden Entscheidungen (*BVerfG* NJW 2001, 975 und 2248) ausgeführt, dass sich aus Art. 2 I i.V.m. Art. 6 IV GG auch ein Recht auf Schutz vor unangemessener Benachteiligung durch einen Ehevertrag ergäbe.

Beispiel (nach *BVerfG* NJW 2001, 975): M und F beschließen zu heiraten, weil die schwangere F das gemeinsame Kind unbedingt „ehelich" zur Welt bringen will. Vertraglich wird vor der Eheschließung vereinbart, dass beide Seiten für den Fall der Scheidung „auf jeglichen Unterhalt" verzichten, auch „für den Fall der Not". M verpflichtet sich lediglich zu Unterhaltsleistungen an das zu erwartende Kind in Höhe von monatlich 150 DM. Im Übrigen sagt F zu, M von allen weitergehenden Unterhaltsansprüchen des Kindes freizustellen.

Ausgangspunkt der Beurteilung ist auch für das BVerfG der **Grundsatz der Vertragsfreiheit**. Die Funktionsfähigkeit der Privatautonomie und Vertragsfreiheit ist jedoch nur gewährleistet, wenn beide Parteien auch die Chance haben, ihre Interessen geltend zu machen.

„Ist jedoch aufgrund einer besonders einseitigen Aufbürdung von vertraglichen Lasten und einer erheblich ungleichen Verhandlungsposition der Vertragspartner ersichtlich, dass in einem Vertragsverhältnis ein Partner ein solches Gewicht hat, dass er den Vertragsinhalt faktisch einseitig bestimmen kann, ist es Aufgabe des Rechts, auf die Wahrung der Grundrechtspositionen beider Vertragspartner hinzuwirken, um zu verhindern, dass sich für einen Vertragsteil die Selbstbestimmung in eine Fremdbestimmung verkehrt" (so auch schon BVerfGE 89, 214, 232).

Diese Grundsätze gelten laut BVerfG auch für den Ehevertrag. Dabei sei **12** im Rahmen der familiären Freiheitssphäre zudem Art. 3 II GG zu beachten, da die vom GG geschützte Ehe von einer **Gleichberechtigung** von Mann und Frau geprägt sei. Der Staat habe infolgedessen der Ehevertragsfreiheit der Ehegatten dort Grenzen zu setzen, wo der Vertragsinhalt die auf ungleichen Verhandlungspositionen basierende **einseitige Dominanz eines Ehepartners** widerspiegle. Hier sei es Aufgabe der Gerichte, über die zivilrechtlichen Generalklauseln den Inhalt des Vertrages einer **Kontrolle** zu unterziehen. Ein besonderes Kontrollbedürfnis sieht das BVerfG angesichts von Art. 6 IV GG in Fällen des Vertragsschlusses mit einer schwangeren Frau. In der Hoffnung und Erwartung, die Sorge und Verantwortung für das Kind gemeinsam tragen zu können und ihre eigene Existenz trotz der Geburt des Kindes absichern zu können, sei ihr die Eheschließung meist besonders wichtig. Eben das bringe die Frau aber tendenziell in eine Situation der Unterlegenheit, die der andere Teil ausnutzen könne, um Vertragsvereinbarungen zu erzielen, die ihren Interessen massiv zuwiderlaufen. Insofern könne die **Schwangerschaft** als „Indiz für eine vertragliche Disparität" gewertet werden, die Anlass gäbe, den Vertrag einer stärkeren richterlichen Kontrolle zu unterziehen. Die Schutzbedürftigkeit der Schwangeren würde dann offenkundig, wenn sie der Vertrag tatsächlich „einseitig belastet und ihre Interessen keine angemessene Berücksichtigung finden".

c) Die heutige Rechtsprechung des BGH zur Inhaltskontrolle von Eheverträgen

Anknüpfend an die Vorgaben des BVerfG hat der BGH Grundsätze für die **13** Inhaltskontrolle von Eheverträgen entwickelt. Grundlegend hierfür war das Urteil vom 11. 2. 2004 (BGHZ 158, 81 – sehr lesenswert).

Beispiel (nach BGHZ 158, 81): M und F hatten 1985 geheiratet. M arbeitete als Unternehmensberater. F hatte Archäologie studiert, gab ihre Berufstätigkeit und ihr Promotionsprojekt aber (auch auf Wunsch von M) auf, als sie schwanger wurde. 1988 schlossen sie einen Ehevertrag, in dem Gütertrennung vereinbart sowie beiderseitig auf Versorgungsausgleich und nachehelichen Unterhalt verzichtet wurde, allerdings mit Ausnahme des Unterhalts der Ehefrau wegen Kindesbetreuung. Zu Gunsten der Frau wurde im Gegenzug eine Kapitallebensversicherung über 80.000 DM (etwa 40.903 €) abgeschlossen. 2002 wurde die Ehe geschieden. M verdiente zu diesem Zeitpunkt brutto 27.000 DM, F hingegen nur ca. 1.000 DM monatlich.

Ausgangspunkt ist und bleibt die **Vertragsfreiheit**. Sie entspringt laut BGH dem legitimen Bedürfnis, Abweichungen von den gesetzlich geregelten Scheidungsfolgen zu vereinbaren, die zu dem individuellen Ehebild besser passen.

„Die grundsätzliche Disponibilität der Scheidungsfolgen darf indes nicht dazu führen, dass der Schutzzweck der gesetzlichen Regelungen durch vertragliche Vereinbarungen beliebig unterlaufen werden kann. Das wäre der Fall, wenn dadurch eine evident einseitige und durch die individuelle Gestaltung der ehelichen Lebensverhältnisse nicht gerechtfertigte Lastenverteilung entstünde, die hinzunehmen für den belasteten Ehegatten – bei angemessener Berücksichtigung der Belange des anderen Ehegatten und seines Vertrauens in die Geltung der getroffenen Abrede – bei verständiger Würdigung des Wesens der Ehe unzumutbar erscheint. Die Belastungen des einen Ehegatten werden dabei um so schwerer wiegen und die Belange des anderen Ehegatten um so genauerer Prüfung bedürfen, je unmittelbarer die vertragliche Abbedingung gesetzlicher Regelungen in den Kernbereich des Scheidungsfolgenrechts eingreift“ (BGHZ 158, 81, 96).

14 Hieran anknüpfend hat der BGH die **Kernbereichslehre** entwickelt. Unterschieden wird nach den gesetzlichen Normen, die zum engsten Kernbereich des Scheidungsfolgenrechts gehören (Unterhalt wegen Betreuung eines Kindes gem. § 1570 BGB, gefolgt vom Unterhalt wegen Alters und Krankheit, §§ 1571, 1572 BGB, und dem Versorgungsausgleich), sowie den Scheidungsfolgen, die einer Vereinbarung schon weitergehend zugänglich sind (Unterhalt wegen Erwerbslosigkeit, § 1573 I BGB) und schließlich solchen Normen, über die mehr oder weniger beliebig disponiert werden kann (Aufstockungsunterhalt, § 1573 II BGB, Ausbildungsunterhalt, § 1575 BGB, Zugewinnausgleich, §§ 1372 ff. BGB). Nachdem das Gesetz die Alternative der Gütertrennung ausdrücklich eröffnet, ist der Ausschluss des Zugewinnausgleichs in der Regel problemlos möglich (*BGH* NJW 2013, 457).

15 **Dogmatische Anknüpfungspunkte** für die Inhaltskontrolle der Verträge selbst sind dabei zum einen **§ 138** (Wirksamkeitskontrolle) und zum anderen **§ 242 BGB** (Ausübungskontrolle).

Insoweit ist „im Rahmen einer **Wirksamkeitskontrolle** zu prüfen, ob die Vereinbarung schon im **Zeitpunkt ihres Zustandekommens** offenkundig zu einer derart einseitigen Lastenverteilung für den Scheidungsfall führt, dass ihr – losgelöst von der zukünftigen Entwicklung der Ehegatten und ihrer Lebensverhältnisse – wegen Verstoßes gegen die guten Sitten die Anerkennung der Rechtsordnung ganz oder teilweise mit der Folge zu versagen ist, dass an ihre Stelle die gesetzlichen Regelungen treten (§ 138 I BGB).

Erforderlich ist eine **Gesamtwürdigung**, die auf die individuellen Verhältnisse bei Vertragsschluss abstellt, insbesondere also auf die Einkommens- und Vermögensverhältnisse, den geplanten oder bereits verwirklichten Zuschnitt der Ehe sowie die Auswirkungen auf die Ehegatten und auf die Kinder. Subjektiv sind die von den Ehegatten mit der Abrede verfolgten Zwecke sowie die sonstigen Beweggründe zu berücksichtigen ... Das Verdikt der Sittenwidrigkeit wird dabei regelmäßig nur in Betracht kommen, wenn durch den Vertrag Regelungen aus dem Kernbereich des gesetzlichen Scheidungsfolgenrechts ganz oder jedenfalls zu erheblichen Teilen abbedungen werden, ohne dass dieser Nachteil für den anderen Ehegatten durch anderweitige Vorteile gemildert oder durch die besonderen Verhältnisse der Ehegatten, den von ihnen angestrebten oder gelebten Ehetyp oder durch sonstige gewichtige Belange des begünstigten Ehegatten gerechtfertigt wird" (BGHZ 158, 81, 100; *BGH* NJW 2013, 380).

Lässt sich im Rahmen der **Wirksamkeitskontrolle** anhand von § 138 I **16** BGB eine Sittenwidrigkeit feststellen, so ist der **Vertrag nichtig** und es gilt die gesetzliche Scheidungsfolgenregelung.

Ergibt sich, dass nur einzelne Teile des Ehevertrags als unwirksam einzuordnen sind (z.B. der Ausschluss von Unterhaltsansprüchen), während andere Klauseln (z.B. Anordnung der Gütertrennung) für sich betrachtet wirksam erscheinen, so muss geprüft werden, ob nur **Teilnichtigkeit** vorliegt oder ob der Ehevertrag in der Gesamtwürdigung als insgesamt sittenwidrig erscheint. Gesamtnichtigkeit ist zu bejahen, wenn das Zusammenwirken aller ehevertraglichen Einzelregelungen erkennbar auf die einseitige Benachteiligung eines Ehegatten abzielt. Das setzt laut BGH allerdings voraus, dass der unausgewogene Vertragsinhalt eine auf **ungleichen Verhandlungspositionen** basierende einseitige Dominanz eines Ehegatten und damit eine Störung der subjektiven Vertragsparität widerspiegelt (z.B. *BGH* NJW 2013, 269 und 380). Es ist also zu prüfen, ob Anhaltspunkte gegeben sind, die auf eine subjektive Imparität, insbesondere infolge der Ausnutzung einer Zwangslage, sozialer oder wirtschaftlicher Abhängigkeit oder intellektueller Unterlegenheit, hindeuten. Das wird eher die Ausnahme sein, so dass meist nicht von der Gesamtnichtigkeit des Ehevertrags auszugehen ist.

Mit der Annahme einer Unwirksamkeit nach § 138 BGB ist der BGH aber **17** sehr zurückhaltend. Meist fehlt es eben auch am subjektiven Tatbestand von § 138 I BGB bzw. den ungleichen Verhandlungspositionen. Im Mittelpunkt steht daher regelmäßig die im zweiten Schritt erfolgende **Ausübungskontrolle** nach § 242 BGB. Dabei ist vor allem zu prüfen, ob im Verlauf der Ehe auf einer Seite **ehebedingte Fortkommens- oder Versorgungsnachteile** eingetreten sind, die kompensiert werden müssen, so dass es mit Treu und Glauben unvereinbar wäre, wenn sich der andere Ehegatte nun unverändert auf den Ehevertrag berufen dürfte, der entsprechende Ansprüche ausschließt.

„Dafür sind nicht nur die Verhältnisse im Zeitpunkt des Vertragsschlusses maßgebend. Entscheidend ist vielmehr, ob sich nunmehr – im **Zeitpunkt des Scheiterns der Lebensgemeinschaft** – aus dem vereinbarten Ausschluss der Scheidungsfolge eine evident einseitige Lastenverteilung ergibt, die hinzunehmen für den belasteten Ehegatten auch bei angemessener Berücksichtigung der Belange des anderen Ehegatten und seines Vertrauens in die Geltung der getroffenen Abrede sowie bei verständiger Würdigung des Wesens der Ehe unzumutbar ist. Hält die Berufung eines Ehegatten auf den vertraglichen Ausschluss der Scheidungsfolge der richterlichen Rechtsausübungskontrolle nicht stand, so führt dies im Rahmen des § 242 BGB noch nicht zur Unwirksamkeit des vertraglich vereinbarten Ausschlusses. Der Richter hat vielmehr diejenige Rechtsfolge anzuordnen, die den berechtigten Belangen beider Parteien in der nunmehr eingetretenen Situation in ausgewogener Weise Rechnung trägt" (so auch *BGH* NJW 2011, 2969).

Im genannten Fall (Rn. 13) konnte der BGH weder Sittenwidrigkeit noch eine rechtsmissbräuchliche Berufung auf den Ehevertrag feststellen. Immerhin war die Versorgung der Frau durch die laufenden, angemessenen Unterhaltszahlungen (aus § 1570 BGB) sowie durch die Kapitallebensversicherung weitgehend sichergestellt.

d) Zusammenfassung

Inhaltskontrolle von Eheverträgen

1. **Prüfung gem. § 138 I BGB**
   a) ob der Vertrag bereits im Zeitpunkt seines Zustandekommens einen Vertragspartner objektiv unzumutbar benachteiligte und
   b) ob der den Vertrag fordernde Ehegatte subjektiv die Unterlegenheitssituation des anderen ausgenutzt hat.
2. **Prüfung gem. § 242 BGB**
   ob die Berufung auf den Vertrag im Zeitpunkt der Scheidung missbräuchlich ist.

---

18   Ziel der Kontrolle ist die Ermittlung, ob eine evident einseitige Benachteiligung eines Ehegatten vorliegt, die bei verständiger Würdigung des Wesens der Ehe als unzumutbar erscheint. Eben das ist abhängig davon, wie intensiv die Regelung in den **Kernbereich des Scheidungsfolgenrechts** eingreift. Insoweit lässt sich anknüpfend an obige Ausführungen folgende Rangabstufung bilden:

Abstufung der gesetzlichen Scheidungsfolgen nach Disponibilität (Kernbereichslehre)

1. Engster Kernbereich: Betreuungsunterhalt
2. Weiterer Kernbereich: Krankheits- und Altersunterhalt sowie Versorgungsausgleich
3. Mittlere Stufe: Unterhalt wegen Erwerbslosigkeit
4. Meist verzichtbar: Aufstockungs- und Ausbildungsunterhalt
5. Frei disponibel: Zugewinnausgleich

---

19   Daraus ergibt sich aber nur ein Orientierungsraster. Entscheidend ist stets die **Gesamtwürdigung** im Einzelfall unter Berücksichtigung der Einkommens- und Vermögensverhältnisse der Ehegatten, Art und Umfang der ehebedingten Fortkommensnachteile, der vorgesehenen Kompensationen zum Ausgleich

entstandener Nachteile, der Motive für den Ehevertrag u.a. Allerdings wird der
(kompensationslose) Ausschluss des Kindesbetreuungsunterhalts oft unhaltbar
sein, während die Wahl von Gütertrennung an Stelle der Zugewinngemeinschaft grundsätzlich wirksam ist (s. *BGH* FamRZ 2008, 386). Der Ausschluss
des Versorgungsausgleichs wiederum kann sogar bei einer Alleinverdienerehe
wirksam sein, wenn dafür entsprechende Kompensationsleistungen gewährt
werden (*BGH* FamRZ 2014, 629).

Ist eine Sittenwidrigkeit gem. § 138 BGB zu verneinen und erscheint auch die Berufung
auf den Vertrag im Zeitpunkt der Scheidung nicht als rechtsmissbräuchlich (§ 242 BGB), so
kann im Fall einer unvorhergesehenen Entwicklung der Ereignisse auch noch § 313 BGB zu
prüfen sein. Die Anwendung der Regeln vom **Wegfall der Geschäftsgrundlage** kommt
bei Eheverträgen etwa dann in Betracht, wenn die Parteien bei Abschluss des Vertrags ihren
Vereinbarungen eine bestimmte Relation ihrer Einkommens- und Vermögensverhältnisse
zu Grunde gelegt haben, die sich später als unzutreffend erweist (*BGH* NJW 2005, 2386).
Weiterhin ist an den Fall zu denken, dass die Ehegatten von einer bestimmten gesetzlichen
Regelung ausgegangen sind, z.B. vom früheren Unterhaltsrecht, das noch kaum zeitliche
Beschränkungen von Unterhaltsansprüchen zuließ. Infolge der Gesetzesänderung kann
dann die Grundlage für die Zusage eines lebenslangen Unterhaltsanspruchs entfallen und
einen Abänderungsantrag nach § 239 FamFG erlauben (*BGH* NJW 2012, 1209).

e) Beispiele aus der jüngeren Rechtsprechung

BGH NJW 2006, 3142: In einem Ehevertrag mit einer hochschwangeren Frau, die   **20**
zuvor als Betriebswirtin ein Bruttojahreseinkommen von 100.000 DM (etwa 51.129 €)
erzielt hatte, war der Unterhalt wegen Kindesbetreuung zeitlich begrenzt und zudem
massiv der Höhe nach herabgesetzt worden.

Da die Frau infolge der Geburt von drei Kindern ihren Beruf hatte aufgeben müssen,
waren für sie weitreichende **ehebedingte Nachteile** eingetreten, die durch Unterhaltszahlungen, die nur knapp über dem in Unterhaltstabellen vorgesehenen Existenzminimum
liegen sollten, nicht annähernd kompensiert wurden. Da beide Seiten einen Kinderwunsch
gehegt hatten, war diese Entwicklung schon bei Eheschließung absehbar gewesen. Daher
war der Vertrag als von Anfang an nichtig anzusehen, § 138 BGB (ähnlich *BGH* FamRZ
2009, 1041).

BGH NJW 2007, 904: Bald nach seiner Einreise hatte ein polnischer Staatsangehöriger
im Jahr 2000 eine Deutsche geheiratet. In einem Ehevertrag vereinbarten sie Gütertren-
nung und schlossen sämtliche Unterhaltsansprüche für den Fall der Scheidung aus. Die
Frau ging wegen angeborener Krankheit keiner Erwerbstätigkeit nach, sondern bezog
Sozialhilfe. Zwei Jahre später wurde sie infolge einer Gehirnblutung pflegebedürftig.
Nach der Scheidung im Jahr 2003 verlangte sie erfolglos Unterhalt.

Der BGH hielt den Ehevertrag für wirksam. Die Bedürftigkeit der Frau stand hier – von
Anfang an erkennbar – in keinem Zusammenhang mit der Ehe. Demgemäß konnte den
Ehegatten auch nicht vorgeworfen werden, ehebedingte Nachteile durch Ehevertrag auf
die Allgemeinheit (Sozialhilfe) abgewälzt zu haben.

BGH FamRZ 2008, 582: In einem Ehevertrag war wechselseitig auf Unterhalt (vorbehaltlich des Betreuungsunterhalts) sowie auf den Versorgungsausgleich verzichtet und
Gütertrennung vereinbart worden. Zu diesem Zeitpunkt war die 45-jährige Ehefrau berufstätig. Zwei Jahre später veräußerte sie ihr Erwerbsgeschäft aber, um weitere Verluste
zu verhindern, und arbeitete nicht mehr. Fünf Jahre nach Eheschließung trennte sich das

Ehepaar, kurz darauf wurde bei der Ehefrau eine Krebserkrankung diagnostiziert. Nun machte sie Unterhalt wegen Krankheit (§ 1572 BGB) geltend.

Der Vertrag war nicht als sittenwidrig zu erachten. Bei Eheschließung war die Ehefrau schon 45 Jahre und noch berufstätig. Mit der Geburt von Kindern hatte man trotz der vorbeugenden Regelung zum Betreuungsunterhalt nicht gerechnet. **Ehebedingte Fortkommensnachteile** waren somit nicht zu erwarten gewesen. Was die Ausübungskontrolle am Maßstab von § 242 BGB betraf, bildete die Erkrankung der Ehefrau zwar eine Abweichung von den bei Vertragsschluss zu Grunde gelegten Lebensumständen. Indes soll die Ausübungskontrolle nur sicherstellen, dass ein Teil nicht einseitig mit ehebedingten Nachteilen belastet bleibt. Die sich aufgrund der Krankheit ergebende wirtschaftliche Situation der Ehefrau (Erwerbsunfähigkeit) stellte hier jedoch keinen ehebedingten Nachteil dar. Der Ehemann konnte sich daher auf den vertraglichen Ausschluss des Unterhaltsanspruchs berufen.

BGH FamRZ 2009, 198: Die Ehegatten hatten im Ehevertrag beiderseits auf Unterhaltsansprüche verzichtet. Der Mann hatte jedoch für den Fall der Scheidung die Zahlung einer Leibrente an die Frau in Höhe von 1.300 DM zugesagt und sich insoweit der sofortigen Zwangsvollstreckung unterworfen. Bei Scheidung überstieg diese Summe die Zahlungsfähigkeit des Schuldners bei Weitem. Der BGH hielt die Vereinbarung (die hier zugunsten des Unterhaltsberechtigten ging!) für sittenwidrig und nichtig, weil sie eine Regelung zu **Lasten der Sozialhilfeträger** beinhalte, die sonst möglicherweise für die Lücke im Lebensunterhalt des Unterhaltspflichtigen aufzukommen hätten.

BGH NJW 2013, 380: Die beiderseits berufstätigen Ehegatten (er Jurist, sie Krankenschwester) hatten ehevertraglich den Versorgungsausgleich und alle nachehelichen Unterhaltsansprüche ausgeschlossen, den gesetzlichen Güterstand aber unberührt gelassen. Ob und in welchem Umfang die Ehefrau im Fall der Geburt von Kindern ihre Erwerbstätigkeit reduzieren sollte, war bei Eheschließung offen geblieben.

Laut BGH war der Ehevertrag wirksam. Bei einer Doppelverdienerehe ohne konkreten Kinderwunsch sei sogar der **Verzicht auf den Unterhalt wegen Kindesbetreuung** wirksam. Möglicherweise werde die Kinderbetreuung später gleichgewichtig verteilt oder bei günstiger Kinderbetreuungssituation anderweitig geregelt. Die Vereinbarungen waren für den Ehemann zwar Heiratsbedingung gewesen, der BGH sah aber keine Störung der subjektiven Vertragsparität. Erst im Rahmen der **Ausübungskontrolle** wurde berücksichtigt, dass die Ehefrau zwei Kinder geboren und ihre Erwerbstätigkeit zeitweilig reduziert hatte und dadurch eine Abweichung von den bei Vertragsschluss zugrunde gelegten Lebensumständen eingetreten war. Zur Kompensation der ehebedingten Einkommens- und Versorgungsnachteile wurden (in gewissem Umfang) der Versorgungsausgleich durchgeführt und Unterhaltsansprüche bejaht.

Empfehlungen zur vertiefenden Lektüre

Zur Vertiefung: *Bergschneider,* Güterrecht und richterliche Inhaltskontrolle, FamRZ 2010, 1857; *Braeuer,* Gütertrennung und Ausübungskontrolle, FamRZ 2014, 77; *Gageik,* Wirksamkeits- und Ausübungskontrolle von Eheverträgen unter Berücksichtigung der aktuellen Rechtsprechung, FPR 2005, 122 ff.; *Hahne,* Grenzen ehevertraglicher Gestaltungsfreiheit, DNotZ 2004, 84; *Münch,* Vertragsfreiheit im Eherecht, FamRZ 2014, 805; *Preisner,* Examenstypische Klausurenkonstellationen des Familien- und Erbrechts, Teil III, JA 2010, 584.

Fälle und Klausuren: *Hausmann/Kühle/Schäuble,* Unklarheiten nach Scheidung und Tod, Jura 2010, 791; *v. Koppenfels-Spies/Gerds,* Referendarexamensklausur: Nichteheliche Lebensgemeinschaft und Ehevertrag, JuS 2009, 726; *Löhnig,* Fall 13; *Schwab,* PdW, Fälle 123, 124.

§ 14.   Die Verfügungsbeschränkungen

I. Beschränkung der Verfügungsbefugnis über das Vermögen im Ganzen

1. Schutzzweck des § 1365 BGB

Leben die Ehegatten im **gesetzlichen Güterstand** der Zugewinngemein- 1
schaft (zu den Güterständen s. § 13 Rn. 1), so gelten während der Ehe die Verfügungsbeschränkungen der §§ 1365 ff. BGB. Das betrifft Verfügungen über
das Vermögen im Ganzen (§ 1365 BGB) und Verfügungen über Haushaltsgegenstände (§ 1369 BGB). Solche Verfügungen sind nur mit Zustimmung des
anderen Ehegatten wirksam. Die Tatbestände beinhalten **absolute Veräuße-
rungsverbote**.

Die Rechtfertigung für das Zustimmungserfordernis ergibt sich bei Verfü- 2
gungen über das Vermögen im Ganzen (z.B. über ein Hausgrundstück, wenn
man sonst nichts Nennenswertes besitzt) aus deren besonderer Reichweite. Das
Vermögen des Ehegatten wird oft zugleich die wirtschaftliche Grundlage der
ehelichen Lebensgemeinschaft darstellen, die dem anderen nicht ohne seine
Mitwirkung entzogen werden soll (vgl. *BGH* NJW 1983, 1101, 1102). Vor allem aber ist das vorhandene Vermögen bedeutsam für den Zugewinnausgleich.
So mag das Vermögen selbst überwiegend Zugewinn darstellen und der andere
Ehegatte daran interessiert sein, dass es ungeschmälert erhalten bleibt, damit
im Scheidungsfall Zugewinnausgleichsansprüche in entsprechender Höhe geltend gemacht werden können. Zudem bestimmt § 1378 II 1 BGB, dass die
Zugewinnausgleichsforderung auf das vorhandene Vermögen beschränkt ist.
Auch daraus ergibt sich ein Sicherungsinteresse. Der Schutzzweck des § 1365
BGB liegt somit auch in der **Absicherung** des etwaigen späteren **Zugewinnausgleichsanspruchs** (*BGH* NJW 2000, 1947). Indes ist dieser Schutzzweck
abstrakt zu sehen. Es ist nicht erforderlich, dass der Zugewinnausgleich im Einzelfall tatsächlich in Gefahr ist oder dass der zustimmungsberechtigte Ehegatte
überhaupt mit einem Ausgleichsanspruch zu rechnen hätte.

Voraussetzungen des § 1365 BGB

1. Ehegatten im gesetzlichen Güterstand
2. Verfügungsgeschäft eines Ehegatten
3. Verfügungsgegenstand: das Vermögen im Ganzen
   – h.M.: Einzeltheorie
   – 10% bzw. 15%-Grenze
4. Bei Einzelgegenständen: Kenntnis des Vertragspartners von Vermögenslage

2. Die unter § 1365 BGB fallenden Verfügungsgeschäfte

a) Unterscheidung von Verpflichtung und Verfügung

3   § 1365 BGB spricht davon, dass sich ein Ehegatte verpflichtet, über sein Vermögen zu verfügen. Damit wird an die Trennung von Verpflichtungs- und Verfügungsgeschäft angeknüpft. Letztlich unterstellt § 1365 BGB aber beide Geschäfte der Zustimmungsbedürftigkeit. Hat der Ehegatte allerdings dem Verpflichtungsgeschäft (z.B. Grundstückskaufvertrag) zugestimmt, so erstreckt sich diese Zustimmung zwangsläufig auch auf dessen Erfüllung durch das Verfügungsgeschäft.

b) Verfügungen i.S.v. § 1365 BGB

4   Generell versteht man unter einer Verfügung die Einwirkung auf ein Recht in Form der Übertragung, der Belastung, der Inhaltsänderung oder Aufhebung. Von § 1365 BGB erfasst werden dabei primär **Eigentumsübertragungen** auf Dritte. Grundlage hierfür können etwa ein Kaufvertrag, ein Schenkungsversprechen oder ein Gesellschaftsvertrag sein, der zur Einbringung des Gegenstands in eine Gesellschaft verpflichtet. Irrelevant ist dabei, ob für den Erwerber des Gegenstands eine Gegenleistungsverpflichtung besteht und somit bei wirtschaftlicher Betrachtung ein Verlustgeschäft vorliegt oder nicht. Auch die Verpfändung fällt unter § 1365 BGB, nicht aber die Sicherungsübereignung (*BGH* NJW 1996, 1742).

Neben Veräußerungen kann § 1365 BGB auch **Belastungen** von Gegenständen, v.a. von Grundstücken, betreffen. Man denke an die Bestellung einer Grundschuld (§ 1191 BGB), die unter Hinzurechnung der Grundschuldzinsen (dazu *BGH* NJW 2011, 3783) den Wert des Grundstücks praktisch vollständig ausschöpft. Auch die Einräumung eines dinglichen Nutzungsrechts (z.B. dingliches Wohnrecht) kann den Tatbestand erfüllen, wenn der Grundstückswert durch die Belastung derart absinkt, dass dem verfügenden Ehegatten nur noch ein unwesentlicher Teil seines Gesamtvermögens verbleibt (BGHZ 123, 93). Eine Verfügung liegt weiterhin vor, wenn ein Ehegatte als Gesellschafter aus einer Gesellschaft ausscheidet und dabei auf seinen Abfindungsanspruch verzichtet.

5   **Keine Verfügungen** i.S.v. § 1365 BGB sind demgegenüber:
- die Bewilligung einer Auflassungsvormerkung
- Vermietung und Verpachtung
- Verfügungen von Todes wegen (Testament, Erbvertrag)
- Belastungen von Grundstücken, die den Erwerb erst ermöglichen (Grundstück wird zur Finanzierung des Kaufpreises mit Grundschuld belastet, die den Wert weitgehend ausschöpft; *BGH* FamRZ 1996, 792, 794)
- Maßnahmen der Zwangsvollstreckung (*BGH* FamRZ 2006, 856)
- Vollstreckungsunterwerfungserklärung (*BGH* FamRZ 2008, 1613).

c) Streitfragen

Str. ist, ob die Beantragung einer Teilungsversteigerung (§ 180 ZVG) eine **6**
Verfügung i.S.v. § 1365 BGB darstellt.

Beispiel (nach *BGH* FamRZ 2007, 1634): Ehemann Ernst beantragt noch vor der Scheidung von Ehefrau Fiona die Teilungsversteigerung des vormals von E und F gemeinsam
bewohnten Hauses, dessen Miteigentümer sie sind. Mit einem freihändigen (privaten)
Verkauf hatte sich F nämlich nicht einverstanden erklärt. Kann F geltend machen, in dem
Antrag des E liege eine Vermögensverfügung i.S.v. § 1365 BGB, die ohne ihre Zustimmung unwirksam sei, und so das Verfahren aufhalten?

Der Antrag auf **Teilungsversteigerung** selbst beinhaltet weder eine rechtsgeschäftliche Verpflichtungserklärung noch eine Verfügung über ein Recht.
Erst wenn es im Versteigerungsverfahren zum Zuschlag kommt, wird kraft
Verwaltungsakts über den Gegenstand verfügt. Insofern muss eine unmittelbare Anwendung von § 1365 BGB auf den Antrag ausscheiden. Es ist jedoch eine
analoge Anwendung zu bejahen, da für diesen Fall eine Regelungslücke besteht (*BGH* FamRZ 2007, 1634). Der Versteigerungsantrag hat wirtschaftlich
betrachtet eine mit der Veräußerung vergleichbare Wirkung, so dass auch hier
Schutz vor einseitigen Maßnahmen des anderen Ehegatten gewährt werden
muss. Außerdem sprechen Erwägungen der Verfahrenswirtschaftlichkeit und
Rechtssicherheit dafür, das Verfahren nicht erst zum Zeitpunkt des Zuschlags
an der fehlenden Zustimmung des Ehegatten scheitern zu lassen.

Umstritten ist weiterhin, ob die **Eingehung von Zahlungsverbindlich-** **7**
keiten unter § 1365 BGB fällt. Streng genommen liegt darin keine Verpflichtung zur Verfügung. Insoweit wird man § 1365 BGB auch kaum anwenden
wollen, wenn ein Ehegatte sein gesamtes Vermögen zusammenkratzt, um ein
Grundstück zu erwerben. Kritisch wird es aber, wenn ein Ehegatte etwa zu
Gunsten eines Freundes oder von Geschwistern eine **Bürgschaftsverpflich-**
tung eingeht, die mit einem erkennbar hohen Risiko belastet ist. Das mag sogar
im Bewusstsein geschehen, lieber dem Freund zu helfen als das Geld im späteren
Zugewinnausgleichsverfahren teilweise der Frau überlassen zu müssen. Der
BGH will hier § 1365 BGB nicht anwenden (*BGH* FamRZ 1983, 455 f.) und
verweist darauf, dass eine Bürgschaftsverpflichtung keine Verfügung darstelle.
Für diese Auffassung spricht auch, dass § 1365 BGB nicht auf die Gefährlichkeit
von Rechtsgeschäften im Einzelfall abstellt, sondern abstrakt auf den Tatbestand der Vermögensverfügung. Indes erscheint eine risikoreiche Bürgschaftsverpflichtung für den Ehegatten noch gefährlicher und bedroht die Lebensgrundlage der Ehegatten deutlich mehr als etwa ein Grundstücksverkauf, bei
dem mit einer angemessenen Gegenleistung zu rechnen ist. Daher sollte auch
die Eingehung einer Bürgschaft zu den Verfügungen i.S.v. § 1365 BGB gezählt
werden (*Schwab*, FamR, Rn. 246; *Dethloff*, § 5 Rn. 67). Das niederländische
Recht fordert im gesetzlichen Güterstand bei Bürgschaftsverpflichtungen sogar
stets die Zustimmung des Ehegatten (Art. 88 I c Burgerlijk Wetboek).

3. Das Vermögen im Ganzen als Verfügungsgegenstand

a) Die Einzeltheorie

8   Eine Verfügung über das Vermögen im Ganzen ist eigentlich kaum vorstellbar. Das BGB erwähnt diesen Fall zwar in § 311b III BGB und unterstellt entsprechende Verpflichtungsverträge der notariellen Beurkundung. Doch wer verkauft oder verschenkt schon alles, was er hat? Würde § 1365 BGB wortlautgetreu nur an diesen Fall anknüpfen, wäre sein Anwendungsbereich denkbar gering. Die ganz h.M. legt den Begriff des Vermögens im Ganzen daher weiter aus. So genügt es, wenn sich der Geschäftswille auf einen oder mehrere **Einzelgegenstände** bezieht, sofern sie nur bei wirtschaftlicher Betrachtung faktisch nahezu das gesamte Vermögen des Ehegatten ausmachen (sog. **Einzeltheorie**; BGHZ 35, 135, 143; 123, 93, 95; PWW/*Weinreich*, § 1365 Rn. 5; *Schlüter*, Rn. 109). Damit wird auch der praktisch wichtigste Fall erfasst, nämlich die Verfügung über ein Grundstück. Schließlich ist der Schutzzweck der Norm (s. Rn. 1) hier nicht weniger in Gefahr als bei Gesamtverfügungen. Die Gegenauffassung, die gleichwohl strikt wortlautgemäß eine Verfügung über das gesamte Vermögen schlechthin fordert (sog. **Gesamttheorie**), wird kaum noch vertreten (s. etwa *Barz*, ZHR 126 [1964], 170, 172; *Rittner*, FamRZ 1961, 1, 10 ff.).

b) Wertmäßiges Verhältnis von Verfügungsgegenstand und verbleibendem Vermögen

9   Auf der Grundlage der Einzeltheorie stellt sich die weitere Frage, ab welchem Wertverhältnis ein einzelner Gegenstand (z.B. Grundstück) mit Blick auf das sonstige Vermögen tatsächlich nahezu als das „Vermögen im Ganzen" bezeichnet werden kann.

> **Beispielsfall** (nach *BGH* NJW 1991, 1739): Ehemann Max überträgt ohne Zustimmung seiner Ehefrau Flora, mit der er im gesetzlichen Güterstand lebt, auf den gemeinsamen Sohn ein Grundstück im Wert von 428.000 €. Einschließlich des Grundstücks beträgt das Nettovermögen des M zu diesem Zeitpunkt 489.000 €. Nach der Übertragung bleiben dem M noch 61.000 € bzw. 12 % seines Ausgangsvermögens. Ist die Grundstücksübertragung wirksam?

Die Rechtsprechung hat hier im Sinne der Rechtssicherheit **feste Prozentsätze** formuliert (*BGH* NJW 1991, 1739, 1740 sowie BGHZ 77, 293, 299). So wird bei mittleren und großen Vermögen davon ausgegangen, dass § 1365 BGB nur erfüllt ist, wenn dem Verfügenden maximal **10 %** seines bisherigen Gesamtvermögens verbleiben. Im Beispiel war somit keine Verfügung über das gesamte Vermögen gegeben. Bei kleineren Vermögen hingegen wird auch schon ein etwas kleinerer Anteil bei wirtschaftlicher Betrachtung faktisch das ganze Vermögen erfassen. Daher wird die Messlatte hier bei **15 %** angelegt. Die Grenze für die Annahme eines kleineren Vermögens wird mittlerweile bei ungefähr 250.000 € gezogen (MünchKomm/*Koch*, § 1365 Rn. 22). Für die Bewertung des Vermögens sind die jeweiligen Verkehrswerte anzusetzen. Zu beachten bleibt, dass eine etwaige **Gegenleistung** (z.B. Kaufpreis für das Grundstück) bei den Berechnungen außer Betracht bleibt. Wird bei der Übertragung eines Hausgrundstücks im Gegenzug vom Erwerber dem Veräußerer ein Wohnrecht eingeräumt, ist das bei der Berechnung aber zu berücksichtigen (*OLG Koblenz* FamRZ 2008, 1078).

Beispielsfall (*OLG Hamm* FamRZ 2004, 1648): Der Ehemann besitzt ein Hausgrundstück, das sein ganzes Vermögen darstellt. Davon überträgt er ohne Zustimmung seiner Ehefrau einen ¾-Miteigentumsanteil auf seine neue Freundin.

Das OLG hat, obwohl dem Mann rechnerisch mindestens 25 % seines Vermögens verblieben waren, einen Fall von § 1365 BGB bejaht. Begründung: Der verbliebene Anteil in Höhe von einem Viertel sei bei wirtschaftlicher Betrachtung praktisch wertlos.

Variante (nach *BGH* NJW 2013, 1156 = JuS 2013, 747): Die Ehefrau überträgt ein Hausgrundstück auf ihre (aus der ersten Ehe stammenden) Kinder, behält sich aber ein **dingliches Wohnungsrecht** an einem Teil des Hauses vor. Der Wert dieses Wohnungsrechts ist als Teil des verbleibenden Vermögens anzuerkennen, obwohl es in der Rechtsnatur des Wohnungsrechts liegt, dass es unveräußerlich und unpfändbar ist (§ 1093 BGB) und der andere Ehegatte zur Befriedigung eines Anspruchs auf Zugewinnausgleich darauf nicht im Wege der Vollstreckung zugreifen könnte. Eine diesbezügliche Differenzierung gibt § 1365 BGB nämlich nicht vor.

---

4. Die subjektiven Erfordernisse im Rahmen der Einzeltheorie

a) Subjektive Theorie

Folgt man der Einzeltheorie und kann somit auch ein alltäglicher Vertrag **10** über den Verkauf eines Grundstücks unter § 1365 BGB fallen, so stellt sich die Frage nach dem **Gläubigerschutz.** Denn erfährt der nichts ahnende Käufer erst nachträglich von der Geltung des § 1365 BGB und – mangels Zustimmung des Ehegatten – auch von der Nichtigkeit der vorgenommenen Verpflichtungs- und Verfügungsgeschäfte, so mögen für ihn viel Zeit und Geld verloren sein. Daher besteht weitgehend Einigkeit, dass die durch die Einzeltheorie bewirkte Ausdehnung des Anwendungsbereichs von § 1365 BGB durch ein **subjektives Tatbestandselement** kompensiert werden muss (subjektive Theorie). Der Gläubiger muss zwar nicht wissen, dass es die Norm des § 1365 BGB gibt, noch Kenntnis von der Verheiratung seines Vertragspartners haben. Zu fordern ist jedoch, dass der Gläubiger entweder positiv weiß, dass es sich bei dem Geschäftsgegenstand um das ganze bzw. nahezu ganze Vermögen handelt, oder dass er zumindest die Verhältnisse kennt, aus denen sich dieses ergibt (BGHZ 43, 174, 177; 123, 93, 95; *OLG Jena* FamRZ 2010, 1733). Dabei hat die Kenntnis derjenige zu beweisen, der sich auf die Zustimmungsbedürftigkeit des Geschäfts beruft, also meist der zustimmungsberechtigte Ehegatte.

b) Zeitpunkt der Kenntnis

11 Setzt man für die Geltung des § 1365 BGB eine entsprechende Kenntnis des Vertragspartners von der Vermögenslage des verfügenden Ehegatten voraus, so fragt sich, ab welchem Zeitpunkt diese Kenntnis schadet. Hierzu werden **verschiedene Auffassungen** vertreten. Denkbar wäre etwa, die Parallele zum gutgläubigen Erwerb von Grundstücken zu ziehen, wo nach dem Gedanken des § 892 II BGB grundsätzlich auf die vorletzte Erwerbsvoraussetzung abgestellt wird. Danach könnte der andere Ehegatte den Erwerb des Vertragspartners noch aufhalten, wenn er ihn vor Stellung des Eintragungsantrags beim Grundbuchamt über seine fehlende Zustimmung informiert (*LG Oldenburg* FamRZ 1979, 430; *OLG Frankfurt* FamRZ 1986, 275, Auflassungsvormerkung). Oder man stellt erst auf die letzte Voraussetzung ab, die Eintragung im Grundbuch, und fordert bis dahin die Unkenntnis des Vertragspartners (*OLG Saarbrücken* FamRZ 1984, 587). Damit würde dem Schutzbedürfnis des anderen Ehegatten am weitestgehenden Rechnung getragen. Der BGH hingegen gibt dem **Verkehrsschutz** den Vorzug. Entscheidend sei der **Zeitpunkt des Verpflichtungsgeschäfts** (*BGH* MDR 1990, 1004; *OLG München* NJW-RR 2010, 523, 524). Nachträgliche Kenntnis schadet demnach nicht mehr. Für diese Auffassung spricht in der Tat, dass es dogmatisch nicht zu begründen wäre, wie ein wirksames Verpflichtungsgeschäft nachträglich durch die Kenntnis bestimmter Umstände unwirksam werden soll. Auch erscheint unter diesen Umständen das Vertrauen des Geschäftspartners auf die Durchführung des Vertrags schutzwürdig. In der Praxis werden sich diesbezügliche Probleme allerdings nur selten stellen, da die Notare bei der Beurkundung von Grundstücksgeschäften hinreichend aufklären und die Zustimmung des Ehegatten im Zweifel vorsorglich einholen.

5. Die Zustimmung des anderen Ehegatten

12 Der andere Ehegatte kann vor oder nach Vornahme des Rechtsgeschäfts zustimmen. Je nachdem spricht man von Einwilligung (§ 183 S. 1 BGB) oder Genehmigung (§ 184 I BGB). Die Einwilligung ist gem. § 183 BGB vor Vornahme des Rechtsgeschäfts grundsätzlich widerruflich. **Erklärungsadressaten** der Zustimmungserklärung können wahlweise der Ehegatte oder der Dritte (Vertragspartner) sein, § 182 I BGB. Die Zustimmung bedarf nicht der für das zustimmungsbedürftige Rechtsgeschäft bestimmten Form, § 182 II BGB.

Entspricht das Rechtsgeschäft den Grundsätzen einer ordnungsgemäßen Verwaltung, so kann das Gericht auf Antrag des Ehegatten die **Zustimmung** des anderen Ehegatten **ersetzen**, wenn dieser sie ohne ausreichenden Grund verweigert oder wenn er durch Krankheit oder Abwesenheit an der Abgabe einer Erklärung verhindert ist und mit dem Aufschub Gefahr verbunden ist, § 1365 II BGB.

Beispiel: Die Eheleute Max und Flora wohnen in Hamburg. Max' wesentliches Vermögen besteht in einem geerbten Grundstück in Traunstein, mit dem er nichts anzufangen weiß. Als er nach Jahren endlich einen Käufer findet, der bereit ist, einen guten Preis zu zahlen, verweigert F die Zustimmung zum Kaufvertrag, weil sie „die Wiese so schön" findet. Hier wird es M gelingen, die verweigerte Zustimmung gerichtlich ersetzen zu lassen.

Im Hinblick auf die Zustimmung sind folgende **Fallkonstellationen** zu 13 unterscheiden:

- Bei verweigerter Zustimmung bzw. Genehmigung sind Verpflichtungs- und Verfügungsgeschäft unwirksam, § 1366 IV BGB.
- Wird die Zustimmung erst nachträglich erteilt, so wird das Geschäft mit **Genehmigung** wirksam, § 1366 I BGB. Bei einseitigen Rechtsgeschäften ist die Genehmigung allerdings ausgeschlossen, § 1367 BGB.
- Wird die Genehmigung zunächst noch nicht erteilt, so ist das Rechtsgeschäft **schwebend unwirksam**. Während dieses Schwebezustands steht dem Dritten unter den Voraussetzungen des § 1366 II BGB ein **Widerrufsrecht** zu (ähnlich wie bei § 109 BGB im Minderjährigenrecht). Der Dritte kann den Schwebezustand dadurch beenden, dass er *den* Ehegatten, mit dem er das Geschäft geschlossen hat, auffordert, die Genehmigung des anderen Ehegatten zu beschaffen, § 1366 III BGB. In diesem Fall kann sich der zustimmungsberechtigte Ehegatte nur noch innerhalb von zwei Wochen dem Dritten gegenüber über die Genehmigung erklären. Eine etwaige, zuvor schon intern dem Ehegatten gegenüber erfolgte Erklärung wird in diesem Fall hinfällig. Der andere Ehegatte hat somit eine zweite Chance, über seine Genehmigung zu entscheiden. Lesen Sie § 1366 III BGB!
- **Stirbt** der zustimmungsberechtigte Ehegatte vor Erteilung seiner Genehmigung, so wird das schwebend unwirksame Rechtsgeschäft mit dem Tod endgültig wirksam (sog. Konvaleszenz; *BGH* NJW 1982, 1099; 1994, 1785).

6. Rechtsfolgen bei verweigerter Genehmigung

a) Nichtigkeit von Verpflichtung und Verfügung

Wird die Genehmigung verweigert, so ist der Vertrag unwirksam, § 1366 IV 14 BGB. Ein Widerruf der Genehmigungsverweigerung ist nicht möglich (*BGH* NJW 1994, 1785). Die Unwirksamkeit erfasst sowohl das Verpflichtungs- als auch das Verfügungsgeschäft. **Gutgläubiger Erwerb** des Vertragspartners ist **ausgeschlossen**, da § 1365 BGB ein absolutes Veräußerungsverbot enthält und § 135 II BGB nicht gilt.

Das bedeutet:

- Aus dem (unwirksamen) Verpflichtungsgeschäft ergeben sich weder Ansprüche auf Erfüllung noch auf Schadensersatz statt der Leistung oder Ersatz vergeblicher Aufwendungen.
- Das dingliche Geschäft hat die Eigentumslage nicht verändert.
- Eine Eintragung im Grundbuch führt zur Unrichtigkeit des Grundbuchs.

Daraus ergeben sich für den verfügenden Ehegatten mehrere **Ansprüche** gegenüber seinem Vertragspartner, insbesondere:

- Anspruch aus § 985 BGB auf Herausgabe des veräußerten Gegenstands
- Anspruch aus § 894 BGB auf Berichtigung des Grundbuchs

- Anspruch aus § 812 I 1 Alt. 1 BGB auf Herausgabe der erlangten Bereicherung (Besitz)
- Anspruch aus § 816 I BGB auf Herausgabe des aus einer Weiterverfügung Erlangten (im Rahmen einer Weiterverfügung ist nun gutgläubiger Erwerb eines Vierten möglich; vgl. Staudinger/*Thiele*, § 1369 Rn. 64).

b) Das Revokationsrecht des anderen Ehegatten

15   Der Ehegatte, der das Rechtsgeschäft gewollt und abgeschlossen hat, wird oft nicht bereit sein, die fehlgeschlagenen Verfügungen rückabzuwickeln. Deshalb räumt § 1368 BGB dem anderen Ehegatten das Recht ein, die sich aus der Unwirksamkeit der Verfügung ergebenden Rechte **im eigenen Namen** gerichtlich geltend zu machen (sog. Revokationsrecht). Es handelt sich insoweit um einen der seltenen Fälle einer **gesetzlichen Prozessstandschaft**.

> **Klausurhinweis:** Im Rahmen der Zulässigkeit des Antrags bei Gericht ist die Prozessstandschaft unter dem Punkt **Verfahrensführungsbefugnis** zu prüfen. Gemeint ist damit die Befugnis, über das geltend gemachte Recht im eigenen Namen als Kläger/Antragsteller oder Beklagter/Antragsgegner einen Rechtsstreit bzw. ein Verfahren führen zu dürfen.

16   Die Geltendmachung der Ansprüche ist auch noch **nach** rechtskräftiger **Scheidung** möglich (*BGH* FamRZ 1983, 1101). Das Klagerecht des Ehegatten erstreckt sich aber nur auf die sich aus der Unwirksamkeit der *Verfügung* ergebenden Rechte. Ansprüche, die allein aus der Unwirksamkeit des Verpflichtungsgeschäfts resultieren, werden somit nicht erfasst (*BGH* MDR 1990, 1004). Der Ehegatte kann also aus § 985 oder § 894 BGB vorgehen sowie im Vollstreckungsfall die Drittwiderspruchsklage gem. § 771 ZPO erheben, nicht aber den Bereicherungsanspruch geltend machen (a.A. *Schellhammer*, Rn. 103).

Fraglich ist, welches **Antragsziel** der revozierende Ehegatte geltend machen sollte. Kann er Herausgabe an sich selbst oder nur an den Eigentümer-Ehegatten verlangen? Da die §§ 1365 ff. BGB letztlich auf die Bewahrung der jeweiligen Besitz- und Vermögensverhältnisse zielen, liegt es nahe, dass die Herstellung desjenigen Zustands begehrt wird, der zuvor bestand (*Schwab*, FamR, Rn. 258). Hatte der andere Ehegatte Alleinbesitz, so ist Herausgabe an ihn, hatten die Ehegatten Mitbesitz, so ist Herausgabe an beide zu beantragen. Weigert sich der andere Ehegatte, die Sache wieder zu übernehmen, kann der Antragsteller auch Herausgabe an sich selbst verlangen.

17   Auf Seiten des Vertragspartners wird sich die Frage nach **Einwendungen** stellen. So mag er nur Zug um Zug gegen Rückzahlung des Kaufpreises zur Rückgabe der Sache bereit sein. An sich könnte insoweit auch dem Herausgabeanspruch aus § 985 BGB die Einrede des **§ 273 I BGB** entgegengesetzt werden. Indes wird der revozierende Ehegatte den Kaufpreis nicht erhalten haben und daher auch nicht zur Rückzahlung in der Lage sein. Müsste er sich das Zurückbehaltungsrecht entgegenhalten lassen, wäre sein Antragsrecht somit oft wertlos. Daher verlangt der Schutzzweck der §§ 1365 ff. BGB, dass

der Vertragspartner mit Einwendungen dieser Art ausgeschlossen ist (Palandt/ *Brudermüller*, § 1368 Rn. 3). Die Aufrechnung wird allerdings zugelassen.

> **Beispielsfall** (nach BGHZ 143, 356 = NJW 2000, 1947): Ehemann Max ist hoch verschuldet. Ohne Zustimmung seiner Ehefrau Flora verpfändet M das letzte, was ihm an Vermögen noch bleibt, nämlich ein Paket Wertpapiere an die B-Bank. Diese zieht die in den Papieren verkörperten Forderungen ein. Nun verlangt F von B Herausgabe des erlangten Erlöses aus § 816 II BGB. Kann B gegen diesen Anspruch mit ihrem Darlehensrückzahlungsanspruch gegen M aus § 488 I 2 BGB aufrechnen?
>
> Die Verpfändung der Papiere war mangels Zustimmung von F nach §§ 1365, 1366 IV BGB unwirksam. Daraus ergab sich für F i.V.m. § 1368 BGB das Recht, den **Rückforderungsanspruch des M aus § 816 II BGB** im eigenen Namen geltend zu machen. Gegen diesen Anspruch kann B indes aufrechnen (§§ 387, 389 BGB), ohne dass dem der Schutzzweck des § 1365 BGB entgegensteht. Das ergibt sich daraus, dass B als Gläubigerin auf die Wertpapiere ebenso gut im Wege der Zwangsvollstreckung hätte zugreifen können, ohne dass sich F dagegen hätte wehren können. § 1365 BGB soll insofern nicht dazu dienen, den Vollstreckungszugriff von Gläubigern zu verhindern.

Der gerichtliche **Beschluss**, den einer der Ehegatten gegen den Dritten **18** erzielt, wirkt nicht für und gegen den anderen Ehegatten. Es bleibt insoweit bei dem Grundsatz, dass Entscheidungen nur inter partes wirken. Insbesondere muss verhindert werden, dass die schlechte Verfahrensführung des verfügenden Ehegatten das Revokationsrecht des anderen Ehegatten unterläuft. Ein Beschluss entfaltet allerdings materielle Rechtskraftwirkung, da sich widersprechende Entscheidungen vermieden werden müssen (Palandt/*Brudermüller*, § 1368 Rn. 4).

II. Beschränkung der Verfügungsbefugnis über Haushaltsgegenstände

1. Überblick

Im Güterstand der Zugewinngemeinschaft gibt es neben § 1365 BGB noch **19** die Verfügungsbeschränkung des § 1369 BGB, die Gegenstände des ehelichen Haushalts betrifft. Zustimmungsbedürftig sind auch hier sämtliche Verpflichtungs- und Verfügungsgeschäfte (s. schon Rn. 3 f.). Der Schutzzweck richtet sich auf die Bewahrung der Verhältnisse in der ehelichen Wohnung. Die vorhandenen Haushaltsgegenstände als Grundlage des ehelichen Zusammenlebens sollen beiden Ehegatten zur Verfügung stehen und ihnen nicht ohne ihre Zustimmung entzogen werden. Ist die Verfügung mangels Zustimmung des Ehegatten nichtig, kann der Dritte nicht wirksam erwerben; für gutgläubigen Erwerb ist kein Raum. § 1369 BGB beinhaltet ein **absolutes Veräußerungsverbot**. Dem anderen Ehegatten steht – wie bei § 1365 BGB – das Revokationsrecht zu (s. Rn. 15). § 1369 III BGB verweist insofern für die Rechtsfolgen auf die entsprechende Anwendung der §§ 1366 ff. BGB. Im Übrigen kommt auch hier die gerichtliche Ersetzung der verweigerten Zustimmung in Betracht, § 1369 II BGB.

2. Die Tatbestandsvoraussetzungen

Voraussetzungen des § 1369 BGB

1. Ehegatten im **gesetzlichen Güterstand**
2. **Verfügung** über Haushaltsgegenstand
3. Gegenstand im **Eigentum** des verfügenden Ehegatten
   Str.: analoge Anwendung auf Gegenstände im Eigentum des anderen Ehegatten

---

a) Ehegatten im gesetzlichen Güterstand

20 Fraglich ist, ob § 1369 BGB auch gilt, wenn die Ehegatten **getrennt leben**. Die Antwort muss sich am Schutzzweck der Norm orientieren. So ist der Zweck, die beiderseitige Benutzung der gemeinsamen Haushaltsgegenstände weiter zu gewährleisten, hinfällig, wenn die Ehegatten anlässlich ihrer Trennung diese Gegenstände bereits endgültig unter sich aufgeteilt oder nach § 1361a I 1 BGB vom anderen herausverlangt haben. Solange jedoch noch Uneinigkeit über die Zuteilung besteht oder auf Basis von § 1361a III BGB nur vorläufige Regelungen getroffen sind, gilt § 1369 BGB trotz räumlicher Trennung der Ehegatten unverändert (Erman/C. Budzikiewicz, § 1369 Rn. 7; Bamberger/Roth/Mayer, § 1369 Rn. 2). Ohne die Verfügungsbeschränkungen könnte ein Ehegatte sonst durch Veräußerung vollendete Verhältnisse schaffen und das ggf. noch anstehende Verfahren nach § 1361a II oder § 1568b BGB vereiteln.

b) Verfügung

21 Der Begriff der Verfügung ist im Grunde gleichbedeutend mit dem in § 1365 BGB (s. Rn. 4). Praktisch wird es bei § 1369 BGB aber nur um Veräußerungen gehen, also um Eigentumsübertragungen auf Dritte, etwa auf Basis eines Kaufvertrags oder einer Schenkung.

c) Haushaltsgegenstände

22 Gegenstände des ehelichen Haushalts sind solche, die dem **Gebrauch** oder Verbrauch **beider Ehegatten** zu dienen bestimmt sind (Schwab, FamR, Rn. 248). Gegenstände, die nur dem persönlichen Bereich eines Ehegatten zuzuordnen sind (Bekleidung, beruflich genutzte Sachen, Hobbyutensilien), fallen nicht darunter. Erfasst werden von § 1369 BGB z.B. Möbel, technische Geräte (Fernseher, Musikanlagen, Waschmaschine), die Küchenausstattung, Teppiche, Bilder und – soweit tatsächlich gemeinsame Nutzung vorliegt – auch Musikinstrumente, Fitnessgeräte oder ein Auto.

d) Im Eigentum des Verfügenden

Der Gesetzeswortlaut bezieht sich nur auf die Verfügung über Gegenstände, **23** die dem Verfügenden selbst gehören; denn die Verfügung über Gegenstände, die dem anderen gehören, sollte wohl ohnehin nicht ohne dessen Zustimmung erfolgen. Gleichwohl stellt sich dann die Frage der analogen Anwendung (s. Rn. 24). Jedenfalls sollte die Norm analog gelten, wenn der Gegenstand im Miteigentum der Ehegatten steht (so auch *Schwab*, FamR, Rn. 249). § 1369 BGB gilt weiterhin, wenn dem Verfügenden erst ein Anwartschaftsrecht an der Sache (z.B. an der Spülmaschine) zusteht.

3. Der Streit um die analoge Anwendung von § 1369 BGB

Umstritten ist, ob § 1369 BGB analog gelten soll, wenn ein Ehegatte nicht **24** über seinen eigenen Haushaltsgegenstand, sondern über das Eigentum des anderen Ehegatten verfügt. Erlaubt das Gesetz die Verfügung über eigenen Hausrat nur mit Zustimmung des anderen Ehegatten, so müsste dies doch **erst recht** gelten, wenn man über Gegenstände des anderen Ehegatten verfügen will. Eine Analogie setzt jedoch voraus, dass eine **planwidrige Gesetzeslücke** besteht. Dagegen spricht allerdings, dass der Schutz des anderen Ehegatten grundsätzlich über das Sachenrecht gewährleistet wird. Das lässt sich anhand eines Falles verdeutlichen.

Beispielsfall: Ehefrau Flora verkauft den alten Bauernschrank, der Ehemann Max gehört und im Flur der Ehewohnung als Garderobe dient, an den Trödler Thoma. Dafür erwirbt sie einen modernen Edelstahl-Garderobenständer, der ihren innenarchitektonischen Vorstellungen deutlich mehr entspricht. Wider Erwarten ist M über diese Umgestaltung nicht erfreut und verlangt sogleich von T den Schrank zurück.

M könnte gegen T einen **Herausgabeanspruch aus § 985 BGB** haben.
1. M müsste noch Eigentümer des Schrankes sein. Ursprünglich war er Eigentümer. Er könnte sein Eigentum jedoch durch Übereignung von F an T nach § 929 S. 1 BGB verloren haben.
    a) F und T haben sich über die Übereignung geeinigt.
    b) Der Schrank wurde an T übergeben. Am Einigsein bestehen keine Zweifel.
    c) F war allerdings nicht Eigentümerin des Schrankes und somit Nichtberechtigte. Die fehlende Berechtigung könnte allerdings durch einen gutgläubigen Erwerb des T gem. § 932 I BGB überwunden worden sein. Hier ist jedoch zu beachten, dass der Schrank im Mitbesitz der Ehegatten stand und M durch die Veräußerung seinen (Mit-) Besitz unfreiwillig verloren hat. Daher liegt aus seiner Sicht ein Abhandenkommen i.S.v. § 935 I BGB vor, das gutgläubigen Erwerb ausschließt. Damit ist die Übereignung an T fehlgeschlagen. M ist nach wie vor Eigentümer.
2. T ist Besitzer ohne Besitzrecht (§ 986 BGB) im Verhältnis zu M. Den Kaufvertrag mit F kann T dem M nicht entgegenhalten.
3. Ein Zurückbehaltungsrecht (§ 273 I BGB) wegen des Kaufpreises steht T gegenüber M ebenfalls nicht zu (s. schon Rn. 17).
    Folglich kann M von T Herausgabe verlangen. Der Anspruch ist zudem aus § 1007 II 1 BGB begründet.

25   Somit zeigt sich, dass der andere Ehegatte in solchen Fällen bereits nach allgemeinen Vorschriften hinreichend geschützt ist und über § 985 BGB (sowie § 1007 II 1 und § 861 BGB) Herausgabe vom Dritten verlangen kann. Das spricht zunächst gegen eine analoge Anwendung des § 1369 BGB (MünchKomm/*Koch*, § 1369 Rn. 13; Staudinger/*Thiele*, § 1369 Rn. 30 f.). Es gibt jedoch auch ein starkes **Argument für die Analogie** (dafür *BayObLG* FamRZ 1965, 331, 333; *LG Berlin* FamRZ 1982, 803). Gilt nämlich § 1369 BGB, so ist nicht nur das Verfügungsgeschäft unwirksam, sondern auch das Verpflichtungsgeschäft. Demgemäß kann der Vertragspartner aus der Nichterfüllung des Vertrags (meist Kaufvertrag) keine Ansprüche herleiten. Der vertragschließende Ehegatte wäre somit keinen Schadens- oder Aufwendungsersatzansprüchen ausgesetzt, sondern allein dem bereicherungsrechtlichen Rückabwicklungsanspruch. Für den Eigentümer-Ehegatten wiederum bedeutet das, dass er seinen Herausgabeanspruch ohne Rücksicht auf etwaige Ersatzpflichten zu Lasten der Haushaltskasse geltend machen kann. Der Schutzzweck der Norm kann sich auf diese Weise noch effektiver durchsetzen. Daher verdient die Auffassung, die sich für die Analogie ausspricht, den Vorzug.

III. Früheres Recht: Dingliche Surrogation nach § 1370 BGB

26   Nach bis zum 31. 8. 2009 geltendem Recht wurde die Zugewinngemeinschaft zudem durch § 1370 BGB geprägt. Haushaltsgegenstände, die anstelle von nicht mehr vorhandenen oder wertlos gewordenen Gegenständen angeschafft werden, wurden danach kraft Gesetzes Eigentum des Ehegatten, dem die nicht mehr vorhandenen oder wertlos gewordenen Gegenstände gehört haben. Da der Schutzzweck des § 1370 BGB indes vage war und die Norm in der Praxis keine Rolle spielte, wurde sie im Rahmen der Güterrechtsreform gestrichen. Festzuhalten bleibt aber, dass § 1370 BGB für die vor dem 1. 9. 2009 angeschafften Haushaltsgegenstände noch fortgilt (Art. 229 § 20 I EGBGB).

Empfehlungen zur vertiefenden Lektüre

Zur Vertiefung: *Böhringer*, Der Zeitpunkt der Kenntnis bei Grundstücks-Rechtsgeschäften nach § 1365 BGB, BWNotZ 1987, 56; *Büte*, Verfügungsbeschränkung gem. § 1365 BGB und Teilungsversteigerung, FPR 2007, 455; *Gottwald*, Zustimmung des Ehegatten zum Antrag auf Anordnung der Teilungsversteigerung?, FamRZ 2006, 1075; *Preisner*, Examenstypische Klausurenkonstellationen des Familien- und Erbrechts, Teil IV, JA 2010, 705; *Tiedtke*, Verfügungen eines Ehegatten über das Vermögen im Ganzen, FamRZ 1988, 1007; *Wolf*, Übertriebener Verkehrsschutz – Zur subjektiven und objektiven Theorie im Rahmen von § 1365 BGB, JZ 1997, 1087.

Fälle und Klausuren: *Benner*, 2. Teil, Fall 6; *Guski/Lübke*, Engelhardts Erbe, Jura 2001, 624; *Löhnig*, Fälle 1, 4, 10; *Röthel*, Fall 2; *Roth*, Fälle 3 und 4; *Schwab*, PdW, Fälle 49–53.

§ 15. Wiederholung

I. Kontrollfragen

1. In welche drei Abschnitte kann man das Eherecht aufgliedern?
2. Was ist unter der Pflicht zur ehelichen Lebensgemeinschaft konkret zu verstehen?
3. Herr und Frau Müller sind verheiratet und wohnen in getrennten Wohnungen. Dies möchte Herr Müller ändern und eine gemeinsame Wohnung beziehen. Frau Müller hingegen ist mit den getrennten Wohnungen sehr zufrieden und möchte auch in Zukunft nicht darauf verzichten. Welche Möglichkeiten bieten sich Herrn Müller?
4. Auf welche Art können Ehegatten zum Familienunterhalt beitragen?
5. Welches ist der Normzweck des § 1357 BGB?
6. Ist § 1357 BGB eine besondere Form der Stellvertretung?
7. Welche Vorgehensweise ist bei der Prüfung, ob ein Geschäft der Deckung des Lebensbedarfs gemäß § 1357 BGB dient, zweckmäßig?
8. Welche Geschäfte werden nicht von § 1357 BGB erfasst?
9. In welchen Fallkonstellationen kommt es auf den Begriff des räumlich-gegenständlichen Bereichs der Ehe an?
10. Nennen Sie typische Beispiele für Gegenstände des persönlichen Gebrauchs im Sinne von § 1362 II BGB.
11. Welche Güterstände kennt das BGB und welcher Güterstand tritt kraft Gesetzes ein?
12. Was sind die Wesensmerkmale der Zugewinngemeinschaft?
13. In welche zwei Prüfungsschritte gliedert sich die Inhaltskontrolle von Eheverträgen?
14. Wann ist eine Vereinbarung in einem Ehevertrag sittenwidrig?
15. Können Ehegatten, die im gesetzlichen Güterstand leben, frei über ihr Eigentum verfügen?
16. Was bedeutet es, dass die §§ 1365, 1369 BGB „absolute Veräußerungs- bzw. Verfügungsverbote" enthalten?
17. Unter welchen Voraussetzungen liegt im Sinne von § 1365 BGB eine Verfügung über das Vermögen im Ganzen vor?
18. Was versteht man unter dem „Revokationsrecht" des Ehegatten?
19. Gilt § 1369 BGB analog, wenn ein Ehegatte über einen Haushaltsgegenstand verfügt, der dem anderen Ehegatten gehört?

Die Antworten zu den Kontrollfragen finden Sie am Ende des Buches.

II. Klausurfall 1 (Geschäft ohne die Ehefrau)

Bearbeitungszeit: 180 Minuten

Sachverhalt

Martin (M) und Florentine (F) sind seit 2006 verheiratet. Um die Nervosität vor der Trauung in den Griff zu bekommen, hatte M zuvor eine halbe Flasche Whisky getrunken. Dass er betrunken war, fiel jedoch vor lauter Freude und Aufregung niemandem auf. Bei ihrer Eheschließung haben M und F zudem schriftlich niedergelegt, dass für die Ehe Gütertrennung gelten solle.

Im September 2013 verkauft M, der sonst nur Vermögen im Gesamtwert von ca. 15.000 € besitzt, mit notarieller Urkunde ein Grundstück, das er im Jahr 2008 von seinen Eltern geerbt hat und das jetzt einen Verkehrswert von 310.000 € hat, für 330.000 € an den Käufer Konrad Kurz (K). In der notariellen Urkunde wird auch gleich die Auflassung an K erklärt. M erzählt K vor dem Notartermin, dass es ihm nicht leicht falle, sein „einziges Hab und Gut" zu veräußern, aber dass er das Geld eben brauche, um endlich eine angemessene Eigentumswohnung anzuschaffen. Die Hälfte des eingenommenen Kaufpreises muss M allerdings dazu verwenden, um die Löschung einer auf dem Grundstück lastenden Grundschuld in Höhe von 150.000 € herbeizuführen, denn K wollte diese Belastung nicht übernehmen. Im Dezember 2013 wird K als Eigentümer des Grundstücks im Grundbuch eingetragen und nimmt dieses sogleich in Besitz. Die Kosten für den Notar und die Grundbucheintragung hatte K übernommen. Da M zunächst noch keine geeignete Eigentumswohnung findet, legt er den Nettoerlös aus dem Grundstücksgeschäft in Höhe von 180.000 € vorläufig in Form von Aktien an. Der Aktienkurs entwickelt sich jedoch höchst enttäuschend. Ein halbes Jahr später sind die Aktien nur noch 140.000 € wert.

F bekommt von dem Grundstücksgeschäft zunächst nichts mit, weil sie sich in ihren Geschäftspartner Gregor (G) verliebt hatte und ihm ihre ganze Aufmerksamkeit zuteil werden ließ. Tatsächlich führt diese Beziehung auch im Februar 2014 zur Trennung von M und F. Als F nun von der Grundstücksveräußerung erfährt, stellt sie klar, dass sie mit dem Verkauf nicht einverstanden ist. F fordert daher K auf, der Berichtigung des Grundbuchs dahingehend zuzustimmen, dass M wieder als Eigentümer eingetragen wird. K weigert sich jedoch und macht geltend, er hätte nicht gewusst, dass M verheiratet sei. Er habe das Grundstück daher jedenfalls gutgläubig erworben, zumal man sich auf den Grundbuchinhalt wohl verlassen könne. Aber die Ehegatten lebten ja ohnehin in Gütertrennung, so dass es auf all diese Dinge gar nicht ankäme. Außerdem seien F und M auch getrennt, so dass sich der Schutzzweck irgendwelcher eherechtlichen Vorschriften erledigt habe. Falls das Grundstück gleichwohl herausgegeben werden müsse, ist K hierzu nur Zug um Zug gegen Rückerstattung des gezahlten Kaufpreises bereit. Im Übrigen müssten ihm in diesem Fall auch die Notarkosten ersetzt werden.

1. Welche Ansprüche kann F gegen K geltend machen?
2. Welche Ansprüche stehen K gegen M zu?

Lösung

Frage 1: Ansprüche von F gegen K

I. Anspruch auf Herausgabe des Grundstücks aus § 985 BGB (+)

1. Anspruchsberechtigung der F, § 1368 BGB (+)

Ein Anspruch von F gegen K auf Herausgabe des Grundstücks nach § 985 BGB würde voraussetzen, dass F Eigentümerin des Grundstücks ist und K unberechtigter Besitzer. F ist weder ursprünglich Eigentümerin des Grundstücks gewesen, noch ist jemals eine Übereignung an sie erfolgt. Allerdings war ihr Ehemann M Eigentümer des Grundstücks und könnte es möglicherweise immer noch sein, falls die Übertragung des Eigentums an K gem. § 1365 I BGB nichtig wäre. In diesem Fall könnte nach § 1368 BGB auch F die Rechte des M geltend machen. Dazu müssten die Tatbestandsvoraussetzungen von § 1365 I BGB erfüllt sein.

a) Bestehende Ehe (+)

§ 1365 BGB setzt zunächst voraus, dass eine wirksame Ehe zwischen F und M geschlossen wurde. Dies richtet sich nach § 1310 BGB. Hier könnten Zweifel bestehen, weil M bei der Trauung betrunken war und sich damit in einem Zustand vorübergehender Störung der Geistestätigkeit befand. Nach allgemeinen Grundsätzen würde das gem. § 105 II BGB zur Nichtigkeit der Willenserklärung führen. Das Eherecht enthält mit den §§ 1304, 1314 I, II Nr. 1 BGB jedoch Spezialregeln, die den Regelungen des BGB AT vorgehen. Insoweit ergibt sich aus der Regelung des § 1314 II Nr. 1 BGB, dass die Ehe trotz der Volltrunkenheit des M wirksam geschlossen ist. Es lag allenfalls anfangs ein Eheaufhebungsgrund vor, der sich inzwischen infolge Bestätigung gem. § 1315 I Nr. 3 BGB erledigt hat. M und F sind somit Ehegatten.

b) Gesetzlicher Güterstand (+)

Weitere Voraussetzung ist, dass F und M im gesetzlichen Güterstand leben. Bei Eheschließung wurde privatschriftlich Gütertrennung vereinbart. Um den gesetzlichen Güterstand wirksam abzubedingen, muss ein Ehevertrag jedoch nach §§ 1408, 1410 BGB bei gleichzeitiger Anwesenheit beider Teile zur Niederschrift eines Notares geschlossen werden. Diese Form wurde nicht beachtet; der Ehevertrag ist daher nichtig, 125 S. 1 BGB. Zudem war M betrunken, weshalb seine diesbezügliche Willenserklärung auch deshalb nichtig ist, § 105 II BGB. Folglich leben die Ehegatten im gesetzlichen Güterstand.

c) Keine Einschränkungen durch die Trennung (+)

Fraglich ist indes, welche Auswirkungen das Getrenntleben der Ehegatten hat. Schutzzweck des § 1365 BGB ist es, den Zugewinnausgleich abzusichern. Die Ehegatten sollen nicht ihr gesamtes Vermögen ohne Zustimmung des anderen Teils veräußern können, da ein solches Geschäft erhebliche Auswirkungen auf die wirtschaftliche Grundlage der Familie und auf einen möglichen Zugewinnausgleichsanspruch haben kann. Eben letzterer Zweck bleibt aber auch im Fall der Trennung bedeutsam bzw. wird dann erst recht wichtig. Die Trennung von M und F ändert daher an der Anwendbarkeit der §§ 1365 ff. BGB nichts.

d) Verfügung über das Vermögen im Ganzen (+)

M müsste schließlich über das Vermögen im Ganzen verfügt haben. Fraglich ist, was „im Ganzen" bedeutet. Man könnte darunter einerseits nur Rechtsgeschäfte verstehen, welche das Vermögen en bloc zum Gegenstand haben, sog. Gesamttheorie (*Rittner,* Fam-RZ 1961, 1, 10 ff.; *Tiedau,* MDR 1961, 721, 721 ff.). Folgt man dem, hätte M nicht über das Vermögen im Ganzen verfügt. Gegen ein solches Verständnis von § 1365 BGB spricht jedoch, dass dadurch der Anwendungsbereich der Norm viel zu schmal und der Schutz-zweck der Regelung unterlaufen würde. Ein möglicher Zugewinnausgleich ist bei einer Verfügung über einen einzelnen Gegenstand, der wertmäßig nahezu das gesamte Vermö-gen ausmacht, ebenso gefährdet wie bei einer Verfügung über das komplette Vermögen. Unter den Begriff des „Vermögens im Ganzen" sind daher auch einzelne Gegenstände zu subsumieren, sofern diese nahezu das gesamte Vermögen ausmachen, sog. Einzeltheorie (BGHZ 64, 246, 247; 77, 293, 295; *Erman/C. Budzikiewicz,* § 1365 Rn. 6 ff.). Nur so kann dem Schutzzweck ausreichend Rechnung getragen werden. Bei mittleren und größeren Vermögen liegt insofern eine Verfügung über das Vermögen im Ganzen vor, wenn das verbleibende Restvermögen nur 10 % des bisherigen Vermögens oder weniger beträgt.

Vorliegend setzt sich das bisherige Vermögen des M zusammen aus dem Grundstücks-wert in Höhe von 310.000 € abzüglich der Grundschulden in Höhe von 150.000 € sowie den verbleibenden 15.000 € als Wert des sonstigen Vermögens. Daraus ergibt sich ein Gesamtvermögen von 175.000 €. Die dem M nach dem Verkauf verbleibenden 15.000 € bilden insofern weniger als 10 % des Gesamtwertes, so dass ein Fall von § 1365 I BGB zu bejahen ist. Die Gegenleistung in Form des Kaufpreises bleibt insoweit unberücksichtigt. Unerheblich ist auch, ob es sich wirtschaftlich betrachtet um ein vorteilhaftes Geschäft handelt oder nicht.

e) Kenntnis der Vermögensverhältnisse (+)

Es ist nicht erforderlich, dass der Vertragspartner von der Verheiratung weiß. Allerdings wird nach der sog. subjektiven Theorie als Einschränkung für den durch die Einzeltheorie ausgedehnten Anwendungsbereich von § 1365 BGB verlangt, dass der Vertragspartner die Umstände kennt, aus denen sich ergibt, dass das Rechtsgeschäft das Vermögen im Ganzen betrifft (Palandt/*Brudermüller,* § 1365 Rn. 9). Ansonsten wäre der Verkehrsschutz nicht hinreichend gewährleistet. Vorliegend bemerkte M, er veräußere „sein einziges Hab und Gut". Damit konnte K darauf schließen, dass M über sein Vermögen im Ganzen verfügte.

f) Fehlende Zustimmung (+)

F hat der Eigentumsübertragung nicht zugestimmt bzw. die Genehmigung verweigert. Damit ist der Vertrag unwirksam, § 1366 IV BGB.

g) Zwischenergebnis

Die Voraussetzungen des § 1365 BGB sind somit erfüllt. Daraus ergibt sich das Recht der F zur Revokation gem. § 1368 BGB.

2. Eigentum des M (+)

a) M als ursprünglicher Eigentümer (+)

Für den von F geltend gemachten Herausgabeanspruch aus § 985 BGB wäre Vorausset-zung, dass M noch Eigentümer ist und K Besitzer. M war ursprünglich Eigentümer des Grundstücks. Infolge von §§ 1365, 1366 IV BGB sind sowohl das Verfügungs- als auch das Verpflichtungsgeschäft in Form der Auflassung (§§ 925, 873 BGB) unwirksam. M ist somit nach wie vor Eigentümer. Die Eintragung des K im Grundbuch ändert daran nichts. Vielmehr ist das Grundbuch unrichtig geworden.

b) Kein gutgläubiger Eigentumserwerb gem. §§ 892, 925, 873 BGB (+)

Ein gutgläubiger Eigentumserwerb des K gem. §§ 892, 925, 873 BGB kommt nicht in Betracht, denn Voraussetzung dafür wäre die Unrichtigkeit des Grundbuchs. Das Grundbuch ist vorliegend jedoch richtig gewesen.

c) Kein gutgläubiger Eigentumserwerb gem. § 135 II BGB i.V.m. §§ 892, 925, 873 BGB (+)

Fraglich ist, ob ein gutgläubiger Eigentumserwerb nach § 135 II BGB i.V.m. §§ 892, 925, 873 BGB in Betracht kommt. Dafür müsste § 1365 BGB ein relatives Verfügungsverbot darstellen, welches einen gutgläubigen Erwerb ermöglicht. Vereinzelt wurde dieses auch angenommen (*Frank*, NJW 1959, 135 ff.), die h.M. lehnt diese Einordnung jedoch ab. § 1365 BGB wird entweder als absolutes Veräußerungsverbot begriffen, das einen gutgläubigen Eigentumserwerb ausschließt (BGHZ 40, 218, 219 f.; *Schwab*, FamR, Rn. 259), oder als Beschränkung des rechtlichen Könnens (*Schellhammer*, Rn. 98 f.; *Rauscher*, Rn. 382; *Schlüter*, Rn. 105), wobei die Wirksamkeit des Rechtsgeschäfts von der Zustimmung des anderen Ehegatten abhängig und der gute Glaube des Dritten nicht geschützt wird. In der Tat spricht bereits der Schutzzweck der Norm, den Zugewinnausgleich zu sichern, deutlich gegen die Möglichkeit des gutgläubigen Erwerbs. Daher ist die Auffassung, die § 1365 BGB lediglich als relatives Verfügungsverbot ansieht, abzulehnen. Ein gutgläubiger Eigentumserwerb nach § 135 II BGB i.V.m. §§ 892, 925, 873 BGB liegt damit nicht vor. Damit ist M nach wie vor Eigentümer des Grundstücks.

3. Besitz des K (+)

K ist Besitzer des Grundstücks, § 854 I BGB.

4. Kein Besitzrecht (+)

K dürfte kein Besitzrecht haben. In Betracht käme hier ein Besitzrecht aus dem Kaufvertrag über das Grundstück, §§ 433, 311b I BGB. Allerdings ist auch dieser Vertrag gem. §§ 1365, 1366 IV BGB unwirksam, so dass darauf kein Besitzrecht gestützt werden kann.

5. Rechtsfolge

Damit sind die Voraussetzungen des § 985 BGB erfüllt. F kann von K Herausgabe bzw. Räumung des Grundstücks verlangen. Herausgabe kann aber nach den Umständen nur an den alleinigen Vorbesitzer M verlangt werden, nicht an F allein oder M und F gemeinsam.

Fraglich ist indes, ob K die Herausgabe davon abhängig machen kann, dass ihm der Kaufpreis Zug-um-Zug erstattet wird, § 273 I BGB. Die Zulassung dieser Einwendung würde allerdings dazu führen, dass der Schutzzweck von § 1365 BGB unterlaufen würde. Denn der revozierende Gatte selbst hat den Kaufpreis nicht eingenommen und kann ihn daher auch nicht Zug-um-Zug anbieten. Zum anderen würde der Schutzzweck des § 1365 BGB auch dadurch entwertet, dass der Anwendungsbereich praktisch auf die Fälle reduziert würde, in denen sich die Gegenleistung noch verfügbar im Vermögen der Ehegatten befindet (vgl. Palandt/*Brudermüller*, § 1368 Rn. 3). Daher steht dem K in diesem Fall kein Zurückbehaltungsrecht aus § 273 I BGB zu.

6. Zwischenergebnis

F kann von K Herausgabe des Grundstückes nach §§ 985, 1368 BGB verlangen.

II. Anspruch von F gegen K aus §§ 894, 1368 BGB auf Grundbuchberichtigung (+)

F könnte zudem einen Anspruch auf Grundbuchberichtigung haben. Voraussetzung dafür ist die Unrichtigkeit des Grundbuchs, also das Auseinanderfallen von formeller und materieller Rechtslage. Da M nach wie vor Eigentümer des Grundstücks ist, ist das Grundbuch durch die Eintragung von K als Eigentümer falsch geworden. K muss daher die Zustimmung zur Wiedereintragung des M als Eigentümer geben.

III. Anspruch F gegen K aus §§ 812 I 1 Alt. 1, 1368 BGB (–)

Möglicherweise könnte F gegen K auch einen Anspruch aus §§ 812 I 1 Alt. 1, 1368 BGB erheben. K könnte zumindest den Besitz am Grundstück von M rechtsgrundlos erlangt haben, sodass F ggf. auch diesen Anspruch des M über § 1368 BGB geltend machen könnte. Allerdings verlangt der Wortlaut des § 1368 BGB die Geltendmachung von Rechten, die sich aus der Unwirksamkeit der *Verfügung* ergeben. Da die Leistungskondiktion aber gerade auf den Rechtsgrund zum Behaltendürfen abstellt, wird durch sie die Unwirksamkeit der *Verpflichtung*, nicht die Unwirksamkeit der Verfügung geltend gemacht. Daher kann die Herausgabe nach § 812 I 1 Alt. 1 BGB nicht über das Revokationsrecht gefordert werden (Staudinger/*Thiele*, § 1368 Rn. 6).

IV. Ergebnis zu Frage 1

F kann Herausgabe des Grundstücks nach §§ 985, 1368 BGB an M sowie Berichtigung des Grundbuches gem. §§ 894, 1368 BGB verlangen.

Frage 2: Gegenansprüche des K gegen M

I. Anspruch gegen M auf Rückzahlung des Kaufpreises aus § 812 I 1 Alt. 1 BGB (+)

K könnte gegen M einen Anspruch auf Rückzahlung des Kaufpreises aus § 812 I 1 Alt. 1 BGB haben. Voraussetzung dafür wäre, dass M etwas durch Leistung des K ohne Rechtsgrund erlangt hätte.

1. Etwas erlangt durch Leistung (+)

M hat Eigentum und Besitz bzw. die Forderungsberechtigung hinsichtlich des Kaufpreises in Höhe von 330.000 € erlangt. Dies geschah durch Leistung des K.

2. Ohne Rechtsgrund (+)

Der Rechtsgrund fehlt, weil der Kaufvertrag unwirksam ist (s. oben I. 4.).

3. Umfang der Herausgabepflicht

Fraglich ist, worauf sich die Herausgabepflicht bezieht. Grundsätzlich umfasst die Herausgabepflicht nach § 818 I BGB das Erlangte. Das ist die volle Summe bzw. ein Geldwert in dieser Höhe. M kann sich wegen der für die Grundschuldablösung ausgegebenen 150.000 € auch nicht auf Entreicherung, § 818 III BGB, berufen, weil er damit nur andere Schulden beglichen hat. Insoweit liegt durchaus eine Bereicherung vor. Allerdings könnte M auf die Verluste in Folge der Aktienspekulation verweisen. Diesbezüglich ist tatsächlich

eine Entreicherung gegeben, denn an die Stelle des Verlustes ist kein anderer Vermögenswert getreten. Hierauf kann sich M aber dann nicht berufen, wenn er gem. §§ 818 IV, 819 I
BGB wegen Kenntnis des fehlenden Rechtsgrundes verschärft haftet. Vorliegend kannte
M alle relevanten Tatbestandsvoraussetzungen für die Anwendbarkeit von § 1365 BGB.
Ob er die Norm selbst kennt oder kannte, ist hingegen irrelevant. Damit kann er sich auf
die Entreicherung nicht mit Erfolg berufen. Im Übrigen gilt nach den allg. Grundsätzen
der Saldotheorie, dass K im Gegenzug die empfangene Leistung (Besitz am Grundstück)
Zug-um-Zug anzubieten hat.

4. Ergebnis

K kann von M Rückzahlung des Kaufpreises nach § 812 I 1 Alt. 1 BGB verlangen, aber
nur Zug-um-Zug gegen Rückgewähr des Grundstücks.

II. Schadensersatzanspruch von K gegen M wegen der Notarkosten etc. aus § 280 I BGB (–)

1. Schuldverhältnis (+)

Der Anspruch aus § 280 I BGB setzt zunächst ein Schuldverhältnis voraus. Der Kaufvertrag kann dieses nicht liefern, weil er nach § 1366 IV BGB unwirksam ist. Allerdings
kann ein Schuldverhältnis mit Nebenpflichten i.S.v. § 241 II BGB auch dadurch entstehen,
dass Vertragsverhandlungen geführt werden, § 311 II Nr. 1 BGB. Das war hier der Fall.
Insofern könnte ein Fall der c.i.c. vorliegen.

2. Pflichtverletzung (+)

Außerdem müsste eine Pflichtverletzung zu bejahen sein. M könnte die Pflicht gehabt
haben, K schon vorab darauf hinzuweisen, dass er verheiratet ist. Dann hätte K zumindest
ahnen können, dass die Zustimmung der Frau erforderlich ist und diese erbitten können.
Tatsächlich wird man im Hinblick auf die weitreichenden Rechtsfolgen, die mit § 1365
BGB verbunden sein können, eine solche Pflicht bejahen können. Denkbar wäre auch eine
Pflicht des M dafür zu sorgen, dass die Einwilligung des Ehepartners beigebracht oder ggf.
gerichtlich ersetzt wird. Somit liegt eine Pflichtverletzung vor.

3. Vertretenmüssen (+)

Die Pflichtverletzung erfolgte zwar nicht vorsätzlich, nach den Umständen wohl aber
fahrlässig, § 276 BGB.

4. Schaden (+)

Der Schaden liegt in den entstandenen Aufwendungen für Notar- und Grundbuchkos-
ten. Diese Aufwendungen sind für K nutzlos geworden, da er das Grundstück zurückgeben
muss. Dieser Vertrauensschaden wird von der c.i.c. abgedeckt.

5. Keine Ausschlussgründe (–)

Fraglich ist aber, ob man einen Anspruch aus c.i.c. in solchen Fällen überhaupt zulassen
will. Schließlich würde damit der Schutzzweck des § 1365 BGB wiederum unterlaufen.
Es wäre nämlich inkonsequent, würde man den Vertrag selbst zwar kraft Gesetzes für
nichtig erklären, andererseits aber eine Haftung nach den Grundsätzen der c.i.c. bejahen.
Die Gefahr einer solchen Haftung würde letztlich auch wieder einen mittelbaren Erfül-

lungszwang begründen und könnte den Ehegatten von der Geltendmachung seiner Rechte abhalten. Daher müssen in solchen Fallkonstellationen Ansprüche aus c.i.c. ausscheiden. Anders läge es nur bei arglistiger Täuschung (vgl. Palandt/*Brudermüller*, § 1365 Rn. 16).

6. Zwischenergebnis

Der Anspruch des K gegen M auf Schadensersatz aus § 280 I BGB besteht nicht.

III. Ergebnis zu Frage 2

K kann von M nur Erstattung des Kaufpreises Zug-um-Zug gegen Herausgabe des Grundstücks nach § 812 I 1 Alt. 1 BGB verlangen.

Kapitel 4. Zugewinnausgleich und sonstiger Vermögensausgleich

§ 16. Der Zugewinnausgleich unter Lebenden

I. Grundlagen

1. Begriff und Rechtfertigung des Zugewinnausgleichs

Der gesetzliche Güterstand der Zugewinngemeinschaft ist vor allem durch 1
den Zugewinnausgleich im Fall der Scheidung gekennzeichnet. Der Grundgedanke des Zugewinnausgleichs ist, dass das während der Ehe von beiden Ehegatten erwirtschaftete Vermögen im Fall der Scheidung gleichmäßig aufgeteilt werden soll. Rechnerisch wird das dadurch bewerkstelligt, dass derjenige Ehegatte, der im Vergleich den größeren Zugewinn erzielt hat, die Hälfte des Überschusses an den anderen auszuzahlen hat, § 1378 I BGB.

Beispiel: Wenn Ehemann Ernst in der Ehe einen Zugewinn von 100.000 € erzielt hat, während die nicht berufstätige Ehefrau Fiona nur auf einen Zugewinn von 20.000 € verweisen kann, so ergibt sich auf Seiten des E ein um 80.000 € höherer Zugewinn. F kann somit die Hälfte davon, also 40.000 €, im Rahmen des Zugewinnausgleichs von E verlangen.

Zur Rechtfertigung des Vermögensausgleichs wird auch auf die Wertungen 2
von Art. 6 I und Art. 3 II GG und den daraus folgenden **Halbteilungsgrundsatz** verwiesen (s. auch § 22 Rn. 1). Ausgehend vom Leitbild der Hausfrauen- oder Zuverdienstehe soll auch demjenigen Ehegatten, der während der Ehe zugunsten des gemeinsamen Lebensplans ganz oder teilweise auf Erwerbstätigkeit und auf die Chance eigenen Vermögensaufbaus verzichtet, eine hälftige Beteiligung am gemeinsam Erwirtschafteten zukommen. Die §§ 1372 ff. BGB enthalten allerdings **dispositives Recht**. Die Ehegatten können durch Ehevertrag sowohl Einzelheiten anders vereinbaren als auch den Zugewinnausgleich gänzlich ausschließen oder Gütertrennung vereinbaren, §§ 1408 f., 1414 BGB. Hier besteht weitestgehende Gestaltungsfreiheit (vgl. *BGH* NJW 1997, 2239; 2013, 457; s. auch § 13 Rn. 8).

2. Allgemeine Voraussetzungen

Sieht man vom Sonderfall des vorzeitigen Zugewinnausgleichs (s. Rn. 33) 3
ab, so können Zugewinnausgleichsansprüche entstehen, „wenn die Zugewinngemeinschaft endet", § 1363 II 2 BGB, also bei Beendigung des gesetzlichen Güterstands.

Allgemeine Voraussetzungen des Zugewinnausgleichs

1. **Wirksame Ehe**
2. **Güterstand der Zugewinngemeinschaft**
3. **Beendigung des Güterstands durch**
   a) Scheidung
   b) Aufhebung der Ehe (vgl. § 1318 III BGB)
   c) Ehevertrag (§ 1408 BGB) oder
   d) Tod (s. § 1371 BGB zum Zugewinnausgleich im Todesfall)

II. Die Berechnung des Zugewinnausgleichsanspruchs

4   Die Anspruchsgrundlage für den Anspruch auf Zugewinnausgleich findet sich in **§ 1378 I BGB**. Der Ausgleichspflichtige hat dem anderen die Hälfte des von ihm erzielten Gewinnüberschusses auszuzahlen. Hat keiner der Ehegatten einen Zugewinn erzielt oder wurden exakt gleiche Zugewinne gemacht, so bestehen keine Ausgleichsansprüche.

Berechnung des Zugewinnausgleichs

1. **Ermittlung des Anfangsvermögens jedes Ehegatten, § 1374 BGB**
   a) Werte ggf. laut Verzeichnis, § 1377 I BGB
   b) Hilfsweise gilt die Vermutung des § 1377 III BGB
   c) Verbindlichkeiten sind von Aktiva abzuziehen
   d) Hinzurechnung von privilegiertem Erwerb, § 1374 II BGB
2. **Ermittlung des Endvermögens jedes Ehegatten, § 1375 BGB**
   a) Stichtag bei Scheidung: Rechtshängigkeit des Scheidungsantrags, § 1384 BGB
   b) Hinzurechnung von Beträgen nach § 1375 II BGB
3. **Ermittlung des Zugewinns jedes Ehegatten, § 1373 BGB**
   durch Saldierung von Anfangs- und Endvermögen
4. **Ermittlung des Ausgleichsanspruchs, § 1378 BGB**
   a) Saldierung der beiderseitigen Zugewinne
   b) Begrenzung des Anspruchs gem. § 1378 II BGB
   c) Abzug eines Vorausempfangs, § 1380 BGB
5. **Ausschluss oder Reduzierung in Härtefällen, § 1381 BGB**

---

1. Ermittlung des Anfangsvermögens

5   Um den Zugewinn der Ehegatten berechnen zu können, müssen zunächst das jeweilige Anfangs- und Endvermögen ermittelt werden. Anfangsvermögen ist das Vermögen, das einem Ehegatten nach Abzug der Verbindlichkeiten beim Eintritt des Güterstands gehört, § 1374 I BGB. Der „Eintritt des Güterstands"

erfolgt regelmäßig mit Eheschließung, im Einzelfall mag die Zugewinngemeinschaft aber auch erst später durch Ehevertrag begründet worden sein.

a) Vermögen

Zum „Vermögen" zählen **alle Vermögensgegenstände** (Sachen und Rech- **6**
te), die sich in Geldwert ausdrücken lassen (Immobilien, Kontenbestände,
Wertpapiere, Autos, Schmuck, sonstige Wertsachen, Unternehmen, z.B. Arztpraxis, Gesellschaftsanteile, Patente, Forderungen etc.). Ggf. bedarf es eines
Sachverständigengutachtens, um den Verkehrswert etwa eines Grundstücks,
eines Wohnrechts (s. *BGH* NJW 2004, 1321), eines Gesellschaftsanteils, der
Versicherungsagentur eines Handelsvertreters (*BGH* NJW 2014, 625) oder
einer Arztpraxis richtig bestimmen zu können. Bei einer freiberuflichen Praxis
ist auch der Goodwill als immaterieller Vermögenswert in den Zugewinnausgleich einzubeziehen (*BGH* NJW 2011, 999). Die Bewertungsart ist einzel-
fallspezifisch auszuwählen (*BGH* NJW 2011, 601). **Haushaltsgegenstände**
(z.B. wertvolle Bilder oder Teppiche), die im Alleineigentum eines Ehegatten
stehen, unterliegen nicht der Verteilung nach § 1568b BGB (dazu § 24 Rn. 8 f.)
und fallen daher in den Zugewinnausgleich (*BGH* NJW 2011, 2289 = JuS 2011,
1034).

Keine Berücksichtigung im Zugewinnausgleich finden Versorgungsanrechte
i.S.v. § 2 VersAusglG. Insoweit gelten die Spezialvorschriften des Versorgungsausgleichs, vgl. § 2 IV VersAusglG.

Jedem Ehegatten obliegt die Darlegungs- und Beweislast für sein Anfangs- **7**
vermögen. Um eines Tages noch feststellen zu können, was alles zum Anfangsvermögen gehörte, können die Ehegatten bei Eheschließung ein **Vermögensverzeichnis** anlegen, das später die Vermutung der Richtigkeit für sich hat,
vgl. § 1377 I BGB. Allerdings dürfte ein solches Vorgehen trotz des gesetzlichen Anspruchs hierauf (§ 1377 II BGB) sehr selten sein. Ansonsten bestehen
auch im Hinblick auf das Anfangsvermögen Auskunftsansprüche nach § 1379
BGB. Ist gleichwohl nichts Näheres mehr feststellbar, gilt die Vermutung des
§ 1377 III BGB, dass das Endvermögen zugleich den Zugewinn darstellt. Danach beträgt das Anfangsvermögen im Zweifel also null.

Klausurhinweis: Fehlen im Sachverhalt nähere Angaben zum Anfangsvermögen, ist
dieses nach der Vermutung des § 1377 III BGB mit **null** anzusetzen.

b) Problem der Geldentwertung

Der Berechnung des Anfangsvermögens wird der Wert zugrunde gelegt, den das am **8**
Stichtag vorhandene Vermögen in diesem Zeitpunkt hatte, § 1376 I BGB. Einen Konten-
stand, der 1980 ein Guthaben von 18.000 DM auswies, kann man im Rahmen des Zugewinnausgleichs allerdings nicht einfach in Euro umrechnen und dann mit dem jeweiligen
Geldbetrag im Endvermögen ansetzen. Damit bliebe die zwischenzeitliche Inflation
unberücksichtigt. Es muss vielmehr ermittelt werden, welche Kaufkraft dem damaligen

Nennwert zukam. Zu diesem Zweck greift der BGH (BGHZ 61, 385) auf den allgemeinen Lebenshaltungskostenindex des Statistischen Bundesamtes zurück. Auf Basis der für jedes Jahr ausgewiesenen Indexzahlen wird der für das Anfangsvermögen ermittelte nominelle DM- oder Euro-Betrag auf den am Endstichtag maßgeblichen Tauschwert umgerechnet (s. Beispiel bei *Schwab*, FamR, Rn. 278). Einzelheiten dazu werden im Examen nicht verlangt.

c) Negatives Anfangsvermögen

9   Zur Berechnung des Anfangsvermögens werden alle Aktiva und Passiva ermittelt und anschließend miteinander verrechnet. Dazu bestimmt der seit dem 1.9.2009 neugefasste § 1374 III BGB, dass Verbindlichkeiten auch über die Höhe des Vermögens hinaus abzuziehen sind. Das Anfangsvermögen kann also auch mit einem negativen Wert anzusetzen sein. Auf diese Weise wird der reale Zugewinn, der auch im Abbau von Schulden bestehen kann, besser erfasst.

> **Beispiel**: Der Ehemann bringt ein Grundstück im Wert von 400.000 € mit in die Ehe, außerdem sonstiges Hab und Gut in Höhe von 20.000 €, aber auch Schulden infolge einer misslungenen Existenzgründung in Höhe von 500.000 €. Daraus ergibt sich ein Saldo von minus 80.000 € (Aktiva 420.000 minus Passiva 500.000). Gemäß § 1374 III BGB ist das Anfangsvermögen also mit diesem negativen Betrag anzusetzen. Hat der Ehemann nachher ein Endvermögen von plus 100.000 €, so beträgt sein Zugewinn 180.000 €. Die ausgleichsberechtigte Ehefrau kann somit an der von ihr mit erwirtschafteten Schuldentilgung teilhaben.

2. Hinzurechnung privilegierten Erwerbs zum Anfangsvermögen, § 1374 II BGB

a) Überblick

10   Im Grundsatz folgt der Zugewinnausgleich einem strengen **Stichtagsprinzip**. Zum Anfangsvermögen zählt alles, was am betreffenden Tag vorhanden war. Entsprechendes gilt für das Endvermögen. Ein Unternehmensgewinn, der ein Tag vor Eheschließung gemacht wird, fällt in das Anfangsvermögen; wird er eine Woche später gemacht, fällt er hingegen – sofern dann noch vorhanden – in das Endvermögen und wird ausgleichspflichtig. Dieser Schematismus mag im Einzelfall zu Ungerechtigkeiten führen, diese sind im Sinne eines funktionierenden Gesamtprinzips jedoch hinzunehmen. Das Gesetz differenziert eben auch nicht nach dem Grund des Zugewinns.

11   Eine Ausnahme hat der Gesetzgeber jedoch für **Erbschaften** und **Schenkungen** gemacht. Insoweit soll es nicht darauf ankommen, ob der Erbfall in die Ehezeit fällt oder nicht. Erwerb dieser Art hat auch nichts mit der ehelichen Wirtschaftsgemeinschaft zu tun. Daher bestimmt § 1374 II BGB, dass Vermögen, das ein Ehegatte nach Eintritt des Güterstandes von Todes wegen oder mit Rücksicht auf ein künftiges Erbrecht oder durch Schenkung oder als Ausstattung (§ 1624 BGB) erwirbt, nach Abzug der Verbindlichkeiten dem Anfangsvermögen hinzugerechnet wird. Durch die Hinzurechnung des jeweiligen Wertes zum Anfangsvermögen wird erreicht, dass der Betrag in der jeweiligen Höhe privilegiert wird bzw. einen Zugewinn in diesem Umfang verhindert.

Beispiel: Ehefrau Fiona hat bei Eheschließung kein Vermögen. Ihr Anfangsvermögen ist daher zunächst mit null anzusetzen. Zwei Jahre später erlangt F aus einer Erbschaft von ihrem Vater 50.000 €, die sie bald für Luxusreisen aufbraucht. Danach wird F sparsamer und legt von ihrem beruflichen Einkommen regelmäßig etwas zur Seite. Bei Scheidung weist ihr Sparbuch ein Guthaben in Höhe von 60.000 € aus. In diesem Fall sind die geerbten 50.000 € gem. § 1374 II BGB als privilegierter Erwerb dem Anfangsvermögen hinzuzurechnen. Es ist also von einem Anfangsvermögen in Höhe von 50.000 € und von einem Endvermögen in Höhe von 60.000 € auszugehen. Der Zugewinn beträgt somit lediglich 10.000 €.

§ 1374 II BGB nimmt Zuwendungen von der Privilegierung aus, soweit sie zu den „**Einkünften**" zu rechnen sind. Das zielt auf die Unterscheidung zwischen Zuwendungen, die von vornherein nur dem Verbrauch dienen, und solchen, welche die Vermögensbildung fördern sollen. Die Abgrenzung im Einzelfall ist unter Berücksichtigung des Anlasses der Zuwendung, der Willensrichtung des Zuwendenden und der wirtschaftlichen Verhältnisse des Zuwendungsempfängers vorzunehmen (*BGH* NJW 2014, 294). Bei größeren Sachzuwendungen ist regelmäßig nicht von Einkünften auszugehen, wenn damit zu rechnen ist, dass ein Großteil der Zuwendung auch noch das Endvermögen des begünstigten Ehegatten mehren wird (*BGH* a.a.O.).

b) Zuwendungen zwischen den Ehegatten

Unentgeltliche **Zuwendungen zwischen den Ehegatten** selbst fallen al- **12** lerdings nicht unter § 1374 II BGB, und zwar unabhängig davon, ob sie echte Schenkungen (§ 516 BGB), sonstige unbenannte Zuwendungen oder Zuwendungen im Wege vorweggenommener Erbfolge darstellen (*BGH* NJW 2011, 72). Schließlich geht es bei § 1374 II BGB allein um Erwerb (von dritter Seite), zu dem der andere Ehegatte nichts beigetragen hat. Und eben das passt nicht, wenn die Zuwendung aus dem Einkommen bzw. Vermögen des anderen Ehegatten stammt; denn insoweit ist nach dem Grundgedanken des Zugewinnausgleichs ja gerade von gemeinsam erwirtschaftetem Vermögen auszugehen.

Durch die Erfassung der Erbschaft oder Schenkung im Zugewinnausgleich **13** wird allerdings auch bewirkt, dass etwaige **Wertzuwächse** des jeweiligen Gegenstands als **Zugewinn** ausgleichspflichtig werden.

Beispiel: Das vom Ehemann während der Ehe geerbte Grundstück war zum Zeitpunkt des Erbfalls 500.000 € wert. Zum Zeitpunkt der Scheidung schätzen Gutachter den Verkehrswert auf 700.000 €. Hier werden zum Anfangsvermögen die 500.000 € (vgl. § 1376 I BGB), zum Endvermögen hingegen die 700.000 € (§ 1376 II BGB) gerechnet. Der Wertzuwachs von 200.000 € ist ausgleichspflichtiger Zugewinn (Gesetzesänderungen wünscht sich zu Recht *Battes*, FamRZ 2008, 261 ff.).

c) Gemischte Schenkungen

Bei **gemischten Schenkungen** durch Dritte kommt in Betracht, den un- **14** entgeltlichen Teil als Schenkung zu betrachten und diesen Teilbetrag gem. § 1374 II BGB dem Anfangsvermögen zuzurechnen. Die Darlegungs- und Beweislast für den privilegierten Erwerb in diesem Sinne und für das Vorliegen einer gemischten Schenkung trägt dabei derjenige Ehegatte, der den angeblichen Schenkungsanteil in sein Anfangsvermögen einstellen möchte (*BGH* NJW 2014, 294). Dabei ergibt sich allein aus dem Missverhältnis von Leistung und Gegenleistung (z.B. Erwerb von Gesellschaftsanteilen zu einem Preis deutlich unter Wert) noch keine Vermutung für eine (teilweise) Schenkung.

d) Privilegierter Erwerb und negatives Anfangsvermögen

15   Die Hinzurechnung des privilegierten Erwerbs kann bei einem negativen Anfangsvermögen (Rn. 9) zur **Verrechnung mit Schulden** führen. Weiterhin kann es sein, dass der privilegierte Erwerb selbst nur aus Schulden besteht, etwa wenn ein Ehegatte (aus moralischen Gründen) einen überschuldeten Nachlass übernimmt.

> **Beispielsfall:** Ehemann Max hatte ein Anfangsvermögen von 10.000 €. M hat allerdings während der Ehe das Erbe seiner Mutter angenommen und verschuldete sich dadurch in Höhe von 50.000 €. Im Endvermögen des M finden sich Aktiva in Höhe von 100.000 €, aber nach wie vor auch die Schulden in Höhe von 50.000 €. Ehefrau Flora ist schuldenfrei und hat kein Vermögen. Welchen Zugewinnausgleichsanspruch hat F?
> 1. Hier ist für das Anfangsvermögen des M zunächst der Betrag von 10.000 € anzusetzen. Allerdings ist auch das Erbe als privilegierter Erwerb beim Anfangsvermögen zu berücksichtigen, was zum Abzug der 50.000 € führt. Dazu bestimmt § 1374 III BGB, dass Verbindlichkeiten über die Höhe des Vermögens hinaus abzuziehen sind. Somit beträgt das Anfangsvermögen des M 10.000 € minus 50.000 € = minus 40.000 €. Demgegenüber ist das Anfangsvermögen von F mit null anzusetzen.
> 2. Das Endvermögen des M beträgt 100.000 € minus 50.000 € Schulden = 50.000 €. Das Endvermögen von F beträgt null.
> 3. Saldiert man das Anfangs- und Endvermögen von M, ergibt sich ein Zugewinn von 90.000 €.
> Im Ergebnis hat F also aus § 1378 I BGB eine Ausgleichsforderung gegen M in Höhe von 45.000 €.

e) Keine analoge Anwendung von § 1374 II BGB

16   Die Regelung des § 1374 II BGB ist nach h.M. als **Ausnahmevorschrift** eng auszulegen und nicht analogiefähig. Ihr kann nicht der allgemeine Grundsatz entnommen werden, dass der Vermögenserwerb eines Ehegatten nur dann in den Zugewinnausgleich einbezogen werden soll, wenn der andere Ehegatte zu dem Erwerb beigetragen hat. Vielmehr sollen beide Ehegatten am gesamten Zugewinn unabhängig von den Erwerbsgründen teilhaben (BGHZ 130, 377, 381). Eine analoge Anwendung auf **Lottogewinne** (*BGH* NJW 2013, 3645; FamRZ 1977, 124) oder Schmerzensgeldsummen (BGHZ 80, 384) wird daher abgelehnt (a.A. *Muscheler*, FamR, Rn. 361).

> **Beispielsfall** (nach *BGH* NJW 2013, 3645): Bald nach der Trennung von Ehemann Max gewinnt Ehefrau Helene im Lotto 100.000 €. Als im Rahmen der Scheidung um den Zugewinnausgleich gestritten wird, meint M, der Betrag falle ins Endvermögen von H, und will daher entsprechenden Zugewinnausgleich. H meint, der **Lotto-**

gewinn müsse wie eine Schenkung und daher als privilegierter Erwerb i.S.v. § 1374 II BGB behandelt werden mit der Folge, dass der Betrag auch in das Anfangsvermögen einzustellen sei. Deshalb werde nichts geschuldet.

Den Lottogewinn hat H „nach Eintritt des Güterstandes" (vgl. § 1374 II BGB) gemacht und zugleich vor dem für das Endvermögen geltenden Stichtag des § 1384 BGB, nämlich vor Rechtshängigkeit des Scheidungsantrags. Der Umstand, dass die Ehegatten im Erwerbszeitpunkt bereits getrennt gelebt haben, ist insoweit irrelevant.

Nach dem Wortlaut von § 1374 II BGB werden allerdings nur Schenkungen, Ausstattungen und Erwerbsvorgänge von Todes wegen erfasst. Das passt hier jedoch nicht. Indes könnte hier eine analoge Anwendung von § 1374 II BGB in Betracht kommen. Schließlich handelt es sich bei einem Lottogewinn auch um einen Wert, zu dessen Erwerb der andere Ehegatte in keiner Weise im Rahmen der ehelichen Wirtschaftsgemeinschaft beigetragen hat. Vorliegend kommt dabei noch hinzu, dass der Erwerb in die Trennungszeit fällt. Daher könnte es sich aufdrängen, § 1374 II BGB entsprechend anzuwenden. Die h.M. lehnt das jedoch ab. § 1374 II BGB ist als Ausnahmevorschrift eng auszulegen und grundsätzlich nicht analogiefähig (*BGH* NJW 1995, 3113, 3114; *Palandt/Brudermüller,* § 1374 Rn. 19). Überdies fehlt es auch an der Vergleichbarkeit des Lottogewinns mit den in § 1374 II BGB genannten Fällen; dem Lottogewinn liegt nämlich keine der Erbschaft oder Schenkung vergleichbare persönliche Beziehung zugrunde (*BGH* a.a.O.). Zudem ist zu beachten, dass der Zugewinnausgleich des BGB – von der engen Ausnahme des § 1374 II BGB abgesehen – eben nicht nur gemeinsam erwirtschaftete Vermögenswerte erfasst, sondern jedes im Rahmen der Ehe aus irgendwelchen Gründen erlangte Vermögen. Daher ist auch ein Lottogewinn ausgleichspflichtig und nicht als privilegierter Erwerb dem Anfangsvermögen hinzuzurechnen.

17 Davon zu unterscheiden ist der Fall, dass ein Vermögenserwerb von dritter Seite zwar weder Schenkung noch Erwerb von Todes wegen ist, aber doch auf einer persönlichen Nahbeziehung beruht. Insofern hält der BGH eine teleologische Ausdehnung von § 1374 II BGB auf **erbrechtsähnliche Erwerbsvorgänge** für möglich.

Beispielsfall (nach BGHZ 130, 377): Die mittellose Ehefrau Frida hat einen erwachsenen Sohn (S) aus einer früheren Beziehung. An seinem zwanzigsten Geburtstag schließt S eine Lebensversicherung ab und setzt seine Mutter als Bezugsberechtigte ein. Kurz darauf kommt S bei einem Motorradunfall ums Leben. Das Versicherungsunternehmen zahlt an F die Summe von 60.000 € aus. Dieses Geld bildet das gesamte Vermögen von F, als sich diese ein Jahr später von Ehemann Egon scheiden lassen will. E, der selbst keinen Zugewinn erzielt hat, verlangt nun aus § 1378 I BGB von F die Zahlung von 30.000 €. Zu Recht?

Hier könnte der Betrag von 60.000 € den Zugewinn der F darstellen, wenn man mangels sonstiger weiterer Angaben gem. § 1377 III BGB bei ihr von einem Anfangsvermögen von null ausgeht. Hat E keinen Zugewinn erzielt, wäre F dann tatsächlich in Höhe von 30.000 € ausgleichspflichtig. Anders läge es nur dann, wenn die 60.000 € als privilegierter Erwerb i.S.v. § 1374 II BGB anzusehen wären. Allerdings greift der Wortlaut des § 1374 II BGB vorliegend nicht. Die Lebensversicherungssumme ist weder eine Erbschaft noch ein Erwerb im Hinblick auf ein künftiges Erbrecht und auch keine Schenkung. Indes wurde der Erwerb hier durchaus durch den Tod eines Angehörigen ausgelöst, zu dessen gesetzlichen Erben F zählt. Die Versicherungssumme ist daher ge-

wissermaßen an die Stelle einer Erbschaft getreten. Der Begriff des Erwerbs „von Todes wegen" ist insoweit auslegungsfähig bzw. einer erweiternden Auslegung zugänglich. Davon werden auch Erwerbsvorgänge erfasst, die ihre Ursache im Tod eines Zuwendenden finden, zu dem der Ehegatte eine besondere Nähebeziehung hat.
Somit sind die 60.000 € als privilegiert anzusehen und gem. § 1374 II BGB dem Anfangsvermögen der F hinzuzurechnen. Mangels Zugewinns der F hat E daher keinen Anspruch.

3. Die Ermittlung des Endvermögens

a) Vermögen

18   Für das Endvermögen gelten ähnliche Grundsätze wie für das Anfangsvermögen. Es werden alle vorhandenen, geldwerten Vermögensgegenstände wertmäßig erfasst und addiert. Die Verbindlichkeiten werden wiederum abgezogen, § 1375 I 1 BGB, und zwar auch über die Höhe des Vermögens hinaus, § 1375 I 2 BGB. Im Ergebnis kann sich also auch ein negativer Wert ergeben. Bestehende gemeinsame **Gesamtschulden** der Ehegatten werden bei jedem Ehegatten in voller Höhe als Passivposten im Endvermögen berücksichtigt; als Aktivposten wird dann aber zugleich der Ausgleichsanspruch aus § 426 I BGB angesetzt, der im Fall der Befriedigung des Gläubigers durch diesen Ehegatten gegen den anderen Ehegatten durchgesetzt werden könnte (*BGH* NJW-RR 2011, 73).

Unerheblich ist, ob und inwieweit der andere Ehegatte zu der Erlangung des Endvermögens bzw. Zugewinns in irgendeiner Weise beigetragen hat. Daher fallen auch **Lottogewinne** (*BGH* FamRZ 1977, 124; NJW 2013, 3645) oder Wertsteigerungen von geerbten Grundstücken (Rn. 12) in das Endvermögen. Gleiches gilt nach h.M. für **Schmerzensgeldsummen** (*BGH* NJW 1981, 1836) oder angesparte Beträge aus einer laufenden Unfallrente; in diesen Fällen bleibt aber eine Korrektur über § 1381 BGB möglich (Rn. 27).

Da die Ehegatten oft keinen Einblick in die Vermögenslage des anderen haben, deren Kenntnis aber entscheidend ist für die richtige Berechnung des ggf. einzuklagenden Zugewinns, gewährt § 1379 BGB beiden Seiten **Auskunftsansprüche**. Dabei kann auch im Wege des Stufenantrags (§ 254 ZPO) zunächst in der ersten Stufe Auskunft und dann in der zweiten Stufe auf Basis der Auskunft der nunmehr bezifferte Zugewinnausgleichsbetrag begehrt werden.

b) Stichtag

19   Der Berechnung des Endvermögens ist der Wert zugrunde zu legen, den das bei **Beendigung des Güterstands** vorhandene Vermögen in diesem Zeitpunkt hat, § 1376 II BGB. Auf welchen Stichtag insoweit abzustellen ist, hängt von der Art der Beendigung des Güterstands ab. Bei Beendigung aufgrund vertraglicher Vereinbarung gilt der Zeitpunkt des Vertragsschlusses. Bei Beendigung durch Scheidung ist die Sonderregelung des § 1384 BGB zu beachten.

In diesem Fall ist der Zeitpunkt der **Rechtshängigkeit des Scheidungsan-trags** (§ 261 ZPO) entscheidend. Bei Aufhebung der Ehe kommt **§ 1384 BGB analog** zur Anwendung. Die Regelung gilt nach h.M. zudem entsprechend, wenn die Ehe zwar durch Tod aufgelöst wird, jedoch in diesem Zeitpunkt die Scheidung bereits beantragt war und die Scheidungsvoraussetzungen vorlagen (BGHZ 99, 304; *BGH* NJW 2004, 1321).

Beispielsfall: Ehemann Ernst hat nach dreijähriger Trennung von Ehefrau Fiona die Scheidung eingereicht. Der Scheidungsantrag wird F am 2. 5. zugestellt. Am 8. 5. gibt E für eine Afrikareise 25.000 € aus. Vor Abschluss des Scheidungsverfahrens stirbt E infolge einer Malariainfektion. Nun macht F gegenüber dem Sohn des E, der testamentarischer Alleinerbe wurde, nebst dem kleinen Pflichtteil den Zugewinnausgleich geltend. Dabei will sie auch die 25.000 € im Endvermögen des E berücksichtigt wissen.

Der Anspruch der F gegen S ergibt sich aus § 1371 II BGB (dazu näher § 17 Rn. 7) **i.V.m. § 1378 I BGB.** Fraglich ist hier, welcher Stichtag für die Berechnung des Zugewinnausgleichs gilt. Nach der Grundregel des § 1375 I 1 BGB ist an sich auf den Zeitpunkt der Beendigung des Güterstands abzustellen. Das wäre vorliegend der Zeitpunkt des Todes von E, da die Ehe nicht durch Scheidung, sondern durch Tod aufgelöst wurde. Jedoch soll der überlebende Ehegatte nicht besser oder schlechter stehen, wenn bei laufendem Scheidungsverfahren der Tod schneller kommt als die Scheidung. Der Grund für den gem. § 1384 BGB vorverlagerten Stichtag liegt auch darin, die Eheleute daran zu hindern, ihren bisherigen Zugewinn im Hinblick auf die bevorstehende Ausgleichung planmäßig zu verschleiern oder zu vermindern; zumindest soll der andere Ausgleichsberechtigte vor Nachteilen durch solche Maßnahmen geschützt werden (BGHZ 99, 304). Dieser Schutzzweck wird durch den Tod des ausgleichspflichtigen Ehegatten nicht rückwirkend gegenstandslos, sondern beansprucht in gleicher Weise Gültigkeit. Daher ist die diesbezügliche gesetzliche Regelungslücke durch die analoge Anwendung von § 1384 BGB zu schließen.
Vorliegend sind die Scheidungsvoraussetzungen gem. der Scheiternsvermutung des § 1566 II BGB erfüllt. Daher ist auf den Stichtag des § 1384 BGB, d.h. auf die Rechtshängigkeit des Scheidungsantrags, abzustellen. Die ausgegebenen 25.000 € werden also noch als Teil des Endvermögens von E berücksichtigt.

---

c) Hinzurechnungen nach § 1375 II BGB

Dem Endvermögen eines Ehegatten wird der Betrag hinzugerechnet, um **20** den dieses Vermögen dadurch vermindert ist, dass ein Ehegatte nach Eintritt des Güterstands unentgeltliche **Zuwendungen** gemacht hat, durch die er nicht einer sittlichen Pflicht oder einer auf den Anstand zu nehmenden Rücksicht entsprochen hat, **Vermögen verschwendet** hat oder Handlungen in der Absicht vorgenommen hat, den anderen Ehegatten zu benachteiligen, § 1375 II BGB. Auf diese Weise sollen Maßnahmen, die den Zweck verfolgen, den Zugewinn zu Lasten des anderen Ehegatten zu schmälern, verhindert bzw. rechnerisch rückgängig gemacht werden. Das Endvermögen wird fiktiv so berechnet, als wäre die Zuwendung oder Verschwendung (dazu *OLG Rostock* FamRZ 2000, 228) nicht erfolgt. Vermögensübertragungen durch einen Ehegatten an

Dritte, die die Manipulation des Endvermögens bezwecken, sind daher letztlich wirkungslos und objektiv auch nicht nachteilhaft i.S.v. § 138 BGB, so dass sie nicht als sittenwidrig und nichtig einzuordnen sind (*BGH* NJW-RR 2012, 18).

21   Ist das Endvermögen eines Ehegatten geringer als das Vermögen, das er in der Auskunft zum Trennungszeitpunkt (vgl. § 1379 II BGB) angegeben hat, so hat dieser Ehegatte darzulegen und zu beweisen, dass die Vermögensminderung nicht auf Handlungen i.S.v. § 1375 II 1 Nr. 1 bis 3 BGB zurückzuführen ist, § 1375 II 2 BGB. Gelingt ihm dies nicht, so werden die Differenzbeträge dem Endvermögen hinzugerechnet und erhöhen dadurch den Zugewinn.

Die **Hinzurechnung unterbleibt**, wenn die Vermögensminderung mindestens **zehn Jahre vor** Beendigung des Güterstandes eingetreten ist oder wenn der andere Ehegatte mit der unentgeltlichen Zuwendung oder der Verschwendung einverstanden war, § 1375 III BGB. Bei lange zurückliegenden Zuwendungen ist eben auch nicht zu vermuten, dass sie der Manipulation des Zugewinnausgleichs dienen sollten.

4. Die Ermittlung des Zugewinns, § 1373 BGB

22   Sind das jeweilige Anfangs- und Endvermögen ermittelt, ist für jeden Ehegatten der Saldo zu berechnen, also sein Zugewinn. Dieser Betrag kann positiv oder negativ sein oder null betragen. Das Gesetz definiert den Zugewinn allerdings als den Betrag, um den das Endvermögen eines Ehegatten das Anfangsvermögen „übersteigt", § 1373 BGB. Daraus wird deutlich, dass für die folgende Berechnung des Ausgleichsanspruchs der jeweilige Zugewinn mit mindestens null anzusetzen ist. Im Ergebnis sollen eben nur positive Zugewinne ausgeglichen und nicht Vermögenseinbußen des anderen Ehegatten mitgetragen werden.

5. Die Ermittlung des Ausgleichsanspruchs

a) Anspruch auf hälftigen Zugewinnüberschuss

23   Die beiderseitigen Zugewinne sind dann wiederum zu saldieren. Derjenige Ehegatte, der den niedrigeren Zugewinn erzielt hat, hat nun einen Ausgleichsanspruch in Höhe der **Hälfte dieses Saldos der beiderseitigen Zugewinne** aus § 1378 I BGB (s. Beispiel Rn. 1). Sofern der Ehegatte schon während der Ehe „Vorausempfänge" erhalten hatte, kann deren Wert nun von der ermittelten Ausgleichssumme noch abzuziehen sein, § 1380 BGB (näher Rn. 32 ff.).

b) Begrenzung des Anspruchs auf das vorhandene Vermögen

24   Gemäß § 1378 II 1 BGB wird die Höhe der Ausgleichsforderung allerdings begrenzt durch den Wert des Vermögens, das nach Abzug der Verbindlichkeiten beim Ausgleichpflichtigen vorhanden ist. Der Ausgleichpflichtige soll sich nicht verschulden müssen, um den Zugewinnausgleichsanspruch erfüllen zu können. Der dafür entscheidende Stichtag ist ebenfalls der Zeitpunkt der

Rechtshängigkeit des Scheidungsantrags, § 1384 BGB. Zum Problem der Vermögensentwertung nach dem Stichtag s. Rn. 26.

Beispiel: Der Zugewinn des Ehemanns beläuft sich auf 100.000 €, weil der bei Eheschließung in Höhe von 60.000 € verschuldete Ehemann im Laufe der Ehe seine Schulden
abbauen konnte und nun im Endvermögen nach Abzug von Verbindlichkeiten Aktiva in
Höhe von 40.000 € vorweisen kann. Hat seine Ehefrau keinen Zugewinn erzielt, müsste
der Mann an sich die Hälfte seines Zugewinns, also 50.000 €, als Zugewinnausgleich
zahlen. Verfügt er bei Rechtshängigkeit des Scheidungsantrags aber nur über die genannten 40.000 €, so beschränkt sich seine Ausgleichspflicht gem. § 1378 II 1 BGB auf diesen
Betrag.

Allerdings bestimmt § 1378 II 2 BGB, dass die sich nach § 1378 II 1 BGB   **25**
ergebende Begrenzung der Ausgleichsforderung in den Fällen des § 1375 II 1
BGB um den dem Endvermögen hinzuzurechnenden Betrag erhöht wird. Bei
illoyalen Vermögensminderungen kann sich der ausgleichspflichtige Ehegatte somit nicht darauf berufen, dass sein vorhandenes Vermögen nicht ausreicht, um den Zugewinnausgleichsanspruch zu erfüllen. Er soll so behandelt
werden, als habe er sein Vermögen nicht vermindert (BT-Drs. 16/13027, S. 11).
In diesem Fall ist der Ehegatte ggf. gezwungen sich zu verschulden.

Beispiel: Angenommen im Beispiel zuvor (Rn. 24) hatte der Mann seiner neuen Freundin noch vor Einreichung des Scheidungsantrags einen Ring zum Preis von 10.000 € ge-
kauft. In diesem Fall erhöht sich sein Endvermögen gem. § 1375 II 1 Nr. 1 BGB um diesen
Betrag und wäre mit 50.000 €. anzusetzen. Der Ausgleichsanspruch seiner Frau würde
sich folglich auf 55.000 € belaufen. Die Ausgleichspflicht des Mannes beschränkt sich nun
zwar ebenfalls auf das vorhandene Vermögen, allerdings gem. § 1378 II 2 BGB ergänzt
um den nach § 1375 II BGB hinzuzurechnenden Betrag. Somit haftet der Mann in Höhe
von 50.000 €. Fehlen dem Mann in seinem Aktivvermögen insoweit 10.000 €, um seine
Ausgleichspflicht erfüllen zu können, muss er ggf. einen Kredit aufnehmen.

c) Anspruchsentstehung; Verjährung; Stundung

Die Ausgleichsforderung **entsteht** nach § 1378 III 1 BGB mit der Beendigung des Gü-   **26**
terstandes (Rechtskraft des Scheidungsbeschlusses) und ist von diesem Zeitpunkt an vererblich und übertragbar. Die Verjährung richtet sich nach den allgemeinen Vorschriften,
§§ 195, 199, 207 BGB. Auf Antrag kann die Forderung **gestundet** werden, § 1382 BGB.
Im Sonderfall kann das Familiengericht auf Antrag auch anordnen, dass der Schuldner
statt eines Geldbetrages bestimmte Gegenstände aus seinem Vermögen zu übertragen hat,
§ 1383 BGB.

6. Ausschluss oder Reduzierung in Härtefällen, § 1381 BGB

Trotz ordnungsgemäßer Ermittlung des Zugewinnausgleichsanspruchs   **27**
kann die Ausgleichspflicht im Einzelfall ganz oder teilweise unzumutbar sein.
§ 1381 I BGB bestimmt daher, dass der **Schuldner** (eine Besserstellung des
Gläubigers ist nicht möglich!) die Erfüllung der Ausgleichsforderung verweigern kann, soweit der Ausgleich des Zugewinns nach den Umständen des Falles
grob unbillig wäre (Einrede der groben Unbilligkeit). Allerdings zeigt die

Rechtsprechung bei der Anwendung von § 1381 BGB große Zurückhaltung (BGHZ 46, 343, 354; *BGH* FamRZ 1992, 787, 789). Erfolg hat die Einrede nur, wenn die Erfüllung der Ausgleichsforderung dem Gerechtigkeitsempfinden **in unerträglicher Weise** widersprechen würde (*BGH* FamRZ 1973, 254, 256; NJW-RR 2002, 865).

Beispiele für Härtefälle:

- Der Ausgleichsberechtigte hat längere Zeit hindurch die **wirtschaftlichen** Verpflichtungen, die sich aus dem ehelichen Verhältnis ergeben, **schuldhaft** nicht erfüllt, § 1381 II BGB, z.B. seine Pflicht zum Familien- und Kindesunterhalt beizutragen (vgl. *BGH* FamRZ 1992, 787).
- Dem Ausgleichsberechtigten fallen massive körperliche **Misshandlungen** und ehebrecherisches Verhalten zur Last (*OLG Düsseldorf* FamRZ 2009, 1068).

28   Schwierig zu beantworten ist die Frage, inwieweit Ungerechtigkeiten, die sich in besonders gelagerten Fällen aus der **schematischen Anwendung** der Vorschriften zur Berechnung des Ausgleichsanspruchs ergeben mögen, mit Hilfe von § 1381 BGB korrigiert werden können. Während der BGH dies in einzelnen Urteilen ausdrücklich für möglich hielt (z.B. *BGH* NJW-RR 2002, 865), wird andererseits betont, dass systemimmanente Unbilligkeiten hinzunehmen seien (vgl. *BGH* NJW 1966, 2109; FamRZ 1995, 990). So soll die Tatsache, dass ein Erwerb (z.B. ein **Lottogewinn**, dazu Rn. 16) in keinem inneren Zusammenhang mit der ehelichen Lebens- oder Wirtschaftsgemeinschaft steht, die Anwendung von § 1381 BGB grundsätzlich noch nicht rechtfertigen, da das Gesetz von den wenigen Fällen des § 1374 II BGB abgesehen nicht nach der Herkunft des Vermögens differenziere (*BGH* NJW 2013, 3645).

29   Knifflig sind auch Fälle mit **außergewöhnlich langer Trennungszeit** der Ehegatten. Laut BGH müssen hier indes noch „weitere Gründe" hinzutreten, damit man von grober Unbilligkeit sprechen kann.

Beispielsfall (nach *BGH* NJW 2013, 3642): Die Ehegatten waren 35 Jahre miteinander verheiratet und haben zwei Kinder, lebten aber rund 15 Jahre getrennt, bevor sie die Scheidung einleiteten. Kurz vor der Scheidung gewinnen die Grundstücke des Ehemanns erheblich an Wert; die Ehefrau begehrt insoweit Zugewinnausgleich.

Für grobe **Unbilligkeit** könnte unter solchen Umständen sprechen, dass der Gewinn zu einer Zeit erfolgte, zu der die Ehegatten schon lange getrennt lebten. Anders als manche Stimmen im Schrifttum (z.B. *Jaeger*, FPR 2005, 352, 355) erkennt der BGH hierin jedoch grundsätzlich keine Unbilligkeit. Gem. § 1384 BGB falle die Trennungszeit erst ab dem Zeitpunkt aus dem Zugewinnausgleich heraus, zu dem die Rechtshängigkeit des Scheidungsantrags eintritt. Alle Vermögensänderungen bis zu diesem Zeitpunkt seien hingegen zu berücksichtigen. Für den Fall einer langen Trennungszeit habe das Gesetz die Möglichkeit eröffnet, nach §§ 1385, 1386 BGB die vorzeitige Aufhebung der Zugewinngemeinschaft zu verlangen (vgl. Rn. 37). Auf diese Weise könne verhindert werden, dass ein späterer Vermögenszuwachs im Zugewinnausgleichsverfahren berücksichtigt wird. Wer davon nicht Gebrauch macht, kann sich laut *BGH* ohne Hinzutreten weiterer Umstände nicht auf grobe Unbilligkeit berufen.

Anders entschied der BGH aber im Fall einer kinderlosen Ehe, bei der die Ehegatten nur drei Jahre zusammengelebt und letztlich keine Wirtschaftsgemeinschaft begründet hatten und dann 17 Jahre getrennt lebten (NJW-RR 2002, 865).

7. Das Problem der Vermögensentwertung nach dem Stichtag

Fraglich ist, wie in Fällen der nachträglichen **Vermögensentwertung** 30
verfahren werden soll. Das betrifft den Fall, dass der Ausgleichspflichtige zum entscheidenden Stichtag des § 1384 BGB, der eben auch für die Höhe der Ausgleichsforderung maßgeblich ist, also bei Rechtshängigkeit des Scheidungsantrags, ein bestimmtes Vermögen hat, dieses dann aber zum Zeitpunkt der Fälligkeit des Ausgleichsanspruchs (§ 1378 III 1 BGB) einen erheblich geringeren Wert aufweist. Hier kann im Einzelfall **§ 1381 BGB** helfen (*BGH* NJW 2012, 2657).

Beispiel: Die ausgleichspflichtige Ehefrau verfügte am Stichtag über Aktien im Wert von 200.000 €, die ihr gesamtes Endvermögen darstellen. Demgemäß wurde eine Zugewinnausgleichsverpflichtung in Höhe von 100.000 € ermittelt. Im Zeitpunkt der Rechtskraft des Scheidungsbeschlusses sind die Aktien infolge eines Kurssturzes jedoch nur noch 20.000 € wert. Muss sich die Ehefrau nun verschulden, um den Zugewinnausgleich leisten zu können?

Hier könnte nahe liegen, von **grober Unbilligkeit** gem. § 1381 I BGB zu sprechen, wenn ein Kredit aufgenommen werden muss, um den Zugewinnausgleich zahlen zu können; denn nach dem Gedanken des § 1378 II BGB ist das grundsätzlich nicht gewollt. Dem könnte allerdings der Grundsatz entgegen stehen, dass systemimmanente Unbilligkeiten, die sich aus der schematischen Anwendung der §§ 1372 ff. BGB unter Berücksichtigung der gesetzlichen Stichtage im Einzelfall ergeben, nicht mit § 1381 BGB zu korrigieren sind (vgl. Rn. 27 f.). Es ist jedoch zu beachten, dass das vorliegende Problem erst infolge der Güterrechtsreform von 2009 entstanden ist, da mit dieser Reform der für § 1378 II BGB geltende Stichtag auf den Tag der Rechtshängigkeit des Scheidungsantrags zurückverlegt worden ist. Ziel war, Vermögensmanipulationen durch den Ausgleichspflichtigen zu verhindern. Das Problem der schuldlosen Vermögensentwertung zwischen Stichtag und Rechtskraft der Scheidung hat der Gesetzgeber wohl übersehen. Das kann aber nicht zu Lasten des Schuldners gehen. Hier muss § 1381 I BGB eine Korrektur grob unbilliger Ergebnisse ermöglichen (vgl. *BGH* NJW 2012, 2657; *Schwab*, FamR, Rn. 292). Vorliegend dürfte das rechnerische Ergebnis dem Gerechtigkeitsempfinden in unerträglicher Weise widersprechen. Daher sollte der Ehemann entsprechend dem Gedanken des § 1378 II BGB lediglich verpflichtet sein, maximal den Betrag zu zahlen, den er aus seinem vorhandenen Aktivvermögen bestreiten kann, also 20.000 €.

Alternativ wird zur Problemlösung vorgeschlagen, mit einer teleologischen Reduktion von § 1384 BGB zu arbeiten (MünchKomm/*Koch*, § 1384 Rn. 4 f.). Diese Norm solle im Fall einer Vermögensminderung zwischen Stichtag und Beendigung des Güterstands nur Anwendung finden, wenn diese Minderung auf wirtschaftlichen Handlungen oder finanziellen Transaktionen beruht, für die der ausgleichspflichtige Ehegatte verantwortlich gemacht werden könne. Die Anwendung von § 1381 BGB hat gegenüber diesem Lösungsweg aber den Vorteil, dass im Einzelfall auch die Vermögensentwicklung beim Ausgleichsberechtigten mit in die Billigkeitsbetrachtung eingestellt werden kann; schließlich mögen bei ihm inzwischen auch Vermögensentwertungen eingetreten sein.

8. Ansprüche gegen Dritte

31   Bei **illoyalen Vermögensminderungen** in Form von Zuwendungen an Dritte finden zwar gem. § 1375 II Nr. 1 BGB Hinzurechnungen zum Endvermögen statt, gegen die sich der Ausgleichspflichtige auch nicht mit Verweis auf Vermögenslosigkeit verteidigen kann, vgl. § 1378 II 2 BGB. Indes mag der geschuldete Betrag auch im Wege der Zwangsvollstreckung nicht einzutreiben sein. Vor diesem Hintergrund soll § 1390 BGB die Stellung des Ausgleichsberechtigten zusätzlich absichern. Übersteigt die Zugewinnausgleichsforderung den Wert des nach Abzug der Verbindlichkeiten bei Beendigung des Güterstands vorhandenen Vermögens des ausgleichspflichtigen Ehegatten, weil der nach § 1375 II BGB hinzuzurechnende Wert eben real nicht mehr vorhanden ist, so kann der ausgleichsberechtigte Ehegatte auch direkt von dem Dritten Wertersatz nach § 1390 I BGB verlangen. Der Dritte haftet – wenn auch ggf. in anderer Höhe – als Gesamtschuldner neben dem ausgleichspflichtigen Ehegatten, § 1390 I 4 BGB.

Der Ersatz des Wertes des Erlangten erfolgt nach Bereicherungsgrundsätzen (§§ 818 f. BGB). Der Dritte kann die Zahlung aber auch durch Herausgabe des Erlangten abwenden, § 1390 I 3 BGB. Entsprechende Grundsätze gelten bei sonstigen benachteiligenden Rechtshandlungen (§ 1375 II Nr. 3 BGB) zu Gunsten des Dritten, z.B. beim Verzicht des Ehegatten auf die Rückzahlung eines Darlehens durch den Dritten, vgl. § 1390 II BGB.

III. Die Anrechnung von Vorausempfängen

1. Der Grundgedanke des § 1380 BGB

32   Ein besonderes Problem bildet die Anrechnung von sog. Vorausempfängen. Das betrifft Zuwendungen zwischen den Ehegatten, die bereits während der Ehe erfolgen, bei denen aber nach den Umständen bzw. kraft ausdrücklicher Vereinbarung klar ist, dass sie später im Rahmen des Zugewinnausgleichs Berücksichtigung finden sollen.

Beispiel: Da sein Geschäft gut läuft, überträgt Ehemann Ernst während der Ehe auf Ehefrau Fiona verschiedene Vermögenswerte, z.B. ein Aktienpaket und eine Eigentumswohnung. Motiv des E ist insoweit einerseits der Wunsch nach Anerkennung der Leistungen der F als Hausfrau und Mutter, zum anderen aber auch das Bedürfnis, bestimmte Vermögenswerte dem Zugriff potenzieller künftiger Gläubiger zu entziehen.

Im Fall der Scheidung soll der beschenkte Ehegatte hier nicht doppelt profitieren und zusätzlich auch noch vollen Zugewinnausgleich beanspruchen können. Vielmehr ist der Zugewinnausgleich dann um den Vorausempfang zu kürzen. § 1380 I 1 BGB bestimmt daher, dass auf die **Ausgleichsforderung angerechnet wird**, was dem Ausgleichsberechtigten von dem anderen Ehegatten durch Rechtsgeschäft unter Lebenden mit der Bestimmung zugewendet worden ist, dass es auf die Ausgleichsforderung angerechnet werden soll. Bei größeren Zuwendungen (wie im genannten Beispiel) ist eine solche Bestimmung in der Regel stillschweigend anzunehmen, § 1380 I 2 BGB. Erst recht gilt dies bei Zuwendungen, die im Rahmen der Trennung schon konkret „zum Zweck der Vermögensauseinandersetzung" erfolgen (*BGH* NJW-RR 2001, 793).

2. Die Berechnung des Zugewinnausgleichs in diesem Fall

Die Berechnung des geschuldeten Zugewinnausgleichs erfolgt nach den **33** beschriebenen Grundsätzen. Wenn die zugewandten Werte infolge der Zuwendung nun im Endvermögen des Zuwendenden fehlen, andererseits aber beim beschenkten Ehegatten noch vorhanden sind und dort das Endvermögen entsprechend erhöhen, so könnte man sich die Anwendung von § 1380 BGB eigentlich sparen. In diesem Fall kommt man infolge des verminderten Zugewinns des Ausgleichspflichtigen und des durch die Schenkung erhöhten Zugewinns des Ausgleichsberechtigten ohnehin rechnerisch zu demselben Ergebnis, wie wenn die Zuwendung nicht erfolgt und der Gegenstand daher noch im Endvermögen des Schenkers vorhanden wäre. Diese Betrachtung geht aber dann nicht auf, wenn der Beschenkte die Zuwendung verbraucht hat oder wenn der Wert bei ihm mit Schulden im Endvermögen verrechnet wird.

Daher bestimmt § 1380 BGB für die Fälle der Vorausempfänge eine besondere **34** Vorgehensweise. Es wird im Grunde der **hypothetische Zugewinnausgleich** berechnet, der sich ohne den Vorausempfang ergeben hätte, vgl. § 1380 II 1 BGB. Dazu wird der Wert der Zuwendung dem **Zugewinn** des Zuwendenden hinzugerechnet. Von der auf dieser Grundlage errechneten Summe muss sich der Ausgleichsberechtigte dann den Wert der Zuwendung abziehen lassen, § 1380 I 1 BGB. Es ist also wie folgt vorzugehen:

Vorgehensweise bei Anrechnung von Vorausempfängen,
§ 1380 BGB

1. Der Wert der Zuwendung wird dem Zugewinn des Ausgleichspflichtigen (= Zuwendenden) hinzugerechnet, § 1380 II 1 BGB.
2. Sofern der Wert beim Ausgleichsberechtigten (= Empfänger) im Endvermögen noch ganz oder teilweise vorhanden ist, wird er dort heraus genommen (vgl. *BGH* NJW 1982, 1093).
3. Auf dieser Basis wird der Zugewinnausgleich ermittelt, als ob die Zuwendung nicht erfolgt wäre.
4. Von der so ermittelten Ausgleichsforderung wird der Wert der Zuwendung abgezogen, § 1380 I 1 BGB.

Beachte: Der Zuwendungswert bestimmt sich dabei stets nach dem Zeitpunkt, in dem die Zuwendung erfolgt ist, § 1380 II 2 BGB.

Beispiel: Ehemann Ernst hatte im Mai 2005 auf Ehefrau Fiona eine Eigentumswohnung im Wert von 250.000 € übertragen. Bei Scheidung im Sommer 2009 ist F nach wie vor Eigentümerin der Wohnung; diese ist jetzt aber nur noch 200.000 € wert. Sonstiges nennenswertes Vermögen hat F nicht. E hat einen Zugewinn von 400.000 € erzielt. Um den Zugewinnausgleichsanspruch der F richtig zu errechnen, wird also (1) der Wert der Zuwendung (250.000 €) dem Zugewinn des E hinzugerechnet, § 1380 II BGB; damit ergibt sich für E ein Zugewinn von 650.000 €. Bei F hingegen ist (2) der noch vorhandene Zuwendungswert (200.000 €) aus dem Endvermögen herauszunehmen, das somit mit null anzusetzen ist. Daraus ergäbe sich (3) ein Ausgleichsanspruch der F in Höhe von 650.000 € geteilt durch 2, also von 325.000 €. Hiervon ist nun (4) der Vorausempfang in Höhe von 250.000 € abzuziehen, § 1380 I 1 BGB. Damit kann F im Ergebnis einen Zugewinnausgleich in Höhe von 75.000 € verlangen.

> **Beachte:** Die Hinzurechnung beim Zuwendenden erfolgt zum **Zugewinn**, nicht zum Endvermögen. Das hat Bedeutung bei einem (infolge hoher Schulden) rechnerisch negativen Endvermögen. Insoweit findet keine Verrechnung des Endvermögens mit der Zuwendung statt, sondern es wird stets mindestens von einem Zugewinn in Höhe der Zuwendung ausgegangen.

3. Umkehrung der Ausgleichsrichtung durch Zuwendung

35   Im Einzelfall kann sich infolge einer größeren Zuwendung die Ausgleichsrichtung beim Zugewinnausgleich umdrehen. Der Zuwendungsempfänger kann durch den Schenkungszugewinn zum **Ausgleichspflichtigen** werden, während er bei unterlassener Zuwendung selbst der Ausgleichsberechtigte gewesen wäre.

Beispiel: Ehemann Max hat aufgrund guter Erfolge seines Unternehmens viel verdient und ein Familienwohnhaus zum Preis von 600.000 € erworben. Ein paar Jahre später überträgt er das Haus auf seine Ehefrau Flora. Auf diese Weise kann F nun bei Scheidung einen Zugewinn von 600.000 € vorweisen, während M lediglich über ein Endvermögen bzw. Zugewinn in Höhe von 100.000 € verfügt. Damit ist M ausgleichsberechtigt und F ausgleichspflichtig.

36   In solchen Fällen kommt § 1380 BGB nicht zur Anwendung, auch nicht analog. Es wird nicht auf die hypothetische Situation ohne die Zuwendung abgestellt. Vielmehr wird ausschließlich von den tatsächlichen beiderseitigen Endvermögen und der jetzigen Stellung als Ausgleichspflichtiger oder -berechtigter ausgegangen (BGHZ 82, 227). Der Umstand, dass der Zuwendende nun im Rahmen des Zugewinnausgleichs von seiner Vorauszuwendung im Regelfall nur noch wertmäßig die Hälfte zurückbekommt, ist systemimmanent und gibt keinen Anlass zu anderer Beurteilung.

Im **Beispiel** kann M nun lediglich die Hälfte der Zugewinndifferenz, also die Auszahlung von 250.000 € von F verlangen. Er kann weder das Haus zurückverlangen noch darauf verweisen, dass er ohne die Vorauszuwendung an F einen Zugewinn von 700.000 € gehabt und davon an F lediglich einen Betrag von 350.000 € hätte zahlen müssen.

IV. Vorzeitiger Zugewinnausgleich und Hinweise zum Verfahren

1. Der vorzeitige Zugewinnausgleich

Unter bestimmten Voraussetzungen gewährt § 1386 BGB dem ausgleichs- **37** berechtigten Ehegatten zu seinem Schutz die Möglichkeit, schon vorzeitig die Aufhebung der Zugewinngemeinschaft zu verlangen. Mit Rechtskraft des Beschlusses tritt dann Gütertrennung ein, § 1388 BGB. In Verbindung damit kann auch sogleich der vorzeitige Ausgleich des Zugewinns (§ 1385 BGB) bei Gericht beantragt werden. Das betrifft alternativ die folgenden Fälle:

- Die Ehegatten leben seit mindestens drei Jahren getrennt, § 1385 Nr. 1 BGB.
- Es sind Handlungen der in § 1365 (Verfügung über das Vermögen im Ganzen) oder § 1375 II BGB bezeichneten Art zu befürchten und dadurch ist eine erhebliche Gefährdung der Erfüllung der Ausgleichsforderung zu besorgen, § 1385 Nr. 2 BGB.
- Der andere Ehegatte hat längere Zeit hindurch die wirtschaftlichen Verpflichtungen, die sich aus dem ehelichen Verhältnis ergeben, schuldhaft nicht erfüllt und es ist anzunehmen, dass er sie auch in Zukunft nicht erfüllen wird, § 1385 Nr. 3 BGB.
- Der andere Ehegatte weigert sich ohne ausreichenden Grund beharrlich bzw. hat sich bis zur Erhebung des Auskunftsantrags beharrlich geweigert, den ausgleichsberechtigten Ehegatten über den Bestand seines Vermögens zu unterrichten, § 1385 Nr. 4 BGB.

2. Hinweise zum Verfahren

Wird der Zugewinnausgleich gerichtlich geltend gemacht, so handelt es sich um eine **38** **Familienstreitsache** bzw. Güterrechtssache gem. § 112 Nr. 2 FamFG. § 261 I FamFG definiert die Güterrechtssachen als Verfahren, die Ansprüche aus dem ehelichen Güterrecht betreffen, auch wenn Dritte am Verfahren beteiligt sind. Im Gegensatz zu den Ehesachen i.S.v. § 111 Nr. 1 FamFG finden auf Familienstreitsachen die allgemeinen Vorschriften der ZPO über das Verfahren vor den Landgerichten (vgl. § 113 I FamFG) in weiterem Umfang Anwendung. Es ist etwa auch ein Anerkenntnis denkbar (vgl. § 113 IV Nr. 6 FamFG).

Endentscheidungen sind nach allgemeinen Regeln vollstreckbar. Im Übrigen besteht die Möglichkeit eines **Verbunds von Scheidungs- und Folgesachen** in ein und demselben Verfahren. In diesem Fall wird über Scheidung und Zugewinnausgleich zeitgleich verhandelt und entschieden, vgl. § 137 I FamFG (näher § 20 Rn. 18).

Empfehlungen zur vertiefenden Lektüre

Zur Vertiefung: *Brudermüller*, Der reformierte Zugewinnausgleich – erste Praxisprobleme, NJW 2010, 401; *Herr*, Die Lottoentscheidung des BGH, NZFam 2014, 1; *Koch*, Die Entwicklung der Rechtsprechung zum Zugewinnausgleich, FamRZ 2013, 831, und FamRZ 2014, 885; *Löhnig*, Die Reform des Zugewinnausgleichs, JA 2010, 321; *Röthel*, Plädoyer für eine echte Zugewinngemeinschaft, FPR 2009, 273.

Fälle und Klausuren: *Körner*, Referendarexamensklausur – Familienrecht: Vermögensausgleich zwischen Ehegatten im Falle der Trennung, JuS 2007, 661; *Löhnig*, Fall 6; *Röthel*, Fall 3; *Schöpflin*, Verbrannte Gefühle, JA 2004, 527; *Schwab*, PdW, Fälle 54–67.

§ 17. Der Zugewinnausgleich im Todesfall

I. Überblick

1 Die meisten Ehen werden nicht durch Scheidung, sondern durch Tod aufgelöst. Die vermögensrechtlichen Folgen bestimmt in diesem Fall überwiegend das **Erbrecht**. Allerdings hat der Güterstand Einfluss auf das gesetzliche Ehegattenerbrecht, vgl. §§ 1931, 1371 BGB. Zudem kann es auch bei Tod eines Ehegatten zu einem Zugewinnausgleich i.S.d. §§ 1373 ff. BGB kommen, vgl. § 1371 II BGB. Die nicht ganz leicht zu verstehende Regelung des § 1371 BGB lässt sich am besten anhand der denkbaren Fallgruppen erläutern. Insofern sind folgende Fälle zu unterscheiden:

- Der überlebende Ehegatte wird gesetzlicher Erbe (Rn. 2 f.).
- Der überlebende Ehegatte wird durch Verfügung von Todes wegen bedacht (Rn. 4 ff.).
- Der überlebende Ehegatte wird enterbt (Rn. 7).

II. Ehegatte wird gesetzlicher Erbe

1. Erbrecht bei Gütertrennung

2 Lebten die Ehegatten zum Zeitpunkt des Erbfalls im Güterstand der Gütertrennung (§ 1414 BGB), so gilt für das gesetzliche Erbrecht des Ehegatten § 1931 IV BGB: Hinterlässt der Erblasser einen Ehegatten und ein Kind, so erbt jeder von ihnen ½. Bei zwei Kindern erben diese und der Ehegatte jeweils ⅓. Bei drei oder mehr Kindern bleibt es für den Ehegatten bei dem Viertel gem. § 1931 I 1 BGB. Gibt es keine Abkömmlinge, so erbt der Ehegatte neben Verwandten der zweiten Ordnung (vgl. § 1925 BGB) die Hälfte.

2. Erbrecht bei gesetzlichem Güterstand

3 Lebten die Ehegatten zum Zeitpunkt des Erbfalls im gesetzlichen Güterstand der Zugewinngemeinschaft, so bestimmt sich das gesetzliche Erbrecht des überlebenden Ehegatten nach **§ 1931 i.V.m. § 1371 I BGB**. Der überlebende Ehegatte erhält zunächst einen Anteil gem. § 1931 I 1 BGB, nämlich neben Verwandten der ersten Ordnung (Abkömmlingen des Erblassers) ein Viertel bzw. neben Verwandten der zweiten Ordnung die Hälfte. Dazu kommt dann ein weiteres Viertel gem. § 1371 I BGB. Gesetzlicher Erbe in diesem Sinne wird der Ehegatte sowohl, wenn keine Verfügung von Todes wegen vorliegt, als auch dann, wenn er durch eine solche zum „gesetzlichen Erben" (vgl. §§ 2066, 2067 BGB) bestimmt wurde.

Beispiel: Erblasser Emil hinterlässt seine Frau Franziska und drei Kinder, aber kein Testament. Wenn E und F im Güterstand der Zugewinngemeinschaft gelebt haben, so erbt F zu ½, denn ihr steht ein Viertel nach § 1931 I 1 BGB zu und ein weiteres Viertel nach § 1371 I BGB. Die Kinder erhalten die andere Hälfte zu gleichen Teilen, erben also jeweils zu ⅙ (vgl. § 1924 IV BGB).

Der Gesetzgeber nimmt den gesetzlichen Güterstand somit zum Anlass, das **Erbrecht** des Überlebenden **pauschal zu erhöhen.** Dies geschieht ohne Rücksicht darauf, ob es im Fall der Eheauflösung zu Lebzeiten einen Anspruch dieses Ehegatten auf Zugewinn gegeben hätte oder nicht oder ob gar er selbst ausgleichspflichtig gewesen wäre. Der Vorteil dieser Lösung liegt freilich darin, dass man sich (ggf. komplizierte) Zugewinnausgleichsberechnungen und damit verbundene Beweisschwierigkeiten erspart. Zudem mag der Gesetzgeber die finanzielle Absicherung des überlebenden Ehegatten im Sinn gehabt haben (vgl. *Dethloff,* § 5 Rn. 133). Aus Sicht der Abkömmlinge kann das pauschal erhöhte Ehegattenerbrecht im Einzelfall aber – z.B. wenn es sich um den zweiten Ehegatten eines Elternteils handelt – schwer zu akzeptieren sein. Allerdings ist das zusätzliche Viertel nach § 1371 I BGB immerhin durch die Ausbildungskosten von Stiefkindern beschwert, vgl. § 1371 IV BGB.

III. Rechtslage bei gewillkürter Erbfolge

1. Einsetzung des Ehegatten als Erbe oder Vermächtnisnehmer

Vorrang vor der gesetzlichen Erbfolge hat die gewillkürte Erbfolge. Der **4** Erblasser kann durch Testament einen Erben bestimmen, § 1937 BGB. Wird der Ehegatte zum Erben oder Vermächtnisnehmer eingesetzt, wird er damit regelmäßig zufrieden sein und die Erbschaft annehmen (zum Fall der Ausschlagung s. Rn. 6). Ein Zugewinnausgleich findet in diesem Fall nicht statt. Sollten Abkömmlinge enterbt sein, können sie ihren Pflichtteil verlangen, § 2303 I 1 BGB. Für die Pflichtteilsberechnung sind – je nach Güterstand – die oben genannten Erbquoten (Rn. 2, 3) zugrunde zu legen. Die drei Kinder im Beispiel bei Rn. 3 könnten somit jeweils 1/12 als Pflichtteil fordern, vgl. § 2303 I 2 BGB.

2. Der Anspruch auf Pflichtteilsergänzung

Bleibt das Zugewandte (Erbteil oder Vermächtnis) wertmäßig hinter dem **5** gesetzlichen Pflichtteil des überlebenden Ehegatten zurück, so kann er **Pflichtteilsergänzung** verlangen, §§ 2305, 2307 I 2 BGB. Auch dabei bemisst sich der Pflichtteil nach dem gem. § 1371 I BGB erhöhten gesetzlichen Erbteil des Ehegatten (s. Rn. 3). Man spricht dann vom sog. „großen" Pflichtteil.

> **Beispielsfall:** Erblasser Edward hinterlässt ein Testament, in dem er Ehefrau Ava ein Grundstück im Wert von 500.000 € zuwendet, im Übrigen aber seine zwei Kinder Kira und Lia zu seinen Erben bestimmt. Der gesamte Nachlass beläuft sich auf 4 Mio. €. Die Ehegatten lebten im gesetzlichen Güterstand.
> Hier dürfte die Auslegung des Testaments ergeben, dass A ein Vermächtnis (§§ 1939, 2147 ff. BGB) in Gestalt des Grundstücks zugewandt worden ist, während K und L als Miterben zu gleichen Teilen berufen sind.
> 1. A kann somit als Vermächtnisnehmerin von den Erben K und L die Übertragung des Eigentums am Grundstück verlangen, § 2174 BGB.

2. Außerdem kann A, da ihr weniger als ihr gesetzlicher Pflichtteil hinterlassen wurde, Pflichtteilsergänzung verlangen. Der gesetzliche Erbteil von A hätte gem. § 1931 I 1 i.V.m. § 1371 I BGB ½ betragen. Ihr Pflichtteil aus § 2303 II BGB beläuft sich auf die Hälfte des gesetzlichen Erbteils (§ 2303 I 2 BGB), hier also auf ¼. Bei einem Nachlass von 4 Mio. € beträgt ein ¼ somit 1 Mio. €. Da das Grundstück nur eine halbe Million wert ist, kann A gem. § 2307 I 2 BGB den Differenzbetrag bis zum vollen Pflichtteil von 1 Mio. €, also weitere 500.000 € verlangen.

3. Ein Anspruch auf Zugewinnausgleich nach den §§ 1372 ff. BGB besteht daneben nicht.

4. Alternativ könnte A allerdings auch das ihr Zugewandte ausschlagen, was sich lohnen kann, wenn der Nachlass überwiegend aus Zugewinn des E besteht (dazu sogleich unten).

3. Die Option der Ausschlagung

6   Ist dem überlebenden Ehegatten ein Erbteil oder ein Vermächtnis zugewandt, kann er überlegen, ob er durch die Ausschlagung des ihm Zugewandten besser stehen würde. § 1371 III BGB bestimmt nämlich, dass der überlebende Ehegatte im Fall der Ausschlagung den Zugewinnausgleich sowie den auf Grundlage des nicht erhöhten gesetzlichen Erbteils des Ehegatten berechneten sog. „kleinen" Pflichtteil verlangen kann. Das ist insofern beachtlich, als die Ausschlagung ansonsten im Erbrecht stets zur Folge hat, dass auch der Pflichtteilsanspruch verloren geht (vgl. Bamberger/Roth/*Mayer*, § 1371 Rn. 28).

Damit ergibt sich – sofern ihm zumindest irgendetwas zugewandt wurde – ein **Wahlrecht** für den überlebenden Ehegatten. Er kann, ausgehend von dem Wert des Zugewandten, entweder Pflichtteilsergänzung verlangen, wobei der sog. „große" Pflichtteil zu Grunde zu legen ist (s. Rn. 5). Man spricht dann von der **erbrechtlichen Lösung**. Alternativ kann der Ehegatte das ihm Zugewandte ausschlagen und dafür Zugewinnausgleich und den kleinen Pflichtteil einfordern, sog. **güterrechtliche Lösung**. Was unter dem Strich günstiger ist, hängt davon ab, wie viel Zugewinn sich im Nachlass befindet.

Beispielsfall: Erblasser Eduard hinterlässt Ehefrau Vera, zwei Kinder sowie 1,2 Mio. € Nachlass. Davon entfallen 0,8 Mio. € auf Zugewinn, während V keinen Zugewinn erzielt hat.

1. Variante: E hat kein Testament gemacht. In diesem Fall gilt die gesetzliche Erbfolge. Danach würde V gem. §§ 1371 I, 1931 I 1 BGB die Hälfte des Nachlasses zustehen, also 600.000 €, während die Kinder jeweils 300.000 € erhielten.

2. Variante: E hat V per Testament ein Grundstück im Wert von 200.000 € zugewandt und im Übrigen die Kinder zu Erben eingesetzt.

a) Hier kann V das Grundstücksvermächtnis in Höhe der 200.000 € annehmen und zudem Pflichtteilsergänzung nach § 2307 I 2 BGB geltend machen, wobei für die Berechnung der große Pflichtteil zugrunde zu legen ist. Der große Pflichtteil beläuft sich insoweit auf die Hälfte des gesetzlichen Erbteils von V, also auf ¼ des Nachlasses bzw. 300.000 €. Damit ergibt sich ein Differenzbetrag von 100.000 €, den V neben dem Grundstück einfordern kann.

b) Alternativ kann V das Vermächtnis ausschlagen und Zugewinnausgleich sowie den kleinen Pflichtteil verlangen, vgl. § 1371 III BGB. Der Zugewinnausgleichsanspruch aus § 1378 I BGB würde sich hier auf 400.000 € (= Hälfte von 800.000 €) belaufen. Dieser Betrag wäre vom Nachlass abzuziehen, so dass für die Pflichtteilsberechnung von einem (Netto-)Nachlass in Höhe von 800.000 € auszugehen wäre. Der kleine Pflichtteil beträgt vorliegend ⅛ (= die Hälfte vom Viertel gem. § 1931 I 1 BGB) des Nachlasses, somit 100.000 €. Damit käme V insgesamt auf einen Betrag von 500.000 €. Der Ausschlagung wäre also der Vorzug zu geben.

3. Variante: Wie 2. Variante, vom Nachlass des E entfallen aber nur 300.000 € auf Zugewinn.

Hier würde sich die Ausschlagung nicht lohnen, denn V könnte lediglich 150.000 € Zugewinn und 131.250 € als kleinen Pflichtteil verlangen. Das wären zusammen 281.250 € und damit weniger als die 300.000 €, die im Rahmen des Pflichtteilsergänzungsanspruchs erlangbar wären.

Fazit: Der Grenzwert liegt hier bei einem Zugewinn von 324.000 €. Die Ausschlagung lohnt sich nur, wenn der Zugewinn über diesem Betrag liegt. Um Informationen über das Endvermögen des Erblassers zu erhalten, steht dem überlebenden Ehegatten gegen die Erben der Auskunftsanspruch gem. § 1379 BGB zu (vgl. *Dethloff*, § 5 Rn. 140).

Bei solchen Betrachtungen muss in der Praxis zudem das Erbschaftsteuerrecht berücksichtigt werden. Insofern gilt es zu beachten, dass der Zugewinnausgleich im Todesfall keinen erbschaftsteuerpflichtigen Erwerb darstellt, § 5 I 1 ErbStG, während sonstiger Erwerb von Todes wegen erbschaftsteuerpflichtig ist, soweit der Ehegatten-Freibetrag von 500.000 € (vgl. § 16 I Nr. 1 ErbStG) überschritten ist und auch keine sonstige Steuerbefreiung greift.

4. Die Enterbung des Ehegatten

Steht dem überlebenden Ehegatten kein gesetzliches Erbrecht zu und wird er **7** auch nicht durch letztwillige Verfügung von Todes wegen bedacht – nämlich weil der Erblasser testamentarisch ausschließlich andere Personen bedacht hat oder den Ehegatten ausdrücklich enterbt bzw. nur auf den Pflichtteil gesetzt hat –, so gilt § 1371 II BGB. Der überlebende Ehegatte kann in diesem Fall Zugewinnausgleich nach den §§ 1373 ff. BGB verlangen und zudem den sog. „kleinen" Pflichtteil. Andere Alternativen bestehen nicht. Der überlebende Ehegatte hat **kein Wahlrecht** dahingehend, durch Verzicht auf den Zugewinnausgleich den großen Pflichtteil zu erlangen (BGHZ 42, 182; *BGH* NJW 1982, 2497, sog. **Einheitstheorie**).

Beispielsfall: Erblasser Ernst hat seine Schwester Adelheid zur Alleinerbin eingesetzt und seine Ehefrau Fiona sowie die zwei Kinder enterbt. E hinterlässt einen Nachlass im Wert von 600.000 €. Davon sind ca. 200.000 € Zugewinn, während F keinen Zugewinn erzielt hat. Was kann F von A verlangen?

1. F kann zunächst von A als Erbin gem. § 1371 II Hs. 1 BGB **Zugewinnausgleich** verlangen.

Der Saldo der beiderseitigen Zugewinne beträgt hier 200.000 €. Davon steht F gem. § 1378 I BGB die Hälfte (100.000 €) zu. Diesen Betrag hat A als Nachlassverbindlichkeit (vgl. § 1967 BGB) vorab zu begleichen. Damit verbleibt ein (Netto-)Nachlass von 500.000 €.

2. F kann außerdem noch ihren **Pflichtteil** gem. § 2303 II BGB geltend machen. Der Pflichtteil berechnet sich in diesem Fall gem. § 1371 II Hs. 2 BGB nach dem nicht erhöhten gesetzlichen Erbteil des Ehegatten, also allein nach § 1931 I 1 BGB. Dieser Erbteil beläuft sich auf ein ¼, der diesbezügliche Pflichtteil (vgl. § 2303 I 2 BGB) auf die Hälfte davon, also auf ⅛. F kann folglich noch ⅛ von 500.000 € verlangen, d.h. 62.500 €.

3. Hinweis: Den Kindern steht in diesem Fall – ausgehend vom kleinen Pflichtteil der Mutter – ein Pflichtteil von jeweils ½ × ⅜ zu, also jeweils ³⁄₁₆.

Ergebnis: Insgesamt kann F von A somit 162.500 € verlangen. Andere Optionen bestehen nicht.

IV. Fälle des rein güterrechtlichen Ausgleichs

8   Von den beschriebenen Fallgruppen zu unterscheiden sind Fälle, in denen der Ehegatte zwar den Zugewinnausgleich nach § 1371 II BGB verlangen kann, nicht aber auch den Pflichtteil. Das gilt bei:

- wirksamem Verzicht des überlebenden Ehegatten auf Erb- und Pflichtteil bzw. nur auf den Pflichtteil (vgl. § 2346 BGB)
- Erbunwürdigkeit, § 2339 BGB
- Vorliegen der **Voraussetzungen der Ehescheidung** im Zeitpunkt des Erbfalls, sofern der Erblasser bereits die Scheidung beantragt oder ihr zugestimmt hatte. In diesem Fall ist das gesetzliche Erbrecht des Ehegatten nach § 1933 S. 1 BGB kraft Gesetzes ausgeschlossen, womit auch das Pflichtteilsrecht des Ehegatten entfällt (vgl. Palandt/ *Weidlich*, § 1933 Rn. 10)
- Erhebung eines begründeten Eheaufhebungsantrags durch den Erblasser noch zu seinen Lebzeiten, § 1933 S. 2 BGB.

Empfehlungen zur vertiefenden Lektüre

Zur Vertiefung: *Coester*, Die rechtliche Stellung des überlebenden Ehegatten, Jura 2010, 105; *Hausmann/Kühle/Schäuble*, Unklarheiten nach Scheidung und Tod, Jura 2010, 791; *Klingelhöffer*, Ehegattenpflichtteil und Zugewinnausgleich im Todesfall, ZEV 1995, 444; *Mayer*, Abhängigkeiten von Ehegüter- und Ehegattenerbrecht und Gestaltungsüberlegungen, FPR 2006, 129; *Mohr*, Erbrechtliche Wahlmöglichkeiten des überlebenden Ehegatten, NJW-Spezial 2006, 205; *Werner*, Zugewinnausgleich bei gleichzeitigem Tod beider Ehegatten, FamRZ 1976, 249.

Fälle und Klausuren: *Gehse*, Der großzügige Erblasser, JA 2004, 291; *Löhnig*, Fall 5; *Schlüter*, PdW, Fälle 35–49, 176, 214–219.

§ 18. Vermögensausgleichsansprüche außerhalb des Zugewinnausgleichs

I. Vertragliche Ansprüche

1. Einführung

Im Fall der Scheidung stellt der Zugewinnausgleich grundsätzlich eine 1 abschließende Regelung für den Vermögensausgleich der im gesetzlichen Güterstand lebenden Ehegatten dar. Vertragliche Ansprüche bleiben davon aber unberührt. So können auch Ehegatten etwa einen Darlehensvertrag (§ 488 BGB) oder einen **Arbeitsvertrag** (§ 611 BGB) schließen und daraus Ansprüche herleiten. Allerdings müssen konkrete Anhaltspunkte für einen diesbezüglichen Vertragsschluss feststellbar sein.

Beispiel: Ehefrau Evi arbeitet seit Jahren im Betrieb ihres Ehemannes als Aushilfskraft mit. E erhält aber weder ein Gehalt, noch werden Sozialabgaben für sie abgeführt. Hier kann kein stillschweigender Abschluss eines Arbeitsvertrags vermutet werden.

2. Schenkungen und unbenannte Zuwendungen

Zurückhaltung ist auch mit der Annahme von Schenkungen i.S.v. § 516 2 BGB geboten. Zwar können sich Ehegatten wie Dritte Sachen schenken, etwa zu Weihnachten oder zum Geburtstag, so dass die §§ 516 ff. BGB zur Anwendung kommen. Die meisten Vermögensverschiebungen zwischen Ehegatten werden vom BGH jedoch nicht als Schenkungen eingeordnet, sondern als sog. unbenannte Zuwendungen (z.B. *BGH* FamRZ 2013, 296). Diese erfolgen nicht unentgeltlich zum Zweck der Bereicherung des anderen, sondern durchaus in einer Art Gegenseitigkeitsverhältnis. Sie finden ihren Rechtsgrund im Bestand der Ehe und erfolgen in der Erwartung einer langfristigen Beziehung. Schenkungsrecht findet darauf keine Anwendung. Im Trennungsfall gibt es, wenn man im gesetzlichen Güterstand gelebt hat, keine Rückforderungsansprüche. Es findet jedoch der Zugewinnausgleich statt, in dem die betreffenden Werte (z.B. als Vorausempfang, vgl. § 16 Rn. 32 ff.) Berücksichtigung finden. Im Fall der Gütertrennung kann es im Einzelfall Ansprüche wegen Wegfalls der Geschäftsgrundlage geben (s. Rn. 9 ff.).

Beispiel: Nach der Eheschließung überträgt Ehemann Ernst einen hälftigen Miteigentumsanteil an seinem Haus auf Ehefrau Fiona mit der Folge, dass die Ehegatten Miteigentümer des Hauses werden. Hier liegt eine sog. unbenannte Zuwendung und keine Schenkung i.S.v. § 516 BGB vor. Im Scheidungsfall kann E – wenn die Ehegatten im gesetzlichen Güterstand leben – allenfalls Ansprüche auf Zugewinnausgleich geltend machen.

3. Ansprüche aus beendeter Ehegatteninnengesellschaft

Unabhängig vom Güterstand kann im Einzelfall bei Verfolgung eines ge- 3 meinsamen Zwecks eine stillschweigende Ehegatteninnengesellschaft analog

§§ 705 ff. BGB (s. Rn. 14) zustande kommen. Wenn eine Gesellschaft nicht nach außen in Erscheinung tritt, handelt es sich um eine **Innengesellschaft** (ohne Gesamthandsvermögen). Löst sich diese „Gesellschaft" infolge Trennung oder Scheidung der Ehegatten auf, kommt ein **Abfindungsanspruch** analog §§ 730 ff. BGB in Betracht.

> **Beispiel:** Kaufmann Konrad und seine Frau betreiben ein Schuhgeschäft. Allerdings ist nur K im Handelsregister eingetragen, die Firma läuft allein auf seinen Namen. Gleiches gilt für die Firmenkonten. Tatsächlich arbeitet Ehefrau Frida rund 30 Stunden pro Woche im Betrieb mit. Außerdem hat sie 50.000 € in die Ladenausstattung investiert und einen Kreditvertrag bei der Bank als Gesamtschuldnerin neben ihrem Mann unterzeichnet. K und F betrachten das Schuhgeschäft als ihren „gemeinsamen Betrieb". Hier mag im Außenverhältnis allein K Betriebsinhaber sein; im Innenverhältnis ist jedoch eine Ehegatteninnengesellschaft zustande gekommen.

Ausgleichsanspruch aus beendeter Ehegatteninnengesellschaft, §§ 730 ff. BGB analog

1. Vereinbarungsgemäße Verfolgung eines **gemeinsamen Zwecks** (§ 705 BGB), der über die bloße Ausgestaltung der ehelichen Lebens- und Unterhaltsgemeinschaft hinausgeht
2. Gleichberechtigte Beteiligung bzw. **Beiträge** beider Ehegatten
3. **Beendigung** der Gesellschaft durch Trennung bzw. Scheidung

Rechtsfolge: Auseinandersetzung der Innengesellschaft analog §§ 730 ff. BGB bzw. Ausgleichsanspruch in Geld.

---

4   Scheidet ein Ehegatte anlässlich von Trennung und Scheidung aus der betreffenden Gesellschaft aus, wird er – wie ein BGB-Gesellschafter beim Austritt aus der Gesellschaft – auf einer Abfindung bestehen. Voraussetzung für einen Abfindungsanspruch gem. der §§ 730 ff. BGB analog ist allerdings, dass die Ehegatten auch ausdrücklich oder durch schlüssiges Verhalten einen **Gesellschaftsvertrag** geschlossen und einen Gesellschaftszweck verfolgt haben.

> *BGH* NJW 2012, 3374: „Die Anwendung gesellschaftsrechtlicher Regelungen kann in Frage kommen, wenn die Partner die **Absicht** verfolgt haben, mit dem Erwerb eines Vermögensgegenstandes, etwa einer Immobilie, einen – wenn auch nur wirtschaftlich – **gemeinschaftlichen Wert** zu schaffen, der von ihnen für die Dauer ihrer Lebensgemeinschaft nicht nur gemeinsam genutzt werden, sondern ihnen nach ihrer Vorstellung auch gemeinsam gehören sollte. Eine rein faktische Willensübereinstimmung reicht für eine nach gesellschaftsrechtlichen Grundsätzen zu beurteilende Zusammenarbeit dagegen nicht aus. Der konkludente Abschluss eines Gesellschaftsvertrages kann ... nicht angenommen werden, wenn die Parteien einen **Zweck** verfolgen, der nicht über die Verwirklichung der zunächst nichtehelichen und später ehelichen Lebensgemeinschaft hinausgeht. Dann bestehen grundsätzlich Zweifel an dem erforderlichen Rechtsbindungswillen. Denn in diesem Punkt haben die Partner regelmäßig keine über die Ausgestaltung ihrer Gemeinschaft hinausgehenden rechtlichen Vorstellungen".

Voraussetzung für die Annahme eines Gesellschaftsverhältnisses (vgl. § 705 BGB) ist somit, dass die Ehegatten einen **gemeinsamen**, über die Verwirklichung der ehelichen Lebensgemeinschaft und die Sicherung des Familienunterhalts **hinausgehenden Zweck** verfolgt haben (*BGH* NJW 2006, 1268, Tz. 13), wie etwa den Aufbau eines Betriebs, die gemeinsame Ausübung einer beruflichen Tätigkeit oder die Schaffung eines gemeinsamen Vermögenswertes, z.B. in Gestalt eines Hauses. Ein Gesellschaftsverhältnis setzt dabei eine weitgehend gleichberechtigte Stellung der Ehegatten und beiderseitige Beiträge von größerem Gewicht (vgl. *OLG Hamm* FamRZ 2010, 1737) voraus. Es genügt nicht, dass ein Ehegatte nur eine untergeordnete Stellung einnimmt oder Zuarbeiten erledigt.

Für die Bejahung eines Gesellschaftsverhältnisses sprechen: die Beteiligung **5** beider Ehegatten an Gewinn und Verlust (BGHZ 31, 197, 202), eine mehr oder weniger gleichrangige Stellung der Ehegatten im Betrieb bzw. Berufsbereich (BGHZ 8, 249, 255; s. auch Beispielsfall Rn. 3) und nicht unerhebliche Beitragsleistungen auf beiden Seiten, etwa in Form von Arbeit oder Kapital (BGHZ 47, 157, 164). Ob diese Voraussetzungen erfüllt sind, muss im Einzelfall sorgfältig geprüft werden; das Vorliegen einer Gesellschaft darf nicht vorschnell bejaht werden.

Abgelehnt wurde das Vorliegen einer Gesellschaft in folgenden Fällen:

- Der ausgleichsbegehrende Ehemann war in den Büchern nur als Angestellter geführt; auch war Lohnsteuer für ihn abgeführt worden. Insofern stand der ausdrückliche Arbeitsvertrag der Annahme einer stillschweigenden Ehegattengesellschaft im Wege (*BGH* NJW 1995, 3383).
- Die Ehefrau arbeitet in einem schon bestehenden mittelständischen Fertigungsbetrieb des Mannes (*BGH* FamRZ 1967, 208) oder in der Arztpraxis des Mannes (*BGH* FamRZ 1974, 592) mit.
- Die Ehefrau hatte Bankkredite besorgt, um die Existenzgründung des Ehemannes zu ermöglichen, und dafür auch dingliche Sicherheiten gestellt; zudem hatte sie Aushilfstätigkeiten übernommen (*BGH* FamRZ 1987, 907).

Ist eine Gesellschaft im Einzelfall tatsächlich zu bejahen, steht dem Ehegat- **6** ten mit Trennung bzw. Scheidung ein **Ausgleichsanspruch in Geld** zu, der sich nach Art und Umfang seiner Beiträge und der Höhe des dadurch erzielten Wertzuwachses richtet. Als **Anspruchsgrundlage** dafür wird teilweise § 738 I 2 BGB genannt (vgl. *OLG Schleswig* FamRZ 2004, 1375), der *BGH* verweist aber regelmäßig allgemein auf die §§ 730 ff. BGB (z.B. *BGH* NJW 2012, 3374). Im Zweifel ist eine jeweils hälftige Beteiligung der Ehegatten am Gesellschaftsvermögen anzunehmen, § 722 I BGB.

II. Ansprüche aus Gesamtschuldnerausgleich

7   Schulden Ehegatten eine Leistung in der Weise, dass ihr Gläubiger die Leistung wahlweise von jedem von ihnen ganz oder zu einem Teil fordern kann, so sind sie Gesamtschuldner i.S.v. § 421 BGB. Ein typisches Beispiel hierfür bildet das von beiden Ehegatten gemeinsam aufgenommene Darlehen zur Immobilienfinanzierung. Hat einer der Ehegatten im Außenverhältnis die Forderung des Gläubigers erfüllt (z.B. das Darlehen getilgt), so stellt sich im **Innenverhältnis** die Frage, ob und inwieweit er beim anderen Gesamtschuldner Regress nehmen kann. Dazu regelt § 426 I 1 BGB, dass die Gesamtschuldner im Innenverhältnis im Zweifel zu gleichen Anteilen verpflichtet sind, soweit nicht ein anderes bestimmt ist. Daraus folgt für das Ehegatteninnenverhältnis die Frage, unter welchen Umständen hier „etwas anderes bestimmt" ist.

8   Nach st. Rspr. des BGH ist für eine **anderweitige Bestimmung** i.S.v. § 426 I 1 BGB keine Vereinbarung der Parteien erforderlich; die abweichende Bestimmung kann sich vielmehr aus dem Sinn und Zweck eines zwischen den Gesamtschuldnern bestehenden Rechtsverhältnisses oder aus der Natur der Sache ergeben, also aus der besonderen Gestaltung des tatsächlichen Geschehens (*BGH* NJW 2007, 3564, Tz. 13; FPR 2003, 246). Bedeutung hat dabei auch die Frage, ob die gemeinsamen Schulden von einem Ehegatten während des Zusammenlebens oder erst nach Trennung abgetragen wurden; denn mit Trennung werden die Umstände, die zuvor einen besonderen Verteilungsmaßstab gerechtfertigt haben, meist entfallen, so dass wieder die für den Regelfall angeordnete anteilige Haftung nach § 426 I 1 BGB gilt (*BGH* FPR 2003, 246).

Beispiele:

- Wird bereits bei der Berechnung des Ehegattenunterhalts die alleinige Schuldentilgung durch einen Ehegatten (etwa den Ehemann) leistungsmindernd berücksichtigt, so schließt das weitere Ausgleichsansprüche nach § 426 BGB aus (*BGH* FamRZ 2005, 1236, 1237; FamRZ 2008, 602).
- Werden Steuerschulden der Ehegatten während der Ehe stets vom Ehemann beglichen, ohne dass jemals Ausgleichsansprüche gegen die Ehefrau geltend gemacht wurden, so ist aufgrund dieser tatsächlichen Übung der Ehegatten etwas anderes i.S.v. § 426 I 1 BGB bestimmt (vgl. *BGH* FamRZ 2002, 1024). Der Ehemann kann nachträglich keine Ausgleichsansprüche geltend machen. Mit Trennung hingegen besteht kein Grund mehr, an der bisherigen Handhabung festzuhalten. Werden nunmehr gemeinsame Steuerschulden getilgt, besteht ein anteiliger Regressanspruch entsprechend den auf das jeweilige Einkommen entfallenden Steuern.
- Unterschreibt die Ehefrau den Geschäftskreditvertrag ihres Mannes als Mitschuldnerin, so wird im Innenverhältnis regelmäßig der Ehemann allein die Haftung zu übernehmen haben, weil der Kredit seinen beruflichen Interessen diente.

III. Vermögensausgleichsansprüche bei Scheidung im Fall der Gütertrennung

1. Anspruch wegen Störung der Geschäftsgrundlage

Wurde der Zugewinnausgleich ausgeschlossen oder leben die Ehegatten **9** ohnehin in Gütertrennung, so findet bei Trennung oder Scheidung kein Zugewinnausgleich statt. Sind jedoch **unbenannte Zuwendungen** größeren Umfangs an den anderen Ehegatten erfolgt, z.B. in Form von Dienstleistungen oder Investitionen, wird der leistende Ehegatte oft nachträglich Ausgleich begehren. Zunächst ist dann zu prüfen, ob ein Arbeits-, Dienst- oder Gesellschaftsverhältnis (s. Rn. 3) oder ein Darlehensvertrag vereinbart worden war. Meist fehlen jedoch Anhaltspunkte hierfür. In solchen Fällen ist weiter zu prüfen, ob ein Ausgleichsanspruch infolge Störung der Geschäftsgrundlage (§ 313 BGB) besteht.

Erbringt ein Ehepartner **Arbeitsleistungen**, die lediglich das Vermögen des **10** anderen mehren und deren Umfang über das hinausgeht, was er im Rahmen der unter Ehegatten bestehenden gegenseitigen Beistands- und Unterstützungspflicht oder seiner Unterhaltspflicht schuldet, so ist in der Regel davon auszugehen, dass diese Arbeitsleistungen nach einer **stillschweigenden Übereinkunft** der Ehegatten zur Ausgestaltung der ehelichen Lebensgemeinschaft erbracht werden und darin ihre Geschäftsgrundlage haben. Im Scheitern der Ehe liegt dann der Wegfall der Geschäftsgrundlage. Daraus kann ein auf **Geldzahlung gerichteter Ausgleichsanspruch** folgen (BGHZ 127, 48 = NJW 1994, 2545). Gleiches gilt bei der Übertragung von **Vermögenswerten** (z.B. Immobilien) auf den anderen Ehegatten, wenn sie um der Ehe willen und als Beitrag zur Verwirklichung, Ausgestaltung und Sicherung der Ehe erbracht werden und der Leistende dabei die Erwartung hat, dass die eheliche Lebensgemeinschaft fortbesteht und er im Rahmen dieser Gemeinschaft am Vermögenswert und dessen Früchten weiter teilhaben wird. Darin ist dann die Geschäftsgrundlage der Zuwendung zu sehen (*BGH* NJW 2006, 2330).

Der Tatbestand des § 313 I BGB setzt allerdings auch voraus, dass das Fest- **11** halten am unveränderten Vertrag **unzumutbar** ist. Das muss − wie auch sonst − im Einzelnen geprüft werden.

BGH NJW 2012, 3374: „Bei der Abwägung, ob und gegebenenfalls in welchem Umfang Zuwendungen wegen Wegfalls der Geschäftsgrundlage zurückgestattet werden müssen, ist auch zu berücksichtigen, dass der Partner es einmal für richtig erachtet hat, dem anderen diese Leistungen zu gewähren. Ein korrigierender Eingriff ist grundsätzlich nur gerechtfertigt, wenn dem Leistenden die Beibehaltung der durch die Leistung geschaffenen Vermögensverhältnisse **nach Treu und Glauben** nicht zuzumuten und deshalb unbillig ist. Das Merkmal der **Unbilligkeit** impliziert zugleich, dass ein Ausgleich nur wegen solcher Leistungen in Betracht kommt, denen nach den jeweiligen Verhältnissen **erhebliche Bedeutung** zukommt. Maßgebend ist eine **Gesamtabwägung der Umstände des Einzelfalls** ... Ob und gegebenenfalls inwieweit ein Anspruch besteht, hängt mithin insbesondere von der Dauer der Lebensgemeinschaft, dem Alter der Parteien, Art und Umfang der erbrachten Leistungen, der Höhe der dadurch bedingten und noch vorhandenen Vermögensmehrung sowie von den Einkommens- und Vermögensverhältnissen ab."

12 Auch die **Höhe des Anspruchs** bemisst sich nach den Umständen des Falls, vor allem aber nach Art und Umfang der Leistungen. Eine **Obergrenze** des Anspruchs bildet die beim anderen Ehegatten aktuell feststellbare Vermögensmehrung bzw. der Umfang der von ihm (für eine andere Arbeitskraft) ersparten Aufwendungen. Das entspricht der Wertung von § 818 II, III BGB.

Beispielsfall (nach BGHZ 127, 48): Ehefrau Elvira hat bei ihrem Ehemann Moritz in dessen Betrieb jahrelang halbtags mitgearbeitet, außerdem zu Hause den Haushalt geführt und die Kinder betreut. Als sich M von ihr trennt, fragt E, ob sie nun nachträglich ein Entgelt für ihre Dienstleistungen im Betrieb verlangen kann. Zumindest müsse M ihr ihren „Gesellschaftsanteil" auszahlen, schließlich habe ihre Mitarbeit wesentlich dazu beigetragen, dass der Betrieb des M heute mehr denn je floriere. M habe sich durch ihre Mitarbeit auch die Einstellung einer anderen Arbeitskraft erspart. M jedoch verweist darauf, dass sie Gütertrennung vereinbart haben und verweigert jegliche Zahlungen.

1. E kann, da Gütertrennung vereinbart worden war, keinen Zugewinnausgleich aus § 1378 I BGB verlangen.
2. Ein Anspruch aus **Dienstvertrag**, § 611 I BGB, scheidet ebenfalls aus, da nicht ersichtlich ist, dass E und M eine diesbezügliche Vereinbarung getroffen hatten.
3. Ein Anspruch auf Abfindung infolge Auflösung bzw. Auseinandersetzung einer **Ehegatteninnengesellschaft** aus § 738 I 2 BGB analog (dazu Rn. 3 ff.) ist vorliegend zu verneinen. Zum einen ist schon fraglich, ob ein hierauf gerichteter (zumindest stillschweigender) Vertragsschluss erfolgt ist. Vor allem aber haben die Ehegatten keinen gemeinsamen Zweck verfolgt; denn es war wohl stets nur der Betrieb des M und kein gemeinsamer Betrieb. Auch hat E nur untergeordnete Dienstleistungen erbracht, so dass es an ebenbürtigen Beiträgen der Ehegatten fehlt. All das spricht gegen die Annahme einer Ehegatteninnengesellschaft.
4. Denkbar bleibt ein Anspruch auf Ausgleichszahlung wegen **Störung der Geschäftsgrundlage** (§ 313 BGB). In Fällen der Gütertrennung ist bei erheblichen, d.h. über das unterhaltsrechtlich geschuldete Maß deutlich hinausgehenden Zuwendungen oder Arbeitsleistungen in Geschäft oder Betrieb des anderen Ehegatten ein (stillschweigender) familienrechtlicher Vertrag besonderer Art anzunehmen, der den Rechtsgrund für die betreffenden Zuwendungen bildet. Als Geschäftsgrundlage kann insoweit der Fortbestand der Ehe und die weitere Partizipation an den Früchten der eigenen Arbeit begriffen werden. Mit Scheidung der Ehe entfällt diese Geschäftsgrundlage mit der Folge, dass der Mitarbeitende unter den Voraussetzungen von § 313 I BGB einen Ausgleichsanspruch geltend machen kann. Diese Voraussetzungen sind hier zu bejahen. E hat nur deshalb Dienstleistungen erbracht, die weit über das unterhaltsrechtlich Geschuldete hinausgehen, weil sie auf die dauerhafte eheliche Lebensgemeinschaft vertraut hat. Angesichts der Scheidung ist es ihr nicht zuzumuten, an der stillschweigenden Vereinbarung unentgeltlicher Dienstleistungen festzuhalten.
E hat gegen M also einen Anspruch aus § 313 BGB auf finanziellen Ausgleich. Als Anhaltspunkt kann der Betrag gelten, den M ansonsten für eine andere Ersatzkraft hätte aufwenden müssen, sofern noch eine Bereicherung in diesem Umfang festzustellen ist.

2. Die Voraussetzungen im Überblick

> **Ausgleichsanspruch wegen Wegfalls der Geschäftsgrundlage eines familienrechtlichen Vertrags sui generis (§ 313 BGB)**
>
> 1. Ehegatten leben im Güterstand der Gütertrennung
> 2. Vorrangige vertragliche Ansprüche fehlen
> 3. Umfangreiche, längerwährende Dienstleistungen oder erhebliche Vermögenszuwendung eines Ehegatten
> 4. Erwartung des Bestands der Ehe und der weiteren Nutznießung an den eigenen Leistungen als Geschäftsgrundlage
> 5. Wegfall der Geschäftsgrundlage durch Trennung bzw. Scheidung
> 6. Vermögensmehrung beim anderen Ehegatten infolge der Leistungen
> 7. Unzumutbarkeit des Festhaltens an der Vermögensverschiebung für den Leistenden, vgl. § 313 I BGB
>
> **Rechtsfolge:** Ausgleichsanspruch in Geld

Die genannten Grundsätze wurden von der Rechtsprechung für die Fälle **13** der **Gütertrennung** entwickelt. Gleiches hat aber zu gelten, wenn die Ehegatten zwar im gesetzlichen Güterstand leben, aber den Zugewinnausgleich ausgeschlossen haben. *Neben* dem Zugewinnausgleich hingegen sind Ansprüche wegen Störung der Geschäftsgrundlage nur höchst ausnahmsweise denkbar (dazu Rn. 16 f.).

Hinsichtlich der erbrachten Arbeiten für Beruf oder Betrieb des Ehegatten **14** kommen **Dienstleistungen aller Art** in Betracht, insbesondere auch solche in untergeordneter Stellung. Sie können zum Teil auch schon vor Eheschließung geleistet worden sein. Entscheidend ist, dass die Dienstleistungen vom Umfang her deutlich über das hinausgehen, was sich die Ehegatten bereits unterhaltsrechtlich gem. § 1360 BGB schulden. Nur unter solchen Voraussetzungen kann von einem stillschweigenden familienrechtlichen Vertrag ausgegangen werden. Entsprechendes gilt für **Vermögenszuwendungen.** Nur erhebliche Zuwendungen, deren Wert und Nutzen über laufende Unterstützungs- und Unterhaltsleistungen hinausgehen, rechtfertigen die Anwendung von § 313 BGB.

Klausurhinweis: Diese auf Richterrecht beruhenden Grundsätze stammen bereits aus der Zeit vor Inkrafttreten von § 313 BGB. Tatsächlich fällt die Subsumtion unter diese Norm in den betreffenden Fällen auch schwer. Es genügt daher, § 313 BGB zu zitieren und inhaltlich die Rechtsprechungsgrundsätze zu prüfen.

3. Abgrenzung von Ehegatteninnengesellschaft und familienrechtlichem Vertrag sui generis

15   Besteht im Einzelfall ein Anspruch aus Auseinandersetzung einer Ehegatteninnengesellschaft, so ist dieser Anspruch gegenüber einem Anspruch wegen Wegfalls der Geschäftsgrundlage (§ 313 BGB) vorrangig. Auf § 313 BGB ist dann gar nicht mehr einzugehen. Macht die Abgrenzung der beiden Rechtsinstitute nach den jeweiligen Umständen Schwierigkeiten, so wird regelmäßig jedes gut begründete Ergebnis vertretbar sein. Als Faustregel kann gelten, dass die Gesellschaft von einer über die eheliche Lebensgemeinschaft hinaus gehenden, gemeinsamen **Wertschöpfung** durch beiderseitige Beitragsleistungen geprägt ist, während mit Hilfe der Geschäftsgrundlagenlösung eher untergeordnete Dienstleistungen erfasst werden, die letztlich als Beitrag zur ehelichen Lebensgemeinschaft gedacht sind. Insofern sind die **Zielvorstellungen** der Ehegatten bei der Vermögensbildung im Zweifel das entscheidende Abgrenzungskriterium (BGHZ 142, 137 = NJW 1999, 2962).

IV. Ausgleichsansprüche neben dem Zugewinnausgleich

1. Die §§ 1373 ff. BGB als abschließende Sonderregelung

16   Leben die Ehegatten im gesetzlichen Güterstand, so bilden im Fall der Scheidung die Vorschriften über den Zugewinnausgleich grundsätzlich eine abschließende Sonderregelung (BGHZ 82, 227). Unbenannte Zuwendungen der Ehegatten werden im Trennungsfall also nicht gesondert ausgeglichen. Nicht zuletzt ergäbe sich sonst auch das Problem, beide Verfahren korrekt voneinander abzugrenzen. Unberührt bleiben allerdings konkrete Ansprüche aus Vertrag (z.B. aus Darlehen; s. Rn. 1), Ansprüche aus Ehegatteninnengesellschaft (*BGH* NJW 2006, 1268; s. Rn. 3) sowie aus Gesamtschuldnerausgleich (*BGH* FPR 2003, 246; s. Rn. 7 f.).

Der Grundsatz der abschließenden Sonderregelung der §§ 1373 ff. BGB kann im Einzelfall zu schwer erträglichen Ergebnissen führen. Beachtlich ist etwa, dass von einer Zuwendung (z.B. Haushälfte) im Rahmen des Zugewinnausgleichs wertmäßig maximal die Hälfte zurückverlangt werden kann. Indes hat der BGH schon mehrfach betont, dass die Ergebnisse, die sich zwangsläufig aus der Systematik der §§ 1373 ff. BGB ergeben, grundsätzlich hinzunehmen sind, mögen sie auch im Einzelfall sehr ungerecht erscheinen.

Beispiel (nach BGHZ 115, 132): Die Ehefrau überträgt auf den Ehemann all ihre Wertpapiere, um im Unterhaltsverfahren gegenüber ihrem Unterhalt fordernden Kind (aus früherer Ehe) auf mangelndes Einkommen und Vermögen bzw. Leistungsunfähigkeit verweisen zu können. Anlässlich der Scheidung verlangt die Frau die Wertpapiere dann später vom Ehemann zurück. Mangels konkreter vertraglicher Vereinbarung besteht jedoch kein Anspruch hierauf. Die Ehefrau ist allein auf das Zugewinnausgleichsverfahren zu verweisen, über das sie aber nur einen Teil des Wertes zurückbekommen wird.

2. Die Ausnahmefälle

Gleichwohl hat die Rechtsprechung auch anerkannt, dass unter besonderen **17** Umständen ausnahmsweise weitergehende Ansprüche in Betracht kommen, nämlich dann, wenn der Zugewinnausgleich letztlich zu **schlechthin untragbaren Ergebnissen** führt (*BGH* FamRZ 1991, 1169, 1170; NJW 1997, 2747; NJW-RR 2010, 1513). Ein solcher Fall ist bislang jedoch nur höchst selten bejaht worden.

Ein Anspruch wegen Wegfalls der Geschäftsgrundlage (§ 313 BGB) oder eine Korrektur des Zugewinnausgleichs nach Treu und Glauben (§ 242 BGB) kann anzuerkennen sein:

- bei umfangreichen **vorehelichen** Zuwendungen, die nicht nur in Erwartung der Eheschließung sondern auch einer lebenslang bestehenden Ehe erfolgt waren; denn insoweit greift der Zugewinnausgleich, der allein auf die Ehezeit abstellt, nicht (BGHZ 115, 261);
- wenn der leistende Ehegatte im Rahmen des Zugewinnausgleichs praktisch nichts vom anderen Ehegatten verlangen kann, selbst jedoch während der Ehe erhebliche Zuwendungen gemacht hat und nun bei Scheidung infolge Verarmung nicht mehr in der Lage ist, seinen eigenen Unterhalt abzudecken (Gedanke des § 528 BGB);
- wenn ein besonderes persönliches Interesse an der Rückübertragung eines ganz **bestimmten Gegenstands** (z.B. Elternhaus, Familienschmuck) besteht (angedeutet in BGHZ 82, 227); allerdings muss dann im Gegenzug eine Ausgleichzahlung angeboten werden.

3. Die Rückforderung von Schwiegereltern-Zuwendungen

Ein aktuelles Thema bilden Ansprüche von Schwiegereltern, die im Fall **18** der Scheidung ihres Kindes Vermögenszuwendungen vom Schwiegerkind zurückverlangen. Früher ließ der BGH solche Rückforderungsansprüche regelmäßig mit der Begründung scheitern, dass die Zuwendung so zu behandeln sei, als wäre sie an das eigene Kind erfolgt und dann von diesem an dessen Ehegatten weitergegeben worden (Theorie der Kettenschenkung). Eben dann wäre der Zuwendungsempfänger aber – bei gesetzlichem Güterstand – allein dem etwaigen Anspruch auf Zugewinnausgleich ausgesetzt, während andere Ausgleichsansprüche wegen des Vorrangs der güterrechtlichen Abwicklung (vgl. Rn. 15) ausgeschlossen wären. Diese Ansicht hat der BGH inzwischen aufgegeben (BGHZ 184, 190 und *BGH* NJW 2010, 2884).

> **Beispielsfall (nach BGHZ 184, 190):** Tina und Max wollen heiraten. Damit die Ehegatten ein Heim haben, kauft M eine Eigentumswohnung, für die er als Alleineigentümer im Grundbuch eingetragen wird. Da M den Kaufpreis nur teilweise aufbringen kann, beschließen die Eltern von T, 60.000 € beizusteuern und überweisen diesen Betrag auf das Konto von M. Nach der Heirat leben T und M in der Wohnung, zwei Jahre später kommt es jedoch zur Trennung und schließlich auch zur Scheidung. Die Eltern verlangen nun von M die 60.000 € zurück.
>
> I. Die Eltern haben hier gegen M einen **Rückzahlungsanspruch aus § 313 I BGB**.
> 1. Das zu Grunde liegende Schuldverhältnis ist eine Schenkung i.S.v. § 516 BGB. Anders als zwischen Ehegatten (vgl. Rn. 2) ist insoweit nicht von einer unbenannten

Zuwendung auszugehen; schließlich kommt es beim Schenker zu einer dauerhaften Vermögensminderung. Während Ehegatten bei einer Zuwendung die Vorstellung haben, im Rahmen der Ehe selbst weiter aus dem Zuwendungsgegenstand Nutzen zu ziehen, erbringen Schwiegereltern ihre Zuwendung in dem Bewusstsein einer eigenen dauerhaften Vermögensminderung (*BGH* a.a.O.).

2. Die **Anwendung von § 313 I BGB** ist dabei nicht durch die §§ 527 ff. BGB ausgeschlossen. Diese Normen bilden im Rahmen ihres Anwendungsbereichs zwar vorrangige Regelungen im Hinblick auf Widerruf und Rückforderung von Schenkungen. Der vorliegende Fall, bei dem die Geschäftsgrundlage der Schenkung in der für M erkennbaren Erwartung lag, dass seine Ehe mit T von Dauer sein würde, wird von den §§ 527 ff. BGB jedoch nicht erfasst, sodass § 313 I BGB anwendbar ist.

3. Die Eltern hatten die Vorstellung, die eheliche Lebensgemeinschaft des von ihnen beschenkten Schwiegerkindes mit ihrem Kind werde Bestand haben und ihre Schenkung demgemäß dem eigenen Kind dauerhaft zugutekommen. Auf dieser Vorstellung baute ihr Parteiwille erkennbar auf. Mit Trennung bzw. Scheidung der Tochter ist für die Eltern die **Geschäftsgrundlage** ihrer Schenkung somit **entfallen**.

4. Das Festhalten an der Vermögensverschiebung ist den Schwiegereltern nach dem Umständen **nicht zumutbar** (vgl. § 313 I BGB), so dass ein Rückzahlungsanspruch zu bejahen ist. Dessen Höhe richtet sich nach den Umständen des Einzelfalls. Dabei ist zu beachten, dass die Geschäftsgrundlage nur in dem Umfang entfällt, in dem das eigene Kind nicht wie erwartet angemessen von der Schenkung profitiert (*BGH* NJW 2012, 523). Hier erfolgte die Trennung schon zwei Jahre nach Kauf der Wohnung. Die Begünstigung der T war somit nur von sehr kurzer Dauer. Daher dürfte ein voller Rückzahlungsanspruch gerechtfertigt sein (a.A. vertretbar).

5. In solchen Fällen gilt es nun allerdings zu vermeiden, dass das Schwiegerkind die Schenkung an die Schwiegereltern zurückgeben und zugleich wegen des Vermögenswertes (hier: Wohnung) **Zugewinnausgleich** an seinen Ehegatten zahlen muss. Um letzteres zu vermeiden und den Wert zugewinnneutral zu behandeln, ist laut BGH die schwiegerelterliche Schenkung sowohl im Anfangs- als auch im Endvermögen des Schwiegerkindes zu berücksichtigen. Für voreheliche Schenkungen ergibt sich die Berücksichtigung im Anfangsvermögen aus § 1374 I BGB, bei Schenkungen nach der Eheschließung aus § 1374 II BGB (privilegierter Erwerb). Problematisch bleibt jedoch, dass etwaige Rückforderungsansprüche von Schwiegereltern vor dem für den Zugewinnausgleich maßgeblichen Stichtag des § 1384 BGB entstehen und sich somit im Endvermögen als Verbindlichkeit wiederum zugewinnmindernd auswirken könnten. Dem begegnet der BGH mit dem Trick, dass diese Verbindlichkeit auch zugleich im Anfangsvermögen berücksichtigt wird, nämlich als (gewissermaßen durch Trennung aufschiebend bedingte) künftige Verbindlichkeit. Auf diese Weise wird gewährleistet, dass sich der Zuwendungswert im Zugewinnausgleich neutralisiert und das Schwiegerkind nicht doppelt in Anspruch genommen wird.

II. Neben dem Anspruch aus § 313 I BGB hält der BGH für Rückforderungen von Schwiegereltern zudem einen Anspruch aus **§ 812 I 2 Alt. 2 BGB** wegen **Zweckverfehlung** für denkbar. Insbesondere könne der verfolgte Zweck darin bestehen, dass der Zuwendungsgegenstand dem eigenen Kind dauerhaft zugute kommt, indem dessen Ehe fortbesteht (BGHZ 184, 190, Tz. 47 ff.).

Empfehlungen zur vertiefenden Lektüre

Zur Vertiefung: *Henke/Keßler*, Die Rückforderung von Zuwendungen nach endgültiger Trennung, JuS 2011, 583 und 686; *Koch*, Rückforderung von Schenkungen in der Familie, NZFam 2014, 311; *Kogel*, Zuwendungen von Schwiegereltern an das Schwiegerkind – ein juristisches Minenfeld, FamRZ 2011, 1121; *Rauscher*, Ehegattenzuwendungen, NZFam 2014, 298; *Wellenhofer,* Ausgleich von Zuwendungen unter Ehegatten nach § 313 BGB, NZFam 2014, 314.

Fälle und Klausuren: *Braun*, Ein schockierendes Leben, Jura 2013, 1159; *Adolphsen/ Mutz,* Fortgeschrittenenklausur: Rückforderung schwiegerelterlicher Zuwendungen, JuS 2011, 431; *Körner*, Referendarexamensklausur – Familienrecht: Vermögensausgleich zwischen Ehegatten im Falle der Trennung, JuS 2007, 661; *Löhnig,* Fall 8; *Roth*, Fall 8; *Schwab*, PdW, Fälle 68–72.

§ 19. Wiederholung

1. Welches rechnerische Grundprinzip liegt dem Zugewinnausgleich zu Grunde?
2. Welcher Stichtag gilt für die Berechnung des Endvermögens beim Zugewinnausgleich?
3. Warum vereinbaren viele Ehegatten lediglich den Ausschluss des Zugewinnausgleichs, nicht aber Gütertrennung?
4. Können auch Kinder des ausgleichpflichtigen Ehegatten auf Zahlung des Zugewinnausgleichs in Anspruch genommen werden?
5. Fallen beim Zugewinnausgleich auch Wertsteigerungen des Anfangsvermögens in das Endvermögen?
6. Wie wird der Lottogewinn eines Ehegatten im Zugewinnausgleich behandelt?
7. Nach welchen Vorschriften bestimmt sich das Erbrecht des Ehegatten im gesetzlichen Güterstand der Zugewinngemeinschaft?
8. In welchem Fall besteht für den überlebenden Ehegatten ein Wahlrecht zwischen der erbrechtlichen und der güterrechtlichen Lösung?
9. Wie ist zu verfahren, wenn das rechnerische Ergebnis des Zugewinnausgleichs zu unbilligen Ergebnissen führt?
10. Können Ansprüche aus beendeter Ehegatteninnengesellschaft auch bei Ehen gegeben sein, für die der gesetzliche Güterstand gilt?

Die Antworten zu den Kontrollfragen finden Sie am Ende des Buches.

Kapitel 5. Scheidung und Scheidungsfolgenrecht

§ 20. Die Scheidung der Ehe

I. Grundlagen

1. Überblick

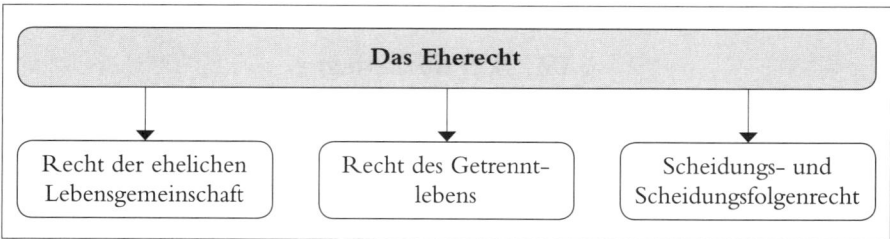

1   Wird eine Ehe geschieden, so lassen sich rechtlich drei Zeitphasen unterscheiden: die Zeit der bestehenden ehelichen Lebensgemeinschaft (vgl. §§ 1353 ff. BGB), die Zeit des Getrenntlebens (§§ 1361 bis 1361b BGB; unten § 21) und die Zeit nach der Scheidung, für die sich rechtliche Scheidungsfolgen ergeben können (z.B. Unterhaltsansprüche, §§ 1569 ff. BGB). Insofern gilt es – insbesondere bei Unterhaltsansprüchen – stets genau zu prüfen, für welchen Zeitraum Ansprüche geltend gemacht werden und welche Normgruppen insoweit einschlägig sind.

2   Unter **Ehescheidung** versteht man die Auflösung der Ehe durch gerichtlichen **Beschluss** (früher Urteil) mit Wirkung für die Zukunft, vgl. § 116 I FamFG. Erst durch den rechtskräftigen Beschluss des Gerichts ist die Ehe geschieden, § 1564 S. 2 BGB, § 116 II FamFG. Überlegungen, die zusätzliche Alternative einer außergerichtlichen Scheidung („light") von kinderlosen Ehen beim Notar oder Standesamt einzuführen, konnten sich bislang nicht durchsetzen (dazu *Meyer-Seitz/Groß u.*a., FF 2006, 4; *Göhler-Schlicht,* FF 2006, 77). Von der Scheidung zu unterscheiden ist die Auflösung der Ehe durch Aufhebung (dazu § 6) oder durch Tod.

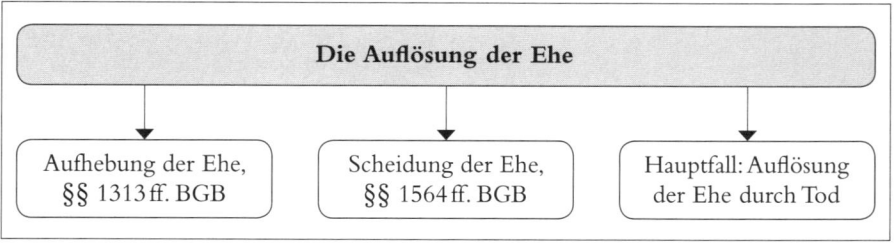

2. Das Zerrüttungsprinzip

Nach § 1565 I 1 BGB kann eine Ehe geschieden werden, wenn sie gescheitert **3**
ist. Der Grundgedanke des geltenden Scheidungsrechts ist insoweit das **Zerrüttungsprinzip**. Der objektive Umstand, dass die Ehe zerrüttet bzw. unheilbar
zerstört ist, rechtfertigt (nach einer bestimmten Phase des Getrenntlebens) die
Scheidung. Unerheblich ist dabei, welche Gründe zur Zerrüttung geführt
haben. Auf ein Verschulden kommt es nicht an. Auch derjenige Ehegatte, der –
etwa durch seine Seitensprünge – die Ehe in vorwerfbarer Weise zum Scheitern
gebracht hat, kann die Scheidung verlangen. Das Zerrüttungsprinzip ist mit
dem Grundgesetz vereinbar (BVerfGE 53, 224).

Das Zerrüttungsprinzip wurde durch das 1. EheRG mit Wirkung zum 1. 1. 1977 eingeführt. Zuvor galt das sog. **Verschuldensprinzip**. Danach berechtigten schwere Pflichtverletzungen des einen Ehegatten den anderen Ehegatten, die Scheidung zu verlangen.
Zudem strahlte die Scheidungsschuld auf die Scheidungsfolgen aus. Wer schuldig geschieden worden war, bekam grundsätzlich keinen Unterhalt. Das führte freilich zur Benachteiligung der während der Ehe nicht erwerbstätigen Hausfrau, die im Scheidungsfall um
ihre Existenz zu kämpfen hatte. Vor allem aber hatte das Verschuldensprinzip den großen
Nachteil, dass es die Beteiligten oft zwang, Details aus ihrem Intimleben zu offenbaren,
um entsprechende Schuldzuweisungen vornehmen zu können (sog. „schmutzige Wäsche
waschen"). Die bitteren Erfahrungen damit ließen den Ruf nach einem versachlichten
Scheidungsverfahren laut werden.

3. Grenzen der Vertragsfreiheit

Das Zerrüttungsprinzip und die daran anknüpfenden Normen der §§ 1564 ff. BGB sind **4**
zwingendes Recht. Die Ehegatten können nicht in einem **Ehevertrag** festlegen, dass für
sie noch das Verschuldensprinzip gelten soll (*Rauscher,* Rn. 503). Genauso wenig kann die
Scheidung durch Ehevertrag gänzlich oder auf Zeit ausgeschlossen werden (*BGH* NJW
1986, 2046). Zur Institutsgarantie der Ehe nach Art. 6 I GG und dem Bild der verweltlichten bürgerlichrechtlichen Ehe gehört insofern auch die Scheidbarkeit der Ehe (BVerfGE 31,
58, 82 f.; 53, 224, 245), zumal nur dadurch der Weg zu einer neuen Eheschließung frei wird
(vgl. *BGH* NJW 1978, 2550). Allerdings können die Ehegatten trotz des Scheiterns ihrer
Ehe selbstverständlich freiwillig auf Dauer von der Einreichung eines Scheidungsantrags
absehen. Weiterhin sind auch die gesetzlich vorgeschriebenen Trennungszeiten (§ 1566
BGB) nicht dispositiv. Bisweilen haben es die Ehegatten vor Gericht aber in der Hand,
übereinstimmend Trennungszeiten zu behaupten, deren wirklichen Ablauf der Richter
nicht immer nachprüfen kann.

II. Die Voraussetzungen der Scheidung

Es gibt **keinen Anspruch** auf Scheidung, die §§ 1564 ff. BGB enthalten **5**
keine Anspruchsgrundlagen. Es besteht allein die Möglichkeit, die Scheidung
bei Gericht zu beantragen. Zu prüfen ist daher kein Anspruch, sondern die
Erfolgsaussichten des Scheidungsantrags. In **Klausuren** können die Scheidungsvoraussetzungen auch inzident zu klären sein, z.B. bei der Prüfung des

gesetzlichen Ehegattenerbrechts, das nach § 1933 S. 1 BGB ausgeschlossen ist, wenn im Zeitpunkt des Erbfalls die Voraussetzungen für die Scheidung gegeben waren und der Erblasser die Scheidung beantragt oder ihr zugestimmt hatte (Beispielsfall: BGHZ 128, 125).

Die Voraussetzungen der Scheidung

1. **Antrag** auf Scheidung beim zuständigen Familiengericht, § 124 FamFG
2. Wirksame bestehende **Ehe**
3. Antrag ist begründet, wenn die **Ehe gescheitert** ist, § 1565 I 1 BGB
   a) Vermutung des § 1566 I BGB
      – einjähriges Getrenntleben
      – beidseitige Anträge oder Zustimmung zum Scheidungsantrag
   b) Vermutung des § 1566 II BGB
      – dreijähriges Getrenntleben
   c) Hilfsweise: Materielle Einzelfallprüfung gem. § 1565 I 2 BGB
      – Zerrüttung der Ehe
      – einjähriges Getrenntleben oder Härtefall, § 1565 II BGB
4. **Kein Härtefall** gem. § 1568 BGB

---

1. Der Scheidungsantrag

6   Der Antrag auf Scheidung beim Familiengericht kann von einem oder beiden Ehegatten gestellt werden. Für den Antragsteller gilt Anwaltszwang, § 114 I FamFG (s. Rn. 17). In der Antragsschrift sind die Namen und Geburtsdaten gemeinschaftlicher Kinder zu nennen, § 133 I Nr. 1 FamFG. Weiterhin muss angegeben werden, ob die Ehegatten bereits Regelungen über die elterliche Sorge, den Umgang mit dem Kind, den Kindesunterhalt, den Ehegattenunterhalt oder die Rechtsverhältnisse an Ehewohnung und Haushaltsgegenständen getroffen haben, § 133 I Nr. 2 FamFG. Für den Antrag gelten ansonsten die Vorschriften der ZPO über die Klageschrift entsprechend, § 124 S. 2 FamFG. Näher zum Verfahren s. Rn. 17 f.

2. Wirksame bestehende Ehe

7   Geschieden werden kann nur eine wirksam bestehende Ehe. Ist eine erfolgte Eheschließung nichtig, bedarf es keiner Scheidung. Die Nichtigkeit der Ehe kann auf Antrag gerichtlich durch Beschluss festgestellt werden (Ehesache i.S.v. § 121 Nr. 3 FamFG). Ist eine Ehe aufhebbar (vgl. Aufhebungsgründe gem. § 1314 BGB) und zudem zerrüttet, so haben die Ehegatten die Wahl, ob sie die Aufhebung oder die Scheidung beantragen.

3. Scheidung aufgrund der Zerrüttungsvermutungen, § 1566 BGB

Zentrale Voraussetzung für die Scheidung ist, dass die Ehe gescheitert ist, **8**
§ 1565 I 1 BGB. Die Ehe ist **gescheitert**, wenn die Lebensgemeinschaft der
Ehegatten nicht mehr besteht und nicht erwartet werden kann, dass die Ehegatten sie wiederherstellen, § 1565 I 2 BGB. Entscheidend dafür ist, dass die innere Bindung zwischen den Ehegatten endgültig abgerissen ist, womit freilich
meist auch die äußerliche Trennung einhergeht. Die diesbezügliche Prüfung
der tatsächlichen Zerrüttung kann indes mit Schwierigkeiten verbunden sein,
insbesondere wenn die Ehegatten insoweit unterschiedlicher Auffassung sind.
Daher hilft das Gesetz mit sog. Zerrüttungsvermutungen, § 1566 BGB. Diese
prüft man sinnvollerweise zuerst und greift erst, wenn diese nicht einschlägig
sind, auf den allgemeinen Zerrüttungstatbestand des § 1565 I 2 BGB zurück
(vgl. *OLG Brandenburg* FamRZ 2010, 1803). Dem Richter steht es aber frei,
die Scheidung von vornherein allein über § 1565 I 2 BGB zu begründen (*OLG
Köln* FamRZ 1978, 25).

a) Die Zerrüttungsvermutung des § 1566 I BGB

Nach § 1566 I BGB wird das Scheitern der Ehe **unwiderlegbar** vermutet, **9**
wenn die Ehegatten seit **einem Jahr getrennt** leben und beide Ehegatten die
Scheidung beantragen oder der Antragsgegner der Scheidung zustimmt. Sind
diese Voraussetzungen erfüllt, muss der Richter nicht mehr prüfen, ob die
Ehe tatsächlich i.S.v. § 1565 I BGB gescheitert ist. Damit wird ihm meist das
Eindringen in die Intimsphäre der Ehegatten erspart. Was unter Getrenntleben
zu verstehen ist, regelt § 1567 BGB (dazu § 21 Rn. 2). Es genügt, wenn das
Trennungsjahr im Zeitpunkt der gerichtlichen Entscheidung abgelaufen ist.

Für die **Zustimmung zum Scheidungsantrag** braucht der andere Ehegatte keinen eigenen Rechtsanwalt, vgl. § 114 IV Nr. 3 FamFG. Die Zustimmung kann zur Niederschrift
der Geschäftsstelle des Gerichts oder in der mündlichen Verhandlung zur Niederschrift
des Gerichts erklärt werden, § 134 I FamFG. Die Zustimmung kann bis zum Schluss der
mündlichen Verhandlung, in der über die Scheidung der Ehe entschieden wird, **widerrufen** werden, § 134 II 1 FamFG.

b) Die Zerrüttungsvermutung des § 1566 II BGB

Nach § 1566 II BGB wird das Scheitern der Ehe unwiderlegbar vermutet, **10**
wenn die Ehegatten seit **drei Jahren getrennt** leben. Wer nun den Scheidungsantrag stellt oder ob der andere widerspricht, ist unerheblich. Nach drei
Jahren Trennungszeit kann somit – vorbehaltlich der Härteklausel des § 1568
BGB – jede Ehe geschieden werden. Die Verfassungsmäßigkeit dieser Regelung
hat das BVerfG bestätigt (BVerfGE 53, 224, 247).

4. Scheidung aufgrund des Zerrüttungstatbestands, § 1565 BGB

a) Prüfung des Grundtatbestands von § 1565 I 2 BGB

11   Sind die Tatbestände des § 1566 BGB nicht erfüllt, bleibt der Grundtatbestand des § 1565 I 2 BGB zu prüfen. Das verlangt – auch bei einverständlichem Scheidungsantrag – eine sorgfältige materielle Einzelfallprüfung des Scheiterns der Ehe in zwei Schritten:

- Die Lebensgemeinschaft der Ehegatten darf nicht mehr bestehen (Bestandsaufnahme des Istzustands).
- Es darf zudem nicht erwartet werden, dass die Ehegatten die Lebensgemeinschaft wiederherstellen (Zukunftsprognose).

Unter der Lebensgemeinschaft der Ehegatten versteht man „das Ganze des ehelichen Verhältnisses, primär aber die wechselseitige innere Bindung der Ehegatten"; die häusliche Gemeinschaft ist nur ein Teilbereich davon (*BGH* FPR 2002, 143). Die eheliche Lebensgemeinschaft besteht somit nicht mehr, wenn das innere Band zwischen den Ehegatten endgültig abgerissen ist, wobei die einseitige Abstandnahme von der Ehe genügt. Dabei kann es auch ein Scheitern der Ehe ohne Getrenntleben geben. Entscheidend ist die „innere" Trennung, der äußerlichen Trennung kommt lediglich Indizwirkung zu. Allein dadurch, dass ein Ehegatte alters- und krankheitsbedingt geschäftsunfähig wird, wird die innere Verbundenheit nicht beseitigt (*BGH* a.a.O., S. 144).

Beispiel: Eine berufsbedingte Trennung der Ehegatten Ernst und Fiona, die zu Wohnsitzen in Berlin und München führt, lässt das „Bestehen" der ehelichen Lebensgemeinschaft unberührt, solange die innere Verbundenheit fortdauert. Sobald sich aber E aufgrund einer neuen Beziehung endgültig von der Ehe abwendet, zerreißt das innere Eheband. Von diesem Zeitpunkt an besteht die eheliche Lebensgemeinschaft zwischen E und F nicht mehr. Anders läge es jedoch, wenn E und F trotz einer neuen Beziehung des E weiterhin intim miteinander verkehren. Dann könnte noch nicht vom Scheitern der ehelichen Lebensgemeinschaft gesprochen werden (*OLG Schleswig* FamRZ 2001, 1456).

12   Neben der Bestandsaufnahme zum gegenwärtigen Zustand der Ehe verlangt § 1565 I 2 BGB zudem eine **negative Zukunftsprognose**. Die Ehe ist nur gescheitert, wenn nicht erwartet werden kann, dass die Ehegatten die Lebensgemeinschaft wiederherstellen. Der Richter muss insoweit den Zustand der Ehe gründlich **analysieren** und die tatsächlichen Versöhnungschancen abschätzen. Dazu wird er das persönliche Erscheinen der Ehegatten vor Gericht anordnen, um sie anhören zu können, vgl. § 128 I 1 FamFG. Für die Annahme des Scheiterns genügt es, wenn nach Überzeugung des Gerichts zumindest auf einer Seite endgültig keine Versöhnungsbereitschaft mehr besteht (*BGH* FamRZ 1979, 285, 287 und 422, 423 und 1003).

Maßgeblich für die Beurteilung des Scheiterns ist allein, von welchen **subjektiven Vorstellungen** die konkrete Lebensgemeinschaft der betreffenden Ehegatten im Einzelfall geprägt war (BGHZ 128, 125 = NJW 1995, 1082). So mag für das einzelne Ehepaar der einmalige Treuebruch schon die endgültige Zerstörung der Ehe bedeuten, während andere sich offen zu Dreierbeziehungen bekennen und darin keine Bedrohung ihrer Ehe sehen.

b) Vorzeitige Scheidung im Härtefall, § 1565 II BGB

§ 1565 II BGB schränkt die Scheidung auf Grundlage der materiellen Zer-   **13** rüttungsprüfung nach § 1565 I 2 BGB ein: Leben die Ehegatten noch nicht ein Jahr getrennt, so kann die Ehe nur geschieden werden, wenn die Fortsetzung der Ehe für den Antragsteller aus Gründen, die in der Person des anderen Ehegatten liegen, eine unzumutbare Härte darstellen würde. Im Grundsatz wird also auch für die Scheidung nach § 1565 I BGB das **einjährige Getrenntleben** vorausgesetzt. Damit soll die Ehe geschützt, voreilige Scheidungsanträge sowie einseitiger Rechtsmissbrauch sollen verhindert werden. Nur im Härtefall soll eine vorzeitige Scheidung möglich sein.

Nach h.M. muss sich die **unzumutbare Härte** auf die Fortsetzung der Ehe als solche beziehen bzw. auf das **formale** Weitermiteinanderverheiratetsein (*BGH* FamRZ 1981, 127, 129; *OLG Köln* FamRZ 2013, 1738; *Rauscher*, Rn. 523; *Muscheler*, Familienrecht, Rn. 402). Die Unzumutbarkeit des weiteren Zusammenlebens reicht nicht aus, da man sich davor bereits durch Trennung schützen kann. Eine Härte besteht zudem nur, wenn das Abwarten des Trennungsjahrs unter den gegebenen Umständen wirklich ausnahmsweise unzumutbar ist. Der Grund für die Unzumutbarkeit muss zudem **in der Person des anderen Ehegatten** liegen. Gründe, die beide Seiten gleichermaßen betreffen (zu enge Wohnung, Belastung der Kinder), genügen nicht. Es ist ein strenger Maßstab anzulegen (*Johannsen/Henrich/Jaeger*, § 1565 Rn. 65).

Beispiele für die Ablehnung von Härtefallen:

- Nichtzahlung von Unterhalt (*OLG Stuttgart* FamRZ 2001, 1458)
- Homosexuelles Zusammenleben eines Partners mit neuem Partner (*OLG Köln* FamRZ 1997, 24)
- Nach langjähriger Ehe offenbarte Homosexualität eines Ehegatten ohne Hinzutreten besonderer Umstände (*OLG Nürnberg* NJW 2007, 2052)
- Scheitern der Ehe drei Tage nach Eheschließung, weil der Ehemann einer Freundin der Ehefrau seine Liebe gesteht (*OLG München* FamRZ 2011, 218)
- Schwangerschaft der Frau mit Kind eines Dritten gibt der Frau keinen Grund für vorzeitige Scheidung, schließlich liegt der Grund allein bei ihr (*OLG Naumburg* NJW 2005, 1812).

Beispiele für die Bejahung von Härtefällen:

- Ehemann wohnt bereits mit neuer Freundin im bisherigen Eheanwesen (*OLG Saarbrücken* FamRZ 2005, 809)
- Schwere körperliche Misshandlungen durch den anderen Ehegatten (nicht aber nur einmalige Misshandlung, vgl. *OLG Stuttgart* FamRZ 2002, 239)
- Schwere Beleidigungen und Ehrverletzungen, grobe Verstöße gegen die ehelichen Pflichten und ernsthafte Bedrohungen bei erkennbarer Gewaltbereitschaft (*OLG Dresden* NJW-RR 2012, 1284)

- Morddrohungen durch den anderen Ehegatten in Verbindung mit Bloßstellung in der Öffentlichkeit durch Bekanntmachung intimer Umstände (*OLG Brandenburg* FamRZ 2001, 1458)
- Ehefrau geht Prostitution nach (*OLG Bremen* FamRZ 1996, 489)
- Schwangerschaft der Frau mit Kind eines Dritten gibt dem Mann einen Härtegrund, da der vor Geburt des Kindes eingereichte Scheidungsantrag dem Mann die Last der Vaterschaftsanfechtung nehmen kann, vgl. § 1599 II BGB (*OLG Karlsruhe* FamRZ 2000, 1417).

Beispielsfall: In letzter Zeit kommt es zwischen den Ehegatten Max und Flora immer häufiger zu Auseinandersetzungen. Allmählich stellen beide fest, dass sie sich auseinander gelebt haben und sich trennen wollen. Deshalb beziehen sie am 11. 10. 2013 innerhalb der ehelichen Wohnung getrennte Zimmer. Die jeweiligen Benutzungszeiten für Bad und Küche werden gesondert geregelt und strikt durchgehalten. M und F gehen sich so konsequent aus dem Weg. Als F ein intimes Verhältnis mit Bernd, dem Bruder von M anfängt, erträgt M die Situation nicht mehr und zieht im Januar 2014 aus der Ehewohnung aus, in die dann sofort B einzieht. F möchte mit B zusammenbleiben und plant mit ihm eine gemeinsame Zukunft in der ehelichen Wohnung. Auch M ist nicht versöhnungsbereit. Er reicht beim Familiengericht einen Scheidungsantrag ein, der F am 2. 3. 2014 zugestellt wird. M meint, die Scheidungsvoraussetzungen lägen vor, zumal ihm die Fortsetzung der Ehe mit F nicht zumutbar sei. Das Verhalten der F setze ihn herab und mache ihn bei allen Bekannten und den Bewohnern der 500 Einwohner zählenden Gemeinde lächerlich. F hat dem Scheidungsantrag bislang nicht zugestimmt. Wird das Gericht, das nach einer mündlichen Verhandlung im Mai 2014 eine Entscheidung treffen will, die Ehe scheiden?

Das Gericht wird dem Scheidungsantrag des M stattgeben, falls die **Voraussetzungen für die Scheidung** der Ehe vorliegen.

1. M hat einen **Scheidungsantrag** beim Familiengericht gestellt. Es kann davon ausgegangen werden, dass er anwaltlich vertreten ist und alle formalen Voraussetzungen erfüllt sind.
2. Zwischen M und F besteht laut Sachverhalt eine wirksame **Ehe**.
3. Einziger **Scheidungsgrund** ist nach § 1565 I 1 BGB das Scheitern einer Ehe. Die Ehe ist gem. § 1565 I 2 BGB gescheitert, wenn die Lebensgemeinschaft der Ehegatten nicht mehr besteht und nicht erwartet werden kann, dass die Ehegatten sie wiederherstellen. Falls eine der Scheiternsvermutungen des § 1566 BGB greift, kann allerdings auf eine materielle Zerrüttungsprüfung verzichtet werden.
   a) Die Scheiternsvermutung des § 1566 I BGB ist nicht erfüllt, weil F der Scheidung nicht zugestimmt hat.
   b) Für die Scheiternsvermutung des § 1566 II BGB fehlt es an dem dafür erforderlichen dreijährigen Getrenntleben.
   c) Somit muss geprüft werden, ob eine Zerrüttung der Ehe i.S.v. § 1565 I BGB gegeben ist. F und M haben ihre häusliche Gemeinschaft am 11. 10. 2013 aufgehoben, indem sie in der Ehewohnung getrennt lebten (vgl. § 1567 I 2 BGB). Das kann allerdings nur als Indiz für das Scheitern der Ehe gewertet werden. Entscheidend ist, ob das innere Band zwischen den Ehegatten, die innere Verbundenheit, fortbesteht oder nicht. Laut Sachverhalt hat F mit B die Ehe gebrochen und plant, ihr weiteres Leben mit B zu verbringen. Auch M hat kein Interesse mehr an der Beziehung mit F. Folglich fehlt es auf beiden Seiten an der Bereitschaft, die eheliche Lebensgemeinschaft fortzusetzen. Im Ergebnis besteht die eheliche Lebensgemeinschaft

somit nicht mehr. Da sich F einem anderen Partner zugewandt hat und M und F nicht versöhnungsbereit sind, kann auch nicht erwartet werden, dass die eheliche Gemeinschaft wiederhergestellt wird (negative Zukunftsprognose). Die Ehe ist damit gescheitert.

d) Auch wenn die Ehe gescheitert ist, kann sie nach § 1565 II BGB aber nur geschieden werden, wenn die Ehegatten mindestens **ein Jahr getrennt** leben oder die Ehe für denjenigen, der den Scheidungsantrag gestellt hat, eine unzumutbare Härte darstellt.

aa) Das Trennungsjahr ist noch nicht abgelaufen. Die Trennung hat frühestens am 11. 10. 2013 stattgefunden; im Mai 2014 sind seitdem noch keine zwölf Monate vergangen.

bb) Somit kommt es darauf an, ob die Fortsetzung der Ehe für M aus Gründen, die in der Person der F liegen, eine **unzumutbare Härte** bedeuten würde, § 1565 II BGB.

Für eine unzumutbare Härte genügt es nicht, dass das eheliche Leben unzumutbar ist; denn daraus folgenden Härten kann bereits durch die Trennung begegnet werden. Vielmehr ist erforderlich, dass das Fortbestehen der Ehe als Rechtsverhältnis bzw. das formale Weiter-miteinander-verheiratet-sein unzumutbar ist. Dabei sind an die Annahme einer unzumutbaren Härte strenge Anforderungen zu stellen. Die Verletzung der ehelichen Treuepflicht stellt nur unter besonderen Begleitumständen einen Härtegrund dar (Palandt/*Brudermüller*, § 1565 Rn. 10), zumal die Treupflicht nach Trennung der Ehegatten ohnehin gelockert sein dürfte. Vorliegend ist allerdings zu beachten, dass F die Ehe mit ihrem Schwager gebrochen hat und dass sie ihn sogleich nach dem Auszug des M in die eheliche Wohnung aufgenommen hat. Unter Berücksichtigung des Umstands, dass M und F in einem kleinen Ort mit nur 500 Einwohnern wohnen, wo sich solche Neuigkeiten besonders schnell verbreiten, kann man die Situation für M durchaus als unerträglich einstufen (vgl. *OLG Köln* FamRZ 2003, 1565; *OLG Oldenburg* FamRZ 1992, 682; a.A. vertretbar). Der Härtegrund liegt auch in der Person der F.

Damit ist ein Härtefall i.S.v. § 1565 II BGB zu bejahen. Die Scheidungsvoraussetzungen sind erfüllt.

Das Gericht wird dem Scheidungsantrag des M stattgeben.

5. Keine Scheidung im Härtefall, § 1568 BGB

a) Regelungszweck

Von der Härte i.S.d. § 1565 II BGB, die die vorzeitige Scheidung ermöglicht, **14** ist die Härte gem. § 1568 BGB zu unterscheiden, die die Scheidung (zunächst) verhindern kann. So sind Fälle denkbar, in denen trotz des festgestellten Scheiterns der Ehe ein legitimes Interesse an ihrem Fortbestand zumindest auf Zeit besteht und rechtlich schützenswert erscheint. Insbesondere mag die Aufrechterhaltung einer zerrütteten Ehe im Interesse gemeinsamer Kinder geboten sein. Daher bestimmt § 1568 BGB, dass eine Ehe nicht geschieden werden „soll" (= nicht geschieden werden darf), wenn und solange ihre Aufrechterhaltung im Interesse der Kinder ausnahmsweise geboten ist oder die Scheidung für den Antragsgegner eine besonders schwere Härte darstellen würde.

b) Das entgegenstehende Kindesinteresse

15   Nach der ersten Alternative der Härteklausel des § 1568 BGB können Kindesinteressen der Scheidung (zeitweilig) entgegenstehen. Das ist vom Gericht
von Amts wegen zu prüfen (vgl. dazu *Grziwotz*, FamRZ 2008, 2237, 2238,
mit dem Hinweis, dass dies zu selten geschehe). Dabei ist zu beachten, dass
grundsätzlich mit jeder Scheidung Belastungen für die Kinder verbunden sind
und das allein noch keinen Härtefall begründen kann. Es muss vielmehr zu befürchten sein, dass sich die Verhältnisse des Kindes durch die **Scheidung** (nicht
schon durch die Trennung) wesentlich verschlechtern, so dass **das Kindeswohl
insgesamt erheblich beeinträchtigt** würde.

Beispiele für Härtefälle:

- Im Fall der Scheidung würden sich die wirtschaftlichen Verhältnisse des Kindes massiv
  verschlechtern, weil damit zu rechnen ist, dass der Vater seine Unterhaltszahlungen
  einstellt und sich an einen unbekannten Ort absetzt.
- Das Kind droht für den Fall der Scheidung der Eltern mit Selbstmord (vgl. *OLG Hamburg* FamRZ 1986, 469).
- Das Kind hat besonders starke Bindungen zu beiden Elternteilen, die im Fall der Scheidung
  höchst bedroht scheinen (vgl. *Schwab*, FamR, Rn. 341 f.; *OLG Celle*, FamRZ 1978, 508).

c) Härte für den anderen Ehegatten, § 1568 Alt. 2 BGB

16   Auch ein Ehegatte, der nicht geschieden werden will, muss die Scheidung
nach dreijähriger Trennungszeit grundsätzlich hinnehmen, vgl. § 1566 II BGB.
Eine Ausnahme macht § 1568 Alt. 2 BGB nur für den Fall, dass gerade der
Ausspruch der Scheidung (nicht schon die Trennung) für ihn aufgrund außergewöhnlicher Umstände eine so schwere Härte darstellen würde, dass die
Aufrechterhaltung der Ehe auch unter Berücksichtigung der Belange des Antragstellers ausnahmsweise geboten erscheint.

Klausurhinweis: § 1568 Alt. 2 BGB gibt dem Antragsgegner eine **Einwendung** gegen
den Scheidungsantrag, die nur auf seinen Vortrag hin und nicht von Amts wegen zu
beachten ist, vgl. § 127 III FamFG.

Die besondere Gesetzesformulierung gibt Anlass zu **sehr restriktiver
Handhabung** der Härteklausel. Die Scheidung soll nur unter außergewöhnlich
harten, unzumutbaren Einzelfallumständen ausgeschlossen sein. Die üblicherweise mit Trennung oder Scheidung verbundenen Konsequenzen (psychische
Belastung, Verschlechterung des Lebensstandards, Verlust von Sozialleistungen, Verlust der Ehewohnung etc.) erfüllen den Tatbestand des § 1568 Alt. 2
BGB noch nicht (vgl. *OLG Brandenburg* NJW-RR 2012, 71).

Beispiele für die Bejahung eines Härtefalls:

- Infolge der Scheidung ist die weitere Verschlimmerung einer bereits bestehenden,
  schweren Krankheit (z.B. multiple Sklerose) des „verstoßenen Ehegatten" zu befürchten
  (BVerfGE 55, 134, 137).

- Der scheidungsunwillige Ehegatte ist bereits schwer krank und hat nur noch eine geringe Restlebenserwartung (z.B. Krebs im fortgeschrittenen Stadium).
- Es besteht für den Fall der Scheidung eine akute Selbstmordgefahr.
- Die Ehefrau hat sich in einer 36 Jahre währenden Ehe nachhaltig persönlich wie finanziell für den Betrieb des Mannes aufgeopfert und soll gegen ihren Willen geschieden werden, obwohl gerade zuvor auch noch der gemeinsame Sohn tödlich verunglückt ist (vgl. *BGH* FamRZ 1979, 422).

Beispiele für die Ablehnung eines Härtefalls:

- Dauernde Hilfsbedürftigkeit des Ehegatten infolge geistiger Erkrankung (*BGH* FamRZ 1979, 469)
- Psychisch steuerbare Depressionen (*OLG Stuttgart* FamRZ 1992, 320; *OLG Brandenburg* NJW-RR 2012, 71)
- Krankheitszustand, der noch nicht zu einer psychischen Ausnahmesituation geführt hat (*OLG Brandenburg* FamRZ 2010, 1803)
- Befürchtung, infolge der Scheidung zum Sozialfall zu werden (*OLG Bamberg* FamRZ 2005, 810).

III. Hinweise zum Verfahren

1. Allgemeines

Verfahren auf Scheidung der Ehe (Scheidungssachen) gehören zu den **Ehe-** 17
sachen, §§ 121 Nr. 1, 111 Nr. 1 FamFG. Zuständig ist das Familiengericht. Die
örtliche Zuständigkeit regelt § 122 FamFG. Das Scheidungsverfahren richtet
sich nach den speziellen Vorschriften der §§ 133 ff. FamFG, ergänzend gelten
die allgemeinen Vorschriften für Ehesachen (§§ 121 ff. FamFG). Es herrscht
– mit gewissen Einschränkungen gem. § 127 II, III FamFG – der Amtsermittlungsgrundsatz. Meint das Gericht, dass Aussicht auf Fortsetzung der Ehe
besteht, kann es das Verfahren aussetzen, vgl. § 136 FamFG. Eine Ehescheidung durch Versäumnisentscheidung ist unzulässig, § 130 II FamFG. Stirbt
ein Ehegatte, bevor die Scheidung rechtskräftig ist, gilt das Verfahren als in
der Hauptsache erledigt, § 131 FamFG. Ansonsten ist die Ehe mit Rechtskraft
des Beschlusses, der dem Scheidungsantrag stattgibt, aufgelöst. Gegen den
Beschluss ist das Rechtsmittel der Beschwerde statthaft (s. § 1 Rn. 9).

In Ehesachen besteht für die Ehegatten **Anwaltszwang**, § 114 I FamFG. Einer Vertretung durch einen Rechtsanwalt bedarf es allerdings nicht für die Zustimmung zur
Scheidung sowie zur Rücknahme des Scheidungsantrags oder den Widerruf der Zustimmung zur Scheidung, § 114 IV Nr. 3 FamFG. Für die einverständliche Scheidung brauchen
die Ehegatten somit nur einen Anwalt. Zu beachten ist aber, dass der anwaltlich nicht
vertretene Ehegatte keine eigenständigen Verfahrenshandlungen vornehmen kann. Zur
Wahrnehmung seiner Rechte kann ihm das Gericht daher von Amts wegen einen Anwalt
beiordnen, § 138 I FamFG.

2. Der Scheidungsverbund

18   Anlässlich der Scheidung können weitere Fragen zu klären sein: der Zugewinnausgleich, der Versorgungsausgleich, die Behandlung der gemeinsamen
Wohnung und der Haushaltsgegenstände, der nacheheliche Unterhalt, das
Sorgerecht für die Kinder. Diese Sachen können – mit Ausnahme des Versorgungsausgleichs – von Anfang an in eigenständigen Verfahren behandelt
werden. Es besteht aber auch die Möglichkeit des **Verbunds von Scheidungs-
und Folgesachen** in ein und demselben Verfahren. Auf diese Weise wird über
alles zeitgleich verhandelt und entschieden, vgl. § 137 I FamFG. Bedeutung
hat das vor allem, wenn ein Ehegatte der Scheidung nur unter bestimmten
Bedingungen zustimmen will, z.B. nur für den Fall, dass ihm eine bestimmte
Unterhaltszahlung zugesagt wird.

Begehrt ein Ehegatte den Verbund, muss er spätestens zwei Wochen vor der mündlichen
Verhandlung im ersten Rechtszug in der Scheidungssache die betreffende Verbundsache
anhängig machen, § 137 II 1 FamFG. Eine Ausnahme gilt nur für die Durchführung des
Versorgungsausgleichs, die von Amts wegen eingeleitet wird (§ 137 II 2 FamFG), sofern
die Ehegatten sie nicht wirksam ausgeschlossen haben. Unter bestimmten Umständen
kann das Gericht eine Folgesache vom Verbund abtrennen und in ein eigenständiges Verfahren überleiten, vgl. § 140 II FamFG (dazu *BGH* NJW 2011, 1141). Soweit der Verbund
bestehen bleibt, erfolgt eine **einheitliche Endentscheidung**, § 142 I FamFG. Wird der
Scheidungsantrag jedoch abgewiesen, so werden die Folgesachen gegenstandslos, sofern
ein Beteiligter nicht ausdrücklich einen anderen Antrag stellt, vgl. § 142 II FamFG. Vor
Rechtskraft des Scheidungsausspruchs werden die Entscheidungen in Folgesachen nicht
wirksam, § 148 FamFG. Die Beschwerde gegen die einheitliche Endentscheidung im Verbund kann auf Teile dieser Entscheidung beschränkt werden. Auf diese Weise kann die
Scheidung rechtskräftig werden, der Streit um den Zugewinnausgleich aber noch durch
mehrere Instanzen gehen.

Empfehlungen zur vertiefenden Lektüre

Zur Vertiefung: *Grziwotz,* „Bis dass der Tod uns scheidet" oder zumindest Kinder-
schutzklausel im Ehevertrag?, FamRZ 2008, 2237; *Hilbig,* Besonderheiten im Scheidungsverfahren, Jura 2009, 910; *Schwab,* 20 Jahre „Erstes Eherechtsreformgesetz", JuS 1997, 587.
Fälle und Klausuren: *Schwab,* PdW, Fälle 86–91.

§ 21. Das Getrenntleben

I. Einführung

1. Überblick zu den Rechtswirkungen

1   Der Scheidung geht regelmäßig eine Phase des Getrenntlebens von Mann
und Frau voraus. Hierfür gibt es eine Reihe von Sonderregelungen.

- Die beiderseitige Verpflichtung zum Familienunterhalt nach § 1360 BGB
  entfällt; es kann ein (einseitiger) Anspruch auf Zahlung von **Trennungsunterhalt** entstehen, § 1361 BGB.

- Bei Streit über die Verteilung der **Haushaltsgegenstände** kann eine gerichtliche Verteilung beantragt werden, § 1361a BGB.
- Bei Streit darüber, wer in der **Ehewohnung** verbleiben darf, kann eine gerichtliche Entscheidung beantragt werden, § 1361b BGB.
- Die Schlüsselgewalt ruht, vgl. § 1357 III BGB.
- Das gemeinsame **Sorgerecht** für gemeinsame Kinder bleibt zwar bestehen, es kann jedoch Antrag auf Änderung der Sorgerechtszuordnung gestellt werden, § 1671 BGB (dazu § 32 Rn. 18 f.).
- Lebt das Kind nun bei einem Elternteil, hat dieser die Befugnis zur alleinigen Entscheidung in Kindesangelegenheiten des täglichen Lebens, § 1687 BGB (dazu § 33 Rn. 6).

2. Begriff des Getrenntlebens

a) Definition

Nach § 1567 I 1 BGB leben die Ehegatten getrennt, wenn zwischen ihnen **2** keine häusliche Gemeinschaft besteht und ein Ehegatte sie erkennbar nicht herstellen will, weil er die eheliche Lebensgemeinschaft ablehnt. Es bedarf somit eines objektiven Elements (fehlende häusliche Gemeinschaft) sowie eines subjektiven Elements (Ablehnung der Herstellung der Gemeinschaft). Zwangsläufige Trennungen aus beruflichen Gründen oder infolge Kriegs etc. meint § 1567 I 1 BGB hingegen nicht.

Beispiel: Leben die Ehegatten Max und Flora getrennt, weil M als Archäologe für zwei Jahre in Jordanien weilt, um dort Ausgrabungen vorzunehmen, so leben sie objektiv getrennt. Ein Getrenntleben im Sinne von § 1567 BGB wird daraus aber erst, wenn sich mindestens ein Ehegatte bewusst von dem anderen abwendet und die eheliche Lebensgemeinschaft mit ihm ablehnt.

Die Begriffsbestimmung des § 1567 I 1 BGB gilt nicht nur für das Scheidungsrecht, sondern auch in allen anderen Normzusammenhängen, in denen es auf den Begriff des Getrenntlebens von Ehegatten ankommt, z.B. bei § 1357 III BGB.

b) Versöhnungsversuche

§ 1567 II BGB bestimmt, dass ein Zusammenleben über kürzere Zeit, das **3** der Versöhnung der Ehegatten dienen soll, die in § 1566 BGB (ergänze: und die in § 1565 II BGB) bestimmten Fristen nicht unterbricht oder hemmt. Da das Gesetz die Ehe schützen will (vgl. Art. 6 I GG), sollen Versöhnungsversuche der Ehegatten gefördert werden und für die Ehegatten nicht mit nachteiligen Konsequenzen für die Berechnung der Trennungszeit verbunden sein. Der erfolglose Versöhnungsversuch lässt daher eine bereits abgelaufene Trennungszeit unberührt und führt auch nicht dazu, dass eine neue Frist ausgelöst wird. Als **„kürzere Zeit"** i.S.v. § 1567 II BGB kann dabei, soweit es um die Erfüllung der einjährigen Trennungsfrist des § 1566 I BGB geht, maximal eine Frist von drei Monaten begriffen werden (*OLG Saarbrücken* FamRZ 2010, 469). Haben die Ehegatten nach eingeleiteter Versöhnung in einem Scheidungsverfahren ihre wechselseitigen **Scheidungsanträge zurückgenommen**, liegt darin allerdings eine endgültige Versöhnung, so dass im Falle eines erneuten Scheidungsbegehrens die Trennungsfristen neu zu laufen beginnen (*OLG Bremen* MDR 2012, 918).

> **Beispiel:** Die Ehegatten Max und Flora leben seit dem 1.5.2013 getrennt. Am 1.10. kommt M jedoch in die Ehewohnung zurück, weil er hofft, die Ehe doch noch retten und F umstimmen zu können. Nach vier Wochen zeigt sich jedoch, dass kein Weg mehr zurückführt und M zieht wieder aus. Am 1.5.2014 wäre somit von zwölf Monaten Trennungszeit auszugehen. Der Zeitraum des Versöhnungsversuchs bleibt gem. § 1567 II BGB unbeachtlich bzw. wird im Hinblick auf § 1566 BGB wie Trennungszeit behandelt. Die Schlüsselgewalt hingegen lebt vorübergehend wieder auf.

c) Das Getrenntleben innerhalb der Ehewohnung

4   § 1567 I 2 BGB bestimmt, dass die Ehegatten auch innerhalb der Ehewohnung getrennt leben können. In der Tat mag es Fälle geben, in denen das Geld einfach nicht reicht, um sogleich eine zweite Wohnung anzumieten. Zudem mag das Wohl von Kindern ein Getrenntleben in der Ehewohnung nahelegen. Andererseits muss vermieden werden, dass Ehegatten vor Gericht schlicht behaupten, eine einjährige Trennungszeit in der gemeinsamen Ehewohnung zurückgelegt zu haben, um eine möglichst rasche Scheidung zu erreichen. Daher legt die Rechtsprechung bei der Beurteilung des Getrenntlebens in derselben Wohnung einen strengen Maßstab an.

> Nur einmal vorhandene Einrichtungen wie Küche oder Bad dürfen nicht gleichzeitig benutzt werden; vielmehr sind klare **Benutzungsregelungen** zu treffen. Sonstige Zimmer der Wohnung dürfen nicht gemeinsam genutzt werden, vor allem nicht das Schlafzimmer (*OLG Hamm* FamRZ 1999, 723). Wird die Haushaltsführung entsprechend der Arbeitsaufteilung von den Ehegatten in wesentlichen Teilen aufrecht erhalten, ist nicht von einem Getrenntleben innerhalb der ehelichen Wohnung auszugehen (*OLG Köln* FamRZ 2013, 1738). Es muss eine **konsequente Absonderung der Lebensbereiche** erfolgen. Auch mit Rücksicht auf die Gefühle von Kindern dürfen insoweit keine Ausnahmen gemacht werden. Werden Mahlzeiten von den Ehegatten gemeinsam mit den Kindern eingenommen, spricht dies gegen ein Getrenntleben (*OLG München* FamRZ 2001, 1457). Einzelne Hilfeleistungen, etwa im Krankheitsfall, sollten allerdings unschädlich sein (vgl. auch *OLG München* FamRZ 1978, 596).

II. Der Anspruch auf Trennungsunterhalt, § 1361 BGB

5   Leben die Ehegatten getrennt i.S.v. § 1567 I BGB, so kann ein Ehegatte von dem anderen den nach den Lebensverhältnissen und den Erwerbs- und Vermögensverhältnissen der Ehegatten angemessenen Unterhalt verlangen, § 1361 I 1 BGB. Man spricht vom **Trennungsunterhalt**, im Unterschied zu dem bis zur Trennung (von beiden Ehegatten) geleisteten Familienunterhalt nach § 1360 BGB.

Merksatz: Der Anspruch auf Trennungsunterhalt ist nicht identisch mit dem Anspruch auf nachehelichen Unterhalt (*BGH* FamRZ 1981, 242; 1982, 465). Daher bedarf es nach der Scheidung eines neuen Unterhaltstitels.

Für den Trennungsunterhalt gelten im Hinblick auf Bedarfsbemessung, 6 Bedürftigkeit und Leistungsfähigkeit ähnliche Grundsätze wie für den Scheidungsunterhalt, so dass auf die dortigen Ausführungen verwiesen werden kann (vgl. § 23 Rn. 18 ff.). Unterschiede bestehen jedoch im Hinblick auf die Voraussetzungen der Unterhaltsberechtigung; denn solange man noch nicht geschieden ist, ist die wechselseitige Verantwortung der Ehegatten noch stärker ausgeprägt.

Zwar besteht *erst recht* ein Anspruch auf Trennungsunterhalt, wenn einer der Unterhaltstatbestände der §§ 1570 bis 1576 BGB (z.B. Kinderbetreuung) bereits während des Getrenntlebens erfüllt ist. § 1361 BGB geht jedoch noch weiter, indem er den nicht berufstätigen Ehegatten nicht sogleich zur Aufnahme einer Erwerbstätigkeit drängt. Hier gilt ein großzügigerer Maßstab als nach der Scheidung (z.B. *BGH* NJW 2012, 2190). Schließlich lebt man im Augenblick nur getrennt; ob und wann die Scheidung kommt, ist ungewiss. Daher sollen die Ehegatten nicht vorschnell zu einer völligen Umgestaltung ihrer Lebensverhältnisse gezwungen werden. Demgemäß bestimmt § 1361 II BGB, dass der nicht erwerbstätige Ehegatte nur dann darauf verwiesen werden kann, seinen Unterhalt durch eine Erwerbstätigkeit selbst zu verdienen, wenn dies von ihm nach seinen persönlichen Verhältnissen, insbesondere wegen einer früheren Erwerbstätigkeit unter Berücksichtigung der Dauer der Ehe, und nach den wirtschaftlichen Verhältnissen der Ehegatten erwartet werden kann (vgl. z.B. *OLG Koblenz* NJW 2003, 1816, 1817).

Beispiel: Die 46-jährige Ehefrau, die ein achtjähriges Kind betreut und seit zehn Jahren nicht mehr berufstätig ist, muss mit Trennung nicht sogleich eine Arbeitsstelle suchen, um ihren Unterhalt selbst zu verdienen. Sie hat zumindest im ersten Trennungsjahr Anspruch auf Trennungsunterhalt aus § 1361 I BGB. Nach der Scheidung hingegen muss sie sich grundsätzlich um eine Erwerbstätigkeit bemühen, vgl. §§ 1570, 1573 I, 1574 BGB.

III. Die Verteilung der Haushaltsgegenstände und die Zuweisung der Ehewohnung

1. Die Verteilung der Haushaltsgegenstände bei Getrenntleben

a) Klärung der Eigentumsverhältnisse

Mit der Trennung der Ehegatten geht – vom Fall des § 1567 I 2 BGB abge- 7 sehen – regelmäßig eine Auseinandersetzung im Hinblick auf die Haushaltsgegenstände (Möbel, Elektrogeräte, Küchenausstattung, Familienfahrzeug etc.) einher. Im ersten Schritt müssen dabei die Eigentumsverhältnisse geklärt werden, was bisweilen schwierig sein kann (dazu bereits § 12 Rn. 1 ff.). Allerdings kann dabei auf die Vermutung des § 1568b II BGB zurückgegriffen werden, wonach bei Gegenständen, die für den gemeinsamen Haushalt angeschafft wurden, eine Vermutung für Miteigentum besteht. Ansonsten ist im Zweifel von Alleinbesitz auf Alleineigentum bzw. von Mitbesitz auf Miteigentum der Ehegatten zu schließen, §§ 1006 I 1, 1008 I BGB. In Bezug auf Haustiere ist § 1361a BGB analog anzuwenden (*OLG Hamm* MDR 2011, 104).

b) Herausgabe der Gegenstände im Alleineigentum eines Ehegatten

8   Leben die Ehegatten getrennt, kann jeder von ihnen die ihm gehörenden Haushaltsgegenstände von dem anderen Ehegatten herausverlangen, § 1361a I 1 BGB. Das ergäbe sich freilich auch schon aus § 985 BGB. Das Gesetz macht nun allerdings eine Einschränkung: Benötigt der andere Ehegatte den Gegenstand zur Führung eines abgesonderten Haushalts und entspricht die Überlassung nach den Umständen des Falls der Billigkeit, so ist der Eigentümer verpflichtet, dem anderen Ehegatten den Gegenstand zum Gebrauch zu überlassen, § 1361a I 2 BGB. Das Gericht kann eine angemessene Vergütung für die Benutzung festsetzen, § 1361a III 2 BGB.

> **Beispiel:** Nach der Trennung macht Ehefrau Flora geltend, für ihre Berufstätigkeit, die zum Teil als häusliche Telearbeit verrichtet wird, auf den PC von Ehemann Max angewiesen zu sein, da sie sich selbst kein eigenes Gerät leisten kann. Nachdem M das nicht einsieht, geht F vor Gericht. Das Gericht kann M als Eigentümer verpflichten, F den PC zum Gebrauch zu überlassen und dafür ein Benutzungsentgelt festsetzen. Das Gericht kann aber nicht bestimmen, dass M der F das Eigentum an dem PC zu übertragen hat, vgl. § 1361a IV BGB.

c) Verteilung der Gegenstände im Miteigentum der Ehegatten

9   Bei Haushaltsgegenständen im Miteigentum können die Ehegatten beschließen, dass der Gegenstand einem der Ehegatten zu Alleineigentum übertragen wird (z.B. gem. § 929 S. 2 BGB). Dafür können sie auch ein Entgelt vereinbaren. Bei Streit über die Verteilung kann das Gericht angerufen werden, das die betreffenden Haushaltsgegenstände dann nach den Grundsätzen der Billigkeit unter den Ehegatten verteilt, § 1361a II BGB.

> **Beispielsfall:** Die Ehegatten Max und Fiona können sich nach der Trennung nicht darüber einigen, wem das gemeinsame Auto zustehen soll, das bislang für Fahrten im familiären Bereich (Einkäufe, Urlaubsreisen, Abholen der Kinder etc.) benutzt wurde. M will den Wagen für sich haben und bietet F an, sie entsprechend auszuzahlen. F hingegen meint, sie brauche den Wagen viel dringender, insbesondere um die Kinder täglich zur Schule und zum Sport zu fahren. M hingegen könne im Rahmen eines von seinem Arbeitgeber angebotenen Leasingmodells auch günstig einen anderen Wagen erlangen. Wie kann der Streit beigelegt werden?
>
> Im Hinblick auf Haushaltsgegenstände, die den Ehegatten gemeinsam gehören, kann jeder Ehegatte beim Familiengericht beantragen, dass eine **richterliche Zuweisung nach Billigkeit** vorgenommen wird, **§ 1361a II BGB** i.V.m. § 203 I, II FamFG. Zuständig ist das Familiengericht. Es handelt sich um eine Familiensache nach § 111 Nr. 5 FamFG bzw. um eine Haushaltssache gem. § 200 II Nr. 1 FamFG.
> 1. M und F sind Ehegatten und leben inzwischen getrennt i.S.v. § 1567 I 1 BGB.

2. Bei dem Auto müsste es sich um einen Haushaltsgegenstand handeln. Nach h.M. ist diese Voraussetzung bei einem Pkw dann erfüllt, wenn er (überwiegend) für familiäre Zwecke genutzt wird (*KG* FamRZ 2003, 1927; Palandt/*Brudermüller*, § 1361a Rn. 5).
3. Der Wagen steht im Miteigentum der Ehegatten, § 1008 BGB.
4. Somit hat der Richter – nach Erörterung der Sache mit den Ehegatten (vgl. § 207 FamFG) – nach Billigkeit zu entscheiden. Hierbei können die Bedürfnisse der Kinder eine Rolle spielen (vgl. *KG* FamRZ 2003, 1927). Dies wird vorliegend – mangels weiterer konkreter Anhaltspunkte – dafür sprechen, den Wagen der F zur Benutzung zuzuteilen. Im Übrigen können bei der Billigkeitsbetrachtung Aspekte, wie sie in § 1579 BGB genannt sind, zu berücksichtigen sein (Palandt/*Brudermüller*, § 1361a Rn. 16).
5. Soll der Wagen im Miteigentum der Ehegatten verbleiben, wird das Gericht festsetzen, welches Nutzungsentgelt F an M zu leisten hat. Die Ehegatten (nicht der Richter, vgl. § 1361a IV BGB) können aber auch vereinbaren, dass F der Wagen nun allein gehört und dafür einen Preis bestimmen.

Die Ehegatten können im Übrigen auch die gemeinsame **Veräußerung** des im Miteigentum stehenden Gegenstands mit anschließender Teilung des Erlöses beschließen. Insoweit bestimmt § 749 I BGB, dass jeder Teilhaber jederzeit die Aufhebung der Bruchteilsgemeinschaft (hier: Miteigentum) verlangen kann. Ist eine Aufhebung der Gemeinschaft durch Teilung der Sache in Natur ausgeschlossen, so erfolgt sie gem. § 753 I 1 BGB durch Verkauf des Gegenstands nach den Vorschriften über den Pfandverkauf (§§ 1233 ff. BGB). **10**

2. Die Zuteilung der Ehewohnung bei Getrenntleben

Streit kann zudem über die weitere Benutzung der Ehewohnung (zum Begriff § 24 Rn. 1) entstehen. Ggf. mag jeder die Wohnung nun für sich allein beanspruchen. Insofern bestimmt § 1361b I 1 BGB, dass ein Ehegatte vom anderen die Überlassung der Ehewohnung an ihn verlangen kann, wenn dies auch unter Berücksichtigung der Belange des anderen Ehegatten notwendig ist, um eine unbillige Härte zu vermeiden. Eine unbillige Härte kann insbesondere gegeben sein, wenn das Wohl der Kinder verlangt, dass diese mit einem Elternteil in der Wohnung wohnen bleiben. **11**

Ein strenger Maßstab gilt, wenn die Wohnung im **Eigentum** des anderen Ehegatten steht. In diesem Fall bedeutet die Zuweisung der Wohnung an den Nichteigentümer-Ehegatten einen erheblichen Eingriff in das grundrechtlich geschützte Eigentumsrecht. Ein solcher Eingriff bedarf besonderer Rechtfertigung, vgl. § 1361b I 3 BGB.

Soweit durch die Wohnungszuteilung in das Nutzungsrecht des anderen Ehegatten (als Alleineigentümer, Miteigentümer oder Inhaber eines Wohnungsrechts) eingegriffen wird, ist ihm eine nach Billigkeit zu bemessende **Nutzungsvergütung** zu zahlen, § 1361b III 2 BGB, es sei denn der Wohnvorteil des anderen Ehegatten ist bereits bei der Unterhaltsbemessung berücksichtigt worden. Die Nutzungsvergütung ist grundsätzlich auch zu leisten, wenn der andere Ehegatte keine wirtschaftlichen Vorteile aus der ungeteilten Nutzung zieht (*BGH* NJW 2014, 462).

Eine besondere Rechtfertigung für die Wohnungszuweisung an die Ehefrau kann sich aus **Gewalttätigkeiten** des Mannes ihr gegenüber ergeben. § 1361b II 1 BGB bestimmt dazu, dass die gesamte Wohnung regelmäßig **12** demjenigen Ehegatten zur Alleinbenutzung zu überlassen ist, der vom anderen widerrechtlich und vorsätzlich am Körper, der Gesundheit oder der Freiheit verletzt bzw. entsprechend bedroht wurde. Relevant wird in solchen Fällen zudem § 1361b III 1 BGB, wonach das Gericht ergänzende Schutz- und Unterlassungsanordnungen treffen kann. Zum Gewaltschutzgesetz s. Rn. 14 ff.

Beispiel: Nachdem Ehemann Edgar seine Frau Felicitas mehrfach körperlich schwer misshandelt hat, begehrt F die Trennung von E, will aber selbst in der Ehewohnung bleiben. Hier wird F gem. § 1361b II 1 BGB gerichtlich durchsetzen können, dass die Wohnung ihr zugewiesen wird. Befürchtet sie weitere Übergriffe durch E, kann das Gericht zudem gem. § 1361b III 1 BGB anordnen, dass E die Wohnung nicht mehr betreten und sich ihr auch nicht auf bestimmte Distanz nähern darf (vgl. *OLG Köln* FamRZ 2003, 319, 320).

Merksatz: In Fällen von Gewalttaten und Nachstellungen können auch **unverheiratete Paare** eine Wohnungszuweisung und ergänzende Schutzanordnungen bei Gericht beantragen, § 2 GewSchG.

3. Das Verhältnis der §§ 1361a, 1361b BGB zu den sachenrechtlichen Vorschriften

13   Umstritten ist, wie sich die Regelungen der §§ 1361a, 1361b BGB zu den allgemeinen Ansprüchen aus Eigentum und Besitz, insbesondere zu den Besitzschutzvorschriften, verhalten. Das lässt sich am besten anhand eines Falles verdeutlichen.

Beispielsfall: Die Ehegatten Edward und Bella streiten anlässlich ihrer Trennung darüber, wer die Espressomaschine bekommen soll, die den Ehegatten gemeinsam gehört. B zögert aber nicht lange und nimmt die Maschine einfach mit in ihre neue Wohnung. E fragt nach seinen Rechten.
I. E könnte gegen B einen **Anspruch auf Herausgabe aus § 1353 I 2 BGB** haben. Nach § 1353 I 2 BGB sind die Ehegatten einander zur ehelichen Lebensgemeinschaft verpflichtet. Hierzu gehört auch, dass sie sich die Mitbenutzung und damit den Mitbesitz der Haushaltsgegenstände gestatten (s. § 9 Rn. 6). Zu solchen Haushaltsgegenständen, die nach den Lebensverhältnissen der Ehegatten für das Zusammenleben der Familie bestimmt sind (BGHZ 89, 137), zählt auch eine Espressomaschine. Einem Anspruch auf (Wieder-)Einräumung des Mitbesitzes an der Espressomaschine steht hier aber § 1353 II BGB entgegen. Die Pflicht zur Herstellung der ehelichen Lebensgemeinschaft entfällt gemäß § 1353 II BGB, wenn die Ehe gescheitert ist. Hiervon ist vorliegend auszugehen, da B ausgezogen ist und nach den Umständen nicht erwartet werden kann, dass sie die eheliche Lebensgemeinschaft wiederherstellen will (vgl. § 1565 I 2 BGB).
II. E könnte anlässlich der Trennung einen Anspruch gegen B auf Mitwirkung an einer Verteilung der in Miteigentum stehenden Haushaltsgegenstände nach Billigkeit haben, **§ 1361a II BGB.**
Zwar dachte der Gesetzgeber vor allem an eine Verteilung mehrerer Gegenstände, indes lässt sich die Norm auch auf einen einzelnen Gegenstand anwenden. E kann daher verlangen, dass eine Zuteilung der Espressomaschine nach Billigkeit vorgenommen wird.

Insoweit kann auch eine richterliche Entscheidung beantragt werden, vgl. § 1361a III 1 BGB. Wie ein solches Verfahren ausgehen würde, ist hier aber unklar, da sich dem Sachverhalt wenig Billigkeitskriterien entnehmen lassen.

III. E könnte gegen B einen **Herausgabeanspruch aus § 985 BGB** haben, gerichtet auf Wiedereinräumung von Mitbesitz.

1. Die Voraussetzungen von § 985 BGB sind grundsätzlich erfüllt. E ist (Mit-)Eigentümer der Espressomaschine (§ 1008 BGB). Derzeit ist B infolge der Mitnahme der Maschine unmittelbare Alleinbesitzerin (vgl. § 854 I BGB). B hat im Verhältnis zum Miteigentümer E kein Recht zum Alleinbesitz (§ 986 BGB).

2. Fraglich ist vorliegend allerdings die **Anwendbarkeit von § 985 BGB**. Nach § 1361a II BGB kann bei Streit über die Verteilung von Haushaltsgegenständen, die den Ehegatten gemeinsam gehören, bei Gericht eine Verteilung nach den Grundsätzen der Billigkeit beantragt werden. Insoweit fragt sich, ob und inwieweit diese Norm den Anspruch aus § 985 BGB in der Situation des Getrenntlebens als lex specialis verdrängt. Der BGH hat im Streit um Haushaltsgegenstände während der Anhängigkeit eines Ehescheidungsverfahren eine Klage des Eigentümer-Ehegatten aus § 985 BGB bereits für unzulässig erachtet (BGHZ 67, 217 ff.; 71 216 ff.). Insoweit wurde argumentiert, dass eine Verdoppelung von Verfahren vermieden werden müsse, zumal für die Verfahren auch jeweils unterschiedliche Gerichte zuständig wären, nämlich für Ansprüche aus § 985 BGB grundsätzlich das Prozessgericht, für Ansprüche aus §§ 1361a, 1361b BGB bzw. nach §§ 1568a, 1568b BGB hingegen das Familiengericht (heute: Familiensachen gem. §§ 111 Nr. 5, 200 ff. FamFG).

Nach anderer Auffassung (vgl. etwa *Gernhuber/Coester-Waltjen*, § 23 Rn. 43) wird die Anwendbarkeit von § 985 BGB (neben §§ 1361a, 1361b BGB) jedoch mit der Begründung bejaht, dass die §§ 1361a, 1361b BGB keine materiell-rechtliche Anspruchsgrundlage für den Eigentümer-Ehegatten enthielten, sondern lediglich das fortgeltende Besitzrecht des anderen Ehegatten regelten sowie die rechtsgestaltenden Befugnisse des Gerichts, *sofern* dieses angerufen werde. Wollte man § 1361a BGB als lex specialis zu § 985 BGB begreifen, käme hinzu, dass der Eigentümer-Ehegatte während der Trennungszeit letztlich stärker eingeschränkt würde als bei bestehender Lebensgemeinschaft, wo der Anspruch aus § 985 BGB auch unberührt bliebe.

Im vorliegenden Fall kann der Meinungsstreit letztlich dahinstehen, da man hier wohl nach beiden Auffassungen zu dem gleichen Ergebnis kommt. Die vom BGH entschiedenen Fälle bezogen sich nämlich beide auf bereits laufende Scheidungsverfahren. Wie der BGH entscheiden würde, solange die Ehegatten nur getrennt sind, aber noch kein Scheidungsverfahren läuft, ist insoweit offen. Solange eine Scheidungssache oder ein Verfahren nach § 1361a II BGB (noch) nicht anhängig sind, gibt es jedoch keinen Anlass, in Bezug auf einzelne Gegenstände den Anspruch aus § 985 BGB zu verwehren. Das Anspruchsziel ist insofern auch ein anderes als das nach § 1361a II BGB. Hinzu kommt, dass das Argument der unterschiedlichen gerichtlichen Zuständigkeit bzw. der Gefahr paralleler Gerichtsverfahren heute nicht mehr greift. Mit dem FamFG sind nämlich die „sonstigen Familiensachen" gem. § 266 FamFG geschaffen worden. Dazu zählen alle (im weiteren Sinne) „aus der Ehe herrührenden Ansprüche", § 266 I Nr. 2 FamFG, sowie alle im Zusammenhang mit der Trennung stehenden Ansprüche, § 266 I Nr. 3 FamFG. Da die Mitnahmeaktion der B anlässlich der Trennung erfolgte, ist insoweit von einem Anspruch „im Zusammenhang mit der Trennung" auszugehen. Ist demgemäß aber ohnehin das Familiengericht zuständig, besteht mittlerweile auch nicht mehr die Gefahr doppelter Zuständigkeiten oder sich widersprechender Entscheidungen.

Der Anspruch aus § 985 BGB ist daher nicht von der Regelung in § 1361a BGB verdrängt.

E hat gegen B somit einen Anspruch auf Herausgabe der Espressomaschine in der Weise, dass ihm wiederum Mitbesitz einzuräumen ist.

IV. E könnte gegen B zudem einen **Anspruch aus § 861 I BGB** auf Wiedereinräumung des (Mit-)Besitzes an der Espressomaschine haben.

1. Solange E und B zusammenlebten, waren sie im Hinblick auf die Gegenstände des gemeinsamen Haushalts Mitbesitzer gemäß § 866 BGB.

2. B hat dadurch, dass sie bei ihrem Auszug aus der Ehewohnung die Espressomaschine mitnahm, dem E den Mitbesitz ohne seinen Willen widerrechtlich entzogen und damit verbotene Eigenmacht gem. § 858 I BGB ausgeübt. Der durch die Mitnahme der Espressomaschine begründete Alleinbesitz der B ist gegenüber E fehlerhaft. Der Anspruch aus § 861 I BGB ist auch nicht nach den §§ 861 II, 864 I BGB ausgeschlossen.

3. Die Norm des § 866 BGB steht einem Besitzschutzanspruch des E nicht entgegen. Zwar findet nach dieser Vorschrift zwischen Mitbesitzern ein Besitzschutz insoweit nicht statt, als es um die Grenzen des Gebrauchsrechts des einzelnen Mitbesitzers geht. Hier geht es jedoch nicht um die Grenzen des Mitgebrauchs sondern um vollständigen Besitzentzug. Insoweit findet Besitzschutz auch zwischen Mitbesitzern statt.

4. Allerdings stellt sich auch in Bezug auf den Anspruch aus § 861 I BGB die Frage nach dem **Verhältnis zu § 1361a BGB**.

Teile der Literatur (etwa Palandt/*Brudermüller*, § 1361a Rn. 19; PWW/*Weinreich*, § 1361a Rn. 30) und der Rechtsprechung (*OLG Karlsruhe* FamRZ 2007, 59; *OLG Nürnberg* FamRZ 2006, 486; *OLG Düsseldorf* FamRZ 1994, 390) sehen § 1361a BGB als lex specialis auch im materiell-rechtlichen Sinne an und versagen, soweit es um Haushaltsgegenstände geht, getrennt lebenden Ehegatten untereinander den Besitzschutz nach den allgemeinen Vorschriften. Den in § 1361a BGB statuierten, besonderen familienrechtlichen Billigkeitserwägungen, die zugleich ein Korrektiv für die verbotene Eigenmacht darstellen, müsste in jedem Fall Rechnung getragen werden; eben dafür sei bei einem Vorgehen aus § 861 I BGB aber kein Raum. Auch müssten im Sinne der Verfahrensökonomie doppelte Verfahren (erst aus § 861 I BGB zur Wiederherstellung der vorherigen Besitzverhältnisse – danach aus § 1361a II BGB zur Verteilung nach Billigkeit) vermieden werden.

Die Gegenansicht (*OLG Koblenz* NJW 2007, 2337 = JuS 2007, 967; *OLG Düsseldorf* FamRZ 1987, 484; *OLG Frankfurt* FamRZ 2003, 47; *Gernhuber/Coester-Waltjen*, § 23 Rn. 47; Staudinger/*Voppel*, § 1361a Rn. 57 f.) bejaht einen possessorischen Besitzschutz auch zwischen getrennt lebenden Ehegatten mit dem Argument, dass gerade in einer sich auflösenden Ehe der eigenmächtige Zugriff eines Partners auf Ehewohnung oder Hausrat verhindert werden müsse. Auch hier dürfe Selbstjustiz nicht zugelassen werden, weshalb die schnelle Wiederherstellung des Rechtsfriedens über § 861 BGB erlaubt werden müsse. Schließlich verschiebe sich durch die eigenmächtige Mitnahme von Gegenständen auch die Last der Initiierung eines gerichtlichen Antrags. Diese Last dürfe aber nicht in der Weise dem anderen Ehegatten zugeschoben werden, dass man eigenmächtig eine Verteilung von Haushaltsgegenständen vornehme und damit dem anderen die Parteirolle des Antragstellers in einem Verfahren nach § 1361a BGB aufzwinge. Diese Auffassung erscheint vorzugswürdig. Zwar wird ein (isolierter) Anspruch aus § 861 I BGB ausscheiden, wenn die Ehegatten bereits ein Verteilungsverfahren in Bezug auf ihre Haushaltsgegenstände i.S.v. § 1361a II BGB beantragt haben (so wohl auch *OLG Frankfurt* FamRZ 2003, 47). Ist das jedoch – wie meistens, da Verfahren nach § 1361a BGB die Ausnahme bilden – nicht der Fall, gibt es keinen Grund, den possessorischen

Besitzschutz zu versagen. Insofern ist eben auch auf die unterschiedlichen Regelungs-
zwecke der beiden Normen zu verweisen: schneller Besitzschutz einerseits, ausgewoge-
ne Verteilung des Hausrats andererseits. Nachdem inzwischen auch für Ansprüche von
Ehegatten aus § 861 BGB die Familiengerichte zuständig sind (vgl. § 266 I Nr. 3 FamFG)
ist im Übrigen auch familienrechtliche Sachkunde bei der Entscheidung gewährleistet.
Daher ist § 1361a BGB nicht als lex specialis gegenüber § 861 BGB zu begreifen.
E kann folglich von B die Wiedereinräumung von Mitbesitz an der Maschine in der
Weise verlangen, dass B die Maschine in die Ehewohnung zurückbringt.
V. E stehen zudem **Herausgabeansprüche aus § 1007 I und § 1007 II BGB** zu. Die
Anwendbarkeit von § 1007 BGB neben § 1361a BGB wäre aus den genannten Gründen
(oben III. 2.) ebenfalls zu bejahen.

IV. Exkurs: Maßnahmen nach dem Gewaltschutzgesetz

Das Gewaltschutzgesetz (GewSchG) enthält keine speziellen familienrecht-   **14**
lichen Regelungen, sondern bietet generell die Möglichkeit, zugunsten des
Opfers einer Gewalttat oder einer Drohung mit Gewalt befristete Schutzmaß-
nahmen zu treffen. Insoweit kommen auch Regelungen für den Bereich der
häuslichen Gewalt in Betracht; zudem kann auf Fälle des sog. Stalking reagiert
werden. Das einschlägige Verfahrensrecht findet sich in den §§ 210 ff. FamFG.

1. Schutzanordnungen, § 1 GewSchG

§ 1 GewSchG ermöglicht gerichtliche Schutzanordnungen zugunsten ei-   **15**
ner Person, die Opfer einer Körper-, Gesundheits- oder Freiheitsverletzung
(Abs. 1 S. 1) oder der Androhung einer solchen (Abs. 2 S. 1 Nr. 1) geworden
ist, ferner bei Hausfriedensbruch und unerwünschten Nachstellungen oder
telekommunikativer Verfolgung (Stalking, § 1 II 1 b) Nr. 2 GewSchG). Als
möglicher Inhalt einer Schutzanordnung kommt dabei insbesondere in Betracht, dem Täter das Betreten der Wohnung des Opfers zu untersagen (§ 1 I 3
Nr. 1 GewSchG) oder ihm zu verbieten, sich in einem bestimmten Umkreis
der Wohnung der verletzten Person aufzuhalten (§ 1 I 3 Nr. 2 GewSchG). Ggf.
kommt auch die Verpflichtung zur Aufgabe des Wohnsitzes in Betracht (*BGH*
FamRZ 2014, 825). Ferner bietet sich bei Stalking-Opfern an, nach § 1 I 3 Nr. 4
GewSchG dem Täter die Kontaktaufnahme per Fernkommunikationsmitteln
zu untersagen. Der Maßnahmenkatalog des Abs. 1 ist diesbezüglich aber nicht
abschließend.

Voraussetzung für eine Schutzanordnung ist, dass **Wiederholungsgefahr** besteht. Die-   **16**
se wird allerdings in Fällen, in denen bereits Gewalttätigkeiten erfolgt sind, widerleglich
vermutet (*Hohloch*, FPR 2008, 430). Zur Widerlegung der Vermutung genügt das bloße
Versprechen des Täters, keine weiteren Eingriffe mehr vorzunehmen, regelmäßig nicht
(Palandt/*Bassenge*, § 1004 Rn. 32). Eine Schutzanordnung nach § 1 GewSchG kommt nur
bei Vorsatztaten in Betracht. Bei Fahrlässigkeit ist das Opfer auf die allgemeinen deliktsrechtlichen Vorschriften zu verweisen.

§ 1 GewSchG ist selbst **keine materiell-rechtliche Anspruchsgrundlage,**
sondern lediglich Verfahrensvorschrift (*BGH* FamRZ 2014, 825). Die Anordnungen ergehen auf der Grundlage der allgemeinen Unterlassungsansprüche
(z.B. § 1004, § 862, § 1004 i.V.m. § 823 I BGB analog).

2. Wohnungsüberlassung, § 2 GewSchG

17   § 2 GewSchG gibt dem Opfer im Fall einer auf Dauer angelegten gemeinsamen Haushaltsführung bei einer vollendeten Gewalttat i.S.d. § 1 I GewSchG
einen Anspruch auf Überlassung der Wohnung zur Alleinnutzung. Im Gegensatz zu § 1 GewSchG enthält § 2 GewSchG **eine echte materiell-rechtliche
Anspruchsgrundlage** für die Wohnungsüberlassung (*Hohloch,* FPR 2008,
430). Sofern es bei einer bloßen Drohung i.S.d. § 1 II 1 Nr. 1 GewSchG geblieben ist, kann eine Überlassung der Wohnung nur beansprucht werden, wenn
dies erforderlich ist, um eine unbillige Härte zu vermeiden, § 2 VI GewSchG.

18   Im Gegensatz zur Wohnungsüberlassung nach § 1361b BGB (vgl. Rn. 11)
erstreckt sich der Anwendungsbereich des § 2 GewSchG auf sämtliche in häuslicher Gemeinschaft lebende Personen, die einen **auf Dauer angelegten gemeinsamen Haushalt** führen. Daher kann die Regelung auch auf nichtehelich zusammenlebende Partner angewendet werden (*Rauscher,* Rn. 730a). Bei
häuslicher Gewalt unter Ehegatten hingegen bildet § 1361b BGB die speziellere
Vorschrift, wenn zumindest einer der Ehegatten Trennungsabsicht hat (Pa-
landt/*Brudermüller,* § 2 GewSchG Rn. 2).

Der Anspruch aus § 2 GewSchG ist gerichtet auf **Überlassung der Wohnung zur
Alleinnutzung** durch das Opfer. Die Rechtsverhältnisse an der Wohnung (Eigentum,
dingliche Rechte, Mietverhältnis) bleiben unverändert bestehen (zur Nutzungsvergütung
OLG Hamm NJW-RR 2006, 8). Ist das Opfer nicht (Mit-)Eigentümer oder Mitmieter der
Wohnung, ist die Wohnungsüberlassung vom Gericht auf die Dauer von höchstens sechs
Monaten zu befristen, § 2 II 2 GewSchG.

Empfehlungen zur vertiefenden Lektüre

Zur Vertiefung: *Borchard,* Stalking – Ein rechtliches Phänomen, FPR 2005, 239;
Grziwotz, Schutz vor Gewalt in Lebensgemeinschaften und vor Nachstellungen, NJW
2002, 872; *Hohloch,* Wohnungszuweisung und Schutzanordnung bei Gewaltanwendung –
insbesondere Vollstreckung, FPR 2008, 430; *Holzwarth,* Die Verteilung von Haushaltsgegenständen bei Getrenntleben, FPR 2010, 559; *Weber-Monecke,* Ehewohnungssachen
während der Trennung, FPR 2010, 555; *Weinreich,* Zuweisung der Ehewohnung nach
Gewaltschutzgesetz und § 1361b BGB, FuR 2007, 145.
Fälle und Klausuren: *Schwab,* PdW, Fälle 73–85.

§ 22. Der Versorgungsausgleich

I. Einführung

1. Begriff

Der Versorgungsausgleich zielt wie der Zugewinnausgleich auf einen Aus- **1** gleich zwischen den Ehegatten anlässlich der Scheidung, allerdings auf einen anderen Vermögensgegenstand, nämlich auf den Ausgleich von **Anrechten auf eine Versorgung wegen Alters oder verminderter Erwerbsfähigkeit.** Diese Anrechte (früher sprach man von „Anwartschaften und Aussichten") sind insbesondere die Basis für spätere Rentenzahlungen im Alter und daher besonders wichtig.

Dem Versorgungsausgleich liegt der Gedanke zugrunde, dass die von den Ehegatten während der Ehe erwirtschafteten Versorgungsanrechte beiden Partnern zu gleichen Teilen zustehen. Das BVerfG bejaht auch insofern einen Anspruch auf hälftige Teilhabe am gemeinsam Erwirtschafteten (**Prinzip der Halbteilung**; *BVerfG* FamRZ 1980, 326 und NJW 2006, 2175). Im Fall der Scheidung haben daher die Ehegatten Anspruch auf Ausgleich in Höhe der **Hälfte des Wertes** der jeweiligen Ehezeitanteile der Anrechte, § 1 VersAusglG. Im Ergebnis soll damit jeder Ehegatte nach der Scheidung eigenständige Leistungsansprüche gegen einen Versorgungsträger haben. Wichtig ist das vor allem für denjenigen Ehegatten, der sich in der Ehe der Kinderbetreuung gewidmet hatte und daher keine oder nur eine geringe eigenständige Versorgung aufbauen konnte.

In der Systematik ähnelt der Versorgungsausgleich insoweit dem Zugewinnausgleich. Allerdings sind beide Verfahren strikt voneinander zu trennen. Insofern ist für jeden Vermögenswert genau zu ermitteln, ob er in den Zugewinnausgleich einzustellen ist oder aber als Anrecht in den Versorgungsausgleich. Abgrenzungsfragen können sich etwa bei Lebensversicherungen ergeben (vgl. *BGH* FamRZ 2003, 664).

2. Rechtsentwicklung

Das Institut des Versorgungsausgleichs ist 1977 eingeführt worden. Bis zum 1. 1. 2009 **2** war der Versorgungsausgleich in den §§ 1587 bis 1587p BGB sowie im VAHRG (Gesetz zur Regelung von Härten im Versorgungsausgleich) geregelt. Die damals geltenden Berechnungs- und Umrechnungsmethoden waren jedoch wiederholt angegriffen (s. BGHZ 148, 351; *BVerfG* NJW 2006, 2175) und teilweise sogar für verfassungswidrig gehalten worden (*OLG Oldenburg* FamRZ 2002, 1408). Daher entschied sich der Gesetzgeber für eine **Strukturreform** des Versorgungsausgleichs (s. BT-Drs. 343/08). Diese führte zum 1. 9. 2009 zu einer Neuregelung des Rechts des Versorgungsausgleichs im Versorgungsausgleichsgesetz – VersAusglG (zum Übergangsrecht s. §§ 48 ff. VersAusglG).

Im BGB findet sich jetzt nur noch in § 1587 BGB eine Norm, die für die **3** Durchführung des Versorgungsausgleichs auf das VersAusglG verweist. Kennzeichnend für das geltende Recht ist, dass nicht mehr wie früher alle Anrechte saldiert werden (sog. Einmalausgleich), sondern **jedes einzelne Anrecht** zwischen den geschiedenen Ehegatten geteilt wird (**„Hin-und-Her-Ausgleich"**). Daraus folgen regelmäßig beiderseitige Ausgleichsansprüche. Der Aufwand für die Versorgungsträger ist nicht unerheblich. Verfügen die Ehegatten etwa jeweils über drei nicht miteinander verrechenbare Versorgungsanrechte, so müssen im Versorgungsausgleich sechs Anrechte geteilt werden.

II. Die Durchführung des Versorgungsausgleichs

4   § 1587 BGB bestimmt, dass nach Maßgabe des VersAusglG zwischen den geschiedenen Ehegatten ein Ausgleich von im In- oder Ausland bestehenden Anrechten stattfindet, insbesondere aus der gesetzlichen Rentenversicherung, aus anderen Regelsicherungssystemen wie der Beamtenversorgung oder der berufsständischen Versorgung, aus der betrieblichen Altersversorgung oder aus der privaten Alters- und Invaliditätsvorsorge. Die Durchführung des Versorgungsausgleichs wird im Scheidungsverfahren **von Amts wegen** eingeleitet, § 137 II 2 FamFG. Die zentrale Rechtswirkung des Versorgungsausgleichs beschreibt **§ 1 I VersAusglG:** Danach sind die in der Ehezeit erworbenen Anteile von Anrechten (Ehezeitanteile) jeweils zur Hälfte zwischen den geschiedenen Ehegatten zu teilen. Der jeweils ausgleichsberechtigten Person steht die **Hälfte des Werts des jeweiligen Ehezeitanteils** (Ausgleichswert) zu.

1. Die auszugleichenden Anrechte

> **Die Voraussetzungen des Versorgungsausgleichs**
>
> 1. Scheidung der Ehe
> 2. Kein wirksamer vertraglicher Ausschluss des Versorgungsausgleichs
> 3. Bei Ehezeit (gem. § 3 I VersAusglG) unter drei Jahren: nur auf Antrag
> 4. Auszugleichende Anrechte i.S.v. § 2 II VersAusglG
> 5. Ermittlung des Ehezeitanteils der Anrechte
> 6. Kein Ausgleich von Anrechten bei Geringfügigkeit, § 18 VersAusglG
> 7. Ausschluss oder Beschränkung bei grober Unbilligkeit, § 27 VersAusglG

5   Auszugleichende Anrechte sind solche, die **durch Arbeit oder Vermögen geschaffen** oder aufrechterhalten worden sind, der Absicherung im Alter oder bei Invalidität dienen und auf eine **Rente gerichtet** sind, § 2 II VersAusglG. Insoweit gilt dann allein der Versorgungsausgleich, ein güterrechtlicher Ausgleich der Anrechte scheidet aus, § 2 IV VersAusglG. In den Versorgungsausgleich einzubeziehen sind alle, aber auch nur die Anrechte, die in der Ehezeit erworben worden sind, wobei die Ehezeit mit dem ersten Tag des Monats der Eheschließung beginnt und mit dem letzten Tag des Monats vor Zustellung des

Scheidungsantrags endet, § 3 I VersAusglG. Der Versorgungsausgleich erstreckt sich dabei nur auf den jeweiligen **Ehezeitanteil** der genannten Anrechte, der näher zu berechnen ist, vgl. § 5 VersAusglG. Im Übrigen enthalten die §§ 39 ff. VersAusglG nähere Vorschriften zur Wertermittlung der Anrechte. Auch sicherheitshalber abgetretene Anrechte werden grundsätzlich im Versorgungsausgleich erfasst (*BGH* NJW 2013, 3173).

Zur Ermittlung der Anrechte und Ansprüche stehen den Ehegatten **Auskunftsansprüche**, auch gegen die Versorgungsträger, zu, § 4 II VersAusglG. Diese materiell-rechtliche Auskunftspflicht wird ergänzt durch eine verfahrensrechtliche Auskunftspflicht der Beteiligten gegenüber dem Gericht, § 220 FamFG.

2. Ausgleich der Anrechte durch interne oder externe Teilung

Sofern nichts anderes zwischen den Ehegatten vereinbart ist (s. Rn. 10), sind **6** die auszugleichenden Anrechte **im Regelfall** zwischen den Ehegatten **intern zu teilen**. Das bedeutet, dass das Familiengericht für die ausgleichsberechtigte Person zulasten des Anrechts der ausgleichspflichtigen Person ein Anrecht in Höhe des Ausgleichswerts bei dem Versorgungsträger überträgt, bei dem das Anrecht der ausgleichspflichtigen Person besteht, § 10 I VersAusglG. Soweit beide Ehegatten beim gleichen Versorgungsträger Anrechte haben, erfolgt nur ein Ausgleich in Höhe des Wertunterschieds nach Verrechnung, § 10 II VersAusglG. Weitere Einzelheiten regeln die §§ 11 f. VersAusglG.

Das (subsidiäre) Gegenstück zur internen Teilung bildet die **externe Tei-** **7** **lung**, die darin besteht, dass das Familiengericht für den ausgleichsberechtigten Ehegatten ein Anrecht in Höhe des Ausgleichswerts bei einem anderen Versorgungsträger begründet, § 14 I VersAusglG. Die externe Teilung findet nur **ausnahmsweise** statt, etwa wenn die Ehegatten diese vereinbart haben oder der Versorgungsträger des Ausgleichspflichtigen sie verlangt, § 14 II VersAusglG. Die Bestimmung dieser Ausnahmen und der Ausgleichswerte wirft in der Praxis erhebliche Probleme auf (zur Verzinsung des Ausgleichswertes *BGHZ* 191, 36).

3. Ausschluss und Beschränkung des Versorgungsausgleichs

a) Kurze Ehedauer und Geringfügigkeit

Bei einer nach § 3 I VersAusglG berechneten Ehezeit von weniger als drei **8** Jahren findet ein Versorgungsausgleich nur statt, wenn ein Ehegatte dies beantragt, § 3 III VersAusglG. Weiterhin bestimmt § 18 I VersAusglG, dass das Familiengericht beiderseitige Anrechte gleicher Art nicht ausgleichen soll, wenn die Differenz ihrer Ausgleichswerte **gering** ist (dazu *OLG Dresden* NJW 2010, 3309). Entsprechendes gilt für einzelne Anrechte mit geringem Ausgleichswert, § 18 II VersAusglG. Mit der Regelung soll erreicht werden, dass für den zuständigen Versorgungsträger kein unverhältnismäßig hoher Verwaltungsaufwand entsteht (vgl. *Borth,* FamRZ 2008, 1797, 1801).

b) Fälle grober Unbilligkeit

9   Die schematische Durchführung des Versorgungsausgleichs mag im Einzelfall
zu einem der Gerechtigkeit in unerträglicher Weise widersprechenden Ergebnis
führen und insoweit auch nicht mehr durch das aus Art. 6 I GG und Art. 3 II GG
folgende **Halbteilungsprinzip** legitimiert sein. Es bedarf daher einer Unbil-
ligkeitsklausel als Korrektiv (vgl. *BVerfG* FamRZ 1980, 326 und 2003, 1173).
§ 27 VersAusglG sieht deshalb vor, dass ein Versorgungsausgleich ausnahmsweise
nicht stattfindet, soweit er grob unbillig wäre. Dies ist nur der Fall, wenn die
gesamten Umstände des Einzelfalls es rechtfertigen, von der Halbteilung abzu-
weichen (zuletzt z.B. *BGH* NJW-RR 2013, 898; FamRZ 2014, 105).

> **Beispielsfall:** Die Angestellte Anna heiratet den Studenten Simon. Aus dem Einkom-
> men der A wird auch das Studium des S finanziert. Das gemeinsame Kind ist in einer
> Ganztageskrippe untergebracht, im Übrigen übernimmt A überwiegend dessen Betreu-
> ung. Kurz nachdem S sein Studium abgeschlossen hat, lassen sich A und S scheiden. S
> verlangt nun von A die Durchführung des Versorgungsausgleichs.
> Ein **uneingeschränkter Versorgungsausgleich** zu Gunsten von S bzw. zu Lasten
> von A erscheint hier **unbillig** i.S.v. § 27 VersAusglG, nachdem A dem S die Ausbildung
> finanziert hat und ihm damit einen wirtschaftlichen Vorteil hat zukommen lassen, an
> dessen Ertrag sie nun infolge der Scheidung nicht mehr teilhaben kann (vgl. *OLG Köln*
> FamRZ 1994, 1473). Es wäre eine unzumutbare Doppelbelastung für A, wenn sie dem
> S nun auch noch im Wege des Versorgungsausgleichs einen weiteren Vermögensvor-
> teil zuwenden müsste (vgl. *BGH* FamRZ 2004, 862; FamRZ 1989, 1060), während S
> keine ehebedingten Nachteile erlitten hat. Daher wird der Versorgungsausgleich hier
> auszuschließen sein. Entscheidend sind aber immer die Umstände des Einzelfalls; nicht
> jede Studentenehe bedeutet den Ausschluss oder die Beschränkung des Versorgungs-
> ausgleichs.

4. Vereinbarungen über den Versorgungsausgleich

10   Die Ehegatten können Vereinbarungen über den Versorgungsausgleich
schließen, sie können ihn insbesondere ausschließen, § 6 I Nr. 2 VersAusglG,
oder in Form einer schuldrechtlichen Ausgleichsrente vereinbaren, § 6 I Nr. 3
VersAusglG. Eine Vereinbarung bedarf der notariellen Beurkundung, § 7 I
VersAusglG, bzw. im Rahmen eines Ehevertrags der Form des § 1410 BGB,
vgl. § 7 III VersAusglG. Der Ausschluss des Versorgungsausgleichs kann nichtig
sein, wenn dadurch ein Ehegatte stark einseitig benachteiligt wird (*BGH* NJW
2009, 2124; s. zur Inhaltskontrolle von Eheverträgen § 13 Rn. 10 ff.).

5. Ausgleichsansprüche nach der Scheidung

11   Nicht immer ist im Zeitpunkt der gerichtlichen Entscheidung eine Teilung aller Anrechte möglich, z.B. weil das Anrecht bei einem ausländischen Versorgungsträger erworben
wurde, der eine Teilung nicht zulässt (vgl. BT-Drs. 343/08 S. 148 mit weiteren Beispielen).
In solchen Fällen oder auch wenn die Ehegatten dies vereinbart haben, können zu einem
späteren Zeitpunkt noch Ausgleichsansprüche geltend gemacht werden. Dazu bestimmt
§ 20 VersAusglG: Bezieht die ausgleichspflichtige Person eine laufende Versorgung aus

einem noch nicht ausgeglichenen Anrecht, so kann der Ausgleichsberechtigte von ihr den Ausgleichswert als Rente verlangen, sofern er selbst auch schon im Rentenalter oder invalide ist. Der Versorgungsausgleich erfolgt hier nachträglich durch Gewähr eines Anspruchs auf schuldrechtliche Ausgleichsrente. Der Ausgleichsberechtigte kann dabei – zur Absicherung seiner Rechtsposition – auch verlangen, dass ihm der Anspruch gegen den Versorgungsträger in Höhe der Ausgleichsrente abgetreten wird, § 21 VersAusglG. Über diese Ansprüche entscheidet das Gericht nur auf Antrag, § 223 FamFG. Für den Fall des Todes des Ausgleichspflichtigen enthalten die §§ 25, 26 VersAusglG weitere Vorschriften. Die §§ 20 ff. VersAusglG gelten indes nicht als Auffangregelung für im Ausgangsverfahren übersehene, verschwiegene oder vergessene Anrechte (*BGHZ* 198, 91).

6. Anpassung nach Rechtskraft

Der Versorgungsausgleich dient dem Ausgleich von Anrechten, die erst auf künftige **12** Leistungen gerichtet sind. Die Voraussetzungen für die Gewähr dieser Leistungen sind also regelmäßig noch nicht erfüllt und von weiteren Umständen abhängig, die im Zeitpunkt der Entscheidung über den Versorgungsausgleich nicht vollständig vorhersehbar sind. Daraus folgt im Einzelfall ein Bedürfnis für spätere **Abänderungen** der gerichtlichen Entscheidung, mögen auch durch die neue interne Teilung viele der damit verbundenen Probleme inzwischen weggefallen sein.

Die §§ 32 ff. VersAusglG enthalten insoweit **Sonderregelungen zur Anpassung** der Versorgungsausgleichsentscheidung. Dies betrifft vor allem den Fall, dass der Ausgleichsberechtigte aus einem im Versorgungsausgleich erworbenen Anrecht keine laufende Versorgung erhalten kann und er gegen den Ausgleichspflichtigen ohne Kürzung durch den Versorgungsausgleich einen gesetzlichen Unterhaltsanspruch hätte, § 33 I VersAusglG. In diesem Fall kann die Kürzung der laufenden Versorgung auf Antrag ausgesetzt werden. Der Ausgleichspflichtige bekommt dann doch seine ungekürzte Versorgung und hat dafür an den anderen Unterhalt zu leisten. Der Umstand, dass die Aussetzung der Rentenkürzung nur für Regelsicherungssysteme i.s.v. § 32 VersAusglG vorgesehen ist und nicht für die ergänzende Altersversorgung, hält der BGH für verfassungsgemäß (*BGH* NJW 2013, 226).

Entsprechendes gilt, wenn die ausgleichsberechtigte Person die Versorgung aus dem **13** im Versorgungsausgleich erworbenen Anrecht nur **weniger als drei Jahre** bezieht und verstirbt. In diesem Fall soll der Versorgungsausgleich gewissermaßen wieder aufgehoben werden können. Daher bestimmt § 37 I VersAusglG, dass ein Anrecht in diesem Fall nicht länger auf Grund des Versorgungsausgleichs gekürzt wird.

Außerdem ergibt sich aus § 225 II FamFG, dass bei rechtlichen oder tatsächlichen Veränderungen nach dem Ende der Ehezeit, die auf den Ausgleichswert eines Anrechts zurückwirken und zu einer wesentlichen Wertänderung (s. § 225 III FamFG) führen, **Antrag** bei Gericht auf **Abänderung** der früheren Entscheidung gestellt werden kann.

III. Hinweise zum Verfahren

Versorgungsausgleichssachen sind Verfahren, die den Versorgungsausgleich **14** betreffen, § 217 FamFG. Sie zählen ebenfalls zu den Familiensachen und sind dem Familiengericht zugewiesen, § 111 Nr. 7 FamFG. Beteiligte sind neben den Ehegatten (bzw. ihren Hinterbliebenen) auch die jeweiligen Versorgungsträger, § 219 Nr. 2, Nr. 3 FamFG.

Empfehlungen zur vertiefenden Lektüre

Zur Vertiefung: *Borth*, Aktuelle Probleme des reformierten Versorgungsausgleichs, FamRZ 2010, 1210; *Falkner*, Zum Ausschluss des Versorgungsausgleichs, DNotZ 2013, 725; *Götsche*, Die kurze Ehe im neuen Versorgungsausgleich, FamRB 2011, 26; *Hauß*, Praktische Fragestellungen des neuen Versorgungsausgleichs, FamRB 2010, 251; *Holzwarth*, Rechtsprechungsübersicht zum Versorgungsausgleich, FamRZ 2013, 1849; *Schmid/ Eulering*, Der reformierte Versorgungsausgleich: Überblick, Hintergründe, FamRZ 2009, 1269.

Klausur: *Löhnig*, Fall 16.

§ 23. Der nacheheliche Unterhalt und der Unterhalt der unverheirateten Mutter

I. Einführung

1   Nach der Scheidung obliegt es jedem Ehegatten, selbst für seinen Unterhalt zu sorgen, § 1569 S. 1 BGB. Es gilt der **Grundsatz der Eigenverantwortung**. Nur wenn man nicht in der Lage ist, selbst für sich zu sorgen, etwa wegen Kindesbetreuung, Alters, Krankheit oder Arbeitslosigkeit, besteht gegen den anderen Ehegatten unter den Voraussetzungen der §§ 1570 ff. BGB ein Unterhaltsanspruch, vgl. § 1569 S. 2 BGB. Die Unterhaltspflicht ist insofern auch Ausdruck der (nach)ehelichen Solidarität. Vor allem aber rechtfertigen sich Unterhaltsansprüche als **Kompensation ehebedingter Nachteile**. Wenn etwa die Ehefrau nach langer Kinderbetreuungszeit keinen geeigneten Arbeitsplatz findet, so muss der Ehemann durch Unterhaltsleistung dazu beitragen, die ehebedingten Fortkommensnachteile abzumildern.

Die geltende Fassung der §§ 1570 ff. BGB beruht auf dem zum 1.1.2008 in Kraft getretenen Gesetz zur Änderung des Unterhaltsrechts (BGBl. 2007 I S. 3189). Die Unterhaltsrechtsreform hatte neben der Förderung des Kindeswohls und der Vereinfachung des Unterhaltsrechts gerade auch das Ziel, den Grundsatz der Selbstverantwortung stärker zur Geltung zu bringen.

II. Die Voraussetzungen des nachehelichen Unterhaltsanspruchs

2   Zentrale Voraussetzung des Unterhaltsanspruchs ist, dass ein Unterhaltstatbestand der §§ 1570 ff. BGB als **Anspruchsgrundlage** erfüllt ist. Die Darlegungs- und Beweislast dafür trifft denjenigen, der Unterhalt begehrt. Weiterhin muss der Unterhaltsbegehrende auch wirklich bedürftig sein und der Unterhaltsschuldner muss leistungsfähig, also finanziell in der Lage sein, den geforderten Unterhalt zu zahlen. Zur Art der Unterhaltsgewährung bestimmt § 1585 I BGB, dass der laufende Unterhalt durch Zahlung einer Geldrente zu gewähren ist.

Der nacheheliche Unterhaltsanspruch, §§ 1569 ff. BGB

1. Scheidung der Ehe
2. Erfüllung eines Unterhaltstatbestands, §§ 1570–1576 BGB
3. Unterhaltsmaß, § 1578 BGB
4. Bedürftigkeit des Unterhaltsberechtigten, § 1577 BGB
5. Leistungsfähigkeit des Unterhaltspflichtigen, § 1581 BGB
6. Herabsetzung und/oder Befristung nach § 1578b BGB
7. Beschränkung oder Versagung des Unterhalts bei grober Unbilligkeit, § 1579 BGB
8. Sonstige Einwendungen/Einreden
   a) Grenzen bei Unterhalt für die Vergangenheit, § 1613 BGB
   b) Verjährung, § 197 II BGB
   c) Erlöschen durch Tod oder Wiederheirat, §§ 1586, 1586a BGB
   d) Abweichende Vereinbarungen, § 1585c BGB

---

1. Scheidung der Ehe

Beim Unterhalt zwischen Ehegatten sind der Familienunterhalt nach § 1360 **3**
BGB (dazu § 9 Rn. 11), der Trennungsunterhalt nach § 1361 BGB (dazu § 21
Rn. 5 f.) und der Unterhalt nach Scheidung gem. §§ 1569 ff. BGB zu unterscheiden. Es handelt sich um jeweils selbstständige Unterhaltstatbestände. Aus einem
Titel auf Trennungsunterhalt kann nach Scheidung nicht mehr vollstreckt
werden (*BGH* FamRZ 1981, 242; FamRZ 1982, 465). Es bedarf – sofern nicht
freiwillig gezahlt wird – eines neuen Titels. Über den nachehelichen Unterhalt
kann aber bereits im Scheidungsverbund entschieden werden (s. § 20 Rn. 18).

2. Die Unterhaltstatbestände

a) Unterhalt wegen Kindesbetreuung, § 1570 BGB

Größte Bedeutung hat der Unterhalt wegen Kindesbetreuung. Wer nach der **4**
Scheidung die Betreuung der gemeinsamen Kinder übernimmt, kann oft nicht
oder nur eingeschränkt einer Erwerbstätigkeit nachgehen und ist daher – ganz
oder teilweise – unterhaltsbedürftig. § 1570 I 1 BGB bestimmt dazu, dass der
kinderbetreuende Teil (meist die Mutter) in jedem Fall Unterhalt **bis drei Jahre
nach der Geburt** des (jüngsten) Kindes verlangen kann. In diesem Zeitraum
trifft die Mutter keinerlei Erwerbsobliegenheit; sie soll sich ganz dem Kind
widmen können. Insoweit besteht regelmäßig Anspruch auf vollen Unterhalt
(sog. Basisunterhalt).

Der Unterhaltsanspruch kann sich über den dritten Geburtstag des Kindes **5**
hinaus verlängern, solange und soweit dies der Billigkeit entspricht, § 1570 I 2
BGB. Zunächst zu prüfen sind dabei **kindbezogene Verlängerungsgründe**.
So kann ein Kind wegen chronischer Krankheit, Behinderung (dazu *BGH*
NJW 2010, 1665) oder aus anderen individuellen Gründen besonders betreu-
ungsbedürftig sein. Normalerweise hat das dreijährige Kind jedoch einen An-

spruch auf einen **Kindergartenplatz**, vgl. § 24 III SGB VIII. Insofern besteht auch eine Obliegenheit, eine vorhandene (zumutbare) Betreuungsmöglichkeit in Anspruch zu nehmen (BGHZ 180, 170). Demgemäß ist zu prüfen, ob und in welchem Umfang die Kindesbetreuung auf andere Weise als durch den betreuenden Elternteil gesichert ist oder gesichert werden könnte (BGHZ 193, 78). Sofern jedoch im Kindergarten etwa nur ein Halbtagsplatz verfügbar ist, kann die Mutter auch nur halbtags arbeiten. Ihr verbleibt dann jedenfalls ein anteiliger Unterhaltsanspruch. Je nach den „bestehenden Möglichkeiten" der Kinderbetreuung, vgl. § 1570 I 3 BGB, ist somit **einzelfallbezogen** zu entscheiden (*BGH* FamRZ 2011, 791; BGHZ 193, 78). Eine pauschale Orientierung an bestimmten Altersphasen des Kindes kommt nicht in Betracht (*BGH* NJW 2011, 2646).

Betreuungsleistungen des unterhaltsberechtigten Elternteils können auch zur Befriedigung **sportlicher oder musischer Bedürfnisse des Kindes** erforderlich sein, etwa in Form von Fahrleistungen. An die diesbezüglichen Darlegungen des Unterhaltsberechtigten zur Notwendigkeit eigener Betreuungsleistungen sind keine überzogenen Anforderungen zu stellen (BGHZ 193, 78).

6   Eine (erst im zweiten Schritt zu prüfende) Verlängerungsmöglichkeit des Betreuungsunterhalts kann sich gem. § 1570 II BGB aus **elternbezogenen Gründen** ergeben. Diese finden ihre Rechtfertigung in der nachehelichen Solidarität. Ein wesentlicher Aspekt ist insoweit das in der Ehe gewachsene **Vertrauen in die vereinbarte oder praktizierte Rollenverteilung** und die gemeinsame Ausgestaltung der Kindesbetreuung (*BGH* FamRZ 2010, 1050, Tz. 31).

Beispiel: Auf Wunsch von Ehemann Max hatte Fiona nach der Geburt ihres zweiten Kindes ihre (erfolgreiche) Berufstätigkeit endgültig aufgegeben, um voll für die Kinder da zu sein. M hatte sie nämlich davon überzeugt, dass Kinder zumindest bis zum Ende der Grundschulzeit der vollständigen Zuwendung mindestens eines Elternteils bedürfen. Als die Kinder fünf und sieben Jahre alt sind, lassen sich M und F nach zehnjähriger Ehe scheiden. Unter diesen Umständen wäre es unter Berücksichtigung der Gestaltung der ehelichen Arbeitsteilung, der Dauer der Ehe sowie aufgrund des Vertrauens in die vereinbarte und praktizierte Rollenverteilung unbillig, wenn F sogleich neben der weiteren Kindesbetreuung zu voller Berufstätigkeit gezwungen wäre. Ihr ist zu diesem Zeitpunkt nur eine Teilzeittätigkeit zumutbar.

7   Ein anderer elternbezogener Grund für die Verlängerung des Betreuungsunterhalts kann darin liegen, dass der betreuende Elternteil durch die Kumulation von Erwerbstätigkeit und verbleibender Kindesbetreuung **überobligationsmäßig belastet** wird (BGHZ 193, 78; 180, 170; 177, 272; *BGH* NJW 2010, 3369). Schließlich ist die Kombination von Vollzeiterwerbstätigkeit und Kindesbetreuung gerade für Alleinerziehende mit einer enormen Belastung verbunden (s. *Meier*, FamRZ 2008, 101, 103). Insbesondere am Morgen oder am späten Nachmittag und Abend sind regelmäßig weitere Erziehungs- und Betreuungsleistungen zu erbringen, die je nach dem individuellen Betreu-

ungsbedarf des Kindes oder der Kinder in unterschiedlichem Umfang anfallen können (*BGHZ* 193, 78; *OLG Düsseldorf* FamRZ 2014, 772). Daher wird auch bei Ganztagsbetreuung des Kindes nicht automatisch von der Zumutbarkeit einer Vollzeitbeschäftigung ausgegangen bzw. kein abrupter Wechsel, sondern nur ein **gestufter Übergang** von der elterlichen Betreuung zu einer Vollzeiterwerbstätigkeit verlangt (vgl. *BGH* NJW 2008, 3126, Tz. 103). Wenn man Kind und Karriere schon während der Ehe unter einen Hut gebracht hat, mag das indes ein Indiz für die Zumutbarkeit dieser Situation auch nach der Scheidung sein (vgl. *BGH* FamRZ 2010, 1050, Tz. 36).

Elternbezogene Verlängerungsgründe können nur solche sein, die unter Berücksichtigung der Gestaltung von Kindererziehung und Erwerbstätigkeit in der Ehe von Bedeutung sind. Soweit die besondere Belastung des Unterhaltsberechtigten daher rührt, dass er neben der Kindesbetreuung **Ausbildungs-, Fortbildungs- oder Qualifizierungsmaßnahmen** unternimmt, dient dies den eigenen beruflichen Interessen und nicht denjenigen des Kindes. Eine solche Belastung des betreuenden Elternteils stellt daher keinen elternbezogenen Grund im Sinne des § 1570 II BGB dar (*BGH* NJW 2012, 3037, Habilitationsverfahren).

Die Verpflichtung zur Leistung von Betreuungsunterhalt ist im **gericht-** **8** **lichen Beschluss** grundsätzlich **unbefristet zu tenorieren**. Der Betreuungsunterhalt während der ersten drei Lebensjahre des Kindes und ein daran anschließender weiterer Betreuungsunterhalt bilden einen einheitlichen Unterhaltsanspruch. Nur dann, wenn im Zeitpunkt der Entscheidung für die Zeit nach Vollendung des dritten Lebensjahres absehbar keine kind- oder elternbezogenen Verlängerungsgründe mehr vorliegen, ist ein künftiger Betreuungsunterhalt sogleich abzuweisen (*BGHZ* 180, 170).

b) Unterhalt wegen Alters, § 1571 BGB

Unterhalt wegen Alters wird geschuldet, wenn von einem Ehegatten we- **9** gen seines Alters eine Erwerbstätigkeit nicht mehr erwartet werden kann und er deshalb bedürftig ist. Beachtlich sind dabei die im Gesetz genannten **Einsatzzeitpunkte**. Der Unterhaltstatbestand muss entweder im Zeitpunkt der Scheidung oder im Anschluss an die Kindesbetreuung oder im Anschluss an eine Phase erfüllt sein, in der wegen Erwerbslosigkeit oder Krankheit eine Unterhaltsberechtigung gegeben war. Es muss also seit der Scheidung eine nahtlose Unterhaltsberechtigung bestanden haben. Wer zwischenzeitlich nicht unterhaltsberechtigt war – etwa infolge von Berufstätigkeit –, kann nachher nicht (wieder oder erstmals) Unterhalt verlangen, weil er inzwischen alt geworden ist.

Beispielsfall: Kurt und Lisa lassen sich nach achtjähriger Ehe scheiden. L ist jetzt 60 Jahre alt. Wie schon in ihrer vorangehenden Ehe mit Fritz hat L auch während der Ehe mit K nicht gearbeitet, sondern den Haushalt geführt. Nun verlangt L nach Scheidung Unterhalt von K.

Hier kann von der 60-jährigen L angesichts der langen beruflichen Pause nicht mehr die Rückkehr ins Berufsleben erwartet werden. Der Tatbestand des § 1571 BGB kann insoweit auch schon vor Erreichen des **Renteneintrittsalters** erfüllt sein (*BGH* NJW 1999, 1547). Entscheidend sind die Umstände des Einzelfalls, insbesondere auch die Art der in Betracht kommenden Berufstätigkeit. Der Unterhaltsberechtigung aus § 1571 BGB steht auch nicht entgegen, dass L bei Eheschließung schon 52 Jahre alt war (vgl. *BGH* FamRZ 1982, 28, 29). Allerdings wird unter den gegebenen Umständen eine zeitliche Beschränkung des Unterhalts gem. § 1578b II BGB (dazu Rn. 25 f.) nahe liegen.

c) Unterhalt wegen Krankheit, § 1572 BGB

10   Einem geschiedenen Ehegatten kann weiterhin wegen Krankheit eine Erwerbstätigkeit ganz oder teilweise nicht zumutbar sein, § 1572 BGB. Auch insoweit kommt es auf bestimmte Einsatzzeitpunkte an (s. schon Rn. 8). Unerheblich ist, um welche Art von Krankheit (z.B. Erbkrankheit) es sich handelt und wann sie ausgebrochen ist. Auch wenn die Krankheit schon bei Eheschließung bestand, wird grundsätzlich später Unterhalt geschuldet. Ein Kausalzusammenhang zwischen Erkrankung und Ehe ist nicht erforderlich (*BGH* NJW 1982, 40). Es kommen aber auch hier Beschränkungen nach § 1578b BGB in Betracht (s. Rn. 29), zumal eine lebenslange Unterhaltspflicht in solchen Fällen kaum zumutbar erscheint (dazu *BGH* FamRZ 2009, 1207, Tz. 33 ff.; NJW 2010, 1598, Tz. 26 ff.; NJW 2010, 2953, Tz. 21 ff.).

d) Unterhalt wegen Erwerbslosigkeit, § 1573 I BGB

11   Sofern die Unterhaltstatbestände der §§ 1570–1572, 1576 BGB nicht erfüllt sind, bleibt es an sich beim Grundsatz der Eigenverantwortung. Dann obliegt es dem geschiedenen Ehegatten, seinen Unterhalt durch Berufstätigkeit selbst zu verdienen. Es kann jedoch sein, dass er trotz aller Bemühungen keinen angemessenen Arbeitsplatz zu finden vermag. In diesem Fall kann der Ehegatte Unterhalt wegen Erwerbslosigkeit nach § 1573 I BGB verlangen. Voraussetzung ist allerdings, dass der Unterhaltsbedürftige nachweist, dass er sich nachhaltig um einen Arbeitsplatz bemüht hat (*BGH* NJW 1987, 898, 899). Die Unterhaltsberechtigung wegen Erwerbslosigkeit muss im Anschluss an die Scheidung oder eine Unterhaltsberechtigung nach den §§ 1570 bis 1572 oder 1575 BGB bestehen, vgl. § 1573 I, III BGB. Es gelten also wiederum bestimmte Einsatzzeitpunkte. Jedoch besteht der Unterhaltsanspruch auch dann, wenn der Ehegatte zwar zunächst einen Arbeitsplatz gefunden, diesen aber bald wieder verloren hat, vgl. § 1573 IV BGB.

12   Schwierig zu beantworten ist die Frage, welche Tätigkeiten dem Ehegatten nach Scheidung überhaupt zumutbar sind. Muss die einstige Anwältin, die während der zehnjährigen Ehe mit einem Top-Manager nicht berufstätig war, nach der Scheidung einen Job als Anwaltsgehilfin akzeptieren? Die §§ 1573 I, 1574 I BGB verlangen insoweit nur die Übernahme einer **„angemessenen Erwerbstätigkeit"**. Laut § 1574 II BGB ist eine Erwerbstätigkeit angemessen, die der Ausbildung, den Fähigkeiten, einer früheren Erwerbstätigkeit, dem Lebensalter und dem Gesundheitszustand des geschiedenen Ehegatten entspricht. Allerdings kann der Unterhaltsbegehrende einwenden, dass eine bestimmte Tätigkeit nach den ehelichen Lebensverhältnissen unbillig wäre. Insgesamt entscheidet also eine Gesamtwürdigung. Ggf. muss auch eine Fortbildung oder Umschulung unternommen werden, § 1574 III BGB.

Beispiele:
- Einem Ausländer mit abgeschlossenem Studium (Umwelttechniker), der in Deutschland aufgrund von Sprachproblemen von Anfang an keinen seinem Abschluss entsprechenden Arbeitsplatz finden konnte und daher schon während der Ehe im Lebensmitteleinzelhandel arbeitete, kann auch nach Scheidung eine Tätigkeit in diesem Sektor zugemutet werden (*BGH* NJW 2005, 61).
- Nach 20-jähriger Ehe mit einem Diplomingenieur ist für eine gelernte Erzieherin, die während der Ehe nicht berufstätig war und nach der Scheidung keine Chance hat, wieder als Erzieherin zu arbeiten, eine Tätigkeit als Verkäuferin in einem „Haus für gepflegte Wohnkultur" angemessen (*BGH* NJW 1991, 1049).

e) Unterhalt zwecks Ausbildung, Fortbildung oder Umschulung, § 1575 BGB

Hatte ein Ehegatte in Erwartung der Ehe oder während der bestehenden Ehe eine **13** Ausbildung nicht aufgenommen oder abgebrochen, so kann er nach Scheidung Unterhalt verlangen, wenn er diese oder eine entsprechende Ausbildung nun sobald wie möglich aufnimmt und auch mit dem erfolgreichen Abschluss der Ausbildung zu rechnen ist, § 1575 I 1 BGB. Entsprechendes gilt für Fortbildung oder Umschulung, § 1575 II BGB.

f) Unterhalt aus Billigkeitsgründen

Im Einzelfall mag keiner der bisher genannten Unterhaltstatbestände erfüllt sein, aber **14** gleichwohl die Billigkeit die Leistung von Unterhalt erfordern. Daher gewährt § 1576 BGB einen Unterhaltsanspruch, falls vom Ehegatten aus sonstigen schwerwiegenden Gründen eine Erwerbstätigkeit nicht erwartet werden kann und die Versagung von Unterhalt unter Berücksichtigung der Belange beider Ehegatten grob unbillig wäre. Das passt etwa, wenn die Ehefrau nach der Scheidung die Betreuung der Kinder des Ehemannes übernimmt, die aus seiner ersten Ehe stammen, oder die Betreuung eines gemeinsam aufgenommenen Pflegekindes (*BGH* FamRZ 1984, 361, 363). Schließlich ist § 1570 BGB, der ein gemeinschaftliches Kind voraussetzt, hier nicht einschlägig.

g) Aufstockungsunterhalt, § 1573 II BGB

Wenn der Ehegatte nach der Scheidung zwar berufstätig ist, das Einkom- **15** men aber unter dem Niveau der ehelichen Lebensverhältnisse bzw. unter dem danach zu bemessenden „vollen Unterhalt" bleibt, so kann der Ehegatte den sog. Aufstockungsunterhalt nach § 1573 II BGB verlangen. Auch dieser kann sowohl zeitlich als auch der Höhe nach begrenzt werden, § 1578b BGB.

Beispielsfall: Nach der Scheidung von Ehemann Max betreute Fiona zunächst den gemeinsamen Sohn Simon und erhielt während dieser Zeit „vollen" Betreuungsunterhalt in Höhe von 1800 € (zur Berechnung s. Rn. 17 f.). Nach Einschulung von S nimmt F eine Halbtagstätigkeit auf, mit der sie 700 € netto verdient. Ein Hortplatz, der F eine ausgedehntere Berufstätigkeit erlauben würde, ist für S nicht verfügbar. Welche Unterhaltsansprüche hat F?

1. F kann zunächst hälftigen **Unterhalt aus § 1570 I BGB** verlangen. Da für S am Nachmittag keine „Kinderbetreuungsmöglichkeit" i.S.v. § 1570 I 3 BGB besteht, hat S insoweit Anspruch auf Verlängerung des Betreuungsunterhalts. Da ihr jedoch eine Halbtagstätigkeit zuzumuten ist, reduziert sich der Anspruch aus § 1570 I BGB auf die Hälfte des vollen Unterhalts, also auf 900 €.
2. Im Hinblick auf die andere „Hälfte" sind die Unterhaltstatbestände der §§ 1571, 1572, 1573 I, 1575 oder 1576 BGB vorliegend nicht erfüllt.
3. F kann jedoch Aufstockungsunterhalt nach § 1573 II BGB verlangen. Mit dem Einkommen aus der Halbtagstätigkeit erzielt F nämlich nur ein Einkommen (700 €), das unter dem anteiligen vollen Unterhalt in Höhe von 900 € liegt. Die Differenz in Höhe von 200 € steht ihr daher aus § 1573 II BGB zu.
Im Ergebnis kann F somit insgesamt Unterhalt in Höhe von 1.100 € verlangen.

h) Verhältnis der Anspruchsgrundlagen zueinander

16   Wie der letzte Beispielsfall gezeigt hat, kann sich der Unterhaltsanspruch aus mehreren Anspruchsgrundlagen zusammensetzen. Der Anspruch kann sich also zu verschiedenen Anteilen aus verschiedenen Unterhaltstatbeständen ergeben. Da die jeweiligen Tatbestände nicht unbedingt die gleichen Rechtsfolgen haben – z.B. geht der Anspruch aus § 1570 BGB anderen Unterhaltstatbeständen im Rang vor, vgl. § 1609 Nr. 2 BGB – muss jeweils ganz exakt entschieden werden, auf welche Norm(en) sich ein Unterhaltsanspruch stützt.

17   Weiterhin ist zu beachten, dass mehrere Unterhaltstatbestände **kumulativ** erfüllt sein können, z.B. § 1570 und § 1572 BGB, weil die kinderbetreuende Frau zugleich krank und arbeitsunfähig ist. Insoweit hat § 1570 BGB Vorrang vor allen anderen Tatbeständen. Ist der Unterhaltsberechtigte wegen der Kindesbetreuung vollständig an einer Erwerbstätigkeit gehindert, ist also der gesamte Unterhalt allein aus § 1570 BGB zu leisten, unabhängig davon, ob auch andere Unterhaltstatbestände (z.B. § 1573 I, II BGB) erfüllt wären (vgl. *BGH* FamRZ 2010, 869). Der Altersunterhalt aus § 1571 BGB wiederum hat Vorrang vor den §§ 1572 ff. BGB (*BGH* NJW 2012, 2028), während die Ansprüche aus § 1573 I, II BGB gegenüber den §§ 1570 ff. BGB subsidiär sind.

Darüber hinaus können sich verschiedene Unterhaltstatbestände **zeitlich aneinanderreihen**. So mag die geschiedene Ehefrau zunächst wegen der Kinderbetreuung einen Unterhaltsanspruch aus § 1570 BGB haben, danach einen Unterhaltsanspruch wegen Krankheit aus § 1572 BGB und nach Genesung einen Anspruch aus § 1573 I BGB wegen Erwerbslosigkeit. Insoweit haben die genannten Einsatzzeitpunkte Bedeutung.

3. Unterhaltsmaß

18   Ergibt sich dem Grunde nach ein Unterhaltsanspruch, so fragt sich im nächsten Schritt, wie hoch dieser Anspruch ist. Dazu bestimmt § 1578 I 1 BGB, dass sich das Maß des Unterhalts nach den **ehelichen Lebensverhältnissen** richtet. Außerdem soll der Unterhalt den gesamten Lebensbedarf erfassen, § 1578 I 2 BGB. Zur Berechnung wurde in der Praxis folgende Faustregel entwickelt: Der volle Unterhaltsanspruch beläuft sich auf $^3/_7$ des gemeinsamen Nettoeinkom-

mens der Ehegatten im Zeitpunkt der Scheidung. Erzielt etwa nur der Mann
ein Einkommen, so hat er ³/₇ davon als Unterhalt zu zahlen. Erzielen beide
Ehegatten ein Einkommen, so beläuft sich der Unterhaltsanspruch auf ³/₇ der
Einkommensdifferenz.

Hintergrund der ³/₇-Berechnung ist der sog. **Halbteilungsgrundsatz**, den   19
das BVerfG aus Art. 6 I GG i.V.m. Art. 3 II GG ableitet (*BVerfG* FamRZ 2002,
527, 529; FamRZ 2011, 437). Danach steht die wirtschaftliche Gesamtleistung,
die in der Ehe erbracht wurde, an sich beiden Ehegatten jeweils zur Hälfte zu.
Der Beitrag der Hausfrau zum Familienunterhalt wird im Rechtssinne als
gleichwertig erachtet, vgl. § 1360 S. 2 BGB. Im Güterrecht realisiert sich der
Halbteilungsgrundsatz im Zugewinnausgleich. Unterhaltsrechtlich würde man
auf diesem Weg eigentlich zu einer Halbteilung des vorhandenen Nettoein-
kommens kommen. Indes will man dem berufstätigen (Ex-)Ehegatten einen
Leistungsanreiz geben, welcher in der Regel mit 1/7 seines Einkommens aus
Erwerbstätigkeit veranschlagt wird (sog. Erwerbstätigenbonus). Daraus folgt,
dass man nicht die komplette Hälfte abgeben muss, sondern eben nur ³/₇ (st.
Rspr.; krit. *Gerhardt*, FamRZ 2013, 834). Bei Spitzeneinkommen muss die
Obergrenze des Anspruchs indes einzelfallbezogen bestimmt werden (dazu
Born, NJW 2013, 1613).

Dieser ³/₇-Unterhaltsanspruch wird auch als der „**volle Unterhalt**" bezeich- 20
net. Dieses Maß bildet grundsätzlich die Obergrenze des Unterhaltsanspruchs.
Zusätzlich können allerdings der sog. Vorsorgeunterhalt (§ 1578 III BGB) und
auch unvorhergesehener Sonderbedarf (z.B. Umzugskosten, Kosten einer ärztlichen Behandlung; vgl. § 1585b I BGB) geltend gemacht werden.

Im Detail stellen sich bei der Unterhaltsberechnung freilich viele weitere Probleme.
So setzt die Anknüpfung der Berechnung an das Einkommen der Ehegatten zunächst die
Ermittlung des sog. bereinigten **Nettoeinkommens** voraus. Vom anzusetzenden Einkommen sind insoweit nicht nur die Steuern, sondern u.a. auch der geleistete Kindesunterhalt,
berufsbedingte Aufwendungen oder laufende Schulden (z.B. Immobiliendarlehen) abzuziehen. Positiv können andererseits **fiktive Einkünfte** hinzuzurechnen sein, wenn der
Unterhaltpflichtige eine ihm zumutbare Tätigkeit ohne nachvollziehbare Gründe nicht
ausübt oder Vermögen nicht wirtschaftlich anlegt.

Fraglich ist zudem, auf welchen **Zeitpunkt** für die Berechnung der **Einkommens-** 21
verhältnisse abzustellen ist. Im Grundsatz gilt, dass die ehelichen Lebensverhältnisse
i.S.v. § 1578 I 1 BGB durch die Umstände bestimmt werden, die bis zur Rechtskraft der
Ehescheidung eingetreten sind. Diesen Grundsatz hat der BGH mit seiner These von den
wandelbaren Lebensverhältnissen allerdings stark relativiert. Demnach wirken sich
auch nacheheliche Entwicklungen auf die Bedarfsbemessung aus, sofern sie auch bei fortbestehender Ehe eingetreten wären (z.B. turnusmäßige Gehaltserhöhung) oder in anderer
Weise in der Ehe angelegt und mit hoher Wahrscheinlichkeit zu erwarten waren (BGHZ
192, 45). Das bedeutet, dass auch **spätere Änderungen** des verfügbaren Einkommens
den Unterhaltsanspruch beeinflussen, und zwar unabhängig davon, wann sie eingetreten
sind, ob es sich um Minderungen oder Verbesserungen handelt oder ob die Veränderung
auf Seiten des Unterhaltpflichtigen oder des Unterhaltsberechtigten eingetreten ist. Die
Berücksichtigung einer nachehelichen Verringerung des verfügbaren Einkommens findet

ihre Grenze erst in der nachehelichen Solidarität. Nur bei unterhaltsrechtlich vorwerfbarem Verhalten (z.B. willkürliche Kündigung des Arbeitsplatzes) bleibt die Änderung unbeachtlich, so dass etwa weiterhin von einem entsprechenden fiktiven Einkommen ausgegangen wird (*BGH* FamRZ 2008, 968, 972).

4. Bedürftigkeit des Unterhaltsberechtigten

22   Ein Unterhaltsanspruch besteht nur, soweit sich der Unterhaltsberechtigte nicht selbst aus seinen Einkünften unterhalten kann. So mag der Unterhaltsberechtigte zwar arbeitslos oder krank sein. Genügen aber seine **Vermögenseinkünfte** (z.B. aus Vermietung von Immobilien oder anzurechnenden Sozialleistungen), um den Lebensbedarf (teilweise) zu decken, so entfällt (insoweit) ein Unterhaltsanspruch, vgl. § 1577 I BGB. Auch der Wohnwert der selbst genutzten eigenen Immobilie ist als Einkommen anzusetzen (*BGH* FamRZ 2007, 1532; *BGH* NJW 2012, 1144).

Ob vorhandenes Vermögen (sog. Vermögensstamm) zu Unterhaltszwecken liquidiert werden muss, ist einzelfallabhängig nach Billigkeit zu entscheiden, § 1577 III BGB. Erzielt der Unterhaltsberechtigte Einkünfte aus Erwerbstätigkeit, obwohl ihn unterhaltsrechtlich gar keine Erwerbsobliegenheit trifft (sog. **überobligationsmäßige Einkünfte**), muss ebenfalls einzelfallabhängig überlegt werden, ob diese Einkünfte nicht zumindest teilweise auf den Unterhaltsanspruch anzurechnen sind, § 1577 II BGB. Das gilt etwa auch für Einkünfte aus einer Erwerbstätigkeit, die nach Erreichen der Regelaltersgrenze ausgeübt wird (BGHZ 188, 50).

Beispielsfall: Nach der Scheidung betreut Fiona das zweijährige Kind. Sie erhält daher von Ehemann Ernst vollen Unterhalt in Höhe von 1.500 €. Um einen Karriereknick zu vermeiden, geht F gleichwohl nun halbtags arbeiten und lässt das Kind solange von ihrer Mutter betreuen. Durch die Erwerbstätigkeit erzielt F ein monatliches Nettoeinkommen von 800 €. E meint, seine Unterhaltspflicht reduziere sich damit auf 700 €.
Hier ist grundsätzlich von einer **überobligationsmäßigen Erwerbstätigkeit** der F auszugehen. Denn bis zum dritten Geburtstag des Kindes trifft die betreuende Mutter an sich keine Erwerbsobliegenheit (s. Rn. 4; allerdings kann die tatsächliche Ausübung der Tätigkeit im Einzelfall auch ein Indiz für ihre Zumutbarkeit sein, vgl. *BGH* FamRZ 2005, 1154; FamRZ 1981, 1159, 1161).
Gleichwohl erschiene es nicht angemessen, das Einkommen der F unterhaltsrechtlich völlig unberücksichtigt zu lassen; andernfalls hätte F sonst wohl mehr Mittel zur Verfügung als E. Andererseits darf der überobligatorische Einsatz von F auch nicht nur zu ihren Lasten gehen. Daher bestimmt § 1577 BGB eine Anrechnung des Verdienstes nach Billigkeit. Ein Teil des Einkommens bleibt anrechnungsfrei, ein Teil wird auf den Unterhaltsanspruch angerechnet (vgl. näher *BGH* FamRZ 2005, 1154). Welche Quote angesetzt wird, lässt sich nicht schematisch bestimmen, es ist stets auf den Einzelfall abzustellen (Palandt/*Brudermüller*, § 1577 Rn. 22). Hier wäre etwa eine hälftige Anrechnung vertretbar. Folgt man dem, reduziert sich die Unterhaltspflicht des E auf 1.100 €.

5. Leistungsfähigkeit des Unterhaltspflichtigen

a) Allgemeines

Ob der theoretisch errechnete Unterhaltsanspruch tatsächlich gezahlt wer- 23 den kann, hängt von der Leistungsfähigkeit des Unterhaltsverpflichteten ab. So wird sich der Unterhaltsanspruch etwa erledigen, wenn der Pflichtige inzwischen schuldlos seinen Arbeitsplatz verloren und daher keine Einkünfte mehr hat. Überobligatorische Einkünfte des Unterhaltspflichtigen wiederum sind analog § 1577 II BGB – also wie beim Unterhaltsbedürftigen (Rn. 22) – regelmäßig nur eingeschränkt anzurechnen (*BGH* NJW 2011, 670). Abgesehen davon muss der Unterhaltsschuldner von seinem Einkommen natürlich zunächst den eigenen Unterhalt bestreiten. Nur was nach Abdeckung des eigenen angemessenen Bedarfs (sog. Eigenbedarf oder **Selbstbehalt**; derzeit laut Düsseldorfer Tabelle 1.100 €) noch verbleibt, muss für Unterhaltszwecke eingesetzt werden, § 1581 S. 1 BGB. Genügen die verbleibenden Mittel nicht, um alle bestehenden Unterhaltsansprüche zu befriedigen, so kommt es im Verhältnis mehrerer Unterhaltsberechtigter zueinander auf die sog. Rangverhältnisse an.

b) Die Rangverhältnisse, § 1609 BGB

Die Rangfolge **bei Vorhandensein mehrerer Unterhaltsbedürftiger** 24 bestimmt § 1609 BGB. Die Rangstufung bewirkt, dass grundsätzlich zunächst die höhere Rangstufe in Höhe des vollen Unterhalts bedient wird, bevor die nächste Rangstufe zum Zuge kommt, die ggf. auch leer ausgeht (vgl. *BGH* FamRZ 1980, 555, 556). Ein **Mangelfall** liegt vor, wenn die Leistungsfähigkeit des Pflichtigen unter Berücksichtigung seines eigenen angemessenen Unterhalts nicht ausreicht, um die Ansprüche aller Unterhaltsberechtigten zu befriedigen (*MünchKomm/Born*, § 1609 Rn. 3). Gleichrangig Berechtigte, also z.B. mehrere minderjährige Kinder oder auf derselben Rangstufe stehende (Ex-)Ehegatten, erhalten im Mangelfall von dem verbleibenden und zu verteilenden Resteinkommen des Verpflichteten Unterhalt **anteilig** nach ihrer Bedürftigkeit (s. Beispielsberechnung zum Kindesunterhalt § 35 Rn. 6).

Insbesondere die Situation, dass ein Unterhaltspflichtiger einem geschiedenen Ehegatten und dem jetzigen Ehegatten Unterhalt zu leisten hat, ist über § 1609 BGB zu lösen, wobei der Bedarf eines vorrangigen früheren Ehegatten ohne Rücksicht auf die Unterhaltsverpflichtung gegenüber dem neuen Ehegatten ermittelt wird (*BGH* NJW 2012, 2028). Sind ein geschiedener und ein neuer Ehegatte nach § 1609 BGB **gleichrangig**, so kann im Rahmen der Leistungsfähigkeit des Unterhaltspflichtigen eine Billigkeitsabwägung in Form einer **Dreiteilung** des gesamten unterhaltsrelevanten Einkommens erfolgen (*BGH* NJW 2014, 2109).

Die Rangverhältnisse bei mehreren Unterhaltsbedürftigen, § 1609 BGB

Rang 1: Minderjährige unverheiratete Kinder sowie volljährige unverheiratete
Kinder bis zurVollendung des 21. Lebensjahrs, solange sie im Haushalt der
Eltern leben und sich in der allgemeinen Schulausbildung befinden (vgl.
§ 1603 II 2 BGB)
Rang 2: Elternteile, die wegen Betreuung eines Kindes unterhaltsberechtigt sind
oder im Fall der Scheidung wären, sowie gegenwärtige oder geschiedene
Ehegatten bei Ehe von langer Dauer
Rang 3: Gegenwärtige oder frühere Ehegatten, die nicht unter Rang 2 fallen
Rang 4: Kinder, die nicht unter Rang 1 fallen
Rang 5: Enkelkinder und weitere Abkömmlinge
Rang 6: Eltern
Rang 7: Sonstige Verwandte

---

6. Herabsetzung und Befristung des Unterhalts nach § 1578b BGB

a) Normzweck

25   § 1578b BGB ermöglicht die Begrenzung von Unterhaltsansprüchen sowohl
der Höhe nach (Abs. 1) als auch in zeitlicher Hinsicht (Abs. 2). Beides kann sogar
miteinander kombiniert werden (Abs. 3), sei es von Anfang an oder in Stufen
nacheinander. Hintergrund ist die Feststellung, dass eine zeitlich unbegrenzte
Unterhaltsverpflichtung auf dem Niveau der ehelichen Lebensverhältnisse
nicht in jedem Fall angemessen ist. Allerdings bleibt das der Norm zu Grunde
liegende Regel-Ausnahme-Verhältnis zu beachten. Eine Herabsetzung oder
Befristung kann nur erfolgen, wenn ein unbeschränkter Anspruch unbillig
wäre. Herabsetzung oder Befristung sind somit nicht die Regel, sondern die
Ausnahme (*BGH* NJW 2010, 3097, Tz. 29).

§ 1578b I 1 BGB bestimmt, dass ein Unterhaltsanspruch auf den angemessenen Lebensbedarf herabzusetzen ist, wenn eine an den ehelichen Lebensverhältnissen orientierte Bemessung des Unterhaltsanspruchs auch unter
Wahrung der Belange eines dem Berechtigten zur Pflege oder Erziehung
anvertrauten gemeinschaftlichen Kindes unbillig wäre. Nach § 1578b II 1 BGB
ist ein Anspruch auf nachehelichen Unterhalt zeitlich zu begrenzen, wenn ein
zeitlich unbegrenzter Unterhaltsanspruch unbillig wäre. Die Kriterien für die
Billigkeitsabwägung ergeben sich aus § 1578b I 2, 3 BGB. Danach ist bei der
Billigkeitsabwägung insbesondere zu berücksichtigen, inwieweit durch die Ehe
Nachteile im Hinblick auf die Möglichkeit eingetreten sind, für den eigenen
Unterhalt zu sorgen. Solche Nachteile können sich vor allem aus der Dauer
der Pflege und Erziehung eines gemeinschaftlichen Kindes, aus der Gestaltung
von Haushaltsführung oder Erwerbstätigkeit während der Ehe sowie aus der
Dauer der Ehe ergeben. „Ein **ehebedingter Nachteil** äußert sich in der Regel
darin, dass der unterhaltsberechtigte Ehegatte nachehelich nicht die Einkünfte

erzielt, die er ohne die Ehe und Kinderbetreuung erzielen würde" (*BGH* NJW 2012, 2028; 2013, 2434).

§ 1578b BGB gilt an sich für **alle Unterhaltstatbestände**. Eine Befristung des Betreuungsunterhalts gem. § 1578b II BGB scheidet aber aus, weil die bei § 1570 I 2, II BGB vorzunehmende Billigkeitsabwägung über die Unterhaltsdauer insoweit vorrangig und abschließend ist (*BGH* FamRZ 2009, 770, Tz. 42).

b) Die Billigkeitsabwägung

Für die Frage, ob und in welchem Umfang ein Unterhaltsanspruch zu be- **26** schränken ist, kommt es vor allem darauf an, inwieweit die **Bedürfnislage** des Unterhaltsberechtigten **ehebedingt** ist, vgl. § 1578b I 2 BGB (BT-Drs. 16/1830, S. 18); schließlich rechtfertigen sich Unterhaltsleistungen gerade als Kompensation für ehebedingte Fortkommensnachteile. Insoweit ist zu ermitteln, welche Nachteile sich insbesondere aus der Dauer der Pflege oder Erziehung gemeinschaftlicher Kinder sowie aus der Gestaltung von Haushaltsführung und Erwerbstätigkeit während der Ehe für den Unterhaltsberechtigten ergeben haben. Irrelevant bleiben dabei laut *BGH* allerdings die Rollenverteilung und Kinderbetreuung im Rahmen eines vorehelichen Zusammenlebens (*BGH* NJW 2013, 1444).

Zur Beurteilung der eingetretenen ehebedingten Nachteile ist ein **Vergleich** zwischen der jetzigen Lebenslage des Unterhaltsberechtigten und seiner **hypothetischen Lebenssituation** ohne die Eheschließung zu ziehen (*BGH* FamRZ 2011, 713; NJW 2013, 528). Dieser Vergleich hat eine doppelte Bedeutung. Zum einen sind die festgestellten ehebedingten Nachteile entscheidender Gradmesser für die Billigkeitsbetrachtung. Zum anderen lässt sich auf diese Weise der „angemessene Bedarf" i.S.v. § 1578b I 1 BGB ermitteln, der den hypothetischen Unterhaltsbedarf ohne die Eheschließung bezeichnet und zugleich die Untergrenze für die Herabsetzung des Unterhalts bildet. Übt der Unterhaltsberechtigte etwa eine vollschichtige Tätigkeit in seinem erlernten Beruf aus, so ist das laut BGH ein Indiz gegen fortdauernde ehebedingte Nachteile. Hier müsste der Unterhaltsberechtigte substantiiert darlegen, welche konkreten ehebedingten Nachteile gleichwohl entstanden sein sollen (*BGH* NJW 2010, 3653 und 1813).

Neben den ehebedingten Nachteilen ist in § 1578b BGB seit dem 1.3.2013 **27** die **Dauer der Ehe** als weiterer konkret benannter Billigkeitsmaßstab genannt. Damit soll verhindert werden, dass das Fehlen ehebedingter Nachteile automatisch eine Beschränkung des nachehelichen Unterhalts nach sich zieht (vgl. BT-Drucks. 17/11885, S. 5 f.). Im Wesentlichen hat diese Gesetzesänderung aber nur klarstellende Funktion, da die BGH-Rechtsprechung diesen Aspekt auch schon zuvor in der Billigkeitsabwägung berücksichtigte. Das Kriterium der Ehedauer ist dabei in **Wechselwirkung** mit den weiteren Kriterien, insbesondere der ehelichen Rollenverteilung und der darauf beruhenden Verflechtung der wirtschaftlichen Verhältnisse zu würdigen (*BGH* NJW 2013, 1530). Auch eine Ehedauer von über 30 Jahren bedeutet nicht automatisch den Ausschluss einer Unterhaltsbefristung (*BGH* NJW 2013, 1530).

Beispielsfall: Nach der Eheschließung kauft der junge Arzt Martin eine Arztpraxis und arbeitet nun hart am Aufbau seiner beruflichen Existenz. Um sich besser um den Haushalt und die beiden Kinder kümmern zu können, gibt Ehefrau Eva schließlich gegen den Willen ihres Mannes ihre Tätigkeit als Apothekerin auf, zumal die langen Fahrzeiten bis zur entfernten Apotheke zu viel Zeit rauben. E übernimmt dafür eine wohnortnahe Tätigkeit in einer Drogerie. Nach zehn Jahren wird die Ehe geschieden. E kümmert sich weiter um die beiden Kinder, die in der Schule täglich bis 14 Uhr betreut werden. Angesichts ihrer längeren beruflichen Pause kann E als Apothekerin lediglich eine schlecht bezahlte Aushilfsstelle finden. E fragt daher nach ihren Unterhaltsansprüchen gegen den mittlerweile sehr gut verdienenden M.

1. Da die Kinder halbtags betreut sind, steht E nur ein hälftiger Unterhaltsanspruch aus § 1570 I BGB zu.
2. Im Übrigen geht E zwar einer Berufstätigkeit nach, kann damit aber nicht das eheliche Einkommensniveau erreichen, auf das § 1578 BGB für das Unterhaltsmaß abstellt. Damit bleibt ein Anspruch der E auf Aufstockungsunterhalt, § 1573 II BGB.
3. Fraglich bleibt, ob der Anspruch der E auf Aufstockungsunterhalt gem. § 1578b I BGB herabzusetzen ist. Das ist hier jedoch – zum gegebenen Zeitpunkt – zu verneinen. Angesichts der geschilderten Arbeitsteilung hat E erhebliche ehebedingte Fortkommensnachteile erlitten. Der Wechsel in eine ausbildungsfremde, deutlich schlechter bezahlte Tätigkeit erfolgte, um Erwerbstätigkeit und Kinderbetreuung besser vereinbaren zu können. Auch ein Arbeitsplatzwechsel kann insofern ein ehebedingter Nachteil i.S.v. § 1578b I BGB sein (*BGH* NJW 2013, 1738). Entscheidend ist insoweit die tatsächliche Gestaltung der Rollenverteilung und Kinderbetreuung. Der Unterhaltspflichtige kann nicht einwenden, dass er den anderen Ehegatten zur (unveränderten) Berufstätigkeit angehalten habe (*BGH* a.a.O.).
Auch bei voller Berufstätigkeit wird E kaum mehr die Chance haben, das Einkommen zu erreichen, das sie als Apothekerin ohne die Familienpause gehabt hätte. Insoweit kann auch schon eine Ehe von zehn Jahren im unterhaltsrechtlichen Sinne als „lang" zu erachten sein (vgl. *BGH* FamRZ 2006, 1006). Daher erscheint zumindest mittelfristig eine Beteiligung der E auf dem Niveau der ehelichen Lebensverhältnisse gerechtfertigt. Eine Herabsetzung des Unterhaltsanspruchs muss derzeit ausscheiden.

28   **Weitere Kriterien** für die Billigkeitsabwägung nach § 1578b BGB können z.B. sein: die Angewiesenheit des Unterhaltsberechtigten auf den Unterhalt, die Belastung des Unterhaltsberechtigten mit weiteren Unterhaltspflichten oder Betreuungsaufgaben (*BGH* FamRZ 2011, 713), aber auch sonstige (ehezeitliche) Unterstützungsleistungen des Unterhaltsbedürftigen zu Gunsten des Unterhaltspflichtigen und dessen Karriere (*BGH* NJW 2012, 2028; 2013, 2434), nicht aber eheliches Fehlverhalten oder Scheidungsschuld (*BGH* NJW 2013, 2434).

c) Die Befristung von Ansprüchen auf Krankheitsunterhalt

29   Besonders relevant wird § 1578b BGB beim **Unterhaltsanspruch wegen Krankheit** (§ 1572 BGB). Dieser Unterhalt legitimiert sich naturgemäß nicht aus dem Gedanken der Kompensation ehebedingter Nachteile, sondern aus der

nachehelichen Solidarität (*BGH* NJW 2010, 1598, Tz. 26 und NJW 2010, 2953, Tz. 21); denn Krankheiten sind in aller Regel nicht ehebedingt. Im Rahmen der Billigkeitsabwägung von § 1578b BGB ist indes auch das im Einzelfall gebotene Maß der nachehelichen Solidarität zu bestimmen, wobei insbesondere der **Ehedauer** besondere Bedeutung zukommt. „Die Ehedauer gewinnt im Rahmen dieser Billigkeitsabwägung durch eine wirtschaftliche Verflechtung an Gewicht, die insbesondere durch Aufgabe einer eigenen Erwerbstätigkeit wegen der Betreuung gemeinsamer Kinder oder der Haushaltsführung eintritt" (*BGH* NJW 2012, 2028; 2013, 1530). Ein ehebedingter Nachteil ist dabei vor allem in der Weise denkbar, dass die in der Ehe gelebte Rollenverteilung bewirkt, dass ein Partner nicht ausreichend für den Fall der krankheitsbedingten Erwerbsminderung vorgesorgt hat (*BGH* NJW 2013, 2434).

Beispiel: Wenn der Lagerarbeiter die Unternehmenschefin heiratet, dann dauerhaft schwer erkrankt und die Ehe bereits nach fünf Jahren kinderlos geschieden wird, so rechtfertigt sich kaum eine zeitlich unbegrenzte Unterhaltspflicht der Ehefrau aus § 1572 BGB auf dem Niveau der von ihrem Einkommen geprägten ehelichen Lebensverhältnisse i.S.v. § 1578 I 1 BGB. Auch wenn der Mann während der Ehe nicht berufstätig war, bleiben die ehebedingten Nachteile doch gering, weil die Wiederaufnahme einer Tätigkeit als Lagerarbeiter auch nach fünfjähriger Pause regelmäßig auf vergleichbarem Lohnniveau möglich sein sollte. Scheidet dies krankheitsbedingt aus, bleibt zu beachten, dass der Mann ohne die Ehe höchstwahrscheinlich auch erkrankt und nicht besser gestellt gewesen wäre. Das **gebotene Maß an ehelicher Solidarität** fordert unter solchen Umständen allenfalls eine nach § 1578b II BGB auf wenige Jahre befristete Unterhaltspflicht. Anders wäre es bei einer Ehe von 20 Jahren, bei der sich der Mann um den Haushalt gekümmert hat und daher für den Fall der Erwerbsminderung nicht angemessen vorsorgen konnte.

d) Anwendung von § 1578b BGB bei der Abänderung von Unterhaltstiteln

Große Bedeutung hat § 1578b BGB nicht zuletzt im Rahmen von Abänderungsanträ- **30** gen nach §§ 238, 239 FamFG, mit denen ein früherer Unterhaltstitel (oft in Gestalt eines Prozessvergleichs) für die Zukunft abgeändert werden soll (z.B. *BGH* NJW 2013, 2434). In solchen Verfahren ist bei der Billigkeitsabwägung auch das Vertrauen des Unterhaltsberechtigten auf einen dauerhaften Unterhaltsanspruch zu berücksichtigen. Das gilt gerade auch, wenn der Unterhalt auf Grundlage des früheren, bis Dezember 2007 geltenden Unterhaltsrechts tituliert worden ist. Zwar fordert dafür bereits die Überleitungsnorm des § 36 Nr. 1 EGZPO die Berücksichtigung des Vertrauens auf den unveränderten Unterhalt. Dieser Aspekt ist aber zugleich im Rahmen der umfassenden Interessenabwägung nach § 1578b BGB zu beachten (*BGH* NJW 2012, 2028).

7. Ausschluss oder Herabsetzung des Unterhalts wegen grober Unbilligkeit, § 1579 BGB

Unabhängig von der Beschränkungsmöglichkeit des § 1578b BGB kön- **31** nen besondere Umstände im Einzelfall die Leistung von Unterhalt als grob unbillig und somit als unzumutbar erscheinen lassen. Insoweit gilt auch im Unterhaltsrecht der Grundsatz von Treu und Glauben, der sich dort in der **negativen Härteklausel** des § 1579 BGB konkretisiert hat. Die Norm nennt sieben Regelbeispiele der groben Unbilligkeit (Nr. 1 bis 7), die durch einen generalklauselartigen Auffangtatbestand (Nr. 8) ergänzt werden, der aber kaum Bedeutung hat.

Prüfung von § 1579 BGB

1. Prüfung der Regelbeispiele, Nr. 1 bis Nr. 7
2. Subsidiär: Prüfung der Generalklausel, Nr. 8
3. Umfassende Billigkeitsabwägung
4. Berücksichtigung der Belange der vom Berechtigten betreuten gemeinschaftlichen Kinder
5. Entscheidung über die konkrete Rechtsfolge: Beschränkung oder gänzlicher Ausschluss von Unterhalt

---

a) Kurze Ehedauer, § 1579 Nr. 1 BGB

32   Unterhalt wird regelmäßig ausscheiden, wenn die Ehe nur von kurzer Dauer war, § 1579 Nr. 1 Hs. 1 BGB. Kurze Dauer ist bei einer Ehe von bis zu **drei Jahren** anzunehmen (vgl. *BGH* NJW 2011, 1582), wobei in der Regel auf die Zeit von der Eheschließung bis zur Rechtshängigkeit des Scheidungsantrags abgestellt wird (vgl. *BGH* NJW 1986, 2832). Sind aus der kurzen Ehe jedoch Kinder hervorgegangen, so ist die Phase der Kinderbetreuung durch den Berechtigten der Ehezeit regelmäßig gleichzustellen (vgl. § 1579 Nr. 1 Hs. 2 BGB). Die Anwendung von § 1579 Nr. 1 BGB wird sich dann meist erledigen.

b) Verfestigte Lebensgemeinschaft des Berechtigten, § 1579 Nr. 2 BGB

33   Von großer praktischer Bedeutung ist der mit der Unterhaltsrechtsreform zum 1.1.2008 eingeführte Tatbestand des § 1579 Nr. 2 BGB. Danach kann Unterhalt versagt werden, wenn der Berechtigte in einer verfestigten Lebensgemeinschaft lebt. Als verfestigte Lebensgemeinschaft ist eine Beziehung zwischen zwei Personen, sei es gleich- oder verschiedengeschlechtlich, zu verstehen, die eine solche Intensität erreicht, dass ihr quasi eheersetzende Wirkung zukommt. Eine Wohngemeinschaft oder eine sexuelle Beziehung sind dafür zwar deutliche Indizien, werden aber nicht zwangsläufig vorausgesetzt (*BGH* NJW 1997, 1851; NJW 2002, 217). Eine hinreichende Verfestigung der Beziehung bejaht die Rechtsprechung spätestens nach zwei bis drei Jahren, bei besonders starker wirtschaftlicher Verflechtung der Partner oder nach Familiengründung ggf. schon früher (vgl. *OLG Köln* FamRZ 2000, 290; FF 2005, 192).

Laut Gesetzesbegründung (BT-Drs. 16/1830, S. 21) und st. Rspr. (z.B. BGHZ 190, 251; *BGH* NJW 2011, 3712) rechtfertigt sich der Unterhaltsausschluss in solchen Fällen daraus, dass sich der Geschiedene mit der neuen Lebensgemeinschaft endgültig aus der **nachehelichen Solidarität herauslöse** und zu erkennen gebe, dass er diese nicht mehr benötigt. Das mag zutreffen, wenn der Unterhaltsberechtigte bei seinem neuen Partner tatsächlich sein Auskommen findet. Fragwürdig erscheint die Regelung aber dann, wenn der Unterhaltsberechtigte weiterhin mit ehebedingten Fortkommensnachteilen zu kämpfen hat und der neue Partner selbst nicht in der Lage ist, für den Unterhalt zu sorgen, z.B. weil er arbeitslos ist. Laut BGH kommt es auf die Leistungsfähigkeit des neuen Partners indes nicht an (*BGH* NJW 2011, 3712; krit. zu Recht *Schwab*, FamRZ 2005, 1417, 1421).

Der nach § 1579 Nr. 2 BGB (ganz oder teilweise) verwirkte Unterhaltsanspruch kann nach Beendigung der verfestigten Lebensgemeinschaft grundsätzlich **wieder aufleben**, vor allem im Interesse gemeinsamer Kinder. Dabei bedarf es aber in jedem Fall einer umfassenden Zumutbarkeitsprüfung unter Berücksichtigung aller Umstände (BGHZ 190, 251).

c) Die Fälle von § 1579 Nr. 3–6 BGB

§ 1579 Nr. 3 BGB betrifft strafrechtlich relevante Verhaltensweisen des Unterhaltsberechtigten gegenüber dem Unterhaltsverpflichteten bzw. dessen nahen Angehörigen, z.B. schwere körperliche Misshandlung. **Nr. 4** erfasst den Fall, dass der Berechtigte seine Bedürftigkeit mutwillig herbeigeführt hat, z.B. durch leichtfertige Kündigung seines Arbeitsplatzes (*BGH* FamRZ 2007, 1532, 1536) oder vorwerfbare Vermögensverschwendung. Die „vorsätzliche" Schwangerschaft hingegen erfüllt den Tatbestand nicht (s. § 9 Rn. 5). **Nr. 5** wiederum greift ein, wenn sich der Unterhaltsberechtigte mutwillig über schwerwiegende Vermögensinteressen des Unterhaltpflichtigen hinweggesetzt hat.

Beispiele:
- Nr. 5 kann einschlägig sein, wenn die Ehefrau im Unterhaltsverfahren Einkünfte verschweigt, die zur Herabsetzung ihres Unterhaltsanspruchs geführt hätten (**Prozessbetrug**).
- Eine Verletzung der Vermögensinteressen liegt zudem in wissentlich falschen oder auch leichtfertigen oder rein schikanösen **Strafanzeigen**, z.B. Anzeige des Ehegatten wegen Diebstahls (*OLG Koblenz* FamRZ 1991, 1312, 1313) oder Steuerhinterziehung (*OLG Köln* NJWE-FER 1999, 107).

Nach **§ 1579 Nr. 6 BGB** schließlich kann der Unterhaltsausschluss gerechtfertigt sein, wenn der Berechtigte seinerseits vor der Trennung längere Zeit hindurch seine Pflicht, zum Familienunterhalt beizutragen, gröblich verletzt hat; denn hat sich der Berechtigte selbst während der Ehe nicht solidarisch verhalten, kann er auch nach der Scheidung nicht die Solidarität des anderen Ehegatten einfordern.

d) Schweres moralisches Fehlverhalten des Berechtigten, § 1579 Nr. 7 BGB

Nach § 1579 Nr. 7 BGB kann der Unterhalt herabzusetzen oder auszuschließen sein, wenn dem Berechtigten ein offensichtlich schwerwiegendes, eindeutig bei ihm liegendes **Fehlverhalten** gegen den Verpflichteten zur Last fällt. Nachdem strafrechtlich erhebliche Verhaltensweisen bereits unter Nr. 3 fallen, kann es insoweit nur noch um ein moralisches Fehlverhalten gehen.

Beispiele:

- Verschweigt eine Ehefrau ihrem Ehemann, dass ein während der Ehe geborenes **Kind** möglicherweise von einem anderen Mann abstammt, verwirklicht dies grundsätzlich den Härtegrund eines Fehlverhaltens i.S.v. § 1579 Nr. 7 BGB; denn damit wird in einer „elementaren persönlichen Frage in die Lebensgestaltung des Ehemannes" eingegriffen. Die Anfechtung der Vaterschaft durch den Ehemann ist dabei nicht Voraussetzung (*BGH* NJW 2012, 1443; NJW 1985, 2266).
- Der Unterhaltsausschluss wird nahe liegen, wenn die Ehefrau Mann und Kinder von heute auf morgen in rücksichtsloser Weise verlässt, um sich anderweitig zu entfalten.
- Nr. 7 ist aber nicht erfüllt, wenn sich ein Ehegatte nach Eheschließung aus beruflichen Gründen weigert, mit dem anderen Ehegatten einen gemeinsamen Wohnsitz an einem anderen Ort zu begründen und es deswegen schließlich zur Scheidung kommt (*BGH* FamRZ 1987, 572; s. Beispielsfall in § 9 Rn. 3).

36   Fraglich ist, ob der **Bruch der ehelichen Treue** oder das Verlassen des Ehepartners wegen einer neuen Beziehung schon ein Fehlverhalten i.S.v. § 1579 Nr. 7 BGB darstellt. Im Grunde ist dies zu verneinen, da mit der Eherechtsreform von 1976 das Schuldprinzip abgeschafft worden ist (s. § 20 Rn. 3) und § 1579 BGB grundsätzlich nicht dazu instrumentalisiert werden darf, das Schuldprinzip wieder durch die „Hintertür" einzuführen. Insofern bestätigt auch der BGH, dass der Ehebruch allein für die Annahme eines schweren Fehlverhaltens nicht genüge (*BGH* NJW 2012, 1443).

Gleichwohl bejaht die Rspr. bisweilen § 1579 Nr. 7 BGB, wenn sich ein Ehegatte aus einer „intakten" bzw. durchschnittlich verlaufenden Ehe heraus gegen den Willen des anderen einem neuen Partner zuwendet, mit diesem in ehe- oder lebenspartnerschaftsähnlicher Gemeinschaft lebt und ihm die Betreuungsleistungen zukommen lässt, die eigentlich dem Ehegatten geschuldet werden (*BGH* NJW 1981, 1782; NJW 1983, 451; NJW 1982, 1216). Darin sei eine so schwerwiegende **Abkehr von den ehelichen Bindungen** zu sehen, dass nach dem Grundsatz der Gegenseitigkeit, der dem ehelichen Unterhaltsrecht zugrunde liege, die Inanspruchnahme des anderen Ehegatten auf Unterhalt grob unbillig erscheine (*BGH* FamRZ 2008, 1414 = JuS 2008, 936). Die Einseitigkeit des Fehlverhaltens wird allerdings verneint, wenn die Ehe schon zerrüttet war oder sich vorher schon der andere Partner von den ehelichen Bindungen losgesagt hatte.

> **Beispielsfall:** Während Ehefrau Flora von Ehemann Max getrennt lebt, lernt sie Louis kennen und lieben und zieht bald mit ihm zusammen. Wie schon für M führt F nun für L den Haushalt, während L berufstätig ist. F selbst ist wegen chronischer Krankheit nicht erwerbsfähig. Nach zwei Jahren wird die Ehe von M und F geschieden. Kann F nun Unterhalt von M verlangen?
>
> Die **Unterhaltsberechtigung** der F folgt aus **§ 1572 BGB.**
> Da die eheliche Treue nach Trennung keine zentrale Bedeutung mehr hat, liegt hier in der Hinwendung zu einem neuen Partner jedenfalls kein vorwerfbares Fehlverhalten, das eine Unterhaltsreduzierung nach § 1579 Nr. 7 BGB – sei es im Hinblick auf den Trennungsunterhalt (vgl. § 1361 III BGB mit Verweis auf § 1579 BGB) oder den Scheidungsunterhalt – rechtfertigen könnte.

Dauert die neue Beziehung aber zwei bis drei Jahre an und tritt sie somit gewissermaßen
an die Stelle einer ehelichen Beziehung, so kann ein Unterhaltsausschluss gem. § 1579
Nr. 2 BGB in Betracht kommen (s. Rn. 33).
Im Übrigen wird sich F aber auch schon vor Ablauf dieser Frist eine Reduzierung
ihres Unterhalts gefallen lassen müssen. Denn empfängt F im Gegenzug für ihre Haus-
haltstätigkeit Unterhaltsleistungen von L, so werden diese von der Rechtsprechung wie
Einkommen behandelt, das die Bedürftigkeit der E (§ 1577 BGB) mindert (vgl. *BGH
NJW* 1989, 1083).

e) Billigkeitsabwägung

Ist ein Regelbeispiel der Nr. 1 bis 7 oder die Generalklausel der Nr. 8 erfüllt,   **37**
so führt dies noch nicht automatisch zum Unterhaltsausschluss. Darüber kann
erst nach **umfassender Abwägung** aller Umstände im Einzelfall entschieden
werden. Hierbei sind vor allem die Interessen von Kindern zu berücksichtigen, die der Unterhaltsberechtigte betreut. Der Unterhaltsentzug muss auch
mit dem Kindeswohl vereinbar sein. Ein Ausschluss des Unterhalts aus § 1570
BGB wird daher die Ausnahme bleiben. Im Übrigen kann das Gericht flexibel
auf jeden Einzelfall reagieren und den Unterhalt je nachdem ganz oder nur
teilweise ausschließen.

8. Sonstige Einwendungen und Einreden gegen den Unterhaltsanspruch

a) Grenzen bei Unterhalt für die Vergangenheit, § 1613 BGB

Unterhaltsleistungen dienen der aktuellen Bedarfsdeckung bzw. Existenzsi-   **38**
cherung. § 1585b BGB begrenzt daher die Möglichkeiten der rückwirkenden
Geltendmachung und verweist weitgehend auf die für den Verwandtenunter-
halt geltende Vorschrift des § 1613 BGB (näher dazu § 35 Rn. 17 f.).

b) Verjährung, § 197 II BGB

Unterhaltsansprüche verjähren in drei Jahren, §§ 197 I Nr. 2, II, 195 BGB.   **39**
Nur titulierte Ansprüche verjähren gem. § 197 I Nr. 3–5 BGB in 30 Jahren.
Die Verjährung beginnt mit dem Schluss des Jahres, in dem der Anspruch
entstanden ist, § 201 S. 1 BGB.

c) Erlöschen durch Tod oder Wiederheirat

Der Unterhaltsanspruch erlischt mit der Wiederheirat, mit der Begründung   **40**
einer Lebenspartnerschaft sowie mit dem Tode des Berechtigten, § 1586 I BGB.
Wird die neue Ehe bzw. Lebenspartnerschaft später wieder aufgelöst, kann es
allerdings zum Wiederaufleben eines früheren Unterhaltsanspruchs kommen,
wenn noch ein Kind aus der früheren Ehe betreut wird, § 1586a I BGB. Der
Tod des Verpflichteten lässt den Anspruch nicht erlöschen, vgl. § 1586b BGB.

d) Abweichende Vereinbarungen

41   Die Ehegatten sind frei, anlässlich der Eheschließung in einem Ehevertrag
oder im Rahmen der Scheidung in einer Scheidungsfolgenvereinbarung den
Unterhalt abweichend von der gesetzlichen Regelung auszugestalten oder
darauf zu verzichten. Allerdings bedürfen Vereinbarungen über den nacheheh-
lichen Unterhalt, die vor der Scheidung getroffen werden, seit dem 1. 1. 2008
der **notariellen Beurkundung**, § 1585c S. 2 BGB. Die Beurkundung kann
durch einen gerichtlichen Vergleich ersetzt werden (§ 127a BGB), und zwar
auch wenn die Vereinbarung in einem anderen Verfahren als der Ehesache pro-
tokolliert wird (*BGH* FamRZ 2014, 728). Weiterhin kann eine Vereinbarung
im Einzelfall sittenwidrig und nichtig (§ 138 I BGB) sein, etwa weil sie einen
Ehegatten massiv einseitig benachteiligt. Ausführlich zur Inhaltskontrolle von
Eheverträgen § 13 Rn. 10 ff.

III. Hinweise zum Verfahrensrecht

42   Die Unterhaltssachen (Familiensachen gem. § 111 Nr. 8 FamFG) sind in den §§ 231 ff.
FamFG geregelt. Endentscheidungen sind nach allgemeinen Regeln vollstreckbar. Eine
Abänderung von unterhaltsbezogenen Gerichtsentscheidungen oder Vergleichen ist unter den Voraussetzungen von §§ 238, 239 FamFG möglich. Wichtig wird dies vor allem,
wenn sich nachträglich die Einkommensverhältnisse wesentlich ändern und sich daraus
ein veränderter Unterhaltsanspruch ergibt.
    Eine Abänderung kommt zudem in Betracht, wenn geänderte Gesetze (etwa infolge
der Unterhaltsrechtsreform) oder neue höchstrichterliche Rechtsprechung zu anderen
Berechnungen führen. Für einen früheren Unterhaltsvergleich entfällt dann regelmäßig
die Geschäftsgrundlage (dazu *BGH* FamRZ 2010, 192). Auch eine erst mit der Einführung
von § 1578b BGB möglich gewordene Befristung eines Unterhaltsanspruchs (vor allem
wegen Krankheit) kann im Wege des Abänderungsantrags begehrt werden (näher *BGH*
NJW 2010, 2349; s. auch Rn. 30).
    Die geschiedenen Ehegatten sind nach § 1580 BGB einander verpflichtet, auf Verlangen
über ihre Einkünfte und ihr Vermögen **Auskunft** zu erteilen. § 1605 BGB ist entsprechend anzuwenden. Hinzu kommen verfahrensrechtliche Auskunftspflichten, §§ 235, 236
FamFG (näher zu den Auskunftsansprüchen § 35 Rn. 27 ff.).

IV. Der Betreuungsunterhalt der unverheirateten Mutter aus
§ 1615l II BGB

1. Überblick

43   Der aus § 1615l II 2 BGB folgende Unterhaltsanspruch der unverheirateten Mutter, die das nichteheliche Kind betreut, hat zwar nichts mit dem
Scheidungsfolgenrecht zu tun, soll aber angesichts der sachlichen Nähe zum
Anspruch aus § 1570 BGB an dieser Stelle erörtert werden. Ausgangspunkt ist
dabei, dass zwischen Unverheirateten grundsätzlich keine Unterhaltsansprüche

bestehen, auch nicht nach langjähriger nichtehelicher Lebensgemeinschaft. Eine Ausnahme bildet allein § 1615 l BGB für den Fall, dass aus einer nichtehelichen Beziehung ein Kind hervorgegangen ist. Zu beachten ist, dass sich in § 1615 l BGB mehrere Anspruchsgrundlagen bzw. Unterhaltstatbestände befinden; näher eingegangen werden soll hier aber nur auf den Anspruch auf Betreuungsunterhalt.

§ 1615 l BGB enthält mehrere **Anspruchsgrundlagen:**

- Abs. 1 S. 1: Anspruch auf Unterhalt während der Mutterschutzfrist
- Abs. 1 S. 2: Anspruch auf Ersatz der Schwangerschafts- und Entbindungskosten
- Abs. 2 S. 1: Anspruch auf Unterhalt wegen Erwerbsunfähigkeit infolge schwangerschafts- bzw. entbindungsbedingter Krankheit
- Abs. 2 S. 2, 3: Anspruch auf Betreuungsunterhalt bis zum 3. Geburtstag des Kindes
- Abs. 2 S. 4: Anspruch auf Verlängerung des Betreuungsunterhalts nach Billigkeit

2. Der Anspruch auf Betreuungsunterhalt für die ersten drei Jahre

§ 1615 l II 2 BGB regelt den Anspruch der das nichteheliche Kind betreuen- **44** den Mutter auf Betreuungsunterhalt. Falls der Vater das Kind betreuen sollte, steht ihm der Anspruch zu, § 1615 l IV BGB. Da dieser Fall jedoch die Ausnahme bildet, wird im Weiteren grundsätzlich auf die Mutter Bezug genommen. Hintergrund der Regelung ist, dass das nichteheliche wie das eheliche Kind in den ersten drei Lebensjahren Anspruch auf die **persönliche Betreuung** durch die Mutter hat (BT-Drs. 16/6980, S. 22). Damit korrespondiert das Recht der Mutter, ihr Kind selbst und persönlich betreuen zu dürfen. Wie bei § 1570 BGB muss sich die Mutter während der ersten drei Jahre nicht auf eine anderweitige Betreuungsmöglichkeit für das Kind (z.B. durch Kinderkrippe, Großeltern) verweisen lassen (*BGH* NJW 2008, 3126, Tz. 97). Es ist auch irrelevant, ob die Mutter ohne die Kindesbetreuung gearbeitet hätte oder nicht (*OLG Frankfurt* FamFR 2012, 322).

3. Verlängerung über drei Jahre hinaus

Nach der seit dem 1.1.2008 geltenden Fassung von § 1615 l II 4, 5 BGB **45** kommt eine Verlängerung der Unterhaltspflicht in Betracht, solange und soweit dies der **Billigkeit** entspricht. Nach der früheren Fassung, die bis Ende 2007 galt, war eine Verlängerung nur möglich gewesen, wenn die Versagung von Unterhalt grob unbillig erschien. Die damit verbundene mittelbare Ungleichbehandlung von ehelichen und nichtehelichen Kindern hatte das BVerfG (FamRZ 2007, 965) indes mit Blick auf Art. 6 V GG für verfassungswidrig erklärt. Im Rahmen der Unterhaltsrechtsreform wurden die Betreuungsunterhaltsansprüche der geschiedenen (s. § 1570 BGB) und der „nichtehelichen" Mutter daher weitgehend gleich ausgestaltet.

Gründe für die Verlängerung des Anspruchs gem. § 1615 l II 4 BGB kön- **46** nen – wie bei § 1570 I BGB – eine Behinderung oder chronische Krankheit des Kindes sein oder auch Entwicklungsstörungen, die noch keine (umfassende)

Fremdbetreuung (etwa im Kindergarten) erlauben (*Peschel-Gutzeit*, FPR 2008, 24, 25). Ansonsten kommt es auch hier entscheidend auf die vorhandenen **Möglichkeiten der Kindesbetreuung** an, § 1615l II 5 BGB. Besteht für das mindestens dreijährige Kind keine, keine ganztätige oder keine geeignete bzw. zumutbare anderweitige Betreuungsmöglichkeit (Kindergarten, Hort, Tagesmutter, private Betreuung), so wird der Unterhaltsanspruch (teilweise) zu verlängern sein. Insoweit kann auf die Ausführungen zu § 1570 BGB verwiesen werden (s. Rn. 5 f.). Eine Verlängerung aus sonstigen Gründen (vgl. § 1615l II 5 BGB: „insbesondere") bleibt denkbar, etwa wenn Mutter und Vater längere Zeit **nichtehelich zusammengelebt** haben und ein oder sogar mehrere Kinder im Vertrauen auf den Fortbestand der Beziehung gezeugt wurden (vgl. *BGH* NJW 2006, 2687, Tz. 36; 2008, 3126, Tz. 100). Insoweit wird auch die Dauer des Zusammenlebens relevant (BT-Drs. 16/6980, S. 22; MünchKomm/ *Born*, § 1615l Rn. 11).

Für etwaige Verlängerungsgründe trägt die Mutter die **Darlegungs- und Beweislast** (BGHZ 184, 13, Tz. 49; *BGH* NJW 2010, 1138). Wie bei § 1570 BGB (s. Rn. 8) kommt die **Tenorierung** eines von Anfang an *befristeten* Unterhaltsanspruchs allerdings nur in Betracht, wenn bereits im Zeitpunkt der Entscheidung über den Basisunterhalt sicher absehbar ist, dass nach Vollendung des dritten Lebensjahres des Kindes keine Verlängerungsgründe vorliegen werden (BGHZ 198, 242 = NJW 2013, 3578).

4. Sonstige Voraussetzungen des Unterhaltsanspruchs

47   Für den Unterhaltsanspruch aus § 1615l BGB gelten gem. Abs. 3 S. 1 grundsätzlich die allgemeinen **Regeln des Verwandtenunterhalts**. Demgemäß erfolgt die Bedarfsermittlung gem. §§ 1615l III 1, 1610 I BGB allein nach der **Lebensstellung der Mutter** (*BGH* NJW 2008, 3125, Tz. 24; *OLG Saarbrücken* FamRZ 2014, 484). Messlatte ist das Einkommen, das die Mutter ohne die Geburt des Kindes nachhaltig zur Verfügung gehabt hätte. Das soll laut BGH sogar dann gelten, wenn die Mutter mit dem Vater des Kindes bzw. der Kinder lange Zeit zusammengelebt hat (*BGH* a.a.O., Tz. 27 ff.; *OLG Düsseldorf* FamRZ 2008, 87; zu Recht a.A.: *Graba*, NJW 2008, 3105; *Maurer*, FamRZ 2008, 1831). Unabhängig davon kann die unverheiratete betreuende Mutter aber in jedem Fall einen **Mindestbedarf** in Höhe des Existenzminimums verlangen, der unterhaltsrechtlich mit dem notwendigen Selbstbehalt eines Nichterwerbstätigen (zurzeit laut Düsseldorfer Tabelle 770 €) pauschaliert wird (BGHZ 184, 13). Unterhalt für die Vergangenheit kommt nur unter den Voraussetzungen von § 1613 I, II BGB in Betracht; insoweit enthält § 1615l III BGB eine Rechtsgrundverweisung (BGHZ 198, 242).

48   Im Übrigen hat der BGH inzwischen aber die **analoge Anwendung** von Normen und Grundsätzen des **Ehegattenunterhaltsrechts** auf den Anspruch aus § 1615l BGB anerkannt:

- **Überobligationsmäßige Einkünfte** der Mutter aus Erwerbstätigkeit können analog § 1577 II BGB anteilig auf den Unterhaltsbedarf anzurechnen sein (*BGH* NJW 2005, 818, Tz. 23; *OLG Bremen* NJW 2008, 1745).
- Der Bedarf der Mutter wird durch den **Halbteilungsgrundsatz** begrenzt (*BGH* NJW 2005, 818; NJW 2008, 3125, Tz. 25 f.), da die nichteheliche Mutter nicht besser stehen dürfe als die verheiratete Mutter. Der Anspruch beträgt daher maximal ³⁄₇ des Einkommens des erwerbstätigen Vaters (*OLG Düsseldorf* NJW-RR 2008, 397).
- **Verheiratet** sich die nach § 1615l II BGB unterhaltsberechtigte Mutter, so entfällt ihr Unterhaltsanspruch analog § 1586 BGB (*BGH* NJW 2005, 503).
- Lebt die unterhaltsberechtigte Mutter in einer **verfestigten Lebensgemeinschaft**, kann ihr Unterhaltsanspruch analog § 1579 Nr. 2 BGB entfallen (andeutungsweise *BGH* NJW 2008, 3125, Tz. 51; a.A. *OLG Nürnberg* NJW 2011, 939).

5. Rangverhältnisse bei mehreren Unterhaltsverpflichteten

Versorgt die Mutter sowohl eheliche Kinder als auch das nichteheliche **49** Kind, kommt es zu einer anteiligen Haftung des (nichtehelichen) Vaters aus § 1615l II 2 BGB und des (ggf. getrennt lebenden oder geschiedenen) Ehemanns aus §§ 1360, 1361 oder 1570 BGB. Die Haftung wird in entsprechender Anwendung von § 1606 III 1 BGB **anteilig** nach der jeweiligen Leistungsfähigkeit ermittelt (*BGH* FamRZ 1998, 541). Allerdings ist auch darauf abzustellen, durch welches Kind die Mutter in stärkerem Umfang von einer Erwerbstätigkeit abgehalten wird. Dabei spielen das Alter, die Anzahl und die Betreuungsbedürftigkeit der zu versorgenden Kinder eine Rolle (vgl. *BGH* NJW 2008, 3126, Tz. 48). Entsprechendes gilt bei Betreuung von mehreren nichtehelichen Kindern verschiedener Väter (*BGH* FamRZ 2005, 357, 358).

Empfehlungen zur vertiefenden Lektüre

Zur Vertiefung: *Bömelburg*, Verfestigte Lebensgemeinschaft – Neuere Rechtsprechung des BGH und der Obergerichte, FamRB 2012, 53; *Borth*, Nacheheliche Solidarität als weiteres Billigkeitskriterium zur Begrenzung bzw. Befristung des nachehelichen Unterhalts nach § 1578b BGB, FamRZ 2011, 153; *Langheim*, Befristung und Herabsetzung von Unterhaltsansprüchen nach § 1578b BGB, FamRZ 2010, 409; *Meier*, Betreuungsunterhalt gemäß §§ 1570 und 1615l BGB nach der Unterhaltsrechtsreform, FamRZ 2008, 101; *Reinken*, Rechtsprechungsübersicht: Unterhaltsrecht 2013, NZFam 2014, 200; *Schnitzler,* Die verfestigte Lebensgemeinschaft als selbständiger Härtegrund im neuen § 1579 Nr. 2 BGB, FPR 2008, 41; *Wellenhofer*, Zur aktuellen Entwicklung des Ehegattenunterhaltsrechts, FamRZ 2011, 685.

Fälle und Klausuren: *Röthel*, Fall 7; *Schwab*, PdW, Fälle 95–126.

§ 24. Wohnungszuweisung und Beanspruchung von Haushaltsgegenständen

I. Die Überlassung der Ehewohnung

1. Überblick

1   Haben sich die Ehegatten nicht schon anlässlich der Trennung über die weitere Nutzung der Ehewohnung geeinigt bzw. erfolgte keine gerichtliche Zuweisung nach § 1361b BGB (dazu § 21 Rn. 11 f.), so soll ihnen im Zeitpunkt der Scheidung § 1568a BGB Maßstäbe für die Lösung des Konflikts geben. § 1568a BGB ersetzt die früheren, bis zum 31. 8. 2009 in der Hausratsverordnung geregelten Normen.

Der **Begriff der Ehewohnung** ist weit auszulegen und erfasst „alle Räume, die die Ehegatten zum Wohnen benutzen oder gemeinsam bewohnt haben, oder die dafür nach den Umständen bestimmt waren" (*BGH* FamRZ 1990, 987, 988). Es kann sogar mehrere Ehewohnungen geben, sodass auch nicht schwerpunktmäßig genutzte Wochenendhäuser oder Ferienwohnungen Ehewohnungen darstellen können. Zeitlich gesehen ist eine Wohnung solange Ehewohnung, wie sie von beiden Ehegatten (wenn auch nur sporadisch) genutzt wird bzw. nicht endgültig als Wohnung aufgegeben worden ist (*BGH* NJW 2013, 2507).

2. Die Ansprüche aus § 1568a BGB

a) Anspruch auf Überlassung der Ehewohnung, § 1568a I BGB

2   Nach § 1568a I BGB kann ein Ehegatte verlangen, dass ihm der andere Ehegatte anlässlich der Scheidung die Ehewohnung überlässt, wenn er auf deren Nutzung unter Berücksichtigung des Wohls der im Haushalt lebenden Kinder und der Lebensverhältnisse der Ehegatten in stärkerem Maße angewiesen ist als der andere Ehegatte oder die Überlassung aus anderen Gründen der Billigkeit entspricht. Es handelt sich um eine **Anspruchsgrundlage**, wobei das Gericht nach den Grundsätzen zu entscheiden hat, wie sie sich bis 2009 für die Vorgängernorm des § 2 HausratsVO herausgebildet hatten. Die Anknüpfung an die ehelichen Lebensverhältnisse stellt sicher, dass alle Umstände des Einzelfalls berücksichtigt werden können. Sind keine Kinder vorhanden, so kann als Billigkeitsgrund etwa eine Rolle spielen, dass der anspruchstellende Ehegatte bereits in der Wohnung aufgewachsen ist (BR-Drs. 635/08 S. 44). Als **Rechtsfolgen** sind allein die Begründung oder Fortführung eines Mietverhältnisses vorgesehen. § 1568a I BGB gilt uneingeschränkt, wenn die Ehegatten Miteigentümer der Ehewohnung sind. Sind die Voraussetzungen von § 1568a I BGB im Einzelfall nicht erfüllt, bleibt für Miteigentümer-Ehegatten die Auseinandersetzung nach allgemeinen Vorschriften (§§ 749 ff. BGB). Ansonsten sind je nach den Eigentums- bzw. Mietverhältnissen an der Ehewohnung die folgenden Fallkonstellationen b) und c) zu unterscheiden.

b) (Mit-)Eigentum nur eines Ehegatten an der Ehewohnung

Für den Fall, dass ein Ehegatte Alleineigentümer der Wohnung ist oder **3**
Miteigentümer zusammen mit einem Dritten, kann der andere Ehegatte die
Überlassung der Wohnung nur verlangen, wenn dies zur Vermeidung einer
unbilligen Härte notwendig ist, § 1568a II 1 BGB. Die **unbillige Härte** muss
für den Ehegatten, der nicht Eigentümer ist, oder für die Kinder das Maß einer
ungewöhnlich schweren Belastung erreichen; bloße Unbequemlichkeiten oder
umzugsbedingte Belastungen genügen nicht (vgl. *OLG Hamm* FamRZ 2004,
888, 889).

c) Mietwohnung als Ehewohnung, § 1568a III BGB

Ist die Ehewohnung eine Mietwohnung, so wird das Mietverhältnis mit **4**
demjenigen Ehegatten fortgeführt, dem die Ehewohnung zu überlassen ist,
§ 1568a III 1 BGB. Ist das Mietverhältnis nur von dem überlassenden Ehegatten
allein eingegangen worden, so tritt der die Wohnung nun allein bewohnende
Ehegatte kraft gesetzlicher Nachfolge an seine Stelle. Wurde das Mietverhältnis
ursprünglich von beiden Ehegatten eingegangen, so setzt nach Überlassung der
Empfänger der Ehewohnung das Mietverhältnis alleine fort. Diese Rechtswirkungen treten entweder mit Zugang der von beiden Ehegatten abgegebenen
Mitteilung beim Vermieter (§ 1568a III 1 Nr. 1 BGB) oder mit Rechtskraft
der entsprechenden richterlichen Entscheidung (§ 1568a III 1 Nr. 2 BGB) ein.

Der **Vermieter** muss der Fortführung des Mietverhältnisses im Grun- **5**
de zustimmen, seine Interessen werden jedoch durch das außerordentliche
Kündigungsrecht nach § 563 IV BGB gewahrt, das gem. § 1568a III 2 BGB
entsprechend gilt. Der BGH hält die Norm insoweit für verfassungsgemäß
(*BGH* NJW 2013, 2507). Sofern es sich um eine **Dienstwohnung** handelt, die
einem Ehegatten von seinem Dienstherrn oder Arbeitgeber überlassen wurde,
so bedarf es allerdings grundsätzlich des Einverständnisses dieser Person, es sei
denn, die Überlassung der Wohnung ist notwendig, um eine unbillige Härte zu
vermeiden, § 1568a IV BGB. Eine solche kann aus Gründen des Kindeswohls
anzunehmen sein oder auch bei schwerer Krankheit des Ehegatten (vgl. *AG
Kerpen* FamRZ 1997, 1344, 1345).

d) Anspruch auf Neubegründung eines Mietverhältnisses an der Ehewohnung

Besteht bisher noch kein Mietverhältnis an der Ehewohnung, so kann der **6**
Ehegatte, der Anspruch auf Überlassung der Wohnung hat, die Begründung
eines Mietverhältnisses an der Ehewohnung von der zur Vermietung berechtigten Person (i.d.R. der Eigentümer der Wohnung) verlangen, § 1568a V 1
BGB. Als Mieter wird dieser Ehegatte insbesondere auch vor dem Verkauf der
Wohnung (vgl. § 566 BGB) oder einer möglichen Teilungsversteigerung nach
§ 753 BGB geschützt. Der **Anspruch auf Begründung eines Mietverhältnisses** wird relevant bei:

- Alleineigentum des überlassenden Ehegatten an der Ehewohnung
- Miteigentum der Ehegatten an der Ehewohnung
- Miteigentum des überlassenden Ehegatten und eines Dritten an der Ehewohnung
- bisheriger unentgeltlicher Gebrauchsüberlassung durch Dritte (z.B. Eltern)
- Kündigung des bisherigen Mietverhältnisses mit einem Drittem (vgl. BR-Drs. 635/08 S. 46).

Das Mietverhältnis ist zu **ortsüblichen Bedingungen** zu begründen, § 1568a V 1, 3 BGB. Falls der Ehegatte untätig bleibt, kann auch die zur Vermietung berechtigte Person den Vertragsabschluss fordern, § 1568a V 1 BGB. Unter den Voraussetzungen des § 575 BGB (z.B. absehbarer Eigenbedarf) oder auch aus Billigkeitsgründen kann der Vermieter eine angemessene Befristung des Mietverhältnisses verlangen. Der Anspruch auf die Begründung des Mietverhältnisses **erlischt** wie bei § 1568a III BGB ein Jahr nach Rechtskraft der Scheidung, § 1568a VI BGB.

3. Das Verfahren in Ehewohnungssachen

7   Verfahrensrechtlich handelt es sich um Familiensachen bzw. Ehewohnungssachen, für die das Familiengericht zuständig ist, §§ 1, 111 Nr. 5 FamFG. Auch hier ist stets ein Antrag erforderlich; darin ist anzugeben, ob ein Kind im Haushalt der Ehegatten lebt, § 203 III FamFG. Wenn dies der Fall ist, soll das Jugendamt angehört werden, § 205 I FamFG. Eine Entscheidung kann auch im Scheidungsfolgenverbund begehrt werden, § 137 II Nr. 3 FamFG. Zu den Beteiligten des Verfahrens kann auch der Vermieter der Wohnung gehören, § 204 I FamFG.

II. Die Regelung der Eigentumsverhältnisse an Haushaltsgegenständen

1. Überblick

8   Anlässlich der Scheidung kann sich – wie schon bei Trennung (s. § 21 Rn. 7f.) – zudem die Frage stellen, welcher Ehegatte welche Haushaltsgegenstände erhält. Hier hilft 1568b BGB, der den Ehegatten unter bestimmten Voraussetzungen einen **Anspruch auf Überlassung** eines Haushaltsgegenstands einräumt, der auch gerichtlich geltend gemacht werden kann. Die Vorschrift ersetzt entsprechende Normen der zum 1. 9. 2009 aufgehobenen Hausratsverordnung.

Als Haushaltsgegenstände gelten bewegliche Gegenstände, die nach den Vermögens- und Lebensverhältnissen der Ehegatten für die Wohnung, die Hauswirtschaft und das Zusammenleben der Familie bestimmt sind (vgl. BGHZ 89, 137, 145), z.B. die gemeinsam benutzten Wohnungseinrichtungsgegenstände, aber auch Haustiere (*OLG Schleswig* FamRZ 2013, 1984). Nach dem Gesetzeswortlaut des § 1586b BGB werden als Haushaltsgegenstände nur solche betrachtet, die im **Eigentum** der Ehegatten stehen. Allerdings wird bei Gegenständen, an denen bereits ein Anwartschaftsrecht besteht, eine analoge Anwendung der Norm naheliegen (vgl. *Roth*, FamRZ 2008, 1388, 1390).

2. Die Ansprüche aus § 1568b BGB

a) Haushaltsgegenstände im Miteigentum der Ehegatten

Nach § 1568b I BGB kann jeder Ehegatte verlangen, dass ihm der andere **9**
Ehegatte anlässlich der Scheidung die im Miteigentum stehenden Haushaltsgegenstände überlässt, auf deren Nutzung er unter Berücksichtigung des Wohls
der im Haushalt lebenden Kinder und der Lebensverhältnisse der Ehegatten in
stärkerem Maße angewiesen ist als der andere Ehegatte. Entsprechendes gilt,
wenn die Überlassung aus anderen Gründen der Billigkeit entspricht. Es ist also
eine konkrete **Bedürfnislage** oder ein bestimmter **Billigkeitsgrund** nach-
zuweisen. Ein solcher Grund kann darin liegen, dass der betreffende Ehegatte
selbst einst den Kauf des Gegenstandes veranlasst oder ihn während der Ehe
auf eigene Kosten gepflegt hatte (s. BR-Drs. 635/08 S. 49).

§ 1586b I BGB enthält damit eine **Anspruchsgrundlage**, gerichtet auf **10**
Überlassung der Gegenstände und auf Übertragung zu Alleineigentum. Für
den Eigentumsverlust infolge der Übereignung kann der übertragende Ehegatte eine **angemessene Ausgleichszahlung** verlangen, § 1568b III BGB.
Im gerichtlichen Verfahren wird die Zahlungsverpflichtung im Beschluss
angeordnet und beziffert, vgl. § 209 I FamFG.

Für die Frage, ob der Gegenstand bislang im Miteigentum der Ehegatten
stand, enthält § 1568b II BGB für Haushaltsgegenstände, die während der Ehe
für den gemeinsamen Haushalt angeschafft wurden, eine **Miteigentumsvermutung**. Diese Vermutung ist allerdings widerlegt, wenn ein Ehegatte sein
Alleineigentum nachweisen kann, vgl. § 1568b II a.E. BGB.

b) Haushaltsgegenstände im Alleineigentum eines Ehegatten

Die Übertragung von Haushaltsgegenständen, die im Alleineigentum des **11**
anderen Ehegatten stehen, kann ein Ehegatte nicht verlangen. Auf eine Bestimmung, wie sie früher § 9 HausratsVO a.F. enthielt, ist verzichtet worden.
Eingriffe in das Alleineigentum eines Ehegatten sollen vermieden werden.
Haushaltsgegenstände, die im Alleineigentum stehen, sind dann allerdings
im Rahmen eines eventuellen güterrechtlichen Ausgleichs zu berücksichtigen
(Rn. 13).

3. Das Verfahren in Haushaltssachen

Verfahrensrechtlich handelt es sich um eine Familiensache bzw. **Haushalts-** **12**
sache, für die das Familiengericht zuständig ist, §§ 1, 111 Nr. 5 FamFG. Zur
Einleitung des Verfahrens ist stets ein **Antrag** erforderlich, § 203 FamFG. Da
es sich zugleich um eine sog. Folgesache (§ 137 II Nr. 3 FamFG) handelt, kann
die Entscheidung auch im Verbund mit der Scheidung begehrt werden (s. dazu
§ 20 Rn. 18).

4. Das Verhältnis zum Zugewinnausgleich

13   Für das Verhältnis zum Zugewinnausgleich gilt nach wie vor, dass sich die Verteilung der Haushaltsgegenstände nach § 1568b BGB und der Zugewinnausgleich gegenseitig ausschließen (vgl. BR-Drs. 635/08 S. 49). Die Regelung des **§ 1586b BGB** genießt insoweit **Vorrang** (vgl. zur bisherigen Rechtslage BGHZ 89, 137, 142 ff. m.w.Nw.). Das bedeutet: Haushaltsgegenstände, die nach § 1568b BGB übereignet werden, unterliegen nicht dem Zugewinnausgleich und werden demgemäß nicht im Anfangs- oder Endvermögen berücksichtigt; denn insoweit enthält § 1568b III BGB mit der Verpflichtung zur Ausgleichszahlung eine abschließende Sonderregelung. Haushaltsgegenstände hingegen, die im Alleineigentum eines Ehegatten stehen und daher nicht nach § 1568b BGB beansprucht werden können, fallen in das Endvermögen und sind im Zugewinnausgleich zu berücksichtigen (*BGH* NJW 2011, 601 und FamRZ 2011, 1039).

Empfehlungen zur vertiefenden Lektüre

Erbarth, Die Überlassung von Haushaltsgegenständen nach Rechtskraft der Ehescheidung, FPR 2010, 548; *Götz/Brudermüller*, Die „Rechtsnachfolger" der Hausratsverordnung, FamRZ 2009, 1261; *dies.*, Schnittstellen zwischen Familien- und Mietrecht in § 1568a BGB, NJW 2010, 5; *Schulz*, Die endgültige Überlassung der Ehewohnung, FPR 2010, 541; *Uecker*, Zuweisung der ehelichen Wohnung und Teilungsversteigerung, FPR 2013, 367.

§ 25. Wiederholung

1. Können Ehegatten in einem Ehevertrag vereinbaren, dass sie sich nur unter bestimmten Voraussetzungen scheiden lassen wollen?
2. Unter welchen Voraussetzungen ist eine Ehe als gescheitert anzusehen?
3. Nennen Sie ein Beispiel für eine unzumutbare Härte gem. § 1565 II BGB!
4. Worin unterscheiden sich die Folgen einer Härte gem. § 1565 II BGB und einer Härte gem. § 1568 I BGB?
5. Sollen Haushaltsgegenstände der Ehegatten nach Trennung untereinander aufgeteilt werden, kann sich die Frage nach den Eigentumsverhältnissen stellen. Auf welche Vorschriften kann hier in Zweifelsfällen zurückgegriffen werden?
6. Wie rechtfertigt sich das Institut des Versorgungsausgleichs?
7. In welchen Fällen findet bei Ehescheidung kein Versorgungsausgleich statt?
8. Welche Voraussetzungen muss ein geschiedener Ehegatte darlegen, um seinen Anspruch auf nachehelichen Unterhalt schlüssig zu begründen?
9. Welche Unterhaltstatbestände für den nachehelichen Unterhalt kennt das BGB?

10. Welche Erwerbstätigkeiten sind dem geschiedenen Ehegatten zuzumuten, um seinen Lebensunterhalt selbst zu verdienen?
11. In welchen Fällen spielt die Rangfolge des § 1609 BGB eine Rolle?
12. Weshalb gewährt § 1615 l II BGB der unverheirateten Mutter eines nichtehelichen Kindes einen mit dem ehelichen Betreuungsunterhaltsanspruch aus § 1570 BGB fast identischen Anspruch?
13. Wie unterscheiden sich die Regelungen in § 1361a BGB einerseits und § 1568b BGB andererseits?

Die Antworten zu den Kontrollfragen finden Sie am Ende des Buches.

Kapitel 6. Eingetragene Lebenspartnerschaft und nichteheliche Lebensgemeinschaft

§ 26. Die eingetragene Lebenspartnerschaft

I. Grundlagen

1. Das Lebenspartnerschaftsgesetz

1   Im Jahr 2001 wurde das Gesetz über die eingetragene Lebenspartnerschaft (LPartG) erlassen. Danach können Paare gleichen Geschlechts eine eingetragene Lebenspartnerschaft begründen, deren Rechtswirkungen weitgehend denjenigen der Ehe entsprechen. In Deutschland leben ca. 67.000 Paare in gleichgeschlechtlicher Lebensgemeinschaft.

Nach Inkrafttreten des LPartG war diskutiert worden, ob dessen Regelungen **mit dem Grundgesetz** vereinbar sind. Der Argumentation, dass aus Art. 6 I GG die Verpflichtung zu einem *besonderen* Schutz der Ehe folge und dass sich aus der Institutsgarantie der Ehe insoweit ein besonderes Abstands- oder Differenzierungsgebot ergäbe, folgte das BVerfG (BVerfGE 105, 313 ff.) nicht. Es wurde klargestellt, dass dem Institut der Ehe durch ein Institut, das sich an Personen wendet, die miteinander keine Ehe eingehen können, keine Einbußen drohten. Das Ausmaß des rechtlichen Schutzes und der Förderung der Ehe würden durch das LPartG auch nicht verringert. Der Gesetzgeber sei zwar durch Art. 6 I GG verpflichtet, die Ehe mit den ihr angemessenen Mitteln zu fördern, ein Gebot, andere Lebensformen zu benachteiligen, lasse sich hieraus jedoch nicht ableiten. Auch ergäbe sich aus Art. 6 I GG nicht, dass die Ehe im Umfang stets mehr zu schützen sei als andere Lebensgemeinschaften.

2   Die aktuelle Diskussion dreht sich um die Frage, ob die wenigen verbliebenen **Unterschiede** zwischen Ehe und eingetragener Lebenspartnerschaft unter dem Blickwinkel von **Art. 3 I, III GG** noch zu rechtfertigen sind. Tatsächlich hat das BVerfG den Gesetzgeber insbesondere zur Gleichstellung bei der Hinterbliebenenversorgung (BVerfGE 124, 199), im Schenkung- und Erbschaftsteuerrecht (BVerfGE 126, 400), im Grunderwerbsteuerrecht (*BVerfG* NJW 2012, 2719) und in Bezug auf den Familienzuschlag für Beamte (*BVerfG* FamRZ 2012, 1472) gezwungen. Insoweit wurde festgestellt, dass die rechtlichen und tatsächlichen Grundlagen, auf welche die betreffenden gesetzlichen Regelungen gestützt wurden, in gleicher Weise auf Ehe und Lebenspartnerschaft zuträfen, so dass keine sachliche Rechtfertigung für die Ungleichbehandlung erkennbar sei. Dabei müsse gerade dort, wo der Gesetzgeber eine mit der sexuellen Orientierung von Personen zusammenhängende Differenzierung vornehme, eine besonders strenge Gleichheitsprüfung vorgenommen werden.

So wurde zuletzt schließlich auch die Ungleichbehandlung von Verheirateten und eingetragenen Lebenspartnern in den Vorschriften der §§ 26, 26b, 32a V EStG zum **Ehegattensplitting** als mit Art. 3 I GG unvereinbar erklärt (*BVerfG* NJW 2013, 2257; dazu *Merkt,* DStR 2013, 2312). Demgemäß wird nun auch gefordert, eine völlige **Gleichstellung von Ehe und Lebenspartnerschaft** herbeizuführen (z.B. *Brosius-Gersdorf,* FamFR 2013, 169).

2. Terminologie

Die Partner einer Ehe sind Ehegatten, die Partner einer eingetragenen Le- **3** benspartnerschaft bezeichnet das Gesetz (LPartG, BGB, ZPO, StGB etc.) als „Lebenspartner". Insoweit muss stets aufgepasst werden, dass der Begriff nicht voreilig im umgangssprachlichen Sinne verstanden wird.

> **Merksatz:** Spricht das Gesetz vom „**Lebenspartner**", ist stets ein eingetragener Lebenspartner im Sinne des LPartG gemeint und nicht der Lebensgefährte im Rahmen einer nichtehelichen Lebensgemeinschaft.

II. Die Parallelen zum Eherecht

1. Parallelität der gesetzlichen Regelungen

Als Faustregel für die **Klausur** kann gelten, dass die Rechtslage für einge- **4** tragene Lebenspartner im Zweifel mit der für Ehegatten übereinstimmt. Seit dem Reformgesetz von 2005 sind die Unterschiede sehr gering geworden. Beim **Normzitat** muss allerdings aufgepasst werden. Teilweise ergibt sich die Rechtsgrundlage allein aus dem LPartG (z.B. § 2 LPartG zur partnerschaftlichen Lebensgemeinschaft), teilweise ist das LPartG in Verbindung mit dem BGB zu zitieren (z.B. § 1 III 2 LPartG i.V.m. §§ 1298 ff. BGB beim Verlöbnis), teilweise bedarf es nur der Verweisung auf eine einzelne Sachnorm (z.B. auf § 52 Nr. 2a StPO zum Zeugnisverweigerungsrecht).

Grundsätzlich gleiche gesetzliche Regelungen gelten insbesondere für folgende Bereiche:

- Verlöbnisrecht (§ 1 IV 1 LPartG entspricht § 1297 S. 1 BGB; § 1 IV 2 LPartG verweist auf die übrigen einschlägigen Normen des BGB)
- Namensrecht (§ 3 I-IV LPartG entspricht § 1355 BGB)
- Interner Haftungsmaßstab (§ 4 LPartG entspricht § 1359 BGB)
- Verpflichtung zum Unterhalt bei bestehender Partnerschaft (§ 5 S. 2 LPartG verweist auf §§ 1360 S. 2, 1360a, 1360b und 1609 BGB)
- Zugewinngemeinschaft als gesetzlicher Güterstand (§ 6 S. 1 LPartG)
- Ausgestaltung der Zugewinngemeinschaft einschl. Verfügungsbeschränkungen und des Zugewinnausgleichs (§ 6 S. 2 LPartG verweist auf § 1363 II und die §§ 1364 ff. BGB)
- Lebenspartnerschaftsvertrag (§ 7 S. 2 LPartG verweist auf die §§ 1409 ff. BGB)
- Schlüsselgewalt (§ 8 II LPartG verweist auf § 1357 BGB)

- Eigentumsvermutung (§ 8 I 1 LPartG entspricht § 1362 I 1 BGB und verweist im Übrigen auf § 1362 I 2, 3, II BGB)
- Schwägerschaft (§ 11 II LPartG entspricht praktisch § 1590 BGB)
- Anspruch auf Haushaltsgegenstände und Wohnungszuweisung (§§ 13, 14 LPartG entsprechen praktisch §§ 1361a, 1361b BGB; § 17 LPartG verweist auf die §§ 1568a, 1568b BGB)
- Trennungsunterhalt (§ 12 LPartG wiederholt bzw. verweist auf §§ 1361, 1609 BGB)
- Nachpartnerschaftlicher Unterhalt (§ 16 S. 2 LPartG verweist auf die §§ 1570 ff. BGB)
- Versorgungsausgleich (§ 20 LPartG mit Verweis auf das VersAusglG)
- Stiefkindadoption (§ 9 VII 2 LPartG verweist auf die Adoptionsnormen des BGB)
- Gesetzliches Erb- und Pflichtteilsrecht (§ 10 LPartG, zum Teil mit Verweisen auf das BGB)
- Eintritt in das Mietverhältnis nach Tod des Partners (§ 563 I 2 BGB)

2. Entsprechende Anwendung von Rechtsprechungsrecht

5   Für Ehegatten entwickeltes Rechtsprechungsrecht kann grundsätzlich entsprechend auf eingetragene Lebenspartner übertragen werden. Das betrifft etwa:

- die Inhaltskontrolle von Lebenspartnerschaftsverträgen entsprechend den Grundsätzen für die Inhaltskontrolle von Eheverträgen (dazu § 13 Rn. 10 ff.)
- den Schutz des räumlich-gegenständlichen Bereichs der Lebenspartnerschaft entsprechend dem Schutz des räumlich-gegenständlichen Bereichs der Ehe (dazu § 11 Rn. 13 f.)
- Vermögensrechtliche Abwicklungsansprüche der Lebenspartner nach Trennung entsprechend dem für Ehegatten entwickelten Vermögensrecht (dazu § 18).

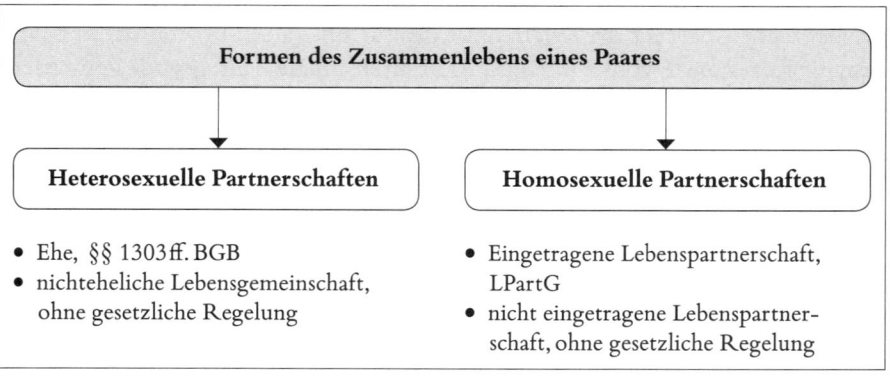

6   Weiterhin können die für **nichteheliche Lebensgemeinschaften** entwickelten Rechtsgrundsätze (s. §§ 27, 28) auf (noch) „nicht eingetragene" Lebenspartnerschaften übertragen werden. Schließlich stellen sich dort spiegelbildliche Probleme. Auch wenn man hierfür einen eigenen Begriff wählen mag (z.B. „lebenspartnerschaftsähnlich", vgl. § 20 S. 1 SGB XII und *BVerfG* NJW 2006, 895), sollten die Rechtsgrundsätze hier wie dort entsprechend gelten (so auch *Dethloff*, § 8 Rn. 5).

III. Die Besonderheiten der eingetragenen Lebenspartnerschaft

1. Die Begründung der Lebenspartnerschaft

Gewisse Unterschiede im Vergleich zur Eheschließung zeigen sich bei **7**
den Voraussetzungen der Lebenspartnerschaftsbegründung. So muss es sich
zwangsläufig um Personen des gleichen Geschlechts handeln. Zudem ist hier
die **Volljährigkeit** beider Partner unbedingt erforderlich. Ein Unterschied
besteht außerdem im Hinblick auf die zuständige Behörde. Zwar spricht § 1
LPartG vom „Standesbeamten". Die Länder können jedoch abweichende Zuständigkeiten bestimmen (§ 23 LPartG, § 17 S. 2 PStG). In Bayern etwa gibt
es eine parallele Zuständigkeit der Notare und Standesämter (vgl. Art. 1 I
BayAGLPartG).

2. Folgen von Begründungsmängeln

a) Willensmängel

Im Hinblick auf Begründungsmängel ist zu differenzieren. Die Wirksamkeit **8**
der begründeten Lebenspartnerschaft bleibt unberührt, wenn Willensmängel
i.S.v. § 1314 II Nr. 1 bis 4 BGB vorlagen. Das betrifft Fälle der Bewusstlosigkeit, der vorübergehenden Geistesstörung, der Unkenntnis von der Lebenspartnerschaftsbegründung, der arglistigen Täuschung und der widerrechtlichen Drohung. In diesen Fällen ist ein **Aufhebungsgrund** gegeben. § 15 II 2,
IV LPartG i.V.m. § 1317 I 1 BGB erlaubt hier im Rahmen der vorgegebenen
Fristen die Aufhebung (= Scheidung) der Lebenspartnerschaft, sofern zwischenzeitlich keine Bestätigung erfolgt ist, § 15 IV LPartG.

Voraussetzungen der Lebenspartnerschaftsbegründung

1. **Beiderseitige Erklärungen zur Partnerschaftsbegründung**
   a) Zwei Personen gleichen Geschlechts
   b) Höchstpersönliche Erklärungen, § 1 I 1 LPartG
   c) Gleichzeitige Anwesenheit, § 1 I 1 LPartG
   d) Erklärung ohne Bedingungen oder Zeitbestimmung, § 1 I 2 LPartG
   e) Im vollen Bewusstsein, vgl. § 105 II BGB
2. **Mitwirkung des Standesbeamten, § 1 I, II LPartG**
3. **Fehlen von Lebenspartnerschaftshindernissen**
   a) Volljährigkeit, § 1 III Nr. 1 LPartG
   b) Keine anderweitige Verheiratung eines Partners, § 1 III Nr. 1 LPartG
   c) Keine anderweitige Lebenspartnerschaft eines Partners, § 1 III Nr. 1 LPartG
   d) Keine Verwandtschaft in gerader Linie, § 1 III Nr. 2 LPartG
   e) Kein Geschwisterverhältnis, § 1 III Nr. 3 LPartG
   f) Keine Schein-Lebenspartnerschaft, § 1 III Nr. 4 LPartG

b) Verstöße gegen § 1 LPartG

9   Der Verstoß gegen die in § 1 LPartG aufgestellten Voraussetzungen führt zur **Nichtigkeit** der Partnerschaftsbegründung. Anders als bei der Ehe gibt es insoweit keine Normen zur Aufhebung einer fehlerhaften Lebenspartnerschaft. Auf die §§ 1313 ff. BGB wird auch nicht verwiesen. Da es sich insoweit um eine bewusste Entscheidung des Gesetzgebers handelt, muss auch eine analoge Anwendung ausscheiden. Die Konsequenzen sind misslich, da im Einzelfall ein Begründungsfehler lange unbemerkt bleiben kann. Eine Heilung von Fehlern scheidet indes aus. Die Lebenspartnerschaft muss dann erneut wirksam begründet werden oder – wenn dies nicht mehr gewollt ist – zwischen den Partnern „rückabgewickelt" werden, etwa nach den §§ 812 ff. BGB. Dritte werden in ihrem Glauben auf den Bestand der Lebenspartnerschaft grundsätzlich nicht geschützt.

Beispielsfall: Hans und Franz wollen eine eingetragene Lebenspartnerschaft begründen. Sowohl bei der Anmeldung als auch bei der Trauungszeremonie übersieht der Standesbeamte, dass F erst 17 Jahre alt ist. Weder H noch F ahnen, dass die Minderjährigkeit ein Lebenspartnerschaftshindernis bildet, zumal F ohnehin wenige Tage später volljährig wird. Nach fünf Wochen bestellt der vermögens- und einkommenslose F für den gemeinsamen Haushalt eine Waschmaschine. Verkäufer V lässt sich auf den Vertrag ein, weil er weiß, dass H zahlungsfähig ist, und liefert die Maschine. Muss H zahlen?

Die **Zahlungsverpflichtung** von H könnte sich aus **§ 433 II i.V.m. § 1357 I BGB** ergeben. Die Rechtswirkungen der Schlüsselgewalt gelten für eingetragene Lebenspartnerschaften entsprechend, vgl. § 8 II LPartG. Indes wurde vorliegend wegen der Minderjährigkeit des F keine wirksame eingetragene Lebenspartnerschaft begründet, vgl. § 1 III Nr. 1 LPartG: „Eine Lebenspartnerschaft kann nicht wirksam begründet werden …". Damit greift auch § 1357 BGB nicht, so dass H nicht zur Zahlung verpflichtet ist. Anderes könnte nur dann gelten, wenn H wiederholt mit den Einkäufen des F, die dieser konkludent im Namen der Gemeinschaft getätigt hat, einverstanden war und demgemäß von einer stillschweigenden Bevollmächtigung des F oder zumindest von einer Rechtsscheinsvollmacht gesprochen werden könnte. Dann müsste sich H den Vertragsabschluss nach § 164 I BGB zurechnen lassen.

3. Die partnerschaftliche Lebensgemeinschaft

10   § 2 LPartG ist schlichter formuliert als § 1353 BGB. Die Lebenspartner sind einander zu Fürsorge und Unterstützung sowie zur gemeinsamen Lebensgestaltung verpflichtet, S. 1. Sie tragen füreinander Verantwortung, S. 2. § 1353 I 1 BGB hingegen beinhaltet das Lebenszeitprinzip. Zudem ist von der Verpflichtung zur „ehelichen Lebensgemeinschaft" die Rede. Außerdem gewährt § 1353 II BGB die Möglichkeit eines Herstellungsantrags, § 2 LPartG hingegen nicht.

4. Lebenspartnerschaft und Kinder, § 9 LPartG

a) Rechtstatsachen

Es wird geschätzt, dass mindestens ein Fünftel der Homosexuellen Kinder **11** hat (*Dannecker,* in: *Basedow u.a.,* Die Rechtsstellung gleichgeschlechtlicher Lebenspartnergemeinschaften, 2000, S. 345). Diese stammen oft aus vorangehenden heterosexuellen Beziehungen (z.B. Ehen) und werden dann in die neue Lebenspartnerschaft mitgebracht. Es mag sich aber auch eine Lebenspartnerin mit Zustimmung der anderen einer heterologen Insemination unterziehen, also einer ärztlich unterstützten Insemination mit Spendersamen, um dann in der Lebensgemeinschaft das Kind zur Welt zu bringen (s. z.B. Fälle *FG Hamburg* NJWE-FER 2000, 324; *OLG Hamm* FamRZ 2000, 1600). Genetisch verwandt ist das Kind zwar nur mit der befruchteten Frau; die andere Frau mag Geburt und Erziehung des Kindes aber ähnlich wie ein leiblicher Elternteil erleben. Im Übrigen haben inzwischen mehrere **Studien** gezeigt, dass Kinder, die in homosexuellen Beziehungen aufwachsen, später nicht in größerem Umfang zur Homosexualität neigen als Kinder, die mit Mutter und Vater aufgewachsen sind. Die emotionale, intellektuelle, soziale und moralische Entwicklung verläuft nicht anders (vgl. *Rupp* (Hrsg.), Die Lebenssituation von Kindern in gleichgeschlechtlichen Lebenspartnerschaften, 2009).

b) Rechtsstellung von Stiefelternteilen

Rechtliche Probleme können sich daraus ergeben, dass das Kind nur einem **12** Lebenspartner als Elternteil zuzuordnen ist. Insofern gilt es, die Rechtsstellung des anderen Partners im Verhältnis zum Kind zu klären. Dabei entspricht die Situation derjenigen bei Ehen, in die ebenfalls Kinder aus früheren Beziehungen mitgebracht werden. Das BGB hat insofern für den **Stiefelternteil** ein **Mitsorgerecht** und Notsorgerecht vorgesehen (§ 1687b BGB; dazu § 33 Rn. 29 f.). Diese Regelung greift das LPartG auf und erstreckt sie auf Lebenspartner, § 9 I-IV LPartG. Zudem ist wie bei Ehegatten die Einbenennung des Kindes möglich; § 9 V LPartG entspricht § 1618 S. 1 BGB.

c) Adoption

Bereits seit 2005 ist eingetragenen Lebenspartnern die **Stiefkindadoption 13** möglich. Ein Lebenspartner kann das Kind seines Partners „allein annehmen" mit der Folge, dass es die Stellung eines gemeinschaftlichen Kindes der Lebenspartner erlangt, § 9 VII LPartG. Praktisch relevant wird das vor allem bei **künstlicher Befruchtung** einer Lebenspartnerin mit Spendersamen. Infolge der Stiefkindadoption werden dann beide Lebenspartner zu Eltern i.S.v. Art. 6 II GG (*BVerfG* NJW 2013, 847). Das Kind hat zwei Mütter bzw. zwei Väter.

Die Adoption eines durch anonyme Samenspende gezeugten Kindes durch die Lebenspartnerin der Mutter dient regelmäßig dem **Kindeswohl**, wenn das Recht des Kindes auf **Kenntnis seiner Abstammung** dadurch gewährleistet ist, dass beim Notar ein verschlossener Umschlag mit Angaben zur Klinik und zum behandelnden Arzt hinterlegt

wurde und damit sichergestellt ist, dass das Kind ab dem Alter von 16 Jahren selbst entscheiden kann, ob es seinen biologischen Vater ermitteln und kennenlernen möchte (*OLG
Karlsruhe* FamRZ 2014, 674).

14   § 9 VII LPartG in der Fassung von 2005 verwehrte Lebenspartnern indes
lange die Möglichkeit der Annahme eines adoptierten Kindes des eingetragenen Lebenspartners durch den anderen Lebenspartner (sog. **Sukzessivadoption**), während Ehegatten eine entsprechende Stiefkindadoption des vom
Ehegatten adoptierten Kindes eröffnet ist, § 1742 BGB. Darin hat das BVerfG
zu Recht sowohl für die betroffenen Kinder als auch für die betroffenen Lebenspartner eine Verletzung ihres **Rechts auf Gleichbehandlung** (Art. 3 I
GG) im Vergleich zu Ehegatten und deren (Adoptiv-)Kindern gesehen (*BVerfG*
NJW 2013, 847). Tatsächlich sprechen die Belange des Kindes auch dafür, eine
solche Adoption durch Lebenspartner zu ermöglichen. Schließlich „hat die
Sukzessivadoption stabilisierende entwicklungspsychologische Effekte und
dient der Integration des Kindes in seine neue Familie. Sie verbessert darüber
hinaus die Rechtsstellung des Kindes bei Auflösung der Lebenspartnerschaft
durch Trennung oder Tod; dies betrifft etwa das Sorgerecht sowie das Un-
terhalts- und Erbrecht" (*BVerfG* a.a.O.). Demgemäß wurde nun in § 9 VII 2
LPartG auch ein Verweis auf die entsprechende Regelung in § 1742 BGB aufgenommen. Im Wege der Sukzessivadoption können Lebenspartner somit auch
gemeinsam ein (fremdes) Kind adoptieren.

5. Die Auflösung der Lebenspartnerschaft

a) Auflösung der Lebenspartnerschaft durch Tod und Aufhebung

15   Die eingetragene Lebenspartnerschaft kann durch Tod oder durch „Aufhebung" aufgelöst werden. Dabei entspricht der Begriff der Aufhebung in den
§§ 15 ff. LPartG zum einen dem der Scheidung im Eherecht, zum anderen deckt
er aber auch einige Fälle ab, für die im Eherecht die Eheaufhebung vorgesehen
ist (vgl. § 15 II 2 LPartG i.V.m. § 1314 II Nr. 1–4 BGB). Für die anderen Eheauf-
hebungsfälle hingegen gibt es im Lebenspartnerschaftsrecht kein Äquivalent;
Begründungsmängel führen dann vielmehr zur Nichtigkeit (s. schon Rn. 8).

Wie die Scheidung erfolgt die Aufhebung der Lebenspartnerschaft auf **Antrag** durch
gerichtlichen Beschluss, § 15 I LPartG. Zuständig für diese Familiensache (vgl. § 111 Nr. 11
FamFG) bzw. Lebenspartnerschaftssache i.S.v. § 269 I Nr. 1 FamFG ist das Familiengericht
(§ 23a I Nr. 1 GVG). Das Verfahrensrecht entspricht demjenigen für Ehesachen, § 270 I
FamFG.

b) Die Aufhebungsvoraussetzungen

16   § 15 II LPartG kennt mehrere Aufhebungstatbestände. So ist die Aufhebung
möglich:
- nach einjährigem **Getrenntleben** und beidseitiger Erklärung, die Lebenspartnerschaft aufheben zu wollen (§ 15 II Nr. 1 a) LPartG). Das entspricht
  § 1566 I BGB.

- nach einjährigem Getrenntleben, sofern die Lebenspartnerschaft nach Feststellung des Richters unheilbar zerrüttet ist (§ 15 II Nr. 1 b) LPartG). Das entspricht der Regelung in § 1565 BGB.
- nach dreijährigem Getrenntleben und einseitiger Beantragung der Aufhebung (§ 15 II Nr. 2 LPartG). Das entspricht § 1566 II BGB.
- in **Härtefällen**, wobei sich die Unzumutbarkeit der Fortsetzung der Lebenspartnerschaft aus einem in der Person des anderen Lebenspartners liegenden Grund ergeben muss, z.B. schwere körperliche Misshandlung (§ 15 II Nr. 3 LPartG). Auf ein Getrenntleben oder eine positive Feststellung der Zerrüttung kommt es insoweit nicht an (anders § 1565 II BGB).
- im Fall von **Willensmängeln** bei Abgabe der Erklärungen zur Begründung der Lebenspartnerschaft, sofern keine Bestätigung erfolgt ist und die Aufhebung innerhalb eines Jahres beantragt wird (§ 15 II 2, IV LPartG i.V.m. §§ 1314 ff. BGB).

c) Die Aufhebungsfolgen

Die Aufhebungsfolgen entsprechen den Scheidungsfolgen. Im Güterstand **17** der Zugewinngemeinschaft kann Zugewinnausgleich geltend gemacht werden (§ 6 S. 2 LPartG i.V.m. §§ 1372 ff. BGB). Zudem besteht ggf. Anspruch auf Versorgungsausgleich (§ 20 LPartG) und nachpartnerschaftlichen Unterhalt (§ 16 S. 2 LPartG i.V.m. §§ 1570 ff. BGB). Anlässlich der Aufhebung können weiterhin Ansprüche im Hinblick auf die Zuweisung der gemeinsamen Wohnung und der Haushaltsgegenstände bestehen (§ 17 LPartG i.V.m. §§ 1568a, 1568b BGB).

Empfehlungen zur vertiefenden Lektüre

Zur Vertiefung: *Dethloff,* Adoption und Sorgerecht – Problembereiche für die eingetragenen Lebenspartner?, FPR 2010, 208; *Frenz,* Eheschutz ade? BVerfG stärkt gleichgeschlechtliche Paare, NVwZ 2013, 1200; *Gade/Thiele,* Ehe und eingetragene Lebenspartnerschaft: Zwei namensverschiedene Rechtsinstitute gleichen Inhalts?, DÖV 2013, 142; *Grziwotz,* Das Unterhaltsrecht nach dem Lebenspartnerschaftsgesetz, FPR 2010, 191; *Muscheler,* Die Reform des Lebenspartnerschaftsrechts, FPR 2010, 227; *Rupp,* Das Lebenspartnerschaftsgesetz – Einschätzungen von Betroffenen und Experten, FPR 2010, 185; *Stuber,* Form und Verfahren der Begründung einer eingetragenen Lebenspartnerschaft, FPR 2010, 188; *Wellenhofer,* Das neue Recht für eingetragene Lebenspartner, NJW 2005, 705.

Fälle und Klausuren: *Löhnig,* Fall 3; *Schwab,* PdW, Fall 291.

§ 27. Begriff und Rechtsgrundlagen der nichtehelichen Lebensgemeinschaft

I. Einführung und Definition

1. Die nichteheliche Lebensgemeinschaft als gesellschaftliches Phänomen

1 Rechtsstreitigkeiten im Zusammenhang mit nichtehelichen Lebensgemeinschaften nehmen immer mehr zu, denn die Zahl dieser Lebensgemeinschaften ist in den letzten Jahren stetig gewachsen. Inzwischen lebt mehr als **jedes zehnte Paar** mit gemeinsamem Haushalt in Deutschland nichtehelich zusammen (2,7 Mio. Paare; vgl. § 1 Rn. 3). Im Ausland liegt es ähnlich. Der typische Fall ist dabei, dass beide Partner unter 35 Jahre alt sind, voll berufstätig oder in Ausbildung sowie ledig und kinderlos (*Nave-Herz*, FPR 2001, 3, 4). Für diese Lebensphase bildet die nichteheliche Lebensgemeinschaft auch kein Konkurrenzmodell zur Ehe, sondern eine vorgeschaltete Lebensform. Meist wird dann geheiratet, wenn ein Kind unterwegs ist. Oft werden auch Kinder aus früheren Beziehungen in die nichteheliche Lebensgemeinschaft mitgebracht, so dass „nichteheliche Stieffamilien" entstehen.

Lebensformen in deutschen Haushalten

- 20,7 % Alleinlebende
- 3,7 % Alleinerziehende mit Kind
- 28,1 % Verheiratete, zusammenlebend, mit Kindern
- 29,3 % Verheiratete, zusammenlebend, ohne Kinder
- 4,7 % Nichteheliche Lebensgemeinschaften ohne Kinder
- 2,2 % Nichteheliche Lebensgemeinschaften mit Kindern
- 9,0 % Ledige, bei Eltern(teil) lebende Kinder
- 2,3 % Sonstige

Quelle: Engstler/Menning, Die Familie im Spiegel der amtlichen Statisktik, 2003, Tabellen A 1–4.

Nichteheliche Lebensgemeinschaften sind heute gesellschaftlich anerkannt. **Motiv** für das Zusammenleben ist wie bei Eheschließungen die emotionale Bindung aneinander; sexuelle Treue wird in ähnlicher Weise vorausgesetzt. Dabei sind die **Gründe** für das Nichtheiraten vielfältig. Bei jungen Leuten bildet die nichteheliche Lebensgemeinschaft eine eigenständige Lebensform für eine besondere Lebensphase. Man erprobt das Zusammenleben; die spätere Eheschließung ist oft geplant. Wer hingegen schon eine gescheiterte Ehe hinter sich hat, mag die Eingehung einer zweiten Ehe scheuen und das Leben ohne Trauschein (vorerst) vorziehen. Weiterhin wird von Eheschließung abgesehen, wenn dies zur Folge hätte, dass Unterhaltsansprüche oder Witwenrenten u.Ä. verloren gehen. Zudem gibt es Fälle, in denen eine **Eheschließung nicht möglich** ist, etwa weil ein Partner noch verheiratet ist oder der Zölibat im Wege steht. Und nicht zuletzt gibt es auch Paare, bei denen einer gerne heiraten würde, aber der andere eben (noch) nicht will. Dass die Partner die Ehe als Rechtsinstitut prinzipiell ablehnen, ist hingegen sehr selten. Daher sollte man vorsichtig sein, das Nichtheiraten stets mit gewollter Bindungslosigkeit oder einer bewussten Entscheidung für einen rechtsfreien Raum gleichzusetzen.

2. Definition der nichtehelichen Lebensgemeinschaft

Merksatz: Die nichteheliche Lebensgemeinschaft ist eine auf Dauer angelegte Lebensgemeinschaft zwischen einem Mann und einer Frau, die daneben keine weitere Lebensgemeinschaft gleicher Art zulässt und sich durch innere Bindungen auszeichnet, die ein gegenseitiges Einstehen der Partner füreinander begründen, also über die Beziehungen in einer reinen Haushalts- und Wirtschaftsgemeinschaft hinausgehen (BVerfGE 87, 234, 264).

2

Diese Definition ist inzwischen allgemein anerkannt. Entscheidend ist, dass das Zusammenleben nicht nur als bloße Wohn- oder Wirtschaftsgemeinschaft (etwa zwischen Studenten oder Geschwistern), sondern als **„Verantwortungs- und Einstehensgemeinschaft"** charakterisiert werden kann, bei der nicht die persönlichen Bedürfnisse im Vordergrund stehen, sondern primär der gemeinsame Lebensbedarf (*BGH* NJW 2006, 2687). Die Existenz einer so definierten Gemeinschaft ist aufgrund von Indizien zu ermitteln. Dazu zählen der Bestand einer häuslichen Gemeinschaft, die auf Dauer angelegt ist, das gemeinsame Wirtschaften, die gemeinsame Lebensführung, die (allerdings nicht notwendig vorausgesetzte) Geschlechtsgemeinschaft, die Versorgung von Kindern, die Verfügungsmacht über Konten des Partners, die nach außen erkennbare Intensität der Beziehung u.a.

II. Verfassungsrechtliche Stellung der nichtehelichen Lebensgemeinschaft

Eingehung und Führung einer nichtehelichen Lebensgemeinschaft unterfallen der allgemeinen **Handlungsfreiheit**, Art. 2 I 1 GG. Weiterhin ist die Entscheidung nicht zu heiraten von Art. 6 I GG geschützt, der auch die negative Eheschließungsfreiheit erfasst. Nach einhelliger Ansicht kann die nichteheliche Lebensgemeinschaft keinen mit der Ehe vergleichbaren Schutz für sich beanspruchen. Aus Art. 6 I GG ergibt sich insbesondere kein Anspruch auf Teilhabe an den Vergünstigungen für Verheiratete. Indes kann das Fördergebot für die Ehe auch nicht als Benachteiligungsgebot für andere Lebensformen verstanden werden. Daher könnten Judikative und Legislative durchaus einzelne Regelungen zum Schutz der nichtehelichen Lebensgemeinschaft erlassen (*Coester-Waltjen,* Jura 2008, 108, 109). Von den Verfassungen der neuen Bundesländer erkennen Brandenburg (Art. 26 II BrandVerf) sowie abgeschwächt auch Berlin die Schutzbedürftigkeit anderer, auf Dauer angelegter Lebensgemeinschaften (Art. 12 II VvB) an.

3

Nichteheliche Paare können sich grundsätzlich nicht auf den **Gleichbehandlungsgrundsatz**, Art. 3 I GG, berufen, um eine Gleichstellung mit Ehegatten zu erreichen.

4

- Es ist mit Art. 3 I GG vereinbar, dass nichteheliche Lebensgemeinschaften im Hinblick auf Maßnahmen der künstlichen Befruchtung durch § 27a I Nr. 3 SGB V schlechter gestellt werden als Ehegatten, da für sie eine Finanzierung durch die Krankenkasse ausgeschlossen ist (*BVerfG* FamRZ 2007, 529).
- Anders als bei Ehegatten besteht kein Anspruch auf **Sonderurlaub für Beamte bei Niederkunft** der nichtehelichen Partnerin (*BVerfG* FamRZ 1998, 606 und 894).
- Auch die Versagung einer **Witwenrente** nach § 46 SGB VI bedeutet keine Verletzung der Grundrechte der überlebenden Partnerin aus Art. 6 I, IV, V GG (*BVerfG* NJW 2011, 1663).

Ein Anspruch auf Gleichbehandlung kann sich allerdings in Verbindung mit Art. 6 I GG ergeben, wenn es zugleich um den **Familienschutz** geht, also eine nichteheliche Lebensgemeinschaft mit gemeinschaftlichen Kindern betroffen ist.

Beispielsfall: Nina und Patrick leben mit ihrer gemeinsamen Tochter unverheiratet zusammen. N versorgt das Kind und den Haushalt, P ist erwerbstätig. Es ist sogar geplant, bald zu heiraten. Nun wird N Opfer eines Terroranschlags und stirbt. Daher sieht sich P gezwungen, seine Berufstätigkeit einzuschränken, um sich um das Kind kümmern zu können. P verlangt nun für sich eine Hinterbliebenenrente nach dem OpferentschädigungsG.

Das BVerfG (BVerfGE 112, 50) hat entschieden, dass Leistungen nach dem OpferentschädigungsG nicht nur dem überlebenden Ehegatten, sondern aus Gründen der Gleichbehandlung und des Familienschutzes auch dem nichtehelichen Partner zu gewähren sind, soweit dieser unter Verzicht auf Erwerbstätigkeit für die gemeinschaftlichen Kinder sorgt. Anderes gilt laut BVerfG jedoch, wenn es sich nicht um ein gemeinschaftliches Kind handelt, da es hier an jeglicher Rechtsbeziehung zwischen dem hinterbliebenen Kind und dem nichtehelichen Stiefelternteil fehle (*BVerfG* FamRZ 2005, 595).

5   Zu beachten bleibt also, dass unter den Begriff der „**Familie**" i.S.v. **Art. 6 I GG**, der selbstständig neben dem der Ehe steht, heute auch das unverheiratete Paar und sein **gemeinsames Kind** subsumiert werden (BVerfGE 112, 50). Eheliche und nichteheliche Familien nehmen dieselben erzieherischen Aufgaben wahr und können daher ähnlichen rechtlichen Schutz und Förderung beanspruchen. Angesichts der gesetzlichen Unterhaltspflicht aus § 1615 l BGB sowie der Möglichkeit der gemeinsamen Sorgerechtsausübung kann zwischen den Partnern nicht mehr von einem rechtsfreien Raum gesprochen werden (vgl. BGHZ 147, 19). Daraus resultiert eine rechtliche Sonderstellung der nichtehelichen Lebensgemeinschaft mit Kindern.

III. Die rechtliche Erfassung der bestehenden nichtehelichen Lebensgemeinschaft

1. Allgemeines

6   Die rechtliche Einordnung der nichtehelichen Lebensgemeinschaft als solche ist schwierig, weil regelmäßig kein konkretes Rechtsgeschäft feststellbar ist, an das Rechte oder Pflichten geknüpft werden könnten. In einen völlig rechts-

freien Raum wollen sich die Partner gleichwohl nicht begeben (vgl. *Schwenzer*, JZ 1988, 781, 782). Es ist daher Aufgabe des Richters, im Einzelfall eine angemessene Lösung auf Basis des geltenden Rechts oder auch in vorsichtiger Rechtsfortbildung zu finden. Dazu kann insbesondere auf die Vorschriften des Allgemeinen Teils (etwa die §§ 164 ff. BGB an Stelle von § 1357 BGB) sowie des Schuld- und Sachenrechts zurückgegriffen werden. Außerdem bleibt ggf. eine (analoge) Anwendung familienrechtlicher Vorschriften zu prüfen. Zwar scheidet sowohl eine direkte Anwendung von Eherecht als auch eine pauschale **Analogie zum Eherecht** nach ganz h.M. (z.B. *BGH* FamRZ 1980, 40) aus, zumal dagegen regelmäßig auch der Parteiwille spricht. Als analogiefähig gelten aber Normen, die keinen ehespezifischen Gehalt aufweisen, sondern generell die Beziehung zwischen nahe stehenden Personen betreffen (z.B. § 1359 BGB; dazu Rn. 13).

> **Merksatz:** Ehegattenrecht gilt für nichteheliche Lebensgemeinschaften grundsätzlich **nicht** analog.

Große Zurückhaltung ist bei Annahme eines „**konkludenten Zusammen-** 7 **lebensvertrags**" geboten. Die Abrede über die Begründung eines gemeinsamen Hausstandes impliziert nach allgemeiner Meinung keinen konkludenten Kooperationsvertrag, aus dem sich umfangreiche, dem Eherecht analog zu entwickelnde Rechte und Pflichten ergeben könnten (*Grziwotz*, § 5 Rn. 12 f.).

Gesetzliche **Unterhaltspflichten** bestehen zwischen nicht verheirateten Partnern nur im Rahmen von § 1615l BGB zu Gunsten desjenigen Partners, der ein gemeinschaftliches Kind betreut (dazu § 23 Rn. 43 ff.). Dabei ist der Unterhaltsanspruch grundsätzlich unabhängig davon, ob die Eltern des Kindes zusammenleben oder jemals zusammengelebt haben. Ein längeres Zusammenleben kann aber einen besonderen Vertrauenstatbestand begründet haben, der eine Verlängerung des Unterhalts gem. § 1615l II 4, 5 BGB rechtfertigen mag (*BGH* FamRZ 2008, 1830 = JuS 2009, 86). Im Übrigen sind Unterhaltsansprüche auf Basis vertraglicher Absprachen möglich, praktisch aber selten.

2. Vertretungsmacht

Jeder Partner haftet grundsätzlich nur für seine eigenen Schulden. § 1357 **8** BGB (Schlüsselgewalt) ist als ehespezifische Norm auch nicht analog anwendbar. Der beim Wohnungsmieter mit eingezogene Partner haftet daher z.B. nicht für bezogene Energie (*AG Hamburg* NJW-RR 1988, 1522). Eine Bevollmächtigung des Partners für laufende Bedarfsdeckungsgeschäfte ist zwar möglich, ergibt sich aber nicht schon konkludent aus dem Zusammenleben. Ansonsten finden die Grundsätze über die Duldungs- oder Anscheinsvollmacht Anwendung; der Vollmachtsumfang wird allerdings im Zweifel nicht über den Rahmen des § 1357 BGB hinausgehen. Für den Rechtsschein genügt dabei nicht, dass ein unverheiratetes Paar den Anschein eines verheirateten erweckt. Wird der Name des Partners mit dessen Einverständnis benutzt, muss sich das Paar jedoch daran festhalten lassen, um Täuschungen des Rechtsverkehrs zu vermeiden.

> **Lernhinweis:** Rechtsfragen der nichtehelichen Lebensgemeinschaft stellen sich oft im Zusammenhang mit schuld- oder sachenrechtlichen Fallkonstellationen. Auch auf Fälle dieser Art, die mit Familienrecht im engeren Sinne nicht mehr viel zu tun haben, sollte man vorbereitet sein.

3. Eigentums- und Besitzverhältnisse

a) Eigentumsverhältnisse

9   Jeder Partner bleibt Eigentümer seiner mitgebrachten Sachen (vgl. auch § 1006 II BGB). Während der Lebensgemeinschaft erworbene Sachen gehören demjenigen, der sie anschafft bzw. nach §§ 929 ff. BGB erworben hat. Entscheidend ist insoweit der Erwerbswille; es gelten die Regeln über das „Geschäft für den es angeht". Allerdings wird später zum Erwerbsvorgang oft nichts mehr feststellbar sein. Welche Indizien dann ausschlaggebend sein sollen, ist umstritten.

> **Beispiel:** Nach achtjähriger nichtehelicher Beziehung trennen sich Nina und Patrick. Bei Auflösung des gemeinsamen Haushalts beanspruchen beide den roten Wohnzimmerteppich für sich. Jeder behauptet, der Teppich gehöre ihm. Wer den Teppich vor acht Jahren bezahlt hat, lässt sich nicht mehr ermitteln.

10   Die Vermutung von § 1568b II BGB, die bei Haushaltsgegenständen der Ehegatten im Zweifel von Miteigentum ausgeht, gilt nach h.M. nicht analog (Palandt/*Brudermüller,* Einl v § 1297 Rn. 20). Zum Teil wird angenommen, dass Gegenstände, die zur gemeinsamen Benutzung angeschafft werden, im Zweifel Miteigentum werden sollen (PWW/*Weinreich,* Vor § 1297 Rn. 46). Das passt jedoch nur bei einer nichtehelichen Lebensgemeinschaft, die von eheähnlicher Arbeitsteilung (Hausfrauenehe) geprägt ist (vgl. *Schulz,* FamRZ 2007, 593, 601). Ansonsten ist m. E. auf die **Finanzierung** als entscheidendem Indiz für den Erwerb(swillen) abzustellen (so auch *OLG Hamm* NJW 1989, 909). Demnach liegt nur bei gemeinsamer Finanzierung gemeinschaftlicher Erwerb zu Miteigentum vor, und zwar regelmäßig im Verhältnis der Beiträge, lediglich hilfsweise je zur Hälfte (*OLG Köln* NJW-RR 1996, 1411). Nur zum persönlichen Gebrauch eines Partners bestimmte Gegenstände erwirbt (sofort oder durch nachträgliche Übereignung) im Zweifel derjenige, für dessen Gebrauch sie bestimmt sind (Rechtsgedanke des § 1362 II BGB). Im Übrigen gilt für gemeinschaftlich besessenes Mobiliar die widerlegliche **Miteigentumsvermutung** aus § 1006 I i.V.m. § 1008 BGB mit im Zweifel gleichen Anteilen gem. § 742 BGB (z.B. *OLG Karlsruhe* FamRZ 2007, 59, 61). Damit wäre dann auch das genannte Beispiel zu lösen.

10a   Bei **Übereignungen** zwischen nichtehelichen Lebensgefährten ist fraglich, ob die nichteheliche Lebensgemeinschaft als solche ein **Besitzmittlungsverhältnis** i.S.v. § 868 BGB darstellt. Während dies bei der Ehe angenommen wird (§ 12 Rn. 5), hat das OLG München dies für die nichteheliche Lebensgemeinschaft verneint. Im zugrunde liegenden Fall hatte der Mann der Frau ein Auto „geschenkt", sich aber einen Zweitschlüssel und die Papiere zurückbehalten und den Wagen weiter in (Mit-)Besitz gehabt. Mangels vollständiger Besitzaufgabe durch den „Schenker" waren daher die Voraussetzungen einer Übereignung nach § 929 S. 1 BGB nicht erfüllt. Es war aber auch kein konkretes Besitzmittlungsverhältnis gem. § 930 BGB vereinbart worden, so dass sich die Frage stellte, ob dieses in der nichtehelichen Lebensgemeinschaft liegen könnte. Da diese aber kein *gesetzliches* Rechtsverhältnis ist, verneinte das OLG auch eine Übereignung nach § 930 BGB.

b) Keine Eigentumsvermutung gem. § 1362 BGB analog

Die Gläubigerschutzvorschrift des § 1362 I BGB (dazu § 12 Rn. 8 f.) mit **11** der Eigentumsvermutung zu Gunsten des jeweiligen Schuldners ist auf die nichteheliche Lebensgemeinschaft nicht analog anzuwenden (*BGH* FamRZ 2007, 459 = JuS 2007, 591; a.A. Staudinger/*Löhnig*, Anh. zu §§ 1297 ff. Rn. 266; *Dethloff*, § 8 Rn. 15, mit Verweis auf die generell vergleichbare Sachlage).

c) Besitzverhältnisse und Besitzschutz

Im Hinblick auf die **Besitzverhältnisse** besteht während der Lebensge- **12** meinschaft regelmäßig (berechtigter) **Mitbesitz** der Partner an den gemeinsam benutzten Haushaltsgegenständen und an der Wohnung. Bindende Leihverträge i.S.v. § 598 BGB können geschlossen werden, sind aber bei Fehlen einer ausdrücklichen Einigung grundsätzlich nicht zu unterstellen. Das Recht zum Mitbesitz endet für den Lebensgefährten mit Aufkündigung der Lebensgemeinschaft. Werden Sachen zu Unrecht nicht herausgegeben, besteht mangels Besitzrechts Anspruch auf Nutzungsentschädigung aus § 987 BGB.

Beispielsfall (nach *BGH* FamRZ 2008, 1404 = JuS 2008, 1032): Die 80-jährige Erna und der 75-jährige Kurt führen im Haus der E seit zehn Jahren eine nichteheliche Lebensgemeinschaft. E leidet inzwischen an Altersdemenz und erhält Rechtsanwältin Buck als Betreuerin. Als E ins Pflegeheim umzieht, verlangt B von K die Räumung des Hauses. K weigert sich und benutzt das Haus weiter, weil er meint, dass E das in jedem Fall recht gewesen wäre. Ein Besitzrecht auf Basis eines dinglichen Wohnrechts oder eines ausdrücklichen Leihvertrages kann K jedoch nicht nachweisen.

Hier konnte die Betreuerin als Vertreterin der E (vgl. § 1902 BGB) den **Anspruch auf Räumung aus § 985 BGB** geltend machen. Ein fortdauerndes Besitzrecht des K aus § 986 BGB war mangels vertraglicher Vereinbarung zwischen K und E zu verneinen. Das vorherige Besitzrecht des K hatte allein auf der tatsächlichen Gestattung durch E beruht. Mit dem Umzug der E ins Pflegeheim und dem Herausgabeverlangen der B endete die Wirkung dieser Gestattung. Spätestens seit dem Herausgabeverlangen war K auch bösgläubig in Bezug auf sein Besitzrecht. Von diesem Zeitpunkt an war K somit gem. § 987 BGB zur Zahlung einer Nutzungsentschädigung verpflichtet (*BGH* a.a.O. Tz. 31). **Beachte:** E und K hätten durch eine entsprechende Betreuungsverfügung (§ 1901c BGB) vorsorgen können. Hätte E darin rechtzeitig festgelegt, dass eines Tages K ihr Betreuer sein soll, hätte sich der Konflikt vermeiden lassen.

Schutz vor dem **plötzlichen Rauswurf** durch den anderen Partner gewähren die **Besitzschutz**vorschriften der §§ 858 ff. BGB. So läge ein Fall von verbotener Eigenmacht vor, wenn dem Partner durch den unangekündigten

Austausch der Schlösser der Besitz an der bis dahin gemeinsam genutzten Wohnung über Nacht entzogen würde (vgl. *LG Chemnitz* NJW-RR 1995, 269). Zwar besteht für beide Seiten ein Recht zur jederzeitigen Beendigung der Beziehung; nach Treu und Glauben muss dem Partner jedoch im Hinblick auf die Wohnverhältnisse eine gewisse Übergangsfrist gewährt werden. Daher kann der Rausgeworfene aus § 861 BGB vorläufig Wiedereinräumung des Besitzes an der Wohnung (oder auch an beweglichen Sachen) verlangen.

4. Haftungsfragen

a) Interner Haftungsmaßstab

13   Im Innenverhältnis haften die Partner einander nach h.M. nur für **eigenübliche Sorgfalt** i.S.v. § 277 BGB (*OLG Celle* FamRZ 1992, 941, 942; Erman/ *Kroll-Ludwigs*, Vor § 1353 Rn. 21). Das ergibt sich aus einer Gesamtanalogie zu den §§ 708, **1359**, 1664 BGB, die an die enge persönliche Verbundenheit der Partner anknüpfen. Was die Reichweite des Haftungsprivilegs betrifft, kann auf die für Ehegatten geltenden Grundsätze zurückgegriffen werden (s. § 11 Rn. 1).

> Der Verstoß gegen interne Abreden der Partner über Empfängnisverhütung, Familienplanung etc. begründet – wie unter Ehegatten (§ 9 Rn. 5) – keine Schadensersatzpflichten, da solche Abreden als unverbindlich gelten (*BGH* NJW 1986, 2043).

b) Verträge mit Schutzwirkung zu Gunsten des Partners

14   In den Schutzbereich von **Mietverträgen**, die ein Partner schließt, ist der Lebensgefährte miteinbezogen.

> **Beispielsfall** (nach *OLG Hamburg* NJW-RR 1988, 1481): Die Schlüssel für das Mietshaus von Vermieter Vogl waren auf unbekannte Weise abhanden gekommen. V informiert seine Mieter darüber aber nicht und sorgt auch nicht für neue Schlösser. Nun kommt es im Haus zu Diebstählen; dabei wird auch Patrick, der nichteheliche Lebensgefährte von Mieterin Nina, geschädigt. Deshalb verlangt P von V Schadensersatz.
>
> Hier ist P als Partner der N, mit der er in nichtehelicher Lebensgemeinschaft zusammenwohnt, in die Schutzwirkungen des Mietvertrages zwischen N und V mit einbezogen. V hat seine vertraglichen Warn- und Informationspflichten (vgl. § 241 II BGB) als Vermieter verletzt. Daher steht P gegen V ein Schadensersatzanspruch aus § 280 I BGB wegen Verletzung der Nebenpflichten aus dem Mietvertrag (§ 535 BGB) i.V.m. mit den Grundsätzen über Verträge mit Schutzwirkung zugunsten Dritter zu.

Entsprechende **Schutzwirkungen** entfalten je nach Zusammenhang auch andere Verträge. So kann auch der nichteheliche Partner Ansprüche wegen eines Unterhaltsschadens für ein ungewolltes Kind auf den **Arztvertrag** der Partnerin stützen, der Maßnahmen der Empfängnisverhütung oder genetische Beratung betraf (*BGH* NJW 2007, 989). Auch in den Kreis derjenigen Personen, die Ersatz sog. Schockschäden beim Unfalltod eines Angehörigen beanspruchen können, ist der Lebensgefährte einzubeziehen (*LG Frankfurt* NJW 1969, 2286).

c) Schadensersatz bei Tötung und Verletzung wegen entgangenen Unterhalts

Bei Tötung des Lebensgefährten besteht kein Schadensersatzanspruch des **15**
überlebenden Partners wegen entgangenen, bislang geleisteten Unterhalts aus
§ 844 II BGB (s. auch *BGH* NJW 2007, 506, Tz. 24). Es fehlt nämlich zwischen
Unverheirateten – vom Fall des § 1615l BGB in Lebensgemeinschaften mit
Kindern abgesehen – an der von § 844 II BGB vorausgesetzten **gesetzlichen**
Unterhaltspflicht zur Zeit der Verletzung. Wird ein Ehegatte getötet, muss sich
der überlebende Ehegatte andererseits Haushaltsführungsleistungen eines neu-
en nichtehelichen Lebensgefährten auch nicht anspruchsmindernd anrechnen
lassen (*OLG Hamm* FamFR 2013, 185).

Umstritten ist, ob eine Verletzung des Lebensgefährten, der den Haushalt führt, für
ihn selbst einen **Erwerbsschaden** gem. **§§ 842, 843 BGB** begründet (abl. *OLG Nürnberg*
FamRZ 2005, 2069; *Jahnke*, NZV 2007, 329, 335). Mit der im Schrifttum überwiegenden
Ansicht ist dies jedoch zu bejahen (*Rauscher*, Rn. 745; *Löhnig*, FamRZ 2005, 2030 f.), da das
Gesetz hier gerade **keine gesetzliche Unterhaltspflicht** voraussetzt. Ausschlaggebend
sind vielmehr die Beeinträchtigung der faktischen Erwerbsfähigkeit und die dadurch
entstandene Vereitelung einer Erwerbsaussicht. Dafür muss es genügen, dass der Partner
tatsächlich Leistungen im Haushalt erbracht hat und die begründete Annahme besteht,
dass solche Leistungen künftig im Rahmen der fortbestehenden Gemeinschaft weiter erbracht worden wären. Man kann auch eine konkludente Entgeltvereinbarung unterstellen,
schließlich erweist sich die Haushaltsführung als Gegenstück zur Erwerbstätigkeit des
anderen Teils (*Huber*, NZV 2007, 1, 3).

5. Mietrecht

a) Die Partner als gemeinsame Mietvertragsparteien

Die unverheirateten Partner können gemeinsam Mietvertragsparteien wer- **16**
den. Dazu müssen sie allerdings beide im Mietvertrag genannt sein und beide
den Vertrag unterschreiben. Dann haften sie für die Miete als Gesamtschuldner, § 427 BGB. Bezeichnen sich die Partner wahrheitswidrig als Ehegatten,
kann der Vermieter den Vertrag gem. § 123 BGB wegen arglistiger Täuschung
anfechten (*Rauscher*, Rn. 742). Bei gemeinschaftlicher Miete der Partner unterliegen ihre Rechtsbeziehungen im **Innenverhältnis** dem **Gesellschaftsrecht**
(§§ 705 ff. BGB; *LG München* NJW-RR 1993, 334; *LG Bonn* NJW-RR 1989,
1498).

Beispielsfall: Das unverheiratete Paar Nina und Patrick hat gemeinsam bei Vermieter
Vogl eine Wohnung gemietet. Als die Beziehung scheitert, zieht P aus der Wohnung aus
und kündigt den Mietvertrag gegen den Willen von N form- und fristgerecht gegenüber V. Dieser meint allerdings, die Kündigung und der Auszug des P seien ihm egal.
Solange N in der Wohnung bleibe, müsse auch P weiter zahlen. Wie ist die Rechtslage?

Der **Anspruch des V auf Mietzahlung folgt aus § 535 II BGB**. N und P sind als
gemeinsame Mietvertragsparteien Gesamtschuldner der Miete nach § 427 BGB. V
kann somit auch allein P auf Zahlung in Anspruch nehmen, vgl. § 421 BGB. Durch die
Kündigung des P ist der Mietvertrag nicht wirksam beendet worden, da der von N und

P geschlossene Vertrag auch nur von ihnen gemeinsam gekündigt werden kann (vgl. *BGH* NJW 2005, 1715). Der Auszug des P führte auch nicht zu einer Vertragsänderung in der Weise, dass das Mietverhältnis jetzt nur noch zwischen N und V fortbesteht; denn an einer solchen Vertragsänderung müssten alle Parteien mitwirken, insbesondere müsste auch V einverstanden sein.

P hat jedoch gegenüber N einen Anspruch auf **Mitwirkung an der gemeinsamen Kündigung** gegenüber V aus § 730 I BGB. Durch den gemeinsamen Abschluss des Mietvertrags ist zwischen P und N eine Innengesellschaft gem. §§ 705 ff. BGB entstanden. Daraus ergibt sich die Nebenpflicht, an der Auflösung der Gesellschaft mitzuwirken. Und mit Trennung des Paares ist hier ein Kündigungsgrund für die Gesellschaft zu bejahen, § 723 I S. 1 oder S. 2 BGB. Der Auszug des P kann insoweit als konkludente Kündigung der Gesellschaft gewertet werden. Erst wenn P demzufolge die Mitwirkung der N erreicht bzw. eingeklagt hat, kann V gegenüber wirksam gekündigt werden und P von seinen Zahlungspflichten loskommen.

b) Aufnahme des Partners in die gemietete Wohnung

17   Die Aufnahme eines Lebensgefährten in eine bereits gemietete Wohnung ist nach **§ 553 I BGB erlaubnispflichtig**. Während man bei der Aufnahme von Ehegatten (auch wegen Art. 6 I GG) keine Erlaubnis benötigt und nur eine Anzeigepflicht annimmt (*BGH* NJW 1991, 1750), werden nichteheliche Partner insoweit als „Dritte" eingeordnet (BGHZ 157, 1). Allerdings begründet der Wunsch, eine nichteheliche Lebensgemeinschaft zu begründen, regelmäßig ein berechtigtes Interesse an der Aufnahme des Partners (BGHZ 92, 213, 214), so dass grundsätzlich ein **Anspruch auf die Erlaubnis** besteht. Nur bei Überbelegung oder einem wichtigen Grund gerade in der Person des Partners kann die Erlaubnis verweigert werden, § 553 I 2 BGB. Vorbehalte gegen das nichteheliche Zusammenleben als solches genügen nicht (auch nicht bei Kirchengemeinden, *OLG Hamm* NJW 1992, 513; str.). Eine Vertragsklausel, die das nichteheliche Zusammenleben verbietet, ist grundsätzlich unwirksam, § 553 III BGB. Das Interesse an der Aufnahme des Partners darf allerdings erst „nach Abschluss des Mietvertrags" entstanden sein, was vom Mieter darzulegen ist.

Unterlässt der Mieter die Einholung der Erlaubnis nach § 553 BGB, so ergibt sich daraus regelmäßig kein Kündigungsgrund; denn wenn ohnehin Anspruch auf die Erlaubnis besteht, liegt keine erhebliche Pflichtverletzung vor, die nach § 543 BGB die Kündigung rechtfertigen könnte (*LG München* NJW-RR 1991, 1112).

Im Übrigen muss der Vermieter eine **Räumungsklage** wie auch Zwangsvollstreckungsmaßnahmen auf Räumung und Herausgabe der Wohnung nach § 885 ZPO in solchen Fällen gegen beide Partner richten, wenn der aufgenommene Partner aufgrund der tatsächlichen Besitzverhältnisse als Mitbesitzer anzusehen ist. Das gilt unabhängig davon, ob ihm die Aufnahme angezeigt worden war (*BGH* NJW 2008, 1959, Tz. 17).

c) Eintritt in den Mietvertrag bei Tod des Partners

Bei Tod des Mieters erstreckt sich das Familienangehörigen zustehende **18** Eintrittsrecht in den Mietvertrag gem. § 563 II 4 BGB auch auf Personen, die mit dem Mieter einen auf Dauer angelegten gemeinsamen Haushalt führen, also auch auf den nichtehelichen Lebensgefährten. Sein Eintrittsrecht gilt allerdings nur subsidiär zum Eintrittsrecht der Ehegatten, Kinder oder sonstigen Familienangehörigen. Sind beide Partner Mietvertragsparteien, gilt § 563a BGB, wonach das Mietverhältnis grundsätzlich mit dem Überlebenden fortgesetzt wird.

> **Beispielsfall:** Mieter Martin hatte seine Freundin Leni in die Wohnung mit aufgenommen, ohne dies Vermieter Vogl anzuzeigen. Als M ein Jahr später stirbt, erkennt V die wahren Verhältnisse und verlangt von L sogleich die Räumung der Wohnung bzw. erklärt hilfsweise die fristlose Kündigung. Muss L aus der Wohnung ausziehen?
>
> V könnte einen **Anspruch auf Räumung** gegen L aus § 985 BGB haben.
> V ist Eigentümer der Wohnung. L ist Besitzerin. Fraglich ist, ob L ein Besitzrecht gem. § 986 BGB hat. Einen eigenen Mietvertrag mit V, der Grundlage für ein Besitzrecht sein könnte, hatte L nicht geschlossen. L ist jedoch mit dem Tod des M gem. § 563 II 4 BGB in das Mietverhältnis eingetreten. Eine gegenteilige Erklärung nach § 563 III BGB hat L nicht abgegeben. Daraus ergibt sich für L ein eigenes Besitzrecht aufgrund des Mietvertrags. Dass der Einzug dem V nicht angezeigt worden war, ist insoweit irrelevant. Das Besitzrecht könnte nun allerdings entfallen sein, wenn V das Mietverhältnis wirksam gekündigt hat. Ein Recht zur außerordentlichen, befristeten Kündigung nach § 563 IV BGB besteht jedoch nicht, da in der Person der L kein wichtiger Grund ersichtlich ist. Ein Recht zur außerordentlichen Kündigung, weil die Wohnung unbefugt einem Dritten überlassen worden war (§ 543 II 1 Nr. 2 BGB) oder wegen sonstiger Unzumutbarkeit, das Mietverhältnis fortzusetzen (§ 543 I BGB), ist ebenfalls zu verneinen. Da gem. § 553 I BGB ohnehin Anspruch auf die Erlaubnis besteht, kann die heimliche Aufnahme eines nichtehelichen Partners in die Wohnung nicht als schwerwiegende Pflichtverletzung gewertet werden. V hatte daher kein Kündigungsrecht. Somit besteht auch kein Räumungsanspruch aus § 985, § 546 I oder II BGB. L muss also nicht ausziehen.

6. Erbrecht

Dem nichtehelichen Partner kommt **kein gesetzliches Erbrecht** zu, er **19** kann aber durch Testament oder Erbvertrag bedacht werden. Verfügungen zu Gunsten des Partners sind grundsätzlich **nicht sittenwidrig** i.S.v. § 138 BGB (s. z.B. *BayObLG* FamRZ 2002, 915). Die Zeiten des sittenwidrigen „Mätressentestaments" sind vorbei. Allein der Umstand, dass die Geliebte infolge der Erbeinsetzung Miteigentümerin des von der Ehefrau bewohnten Hauses wird, genügt nicht für die Annahme von Sittenwidrigkeit (*OLG Düsseldorf* FamRZ 2009, 545). Ausnahmen können allenfalls gelten, wenn etwa in der Erbeinsetzung der Geliebten eine außergewöhnlich familienfeindliche Gesinnung des Erblassers zum Ausdruck kommt.

Der Anspruch auf Unterhalt und Haushaltsnutzung für 30 Tage nach dem Erbfall für im Haushalt lebende Familienangehörige nach § 1969 BGB (sog. **„Dreißigster"**) ist auch dem Lebensgefährten zuzubilligen, falls er vom Verstorbenen Unterhalt bezog (*OLG Düsseldorf* FamRZ 1983, 274). Der sog. Voraus gem. § 1932 BGB steht dem Partner nach h.M. allerdings nicht zu (Soergel/*Schumann*, Nehel. LG Rn. 202).

Unverheiratete können nicht wie Ehegatten (vgl. § 2265 BGB) ein **gemeinschaftliches Testament** errichten. Liegt gleichwohl eine letztwillige Verfügung vor, die ein Partner niedergeschrieben und beide Partner unterschrieben haben, so kann eine Umdeutung in Einzelverfügungen in Betracht kommen, soweit die dafür vorgeschriebene Form für jeden Partner eingehalten ist und die Aufrechterhaltung als Einzelverfügung dem Parteiwillen entspricht (*OLG Braunschweig* NJW-RR 2005, 1027; *LG Bonn* FamRZ 2004, 405). Das muss durch Auslegung ermittelt werden.

20　　Umstritten ist, ob ein **Testament**, das während der nichtehelichen Lebensgemeinschaft zu Gunsten des Partners errichtet wurde, nach einer Trennung der Partner **analog § 2077 I, II BGB** im Zweifel als hinfällig anzusehen ist. Die h.M. lehnt dies ab (*OLG Celle* FamRZ 2004, 310; *BayObLG* FamRZ 1983, 1226). Indes verdient die Gegenmeinung den Vorzug (*Koutses,* FPR 2001, 41, 42). Der Gedanke, dass eine Verfügung zu Gunsten des Ehegatten nach Scheidung von ihm im Zweifel nicht mehr gelten soll, lässt sich auf die Situation von nichtehelichen Partnern, die sich endgültig getrennt haben, unschwer übertragen. Zudem handelt es sich ohnehin nur um eine Auslegungsregel, so dass Raum für abweichende Entscheidungen im Einzelfall bleibt. Folgt man gleichwohl der h.M., so kann das Testament in solchen Fällen – wenn nicht schon die allgemeine Auslegung weiterhilft – nur durch Anfechtung unwirksam werden; deren Voraussetzungen werden allerdings nicht leicht darzulegen sein.

Empfehlungen zur vertiefenden Lektüre

Zur Vertiefung: *Coester-Waltjen*, Die nichteheliche Lebensgemeinschaft: Strapazierung des Parteiwillens oder staatliche Bevormundung?, NJW 1988, 2085; *Grziwotz*, Rechtsprechung zur nichtehelichen Lebensgemeinschaft, FamRZ 2014, 257; *ders.*, Vereinbarungen der nichtehelichen Lebensgemeinschaft, FPR 2013, 326; *Löhnig/Würdinger*, Eigentums- und Gewahrsamsvermutung bei nichtehelichen Lebensgemeinschaften, FamRZ 2007, 1856; *Messerle,* Zivilrechtliche Probleme der nichtehelichen Lebensgemeinschaft, JuS 2001, 28; *Nave-Herz*, Die nichteheliche Lebensgemeinschaft – eine soziologische Analyse, FPR 2001, 3.

Fälle: *Schwab*, PdW, Fälle 288, 289.

§ 28. Der Vermögensausgleich bei Beendigung der nichtehelichen Lebensgemeinschaft

I. Einführung

1. Die Problemfälle

Zu den Hauptproblemen im Recht der nichtehelichen Lebensgemeinschaft **1** gehört die Frage, ob und inwieweit den Partnern nach Trennung vermögensrechtliche Ansprüche auf Ausgleichszahlungen zustehen, wenn zuvor größere **Zuwendungen** an den anderen Partner erfolgt waren. Typische Fallkonstellationen betreffen:

- langjährige Mitarbeit im Betrieb des Partners, für die kein Gehalt gezahlt wurde
- Übertragung von größeren Vermögenswerten, z.B. von Immobilien bzw. Miteigentumsanteilen daran
- Investitionen in das Haus (Renovierung; Ausbau) oder den Betrieb des Partners
- Erbringung vermögenswerter Arbeitsleistungen für das Haus des Partners (z.B. als Architekt oder Handwerker)
- Bezahlung von Schulden des Partners.

2. Der Grundsatz der Nichtausgleichung

Ausgangspunkt der h.M. und der st. Rspr. des BGH ist, dass es bei Auflö- **2** sung einer nichtehelichen Lebensgemeinschaft **grundsätzlich keine vermögensrechtlichen Ausgleichsansprüche** gibt:

„Bei einer solchen Gemeinschaft stehen die persönlichen Beziehungen derart im Vordergrund, dass sie auch das die Gemeinschaft betreffende vermögensmäßige Handeln der Partner bestimmen und daher nicht nur in persönlicher, sondern auch in wirtschaftlicher Hinsicht keine Rechtsgemeinschaft besteht. Wenn die Partner nicht etwas Besonderes unter sich geregelt haben, werden dementsprechend persönliche und wirtschaftliche Leistungen nicht gegeneinander aufgerechnet. Beiträge werden geleistet, sofern Bedürfnisse auftreten, und, wenn nicht von beiden, so von demjenigen erbracht, der dazu in der Lage ist. Soweit nachträglich noch etwas ausgeglichen wird, geschieht das aus Solidarität, nicht in Erfüllung einer Rechtspflicht" (z.B. BGHZ 77, 55, 57; *BGH* FamRZ 2008, 1404, Tz. 16).

Zutreffend ist dieser Grundsatz der Nichtausgleichung, soweit es um die **laufenden Beiträge** zur Aufrechterhaltung der Gemeinschaft geht (vgl. *Gernhuber/Coester-Waltjen,* § 44 Rn. 20; *Schwab,* FamR, Rn. 993). Daher wird für Haushaltsführung, Pflegeleistungen, Kinderbetreuung, Unterhalts- oder Wohnraumgewährung, laufende Zinszahlungen, gelegentliche Handwerkerleistungen und sonstige laufende finanzielle Beiträge kein Ausgleich geschuldet (z.B. *OLG Hamm* FamRZ 2014, 228; *OLG Bremen* NJW-RR 2013, 197). Gleiches gilt für eine Mitarbeit im Beruf oder Betrieb des Partners, die sich im

Rahmen der auch unter Ehegatten zu erwartenden Mitarbeit hält. Es wäre auch kaum möglich, alle diese Leistungen nachträglich im Trennungszeitpunkt noch zu erfassen und zu beziffern. Zudem kann auf den **Gedanken des § 1360b BGB** verwiesen werden, wonach derjenige, der vergleichsweise mehr Unterhaltsbeiträge leistet, im Zweifel keinen Ausgleich dafür verlangen kann. Auch in der nichtehelichen Lebensgemeinschaft sind entsprechend § 1360 S. 2 BGB Haushaltsführung und Barunterhalt als gleichwertig anzusehen.

> **Beispielsfall:** Patrick und Nina haben zehn Jahre lang eine nichteheliche Lebensgemeinschaft geführt. Während dieser Zeit war P berufstätig, während N den Haushalt versorgte und die kranke Mutter des P pflegte. Nach Trennung verlangt N von P nachträglich Bezahlung der Pflegeleistungen. Immerhin hätte P ohne die Mitarbeit der N eine fremde Pflegekraft einstellen und bezahlen müssen.
> N kann hier von P nichts verlangen. Die Pflegeleistungen waren ihr Beitrag zur Gemeinschaft, während P für die Barmittel sorgte. Insoweit gilt der Grundsatz der Nichtausgleichung. Anderes würde nur gelten, wenn N und P einen ausdrücklichen Dienstvertrag geschlossen hätten; dafür ist jedoch nichts ersichtlich. Zudem wären die Ansprüche größtenteils auch schon verjährt, vgl. § 195 BGB. Das Ergebnis ist nicht unbedingt befriedigend, ohne Eingreifen des Gesetzgebers aber zwangsläufig.

3   Die zentrale Frage ist nun, unter welchen Voraussetzungen man **Ausnahmen** vom Grundsatz der Nichtausgleichung machen will. Problemlagen ergeben sich, wenn ein Partner während der Lebensgemeinschaft zu Gunsten des anderen Leistungen erbracht hat, die deutlich über das hinausgehen, was zur Aufrechterhaltung der Lebensgemeinschaft erforderlich war, z.B. in Form der **Übertragung großer Vermögenswerte**. Es im Falle einer Trennung stets endgültig bei solchen Vermögensverschiebungen zu belassen, weil kein diesbezüglicher Vertragsschluss feststellbar ist, kann zu großen Ungerechtigkeiten führen. Es sollte eben auch kein Partner auf Kosten des anderen bereichert aus der Gemeinschaft hervorgehen (*Schwab*, FamR, Rn. 992). Nach jahrelang sehr restriktiver Linie hat der BGH im Jahr 2008 seine Rechtsprechung geändert und erkennt seitdem Ausgleichsansprüche auf Basis der allgemeinen Anspruchsgrundlagen (§§ 313, 812 I 2 Alt. 2 BGB) an (*BGH* FamRZ 2008, 1822 ff.; FamRZ 2009, 849; BGHZ 183, 242).

3. Übersicht zu den Anspruchsgrundlagen

4   In der **Klausur** ist es wichtig, die **Schwerpunkte** richtig zu setzen. Tatsächlich prüft der BGH beim Zuwendungsausgleich zwischen unverheirateten Partnern regelmäßig nur Ansprüche aus beendeter Innengesellschaft, aus § 313 BGB und aus § 812 I 2 Alt. 2 BGB. Ausführungen zu etwaigen anderen Anspruchsgrundlagen können daher in der Regel kurz bleiben.

**Checkliste: Ansprüche auf Ausgleichszahlungen
nach Auflösung nichtehelicher Lebensgemeinschaften**

1. Ansprüche aus analoger Anwendung von Ehe- und Verlöbnisrecht,
   z.B. §§ 1298, 1301 oder § 1378 I BGB, sind generell abzulehnen
2. Ansprüche aus konkreten vertraglichen Vereinbarungen
   – insbesondere aus Dienstvertrag, Werkvertrag, Darlehen, Auftrag
   – Anspruch infolge des Widerrufs einer Schenkung, §§ 531 II, 530 I BGB
3. Anspruch aus beendeter stillschweigender Innengesellschaft, §§ 730 f. BGB
4. Anspruch auf Aufwendungsersatz aus GoA, §§ 683 S. 1, 670 BGB
5. Anspruch aus Gesamtschuldnerausgleich, § 426 BGB
6. Bereicherungsrechtlicher Anspruch aus § 812 I 2 Alt. 2 BGB
7. Anspruch wegen Wegfalls der Geschäftsgrundlage, § 313 BGB

Ausgeschlossen ist die **analoge Anwendung von Verlöbnis- oder Eherecht**, da 5
diese Normen ausschließlich für Verlobte und Ehegatten gelten und eine planwidrige Gesetzeslücke insoweit gerade nicht besteht (Staudinger/*Löhnig*, Anh. zu §§ 1297 ff. Rn. 39 f.).
In der Klausur lohnt es sich daher nicht, darauf viel Zeit zu verwenden. Ansprüche aus
Verlöbnisrecht wiederum (§§ 1298 ff. BGB), gerichtet auf Rückgabe von echten Verlo-
bungsgeschenken oder Schadensersatz bei unbegründetem Rücktritt vom Verlöbnis, sind
nur dann in Betracht zu ziehen, wenn die Partner tatsächlich verlobt waren (vgl. *BGH*
FamRZ 2005, 1151; s. auch Beispiel Rn. 8).

II. Die Prüfung vertraglicher Ansprüche

1. Ansprüche aus Dienstvertrag, Darlehen u.a.

Wie sonst auch ist primär zu prüfen, ob die Partner im Hinblick auf die je- 6
weilige Vermögensverschiebung einen konkreten Vertrag geschlossen hatten.
Bei Dienstleistungen mag ein **Dienstvertrag** (§ 611 BGB), bei Gebrauchsüberlassung **Miete** (§ 535 BGB), bei Geldleistungen kann ein **Darlehen** (§ 488 BGB),
bei sonstigen Erledigungen ein **Auftrag** (§ 662 BGB) vereinbart worden sein.
Das ist selbstverständlich auch zwischen unverheirateten Partnern möglich.
Indes wird es in Klausurfällen – wie auch in der Praxis – an diesbezüglichen
ausdrücklichen Vereinbarungen regelmäßig fehlen. Das darf nicht dazu
verleiten, vorschnell einen konkludenten Vertragsschluss zu unterstellen. Vielmehr gilt im Zweifel stets der Grundsatz der Nichtausgleichung. Zur Annahme
von stillschweigenden Verträgen bedarf es „besonderer tatsächlicher Anhaltspunkte", die erkennbar werden lassen, dass die Partner gerade die betreffende
Leistung – anders als die sonstigen laufenden Beiträge zur Gemeinschaft – einer
rechtlich bindenden Regelung zuführen wollten (*BGH* FamRZ 2008, 1404,
Tz. 17). Die Leistungserbringung alleine genügt hierfür gerade nicht. Im Ergebnis wird ein **Rechtsbindungswille** daher meist **zu verneinen** sein.

Beispiele:

- Ein stillschweigender Darlehensvertrag mag ausnahmsweise anzunehmen sein, wenn sich die Partner erst wenige Wochen kennen und der Mann Schulden der Frau in Höhe von 10.000 € begleicht (*OLG Koblenz* NJW-RR 1998, 1516). Unter solchen Umständen kann der Empfänger redlicherweise nicht damit rechnen, dass ihm der Geldbetrag auf Dauer verbleiben soll.

- Weiterhin kann ein Auftrag anzunehmen sein, wenn die Frau zu Gunsten der beruflichen Tätigkeit des Mannes eine Schuld tilgt oder eine Investition tätigt; denn damit wird keine Leistung für die Gemeinschaft, sondern für den alleinigen Lebensbereich des Partners erbracht, so dass der Grundsatz der Nichtausgleichung keine Geltung entfalten sollte (str.; einzelfallabhängig).

2. Anspruch infolge Widerrufs einer Schenkung

> ### Der Anspruch auf Herausgabe nach Schenkungswiderruf, §§ 531 II, 530 I, 812 I 2 BGB
>
> 1. Schenkung i.S.v. § 516 I BGB
> 2. Widerrufsgrund
>   a) Objektiv schwere Verfehlung, § 530 I BGB
>   b) Subjektiv grob undankbare Gesinnung
> 3. Erklärung des Widerrufs, § 531 I BGB
>
> **Rechtsfolge:** Herausgabe nach § 812 I 2 Alt. 1 BGB (Rechtsgrundverweisung)

7   Ein Rückgabe- bzw. Wertersatzanspruch kann sich im Einzelfall aus §§ 531 II, 530 I, 812 I 2 Alt. 1 BGB ergeben. Erste Voraussetzung wäre dabei, dass zuvor eine **Schenkung** i.S.v. § 516 I 2 Alt. 1 BGB erfolgt war. Es muss sich um eine Zuwendung aus dem Vermögen des Schenkers gehandelt haben, die den Empfänger objektiv bereicherte, und bei der sich die Parteien über die Unentgeltlichkeit einig waren. Das passt auf Geburtstags-, Weihnachts- und Gelegenheitsgeschenke. Sonstige Zuwendungen hingegen, die der Ausgestaltung und Förderung der Lebensgemeinschaft oder dem beiderseitigen Unterhalt dienen, erfolgen nicht unentgeltlich in diesem Sinne, sondern in einem Gegenseitigkeitsverhältnis. Man spricht hier – wie unter Ehegatten (§ 18 Rn. 2) – von sog. **unbenannten Zuwendungen** (z.B. *OLG Bremen* FamRB 2010, 338). Auch bei Zuwendungen, die über übliche Unterhaltsleistungen hinausgehen, z.B. bei Übertragung einer Haushälfte, wird es sich meist um unbenannte Zuwendungen handeln.

8   Aber auch die zweite Voraussetzung, der **Widerrufsgrund**, wird nur selten zu bejahen sein. Eine schwere Verfehlung bzw. grober Undank i.S.v. § 530 I BGB setzt objektiv eine Verletzung der Verpflichtung zu einer von Dankbarkeit geprägten Rücksichtnahme auf die Belange des Schenkers voraus sowie subjektiv eine Gesinnung des Beschenkten, die in erheblichem Maße

Dankbarkeit vermissen lässt (*BGH* FamRZ 2014, 937). Entscheidend ist eine Gesamtabwägung aller Umstände im Einzelfall. Das Betrügen des Partners oder das Herbeiführen der Trennung genügt dafür grundsätzlich nicht, zumal es zwischen Unverheirateten keine rechtliche Treuepflicht wie zwischen Ehegatten nach § 1353 I BGB gibt. Es müssten daher erschwerende besondere Umstände hinzutreten, um von einer schweren Verfehlung (z.B. körperliche Misshandlung) sprechen zu können.

> **Beispielsfall:** Patrick und Nina ziehen zusammen, zumal sie im folgenden Jahr heiraten wollen. Da N gerade pleite ist, begleicht P ihre Brillenrechnung in Höhe von 500 €, deren Erstattung die private Versicherung der N abgelehnt hat. Zwei Monate später verbringt N auf einer Dienstreise eine Nacht mit ihrem Kollegen Klaus. Als P davon erfährt, kommt es zum Streit und schließlich zur Trennung. Nun verlangt P die „ausgelegten" 500 € zurück (s. schon Fall bei § 4 Rn. 16).
> P hat **keinen Rückzahlungsanspruch** gegen N.
> 1. Mangels diesbezüglicher Vereinbarung kann nicht von einem (zinslosen) Darlehen (§ 488 I BGB) ausgegangen werden. Auch ein rechtlich verbindlicher Auftrag (§ 662 BGB), der in einen Aufwendungsersatzanspruch gem. § 670 BGB münden könnte, ist zu verneinen.
> 2. Ein Anspruch aus §§ 1301, 818 II BGB auf Rückgabe eines Verlobungsgeschenks bzw. Wertersatz dafür besteht auch nicht. Zwar mögen P und N verlobt gewesen sein, die Bezahlung der Rechnung stellte jedoch kein Verlobungsgeschenk i.S.v. § 1301 BGB dar (vgl. *BGH* NJW-RR 2005, 1089).
> 3. Auch ein Anspruch aus §§ 531 II, 530 I, 812 I 2 Alt. 1 BGB ist abzulehnen. Die Zuwendung war keine Schenkung i.S.v. § 516 I BGB. Die Leistung des P diente nicht primär dazu, N zu bereichern, sondern stellte einen unselbstständigen, laufenden Beitrag zum Zusammenleben dar. Abgesehen davon wäre das Fremdgehen der N auch noch kein hinreichender Grund für die Annahme einer schweren Verfehlung bzw. von grobem Undank (vgl. *OLG Hamm* NJW 1978, 224).

3. Abfindungsansprüche aus Gesellschaftsrecht, §§ 730 ff. BGB

Zu den Ansprüchen aus Vertrag zählen auch solche aus Gesellschaft, **9** §§ 705 ff. BGB. Eindeutig sind dabei Fälle, in denen die Partner ausdrücklich eine (Außen-)Gesellschaft gegründet haben, sei es als GbR oder als OHG. Soll die Gesellschaft dann anlässlich der Trennung auseinandergesetzt werden, kommen die §§ 730 ff. BGB zur Anwendung. Fraglich ist jedoch, was gelten soll, wenn eine ausdrückliche Vereinbarung i.S.d. § 705 BGB fehlt.

Unstrittig ist heute, dass weder die nichteheliche Lebensgemeinschaft als solche noch die wirtschaftliche Seite des Zusammenlebens einen hinreichenden Gesellschaftszweck i.S.v. § 705 BGB darstellen. Andernfalls käme man nämlich im Fall der Trennung über die §§ 730 ff. BGB zu einer umfassenden Vermögensauseinandersetzung ähnlich dem Zugewinnausgleich. Es kann jedoch nicht sein, dass die Folgen einer nichtehelichen Lebensgemeinschaft grundsätzlich weiter greifen sollen als die einer Ehe mit Gütertrennung.

Eine **stillschweigende (Innen-)Gesellschaft** i.S.v. § 705 BGB zwischen den Partnern kann jedoch anzunehmen sein, wenn sie einen Zweck verfolgt haben, der über die Verwirklichung der Lebensgemeinschaft hinausgeht, etwa den Bau eines Hauses oder den Aufbau eines Betriebs. Der BGH fordert insoweit in st. Rspr., dass die Partner über die Lebensgemeinschaft hinaus durch gemeinschaftliche Leistungen einen Vermögensgegenstand erworben und hierbei die Absicht verfolgt haben, einen – wenn auch nur wirtschaftlich – gemeinsamen Wert zu schaffen, der von ihnen nicht nur gemeinsam genutzt wird, sondern ihnen nach ihrer Vorstellung auch gemeinsam gehören sollte (*BGH* NJW 2013, 2187; FamRZ 2005, 1151; FamRZ 2003, 1542). Versucht man, diese Aussagen tatbestandlich zu fassen, kommt es im Wesentlichen auf die folgenden Voraussetzungen an:

**Der Anspruch auf Abfindung gem. §§ 730 ff. BGB
nach Auflösung einer Innengesellschaft zwischen unverheirateten Partnern**

1. Zumindest stillschweigender Vertragsschluss gem. § 705 BGB
2. Schaffung eines hochwertigen Vermögensgegenstands als Gesellschaftszweck
3. Erhebliche, gleichberechtigte Beiträge beider Partner
4. Subjektiv: Absicht gemeinsamer Wertschöpfung
5. Beendigung der Gesellschaft durch Trennung der Partner

Rechtsfolge: Abfindungsanspruch analog §§ 730 ff. BGB im Umfang der beim Partner verbliebenen Wertsteigerung

---

a) Der stillschweigende Vertragsschluss

10   Während der BGH früher dazu tendierte, eine rein faktische Willensübereinstimmung genügen zu lassen (BGHZ 77, 55), hat der mittlerweile zuständige XII. Senat klargestellt, dass ein ausdrücklicher oder zumindest ein schlüssig zustande gekommener Vertrag zu fordern ist (BGHZ 165, 1, Tz. 17 f.; 183, 242, Tz. 22). Voraussetzung ist also ein entsprechender **Rechtsbindungswille**. Indizien dafür können sich aus Planung, Umfang und Dauer der Zusammenarbeit ergeben. Die Prüfungspunkte (1) und (2) lassen sich dabei nur schwer trennen.

Beispiel (nach *BGH* NJW 2013, 2187): Die Frau hatte ein Haus zu Alleineigentum erworben und zur Finanzierung einen Kredit aufgenommen. Eine Mitberechtigung oder -verpflichtung des Mannes war bewusst unterblieben, da zu seinen Lasten eine Schufa-Eintragung vorlag. Unter weitreichender Mitwirkung des Mannes, eines gelernten Tischlers, wurde das Haus renoviert. Zudem beteiligte er sich an der Abzahlung der Kreditraten.
Da die Partner hier lediglich einen Zweck verfolgten, der nicht über die Verwirklichung der nichtehelichen Lebensgemeinschaft hinausging, bedurfte es besonderer Anhaltspunkte für einen auf eine Gesellschaft gerichteten Rechtsbindungswillen. Entsprechende „rechtliche Vorstellungen" der Partner waren aber nicht ersichtlich. Im Übrigen hatte der Mann die formal-dingliche Alleinberechtigung der Frau in Bezug auf das Haus bewusst akzeptiert. Das sprach gegen eine Gesellschaft.

b) Der Gesellschaftszweck

Es muss ein **hochwertiger Vermögensgegenstand** geschaffen worden   11
sein, z.B. eine Immobilie (*BGH* NJW 1992, 906) oder ein Unternehmen
(BGHZ 84, 388). Dabei kann es sich auch um die von den Partnern bewohnte
Immobilie handeln. Der Zweck des Vermögensgegenstandes kann also zugleich auch der Verwirklichung der Lebensgemeinschaft dienen (*BGH* FamRZ
2008, 1822, Tz. 22). In diesem Fall sind allerdings höhere Anforderungen an
die Annahme einer stillschweigend vereinbarten Gesellschaft zu stellen.

> **Beispiel:** Der Mann tilgt einen Kredit der Frau in Höhe von 50.000 €, der zum Zweck
> der Finanzierung der dann gemeinsam bewohnten Immobilie eingegangen worden war.
> Hier wird von der Schuldentilgung abgesehen kein weitergehender Zweck i.S.v. § 705
> BGB verfolgt (*BGH* NJW 1997, 3371).

c) Die beiderseitigen Beitragsleistungen

Es müssen von beiden Partnern wesentliche Beiträge geleistet worden sein,   12
sei es in Form von Geld oder Dienstleistungen. Für die Erheblichkeit wird
dabei auf die konkreten wirtschaftlichen Verhältnisse der Partner abgestellt
(*BGH* WM 2000, 522, 523). Für die Annahme eines Gesellschaftsverhältnisses
ist zudem erforderlich, dass sich die Partner als „gleichberechtigt" bzw. hier-
archisch auf derselben Stufe sehen. So genügen nicht Dienstleistungen eines
Partners, die in Abhängigkeit und auf Weisung des anderen Partners erfolgen
(z.B. langjährige Tätigkeit als Sprechstundenhilfe in der Arztpraxis des Partners). Finanzielle Leistungen wiederum dürfen im Vergleich zum Beitrag des
Partners nicht deutlich geringer sein.

> **Beispiele:**
> • Die Frau erwirbt ein Grundstück, auf dem mit den finanziellen Mitteln des Mannes
>   sowie seiner Planungsleistungen als Architekt ein Haus errichtet wird. Hier liegen
>   erhebliche und gleichwertige Leistungen beider Seiten vor.
> • Der Betrieb läuft zwar auf den Namen des Mannes, die Frau trägt aber zum Aufbau
>   des Betriebs durch erheblichen finanziellen und persönlichen Einsatz bei. Auch unter
>   solchen Umständen wäre ein Gesellschaftsverhältnis zu bejahen (vgl. BGHZ 84, 388).

d) Die Absicht gemeinsamer Wertschöpfung

Wichtig ist außerdem, dass das Geschaffene den Parteien nach ihren Vorstel-   13
lungen auch gemeinsam gehören sollte. Aufgrund des gemeinsamen Einsatzes
von Arbeit und Kapital müssen sie subjektiv von der Vorstellung ausgegangen
sein, etwas Gemeinsames zu schaffen. Die formal-dingliche, also sachenrechtliche Zuordnung kann dabei in den Hintergrund treten (*BGH* NJW-RR 1993,
774, 775). Schließlich tauchen die Probleme gerade dann auf, wenn formal nur
ein Partner Eigentümer ist, also nur einer im Grundbuch steht oder nur einer
von beiden als Kaufmann das Unternehmen betreibt. Die Absicht gemeinsamer
Wertschöpfung ist stets gesondert zu prüfen und nicht schon bei Vorliegen
der anderen Voraussetzungen zu vermuten (*BGH* FamRZ 2003, 1542, 1543).

Beispiele:

- Investiert der Mann in das Haus der Frau (z.B. zwecks Renovierung des Badezimmers), so werden sie nicht davon ausgehen, einen gemeinsamen Wert zu schaffen. Vielmehr wird für beide weiterhin klar sein, dass das Haus allein der Frau gehört. Damit liegt keine gemeinsame Wertschöpfung vor.
- Die Frau überträgt einen hälftigen Miteigentumsanteil am gemeinsam bewohnten Haus auf den Partner. Auch hier besteht kein Rückübertragungsanspruch aus Gesellschaftsrecht im Fall der Trennung, da es an einer gemeinsamen Wertschöpfung fehlt. Es wurden lediglich vorhandene Werte übertragen.

e) Rechtsfolgen

14   Der konkrete Auseinandersetzungsanspruch ist auf Basis einer einzelfallbezogenen Beteiligungsberechnung analog §§ 730 ff. BGB zu ermitteln. Entscheidend ist dabei, welche **Wertsteigerung** das betreffende Objekt durch die Beitragsleistungen des Partners erfahren hat und welcher Anteil demgemäß auf diesen Partner entfällt. Das ist ggf. vom Gericht zu schätzen. Für die Bewertung eines Unternehmens ist der Veräußerungswert entscheidend. Führt die Beteiligungsberechnung zu keinen klaren Ergebnissen, ist hilfsweise auf den Halbteilungsgrundsatz des § 722 I BGB abzustellen. Für eine Verlustbeteiligung gilt Entsprechendes. Als Rechtsfolge kommt zudem die Heraus- bzw. Zurückgabe von Sachen in Betracht (§ 732 BGB).

Klausurhinweis: Wird ein Anspruch aus Gesellschaftsrecht bejaht, so entfällt die Prüfung weiterer Ansprüche aus GoA, § 812 I BGB oder § 313 BGB.

III. Ansprüche aus Geschäftsführung ohne Auftrag und Gesamtschuldnerausgleich

1. Geschäftsführung ohne Auftrag

a) Zahlungen während bestehender Lebensgemeinschaft

15   Werden Schulden des Partners beglichen, so kommen Ansprüche aus Auftrag (§ 662 BGB) oder GoA (§§ 677 ff. BGB) in Betracht. Ein verbindlicher Auftrag wird während bestehender Lebensgemeinschaft aber regelmäßig zu verneinen sein (s. Rn. 6). Eben deshalb könnte man freilich an einen Anspruch aus GoA denken.

Beispiel: Nina und Patrick wohnen unverheiratet zusammen. N hat ein Auto geleast. Die Leasingraten zahlt P, weil N seit Monaten arbeitslos ist. Auch nach Trennung der Partner zahlt P die Raten noch für weitere sechs Monate, weil N erst danach wieder Arbeit findet.

**Der Anspruch auf Aufwendungsersatz bei berechtigter GoA,
§§ 683 S. 1, 670 BGB**

1. Besorgung eines fremden Geschäfts, § 677 BGB
2. Fremdgeschäftsführungswille
3. Ohne Auftrag oder sonstige Berechtigung
4. Berechtigung zur Übernahme der Geschäftsbesorgung
   a) Geschäftsführung im Interesse und gem. Willen des Geschäftsherrn, § 677 BGB
   b) Erfüllung im öffentlichen Interesse, § 679 Alt. 1 BGB
   c) Erfüllung gesetzlicher Unterhaltpflicht, § 679 Alt. 2 BGB
   d) Genehmigung durch Geschäftsführer, § 684 S. 2 BGB
5. Keine Schenkungsabsicht, § 685 BGB
6. Aufwendung im Rahmen des Erforderlichen, § 670 BGB

Leistungen, die der Verwirklichung der Lebensgemeinschaft dienen, be- **16**
treffen ein eigenes bzw. gemeinsames und damit kein fremdes Geschäft. Bei
der Bezahlung von **Schulden des Partners** hingegen wird man grundsätzlich
von der Besorgung eines fremden Geschäfts sprechen können. Der **Fremdgeschäftsführungswille** ist in den Fällen der nichtehelichen Lebensgemeinschaft indes sehr fraglich. Schließlich verfolgt der zahlende Partner meist
zugleich das gemeinsame Ziel der Verwirklichung der Lebensgemeinschaft.
Deswegen sollte man den Fremdgeschäftsführungswillen nur dann bejahen,
wenn die Schulden aus dem eigenen Lebensbereich des anderen Partners (Beruf,
Freizeit) stammen und nichts mit dem gemeinsamen Leben zu tun haben. Auch
dann kann ein Anspruch aus GoA aber zu verneinen sein, wenn der Gedanke
des § 685 BGB greift, wonach derjenige keinen Anspruch hat, der im Zeitpunkt
der Geschäftsführung nicht die Absicht hatte, später Ersatz zu verlangen. Das
wird bei festen Lebensgemeinschaften nämlich meist zutreffen. Bei besonders
umfangreichen Zahlungen bleibt dann freilich noch ein Anspruch aus § 313
BGB zu prüfen (dazu Rn. 27 ff.).

b) Zahlungen nach Beendigung der Lebensgemeinschaft

Anders liegt es regelmäßig, wenn Schulden des Partners erst nach der Tren- **17**
nung beglichen werden. In diesem Stadium bezweckt der Zahlende nicht mehr
die Verwirklichung der Lebensgemeinschaft und hat daher grundsätzlich einen
Fremdgeschäftsführungswillen. Soweit nichts anderes ausdrücklich vereinbart
wurde, werden dann Aufwendungsersatzansprüche aus §§ 683 S. 1, 670 BGB
(*BGH* FamRZ 1981, 530, 531; *OLG Frankfurt a.M.* NJW 1985, 810; *Muscheler*,
FamR, Rn. 502) zu bejahen sein. Im genannten Beispiel (Rn. 15) kann P also
nur für die nach Trennung gezahlten Leasingraten Ersatz von N verlangen.

2. Ansprüche aus § 426 I, II BGB

18   **Beispiel** (nach *BGH* NJW 2010, 868): Das unverheiratete Paar Nina und Patrick mietet gemeinsam eine Wohnung. Die Miete wird allerdings nicht regelmäßig gezahlt, zumal N ihren Job verloren hat. Bald kommt es zu einem Mietrückstand in Höhe von 2000 €, den P jedoch schließlich an den Vermieter überweist. Als sich P und N trennen, beläuft sich die rückständige Miete schon wieder auf 1500 €. P zahlt ein paar Wochen später aber auch diesen Betrag sowie weitere 1000 €, die noch für die Zeit zwischen der Trennung des Paares und dem Kündigungstermin als Miete geschuldet werden. Nun verlangt P von N hälftigen Ersatz aller von ihm geleisteten Zahlungen.

Auch hier ist zwischen Zahlungen während der Lebensgemeinschaft und nach Trennung zu differenzieren. Für die Zahlungen **nach Trennung** bejaht die h.M. Ausgleichsansprüche aus § 426 I und II BGB (*BGH* NJW 2010, 868; *OLG Koblenz* NJW-RR 2010, 653; *Schwab*, FamR, Rn. 1008). Im Beispiel steht P somit für die nach Trennung noch anfallende Miete hälftiger Ersatz zu. Entsprechendes würde bei einem gemeinsam aufgenommenen Darlehen für die nach Trennung erbrachten Tilgungs- und Zinsleistungen gelten. Sofern das Darlehen allerdings allein den Zwecken des Partners dient, besteht im Innenverhältnis ein Anspruch auf Freistellung (§ 257 BGB) bzw. ein voller Regressanspruch aus § 426 I 1 BGB.

19   Anders liegt es jedoch im Hinblick auf Zahlungen, die gemeinsame Schulden tilgen sollen, die **vor der Trennung** der Partner entstanden sind. Insoweit wird eine Ausgleichspflicht regelmäßig abgelehnt, denn der Halbteilungsgrundsatz des § 426 I 1 BGB greift nur, „soweit nicht ein anderes bestimmt" ist. Bei der nichtehelichen Lebensgemeinschaft gilt laut BGH für laufende Beiträge – wie eben auch die Miete – aber der **Grundsatz der Nichtausgleichung** (BGHZ 77, 55, 58). Insoweit ergibt sich aus der Natur des Rechtsverhältnisses der nichtehelichen Lebensgemeinschaft eine andere Bestimmung, die den Halbteilungsgrundsatz des § 426 I 1 BGB überlagert.

Im Beispiel (Rn. 18) war es wohl so, dass P der Alleinverdiener war und die tatsächliche (stillschweigende) Übung von P und N demgemäß dahin ging, dass P die laufenden Kosten einschließlich der Miete übernimmt. Aus diesen Umständen ergab sich folglich eine anderweitige Bestimmung im Sinne von § 426 I 1 BGB. Für die Mietzahlungen, welche die Zeit des Zusammenlebens betrafen, kann P daher von N keinen Ausgleich nach § 426 I BGB verlangen. Unerheblich ist insoweit, ob P die Überweisung vor oder nach der Trennung getätigt hat (*BGH* NJW 2010, 444, Tz. 13).

IV. Ansprüche aus Bereicherungsrecht

1. Überblick

20   § 812 I BGB bietet vier verschiedene Anspruchsgrundlagen. Ansprüche aus **Leistungskondiktion, § 812 I 1 Alt. 1 BGB,** werden zwischen den Partnern einer nichtehelichen Lebensgemeinschaft meist ausscheiden, weil schon keine

Leistung im Sinne einer bewussten und zweckgerichteten Mehrung fremden Vermögens vorliegt, wenn laufende Beiträge zur Verwirklichung der Lebensgemeinschaft erbracht werden. Aber auch bei größeren Einzelzuwendungen wie etwa der Übertragung einer Haushälfte passt § 812 I 1 Alt. 1 BGB nicht, weil eine solche Zuwendung wegen der Lebensgemeinschaft erfolgt und darin ihren Rechtsgrund findet. Es handelt sich also nicht um rechtsgrundlose Leistungen. Nicht zuletzt steht **§ 814 BGB** einer Rückforderung im Wege, da die Partner von Anfang an wissen, dass sie zu nichts verpflichtet sind (*BGH* FamRZ 2009, 849, Tz. 17).

Abzulehnen sind auch Ansprüche aus **§ 812 I 2 Alt. 1 BGB** (condictio ob causam **21** finitam) wegen nachträglichen Wegfalls des Rechtsgrundes. Die Begründungen sind unterschiedlich. Zum Teil wird gesagt, dass § 812 I 2 Alt. 1 BGB schon deshalb nicht passe, weil die nichteheliche Lebensgemeinschaft keine rechtlichen Leistungspflichten erzeuge und daher von vornherein nicht der Rechtsgrund, sondern nur das Motiv einer Leistung sein könne (Staudinger/*Löhnig*, Anh zu §§ 1297 ff. Rn. 112). Daher bedeute auch die Trennung keinen Wegfall eines Rechtsgrundes (so auch *Dethloff*, § 8 Rn. 27). Andere deuten die Lebensgemeinschaft zwar als Rechtsgrund, betonen aber, dass die Trennung diesen Rechtsgrund nur ex nunc entfallen lasse und damit Zuwendungen in der Vergangenheit nach wie vor mit Rechtsgrund erfolgt seien (*Benner*, Rn. 456).

Klausurhinweis: Bei Zeitnot ist in der Klausur nicht auf § 812 I 1 und I 2 Alt. 1, sondern nur auf § 812 I 2 Alt. 2 BGB einzugehen.

2. Der Anspruch aus § 812 I 2 Alt. 2 BGB (condictio ob rem)

Mit seinen Grundsatzentscheidungen vom 9. 7. 2008 hat der BGH (FamRZ **22** 2008, 1822 und 3282) klargestellt, dass er grundsätzlich auch § 812 I 2 Alt. 2 BGB und § 313 BGB als geeignete Grundlagen für Ausgleichsansprüche bei Trennung von nichtehelichen Lebensgefährten ansieht. Damit gilt für die Klausur, dass diese Anspruchsgrundlagen regelmäßig im Mittelpunkt der Prüfung stehen werden.

Klausurhinweis: Das Verhältnis von § 313 BGB zu § 812 I 2 Alt. 2 BGB erscheint ungeklärt. Daher ist insoweit jede Prüfungsreihenfolge erlaubt. Im Zweifel wählt man einen „spannenden" Prüfungsaufbau und prüft die Anspruchsgrundlage, die man bejahen will, zuletzt.

a) Die Tatbestandsvoraussetzungen von § 812 I 2 Alt. 2 BGB

Ein klassischer Fall, der unter § 812 I 2 Alt. 2 BGB zu subsumieren wäre, be- **23** trifft die Haushälterin, die Jahre lang in der erkennbaren Erwartung, als Erbin eingesetzt zu werden, den Haushalt führt, ohne ein Entgelt hierfür zu erhalten. Es geht somit um Leistungen, die über ihren unmittelbaren Zweck hinaus einen weiteren Zweck verfolgen, auf den aber kein einklagbarer Anspruch besteht.

Der Anspruch aus § 812 I 2 Alt. 2 BGB

1. Etwas erlangt
2. Durch Leistung
3. Mit Leistung wird bestimmter Erfolg bezweckt (Tun oder Unterlassen)
   - auf den kein Anspruch besteht (z.B. Erbeinsetzung, Heirat, Vertragsabschluss)
   - der über die eigentliche Erfüllungswirkung hinausgeht (z.B. Verwendung der geleisteten Sache zu bestimmtem Zweck)
4. (Stillschweigende) Zweckvereinbarung zwischen den Parteien
5. Nichteintritt des bezweckten Erfolgs
6. Kein Ausschluss gem. § 815 BGB

Rechtsfolge: Herausgabe des Erlangten bzw. Wertersatz, § 818 I, II BGB

Auf die nichteheliche Lebensgemeinschaft bezogen kann man sich **größere Zuwendungen** vorstellen, die in der sicheren Erwartung erfolgen, dass die Lebensgemeinschaft noch auf Jahre Bestand hat, und die dazu dienen sollen, die Lebensgemeinschaft langfristig abzusichern (z.B. Übertragung eines Miteigentumsanteils an einer Immobilie, *OLG Karlsruhe* NJW 1994, 948). Wenn dieser Zweck nicht erfüllt wird, weil die Gemeinschaft unerwartet früh aufgelöst wird, z.B. auch durch Tod des Zuwendungsempfängers, können Ansprüche aus § 812 I 2 Alt. 2 BGB in Betracht kommen.

24   Probleme bereitet allerdings das Tatbestandsmerkmal der **Zweckvereinbarung** zwischen den Parteien. Voraussetzung dafür ist, dass über den bezweckten Erfolg mit dem Leistungsempfänger eine **Willensübereinstimmung** erzielt worden ist; einseitige Vorstellungen oder Hoffnungen genügen nicht (*BGH* FamRZ 2009, 849). Für eine stillschweigende Einigung in diesem Sinne reicht es aber, wenn der eine Teil mit seiner Leistung einen bestimmten Erfolg bezweckt und der andere Teil dies **erkennt** und die Leistung entgegennimmt, ohne zu widersprechen (BGHZ 115, 261, 263). Insoweit bedarf es aber näherer tatsächlicher Feststellungen und einer **sorgfältigen Prüfung**. Die Darlegungs- und Beweislast trifft den Anspruchsteller (*BGH* FamRZ 2009, 849). Fehlen tatsächliche Anhaltspunkte für die Willensübereinstimmung, ist der Anspruch im Zweifel zu verneinen.

BGHZ 177, 193, Tz. 35: „Die danach erforderliche finale Ausrichtung der Leistung auf einen nicht erzwingbaren Erfolg wird sich innerhalb einer nichtehelichen Lebensgemeinschaft oder einer anderen auf Dauer angelegten Partnerschaft nur bezüglich solcher Zuwendungen oder Arbeitsleistungen feststellen lassen, die deutlich über das hinausgehen, was die Gemeinschaft Tag für Tag benötigt … Zu fordern ist vielmehr eine konkrete Zweckabrede, wie sie etwa dann vorliegen kann, wenn die Partner zwar keine gemeinsamen Vermögenswerte schaffen wollten, der eine aber das Vermögen des anderen in der Erwartung vermehrt hat, an dem erworbenen Gegenstand langfristig partizipieren zu können." (genauso BGHZ 183, 242, Tz. 34; NJW 2013, 2187).

Beispiele:

- Umfangreiche Investitionen in das Haus der Partnerin mögen in der erkennbaren und von ihr stillschweigend akzeptierten Erwartung erfolgt sein, dass dem Leistenden dafür ein lebenslanges Wohnrecht eingeräumt wird.
- Zuwendungen hingegen, die in Dankbarkeit für vorangegangene Dienstleistungen u.a. erbracht werden, bezwecken keinen weitergehenden Erfolg mehr, so dass § 812 I 2 Alt. 2 BGB nicht passt (*BGH* FamRZ 2008, 247, Tz. 25).
- Im Fall BGHZ 183, 242 hatten die Lebensgefährten gemeinsam ein Hausgrundstück erworben. Später übertrug der Mann auch seinen Miteigentumsanteil auf die Frau, die somit Alleineigentümerin wurde, sicherte sich aber mehrfach ab: Er ließ sich ein lebenslanges Nutzungsrecht einräumen, der Frau wurde ein Verfügungsverbot auferlegt und sie verpflichtete sich zur Rückübertragung für den Fall, dass die Lebensgemeinschaft scheitert. Dabei wurde ausdrücklich bestimmt, dass der bedingte Rückübertragungsanspruch nicht vererblich sein sollte. Nach dem Tod des Mannes machten dessen Kinder aus früherer Ehe Rückübertragungs- bzw. Ausgleichsansprüche geltend. Der BGH verneinte solche Ansprüche aus allen erdenklichen Rechtsgründen. In Bezug auf § 812 I 2 Alt. 2 BGB konnte man zwar von einer Zweckvereinbarung dahingehend sprechen, dass sich der Mann die Nutzung der Immobilie lebenslang sichern wollte. Eben dieser Zweck war jedoch erreicht worden, so dass nicht von einer Zweckverfehlung gesprochen werden konnte. Und ein weiterer darüber hinausgehender Zweck war nicht ersichtlich.

b) Ausschluss des Anspruchs nach § 815 BGB

Bejaht man im Einzelfall die Voraussetzungen von § 812 I 2 Alt. 2 BGB, **25** so bleibt zu prüfen, ob der Anspruch ausnahmsweise gem. § 815 BGB ausgeschlossen ist. In Betracht kommt hier die Variante, dass der Leistende den Eintritt des Erfolgs wider Treu und Glauben verhindert hat, weil er selbst in besonders treuwidriger Weise die Trennung der Partner ausgelöst hat. Die Trennung allein begründet hingegen keine Treuwidrigkeit (*OLG Karlsruhe* NJW 1994, 948).

c) Rechtsfolgen

Der Anspruch geht auf Herausgabe des Erlangten, § 818 I BGB, z.B. auf **26** Rückübertragung der Immobilie. Ist die Herausgabe unmöglich (etwa bei Dienstleistungen), so ist **Wertersatz** zu leisten, § 818 II BGB. Soweit eine Entreicherung beim Empfänger eingetreten ist, reduziert sich der Anspruch (§ 818 III BGB), es sei denn, der Empfänger haftet verschärft nach §§ 818 IV, 819, 820 BGB. Im Hinblick auf § 820 I BGB gilt, dass der Bestand der nichtehelichen Lebensgemeinschaft keinen beabsichtigten Erfolg darstellt, dessen Eintritt i.S.v. § 820 I BGB ungewiss ist. Die Trennung wird aus der Sicht des Empfängers nur eine entfernte Möglichkeit darstellen; das genügt jedoch nicht für eine Ungewissheit im Sinne des § 820 I 1 BGB (*BGH* FamRZ 2008, 1822, Tz. 49).

V. Ansprüche nach den Grundsätzen über die Störung der Geschäftsgrundlage (§ 313 BGB)

1. Grundlagen

27   Unter der **Geschäftsgrundlage** versteht man gemeinhin „die bei Abschluss des Vertrags zutage getretenen, dem anderen Teil erkennbar gewordenen und von ihm nicht beanstandeten Vorstellungen der einen Partei oder die gemeinsamen Vorstellungen beider Parteien von dem Vorhandensein oder dem künftigen Eintritt bestimmter Umstände, sofern der Geschäftswille der Parteien auf diesen Vorstellungen aufbaut" (z.B. *BGH* NJW 1996, 2727). Kommt es später zur Störung bzw. zum Wegfall der Geschäftsgrundlage, so kann Anpassung des Vertrags an die veränderten Umstände verlangt werden, sofern einem Teil unter Berücksichtigung aller Umstände des Einzelfalls das Festhalten am unveränderten Vertrag nicht zumutbar ist, § 313 I BGB. Alternativ kommt auch ein Recht zum Rücktritt vom Vertrag oder zur Kündigung in Betracht, § 313 III BGB.

28   Im **Ehegattenrecht** kommen die Regeln von der Störung bzw. vom Wegfall der Geschäftsgrundlage zur Anwendung, wenn umfangreiche Zuwendungen eines Ehegatten an den anderen erfolgt sind, aber infolge Gütertrennung kein gesetzlicher Anspruch auf Ausgleich greift (*wiederhole* § 18 Rn. 9 ff.). Insoweit wird bei Ehegatten von einem stillschweigenden familienrechtlichen Vertrag eigener Art ausgegangen (*BGH* NJW 1994, 2545). Diese Grundsätze hat der BGH mittlerweile weitgehend auf die Fälle der nichtehelichen Lebensgemeinschaft übertragen (FamRZ 2008, 1822, Tz. 24 ff.; anders noch *BGH* NJW 1996, 2727; NJW 1997, 3371).

2. Tatbestandsvoraussetzungen und Rechtsfolgen

a) Erhebliche Zuwendung

29   Anknüpfend an die für Ehegatten entwickelten Grundsätze müssten umfangreiche Leistungen eines Partners an den anderen erbracht worden sein (Dienstleistungen, Investitionen, Schuldübernahmen etc.), durch die auf Seiten des anderen Partners eine Vermögensmehrung eingetreten ist, die bei Trennung noch (ganz oder teilweise) vorhanden ist. Soweit es sich demgemäß um Leistungen handelt, die über ihren unmittelbaren Zweck hinaus erkennbar auch dazu dienen sollten, die Lebensgemeinschaft längerfristig abzusichern, kann von einem Zuwendungsvertrag eigener Art ausgegangen werden.

„Ein solcher Anspruch (aus § 313 BGB) kommt in Betracht, soweit gemeinschaftsbezogenen Zuwendungen die Vorstellung oder Erwartung zugrunde lag, die Lebensgemeinschaft werde Bestand haben. Die Rückabwicklung hat allerdings nicht zur Folge, dass sämtliche Zuwendungen bei Scheitern der Beziehung auszugleichen wären. **Auszuscheiden** sind zunächst die im Rahmen des **täglichen Zusammenlebens** ohne die Erwartung des Fortbestehens der nichtehelichen Lebensgemeinschaft erbrachten Leistungen. Ebenso zu beurteilen sind die Leistungen desjenigen Partners, der nicht zu den laufenden Kosten beiträgt, sondern größere Einmalzahlungen erbringt. Er kann insofern nicht bessergestellt werden als derjenige Partner, dessen Aufwendungen den täglichen Bedarf decken oder der sonst erforderlich werdende Beiträge übernimmt" (*BGH* NJW 2013, 2187).

Beispiel: Der Mann trägt bei Eingehung der Beziehung Schulden der Frau in Höhe von 50.000 € ab, um geordnete Verhältnisse zu schaffen. Darin liegt nicht nur ein Beitrag zur laufenden Bedarfsdeckung, sondern eine erhebliche Zuwendung, so dass man von einem stillschweigenden Zuwendungsvertrag sprechen kann (vgl. *OLG Karlsruhe* FamRZ 1994, 377).

b) Fortdauernde Lebensgemeinschaft als Geschäftsgrundlage

Der Bestand der Lebensgemeinschaft und die damit verbundene weitere **30** Partizipation an den Vorteilen der jeweiligen Leistung müssen nach den Umständen als Geschäftsgrundlage dieses Vertrags anzusehen sein. Die Geschäftsgrundlage entfällt somit, wenn die Trennung dazu führt, dass die jeweiligen Vorteile (z.B. Teilhabe am Ertrag, Mitbenutzungsrechte etc.) vorzeitig verloren gehen. Relevanz haben dabei gerade auch die Fälle der Auflösung der Lebensgemeinschaft durch Tod eines Partners.

Beispiele:

- Wenn ein Partner einen hälftigen Miteigentumsanteil des in seinem Eigentum stehenden, gemeinsam bewohnten Hauses auf den anderen überträgt, so geschieht dies in der Erwartung, dass beide Partner auf Dauer gemeinsam in dem Haus wohnen bleiben, und dient damit erkennbar der Absicherung der Lebensgemeinschaft. Kommt es dann zur (vorzeitigen) Trennung oder zur Auflösung der Lebensgemeinschaft durch den **Tod des Leistungsempfängers**, so entfällt die Geschäftsgrundlage dieser Zuwendung.
- **Stirbt hingegen der Leistende**, so ist regelmäßig nicht von einem Wegfall der Geschäftsgrundlage auszugehen (BGHZ 183, 242; vgl. Rn. 24 a.E.). Denn als Geschäftsgrundlage dieses Partners ist nur seine eigene persönliche Teilhabe oder Nutzung am Geleisteten zu werten. Ist diese Nutzung bis zum Zeitpunkt des eigenen Todes gegeben, so erfüllt sich die zu Grunde liegende Erwartung und die Geschäftsgrundlage wird nicht gestört. Die Zuwendung mag zudem die Absicherung des anderen Partners bezweckt haben. Ansprüche der Erben des Zuwendenden scheiden demgemäß aus. Erst recht gilt dies für Zuwendungen, die ein Partner in Kenntnis seines baldigen Todes tätigt; hier entfällt ein Vertrauen auf den Fortbestand der Gemeinschaft (*BGH* FamRZ 2008, 247, Tz. 26).

c) Unzumutbarkeit

Das Festhalten an der erfolgten Vermögensverschiebung müsste für den **31** Leistenden im Ergebnis unzumutbar bzw. untragbar sein, vgl. § 313 I BGB. „Ein korrigierender Eingriff ist grundsätzlich nur gerechtfertigt, wenn dem Leistenden die Beibehaltung der durch die Leistung geschaffenen Vermögensverhältnisse nach Treu und Glauben nicht zuzumuten ist. Insofern ist es sachgerecht, auf den **Maßstab der Unbilligkeit** zurückzugreifen, der für den Ausgleich von Zuwendungen unter Ehegatten gilt, die im Güterstand der Gütertrennung leben. Das Merkmal der Unbilligkeit impliziert zugleich, dass ein Ausgleich nur wegen solcher Leistungen in Betracht kommt, denen nach den jeweiligen Verhältnissen erhebliche Bedeutung zukommt. Maßgebend ist eine **Gesamtabwägung der Umstände des Einzelfalls"** (*BGH* NJW 2013, 2187). Dabei sind die Dauer der Lebensgemeinschaft, das Alter der Parteien, Art und Umfang der erbrachten Leistungen, die Höhe der dadurch bedingten und noch vorhandenen Vermögensmehrung sowie die Einkommens- und Vermögensverhältnissen zu berücksichtigen.

Beispiele:

- Keinen Ausgleich für umfangreiche Investitionen in das Haus des Partners zu erhalten, ist zumutbar, wenn man im Gegenzug dafür Jahre lang in dem Haus mietfrei wohnen konnte. Entsprechendes gilt für die Beteiligung an Zinszahlungen für ein Immobiliardarlehen oder auch für Beiträge zu dessen Tilgung, soweit sie der Größenordnung nach nur Wohnkosten (Miete) widerspiegeln (*BGH* NJW 2013, 2187).
- Zumutbar wäre zudem, für unnötige (Luxus-)Investitionen keinen Ausgleich zu erhalten, die man dem anderen mehr oder weniger aufgedrängt hat.
- Anders kann es bei erheblichen Arbeitsleistungen liegen, die der Partner für das Haus des anderen erbracht hat und die bei Trennung zu einem messbaren und noch vorhandenen Vermögenszuwachs des anderen Partners geführt haben (*BGHZ* 177, 193; *BGH* NJW 2013, 2187).

d) Rechtsfolge

32   Erscheint ein Festhalten an der Vermögensverschiebung im Einzelfall als unzumutbar, so ergibt sich als Rechtsfolge ein Ersatzanspruch gegen den Partner, der regelmäßig auf eine Geldleistung, ausnahmsweise auf Wiederherstellung einer früheren dinglichen Rechtslage (z.B. Rückübertragung des Eigentums an einer Haushälfte) gerichtet wäre. Dies ist nach der BGH-Rechtsprechung anerkannt; der Wortlaut des erst im Jahr 2002 in Kraft getretenen § 313 BGB, der diese Rechtsfolge nicht ausdrücklich ausspricht, steht dem nicht entgegen. Wie beim Bereicherungsanspruch kann höchstens der Betrag verlangt werden, der beim Empfänger noch als Bereicherung zu Buche schlägt, bzw. maximal der Betrag, den sich der andere durch die Zuwendung erspart hat. Bei Arbeitsleistungen können demgemäß höchstens die ersparten Kosten einer fremden Arbeitskraft verlangt werden (*BGH* FamRZ 2008, 1822, Tz. 45).

Klausurhinweis: Die Prüfung von Vermögensausgleichsansprüchen nach Beendigung einer nichtehelichen Lebensgemeinschaft unterscheidet sich mittlerweile nur noch geringfügig von der Prüfung von Ausgleichsansprüchen zwischen Ehegatten mit Gütertrennung im Scheidungsfall (s. § 18).

Empfehlungen zur vertiefenden Lektüre

    Zur Vertiefung: *Grziwotz,* Rechtsprechung zur nichtehelichen Lebensgemeinschaft, FamRZ 2014, 257; *Kindler,* Ausgleichsansprüche nach Beendigung einer Lebensgemeinschaft, Jura 2010, 131; *Messerle,* Zivilrechtliche Probleme der nichtehelichen Lebensgemeinschaft, JuS 2001, 28; *Schlüter/Belling,* Die nichteheliche Lebensgemeinschaft und ihre vermögensrechtliche Abwicklung, FamRZ 1986, 405; *Schulz,* Ausgleich gegenseitiger Leistungen bei Scheitern der nichtehelichen Lebensgemeinschaft, FPR 2010, 373; *M. Schwab,* Die Vermögensauseinandersetzung in nichtehelichen Lebensgemeinschaften, FamRZ 2010, 1701; *Stein,* Ausgleichsansprüche nach Scheitern einer nichtehelichen Lebensgemeinschaft, FamFR 2011, 409.

Fälle und Klausuren: *Benner,* Fall 9; *v. Koppenfels-Spies/Gerds,* Referendarexamensklausur: Nichteheliche Lebensgemeinschaft und Ehevertrag, JuS 2009, 726; *Roth,* Fall 12.

§ 29. Wiederholung

I. Kontrollfragen

1. Worin liegt der Unterschied zwischen einem Lebensgefährten und einem „Lebenspartner" im Sinne des BGB?
2. Inwieweit unterscheiden sich die Voraussetzungen der Begründung einer eingetragenen Lebenspartnerschaft von den Voraussetzungen der Eheschließung?
3. Was versteht man unter der Aufhebung der eingetragenen Lebenspartnerschaft?
4. Wie wird die nichteheliche Lebensgemeinschaft rechtlich definiert?
5. Ist bei Haushaltsgegenständen in einer nichtehelichen Lebensgemeinschaft im Zweifel von Miteigentum der Partner auszugehen?
6. Gilt die Eigentumsvermutung des § 1362 I BGB für nichteheliche Lebensgemeinschaften analog?
7. Nach welchen Normen beurteilt sich das Innenverhältnis der Partner einer nichtehelichen Lebensgemeinschaft, wenn die Partner gemeinsam eine Wohnung mieten?
8. Ist der nichteheliche Partner gesetzlicher Erbe?
9. Welches sind die wichtigsten Anspruchsgrundlagen für die Rückforderung von größeren Zuwendungen, wenn sich die Partner einer nichtehelichen Lebensgemeinschaft trennen?
10. Entfällt die Geschäftsgrundlage einer Zuwendung zwischen unverheirateten Partnern, wenn die Lebensgemeinschaft durch Tod beendet wird?
11. Was ist der Unterschied zwischen Geschenken und unbenannten Zuwendungen?
12. Unter welchen Voraussetzungen ist zwischen den Partnern einer nichtehelichen Lebensgemeinschaft von einer Innengesellschaft auszugehen?

Die Antworten zu den Kontrollfragen finden Sie am Ende des Buches.

II. Klausurfall 2 (Falsche Investitionen)

Sachverhalt

Moritz (M) und Helene (H), die aus einer früheren Beziehung zwei Töchter hat, haben sich kennen und lieben gelernt. Nun wollen sie zusammenziehen. Von ihrem Vater hat H auch gerade in Kronberg ein Grundstück geerbt, das mit einem kleinen Häuschen bebaut ist. Da die Wohnfläche jedoch nicht für vier Personen ausreicht, schlägt H vor, M solle auf seine Kosten an das Haus anbauen. M gefällt diese Idee und er verkauft die bis dahin von ihm genutzte Wohnung. Für 100.000 € lässt er einen eingeschossigen Anbau am Haus der H errichten, der zwei Zimmer und ein Duschbad umfasst und sowohl eine eigene Haustür als auch einen Durchgang zu den Räumen der H hat. 2010 bezieht M den Anbau. Zunächst entwickelt sich die Beziehung zwischen M und H sehr gut.

Ende 2011 muss H allerdings entdecken, dass M eine Liebesbeziehung mit seiner Sekretärin unterhält. Das führt bald zum Bruch der Beziehung zwischen H und M. H schlägt nun M vor, den Durchgang zwischen den Wohnbereichen zuzumauern und im Anbau wohnen zu bleiben, was M aber ablehnt. Im März 2014 zieht M aus dem Anbau aus. Er wendet sich an Rechtsanwältin Rita Radix mit der Bitte zu prüfen, welche Zahlungsansprüche ihm wegen des Anbaus am Haus gegen H zustehen. Schließlich habe er viel Geld in ihren Grund und Boden gesteckt. Das Hausgrundstück der H sei infolge der Investition jetzt 70.000 € mehr wert als zuvor. Erstellen Sie das Gutachten der Rechtsanwältin!

Bearbeitungszeit: 180 Minuten.

Lösung

Das Gutachten der Rechtsanwältin enthält die Prüfung aller möglichen Anspruchsgrundlagen, die es M ermöglichen könnten, von H einen Ersatz in Geld zu verlangen.

I. Anspruch aus §§ 1372, 1378 I BGB analog auf Zugewinnausgleich (–)

Die analoge Anwendung der Vorschriften über den Zugewinnausgleich setzt eine vergleichbare Interessenlage und eine planwidrige Regelungslücke voraus. An letzterer fehlt es jedoch, da der Gesetzgeber bislang bewusst keine dem Zugewinnausgleich vergleichbare Ausgleichsregelung für Unverheiratete geschaffen hat.

II. Anspruch aus § 1298 I BGB (analog) auf Schadensersatz (–)

Eine direkte Anwendung von § 1298 I BGB scheidet aus, weil H und M nicht verlobt sind oder waren. Die analoge Anwendung der Regelungen des Verlöbnisrechts kommt mangels vergleichbarer Interessenlage ebenfalls nicht in Betracht.

III. Vertraglicher Anspruch auf Rückerstattung der Investitionskosten (–)

Voraussetzung dafür wäre, dass M und H eine konkrete vertragliche Absprache über die Rückerstattung der Investitionskosten getroffen hätten. Eine solche explizite Vereinbarung ist jedoch nicht ersichtlich. Auch für eine konkludente Vereinbarung fehlen nähere Anhaltspunkte. Fraglich ist hier bereits, ob die Parteien überhaupt einen entsprechenden Rechtsbindungswillen hatten. Der Hinweis der H, M solle auf seine Kosten anbauen, spricht eher für das Gegenteil.

IV. Anspruch auf Aufwendungsersatz aus §§ 601 II 1, 683 S. 1, 670 BGB (−)

Dieser Anspruch würde voraussetzen, dass M eine Aufwendung auf eine von H geliehene Sache gemacht hat.

1. Vorliegen eines Leihvertrags (−)

Fraglich ist bereits, ob zwischen H und M tatsächlich ein Leihvertrag i.S.d. § 598 BGB geschlossen wurde. Mangels ausdrücklicher Vereinbarung käme allenfalls ein konkludenter Leihvertrag in Betracht. Es ist jedoch zu beachten, dass zwischen den Partnern einer nichtehelichen Lebensgemeinschaft die laufenden beiderseitigen Leistungen regelmäßig nicht auf einer rechtlichen Grundlage erbracht werden; daher bedürfte es für die Annahme eines Vertrags besonderer tatsächlicher Anhaltspunkte, die erkennbar werden lassen, dass die Partner gerade die betreffende Leistung anders behandeln wollten. Hier könnte man indes sagen, dass der Leihvertrag aus Sicht des M die Grundlage für seine weitreichenden Investitionen bildete und demgemäß auch H einen entsprechenden Rechtsbindungswillen hatte. Insoweit erscheint es vertretbar, einen bindenden Leihvertrag anzunehmen (a.A. vertretbar). Dafür spricht auch, dass H weiterhin davon auszugehen scheint, dass M im Anbau wohnen kann.

2. Aufwendungen auf die Sache (−)

Aber selbst wenn man von einem Leihvertrag zwischen H und M betreffend den Anbau ausgehen sollte, so begann das Leihverhältnis bzw. die Inbesitznahme durch M doch erst mit Bezug des Anbaus bzw. dessen Fertigstellung. Im Zeitpunkt der Verwendung handelte es sich somit nicht um eine Verwendung auf eine Leihsache, sondern um eine Verwendung auf das Grundstück, welches nicht Gegenstand eines Leihvertrages war.

3. Zwischenergebnis

Ein Anspruch von M gegen H auf Aufwendungsersatz nach §§ 601 II, 683 S. 1, 670 BGB besteht nicht.

V. Auseinandersetzungsanspruch aus beendeter Innengesellschaft, § 738 I 2 BGB (−)

Voraussetzung für einen Anspruch auf Auseinandersetzung einer Gesellschaft wäre, dass zwischen H und M eine Gesellschaft bestand. Dazu bedarf es des ausdrücklichen oder konkludenten Abschlusses eines Gesellschaftsvertrags, § 705 BGB. Hier käme allenfalls eine stillschweigend vereinbarte Innengesellschaft in Betracht. Es fehlen jedoch nähere Anhaltspunkte für einen hierauf gerichteten, beiderseitigen Willen. Hinzu kommt, dass ein gemeinsamer Gesellschaftszweck nicht erkennbar ist; der Anbau sollte dem M zu Wohnzwecken dienen, nicht auch zugleich der H. Insbesondere ist somit kein über die Verwirklichung der Lebensgemeinschaft hinausgehender Zweck festzustellen. Demgemäß ist auch keine gemeinsame Wertschöpfung der Partner erkennbar, wie sie der BGH in st. Rspr. fordert (s. § 28 Rn. 13). M hat lediglich in eigenem Interesse und auf eigene Kosten in das Grundstück der H investiert. Dass M und H etwas Gemeinsames schaffen wollten, ist nicht ersichtlich.

VI. Anspruch auf Aufwendungsersatz aus GoA, §§ 683 S. 1, 670 oder §§ 684 S. 1, 812 I BGB (−)

1. Führung eines fremden Geschäfts (+/−)

Fremd ist ein Geschäft, wenn es in einen fremden Interessen- oder Rechtskreis fällt (Erman/*Dornis,* § 677 Rn. 3; *Looschelders,* Rn. 842). Das Tätigen einer Investition ist ein

Geschäft i.S.v. § 677 BGB. Für die Fremdheit des Geschäfts des M mag sprechen, dass der Anbau auf dem Grundstück der H erfolgte und infolge von § 946 BGB auch Eigentum der H wurde. Andererseits verfolgte M mit den Investitionen ausschließlich eigene Wohnzwecke. Insofern spricht viel für ein Eigengeschäft des M. Es wäre aber ebenfalls vertretbar, von einem auch-fremden Geschäft auszugehen. In letzterem Fall wäre die Prüfung fortzusetzen.

2. Fremdgeschäftsführungswille (–)

M wollte in erster Linie ein eigenes Geschäft führen, nämlich für sich selbst Wohnraum (in der Nähe von H) schaffen. Insoweit ist nicht ersichtlich, dass er zugleich ein Geschäft für H führen wollte. Der Fremdgeschäftsführungswille ist daher zu verneinen. Zwar kann man beim auch-fremden Geschäft regelmäßig den Fremdgeschäftsführungswillen vermuten (*BGH* NJW 2007, 63, 64); indes gilt das nur, wenn keine anderen Umstände ersichtlich sind.

3. Kein Auftrag oder keine Berechtigung (–)

Auch wenn man den letzten Punkt anders beurteilen würde, käme man nicht zur Bejahung eines Anspruchs aus GoA. Es kann nämlich nicht von einer fehlenden Berechtigung des M gesprochen werden. M war aufgrund der Absprache durchaus zur Führung des Geschäfts „berechtigt". H hat dem M ausdrücklich erlaubt, den Bau zu errichten. Und schließlich spricht vorliegend auch der Rechtsgedanke des § 685 BGB gegen einen Ersatzanspruch. Mangels näherer Vereinbarung ist nämlich anzunehmen, dass M in Schenkungsabsicht handelte bzw. nicht die Absicht hatte, von H Ersatz zu verlangen.

4. Zwischenergebnis

Ein Anspruch des M gegen H aus GoA scheidet aus.

VII. Verwendungsersatzanspruch aus § 994 BGB (–)

Dazu müsste ein Eigentümer-Besitzer-Verhältnis vorliegen. H ist Eigentümerin, M ist Besitzer des Anbaus. Weitere Voraussetzung wäre, dass M kein Recht zum Besitz hat. H ist jedoch nach wie vor damit einverstanden, dass M den Anbau bewohnt. Er ist damit weiterhin berechtigter Besitzer. Hatte man oben einen Leihvertrag bejaht (IV. 1.), so kann man von einem Besitzrecht kraft fortdauernden Leihvertrags sprechen; ansonsten wäre ein Besitzrecht kraft tatsächlicher Gestattung anzunehmen. Mangels Eigentümer-Besitzer-Verhältnisses scheidet somit ein Anspruch aus § 994 BGB aus.

VIII. Ausgleichsanspruch wegen Wegfalls der Geschäftsgrundlage, § 313 BGB (–)

1. Geschäftsgrundlage (–)

Eine Geschäftsgrundlage wird gebildet durch die nicht zum eigentlichen Vertragsinhalt erhobenen, aber bei Vertragsschluss zu Tage getretenen, entweder gemeinschaftlichen Vorstellungen beider Parteien oder dem anderen Teil erkennbaren und von ihm nicht beanstandeten Vorstellungen der einen Vertragspartei vom Vorhandensein oder dem künftigen Eintritt bestimmter Umstände, auf denen der Geschäftswille der Parteien aufbaut (z.B. *BGH* NJW 2001, 1204, 1205; NJW-RR 2006, 1037, 1038). Fraglich ist, was hier als Geschäftsgrundlage angesehen werden könnte.

a) Erwartung, an den Früchten der Investition länger teilhaben zu können, als Geschäftsgrundlage

Es könnte die Erwartung, an den Früchten der Investition länger teilhaben zu können, Geschäftsgrundlage geworden sein. Insofern war es auch für H erkennbar, dass M nur investieren will, wenn er dann auf (gewisse) Dauer in dem Anbau wohnen kann. Eben das ist hier aber unproblematisch und damit auch nicht als mögliche Geschäftsgrundlage entfallen, weil H damit einverstanden ist, dass M den Anbau weiter benutzt.

b) Umstand, dass die Beziehung mit H weiter Bestand hat, als Geschäftsgrundlage

Den Umstand, dass die Beziehung zwischen H und M weiter Bestand hat, zur Geschäftsgrundlage zu erheben, ist indes fraglich. Es mag durchaus den Vorstellungen der Parteien entsprochen haben, dass die Beziehung von Dauer sei. Allerdings ist nicht erkennbar, dass der Geschäftswille hierauf aufbaute. Aber auch wenn man das anders sieht und den Wegfall der Geschäftsgrundlage bejahen sollte, wäre in einem zweiten Schritt zu prüfen, ob es M nicht trotzdem zuzumuten wäre, an der Vermögensverschiebung festzuhalten. Und das ist hier zu bejahen, denn schließlich kommt M aufgrund der Duldung durch H nach wie vor ein Nutzungsrecht an dem Anbau zu. Außerdem wurde der Anbau nur für seine Wohnzwecke errichtet. Das Risiko der Entwertung der Investition fällt insofern allein in die Sphäre des M. Im Übrigen hatte er selbst entschieden, nicht mehr mit H zusammenleben zu wollen.

2. Zwischenergebnis

Somit kommt ein Ausgleichsanspruch gegen H wegen Wegfalls der Geschäftsgrundlage nicht in Betracht.

IX. Anspruch auf Wertersatz aus §§ 812 I 1 Alt. 1, 818 II BGB (condictio indebiti) (–)

H hat etwas erlangt, nämlich Eigentum an dem Anbau. Es ist allerdings fraglich, ob dies durch Leistung des M geschehen ist; schließlich wollte M in erster Linie Wohnraum für sich schaffen und nicht das Vermögen der H mehren. In jedem Fall aber stünde letztlich § 814 BGB der Leistungskondiktion entgegen, denn M wusste, dass er nicht zur Leistung verpflichtet war.

X. Anspruch auf Wertersatz aus §§ 812 I 2 Alt. 1, 818 II BGB (condictio ob causam finitam) (–)

Dazu müsste der rechtliche Grund später weggefallen sein. Sieht man die nichteheliche Lebensgemeinschaft als Rechtsgrund an, so lässt die Trennung diesen nur ex nunc entfallen, mit der Folge, dass Zuwendungen in der Vergangenheit mit Rechtsgrund erfolgt sind (*Benner*, Rn. 456). Man kann aber auch vertreten, dass die nichteheliche Lebensgemeinschaft gerade keinen Rechtsgrund bildet, sondern lediglich das Motiv einer Leistung sein kann. Damit stellt die Trennung auch keinen Wegfall eines Rechtsgrundes dar. Auch ein anderer Rechtsgrund, der zunächst gegeben war und dann weggefallen sein soll, ist hier nicht ersichtlich. Der Leihvertrag oder das Wohnrecht des M besteht nach wie vor.

XI. Anspruch auf Wertersatz aus §§ 812 I 2 Alt. 2, 818 II BGB (condictio ob rem) (–)

Voraussetzung für einen diesbezüglichen Anspruch wäre zunächst eine Zweckvereinbarung und außerdem die Nichterreichung des angestrebten Erfolgs. Insoweit ist festzustellen, dass der primär verfolgte Zweck bzw. Erfolg (Anbau und dauerhaftes, unentgeltliches Nutzungsrecht für M) erreicht wurde. Für eine weitergehende Zweckvereinbarung zwischen M und H dahingehend, dass es zudem auf den dauerhaften Bestand der Beziehung ankommen sollte, fehlen konkrete Anhaltspunkte. Die Dauerhaftigkeit der Beziehung war lediglich ein Motiv der Leistung.

XII. Anspruch auf Wertersatz aus §§ 951 I, 812 I 1 Alt. 2, 818 II BGB (–)

Ein Anspruch des M gegen H auf Wertersatz aus §§ 951 I, 812 I 1 Alt. 2, 818 II BGB ist ebenfalls nicht erfüllt. Es ist nicht ersichtlich, dass M einen Rechtsverlust an seinem Eigentum (!) erlitten hat, etwa in der Weise, dass seine eigenen Baumaterialien eingebaut worden wären. Nach der heutigen Baupraxis ist vielmehr davon auszugehen, dass das Eigentum an den Baustoffen direkt von den Lieferanten auf H überging, nämlich infolge Einbaus, § 946 BGB.

XIII. Anspruch auf Ersatz aus Verwendungskondiktion, §§ 812 I 1 Alt. 2, 818 II BGB (–)

1. Etwas erlangt in sonstiger Weise (+)

H hat zwar nicht durch Leistung des M, aber in sonstiger Weise durch seine Verwendungen auf das Grundstück etwas erlangt, nämlich einen Wertzuwachs, der sich laut Sachverhalt auf 70.000 € beläuft.

2. Ohne Rechtsgrund (+/–)

Ob ein Rechtsgrund dafür bestand, ist fraglich. Hier ist jede gut begründete Ansicht vertretbar. Man könnte in der nichtehelichen Lebensgemeinschaft oder auch in der Absprache, dass M investiert und dafür mietfrei wohnen darf, den Rechtsgrund sehen. Dafür spricht auch, dass die Vereinbarung von H und M darauf hinauslief, dass M letztlich auf eigenes Risiko investiert. Dies könnte man allerdings auch mit guter Argumentation anders sehen (dann würde sich im Weiteren noch das Problem der aufgedrängten Bereicherung stellen; s. dazu *Wolf/Wellenhofer*, § 10 Rn. 8).

3. Zwischenergebnis

Ein Ersatzanspruch aus Verwendungskondiktion kommt insoweit nicht in Betracht.

XIV. Ergebnis

M hat gegen H keine Ansprüche.

Kapitel 7. Kindschaftsrecht

§ 30. Grundlagen des Kindschaftsrechts

I. Überblick

Das Kindschaftsrecht findet sich im vierten Buch des BGB im Abschnitt 2   **1**
unter der Überschrift „Verwandtschaft". Im Vordergrund steht die rechtliche
Ausgestaltung der (verwandtschaftlichen) Beziehung zwischen den Eltern und
ihrem (minderjährigem) Kind. Die elterliche Verantwortung realisiert sich
insoweit vor allem im Recht und in der Pflicht zur elterlichen Sorge, in der
Pflicht zum Umgang mit dem Kind und in der Verpflichtung zur Unterhaltsleistung.

Zum Kindschaftsrecht zählen folgende **Regelungsbereiche**:
- Abstammung, §§ 1591 ff. BGB
- Unterhaltsrecht, §§ 1601 ff. BGB
- Nichteheliche Kindschaft, §§ 1615 a f. BGB
- Namensrecht, §§ 1616 ff. BGB
- Elterliche Sorge und Umgangsrecht, §§ 1626 ff. BGB
- Adoption, §§ 1741 ff. BGB

Kindesunterhaltsrecht (unten § 35), Namensrecht (unten Rn. 6) und Adoption (unten § 36) spielen in der juristischen Ausbildung bzw. im Examen eine
geringe Rolle. Zum Pflichtstoff zählen aber regelmäßig die Grundzüge des
Abstammungsrechts sowie die elterliche Sorge.

Prägend für das geltende Kindschaftsrecht ist die grundsätzliche **Gleich-**   **2**
stellung von ehelichen und nichtehelichen Kindern. Bis 1998 hingegen
unterschied das BGB Normen für das eheliche Kind und Normen für das
nichteheliche Kind. Demgemäß gab es in allen Regelungsbereichen – von der
Vaterschaftsanfechtung über den Kindesunterhalt bis zum Sorgerecht – sachliche Differenzierungen. Das entsprach jedoch nicht dem Verfassungsauftrag aus
Art. 6 V GG, wonach für eheliche und „uneheliche" Kinder möglichst gleiche
Entwicklungsbedingungen zu schaffen sind.

Heute kommt der Begriff des „nichtehelichen Kindes" im BGB nicht mehr
vor. Verblieben sind einige wenige Sondervorschriften für das „Kind und seine
nicht miteinander verheirateten Eltern" (§§ 1615a ff. BGB), die allerdings vor-
wiegend den Unterhaltsanspruch der unverheirateten Mutter gegen den Vater
betreffen (dazu § 23 Rn. 43 ff.). Ansonsten gelten grundsätzlich die **gleichen**
Rechtsgrundsätze für eheliche und nichteheliche Kinder. Im Detail kommt

man allerdings nicht immer ohne die Differenzierung aus; das gilt etwa für die Vaterschaft oder die Sorgerechtserlangung, vgl. § 1592 und § 1626a I BGB.

Korrespondierend zur verbesserten Rechtsstellung des nichtehelichen Kindes ist in den letzten Jahren auch die Rechtsstellung des „**nichtehelichen Vaters**" deutlich gestärkt worden. Ausgehend von der Gewährleistung des Elternrechts in Art. 6 II GG wurde auch für den nicht mit der Kindesmutter verheirateten Vater die Möglichkeit des gemeinsamen Sorgerechts geschaffen (§§ 1626a ff. BGB; dazu § 32 Rn. 13 f.). Als Bezugsperson des Kindes kann ihm, sogar ohne dass er zugleich Vater im Rechtssinne ist, ein Umgangsrecht zustehen (§§ 1685 II, 1686a BGB; dazu § 34 Rn. 16 ff.). Außerdem kann er als leiblicher Vater ein Vaterschaftsanfechtungsrecht haben (§ 1600 I Nr. 2 BGB; dazu § 31 Rn. 28 f.).

II. Allgemeines zum Eltern-Kind-Verhältnis

1. Überblick

3   Das Eltern-Kind-Verhältnis (kraft Verwandtschaft oder Adoption) erzeugt vielfältige Rechtswirkungen. Hervorzuheben sind insbesondere:

- Recht und Pflicht der Eltern zur Ausübung der elterlichen Sorge, §§ 1626 ff. BGB (dazu § 33)
- Gegenseitige Unterhaltspflichten, §§ 1601 ff. BGB (§ 35)
- Umgangsrechte und -pflichten, § 1684 BGB (§ 34)
- Verpflichtung zu Beistand und Rücksicht, § 1618a BGB (Rn. 4)
- Dienstleistungspflicht des Kindes, § 1619 BGB (Rn. 5)
- Haftungsmilderung zu Gunsten der Eltern im Innenverhältnis, § 1664 BGB (§ 33 Rn. 22).

2. Beistand und Rücksicht

4   Gem. § 1618a BGB sind Eltern und Kinder einander Beistand und Rücksicht schuldig. Insoweit handelt es sich um echte **Rechtspflichten** (*Schwab*, FamR, Rn. 609). Allerdings fällt es schwer, konkrete Leistungsansprüche aus § 1618a BGB abzuleiten. Anerkannt ist jedoch, dass auf § 1618a BGB Ansprüche des Kindes gegen einen Elternteil auf Auskunft über seine genetische Abstammung gestützt werden können, z.B. auf Bekanntgabe des Namens des Vaters (näher § 31 Rn. 54). Ansonsten kann § 1618b BGB für die Inhaltsbestimmung von Generalklauseln (§§ 138, 242, 1611 BGB) fruchtbar gemacht werden. Insbesondere wird im Rahmen der Rechtsprechung zur Sittenwidrigkeit von Angehörigenbürgschaften mit § 1618a BGB argumentiert.

Beispiel: Vater Veit braucht für seinen maroden Betrieb dringend einen neuen Kredit. Auf Anraten der Bank überredet V seinen mittellosen Sohn Stefan, der im vierten Semester Kunstgeschichte studiert, zur Übernahme einer **Bürgschaft** für den Darlehensbetrag. S wird sich aufgrund der emotionalen Bindung zu V dessen Drängen schwer widersetzen können. Wenn V jedoch seinen Sohn zu einer gefährlichen Bürgschaft drängt, so nimmt er auf die Interessen des S nicht die gebotene Rücksicht und handelt dem Gebot des

§ 1618a BGB zuwider. Nutzt die Bank als Kreditgeberin das zu ihrem Vorteil aus, kann die Bürgschaftserklärung als sittenwidrig und daher nichtig anzusehen sein (näher *BGH* NJW 1994, 1341; 1997, 52).

3. Die Dienstleistungspflicht des Kindes

Solange das Kind dem elterlichen Hausstand angehört und von den Eltern erzogen **5** oder unterhalten wird, ist es verpflichtet, den Eltern in ihrem Hauswesen und Geschäft Dienste zu leisten, soweit dies seinen Kräften und seiner Lebensstellung entspricht, § 1619 BGB. Bedeutsam wird dieser Anspruch der Eltern v.a. gegenüber dem volljährigen Kind; eine Vollstreckung eines entsprechenden Leistungstitels kommt wegen § 120 III FamFG analog aber nicht in Betracht. Bedeutung kann die ges. Dienstleistungspflicht aus § 1619 BGB im **Deliktsrecht** erlangen, wenn Dritte das Kind verletzen oder töten und dessen Arbeitskraft somit (vorübergehend) ausfällt, vgl. § 845 BGB.

III. Der Kindesname

1. Der Vorname

Der Vorname wird dem Kind von der zur Personensorge berechtigten **6** Person, regelmäßig den Eltern, gegeben. In der Namenswahl sind die Eltern grundsätzlich frei; eine Grenze besteht nur dort, wo eine **Beeinträchtigung des Kindeswohls** droht (BVerfGE 104, 373, 385; *BVerfG* FamRZ 2005, 2049, 2050). So darf das Kind durch den Namen nicht der Lächerlichkeit preisgegeben werden. „Borussia" (*AG Kassel* StAZ 1997, 240), „Waldmeister" (*OLG Bremen* BeckRS 2014, 14116) oder „Lord" (*OLG Zweibrücken* FamRZ 1993, 1242, 1242 f.) können daher nicht als Kindesname gewählt werden. Außerdem muss der Vorname dem Geschlecht des Kindes entsprechen (*OLG Frankfurt a.M.* StAZ 1998, 146). „Kiran" kann als Mädchenname verwandt werden, ohne dass ein weiterer Vorname gewählt wird, der das Geschlecht eindeutig erkennen lässt (*BVerfG* FamRZ 2009, 294). Manche Namen (z.B. „Luca" oder „Kim") kommen sowohl für Mädchen als auch für Jungen in Betracht. Eine Sonderrolle nimmt der Name „Maria" ein, der auch als zusätzlicher männlicher Vorname geführt werden kann. Falls sich die Eltern über die Namenswahl nicht einigen können, kann nach § 1628 BGB das Gericht angerufen werden.

2. Der Familienname

Führen die Eltern des Kindes bei Geburt einen **gemeinsamen Ehenamen 7** (§ 1355 I 1, II BGB; siehe § 7 Rn. 2), erhält diesen nach § 1616 BGB auch das Kind. Führen die Eltern **keinen Ehenamen**, weil sie keinen Ehenamen bestimmt haben oder nicht miteinander verheiratet sind, steht ihnen aber die **Sorge gemeinsam** zu, so bestimmen sie in Ausübung der Personensorge den Familiennamen des Kindes durch Erklärung gegenüber dem Standesbeamten, § 1617 I 1 BGB. Gewählt werden kann der Name, den der Vater oder die Mutter zum Zeitpunkt der Ausübung der Namensbestimmung trägt. Nicht in Betracht kommt ein Doppelname bestehend aus den Namen des Vaters und der Mutter (zur Verfassungsmäßigkeit *BVerfG* FamRZ 2002, 306 ff.; zum Verfahren bei Nichtausübung des Bestimmungsrechts s. § 1617 II BGB). Nach § 1617 I 3 BGB gilt die Namensbestimmung bindend auch für weitere gemeinsame Kinder. Ist nur ein Elternteil personensorgeberechtigt, so erhält das Kind als Geburtsnamen den Namen, den dieser Sorgeberechtigte bei Geburt des Kindes führt, § 1617a I BGB, sofern der Sorgeberechtigte nicht nach § 1617a II BGB dem Kind den Namen des anderen Elternteils erteilt.

3. Namensänderungen

a) Fälle des § 1617c BGB

8   Namensänderungen bei den Eltern können sich auf den Namen des Kindes auswirken. Als Grundsatz gilt dabei, dass der einmal erworbene Name behalten wird. Eine Ausnahme gilt jedoch, wenn Ehegatten nach Geburt des Kindes **nachträglich einen gemeinsamen Ehenamen** wählen (§ 1355 III BGB). Weicht der gewählte Ehename vom Kindesnamen ab, so ändert sich bei Kindern unter fünf Jahren automatisch auch deren Name, § 1617c I 1 BGB. Bei älteren Kindern gilt dies nur, wenn sie sich der Namensgebung anschließen.

> **Beispiel:** Frau Freytag und Herr Montag sind verheiratet. Ihr 16-jähriger Sohn Paul trägt den Namen Freytag. Anlässlich ihres 20. Hochzeitstages beschließen die Ehegatten, Montag als Ehenamen zu führen. Damit heißt Frau Freytag nun Frau Montag. Auf Paul erstreckt sich die Namensänderung nicht, es sei denn, er schließt sich ihr an. Nach § 1617c I 2 BGB kann Paul diese Erklärung nur selbst mit der Zustimmung seiner Eltern abgeben.
>
> Gem. § 1617c II BGB gilt Entsprechendes, wenn sich der Ehename, der Geburtsname des Kindes geworden ist, ändert oder wenn sich in Fällen der §§ 1617, 1617a und 1617b BGB der Familienname eines Elternteils, der Geburtsname des Kindes geworden ist, auf andere Weise als durch Eheschließung oder Begründung einer Lebenspartnerschaft ändert (z.B. durch Adoption des Elternteils). **Änderungen des Sorgerechts** berühren den Namen des Kindes grundsätzlich nicht, es sei denn, die gemeinsame Sorge wird erst begründet, nachdem das Kind bereits einen Geburtsnamen erworben hat (§ 1617b I BGB). In diesem Fall können die Eltern den Namen des Kindes neu bestimmen. Bei wirksamer **Anfechtung der Vaterschaft** kann auf Antrag des Kindes oder in den ersten fünf Lebensjahren des Kindes auch auf Antrag des Mannes der Name der Mutter Geburtsname des Kindes werden, wenn Geburtsname zuvor der Name des Mannes war, § 1617b II BGB.

b) Einbenennung

9   Heiratet ein Elternteil nach Scheidung erneut und nimmt dieser Elternteil deshalb einen neuen Namen an, so stimmen der Name des (kinderbetreuenden) Elternteils und der Name des Kindes nicht mehr überein. Dies kann im Wege der sog. Einbenennung nach § 1618 BGB geändert werden.

Die Einbenennung kann zum Namensaustausch führen oder auch zur Bildung eines **Doppelnamens**, denn der Ehename der einbenennenden Ehegatten kann dem bisher geführten Kindesnamen auch als Begleitname vorangestellt oder angefügt werden, § 1618 S. 2 BGB. Durch die Einbenennung wird der

Kindesname grundsätzlich unwandelbar verändert. Nimmt der sorgeberechtigte Elternteil nach Scheidung der Ehe wieder seinen Geburtsnamen an, kann sich das Kind dieser Namensänderung nicht anschließen (*BGH* NJW 2004, 1108).

Voraussetzungen der Einbenennung des Kindes nach § 1618 BGB

1. Minderjähriges, unverheiratetes Kind
2. Elternteil, dessen neuer Ehename dem Kind erteilt werden soll, ist allein oder mit dem anderen Elternteil gemeinsam sorgeberechtigt
3. Kind wurde vom einbenennenden Elternteil und dessen neuen Ehegatten in den gemeinsamen Haushalt aufgenommen
4. Einwilligung des anderen Elternteils, sofern
   – gemeinsame Sorge besteht oder
   – das Kind dessen Namen führt, § 1618 S. 3 BGB
   hilfsweise Ersetzung der Einwilligung durch das Gericht, § 1618 S. 4 BGB
5. Einwilligung des Kindes, falls dieses mindestens fünf Jahre alt ist, § 1618 S. 3 BGB
6. Erklärung gegenüber dem Standesamt und öffentliche Beglaubigung aller Erklärungen, § 1618 S. 5 BGB

IV. Hinweise zum kindschaftsrechtlichen Verfahren

Im Rahmen des Kindschaftsrechts sind verfahrensrechtlich Kindschafts- **10** sachen, Abstammungssachen, Adoptionssachen und Unterhaltssachen (§ 111 Nr. 2, 3, 4, 8 FamFG) zu unterscheiden. Das Verfahren in **Kindschaftssachen** ist in den §§ 151 ff. FamFG geregelt. Zu den Kindschaftssachen zählen insbesondere Verfahren betreffend die elterliche Sorge, das Umgangsrecht sowie die Vormundschaft und Pflegschaft, vgl. § 151 Nr. 1, 2, 4, 5 FamFG. Kindschaftssachen, die den Aufenthalt des Kindes, das Umgangsrecht oder die Herausgabe des Kindes betreffen, sowie Verfahren wegen Kindeswohlgefährdung (§§ 1666, 1667 BGB) sind vorrangig und **beschleunigt durchzuführen**, § 155 I FamFG. Soweit es zur Wahrung der Kindesinteressen in Verfahren, die die Person des Kindes betreffen, erforderlich ist, hat das Gericht dem minderjährigen Kind einen **Verfahrensbeistand** zu bestellen, § 158 FamFG. Kinder über 14 Jahre sind regelmäßig persönlich anzuhören, § 159 I 1 FamFG, jüngere Kinder nur, wenn dies aus besonderen Gründen angezeigt ist, § 159 II FamFG. Auch die Eltern sowie das Jugendamt sind in Verfahren, die die Person des Kindes betreffen, grundsätzlich persönlich anzuhören, §§ 160, 162 FamFG.

V. Annex: Überblick zu wichtigen Altersstufen im Recht

11	Vor der Geburt	§ 1923 II BGB: Erbrecht des nasciturus § 823 I BGB: Deliktsrechtlicher Schutz des nasciturus § 218 StGB: Tötungsschutz des ungeborenen Lebens
	mit Geburt	§ 1 BGB: Rechtsfähigkeit § 50 ZPO: Parteifähigkeit
	5 Jahre	§§ 1617a II 2, 1618 S. 3, 1757 II 2 BGB: Einwilligung in Namensänderung
	7 Jahre	§ 106 BGB: Beschränkte Geschäftsfähigkeit § 828 III BGB: Beschränkte Deliktsfähigkeit
	10 Jahre	§ 828 II BGB: Beschränkte Deliktsfähigkeit im Straßenverkehr
	14 Jahre	§ 5 RelKErzG: Eigene Religionswahl § 1617c BGB: Entscheidung über Namensänderung § 1746 BGB: Einwilligung in Adoption § 1762 I BGB: Antragsrecht auf Adoptionsaufhebung § 1887 BGB: Antragsrecht auf Entlassung des Vormunds §§ 60, 159 I FamFG: Anhörungs- und Beschwerderechte im Verfahren
	16 Jahre	§ 1303 II BGB: Ehemündigkeit auf Antrag § 8 II BGB: Wohnsitzbegründung, wenn verheiratet oder geschieden §§ 2229 I, 2247 IV BGB: Testierfähigkeit
	18 Jahre	§ 2 BGB: Volljährigkeit (volle Geschäftsfähigkeit; volle Deliktsfähigkeit; Ehemündigkeit) § 51 ZPO: Prozessfähigkeit
	21 Jahre	§ 1743 BGB: Vorgezogene aktive Adoptionsfähigkeit
	25 Jahre	§ 3 II VerschG: Früheste Zulässigkeit der Todeserklärung § 1743 BGB: Regelmäßige Adoptionsfähigkeit

Empfehlungen zur vertiefenden Lektüre

Hepting, Grundlinien des aktuellen Familiennamensrechts, FPR 2002, 115 ff.; *Gaaz,* Probleme der Einbenennung nach § 1618 BGB, FPR 2002, 125 ff.; *Stößer,* Das neue Verfahren in Kindschaftssachen, FamRZ 2009, 656.

§ 31. Abstammungsrecht

I. Verwandtschaft und Schwägerschaft

1. Verwandtschaftsbegriff

Personen, deren eine von der anderen abstammt, sind in gerade Linie ver- 1
wandt, § 1589 S. 1 BGB (z.B. Urgroßmutter – Großmutter – Vater – Tochter –
Enkelsohn). In der absteigenden Linie nennt man diese Verwandten Abkömmlinge. Personen, die nicht in gerader Linie verwandt sind, aber von derselben
dritten Person abstammen, sind in der Seitenlinie verwandt, § 1589 S. 2 BGB.

Beispiele:
- Geschwister sind nicht in gerader Linie miteinander verwandt, stammen aber beide von
  den Eltern als denselben dritten Personen ab und sind somit in der Seitenlinie verwandt.
- Onkel und Nichte sind nicht in gerader Linie miteinander verwandt, wohl aber in der
  Seitenlinie, da beide von den Eltern des Onkels abstammen, welche zugleich die Groß-
  eltern der Nichte sind.

Der **Grad der Verwandtschaft** bestimmt sich nach der Zahl der sie ver- 2
mittelnden Geburten, § 1589 S. 3 BGB. Um den Grad zu ermitteln, zählt man,
ausgehend von der Person, deren Verwandtschaftsgrad zu ermitteln ist, den
Abstammungslinien folgend die Geburten ab, die erforderlich waren, um das
Verwandtschaftsband mit der anderen Person zu begründen.

Beispiele:
- Verwandtschaftsgrad von Geschwistern: Von Geschwisterkind 1 ausgehend (das nicht
  mitgezählt wird) war die Geburt eines Elternteils notwendig sowie die Geburt von Geschwisterkind 2. Damit zählt man zwei Geburten. Geschwister sind somit im zweiten
  Grad miteinander verwandt.
- Verwandtschaftsgrad von Onkel und Neffe: Zu zählen sind die Geburt eines Elternteils
  des Neffen, die Geburt eines Großelternteils und die Geburt des Onkels: drei Geburten
  bzw. Verwandtschaft dritten Grades.
- Für Cousin und Cousine ergibt sich eine Geburt mehr und somit Verwandtschaft
  vierten Grades.

Der Verwandtschaftsbegriff hat vielfältige **Bedeutung.** Im BGB realisiert 3
sich Verwandtschaft z.B. im Eheverbot des § 1307 BGB, in gesetzlichen Unterhaltspflichten, § 1601 BGB, oder im gesetzlichen Erbrecht der Verwandten,
§§ 1924 ff. BGB, sowie im Pflichtteilsrecht der Abkömmlinge und Eltern,
§ 2303 BGB. Im Strafprozessrecht begründet die Verwandtschaft ein Zeugnisverweigerungsrecht, § 52 I Nr. 3 StPO, und ein Eidesverweigerungsrecht,
§ 61 StPO.

2. Schwägerschaft

4   Die Verwandten eines Ehegatten sind mit dem anderen Ehegatten verschwä-
gert. Die Linie und der Grad der Schwägerschaft bestimmen sich nach der Linie
und dem Grad der sie vermittelnden Verwandtschaft, § 1590 I BGB.

> **Beispiele:**
> - Schwiegermutter und Schwiegersohn sind in gerader Linie im ersten Grad miteinander
>   verschwägert, da die Ehefrau von ihrer Mutter (= Schwiegermutter des Mannes) in
>   gerader Linie im ersten Grad abstammt.
> - Der Ehemann ist mit dem Bruder seiner Frau, also seinem Schwager, in der Seitenlinie
>   im zweiten Grad verschwägert.

II. Mutterschaft

1. Überblick

5   Während früher schlicht der ungeschriebene Grundsatz „mater semper certa
est" galt, findet sich nun seit der Kindschaftsrechtsreform von 1998 in § 1591
BGB die ausdrückliche Regelung, dass Mutter eines Kindes die Frau ist, die es
geboren hat. Der Gesetzgeber sah sich zu dieser Klarstellung genötigt, weil es
inzwischen mit Hilfe der modernen Fortpflanzungsmedizin möglich ist, dass
eine Frau ein Kind austrägt, das aus der Eizelle einer anderen Frau stammt.
Kommt es demgemäß zu einem Auseinanderfallen von gebärender und genetischer Mutter, wird von **„gespaltener Mutterschaft"** gesprochen. Mit Erlass
von § 1591 BGB hat der Gesetzgeber letztlich entschieden, dieses Phänomen zu
ignorieren. Tatsächlich sind diesbezügliche Praktiken der **Eispende sowie des
Embryotransfers** hierzulande gem. § 1 I EmbryonenschutzG auch verboten.
      Das schließt aber nicht aus, dass es – vor allem im Ausland, wo die Eizell-
spende vielfach erlaubt ist – gleichwohl zu entsprechenden Behandlungen
kommt und sich rechtliche Folgefragen stellen. Ist die Gebärende zugleich die
„Wunschmutter", wird es freilich ihrem Willen entsprechen, dass das genetisch
von einer anderen Frau abstammende Kind ihr gem. § 1591 BGB rechtlich
zugeordnet wird. Allerdings steht diese Abstammung auch unabänderlich fest.
Die Wunschmutter, die das Kind plötzlich doch nicht will oder wider Erwarten
keine gute Beziehung zu dem Kind aufbaut, kann diese Mutterschaft nicht
anfechten. In gleicher Weise hat die genetische Mutter keine Möglichkeit, ihre
Mutterschaft feststellen zu lassen.

2. Leihmutterschaft

6   Ist die Gebärende eine Ersatz- bzw. Leihmutter, auf welche die befruchtete
Eizelle der Wunschmutter übertragen worden ist, so ist regelmäßig geplant,
dass das Kind nach der Geburt an die Wunschmutter herausgegeben wird.
Abgesehen davon, dass Leihmütterverträge als **sittenwidrig** gem. § 138 I BGB

gelten (*OLG Hamm* NJW 1986, 781; *LG Freiburg* NJW 1987, 1486) und die Ersatzmuttervermittlung nach § 13c AdVermiG verboten ist, kann es Probleme geben, wenn die Ersatzmutter das Kind doch nicht zur Adoption (durch die Wunscheltern) frei gibt, sondern behalten will. Hier hätte die genetische Mutter ein Interesse daran, die Mutterschaft der Gebärenden zu ihren eigenen Gunsten anzufechten. Das ist wegen § 1591 BGB jedoch nicht möglich. In einigen ausländischen Rechtsordnungen hingegen ist die Leihmutterschaft unter bestimmten Voraussetzungen erlaubt, insbesondere in Griechenland und Großbritannien (dazu *Scherpe*, FamRZ 2010, 1513).

Im Übrigen stellt sich auch das deutsche **Adoptionsrecht** den Wunscheltern in den Weg, da § 1741 I 2 BGB eine Adoption in Fällen der „sittenwidrigen Vermittlung … eines Kindes" nur erlaubt, wenn sie tatsächlich zum Wohl des Kindes „erforderlich" ist (dazu etwa *AG Hamm* FamRZ 2011, 551). Abgesehen davon, dass man darüber streiten kann, ob darunter auch Leihmuttervereinbarungen fallen (verneinend *LG Frankfurt* NJW 2012, 3111), kann man nur hoffen, dass die Gerichte diese Erforderlichkeit bejahen, wenn das Kind bereits längere Zeit bei den (genetischen) Wunscheltern lebt und zu ihnen eine gute soziale Bindung aufgebaut hat.

3. Verfassungsrechtliche Bedenken

In Verbindung mit § 1591 BGB hält der deutsche Gesetzgeber bislang am **6a** Verbot der Eizellspende sowie der Leihmutterschaft fest. Wenn Samenspenden in Deutschlang erlaubt sind, Eizellspenden aber nicht, so zeigt sich indes eine Ungleichbehandlung von männlicher und weiblicher Unfruchtbarkeit, die nur schwer zu rechtfertigen ist (dazu *Schewe*, FamRZ 2014, 90 f.; *Kaiser*, FS Brudermüller, 2014, 357, 364; *EGMR* FamRZ 2012, 23). Es spricht daher viel dafür, den Zugang zur Reproduktionsmedizin beiden Geschlechtern in gleicher Weise zu öffnen.

Solange sich Frauen gezwungen sehen, die erwünschte **Eizellspende im Ausland** zu empfangen, stellt sich überdies das Problem, dass dort oft mit anonymen Spenden gearbeitet wird. Die dann in Deutschland geborenen Kinder haben kaum Chancen, ihre Abstammung zu ergründen. Ihr Recht auf Kenntnis der eigenen Abstammung aus Art. 1 Abs. 1, Art. 2 Abs. 1 GG wird damit letztlich missachtet. Dabei dürfte heute ganz h.M. sein, dass sich das Recht des Kindes auf Kenntnis der eigenen Abstammung (dazu Rn. 50) auf die Vaterschaft und Mutterschaft in gleicher Weise bezieht (z.B. *Dethloff*, Rn. 95). Ferner ist fragwürdig, dass das Kind bei gespaltener Mutterschaft keine Anfechtungsrechte hat, bei einer Abweichung von genetischer und rechtlicher Vaterschaft hingegen schon.

III. Die Vaterschaftstatbestände

1. Überblick zu § 1592 BGB

Bei der Bestimmung der Vaterschaft liegt es naturgemäß schwieriger als **7** bei der Mutterschaft. Hier ist letztlich nichts sicher, so dass sich das Gesetz mit Vermutungen behelfen muss. Geregelt ist die Vaterschaft in § 1592 BGB. Danach sind drei Fälle zu unterscheiden:

- Vaterschaft kraft Ehe mit der Mutter, § 1592 Nr. 1 BGB
- Vaterschaft kraft Anerkennung, § 1592 Nr. 2 BGB
- Vaterschaft kraft gerichtlicher Feststellung, § 1592 Nr. 3 BGB

8   Zunächst ist zu prüfen, ob die Mutter im Zeitpunkt der Geburt **verheiratet** war; wenn ja, gilt der Ehemann als Vater des Kindes gem. § 1592 Nr. 1 BGB. War die Mutter nicht verheiratet, wird eine Vaterschaft im Rechtssinne erst dadurch begründet, dass ein Mann die Vaterschaft anerkennt oder nach entsprechendem Antrag bei Gericht gerichtlich als Vater festgestellt wird, § 1592 Nr. 2 und 3 BGB. Anerkennung und gerichtliche Feststellung stehen als offene Alternativen nebeneinander. Die Rechtswirkungen von (freiwilliger) Anerkennung und gerichtlicher Feststellung sind gleichwertig. Die Übereinstimmung von genetischer und rechtlicher Vaterschaft wird indes nur durch die gerichtliche Feststellung gewährleistet, da hier grundsätzlich ein medizinisches Abstammungsgutachten eingeholt wird (Rn. 22). Bei der (kostengünstigeren und schnelleren) Anerkennung hingegen findet keine Überprüfung der Abstammungsverhältnisse statt.

> **Merksatz:** Genetische Vaterschaft und rechtliche Vaterschaft im Sinne von § 1592 BGB sind nicht (unbedingt) deckungsgleich.

Besteht der Verdacht, dass der rechtliche Vater nicht zugleich der genetische bzw. leibliche Vater ist, so kann die Vaterschaft i.S.v. § 1592 Nr. 1 sowie **Nr. 2** BGB gerichtlich angefochten werden (dazu Rn. 24 ff.).

2. Vaterschaft kraft Ehe

9   Ist die Mutter im Zeitpunkt der Geburt des Kindes verheiratet, so gilt nach § 1592 Nr. 1 BGB kraft Gesetzes der Ehemann als Vater des Kindes. Ob die Ehe danach aufgelöst wird, ist irrelevant. Bei Geburt vor Eheschließung der Eltern greift § 1592 Nr. 1 BGB nicht. Hier bedarf es einer Vaterschaftsanerkennung oder gerichtlichen Feststellung. Die nachfolgende Eheschließung führt nicht zur „Legitimation" des Kindes (anders früher § 1719 BGB a.F.). Kommt das Kind (kurz) nach Rechtskraft der Scheidung auf die Welt, wird es ebenfalls nicht mehr dem Ehemann zugeordnet. Für nichteheliche Lebensgemeinschaften gibt es keine gesetzliche Vaterschaftsvermutung. Auch hier muss der Weg über § 1592 Nr. 2 oder 3 BGB gewählt werden.

Stirbt der Ehemann der Mutter vor der Geburt des Kindes, gilt § 1592 Nr. 1 BGB entsprechend, wenn das Kind innerhalb von 300 Tagen nach dem Todesfall geboren wird, § 1593 S. 1 BGB. Heiratet die Mutter in diesem Fall jedoch erneut und kommt das Kind demgemäß in der neuen Ehe auf die Welt, so wird es dem neuen Ehemann zugeordnet, § 1593 S. 3 BGB.

IV. Die Vaterschaftsanerkennung

1. Voraussetzungen der Anerkennung

Durch freiwillige, einseitige, formbedürftige, nicht empfangsbedürftige **10** Willenserklärung kann ein Mann die Vaterschaft anerkennen. Die Anerkennung ist dabei auch wirksam, wenn der Mann weiß, dass er nicht der leibliche Vater ist. Eine Überprüfung der tatsächlichen Abstammungsverhältnisse findet nicht statt. Damit die Anerkennung eine Vaterschaft i.S.v. § 1592 Nr. 2 BGB begründen kann, müssen folgende Voraussetzungen erfüllt sein:

Voraussetzungen der Vaterschaftsanerkennung

1. Höchstpersönliche Erklärung
2. Ohne Bedingung oder Zeitbestimmung, § 1594 III BGB
3. Geschäftsfähigkeit oder Erfordernisse des § 1596 BGB
4. Form: öffentliche Beurkundung, § 1597 I BGB
5. Zustimmung der Mutter, § 1595 I BGB
6. Evtl. (kumulativ) Zustimmung des Kindes, § 1595 II BGB
7. Keine bestehende andere Vaterschaft, § 1594 II BGB
8. Zeitpunkt: frühestens nach Zeugung des Kindes, vgl. § 1594 IV BGB

---

a) Die Anerkennungserklärung

Die Anerkennungserklärung muss höchstpersönlich durch den Mann, der **11** sich als Vater bekennt, erfolgen. Eine Erklärung durch einen Bevollmächtigten ist gem. § 1596 IV BGB ausgeschlossen. Die Erklärung muss vorbehaltlos erfolgen, sie darf nicht an Bedingungen oder Zeitbestimmungen gebunden werden, § 1594 III BGB.

Grundsätzlich wird die **Geschäftsfähigkeit** des Erklärenden vorausgesetzt. Ein beschränkt Geschäftsfähiger erkennt selbst an, bedarf aber zusätzlich der Zustimmung seines gesetzlichen Vertreters, § 1596 I 2 BGB. Für Geschäftsunfähige erkennt der ges. Vertreter mit gerichtlicher Zustimmung an, § 1596 I 3 BGB. Gleiches gilt für (geschäftsfähige) Betreute, soweit ein Einwilligungsvorbehalt (§ 1903 BGB) angeordnet ist, der auch die Vaterschaftsfrage erfasst.

b) Form

Die Vaterschaftsanerkennung bedarf der öffentlichen Beurkundung, § 1597 I **12** BGB. Zuständige Stellen sind der Notar, das Standesamt (§ 44 I PStG) sowie das Jugendamt (§ 59 I Nr. 1 SGB VIII). Zudem ist im Kindschaftsverfahren die Erklärung zur Niederschrift des Gerichts möglich, § 180 FamFG, nicht aber im Scheidungsverfahren (*BGH* NJW-RR 2013, 705). Ohne Beachtung der Form ist die Erklärung nichtig, § 125 BGB.

c) Zustimmung der Mutter, § 1595 I BGB

13   Die Anerkennung bedarf, um wirksam zu werden, in jedem Fall der Zustimmung der Mutter. Verweigert die Mutter die Zustimmung, bleibt allein der
Weg über die gerichtliche Vaterschaftsfeststellung nach §§ 1592 Nr. 3, 1600d
BGB. Wie die Anerkennung durch den Mann ist auch die Zustimmungserklärung der Mutter höchstpersönlich (§ 1596 IV BGB), bedingungsfeindlich
(§ 1595 III i.V.m. § 1594 III BGB) und bedarf der öffentlichen Beurkundung,
§ 1597 I BGB. Bei fehlender (voller) Geschäftsfähigkeit ist wiederum § 1596
BGB zu beachten.

d) Zustimmung des Kindes, § 1595 II BGB

14   Obwohl das Kind eigentlich der von der Vaterschaftsanerkennung Haupt-
betroffene ist, bedarf es seiner Zustimmung nur in dem Fall, dass der Mutter
„insoweit die elterliche Sorge nicht zusteht", § 1595 II BGB. Kein Sorgerecht
hat die Mutter etwa dann, wenn es ihr (ganz oder teilweise) entzogen worden
ist oder wenn das Kind bereits volljährig ist.

> Strittig ist, was gelten soll, wenn die **Mutter verstorben** ist. Manche verweisen für die-
> sen Fall auf das gerichtliche Feststellungsverfahren (*LG Koblenz* StAZ 2003, 303; Bamber-
> ger/*Roth/Hahn*, § 1595 Rn. 4). Es ist jedoch kein Grund ersichtlich, hier den Weg über die
> Anerkennung zu versagen (Staudinger/*Rauscher*, § 1595 Rn. 15; *Gernhuber/Coester-Waltjen*,
> § 52 Rn. 52). Ist das Kind bereits verstorben, genügt nach zutreffender überwiegender
> Meinung, dass nur die Mutter zustimmt (*BayObLG* NJW-RR 2000, 1602 und FamRZ
> 2001, 1543; Palandt/*Brudermüller*, § 1594 Rn. 8; a.A. *Rauscher*, FPR 2002, 362 f.).

e) Keine bestehende anderweitige Vaterschaft

15   Für eine Anerkennung ist nur Raum, wenn nicht schon eine andere Vaterschaft besteht, vgl. § 1594 II BGB. Solange der Ehemann der Mutter nach
§ 1592 Nr. 1 BGB als Vater gilt oder ein anderer Mann zu einem früheren Zeitpunkt die Vaterschaft wirksam anerkannt und somit den Tatbestand des § 1592
Nr. 2 BGB erfüllt hat oder ein anderer Mann gerichtlich als Vater gem. § 1592
Nr. 3 BGB festgestellt ist, kann eine Anerkennungserklärung zwar abgegeben
werden, sie bleibt aber **schwebend unwirksam**, bis die andere Vaterschaft
(durch Anfechtung) beseitigt ist.

f) Anerkennung frühestens nach Zeugung des Kindes

16   Die Anerkennung kann bereits **vor der Geburt** des Kindes erklärt werden,
§ 1594 IV BGB. Wirksamkeit erlangt sie aber erst mit Geburt eines lebenden
Kindes. Eine Anerkennung schon vor Zeugung des Kindes ist an sich nicht
vorgesehen, sollte aber für den Fall der Zeugung durch künstliche Befruchtung
mit Spendersamen zugelassen werden (so auch *A. Roth*, DNotZ 2001, 804, 808;
Spickhoff, FS Schwab, 2005, S. 923, 942). Im Übrigen gibt es **keine Frist** für
die Anerkennung, sie kann auch noch erklärt werden, wenn das „Kind" schon
längst erwachsen ist.

g) Weiteres Verfahren

Die jeweils beurkundende Stelle (Notar, Standesamt, Jugendamt oder Gericht) hat **17** beglaubigte **Abschriften** sämtlicher Erklärungen (Anerkennung, Zustimmungen) dem Vater, der Mutter, dem Kind und dem Standesbeamten zu **übersenden**, § 1597 II BGB. Auf diese Weise werden alle Beteiligten informiert. Zudem wird die Vaterschaftsanerkennung im Geburtenregister beim Geburtseintrag vermerkt (§ 27 I PStG). Verstöße gegen diese Normen bleiben aber ohne Bedeutung; insoweit handelt es sich nicht um weitere Wirksamkeitsvoraussetzungen der Vaterschaftsanerkennung.

2. Der Widerruf der (schwebend unwirksamen) Anerkennung

Angesichts der erforderlichen Zustimmungserklärung(en) oder der Beseitigung einer **18** noch bestehenden rechtlichen Vaterschaft eines anderen Mannes kann einige Zeit vergehen, bis die Anerkennung Wirksamkeit erlangt. Da ein endloses Abwarten aber nicht zumutbar ist, räumt § 1597 III BGB dem Mann ein Widerrufsrecht ein für den Fall, dass die Anerkennung ein Jahr nach der Beurkundung noch nicht wirksam geworden ist. Die Formalitäten des Widerrufs entsprechen denen der Anerkennungserklärung, § 1597 III 2 BGB; einer Zustimmung der Mutter bedarf es aber nicht.

3. Unbeachtlichkeit anderer Nichtigkeitsgründe

Anerkennung, Zustimmungen und Widerruf sind nur unwirksam, wenn **19** sie den Erfordernissen der für diese Erklärungen geltenden Vorschriften der §§ 1594–1597 BGB nicht genügen, § 1598 I BGB. Das bedeutet, dass andere Nichtigkeitsgründe, wie man sie aus dem BGB AT kennt, irrelevant sind. Auch die nicht ernstlich gemeinte Anerkennung (§ 118 BGB) oder eine Anerkennung infolge arglistiger Täuschung (§ 123 BGB) ist voll wirksam. Dem Mann bleibt nur der Weg der Vaterschaftsanfechtung nach den §§ 1599 ff. BGB (s. Rn. 24 ff.).

4. Rechtsfolgen der wirksamen Anerkennung

Die Vaterschaftsanerkennung begründet erst dann die Vaterschaft nach **20** § 1592 Nr. 2 BGB, wenn alle erforderlichen Erklärungen (Anerkennung, Zustimmungen, ggf. auch von ges. Vertretern) vorliegen. Die Wirksamkeit tritt dann aber automatisch ein, ohne dass es weiterer behördlicher Akte bedürfte. Von diesem Zeitpunkt an – nicht schon vorher – kann sich jeder auf die Vaterschaft berufen und die Rechtswirkungen der Vaterschaft geltend machen (Unterhaltsanspruch, Erbrecht, Staatsangehörigkeit etc.). Dabei wirkt die **Vaterschaft** auf den **Zeitpunkt der Geburt zurück**, so dass auch rückwirkend Ansprüche denkbar sind.

Beispiel: Nachdem Vater V seine Vaterschaft anerkannt hat, kann Tante T, die für das Kind zwei Jahre lang den Unterhalt finanziert hatte, bei V wegen der Unterhaltsleistungen Regress nehmen, § 1607 III 1 BGB. T kann den Anspruch zwar frühestens mit Wirksamkeit der Anerkennung geltend machen, inhaltlich aber durchaus auf die zurückliegenden zwei Jahre beziehen (vgl. auch § 1613 II Nr. 2a BGB).

V. Die gerichtliche Vaterschaftsfeststellung

21   Sind die Tatbestände von § 1592 Nr. 1, 2 BGB (Vaterschaft kraft Ehe oder
Anerkennung) nicht erfüllt oder durch erfolgreiche Vaterschaftsanfechtung
beseitigt worden, so kommt (subsidiär) auch eine gerichtliche Vaterschaftsfeststellung nach **§ 1600d I BGB** in Betracht. Antragsberechtigt sind Vater, Mutter
und Kind. Andere Personen (etwa Großeltern) haben kein Feststellungsrecht.
Bedeutung hat die gerichtliche Vaterschaftsfeststellung vor allem, wenn der
Vater nicht freiwillig anerkennen will oder wenn die Mutter ihre Zustimmung
zu einer Anerkennung verweigert hat oder sich die Beteiligten der Vaterschaft
nicht ganz sicher sind; denn nur im Gerichtsverfahren erfolgt eine Überprüfung der genetischen Abstammung. Hatte der Mann berechtigte Zweifel an
seiner Vaterschaft, entspricht es daher auch nicht billigem Ermessen (vgl. § 81 I
FamFG), dem festgestellten Kindesvater allein aufgrund seines Unterliegens die
gesamten Verfahrenskosten aufzuerlegen (*BGH* NZFam 2014, 407).

22   Zuständig sind die **Familiengerichte**, § 23a I Nr. 1 GVG, §§ 1, 111 Nr. 3,
169 Nr. 1 FamFG. Ziel des Antrags ist die Feststellung, dass der Mann (Antragsteller oder Antragsgegner) der Vater des Kindes ist. Das Gericht hat den
Sachverhalt von Amts wegen zu erforschen und Beweis zu erheben, § 177 II
FamFG. Die Beteiligten sind anzuhören, § 175 FamFG. In der Regel wird ein
medizinischer Sachverständiger beauftragt, ein **Abstammungsgutachten** zu
erstellen. Soweit es für die Abstammungsbegutachtung erforderlich ist, hat
jede Person Untersuchungen, insbesondere die Entnahme einer Blutprobe, zu
dulden, es sei denn, dass ihr die Untersuchung nicht zugemutet werden kann,
§ 178 I FamFG. Auf Basis von Blutproben kann heute durch den Vergleich von
Genabschnitten des Kindes und des Mannes auf mindestens zehn verschiedenen Chromosomen mit an Sicherheit grenzender Wahrscheinlichkeit ermittelt
werden, ob der Mann der Vater ist oder nicht (instruktiv dazu die Erläuterun-
gen in *BGH* FamRZ 2006, 1745). Daher hat die Vaterschaftsvermutung des
§ 1600d II 1 BGB aufgrund Beiwohnung heute kaum noch Bedeutung (*dennoch
einmal § 1600d I, II BGB lesen!*).

> Auch wenn zwei eineiige **Zwillingsbrüder als Väter** in Betracht kommen, kann im
> Wege des (sehr teuren) *whole genome sequencing*-Verfahrens mit hoher Wahrscheinlichkeit der
> Vater ermittelt werden. Versagen die Gerichte im Vaterschaftsfeststellungsverfahren eine
> diesbezügliche Sachverhaltsaufklärung wegen der damit verbundenen hohen Kosten, liegt
> darin eine Verletzung des Persönlichkeitsrechts des Kindes (*BVerfG* FamRZ 2011, 1879).

23   Die **Rechtsfolgen** der gerichtlichen Vaterschaftsfeststellung entsprechen
denjenigen der Vaterschaftsanerkennung (Rn. 20). Der rechtskräftige Beschluss, der die Vaterschaft des Mannes feststellt, wirkt **für und gegen jedermann**, § 184 II FamFG, also auch für und gegen Personen, die nicht
am Verfahren teilgenommen haben. Mit Rechtskraft kann sich jeder – auch
rückwirkend – auf die Vaterschaft des Mannes berufen und ihre Rechtsfolgen
(Unterhaltspflicht etc.) geltend machen.

Ist der Feststellungsbeschluss rechtskräftig, ist eine Abänderung ausgeschlossen, § 184 I 2
FamFG. Es bleibt allein die Möglichkeit eines Wiederaufnahmeverfahrens nach § 185
FamFG.

VI. Die Vaterschaftsanfechtung

1. Überblick

§ 1592 BGB enthält nur Vermutungen. Die Mutter mag verheiratet sein, **24**
das Kind aber tatsächlich nicht vom Ehemann, sondern von einem Dritten
abstammen. Ein Mann mag die Vaterschaft anerkannt haben in der Annahme,
der Vater zu sein, und erst nachträglich erfahren, dass dies nicht zutrifft. Hier
bietet die Vaterschaftsanfechtung die Möglichkeit, die (genetisch nicht zutref-
fende) Vaterschaft i.S.v. § 1592 Nr. 1, 2 BGB durch gerichtliche Entscheidung
zu beseitigen. Die Regelungen dazu finden sich in den §§ 1599 ff. BGB.

Anfechtungsberechtigt sind gem. § 1600 I BGB der rechtliche Vater i.S.v. **25**
§ 1592 Nr. 1, 2 BGB, die Mutter (seit 1998) und das Kind sowie mit bestimmten
Einschränkungen auch der leibliche Vater (seit 2004). Das Anfechtungsrecht ist
als höchstpersönliches Recht unverzichtbar und steht insbesondere auch dem
Mann zu, der zuvor bewusst „falsch" anerkannt hatte.

Voraussetzungen der Vaterschaftsanfechtung

1. Antrag beim Familiengericht, § 171 FamFG
   Beachte: Substantiierungsanforderungen gem. § 171 II FamFG
2. Anfechtungsberechtigung, § 1600 I BGB
   a) Vater i.S.v. § 1592 Nr. 1, 2 BGB
   b) Mutter i.S.v. § 1591 BGB
   c) Kind
   d) Leiblicher Vater gem. § 1600 II, IV BGB
3. Höchstpersönliche Anfechtung, § 1600a I BGB
   a) Beschränkt geschäftsfähige/r Mann/Mutter ohne Zustimmung des ges. Vertreters,
      § 1600a II BGB
   b) Geschäftsunfähige/r Mann/Mutter durch Betreuer, § 1600a II 3 BGB
   c) Minderjähriges Kind durch ges. Vertreter, § 1600a III, IV BGB
4. Anfechtungsfrist: 2 Jahre, § 1600b I BGB
5. Kein Ausschluss der Anfechtung gem. § 1600 V BGB

Die Anfechtung erfolgt im **gerichtlichen Verfahren**. Es bedarf des Antrags eines
Anfechtungsberechtigten beim Familiengericht (§ 171 FamFG). Es handelt sich um eine
Abstammungssache i.S.v. § 169 Nr. 4 FamFG bzw. um eine Familiensache i.S.v. § 111
Nr. 3 FamFG. Der anfechtende Vater ist im Anfechtungsverfahren von der gesetzlichen
Vertretung des Kindes kraft Gesetzes ausgeschlossen, § 1795 I Nr. 3 BGB (BGHZ 193, 1).
Auch das FamFG-Verfahren ist insoweit als „Rechtsstreit" i.S. dieser Norm einzuordnen.

Der Anfechtungsantrag hat die (rechtsgestaltende) Feststellung zum Ziel, dass der Mann, für den eine Vaterschaft nach § 1592 Nr. 1 oder 2 BGB besteht, nicht der Vater des Kindes ist. Zum Zweck dieser Feststellung wird im Verfahren ein medizinisches **Sachverständigengutachten** (Abstammungsgutachten) eingeholt, § 177 II FamFG.

2. Der Antrag und seine Substantiierung

26   Gemäß § 171 II 2 FamFG hat der Anfechtende im Vaterschaftsanfechtungsverfahren die Umstände anzugeben, die gegen die Vaterschaft sprechen, sowie den Zeitpunkt, in dem diese Umstände bekannt wurden. Vor Inkrafttreten dieser Norm war streitig, welche Anforderungen an die Darlegungen des anfechtenden rechtlichen Vaters zu stellen sind. Nach einer Auffassung genügte für die **Schlüssigkeit des Anfechtungsantrags** die Behauptung des Anfechtenden, das vom Gericht einzuholende Gutachten werde zeigen, dass er nicht der Vater des Kindes sei (*Knoche*, FuR 2005, 348; *Schwonberg*, JAmt 2005, 265; *Wellenhofer*, FamRZ 2005, 665; *Rauscher*, Rn. 797 a). Nach Auffassung des BGH hingegen muss der anfechtende Mann substantiiert Umstände vortragen und notfalls beweisen, die bei objektiver Betrachtung geeignet sind, Zweifel an der Abstammung des Kindes zu wecken. Man spricht kurz von der Darlegung eines **begründeten Anfangsverdachts** (*BGH* NJW 2003, 585; 1998, 2976). Der BGH meint, das Kind müsse vor „Klagen ins Blaue hinein" geschützt werden. Zudem sei die Ausrechnung der zweijährigen Anfechtungsfrist des § 1600b I BGB nur möglich, wenn die entsprechenden Verdachtsmomente hinreichend substantiiert dargelegt würden. Das überzeugte zwar kaum, denn willkürliche Anträge bei Gericht sind angesichts des Kostenrisikos nicht zu befürchten. Mittlerweile hat aber nicht nur das BVerfG diese Rechtsprechung des BGH zum Schutz des Kindes abgesegnet (*BVerfG* NJW 2007, 753, 756, Tz. 93 f.), sondern auch der Gesetzgeber mit der Schaffung von § 171 II 2 FamFG reagiert. Also stellt sich jetzt die Frage, welche Darlegungen im Einzelfall erforderlich sind, um den Substantiierungsanforderungen zu genügen.

Hinreichend substanziiert ist der Anfechtungsantrag z.B. bei:
- Nachweis der Zeugungsunfähigkeit des Mannes
- Geständnis der Mutter über Mehrverkehr (*AG Korbach* FamRZ 2005, 290)
- Angebot von Zeugen für den Mehrverkehr der Mutter.

Als **nicht ausreichend** wurden hingegen erachtet:
- Verweis auf anonymen Anrufer, der anderweitige Vaterschaft behauptete (*BGH* FamRZ 2008, 501)
- Geltendmachung mangelnder Ähnlichkeit zwischen Vater und Kind (*BGH* FamRZ 2008, 501)
- Nachweis der eingeschränkten Zeugungsfähigkeit (*OLG Celle* NJW 2004, 449)
- Hinweis auf Weigerung der Mutter, an Vaterschaftstest mitzuwirken (*Laumen*, FamRB 2005, 132)
- Vorlage des eindeutigen Ergebnisses eines heimlichen Vaterschaftstests (*BGH* NJW 2005, 497).

Heimliche Vaterschaftstests, die ein Mann hinter dem Rücken von Mut- **27** ter und Kind einholt, sind nach Auffassung der Rechtsprechung verboten. Sie verletzen das Grundrecht des Kindes auf **informationelle Selbstbestimmung** aus Art. 2 I i.V.m. 1 I GG (*BVerfG* NJW 2007, 753). Demgemäß dürfen sie auch nicht dazu verwendet werden, einen Anfechtungsantrag schlüssig zu machen (*BGH* NJW 2005, 497; 2006, 1657; *OLG Celle* NJW 2004, 449; a.A. *Wellenhofer,* FamRZ 2005, 665; *Muscheler,* FamR, Rn. 566). Mittlerweile hat das **Gendiagnostikgesetz** heimliche Tests allerdings weitgehend unmöglich gemacht; denn § 17 I 1 GenDG schreibt vor, dass eine genetische Untersuchung zur Klärung der Abstammung nur vorgenommen werden darf, wenn die Person, deren genetische Probe untersucht werden soll, zuvor über die Untersuchung aufgeklärt worden ist und in Untersuchung und Probengewinnung eingewilligt hat.

Ein vom Gericht eingeholtes Gutachten hingegen kann auch dann verwertet werden, wenn die Voraussetzungen für seine Einholung (etwa mangels schlüssigen Anfechtungsantrags) gar nicht gegeben waren. Denn dagegen kann sich das betroffene Kind verfahrensrechtlich wehren. Unterlässt es dies aber, so gibt es kein mittelbar wirkendes Beweisverwertungsverbot für Folgeverfahren (*BGH* NJW 2006, 1657).

3. Die Anfechtung durch den leiblichen Vater

a) Vorgeschichte

Bis 2004 gehörte der leibliche Vater nicht zum Kreis der Anfechtungsbe- **28** rechtigten. Der Gesetzgeber wollte verhindern, dass der leibliche Vater – etwa als außerehelicher Liebhaber der Mutter – durch seine Anfechtungsklage die bestehende Familie von Mutter, Kind und rechtlichem Vater stört. Dem durch Art. 6 I GG gewährleisteten **Schutz der gelebten Familie** und Ehe wurde insoweit der Vorrang vor dem natürlichen Elternrecht des leiblichen Vaters aus Art. 6 II GG eingeräumt. Problematisch daran war jedoch, dass das Gesetz das Anfechtungsrecht ausnahmslos versagte, also auch in den Fällen, in denen es gar keine Familie zu schützen gab. Hierin hatte das BVerfG zu Recht eine Verletzung der Rechte des leiblichen Vaters gesehen (*BVerfG* FamRZ 2003, 816) und eine Neuregelung gefordert, die sich heute in § 1600 I Nr. 2, II BGB findet.

BVerfG FamRZ 2003, 816: „Art 6 II 1 GG schützt den leiblichen, aber nicht rechtlichen Vater … in seinem Interesse, die rechtliche Stellung als Vater einzunehmen. Ihm ist verfahrensrechtlich die Möglichkeit zu eröffnen, die rechtliche Vaterposition zu erlangen, wenn dem der Schutz einer familiären Beziehung zwischen dem Kind und seinem rechtlichen Eltern nicht entgegensteht".

b) Eidesstattliche Versicherung der Beiwohnung

Als potenzieller leiblicher Vater soll nur derjenige anfechten können, der **29** auch an Eides statt versichert, der Mutter des Kindes während der Empfängniszeit beigewohnt zu haben, § 1600 I Nr. 2 BGB. Auf diese Weise wird verhindert, dass sich sonstige Dritte einmischen. Zugleich ist damit klargestellt, dass der (anonyme) Samenspender kein Anfechtungsrecht hat. Fraglich ist aber, ob der damit verbundene Anfechtungsausschluss auch zu Lasten des „offenen" Spenders gehen soll.

> **Beispielsfall** (in Anlehnung an BGHZ 197, 242 = NJW 2013, 2589): Die eingetragenen Lebenspartnerinnen Lea und Pia vereinbaren mit Sam (S), dass er ihnen Samen spenden soll. Damit will sich L dann selbst befruchten. Nachdem das Kind geboren ist, überredet L ihren Bekannten Bruno, die Vaterschaft für das Kind anzuerkennen. B soll anschließend der (Stiefkind-)Adoption durch P (vgl. § 9 VII LPartG) zustimmen, damit L und P gemeinsam Mütter des Kindes werden können. Als S davon erfährt, ficht er sogleich die Vaterschaft des B an; denn er will rechtlicher Vater des Kindes werden. Insoweit ist zu klären, ob S auch ohne eidesstattliche Versicherung der Beiwohnung die Vaterschaft des B anfechten kann.
> Der BGH entschied hier, dass die „formelle Hürde" des § 1600 I Nr. 2 BGB der Anfechtung nicht entgegenstand. Die Beiwohnung selbst sei nicht Voraussetzung eines erfolgreichen Anfechtungsantrags. Der Gesetzgeber hätte einen Samenspender nur dort von der Anfechtung ausschließen wollen, wo ein Dritter als Wunschvater die rechtliche Vaterschaft übernehmen will, also eine Vereinbarung i.S.v. § 1600 V BGB vorausgegangen ist (sog. konsentierte heterologe Insemination; dazu Rn. 38). Das passte aber vorliegend nicht. Die Anfechtung durch S war daher zuzulassen. Das Interesse der anderen Lebenspartnerin, die Mutterrolle einzunehmen, hatte demgegenüber zurückzustehen.

Vaterschaftsanfechtung durch den leiblichen Vater, § 1600 I Nr. 2, II BGB

1. Versicherung an Eides statt, der Mutter beigewohnt zu haben
2. Fehlende sozial-familiäre Beziehung zwischen rechtlichem Vater und Kind
3. Leibliche Vaterschaft des Anfechtenden

---

c) Die fehlende sozial-familiäre Beziehung zum rechtlichen Vater

30   Die große Hürde für den leiblichen Vater liegt darin, dass er darzulegen hat, dass zwischen rechtlichem Vater und Kind keine (vorrangige, nach Art. 6 I GG schützenswerte) sozial-familiäre Beziehung besteht. Es handelt sich insoweit um eine negative Tatbestandsvoraussetzung im Rahmen der Begründetheitsprüfung. Verbleibende Zweifel gehen zu Lasten des Anfechtenden.

Eine sozial-familiäre Beziehung liegt gem. § 1600 IV BGB vor, wenn der rechtliche Vater für das Kind tatsächlich Verantwortung trägt bzw. bis zu seinem Tod getragen hat. Besteht zum Zeitpunkt der gerichtlichen Entscheidung eine echte Vater-Kind-Beziehung, scheidet eine Anfechtung durch den leiblichen Vater aus. Auf eine Prognose zur weiteren Entwicklung der Beziehung kommt es nicht an (*BGH* FamRZ 2008, 1821, 1822).

Beispielsfall (in Anlehnung an *BGH* FamRZ 2007, 538): Ehefrau Mara trennt sich (vorübergehend) von ihrem zeugungsunfähigen Ehemann Egon, um mit Volker zusammenzuleben. Bald wird M von V schwanger. Kurz vor Geburt des Kindes kehrt M aber zu E in die Ehewohnung zurück. Nachdem das Kind geboren ist, nimmt E die Vaterrolle ein und kümmert sich zusammen mit M um K. Kann nun V, der sich hintergangen fühlt und „Samenraub" geltend macht, die Vaterschaft des E anfechten?

Hier ist E als Ehemann gem. § 1592 Nr. 1 BGB Vater des Kindes K. Eine Anfechtung der Vaterschaft des E durch V würde gem. § 1600 I Nr. 2, II BGB voraussetzen, dass zwischen K und E keine **sozial-familiäre Beziehung** besteht. Unabhängig davon, dass das Gesetz im Fall der Verheiratung der Eltern eine solche Beziehung vermutet (§ 1600 IV 2 BGB), liegt es hier so, dass E sogleich mit Geburt die Elternverantwortung übernommen hat. Diese erscheint auch auf Dauer angelegt zu sein. Damit besteht eine sozial-familiäre Beziehung i.S.v. § 1600 IV 1 BGB. Dass das Kind noch sehr klein ist und ggf. noch keine intensive persönliche Beziehung zu seinem rechtlichen Vater aufgebaut hat, ist dabei irrelevant. Insbesondere soll es auch nicht darauf ankommen, ob die Anfechtung des leiblichen Vaters besonders schnell nach der Geburt erfolgt oder nicht (vgl. *BGH* FamRZ 2007, 538, Tz. 19). Auch findet keine Abwägung der Kindesrechte mit den Rechten des leiblichen Vaters statt. Vielmehr hat der Gesetzgeber eine solche Abwägung bereits generalisierend vorweggenommen, um die bestehende Familie vor der Aufdeckung von Interna zu bewahren (*BGH* a.a.O. Tz. 30).
Für V ist dieses Ergebnis freilich hart. Der BGH betont jedoch, dass der Gesetzgeber insoweit in verfassungsmäßiger Weise dem Schutz der gelebten Familie den Vorrang vor den Rechten des leiblichen Vaters eingeräumt habe (so auch *BGH* FamRZ 2008, 1821; *OLG Nürnberg* FamRZ 2013, 227; ähnlich *österreichischer OGH* mit Blick auf Art. 8 EMRK, FamRZ 2008, 537). Das BVerfG hat inzwischen auch die Verfassungsmäßigkeit der geltenden Regelung bejaht (*BVerfG* FamRZ 2008, 2257 = JuS 2009, 460). Das gilt auch für den Fall, dass der leibliche Vater in den Monaten nach der Geburt bereits selbst eine sozial-familiäre Beziehung zum Kind aufgebaut hatte (*BVerfG* NZFam 2014, 45).

Zum Schutz von Ehe und Familie stellt das Gesetz zwei **Vermutungen** auf. **31** So liegt gem. § 1600 IV 2 BGB eine Übernahme tatsächlicher Verantwortung in der Regel vor, wenn der rechtliche Vater mit der Mutter verheiratet ist oder mit dem Kind längere Zeit in häuslicher Gemeinschaft gelebt hat. Indes beschränkt sich die gesetzliche Vermutung in diesen Fällen auf die *Übernahme* der Verantwortung. Ob daraus auf Dauer eine tatsächliche Verantwortung für das Kind geworden ist, ist eine andere Frage. Insoweit sind diese Vermutungen **widerlegbar**. Der Anfechtende kann darlegen, dass Mann und Mutter zwar verheiratet sind, tatsächlich jedoch seit Geburt des Kindes getrennt leben und sich daher zwischen Ehemann und Kind kein Eltern-Kind-Verhältnis entwickelt hat und tatsächlich auch keine Verantwortung für das Kind übernommen wurde. In gleicher Weise kann dargelegt werden, dass auch ein längeres Zusammenleben – also ein Zusammenleben von mindestens einem Jahr (*OLG Frankfurt a.M.* FamRZ 2007, 1674) – nicht zu einer sozial-familiären Beziehung geführt hat.

Beispiel: Die unverheiratete Mia hat vier Jahre in einer größeren Wohngemeinschaft gelebt. Für ihr (jetzt dreijähriges) Kind Konrad, das tatsächlich von Victor abstammt, hatte Mitbewohner Richard die Vaterschaft anerkannt. Hier steht der Vaterschaftsanfechtung durch V zunächst die gesetzliche Vermutung entgegen, dass das längere Zusammenleben von K und R in häuslicher Gemeinschaft zur Übernahme von tatsächlicher Vaterverantwortung durch R geführt hat. Kann V jedoch darlegen, dass sich R gar nicht um K gekümmert hat und für K gar nicht zur Vaterfigur geworden ist, so ist die Vermutung widerlegt. Im Rahmen der diesbezüglichen Ermittlungen kann das Gericht auch das Jugendamt anhören, § 176 FamFG.

d) Leibliche Vaterschaft des Anfechtenden

32   Der „leibliche Vater" kann nur erfolgreich anfechten, wenn er wirklich der genetische Vater des Kindes ist. Darüber ist Beweis zu erheben, § 178 FamFG. Regelmäßig wird ein medizinisches Abstammungsgutachten eingeholt. Ist der Anfechtende danach der leibliche Vater, so ist damit zugleich erwiesen, dass die angefochtene Vaterschaft nicht besteht. In diesem Fall ist im Beschluss die Vaterschaft des Anfechtenden festzustellen, § 182 I FamFG. Durch den Beschluss wird somit eine Vaterschaft i.S.v. § 1592 Nr. 3 BGB begründet. Kommt das Gericht hingegen zu dem Ergebnis, dass der Anfechtende nicht der leibliche Vater ist, ist der Antrag auf Vaterschaftsanfechtung abzuweisen, vgl. § 182 II FamFG. Ob die angefochtene Vaterschaft besteht oder nicht, ist unter diesen Umständen irrelevant und bedarf auch keiner weiteren Überprüfung.

4. Vaterschaftsanfechtung durch die Behörde

33   Zur Bekämpfung von **missbräuchlichen Vaterschaftsanerkennungen** mit ausländerrechtlichem Hintergrund hatte der Gesetzgeber im Jahr 2008 ein behördliches Anfechtungsrecht eingeführt (§ 1600 I Nr. 5 BGB). Insoweit waren Praktiken beobachtet worden, wonach deutsche Männer gegen Entgelt die Vaterschaft für ausländische Kinder anerkennen, um ihnen die deutsche Staatsangehörigkeit und den Aufenthalt in Deutschland zu verschaffen (vgl. § 4 StAG; § 28 I Nr. 3 AufenthG). Durch das behördliche Anfechtungsrecht sollten solche Vaterschaften und damit auch die Staatsangehörigkeit mit ex-tunc-Wirkung (vgl. Rn. 42) von Amts wegen beseitigt werden können.

Die Anfechtung setzte dabei voraus, dass die Vaterschaft auf Anerkennung beruht, mit der Anerkennung ausländerrechtliche Vorteile erlangt wurden und zwischen Vater und Kind keine sozial-familiäre Beziehung (§ 1600 III, IV BGB) besteht. Parallel dazu wurden die Standesbeamten gesetzlich ermächtigt, die Beurkundung von Vaterschaftsanerkennungen abzulehnen, wenn offenkundig ist, dass die Anerkennung der Vaterschaft von der Behörde anfechtbar wäre, § 44 I 3 PStG.

34   Die Normen zum behördlichen Anfechtungsrecht hat das BVerfG (FamRZ 2014, 449) jedoch mit Beschluss vom 17. 12. 2013 für **verfassungswidrig** und nichtig erklärt, da sie eine absolut **verbotene Entziehung der Staatsangehörigkeit** (Art. 16 I 1 GG) bewirkten; schließlich sei der Wegfall der Staatsangehörigkeit durch den Betroffenen nicht bzw. nicht in zumutbarer

Weise beeinflussbar. Die Regelung genüge auch nicht den verfassungsrechtlichen Anforderungen an einen sonstigen Verlust der Staatsangehörigkeit nach Art. 16 I 2 GG. Ferner wurde festgestellt, dass die (zu weit gefasste) Regelung ein (im Einzelfall) tatsächlich bestehendes Familienleben unnötig mit behördlicher sowie gerichtlicher Ausforschung belaste und damit gegen Art. 6 I GG verstoße.

Folge ist, dass nun keine behördlichen Vaterschaftsanfechtungen mehr erfolgen können. Laufende Verfahren sind einzustellen. Ob der Gesetzgeber eine (den Vorgaben des BVerfG genügende) neue Regelung erlassen wird, bleibt abzuwarten.

5. Die Anfechtungsfrist

Der deutsche Gesetzgeber hat sich entschieden, das Vaterschaftsanfechtungsrecht nicht auf unbestimmte Zeit zu gewähren, sondern an eine **Zweijahresfrist** zu knüpfen, § 1600b BGB. Im Sinne von Rechtsfrieden und Rechtssicherheit soll der Status des Kindes nicht auf Dauer von der Möglichkeit der Vaterschaftsanfechtung bedroht sein. **35**

a) Fristbeginn

Die Frist **beginnt** mit dem Zeitpunkt, in dem der Anfechtungsberechtigte von den Umständen erfährt, die gegen die Vaterschaft sprechen, § 1600b I 2 BGB, frühestens jedoch mit der Geburt des Kindes, § 1600b II 1 BGB. Wird eine Vaterschaft kraft Anerkennung angefochten, beginnt die Frist nicht vor Wirksamkeit der Anerkennung, § 1600b II 1 BGB. Für die Anfechtung durch den leiblichen Vater gelten keine Besonderheiten, vgl. § 1600b I 2 BGB. **36**

Der Anfechtungsberechtigte erfährt von den betreffenden „Umständen", wenn er die sichere **Kenntnis von Tatsachen** hat, die den **Verdacht** bzw. die nicht ganz fern liegende Möglichkeit einer anderweitigen Vaterschaft begründen (BGHZ 61, 195; *BGH* NJW 2014, 629). Entscheidend ist dabei die **objektive Sicht** eines verständigen, naturwissenschaftlich nicht vorgebildeten Laien (*BGH* FamRZ 2006, 771, 773; NJW 2014, 629; Staudinger/*Rauscher*, § 1600b Rn. 18). Tatsachen im genannten Sinne können sein:

- Ärztliche Bestätigung der Unfruchtbarkeit des Ehemanns
- Geständnis der Mutter über Mehrverkehr in der Empfängniszeit
- Prostitution der Frau in der Empfängniszeit, und zwar auch wenn Verhütung mit Kondomen behauptet wird (*BGH* FamRZ 2006, 771)
- Kenntnis vom Geschlechtsverkehr der Frau mit einem anderen Mann, auch wenn dabei Kondome benutzt wurden (*BGH* NJW 2014, 629)
- Fehlender Geschlechtsverkehr des Mannes mit der Kindesmutter in der Empfängniszeit (z.B. infolge beruflicher Abwesenheit)
- Krass abweichende Erbmerkmale des Kindes (z.B. dunkelhäutiges Kind)
- Ergebnis eines nach § 1598a BGB eingeholten Abstammungsgutachtens.

Keine fristauslösenden Momente sind hingegen:
- Vage Gerüchte über anderweitige Abstammung (z.B. anonymer Anruf)
- Unähnlichkeit von Vater und Kind

• Kenntnis vom Mehrverkehr der Frau in der Empfängniszeit, wenn glaubhaft versichert wird, dass sichere Verhütungsmittel gewählt wurden.

b) Besondere Fristen für das Kind

37   Dem Kind steht in jedem Fall mit Eintritt der Volljährigkeit ein eigenes Anfechtungsrecht zu. Dieses ist unabhängig davon, ob der ges. Vertreter die Anfechtung zuvor bewusst unterlassen hatte oder seine Anfechtung als unzulässig abgewiesen worden war. Die Anfechtungsfrist des Kindes beginnt frühestens mit Eintritt der Volljährigkeit (§ 1600b III BGB), ansonsten mit Kenntnis i.S.v. § 1600b I BGB. Entsprechendes gilt zu Gunsten von Geschäftsunfähigen, vgl. § 1600b IV BGB.

Eine **zusätzliche**, zweijährige **Anfechtungsfrist** für das Kind beginnt dann zu laufen, wenn das Kind Kenntnis von Umständen erlangt, aufgrund derer die Folgen der **Vaterschaft** für es **unzumutbar** werden, § 1600b VI BGB. Das kann gravierende Verfehlungen des Mannes gegenüber Kind oder Mutter betreffen, rufschädigendes Verhalten des Mannes, schwere Erb- oder Geisteskrankheiten sowie unsittlichen Lebenswandel. Wichtig ist zudem der Fall, dass die Mutter inzwischen den wahren Erzeuger geheiratet hat (*OLG Brandenburg* FamRZ 2009, 59) oder ihre Ehe mit dem Scheinvater aufgelöst wurde.

Beispiel: Das Kind hatte die Vaterschaftsanfechtung nur seiner Mutter zuliebe unterlassen, die mit dem Scheinvater glücklich verheiratet war. Nun lässt sich die Mutter aber scheiden, so dass die Beziehung von Mutter und Kind zum Scheinvater endgültig abbricht. Unter solchen Umständen muss das Kind nicht mehr an dieser Vaterschaft festhalten, sondern erhält eine neue Anfechtungsfrist.

6. Ausschluss der Anfechtung im Fall des § 1600 V BGB

a) Vorgeschichte

38   Ist ein Mann zeugungsunfähig, besteht die Möglichkeit, den Kinderwunsch in der Weise zu verwirklichen, dass sich die Frau mit dem Samen eines Samenspenders künstlich befruchten lässt. Man spricht von **heterologer Insemination**. Wird das so gezeugte Kind in eine Ehe hinein geboren, wird der Ehemann der Mutter kraft Gesetzes zum Vater, § 1592 Nr. 1 BGB. Vor Inkrafttreten von § 1600 V BGB war umstritten, ob der Ehemann in diesem Fall die Vaterschaft anfechten konnte. Im Schrifttum wurde geltend gemacht, dass derjenige, der die Verantwortung für die Zeugung eines Kindes mithilfe von Spendersamen übernehme, sich daran auch festhalten lassen müsse. Es sei mit Treu und Glauben unvereinbar, wenn sich der Mann hier beliebig wieder von dem Kind lossagen könne; das sei eben auch bei einer Adoption nicht möglich (*Schumacher*, FamRZ 1987, 313, 315; *A. Roth*, FamRZ 1996, 769, 771). Der BGH hingegen betonte, dass ein Verzicht auf das höchstpersönliche Anfechtungsrecht grundsätzlich unwirksam sei, und ließ die Anfechtung zu (*BGH* NJW 1995, 2921). Zum Schutz des Kindes wurde andererseits klargestellt, dass die Vereinbarung zwischen den Ehegatten über die Zustimmung zur heterologen Insemination regelmäßig zugleich eine konkludente Zusage des Mannes enthalte, für das Kind wie ein Vater sorgen zu wollen. Der BGH ging daher von einer **konkludenten Unterhaltszusage** zu Gunsten des Kindes aus (BGHZ 129, 297). Im Ergebnis konnte sich der Mann somit im Wege der Anfechtung zwar von der rechtlichen Vaterschaft trennen,

nicht aber von seiner Unterhaltsverpflichtung. Dem Gesetzgeber war das aber zu wenig. Zur Wahrung der Kindesinteressen wurde durch Art. 1 Nr. 2 KindRVerbG vom 9. 4. 2002 der gesetzliche Ausschluss des Anfechtungsrechts in diesen Fällen normiert.

b) Voraussetzungen des Ausschlusses der Anfechtung

Ausschluss der Vaterschaftsanfechtung nach § 1600 V BGB

1. Zeugung des Kindes durch künstliche Befruchtung
2. Verwendung der Samenspende eines Dritten
3. Wirksame Einwilligungen des Mannes und der Mutter

Der Anfechtungsausschluss gilt nur bei **künstlicher Befruchtung**, nicht bei **39** Geschlechtsverkehr mit einem Dritten. Der Begriff der künstlichen Befruchtung ist aber weit zu verstehen. Es muss sich nicht um eine ärztlich unterstützte Maßnahme handeln. Die privat vorgenommene künstliche Befruchtung – z.B. im Wege der Sameninjektion mit der Spritze aus einem Kinderarztkoffer (*OLG Hamm* FamRZ 2008, 630) – genügt.

Hatte der (Ehe-)Mann der Befruchtungsbehandlung nicht zugestimmt, bleibt sein Anfechtungsrecht unberührt. Für die Annahme einer wirksamen **Einwilligung** des Mannes ist bei ärztlichen Behandlungen vorauszusetzen, dass zuvor eine ärztliche Aufklärung erfolgte und dass die Einwilligung im Zeitpunkt der Behandlung noch fortbestand, also nicht zwischenzeitlich widerrufen worden war. In der Praxis wird regelmäßig nach den Richtlinien der Bundesärztekammer zur Durchführung der assistierten Reproduktion (vgl. Deutsches Ärzteblatt Jg. 103/Heft 20 vom 19. 5. 2006, S. A 1392 ff.) verfahren, wonach eine schriftliche Einwilligung gefordert wird.

Der Anfechtungsausschluss gilt für alle Anfechtungsverfahren, die nach dem Inkrafttreten der Regelung angestrengt werden. Das betrifft auch die Fälle, in denen die heterologe Insemination zuvor erfolgt war. Ein etwaiges Vertrauen auf die frühere Rechtslage (s. Rn. 38) wird nicht geschützt (bestätigt von *BGH* NJW 2005, 1428).

c) Anfechtung durch das Kind

Der Anfechtungsausschluss betrifft nur den rechtlichen Vater und die Mut- **40** ter, nicht das Kind. Dieses kann sich später im Wege der Vaterschaftsanfechtung von der genetisch unzutreffenden Vaterschaft befreien. Freilich entfällt dann auch die Geschäftsgrundlage für eine Unterhaltszusage des Mannes (vgl. Rn. 38). Damit das Kind seinen genetischen Vater, den Samenspender, später ermitteln kann, sind die beteiligten Ärzte zu entsprechender Dokumentation verpflichtet. Das ergibt sich aus dem Recht des Kindes auf Kenntnis seiner Abstammung (s. Rn. 50) und inzwischen auch aus der Regelung in den §§ 6, 7 TPG-Geweberverordnung.

d) Die Rechtsstellung des Samenspenders

41   Anonyme Samenspenden sind nach heute h.M. unzulässig, weil sie das Recht des Kindes auf Kenntnis der eigenen Abstammung (Rn. 50) verletzen würden. Die Spenderdaten werden daher dokumentiert. Der Samenspender muss mit dem Risiko leben, dass die Einwilligung des Mannes unwirksam ist und dieser doch anfechten kann oder dass das Kind selbst anficht. In diesem Fall ist der Weg frei für eine gerichtliche Feststellung des Samenspenders als Vater (§ 1600d I BGB), und zwar mit allen rechtlichen Konsequenzen, die eine Vaterschaft mit sich bringt (insbes. Erbrecht und Unterhaltsanspruch des Kindes). Diese Möglichkeit lässt sich nicht zuvor vertraglich ausschließen, weil es sich insoweit um einen unzulässigen Vertrag zu Lasten des Kindes handeln würde. Der Samenspender kann sich lediglich vertraglich durch die Eltern eine Freistellung von Unterhaltspflichten zusagen lassen. Aber auch dann bleibt das Regressrisiko bei ihm hängen, falls das Kind direkt bei ihm Unterhalt einfordert (näher *Taupitz/Schlüter*, AcP 205 (2005), 591; *Wellenhofer*, FamRZ 2013, 825).

7. Rechtsfolgen der erfolgreichen Vaterschaftsanfechtung

42   Die Anfechtung hat Erfolg, wenn nach Überzeugung des Gerichts feststeht, dass der Mann, dem das Kind kraft Ehe oder Anerkennung zugerechnet wurde, nicht Vater des Kindes ist. Dazu erfolgt – wie bei der Vaterschaftsfeststellung (Rn. 22) – regelmäßig eine **Beweisaufnahme** durch Einholung eines medizinischen Gutachtens, § 177 II FamFG (näher dazu *Wellenhofer*, NZFam 2014, 117). Wird dem Anfechtungsantrag stattgegeben, beseitigt der gerichtliche Beschluss mit Rechtskraft die Vaterschaft **rückwirkend**. **Alle Rechtswirkungen** der Vaterschaft (Unterhaltpflicht, Erbrecht, Sorgerecht, Verwandtschaft, abgeleitete Staatsangehörigkeit etc.; zum Scheinvaterregress s. Rn. 48) entfallen dann mit ex tunc-Wirkung. Der Beschluss entfaltet Rechtswirkung für und gegen alle, § 184 II FamFG.

8. Scheidungsakzessorischer Statuswechsel, § 1599 II BGB

43   Grundsatz ist, dass eine Vaterschaft nach § 1592 Nr. 1 oder 2 BGB **nur durch Anfechtung** beseitigt werden kann. Der Gesetzgeber der Kindschaftsrechtsreform von 1998 hatte sich allerdings entschieden, eine Ausnahme von der Notwendigkeit der gerichtlichen Vaterschaftsanfechtung für den Fall zu machen, dass das Kind zwar noch **vor Rechtskraft des Scheidungsbeschlusses geboren** wird, aber **ein Dritter die Vaterschaft anerkennt** und Mutter und Scheinvater dem zustimmen, § 1599 II BGB. Hintergrund ist die Annahme, dass die Vaterschaftsvermutung des § 1592 Nr. 1 BGB zu Gunsten des Ehemanns auf wackeligen Beinen steht, wenn ein Kind während des Scheidungsverfahrens geboren wird; schließlich setzt die Scheidung ein Trennungsjahr der Ehegatten voraus. Hier soll den Beteiligten das zeit- und kostenträchtige Anfechtungsverfahren erspart bleiben, wenn alle mit der Zuordnung des Kindes zu dem „Dritten" als Vater einverstanden sind. Ist die Abstammung des Kindes von dem Dritten zwischen den Beteiligten unstrittig, wird sogar regelmäßig auch das Rechtsschutzbedürfnis für einen Anfechtungsantrag fehlen (*OLG Naumburg* FamRZ 2008, 432).

Verzichtbarkeit der Vaterschaftsanfechtung im Fall des § 1599 II BGB

1. Vaterschaft des Ehemanns der Mutter nach § 1592 Nr. 1 BGB
2. Geburt des Kindes nach Anhängigkeit des Scheidungsantrags
3. Wirksame Anerkennung der Vaterschaft durch Dritten innerhalb Jahresfrist
4. Zustimmung des Ehemanns
5. Zustimmung der Mutter
6. Rechtskräftige Scheidung

Die **Anerkennung durch den Dritten** muss den üblichen Wirksamkeitser- **44** fordernissen genügen (s. Rn. 10 ff.). Unbeachtlich ist hier aber ausnahmsweise der Umstand, dass die Noch-Vaterschaft des Ehemanns der Anerkennung eigentlich im Wege steht, vgl. § 1599 II 1 Hs. 2 BGB mit der Bestimmung, dass § 1594 II BGB insoweit nicht gilt. Die Anerkennung des Dritten kann auch schon vor der Geburt des Kindes geschehen (§§ 1599 II 2, 1594 IV BGB), spätestens aber muss sie innerhalb eines Jahres nach Scheidung erfolgen. Was die weiteren Zustimmungen von Ehemann und Mutter betrifft, hat der BGH klargestellt, dass diese auch nach Ablauf der Jahresfrist erfolgen können (*BGH NJW-RR* 2013, 705; *OLG Köln FamRZ* 2011, 651; a.A. noch *OLG Stuttgart FamRZ* 2004, 1054). Ein unzumutbar langer Schwebezustand entsteht dadurch nicht, da der anerkennende Dritte von seinem Widerrufsrecht nach § 1597 III BGB Gebrauch machen kann. Sobald alle Voraussetzungen vorliegen, wird der Dritte zum Vater des Kindes i.S.v. § 1592 Nr. 2 BGB, frühestens aber mit Rechtskraft der dem Scheidungsantrag stattgebenden Entscheidung.

VII. Rechtsausübungssperren und Scheinvaterregress

1. Die Rechtsausübungssperren des Abstammungsrechts

§ 1600d IV BGB bestimmt, dass die Rechtswirkungen der Vaterschaft, **45** soweit sich nicht aus dem Gesetz ein anderes ergibt, erst vom Zeitpunkt ihrer Feststellung an (gerichtliche Feststellung oder Anerkennung) geltend gemacht werden dürfen. Das bedeutet, dass man sich – etwa im Rahmen anderer Gerichtsverfahren – grundsätzlich erst und nur dann auf eine Vaterschaft berufen darf, wenn sie im Rechtssinne gem. § 1592 BGB wirksam besteht. Ansonsten gilt eine Rechtsausübungssperre. Inzidente Vaterschaftsfeststellungen sollen zum Schutz des Kindes verhindert werden.

Beispiel: Eine unverheiratete Frau verlangt vom Vater ihres Kindes Unterhalt nach § 1615l BGB, weil sie das Kind betreut. Wenn der in Anspruch genommene Mann die Vaterschaft bislang aber weder anerkannt hat noch gerichtlich als Vater festgestellt ist, so kann sich die Frau auch im Unterhaltsverfahren grundsätzlich nicht auf dessen Vaterschaft berufen. Insbesondere darf über diese Vorfrage nicht inzident Beweis erhoben werden. Allerdings enthält § 248 I FamFG eine gewisse Erleichterung: Eine vorläufige Unterhaltsregelung im Wege einer einstweiligen Anordnung kann beantragt werden, sobald das Vaterschaftsfeststellungsverfahren nach § 1600d BGB anhängig ist.

46 Spiegelbildlich ergibt sich aus **§ 1599 I BGB**, dass eine Berufung auf das Nichtbestehen einer Vaterschaft ausschließlich im Rahmen des Anfechtungsverfahrens geltend gemacht werden kann. Niemand soll den Status eines Kindes (insbesondere dessen „Ehelichkeit") außerhalb des formalisierten Abstammungsverfahrens in Frage stellen können.

> **Beispiel:** Der Großvater, der von seinem Enkel auf Unterhalt in Anspruch genommen wird (§ 1601 BGB), kann sich im Unterhaltsverfahren nicht mit der Argumentation wehren, der Enkel sei nicht leibliches Kind seines verstorbenen Sohnes, sondern das Ergebnis eines Seitensprungs seiner Schwiegertochter, und deshalb nicht im Sinne von § 1601 BGB mit ihm verwandt. Hier darf keine inzidente Abstammungskontrolle stattfinden. Vielmehr ist die rechtlich nach § 1592 Nr. 1 BGB bestehende Vaterschaft zu beachten.

47 Die Frage ist nun, unter welchen Umständen **Ausnahmen** von diesen Rechtsausübungssperren zuzulassen sind. Früher war die Rechtsprechung hier sehr restriktiv, zumal die Unterscheidung zwischen ehelicher und nichtehelicher Geburt doch noch lange Zeit eine Rolle spielte. Heute kommt es darauf aber immer weniger an. Demgemäß hat der BGH zuletzt mehrfach Ausnahmen von den §§ 1599 I, 1600d IV BGB anerkannt: zum einen für bestimmte Fälle des Scheinvaterregresses (Rn. 48), zum anderen im Rahmen von Verfahren zwischen den rechtlichen Eltern (betr. Unterhalt oder Versorgungsausgleich), wenn zwischen ihnen die tatsächliche Abstammung des Kindes unstreitig ist.

> **Beispielsfall** (nach *BGH* FamRZ 2008, 1836): V und M waren 28 Jahre verheiratet, davon lebten sie zwölf Jahre getrennt. Vier Jahre nach der Trennung bekam M eine Tochter, die unstreitig von ihrem neuen Lebenspartner L abstammt. Nach der Scheidung will V, dass die Trennungszeit nicht beim Versorgungsausgleich berücksichtigt wird. Eine Ausnahme (vgl. § 27 VersAusglG) von dem Grundsatz, dass die gesamte Ehezeit zugrunde zu legen ist (vgl. § 3 I VersAusglG), kann jedoch nur gemacht werden, wenn der anspruchsberechtigte Ehegatte während der langen Trennungszeit keine aus der Ehe herrührende Aufgabe wahrgenommen hat, insbesondere kein gemeinschaftliches Kind betreut hat. Hier hatte M indes ein im rechtlichen Sinne gemeinschaftliches Kind betreut, denn V war aufgrund der Ehe als Vater anzusehen (§ 1592 Nr. 1 BGB). Die Frage war deshalb, ob sich V entgegen § 1599 I BGB auf die (zwischen den Beteiligten unstreitige) Abstammung der Tochter von L berufen durfte, um die Herabsetzung des Versorgungsausgleichs zu erreichen.
>
> Der BGH bejaht diese Frage (bestätigt in NJW 2012, 1446). Entscheidend sei, ob und in welcher Intensität die schutzwürdigen Interessen des Kindes und der Familienfrieden dadurch beeinträchtigt werden, dass sich ein Elternteil auf eine potenzielle Nichtabstammung des Kindes vom rechtlichen Vater beruft. Im vorliegenden Fall war insoweit aber klar, dass sich auch durch die Inzidentfeststellung der unstrittigen und daher nicht beweisbedürftigen Vaterschaft des L an der Beziehung des Kindes sowohl zum recht-

lichen als auch zum leiblichen Vater nichts ändern würde. Daher durfte sich V – unabhängig von einer (ggf. noch möglichen) Vaterschaftsanfechtung – gegenüber M auf die fehlende Abstammung der T von ihm berufen.

2. Der Scheinvaterregress

Entfällt mit Rechtskraft des Beschlusses im Vaterschaftsanfechtungsverfah- **48** ren die Vaterschaft rückwirkend, so steht auch fest, dass der „Scheinvater" in der Vergangenheit nicht zu Unterhaltsleistungen an das Kind verpflichtet war. Wurden aber tatsächlich **Unterhaltsleistungen** erbracht, mag der Scheinvater nun daran interessiert sein, diese vom genetischen Vater erstattet zu bekommen. Zum diesbezüglichen Auskunftsanspruch s. unten Rn. 55 f.

Beispielsfall: Ehemann Ernst hat die Vaterschaft für das fünfjährige Kind Konrad erfolgreich angefochten und sich schließlich von Ehefrau Fiona scheiden lassen. Zwischen E und F ist unstreitig, dass Valentin der leibliche Vater von K ist. V, F und K leben inzwischen auch zusammen. E will Erstattung der an K erbrachten Unterhaltsleistungen in Höhe von 16.000 € zuzüglich Zinsen (zur Berechnung des Kindesunterhalts s. § 35 Rn. 7 f.). Allerdings ist die Vaterschaft des V auch 1 ½ Jahre nach der Vaterschaftsanfechtung weder anerkannt noch gerichtlich festgestellt. Welche Ansprüche hat E?

I. Ansprüche aus GoA (§§ 677, 683 S. 1, 679, 670 BGB) scheiden aus, weil sich E, solange er zahlte, selbst für den Vater hielt und damit kein fremdes, sondern ein eigenes Geschäft führte.

II. Ansprüche gegen K aus § 812 I 1 Alt. 1 BGB werden regelmäßig scheitern. Zwar hat E seine Unterhaltsleistungen an K rechtsgrundlos erbracht, K wird jedoch entreichert sein, § 818 III BGB (vgl. *BGH* FamRZ 1981, 30).

III. Ein Anspruch gegen V aus § 812 I 1 Alt. 2 BGB wegen Bereicherung in sonstiger Weise ist schon wegen des Vorrangs der Leistungskondiktion (gegen K) zu verneinen.

IV. Ansprüche gegen F als Ehefrau und Kindesmutter könnten sich allenfalls aus § 826 BGB ergeben, falls ihr eine vorsätzliche sittenwidrige Schädigung des E in Form des Unterschiebens eines fremden Kindes vorgeworfen werden könnte (*BGH* FamRZ 1981, 531; 1990, 367, 369; BGHZ 196, 207). Hierfür fehlen aber nähere Anhaltspunkte.

V. Sonstige Ansprüche aus Deliktsrecht (§ 823 I, II BGB) kommen nicht in Betracht, da keines der dort genannten Rechtsgüter verletzt wurde (vgl. BGHZ 196, 207; 57, 229, 232). Insbesondere ist die eheliche Treue als solche kein sonstiges Rechtsgut i.S.v. § 823 I BGB (vgl. § 11 Rn. 11).

VI. Es bleibt daher allein der **Anspruch aus § 1607 III 2 BGB** gegen V (Unterhaltsregress). Wenn ein „Dritter als Vater" Unterhalt leistet, geht der Unterhaltsanspruch, den das Kind gegen seinen Vater hat, auf den Dritten kraft Gesetzes über. Der Anspruch kann auch für die Vergangenheit geltend gemacht werden, § 1613 II Nr. 2a BGB. Anspruchsgegner ist der Vater des Kindes. Vater i.S.d. BGB ist allerdings nur der rechtliche Vater. Insoweit stellt sich vorliegend jedoch das Problem, dass V mangels Vaterschaftsanerkennung oder gerichtlicher Feststellung bislang nicht Vater i.S.v. § 1592 BGB ist. Demnach ist E hier der Scheinvaterregress an sich verwehrt; denn aus § 1600d IV BGB ergibt sich, dass die Vaterschaft nicht inzident im Rahmen eines anderen Verfahrens festgestellt werden darf. Das wäre für E vorliegend jedoch kaum zumutbar.

Angemessene Ergebnisse sind in solchen Fällen nur möglich, wenn man unter bestimmten Voraussetzungen Ausnahmen von § 1600d IV BGB zulässt. Das hat nun auch der BGH bestätigt; § 1600d IV sei in teleologischer Reduktion einzuschränken, wenn dies erforderlich sei, um in besonderen Fällen, deren Auswirkungen der Gesetzgeber offensichtlich nicht in vollem Umfang bedacht hat, schlechthin untragbare Ergebnisse zu vermeiden (*BGH* FamRZ 2008, 1424; FamRZ 2009, 32; FamRZ 2012, 437). Ein besonderer Fall wird bejaht, wenn der Scheinvater die Vaterschaft erfolgreich angefochten hat (klarstellend *BGH* FamRZ 2012, 437), die Abstammung des Kindes vom in Anspruch genommenen Mann unstreitig ist, mit einer Vaterschaftsfeststellung in absehbarer Zeit (mehr als 18 Monate muss nicht gewartet werden) nicht zu rechnen ist und schützenswerte Kindesinteressen der inzidenten Feststellung nicht entgegen stehen. All das ist im vorliegenden Fall zu bejahen.

49   Hintergrund dieser Scheinvaterregressproblematik ist der Umstand, dass die gesetzliche Amtspflegschaft für nichteheliche Kinder 1998 abgeschafft wurde. Bis dahin konnte sich der Scheinvater darauf verlassen, dass das Jugendamt nach der Vaterschaftsanfechtung von Amts wegen eine Vaterschaftsfeststellung einleitet. Der Scheinvater musste also nur dieses Verfahren abwarten und konnte dann den ermittelten Vater in Anspruch nehmen. Mit **Abschaffung der Amtspflegschaft** entfiel diese Möglichkeit jedoch. Jetzt ist der Scheinvater, der selbst kein Vaterschaftsfeststellungsrecht hat, darauf angewiesen abzuwarten, ob Vater, Mutter oder Kind die Vaterschaftsfeststellung betreiben. Unterlassen sie dies (absichtlich), wäre der Scheinvater gewissermaßen „ausgetrickst" und bliebe mit seinem Regressanspruch auf der Strecke. Da der Gesetzgeber diese Konsequenz wohl übersehen hat, hält der BGH eine **teleologische Reduktion des § 1600d IV BGB** unter den genannten (engen) Voraussetzungen für gerechtfertigt (FamRZ 2008, 1424; verfassungsrechtliche Bedenken dagegen scheinen nicht zu bestehen, vgl. *BVerfG* FamRZ 2010, 1235). Ein weiteres Argument für die großzügigere Handhabung der inzidenten Vaterschaftsfeststellung liefert zudem das Abstammungsklärungsverfahren nach § 1598a BGB (Rn. 58 ff.). Damit zeigt sich nämlich, dass die statusunabhängige Abstammungsfeststellung dem Gesetz inzwischen nicht mehr fremd ist.

VIII. Auskunft über die Abstammung

1. Das Recht auf Kenntnis der eigenen Abstammung

50   Aus dem Recht auf **freie Entfaltung der Persönlichkeit** (Art. 2 I GG) und aus der **Menschenwürde** (Art. 1 I GG) folgt auch ein höchstpersönliches Recht des Einzelnen auf Kenntnis seiner eigenen genetischen Abstammung (BVerfGE 79, 256; 90, 263; 96, 56), denn

„Verständnis und Entfaltung der Individualität sind … mit der Kenntnis der für sie konstitutiven Faktoren eng verbunden. Zu diesen zählt neben anderen die Abstammung. Sie legt nicht nur die genetische Ausstattung des Einzelnen fest und prägt so seine Persönlichkeit mit. Unabhängig davon nimmt sie auch im Bewusstsein des Einzelnen eine Schlüsselstellung für Individualitätsfindung und Selbstverständnis ein" (z.B. BVerfGE 96, 56 = NJW 1997, 1769).

Relevant wird dieses Recht, wenn rechtliche und genetische Elternschaft **51** auseinanderfallen oder der genetische Vater unbekannt ist. Zwar ergibt sich aus dem Recht auf Kenntnis der eigenen Abstammung kein Anspruch gegen staatliche Stellen auf Verschaffung von Kenntnissen über die eigene Abstammung; das Recht auf Kenntnis der eigenen Abstammung schützt aber **vor der Vorenthaltung erlangbarer Informationen** durch staatliche Organe. Daher waren Einschränkungen im früheren Abstammungsrecht, die dem Kind unter bestimmten Voraussetzungen die Vaterschaftsanfechtung versagt hatten und somit die Abstammungsklärung verhinderten, als verfassungswidrig angesehen worden (BVerfGE 79, 256; 90, 263).

Das geltende Recht muss also so weit wie möglich sicherstellen, dass Kinder ihre genetischen Wurzeln ermitteln können. Aus dem Recht auf Kenntnis der eigenen Abstammung folgt daher eine ärztliche und behördliche **Dokumentationspflicht**, wenn ein Kind mittels **Samenspende** gezeugt wurde (s. Rn. 38 f.); denn nur so hat es später die Möglichkeit, seine biologische Abstammung zu ermitteln. Demgemäß kann das mittels Samenspende gezeugte Kind auch vom behandelnden Arzt gem. § 242 BGB **Auskunft** über seine genetische Abstammung verlangen (*OLG Hamm* FamRZ 2013, 637). Ab dem Alter von 16 Jahren besteht ein Einsichtsrecht in die Personenstandsregister (§ 62 PStG), was insbesondere für Adoptivkinder Bedeutung haben mag.

2. Babyklappe und vertrauliche Geburt

Babyklappen werden v.a. von Klinikträgern eingerichtet und bieten Frauen, die sich **52** aufgrund der Schwangerschaft in einer psychischen Notlage befinden, die Möglichkeit, ihr Kind dort nach der Geburt abzulegen und es in Obhut der Klinik zu geben (näher *Katzenmeier*, FamRZ 2005, 1134; *Paulitz* ZKJ 2010, 360). Die Zahl der jährlich in Deutschland in Babyklappen gelegten Kinder ist gering (*Swientek*, FPR 2001, 353, 354 spricht von 20 bis 40 Kindern), so dass den damit verbundenen Rechtsfragen keine große praktische Bedeutung zukommt. Gleichwohl gilt es zu betonen, dass diese Praktiken das Recht des Kindes auf Kenntnis seiner eigenen Abstammung verletzen; denn melden sich die Eltern nicht mehr, wird das Kind wohl nie seine genetischen Wurzeln ermitteln können.

Entsprechendes gilt für die sog. anonyme Geburt, bei der die Schwangere ohne Offen- **53** legung ihrer Identität in der Klinik entbindet und das Kind kurz danach zur Adoption frei gibt. Hier besteht aber immerhin noch die Möglichkeit, die Frau doch noch davon zu überzeugen, ihre Daten zu hinterlassen. Durch das Gesetz zum Ausbau der Hilfen für Schwangere und zur **Regelung der vertraulichen Geburt** vom 28.8.2013 (BGBl. I 3458) wurden dafür nun gesetzliche Rahmenbedingungen geschaffen (dazu BT-Drucks. 17/12814; *Helms*, FamRZ 2014, 609 ff.; *Schwedler*, NZFam 2014, 193).

3. Auskunftsansprüche des Kindes gegen die Mutter

Das Recht auf Kenntnis der eigenen Abstammung wirkt mittelbar auch im **54** Eltern-Kind-Verhältnis. So wird auf Basis von § 1618a BGB ein Auskunftsanspruch des Kindes gegen die Mutter bejaht, der sich auf Auskunftserteilung über die Person des leiblichen Vaters bzw. der dafür in Betracht kommenden Männer richtet (*LG Passau* FamRZ 1988, 144; *OLG Stuttgart* FamRZ

1993, 733). Denn nur auf Basis dieser Auskunft kann ein nichteheliches Kind die Vaterschaftsfeststellung betreiben. Allerdings steht dem Kind in dieser Konstellation das grundrechtlich geschützte Persönlichkeitsrecht der Mutter (Art. 1 I, 2 I GG) gegenüber, die sich auf die Achtung ihrer Privat- und Intimsphäre berufen wird, zu der auch geschlechtliche Beziehungen zu einem Partner gehören. Demgemäß bedarf es einer **Abwägung** der beiderseitigen Grundrechtspositionen im Einzelfall. Insoweit ist kein Ergebnis vorgegeben, das Recht des Kindes hat nicht zwangsläufig Vorrang (*BVerfG* NJW 1997, 1769). Ist ein Anspruch des Kindes gegen die Mutter auf Nennung des Vaters jedoch tituliert worden, ist dieser Anspruch regelmäßig auch **vollstreckbar**; es können Zwangsgelder oder Zwangshaft angedroht werden (*BGH* FamRZ 2008, 1751). Zuständig ist das Familiengericht. Auf § 1618a BGB kann im Übrigen auch ein Anspruch gegen die Eltern auf Bekanntgabe des Namens der Großeltern gestützt werden (*AG Lüdinghausen* NJW-RR 2012, 1412).

4. Der Auskunftsanspruch des Scheinvaters gegen die Mutter

a) Auskunftspflicht aus Treu und Glauben

55   Der **Scheinvaterregress** (Rn. 48) setzt voraus, dass der Scheinvater überhaupt weiß, gegen wen er seine Ansprüche zu richten hat. Insoweit bejaht der BGH einen Anspruch des Scheinvaters gegen die Mutter des Kindes auf Bekanntgabe des Namens des leiblichen Vaters. Als **Anspruchsgrundlage** wird **§ 242 BGB** herangezogen (bei Ehegatten i.V.m. § 1353 BGB, vgl. BGHZ 196, 207; zu Unverheirateten vgl. BGHZ 191, 259) Aus Treu und Glauben ergibt sich grundsätzlich ein Auskunftsanspruch, wenn die zwischen den Parteien bestehenden Rechtsbeziehungen es mit sich bringen, dass der eine Teil in entschuldbarer Weise über das Bestehen oder den Umfang seines Rechts im Ungewissen ist, und der andere Teil in der Lage ist, unschwer die zur Beseitigung dieser Ungewissheit erforderlichen Auskünfte zu erteilen. Beruft sich die Mutter wegen Nichtwissen auf die Unmöglichkeit der Auskunft, trägt sie dafür die Beweislast; sie muss näher darlegen, warum ihr die Kenntniserlangung nicht möglich war (*BGH* BeckRS 2014, 14404). Ein Auskunftsanspruch ist allerdings nur zu bejahen, wenn der Mann die Auskunft tatsächlich zur Durchsetzung des Unterhaltsregresses benötigt, nicht wenn er andere Motive verfolgt (*OLG Brandenburg* NJW-RR 2013, 1282).

Die Verpflichtung zur Auskunft über die Person des mutmaßlichen Vaters ihres Kindes berührt zwar auch die Intimsphäre bzw. das **Persönlichkeitsrecht der Mutter** nach Art. 2 I i.V.m. Art. 1 I GG. In Fällen, in denen die Mutter den Mann zur Abgabe eines Vaterschaftsanerkenntnisses veranlasst hatte, wiegt ihr allgemeines Persönlichkeitsrecht aber regelmäßig nicht stärker als der Anspruch des Mannes auf effektiven Rechtsschutz aus Art. 20 III i.V.m. Art. 2 I GG zur Durchsetzung seines Unterhaltsregresses nach erfolgreicher Vaterschaftsanfechtung (BGHZ 191, 259). Bei erfolgreicher Vaterschaftsanfechtung kommt hinzu, dass der Treubruch bzw. Ehebruch der Mutter ohnehin offensichtlich ist, so dass die Verpflichtung zur Bekanntgabe des Namens meist keine Persönlichkeitsrechtsverletzung mehr bedeutet.

b) Schadensersatzpflicht bei verweigerter Auskunft?

Verweigert die Mutter die Auskunft, macht sie sich grundsätzlich gegenüber **56**
dem Scheinvater nach **§ 280 I BGB schadensersatzpflichtig**. Die (ehemalige)
Ehe oder (ehemalige) rechtliche Elternschaft von Mann und Frau begründet
eine rechtliche Sonderverbindung, welche die Anwendung von § 280 BGB
erlaubt. Die Verweigerung der geschuldeten Auskunft ist als Pflichtverletzung einzustufen. Die Auskunftsverweigerung bewirkt, dass der Scheinvater
den Regressanspruch gegen den leiblichen Vater nicht geltend machen kann.
Ob tatsächlich ein Schaden vorliegt, hängt indes davon ab, ob der Scheinvater
im Fall des Regresses überhaupt zu Geld gekommen wäre. Insofern ist zu
beachten, dass der gem. § 1607 III 2 BGB auf den Scheinvater übergegangene
Unterhaltsanspruch des Kindes der Höhe nach durch die Leistungsfähigkeit
des leiblichen Vaters begrenzt ist (*KG* FamRZ 2000, 441; *BGH* MDR 2013,
598). Es kann maximal der vom Scheinvater gezahlte Betrag verlangt werden,
aber zugleich auch nur höchstens der Betrag, den der leibliche Vater selbst mit
Rücksicht auf seine Einkommensverhältnisse hätte zahlen können bzw. müssen
(§§ 1601 ff. BGB). Daher ist zur schlüssigen Begründung des Schadensersatz-
anspruchs grundsätzlich die Darlegung erforderlich, in welcher Höhe der leibliche Vater leistungsfähig gewesen wäre (*Schwonberg*, FamRB 2013, 181, 182).
Verweigert die Mutter aber die Auskunft über die Identität des Scheinvaters,
so können Bestand und Umfang eines Schadens nicht schlüssig dargetan werden. In einem entsprechenden Fall verneinte der BGH deshalb am Ende eine
Schadensersatzpflicht der Kindesmutter (BGHZ 196, 207).

5. Offenbarungspflichten zwischen Ehegatten

Nach Auffassung des BGH besteht für eine Ehefrau grundsätzlich keine **57**
Pflicht, dem Ehemann ungefragt zu offenbaren, dass das erwartete Kind (möglicherweise) nicht von ihm abstammt. Im Schweigen der Mutter liegt auch
keine unerlaubte Handlung i.S.v. § 823 I BGB und grundsätzlich auch kein Fall
von § 826 BGB (vgl. BGHZ 196, 207). Eine Offenbarungspflicht wird jedoch
bejaht, wenn die Abstammung eines Kindes erkennbar die **Geschäftsgrundlage** für eine Vermögenszuwendung darstellt.

> **Beispielsfall** (nach *BGH* NJW 2012, 2728): Als die Ehe von M und F in die Brüche
> geht, schenkt M seiner vermögenslosen Frau eine Wohnung, damit sie und der gemein-
> same Sohn S dort nach der Scheidung angemessen leben können. Bald darauf stellt M
> jedoch fest, dass S gar nicht sein leiblicher Sohn ist, und ficht erfolgreich die Vaterschaft
> an. Anschließend begehrt M die Rückübertragung der Wohnung. Mit der Zuwendung
> habe er gerade auch „seinen" Sohn versorgen wollen, das habe sich nun aber erledigt.
> Hier ist ein **Anspruch** von M gegen F auf Rückübertragung der Wohnung aus **§ 313 I
> BGB** zu bejahen. Unter den genannten Umständen war die leibliche Abstammung
> des Kindes nicht nur einseitiges Motiv des M, sondern erkennbar Geschäftsgrundla-
> ge geworden; denn die Zuwendung bzw. Schenkung war auch dazu bestimmt, den

Unterhaltsbedarf des Kindes zu decken. Mit der Vaterschaftsanfechtung ist diese Geschäftsgrundlage entfallen.

Zudem ist an einen Anspruch des M aus § 812 I 1 Alt. 1 i.V.m. § 123 BGB zu denken. Bei einer so wertvollen Zuwendung bestand für F eine Offenbarungspflicht in Bezug auf die Abstammung des S (*BGH* a.a.O.). Durch ihr Schweigen hat F den Tatbestand der **arglistigen Täuschung** erfüllt, so dass M alternativ auch anfechten und den bereicherungsrechtlichen Herausgabeanspruch geltend machen kann.

IX. Das Abstammungsklärungsverfahren gem. § 1598a BGB

1. Vorgeschichte

58 Heimliche Vaterschaftstests, die ohne Wissen und Zustimmung des Kindes bzw. der Sorgeberechtigten eingeholt werden, sind nach Auffassung der Rechtsprechung rechtswidrig. Sie verletzen das Grundrecht des Kindes auf informationelle Selbstbestimmung aus Art. 2 I i.V.m. 1 I GG (*BVerfG* NJW 2007, 753; *BGH* NJW 2005, 497). Demgemäß kann auch präventiv die Unterlassung der Einholung eines solchen Tests aus §§ 823 I, 1004 BGB analog verlangt werden. Eben das brachte den Mann, der gerne wissen wollte, ob sein Kind wirklich sein genetisch eigenes Kind ist, jedoch in Schwierigkeiten. Wenn die Kindesmutter schwieg oder ihre Mitwirkung am Test verweigerte, hatte er praktisch keine Möglichkeiten, die wahren Abstammungsverhältnisse zu ermitteln. Zwar gibt es das Vaterschaftsanfechtungsverfahren, indes zielt dieses über das Ziel hinaus, indem es nicht nur die (Nicht-)Abstammung feststellt, sondern zugleich auch die Vaterschaft entfallen lässt. Das mag aber vom (Schein)Vater gar nicht gewollt sein. Insofern war vor der Einführung von § 1598a BGB zwar das Recht des Kindes auf Kenntnis der eigenen Abstammung gewährleistet, nicht aber das spiegelbildliche **Recht des Vaters auf Kenntnis seiner eigenen Abkömmlinge**. Dazu führte das BVerfG (NJW 2007, 753 f.) aus:

> „Die Möglichkeit, sich als Individuum nicht nur sozial, sondern auch genealogisch in eine Beziehung zu anderen zu setzen, wird ... vom Schutz des Persönlichkeitsrechts mit umfasst und begründet aus Art. 2 I i.V.m. Art. 1 I GG ein Recht des Kindes auf Kenntnis der eigenen Abstammung ebenso wie es einem Mann das Recht auf Kenntnis einräumt, ob ein Kind von ihm abstammt. Dies betrifft sowohl die Annahme eines Mannes, er könnte Erzeuger eines ihm rechtlich nicht zugeordneten Kindes sein, als auch die Zweifel, ein Kind, als dessen Vater der Mann rechtlich angesehen und behandelt wird, könnte doch nicht von ihm abstammen. Beide Interessen berühren das Verhältnis, in das sich ein Mann zu einem Kind und seiner Mutter setzt, und die emotionalen wie sozialen Beziehungen, die er zu diesen entwickelt. Das Wissen um die Abstammung des Kindes hat auch maßgeblichen Einfluss auf das Selbstverständnis des Mannes sowie die Rolle und Haltung, die er dem Kind und der Mutter gegenüber einnimmt".

59 Umfasst das **Persönlichkeitsrecht** somit das Recht des Mannes auf Kenntnis, ob ein Kind von ihm abstammt, so muss die Erlangung dieser Kenntnis aber auch möglich sein. Demgemäß forderte das BVerfG die **Einführung**

eines Verfahrens, das dem Mann Zugang zu den ihm vorenthaltenen Informationen ermöglicht, die für die Kenntnis der Abstammung eines Kindes von ihm erforderlich sind. Dem kam der Gesetzgeber mit der Schaffung von § 1598a BGB nach. Die Norm wurde mit Blick auf die väterliche Abstammung konzipiert und auch systematisch im Recht der Vaterschaft verortet. Da sich das Recht des Kindes auf Kenntnis der eigenen Abstammung aber auf die **mütterliche wie väterliche Abstammung** in gleicher Weise bezieht, ist der Klärungsanspruch auch in Bezug auf die mütterliche Abstammung zu bejahen (in diesem Sinne auch *Schwab*, FamRZ 2008, 23, 24; *Borth*, FPR 2007, 381, 382).

Der Anspruch auf Abstammungsklärung aus § 1598a BGB

1. **Klärungsberechtigung, § 1598a I BGB**
   a) Vater i.S.v. § 1592 BGB; nicht: leiblicher Vater
   b) Mutter, § 1591 BGB
   c) Kind (im gerichtlichen Verfahren: Vertretung durch Pfleger, § 1629 IIa BGB)
2. **Klärungsverpflichtete gem. Abs. 1**
3. **Klärungsgegenstand:** Abstammung von rechtlichem Vater oder rechtlicher Mutter
4. **Anspruchsziel:** Einwilligung in bzw. Mitwirkung bei Abstammungsbegutachtung

---

2. Die Regelung in § 1598a BGB

a) Das außergerichtliche Verfahren

§ 1598a I BGB gibt dem rechtlichen Vater, der Mutter und dem Kind gegen- **60** einander Ansprüche auf Mitwirkung an einer privat in Auftrag zu gebenden Abstammungsuntersuchung. Der Anspruch besteht ohne Weiteres; besondere Voraussetzungen nennt das Gesetz nicht, auch keine Frist (klarstellend *OLG Koblenz* NJW-RR 2013, 1349). Die Vaterschaftsanfechtungsfrist kann schon abgelaufen sein (*OLG Karlsruhe* FamRZ 2012, 1734). Die Geltendmachung des Anspruchs kann allerdings rechtsmissbräuchlich sein, wenn bereits ein vorangehendes Abstammungsgutachten verlässliche Ergebnisse gebracht hat (*OLG Stuttgart* FamRZ 2010, 53). Ziel des Anspruchs ist die Abgabe von Einwilligungserklärungen der anderen Beteiligten in die Entnahme der notwendigen Körperproben (meist Blutproben) und das Einverständnis mit deren Untersuchung. Die Wahl des genetischen Instituts und der Untersuchungsmethode liegt bei den Beteiligten. Im Regelfall sollte das Gutachten aber den **Qualitätsanforderungen** der Richtlinien der Bundesärztekammer (abgedruckt in FamRZ 2002, 1159) genügen. Mit der Einwilligungs- und Mitwirkungsverpflichtung des § 1598a I BGB korrespondiert ein Anspruch auf Kenntnis des Untersuchungsergebnisses, § 1598a IV BGB. Mit Zustimmung der anderen Beteiligten kann das Gutachten anschließend auch im Vaterschaftsfeststellungs- oder Anfechtungsverfahren verwendet werden, § 177 II 2 FamFG (dazu *OLG Naumburg* NZFam 2014, 136).

61   Wenn § 1598a BGB vom Vater spricht, ist allein der **rechtliche Vater** gem. § 1592 BGB gemeint (klarstellend *OLG Karlsruhe* FamRZ 2010, 221; *OLG Nürnberg* FamRZ 2013, 227 und 2014, 404). Zu Gunsten oder gegen den **leiblichen Vater** hat der Gesetzgeber keine Klärungsansprüche vorgesehen (vgl. *Helms*, FamRZ 2008, 1033; *Wellenhofer*, NJW 2008, 1185, 1188). Sein Recht auf Kenntnis erscheint indes zumindest unter den Voraussetzungen schützenswert, unter denen ihm auch ein Vaterschaftsanfechtungsrecht zusteht. Auch das *BVerfG* hatte dies angedeutet (NJW 2007, 753, Tz. 89), es hält die Entscheidung des Gesetzgebers jedoch für verfassungsgemäß (*BVerfG* NJW 2009, 423). Folge ist, dass zumindest der leibliche Vater weiter den Weg über den heimlichen Test suchen wird.

b) Die gerichtliche Ersetzung der Einwilligung

62   Wird die Einwilligung im Ausnahmefall versagt, kann sie auf Antrag vom Familiengericht ersetzt werden. Es handelt sich um eine Abstammungssache i.S.v. § 169 Nr. 2 FamFG. Antragsberechtigt sind die in § 1598a I BGB genannten Personen. Für das minderjährige Kind handelt der Ergänzungspfleger, vgl. § 1629 IIa BGB (dazu *OLG Jena* NJW-RR 2010, 300). Zudem kann beantragt werden, dass das Gericht die Duldung der Probeentnahme anordnet. Insoweit sind auch Vollstreckungsmaßnahmen denkbar, insbesondere unmittelbarer Zwang, § 178 II FamFG. Entscheidungskriterien für das Gericht nennt das Gesetz nicht. Im Grunde gilt, dass der Anspruch besteht und dass das Gericht die Ersetzung der Einwilligung im Beschluss auszusprechen hat, es sei denn, das Gericht entschließt sich zu einer Aussetzung nach § 1598a III BGB.

c) Die Aussetzung des Verfahrens, § 1598a III BGB

63   Um dem Kindeswohl in außergewöhnlichen Fällen Rechnung zu tragen, kann das Verfahren nach Abs. 3 vorübergehend ausgesetzt werden. Der Gesetzgeber dachte hier an Fälle, in denen zu befürchten ist, dass die Konfrontation mit dem Ergebnis des Abstammungsgutachtens auf Grund außergewöhnlicher Umstände atypische, besonders **schwere Folgen für das minderjährige Kind** auslöst (so auch *OLG Karlsruhe* FamRZ 2012, 1734). Man mag an Selbstmordgefahr denken oder die Gefahr, dass sich eine momentan bestehende, schwere Krankheit bedeutsam verschlechtert (BT-Drs. 16/6561 S. 13).

d) Rechtsfolgen

64   Das Verfahren nach § 1598a BGB bleibt ohne unmittelbare Rechtsfolgen. Es geht allein um die **Kenntniserlangung** über die bestehende bzw. nicht bestehende Abstammung. Die rechtliche Vaterschaft wird davon nicht berührt. Den Beteiligten steht es aber frei, nun ein Vaterschaftsanfechtungsverfahren einzuleiten, sofern die Frist des § 1600b I BGB noch nicht abgelaufen ist. Ergibt das eingeholte Gutachten, dass Vater und Kind nicht voneinander abstammen, so beginnt die Anfechtungsfrist spätestens mit Kenntnis hiervon zu laufen. Während des gerichtlichen Verfahrens nach Abs. 2, 3 ist die Frist gehemmt, vgl. § 1600b V 1 BGB.

Empfehlungen zur vertiefenden Lektüre

Zur Vertiefung: *Coester*, Ersatzmutterschaft in Europa, FS Jayme 2004, 1243; *Coester-Waltjen*, Verwandtschaft und Schwägerschaft, Jura 2004, 744; *Heiderhoff*, Kann ein Kind mehrere Väter haben?, FamRZ 2008, 1901; *Helms*, Entkoppelung von Abstammungsklärung und Vater-Kind-Zuordnung – der neue § 1598a BGB, FS Frank, 2008, S. 225; *ders.*, Die Stellung des potenziellen biologischen Vaters im Abstammungsrecht, FamRZ 2010, 1; *Katzenmeier*, Rechtsfragen der Babyklappe und der medizinisch assistierten anonymen Geburt, FamRZ 2005, 1134; *Keuter*, Entwicklungen im Statusrecht seit 2013, FamRZ 2014, 518; *Löhnig*, Das Gesetz zur Ergänzung des Rechts zur Anfechtung der Vaterschaft, FamRZ 2008, 1130; *Schwonberg*, Scheinvaterregress und Rechtsausübungssperre, FamRZ 2008, 449; *Taupitz/Schlüter*, Heterologe künstliche Befruchtung – Die Absicherung des Samenspenders gegen unterhalts- und erbrechtliche Ansprüche des Kindes, AcP 205 (2005), 591; *Wellenhofer*, Das neue Gesetz zur Klärung der Vaterschaft unabhängig vom Anfechtungsverfahren, NJW 2008, 1185; *dies.*, Die Samenspende und ihre späten Rechtsfolgen, FamRZ 2013, 825; *dies.*, Der Europäische Gerichtshof für Menschenrechte und das Vaterschaftsanfechtungsrecht des leiblichen Vaters, FamRZ 2012, 828.

Fälle und Klausuren: *Bischoff*, Fortgeschrittenenklausur – Bürgerliches Recht: Zivilrechtliche Probleme heimlicher Vaterschaftstests, JuS 2006, 421; *Eckebrecht*, Das Pop-art-Happening des Grafikers, JA 2002, 945; *Löhnig*, Fall 12; *Preisner*, Examenstypische Klausurkonstellationen im Familien- und Erbrecht, Teil II, JA 2010, 505; *Röthel*, Fall 6; *Schwab*, PdW, Fälle 127–149.

§ 32. Erwerb und Verlust der elterlichen Sorge

I. Einführung

1. Begriff der elterlichen Sorge

Die elterliche Verantwortung für das Kind realisiert sich in der „elterlichen **1** Sorge". Sie beschreibt die Pflicht und das Recht der Eltern, für das minderjährige Kind zu sorgen, § 1626 I 1 BGB. Damit korrespondiert Art. 6 II 1 GG, wonach Pflege und Erziehung der Kinder das natürliche Recht der Eltern und die zuvörderst ihnen obliegende Pflicht sind. In entsprechender Weise besteht ein Recht des Kindes auf Pflege und Erziehung durch seine Eltern (*BVerfG* FamRZ 2008, 845, Tz. 72). Die staatliche Gemeinschaft wacht über die Betätigung der elterlichen Verantwortung, Art. 6 II 2 GG. Das Wächteramt gewinnt vor allem in Fällen akuter Kindeswohlgefährdung an Bedeutung, vgl. § 1666 BGB. Hiervon abgesehen haben die Eltern bei der Erziehung ihrer Kinder einen großen Entscheidungs- und Gestaltungsspielraum, in den sich der Staat nicht einzumischen hat. Jeder soll insoweit seine eigenen Wertvorstellungen verwirklichen können.

Die elterliche Sorge hat einen umfassenden Inhalt, sie zielt auf die Wahrung **2** und Förderung sämtlicher Interessen des Kindes in körperlicher, geistiger, seelischer, sozialer und wirtschaftlicher Hinsicht. Dabei nimmt das Gesetz eine Unterteilung vor in die Sorge für die Person des Kindes einerseits (**Personen-**

sorge; §§ 1631 ff. BGB; unten § 33 Rn. 1 ff.) und die Sorge für das Vermögen des Kindes andererseits (**Vermögenssorge**, §§ 1638 ff. BGB; unten § 33 Rn. 5).

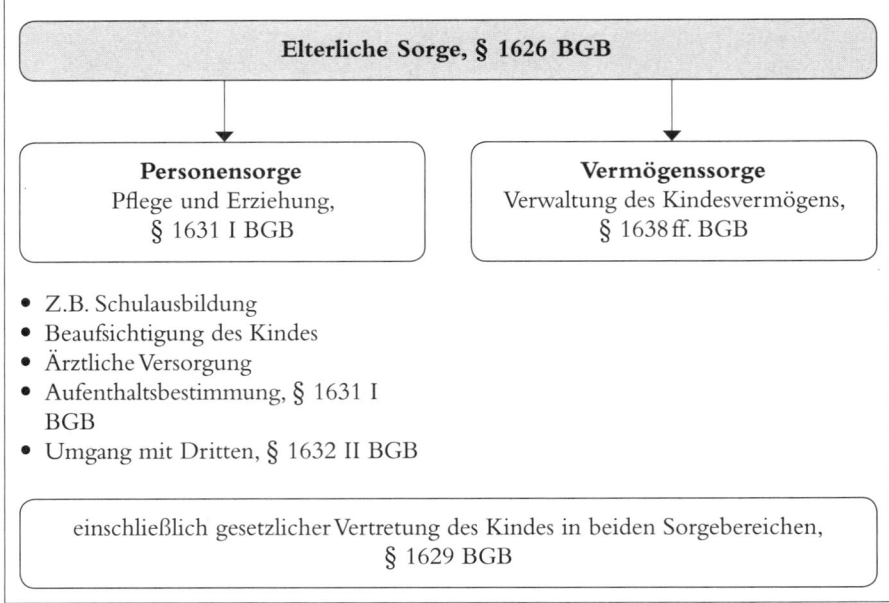

2. Die Möglichkeiten der Sorgerechtszuordnung

3   Die elterliche Sorge kann einem Elternteil allein zustehen (**Alleinsorge**) oder beiden Elternteilen gemeinsam (**gemeinsame Sorge**). Daneben sind Kombinationen von alleiniger und gemeinsamer Sorge denkbar. So kann für einen Teilbereich die Alleinsorge eines Elternteils bestehen (z.B. für die Vermögenssorge des Kindes, das bereits umfangreich geerbt hat), während die Sorge im Übrigen beiden Elternteilen zukommt.

Was den rechtlichen Weg zur Erlangung der elterlichen Sorge betrifft, lassen sich drei Formen unterscheiden:

- Erwerb kraft Gesetzes (z.B. Alleinsorge der unverheirateten Mutter, § 1626a III BGB)
- Erwerb kraft Willenserklärung (gemeinsame Sorge unverheirateter Eltern, § 1626a I Nr. 1 BGB)
- Erwerb kraft gerichtlicher Entscheidung (z.B. Alleinsorge nach Scheidung, § 1671 I BGB)

3. Die wesentlichen Fallkonstellationen

4   Für die Frage, ob **gemeinsame Sorge** oder **Alleinsorge** besteht, sind im Wesentlichen folgende Konstellationen zu unterscheiden. Zu beachten ist dabei, dass das Gesetz, wenn es von Eltern spricht, die Mutter i.S.v. § 1591 BGB und den Vater i.S.v. § 1592 BGB meint. Solange die Vaterschaft im Rechtssinne noch nicht besteht, kann es auch kein Sorgerecht geben.

- Sind die Eltern bei Geburt des Kindes **miteinander verheiratet**, so haben sie automatisch die gemeinsame Sorge für das Kind inne. Das gilt kraft Gesetzes, mag es auch keine Norm geben, in der dies explizit ausgedrückt wird. Man kann es aber aus den §§ 1626 ff. BGB herauslesen.
- Gemeinsame Sorge gilt zudem ab dem Zeitpunkt, in dem die Eltern einander heiraten, § 1626a I Nr. 2 BGB.
- Sind die Eltern **nicht** miteinander **verheiratet**, können sie die gemeinsame Sorge durch die Abgabe von Sorgeerklärungen erlangen, §§ 1626a I Nr. 1, 1626b ff. BGB (dazu Rn. 5 ff.).
- Unverheirateten kann das Familiengericht auf Antrag eines Elternteils die elterliche Sorge gemeinsam übertragen, § 1626a I Nr. 3, II BGB.
- Solange die Eltern nicht heiraten, keine Sorgeerklärungen abgeben und auch das Familiengericht nicht die gemeinsame Sorge anordnet, steht der unverheirateten Mutter mit Geburt des Kindes die elterliche Sorge alleine zu, § 1626 III BGB.
- Leben Eltern mit gemeinsamem Sorgerecht getrennt, so kann jeder von ihnen beim Familiengericht beantragen, dass ihm die Alleinsorge durch gerichtliche Entscheidung übertragen wird, § 1671 BGB (dazu Rn. 15 ff.). Trennung oder Scheidung als solche haben aber noch keinen Einfluss auf den Fortbestand der gemeinsamen elterlichen Sorge.

Beispiele:
- Wird ein Kind vor der Heirat seiner Eltern geboren, so besteht zunächst die Alleinsorge der Mutter (§ 1626a III BGB), mit Verheiratung kommt es automatisch zur gemeinsamen Sorge (§ 1626a I Nr. 2 BGB).
- Wird ein Kind im Rahmen eines außerehelichen Seitensprungs seiner Mutter gezeugt, so steht das gemeinsame Sorgerecht der Mutter und ihrem Ehemann zu, der kraft § 1592 Nr. 1 BGB rechtlicher Vater des Kindes ist. Der leibliche Vater kann das Sorgerecht erst erlangen, wenn die Vaterschaft des Ehemanns erfolgreich angefochten wird, der leibliche Vater die Vaterschaft wirksam anerkennt und dann z.B. durch Sorgeerklärungen nach § 1626a I Nr. 1 BGB oder gerichtliche Entscheidung gem. § 1626 I Nr. 3 BGB die gemeinsame Sorge begründet wird.

II. Erwerb der gemeinsamen Sorge durch Sorgeerklärungen

1. Voraussetzungen

Sind die Eltern des Kindes nicht miteinander verheiratet und wollen sie auch 5 nicht heiraten, so können sie seit 1998 durch Abgabe von Sorgeerklärungen die gemeinsame elterliche Sorge erlangen. Die frühere Gesetzeslage, die eine gemeinsame Sorge nicht miteinander verheirateter Eltern generell ausgeschlossen hatte, ist 1991 vom BVerfG mit Blick auf Art. 6 II und V GG für verfassungswidrig erklärt worden (*BVerfG* FamRZ 1991, 913).

Wirksamkeitsvoraussetzungen der Erklärung gemeinsamer Sorge, §§ 1626b ff. BGB

1. Erklärung des Willens zur Ausübung der gemeinsamen Sorge durch beide Elternteile
2. Höchstpersönliche Erklärungen, § 1626c I BGB
3. Erklärungen ohne Bedingung oder Zeitbestimmung, § 1626b I BGB
4. Form: öffentliche Beurkundung, § 1626d I BGB
5. Grundsätzlich: Geschäftsfähigkeit der Erklärenden
   Sonderregelung für beschränkt Geschäftsfähige, § 1626c II BGB
6. Keine entgegenstehende gerichtliche Sorgerechtsentscheidung, § 1626b III BGB

---

a) Beiderseitige Erklärungen

6 Die Sorgeerklärungen sind Willenserklärungen. Die Eltern erklären sich ihren Willen zur gemeinsamen Sorge aber nicht gegenseitig; die Erklärungen sind auch nicht empfangsbedürftig. Man kann vielmehr von parallel laufenden Erklärungen (*Schwab*, FamR, Rn. 631) sprechen. Es handelt sich um höchstpersönliche Erklärungen; Stellvertretung ist ausgeschlossen, § 1626c I BGB. Die Erklärungen sind bedingungs- und befristungsfeindlich, § 1626b I BGB. Die Sorge muss in ihrem allumfassenden, gesetzlichen Sinne gemeint sein; sie kann weder „testweise auf Zeit gebucht", noch an Bedingungen geknüpft werden (z.B. von Seiten der Mutter an die Bedingung, dass das Kind in jedem Fall bei ihr wohnen bleibt).

b) Form

7 Die Sorgeerklärungen bedürfen zu ihrer Wirksamkeit der **öffentlichen Beurkundung**, § 1626d I BGB. Zuständig dafür sind die Notare (§ 20 I 1 BNotO) und das Jugendamt (§ 59 I 1 Nr. 8 SGB VIII). Die Erklärungen können zudem in Form einer gerichtlich gebilligten Elternvereinbarung erfolgen (*BGH* FamRZ 2011, 796). Die Elternteile können auch verschiedene Beurkundungsstellen wählen. Die Erklärungen müssen nicht zeitgleich abgegeben werden.

c) Geschäftsfähigkeit der Erklärenden

8 Grundsätzlich müssen beide Elternteile geschäftsfähig sein, wenn sie Sorgeerklärungen wirksam abgeben wollen. Allerdings soll etwa auch der 17-jährigen, unverheirateten Mutter zusammen mit dem Vater ihres Kindes die Möglichkeit gemeinsamer Sorge offenstehen. In diesem Fall bedarf es – wegen der Höchstpersönlichkeit der Erklärung – zum einen der Sorgeerklärung des beschränkt Geschäftsfähigen und zum anderen der Zustimmung des ges. Vertreters, § 1626c II 1 BGB. Sollte dieser die Zustimmung verweigern, besteht die Möglichkeit der Ersetzung der Zustimmung durch das Familiengericht, § 1626c II 3 BGB. Geschäftsunfähige können keine wirksame Sorgeerklärung abgeben.

d) Hindernis bei entgegenstehender gerichtlicher Sorgerechtsentscheidung

Sorgeerklärungen i.S.v. § 1626a I Nr. 1 BGB können nur ausgehend von der Situation **9** abgegeben werden, dass der unverheirateten Mutter nach Geburt des Kindes die Alleinsorge zusteht, vgl. § 1626a III BGB. Beruht die Alleinsorge eines Elternteils hingegen auf einer Gerichtsentscheidung (v.a. nach § 1671 BGB), so kann eine Abänderung dieser Entscheidung nur durch eine neue Gerichtsentscheidung erfolgen, § 1626b III BGB.

e) Keine Frist

Für die Sorgeerklärungen gibt es keine gesetzliche Frist. Aus der Natur **10** der Sache ergibt sich aber, dass die Erklärungen erfolgen müssen, solange das Kind minderjährig ist, da die elterliche Sorge mit Volljährigkeit des Kindes endet. Was den frühesten Zeitpunkt betrifft, stellt § 1626b II BGB klar, dass die Erklärungen auch schon **vor der Geburt des Kindes** abgegeben werden können. Allerdings muss das Kind bereits gezeugt sein.

Unter den Voraussetzungen des **§ 1599 II BGB** (Geburt eines Kindes während des Scheidungsverfahrens) kann auch der Mann, der im Rechtssinne (noch nicht) Vater des Kindes ist, eine schwebend unwirksame Sorgeerklärung abgeben.

Beispielsfall: Marta ist mit Emil verheiratet, lebt aber seit zwei Jahren getrennt von ihm. Nach Anhängigkeit des Scheidungsantrags von M kommt das Kind Kim zur Welt, das unstreitig von ihrem neuen Lebensgefährten Louis abstammt. Nun erkennt L die Vaterschaft für K mit Zustimmung von E und M an. Zugleich geben L und M formgerechte Sorgeerklärungen beim Jugendamt ab. Ein Jahr später wird die Scheidung rechtskräftig. M hat sich inzwischen wieder von L getrennt und möchte keine gemeinsame Sorge mehr. Die abgegebenen Sorgeerklärungen hält M für unwirksam, weil L zum damaligen Zeitpunkt noch nicht Vater im Rechtssinne gewesen sei. Wie ist die Rechtslage?

Laut Sachverhalt sind alle Voraussetzungen der Sorgeerklärungen erfüllt mit einer Ausnahme, nämlich der Vater- bzw. Elternschaft des L. Insofern fragt sich, ob eine **Sorgeerklärung** auch schon **vor Erlangung der rechtlichen Elternschaft** gewissermaßen auf Vorrat abgegeben werden kann, um dann nach einer Phase der schwebenden Unwirksamkeit mit Eintritt der Vaterschaft endgültig wirksam zu werden. Der BGH hat diese Frage unter den Voraussetzungen des § 1599 II BGB bejaht. Wenn danach eine schwebend unwirksame Vaterschaftsanerkennung möglich sei, müsse dies analog auch für eine entsprechende Sorgeerklärung gelten, zumal Vaterschaftsanerkennung und Sorgeerklärung ganz ähnlichen gesetzlichen Voraussetzungen unterliegen (*BGH* NJW 2004, 1595).
Vorliegend sind die Voraussetzungen des § 1599 II BGB erfüllt. Somit erlangen sowohl die Vaterschaft als auch die Sorgeerklärungen mit Rechtskraft der Scheidung Wirksamkeit. Daran muss sich M festhalten lassen. Begehrt sie eine andere Sorgerechtszuordnung, muss sie vor Gericht gehen und einen Antrag nach § 1671 BGB stellen (s. dazu Rn. 18).

f) Keine sonstigen Wirksamkeitserfordernisse

11   Wie bei der Vaterschaftsanerkennung (vgl. § 1598 I BGB; s. § 31 Rn. 19) bestimmt das Gesetz auch für Sorgeerklärungen, dass es allein auf die speziellen Wirksamkeitserfordernisse der §§ 1626b ff. BGB ankommt, § 1626e BGB. Das bedeutet zum einen, dass andere Nichtigkeitsgründe ausgeschlossen sind (z.B. Nichtigkeit infolge von §§ 116 ff. oder § 138 BGB). Zum anderen wird damit klargestellt, dass keine Prüfung stattfindet, ob die gemeinsame Sorge auch mit dem Kindeswohl verträglich ist, ob die Eltern überhaupt zusammenleben oder ob sie vielleicht sogar mit anderen Partnern verheiratet sind. Das Gesetz begnügt sich insoweit mit dem Konsens der Kindeseltern. Eben dieser ist freilich auch ein starkes Indiz dafür, dass sie dem gemeinsamen Sorgerecht gewachsen sind.

2. Rechtsfolgen

12   Die Sorgeerklärungen entfalten erst Wirkung bzw. lassen die gemeinsame Sorge erst dann eintreten, wenn beide Elternteile wirksame Erklärungen abgegeben haben, etwaig erforderliche Zustimmungen vorliegen und das Kind geboren ist. Dann gilt mit **ex-nunc-Wirkung** die gemeinsame Sorge. Bestehen Zweifel über die Wirksamkeit abgegebener Sorgeerklärungen, kann bei besonderem Feststellungsinteresse ein Antrag auf Feststellung des Bestehens oder Nichtbestehens der elterlichen Sorge gestellt werden (*OLG Stuttgart* FamRZ 2008, 539).

Nach Eintritt der gemeinsamen Sorge sind Änderungen nur noch durch **gerichtliche Entscheidung** möglich (dazu Rn. 18 ff.). Die Sorgeerklärungen können also weder widerrufen noch nach den §§ 119 ff. BGB angefochten und auch nicht einverständlich abgeändert oder aufgehoben werden.

III. Erwerb der gemeinsamen Sorge durch gerichtliche Entscheidung, § 1626a I Nr. 3, II BGB

13   Sind die Eltern des Kindes nicht miteinander verheiratet und werden keine Sorgeerklärungen abgegeben, so hat die Mutter die Alleinsorge, § 1626a III BGB. Bis zur Entscheidung des BVerfG im Jahr 2010 hatte es damit auch sein Bewenden.

1. Die Verfassungswidrigkeit des Ausschlusses des nichtehelichen Vaters von der gemeinsamen Sorge

Nach den §§ 1626a, 1672 BGB a.F. hatte der nicht mit der Kindesmutter verheiratete Vater keine Möglichkeit, ohne die Mitwirkung der Mutter das gemeinsame oder alleinige Sorgerecht zu erlangen. Auch eine gerichtliche Überprüfung der Gründe für die Verweigerung der Sorgeerklärung durch die Mutter war nicht vorgesehen. Sogar wenn das gemeinsame Sorgerecht für das Kind als beste Lösung erschien, konnte es gegen den Willen der Mutter nicht angeordnet werden. Darin lag laut EGMR (FamRZ 2010, 103) ein Verstoß gegen das **Diskriminierungsverbot** des Art. 14 EMRK i.V.m. Art. 8 EMRK

(Recht auf Privat- und Familienleben). Im Anschluss an diese Entscheidung erklärte dann auch das BVerfG dieses Gesetzeskonzept für unvereinbar mit Art. 6 II GG (*BVerfG* NJW 2010, 3008), da es einen unverhältnismäßigen Eingriff in das Elternrecht des unverheirateten Vaters bedeutete (anders noch *BVerfG* FamRZ 2003, 285 und 1447).

Für die **Übergangszeit** bis zum Inkrafttreten einer Neuregelung galt laut **14** BVerfG (NJW 2010, 3008), dass das Familiengericht auf Antrag eines Elternteils die elterliche Sorge oder einen Teil der elterlichen Sorge den Eltern gemeinsam übertragen konnte, soweit zu erwarten war, dass dies dem **Kindeswohl** entspricht (vgl. etwa *KG* NJW-RR 2011, 940). Mit dem Gesetz zur Reform der elterlichen Sorge nicht miteinander verheirateter Eltern vom 16.04.2013 (BGBl. I S. 795), das zum 19.5.2013 in Kraft trat, wurde dafür nun eine gesetzliche Grundlage geschaffen.

> **Beispielsfall:**
> Nach einer gescheiterten Ehe lebt Mimi mit ihrem Freund Fritz zusammen. Als M von F die Tochter Tara bekommt, drängt F auf die Abgabe von Sorgeerklärungen, da er mit M gemeinsam die elterliche Sorge für T ausüben will. Die Beziehung zu F entwickelt sich zwar gut, M hat aber aufgrund ihrer vorangegangenen Scheidung den Glauben an die ewige Liebe verloren und will momentan jegliche rechtliche Bindung vermeiden. Daher weigert sie sich, eine Sorgeerklärung abzugeben. F will sich das nicht gefallen lassen und fragt nach seinen Rechten.
>
> Nach der früheren Gesetzeslage hatte F keine Möglichkeit, ohne die Mitwirkung von M das Sorgerecht zu erlangen. Nun kann F beim Familiengericht gem. § 1626a I Nr. 3, II BGB beantragen, dass ihnen die Sorge gemeinsam übertragen wird.

2. Die Beantragung gemeinsamer Sorge nach § 1626a I Nr. 3, II BGB

Gem. § 1626a II 1 BGB überträgt das Familiengericht den unverheirateten **15** Eltern auf Antrag eines Elternteils die gemeinsame Sorge, wenn die Übertragung dem **Kindeswohl nicht widerspricht**. Trägt der andere Elternteil keine Gründe vor, die der Übertragung der gemeinsamen elterlichen Sorge entgegenstehen können, und sind solche Gründe auch sonst nicht ersichtlich, wird vermutet, dass die gemeinsame elterliche Sorge dem Kindeswohl nicht widerspricht, S. 2. Nach dieser Gesetzessystematik wird von einem Regel-Ausnahme-Verhältnis zu Gunsten der gemeinsamen elterlichen Sorge ausgegangen. Der Gesetzgeber orientiert sich am Leitbild der gemeinsamen Sorgetragung, weil diese grundsätzlich den Bedürfnissen des Kindes nach Beziehung zu beiden Elternteilen entspreche (BT-Drs. 17/11048, S. 12). Für die Übertragung der gemeinsamen Sorge ist somit **keine positive Feststellung** dahingehend erforderlich, dass die gemeinsame Sorge dem Kindeswohl entspricht (BT-Drs. 17/11048, S. 12; *OLG Brandenburg* NJW 2014, 233). Der darauf gerichtete Antrag kann vielmehr nur abgewiesen werden, wenn mit erheblicher Gewissheit festgestellt wird, dass die gemeinsame Sorge dem Kindeswohl widersprechen würde (*OLG Nürnberg* FamRZ 2014, 571). Teilweise wird allerdings schon angemahnt, die Vermutungsregel „behutsam" anzuwenden (*OLG Frankfurt* NJW 2014, 2049).

Der Antrag nach § 1626a I Nr. 3, II BGB

1. Antrag (von Vater oder Mutter) beim Familiengericht
2. Bisherige Alleinsorge der Mutter nach § 1626a III BGB
3. Gemeinsame Sorge widerspricht nicht dem Kindeswohl (negative Kindeswohlprüfung)

---

16   Kernfrage ist dabei, unter welchen Umständen die **gemeinsame Sorge** dem **Kindeswohl widerspricht**. Der Umstand, dass ein Elternteil die gemeinsame Sorge pauschal ablehnt, genügt dafür jedenfalls nicht. Laut Gesetzesbegründung müssen vielmehr konkrete Anhaltspunkte für die Kindeswohlunverträglichkeit der gemeinsamen Sorge vorliegen (BT-Drs. 17/11048 S. 17). Jedenfalls setzt gemeinsame Sorge ein Mindestmaß an Übereinstimmung in wesentlichen Bereichen der elterlichen Sorge voraus (vgl. § 1687 I 1 BGB) sowie eine grundsätzliche Konsensfähigkeit der Eltern (BVerfGE 107, 150, 169; *OLG Koblenz* FamRZ 2014, 319). Daran fehlt es, wenn Eltern so stark in ihrem Paarkonflikt verhaftet sind, dass eine angemessene Kommunikation nicht möglich ist (*OLG Koblenz* a.a.O.). Wenn die gemeinsame Sorge immerhin in einem Teilbereich funktioniert, kann sie zumindest für diesen „Teil der elterlichen Sorge" ausgesprochen werden.

Beispiele:

- Gemeinsame Sorge wird ausscheiden, wenn der Vater sein Kind nicht kennt, keine Besuchstermine wahrnimmt, keinen Kontakt zur Kindesmutter will und meint, mit dem gemeinsamen Sorgerecht könne er Besuchszeiten alleine bestimmen, ohne sich nach der Kindesmutter richten zu müssen, der gegenüber er in seinen Emails einen völlig unangemessenen Befehlston an den Tag legt (*AG Gießen* NZFam 2014, 285).
- Gemeinsame Sorge wurde abgelehnt, weil die Eltern in wichtigen Fragen nicht kommunikationsfähig waren und eine Einigung über das Umgangsrecht wiederholt nicht ohne gerichtliche Entscheidung möglich war (*OLG Brandenburg* NJW 2014, 233).

17   Die **Entscheidung** des Familiengerichts erfolgt im **beschleunigten Verfahren**. Nach Eingang des Antrags stellt das Gericht diesen dem anderen Elternteil zu und setzt ihm eine Frist zur Stellungnahme, § 155a II FamFG. Trägt der andere Elternteil keine Gründe vor, die gegen die gemeinsame Sorge sprechen (§ 1626 II 2 BGB), so soll das Gericht in der Regel im **schriftlichen Verfahren** ohne Anhörung des Jugendamts und ohne persönliche Anhörung der Eltern entscheiden, also ohne weitere Ermittlungen, § 155a III 1 FamFG (krit. *Willutzki* FPR 2013, 236, 238). Werden dem Gericht durch den Vortrag der Beteiligten oder auf sonstige Weise jedoch Gründe bekannt, die der gemeinsamen elterlichen Sorge entgegenstehen können, wird ein Erörterungstermin anberaumt, der spätestens einen Monat nach Bekanntwerden der Gründe stattfinden soll, § 155a IV FamFG.

IV. Änderungen der elterlichen Sorge

1. Der Antrag auf Alleinsorge nach § 1671 I BGB

§ 1671 I BGB betrifft den Fall, dass die Sorge den Eltern gemeinsam zusteht **18** und nun einer von ihnen die Alleinsorge begehrt. Ausgangspunkt ist insoweit, dass die gemeinsame elterliche Sorge auch dann bestehen bleibt, wenn sich die Eltern trennen oder scheiden lassen. Sie ist auch unabhängig davon, ob die Eltern jemals zusammengelebt haben. Leben die Eltern getrennt, hat jeder von ihnen aber die Möglichkeit, beim **Familiengericht** zu beantragen, dass die elterliche Sorge (oder ein Teil davon) auf ihn **allein** übertragen wird.

Es handelt sich um eine **Kindschaftssache** i.S.v. § 151 Nr. 1 FamFG. Das Kind ist dabei ein „Muss-Beteiligter" (§ 7 II Nr.1 FamFG). Ist es selbst nicht verfahrensfähig (§ 9 I Nr. 3 FamFG), bedarf es der ges. Vertretung. Auch im Fall eines erheblichen Interessengegensatzes zwischen Eltern und Kind kommt dabei die Vertretung durch die Eltern im Verfahren in Betracht, wenn bereits durch die Bestellung eines Verfahrensbeistandes für eine wirksame Interessenvertretung des Kindes Sorge getragen werden kann (BGHZ 191, 48 = NJW 2011, 3454; *BGH* NJW 2012, 1150). Es bedarf dann nicht des Sorgerechtsentzugs nach §§ 1629 II 3, 1796 BGB und der Bestellung eines Ergänzungspflegers.

Der Antrag nach § 1671 I BGB

1. Antrag beim Familiengericht
2. Bisherige gemeinsame Sorge der Eltern
3. Nicht nur vorübergehendes Getrenntleben der Eltern
4. Begründetheit des Antrags
   a) Bei einverständlichem Antrag: Wenn der andere Elternteil zustimmt, § 1671 I Nr. 1 BGB, vorbehaltlich Widerspruch des Kindes
   b) Bei streitigem Antrag: Wenn nach Überzeugung des Gerichts zu erwarten ist, dass
      – die Aufhebung der gemeinsamen Sorge und
      – die Übertragung auf den Antragsteller
      dem Wohl des Kindes am besten entsprechen, § 1671 I Nr. 2 BGB
5. Keine Notwendigkeit anderweitiger Entscheidung aufgrund Gesetzes, § 1671 IV BGB

---

a) Zulässigkeitsvoraussetzungen

§ 1671 I BGB setzt die gemeinsame elterliche Sorge voraus, sei es aufgrund **19** von Sorgeerklärungen, Verheiratung der Eltern oder aufgrund gerichtlicher Entscheidung (§ 1626a I Nr. 1–3 BGB). Ist künftig Alleinsorge gewünscht, muss der Elternteil, der dies für sich begehrt, den Antrag stellen. Voraussetzung ist, dass die Eltern nicht nur vorübergehend getrennt leben (vgl. zum Begriff § 1567 BGB). Unerheblich ist, ob sie jemals zusammengelebt haben oder wie lange sie schon getrennt leben.

b) Begründetheitsprüfung

20   Bei der Begründetheitsprüfung kommt es darauf an, ob der andere Elternteil dem Antrag zustimmt oder nicht (§ 1671 I 2 BGB). Wenn ja, so besteht die
Vermutung, dass die beiderseits gewollte Regelung dem Kindeswohl am besten
gerecht wird. Für eine eigenverantwortliche Regelung durch die Eltern spricht
insoweit auch das Elternrecht aus Art. 6 II 1 GG. Anders liegt es jedoch, wenn
das mindestens 14-jährige Kind dem Antrag widerspricht. In diesem Fall ist
die Entscheidungslage wieder offen. Nun ist es Aufgabe des Richters, eine am
Kindeswohl orientierte Einzelfallentscheidung zu treffen.

21   **Widerspricht** der **andere Elternteil** jedoch dem Antrag, weil er an der
gemeinsamen Sorge festhalten will, oder stellt er selbst einen Antrag auf Übertragung der Alleinsorge auf sich, so hat das Gericht eine **umfassende Prüfung**
der Rechtslage vorzunehmen (§ 1671 I 2 Nr. 2 BGB). Dabei muss in zwei
Schritten vorgegangen werden. Zum einen muss das Gericht, um dem Antrag
stattgeben zu können, davon überzeugt sein, dass es besser für das Kind ist, die
gemeinsame Sorge aufzuheben. Zum anderen muss gerade die Übertragung
der Alleinsorge auf den Antragssteller dem **Kindeswohl** am besten entsprechen. Fehlt dem Gericht insoweit eine hinreichende eigene Sachkunde, ist ein
Sachverständigengutachten einzuholen. Eine Zurückweisung des Antrags auf
Alleinsorge mit der Begründung, dass dem Gesetz im Zweifel eine Wertung
zugunsten der gemeinsamen Sorge zu entnehmen sei, genügt nicht (vgl. *BVerfG*
FamRZ 2004, 354, 355). Dafür, dass die gemeinsame Sorge die beste Form
der Wahrnehmung elterlicher Verantwortung darstellt, gibt es in der kinder-
psychologischen und familiensoziologischen Forschung auch keine empirisch
gesicherte Grundlage (*BGH* FamRZ 2008, 592; Staudinger/*Coester*, § 1671
Rn. 112 f.).

> **Beispielsfall** (nach *BVerfG* FamRZ 2004, 354): Mona und Emil waren zehn Jahre
> miteinander verheiratet. Aus der Ehe ist Sohn Simon hervorgegangen. E hatte M im-
> mer wieder grob körperlich misshandelt und war deswegen zu einer Freiheitsstrafe auf
> Bewährung verurteilt worden. Nach der Scheidung beantragt M beim Familiengericht
> die Alleinsorge für sich, da sie immer noch Angst vor Gewalttätigkeiten des E hat und
> daher jeden Kontakt mit ihm vermeiden will.
>
> Die im zweiten Rechtszug ablehnende Entscheidung des OLG, das damit argumentiert
> hatte, dass zwischen den Eltern doch im Hinblick auf die S betreffenden Fragen im
> Wesentlichen ein Grundkonsens bestehe und nach der gesetzlichen Wertung im Zweifel
> vom fortdauernden gemeinsamen Sorgerecht der Eltern auszugehen sei, verletzte nach
> Auffassung des BVerfG die Mutter in ihrem Grundrecht aus Art. 6 II 1 GG. Die gemein-
> same Ausübung der Elternverantwortung setze eine **tragfähige soziale Beziehung**
> zwischen den Eltern voraus, erfordere ein Mindestmaß an Übereinstimmung zwischen
> ihnen und habe sich am Kindeswohl zu orientieren. Eben eine solche Beziehung zwi-
> schen den Eltern fehlte hier aber. Zudem sei „es von Verfassungs wegen nicht geboten,
> der gemeinsamen Sorge gegenüber der alleinigen Sorge einen Vorrang einzuräumen;
> ein solcher findet sich auch nicht in der Regelung des § 1671 BGB wieder“. Genauso

wenig könne vermutet werden, dass die gemeinsame Sorge nach der Trennung der Eltern im Zweifel die für das Kind beste Form der Wahrnehmung elterlicher Verantwortung sei (*BVerfG* a.a.O.).

Die **Aufhebung der gemeinsamen Sorge** wird in folgenden Fällen na-   22
heliegen:

- Die Eltern haben sich in der Vergangenheit als unfähig erwiesen, zugunsten des Kindes sinnvolle gemeinsame Entscheidungen zu treffen (vgl. *OLG Frankfurt/M.* FamRZ 2008, 1470).
- Die Eltern sind in hohem Maße verfeindet und nicht zu angemessener Kommunikation oder Kooperation in der Lage.
- Der andere Elternteil hat das Kind missbraucht oder schwer misshandelt.

Für die im zweiten Schritt zu prüfende Frage, ob gerade der Antragsteller als   23
der bessere Alleinsorgeberechtigte zu gelten hat, wird auf das **Förderprinzip** und das **Kontinuitätsprinzip** abgestellt. So ist zu überlegen, wer das Kind besser in seiner körperlichen, seelischen und schulischen Entwicklung fördern kann. Außerdem ist zu fragen, welcher Elternteil dem Kind mehr Kontinuität und Gleichmäßigkeit bieten kann, was Wohnort, Schulstätte, soziale Beziehungen u.ä. betrifft. Insoweit geht es gerade auch um die Bewahrung der gewachsenen Bindungen des Kindes (vgl. *BVerfG* FamRZ 2007, 1876). Die meisten familienpsychologischen **Gutachten** kommen dabei zu dem Ergebnis, dass die stärkste Bindung des Kindes zur Mutter besteht, weshalb in den meisten Fällen ihr das Sorgerecht zugesprochen wird. Abgesehen davon spielt der **Wille des Kindes** eine entscheidende Rolle (dazu *Wanitzek*, FamRZ 2008, 933, 936). Im Einzelfall kann das Gericht vor schwierigen Abwägungsprozessen stehen. Der Beschluss des Gerichts ist in jedem Fall sorgfältig zu begründen.

Beispielsfall (nach *BGH* FamRZ 2008, 592 = JuS 2008, 654): Mira und Engelbert hatten eine langjährige nichteheliche Beziehung, aus der zwei Kinder hervorgegangen sind, für die sie aufgrund von Sorgeerklärungen gemeinsam sorgeberechtigt sind. Seit der Trennung von M und E lebt M mit den Kindern und ihrem neuen Freund Fred zusammen. Die Kinder lieben ihre Mutter sehr. M trifft ohne Rücksicht auf E alle kinderbezogenen Entscheidungen allein und vermeidet jeden Kontakt mit E, obwohl sich E durchaus kooperationsbereit zeigt. Ein Antrag von M bei Gericht, dem E die Umgangskontakte mit den Kindern wegen angeblicher Pädophilie zu verbieten, bleibt erfolglos; M hält an ihren Vorwürfen gleichwohl fest. Die Beziehung zwischen M und E ist demzufolge heillos zerrüttet. Nun beantragt M bei Gericht die Alleinsorge für sich, E stimmt dem Antrag nicht zu.

Hier handelt es sich um einen streitigen **Antrag nach § 1671 I 2 Nr. 2 BGB**. Die Ausübung gemeinsamer Sorge setzt ein Mindestmaß an Übereinstimmung in wesentlichen Bereichen der elterlichen Sorge und insgesamt eine tragfähige soziale Beziehung zwischen den Eltern voraus (vgl. *BVerfG* FamRZ 2004, 354, 355). Vorliegend besteht jedoch keine tragfähige Beziehung zwischen den Eltern; sie sind völlig zerstritten. Daher entspricht die Alleinsorge eines Elternteils eher dem Kindeswohl. Es fragt sich allerdings, ob die Alleinsorge gerade der Antragstellerin zu übertragen ist, denn zum einen erscheint M wegen ihrer (wohl) unbegründeten Vorwürfe gegenüber E als nicht besonders erziehungsgeeignet und zum anderen trägt gerade sie die Verantwortung dafür, dass die gemeinsame Sorge nicht aufrecht erhalten werden kann. Indes ist zu beachten, dass die Sorgerechtsentscheidung nicht den Zweck hat, einen Elternteil zu sanktionieren. Die Entscheidung ist allein unter Kindeswohlgesichtspunkten zu fällen. Insoweit ist zu berücksichtigen, dass die Kinder stets bei ihrer Mutter gelebt haben und ihr emotional intensiv verbunden sind. Trotz des erzieherischen Versagens der M in Teilbereichen ist deshalb davon auszugehen, dass die Übertragung der Alleinsorge auf sie dem Kindeswohl insgesamt noch am besten entspricht.

c) Zwischenlösung: Partielle Alleinsorge

24   Nach dem Wortlaut von § 1671 I 1, II 1 BGB kommt auch die Übertragung eines „Teils der elterlichen Sorge" auf einen Elternteil in Betracht. Neben der gemeinsamen Sorge und der gänzlichen Alleinsorge sind auch Zwischenlösungen denkbar. So kann man es grundsätzlich bei der gemeinsamen Sorge belassen, einen bestimmten Teilbereich jedoch auf einen Elternteil allein übertragen. Man spricht dann von **partieller Alleinsorge**. Das macht Sinn, sofern die Eltern im Allgemeinen kooperationsfähig, aber eben in bestimmten Fragen nicht zu einem Konsens in der Lage sind. Solche Teilbereiche könnten etwa die Vermögenssorge für ein Erbe, die Gesundheitsfürsorge, die Religionsangehörigkeit des Kindes oder die **Aufenthaltsbestimmung** betreffen.

Das Gericht kann die partielle Alleinsorge auf Antrag aussprechen oder auch als Minus gegenüber dem auf die gänzliche Alleinsorge gerichteten Antrag. Im letzteren Fall muss das Gericht aber auch tatsächlich zur Überzeugung gelangen, dass diese Lösung dem Wohl des Kindes am besten entspricht. Das ist nur der Fall, wenn die Kombination von partieller Alleinsorge und gemeinsamer Sorge nicht wiederum zu Konflikten zwischen den Eltern führt, unter denen das Kind zu leiden hätte.

Beispiel: Will die Mutter mit dem Kind **auswandern** und ist der Vater mit dem Wegzug seines Kindes nicht einverstanden, so kann die Mutter ihre Pläne nur ausführen, wenn sie zuvor das alleinige Aufenthaltsbestimmungsrecht erlangt. Bei der Entscheidung darüber haben die Gerichte mit Blick auf das Kindeswohl abzuwägen, was für das Kind die beste Lösung darstellt. Das führt zu komplexen Abwägungsprozessen, zumal ggf. mehrere Szenarien denkbar sind, etwa Ausreise mit der Mutter oder Verbleib beim Vater oder Beibehaltung des status quo infolge der Aufgabe der Auswanderungspläne. Bedeutsame Abwägungsaspekte sind dabei der mögliche Verlust von Bindungen zu einem Elternteil sowie die eigenen Wünsche des Kindes, die durch die Anhörung des Kindes und ggf. die Bestellung eines Verfahrensbeistands zu ermitteln sind (*BGH* NJW 2010, 2805: Auswanderung nach Mexiko; *OLG Frankfurt* FamRZ 2014, 323: Übersiedelung in die Türkei).

d) Keine Notwendigkeit anderweitiger Entscheidung aufgrund Gesetzes

25   Einem Antrag nach § 1671 I, II BGB ist nicht stattzugeben, soweit die elterliche Sorge aufgrund anderer Vorschriften abweichend geregelt werden muss, § 1671 IV BGB. Das betrifft vor allem die Fälle von § 1671 I 2 Nr. 1, II 2 Nr. 2 BGB, bei denen an sich keine nähere Kindeswohlprüfung stattzufinden hat. Ist hier ersichtlich, dass das Kindeswohl durch die Übertragung der Sorge auf den anderen Elternteil konkret gefährdet würde, so ist von Amts wegen eine andere Regelung auf Basis von § 1666 BGB zu treffen (dazu Rn. 30 f.). Insoweit ist die Abwehr der Kindeswohlgefährdung über § 1666 BGB vorrangig.

Beispiel: Einem Antrag beider Elternteile auf Übertragung der Alleinsorge auf den Vater ist nicht stattzugeben, wenn bekannt ist, dass der Vater gegenüber dem Kind wiederholt körperliche Gewalt angewendet hat, zu erwarten ist, dass dies auch in der Zukunft der Fall ist und das Gericht deshalb demnächst gezwungen wäre, dem Vater die Alleinsorge nach § 1666 BGB wieder zu entziehen.

2. Der Antrag des Vaters auf Alleinsorge nach § 1671 II BGB

§ 1671 II BGB betrifft die Ausgangssituation des § 1626a III BGB, die origi- **26** näre Alleinsorge der unverheirateten Mutter. In diesem Fall kann auf Antrag des Vaters ihm die elterliche Sorge oder ein Teil davon (vgl. Rn. 24) allein übertragen werden. Nach der Vorgängerregelung in § 1672 BGB a.F. war dafür noch die Zustimmung der Mutter unabdingbare Voraussetzung. Darin lag jedoch ein unverhältnismäßiger Eingriff in das Elternrecht des nichtehelichen Vaters aus Art. 6 II 1 GG (*BVerfG* NJW 2010, 3008; s. schon Rn. 13 f.). Daher hat der Gesetzgeber mit Wirkung zum 19. 5. 2013 eine **Neuregelung** in § 1671 II BGB getroffen (BGBl. I S. 795). Die vorzunehmende Prüfung entspricht der Struktur nach derjenigen bei § 1671 I 2 BGB (Rn. 18 f.). Allerdings ist bei § 1671 II 2 Nr. 1 BGB auch zu kontrollieren, ob die Alleinsorge **dem Wohl des Kindes nicht widerspricht**. Bei § 1671 II 2 Nr. 2 BGB wiederum ist festzustellen, dass eine gemeinsame Sorge nicht in Betracht kommt.

Besonderheiten gelten, wenn das Sorgerecht der allein sorgeberechtigten Mutter gem. § 1751 I 1 BGB ruht, weil sie in die **Adoption** des Kindes eingewilligt hat. In diesem Fall ist ein Antrag des Vaters auf gemeinsame Sorge gem. § 1626a II BGB als Antrag auf Alleinsorge nach § 1671 II BGB zu behandeln, § 1671 I Nr. 3 BGB. Dem Antrag ist stattzugeben, wenn dies dem Wohl des Kindes nicht widerspricht (s. auch *BGH* NJW 2008, 223).

3. Änderungen nach dem Tod eines Elternteils

Die elterliche Sorge endet mit Tod oder Todeserklärung (§ 1677 BGB) eines **27** Elternteils. Im Hinblick auf die Frage, welche Konsequenzen damit für den anderen Elternteil verbunden sind, müssen die folgenden Konstellationen unterschieden werden. Entsprechendes gilt gem. § 1680 III BGB bei Sorgerechtsentzug nach § 1666 BGB (dazu etwa *BGH* NJW-RR 2010, 1369).

- Haben (verheiratete oder unverheiratete) Eltern gemeinsame Sorge und verstirbt ein Elternteil, so steht dem überlebenden Elternteil die Sorge kraft Gesetzes allein zu, § 1680 I BGB.
- Stand dem verstorbenen Elternteil die elterliche Sorge nach § 1626a III oder § 1671 BGB allein zu, so fällt die Sorge nicht automatisch dem anderen Elternteil zu. Es bedarf vielmehr der gerichtlichen Prüfung, ob dies dem Wohl des Kindes nicht widerspricht (vgl. dazu schon *BVerfG* FamRZ 2008, 381: kein Sorgerecht für den Vater, der im Verdacht steht, die Mutter ermordet zu haben). Großeltern steht gegen die gerichtliche Entscheidung, die dem Vater das Sorgerecht überträgt, kein Beschwerderecht zu (*BGH* FamRZ 2011, 552).

Sterben beide Elternteile, muss für das Kind ein Vormund bestellt werden (s. § 38 Rn. 2).

4. Sorgerechtsänderungen nach § 1696 BGB

28   Beruht eine Sorgerechtszuweisung auf gerichtlichem Beschluss und sieht das Gesetz für eine Veränderung keine Spezialnorm vor (vgl. § 1696 I 2 BGB), so kann gem. § 1696 I 1 BGB durch Antrag beim Familiengericht eine **erneute Veränderung** herbeigeführt werden. Das gilt etwa für den Fall, dass die Alleinsorge, die zuvor gem. § 1671 II BGB auf den Vater übertragen worden war, nun wieder zurück auf die Mutter übertragen werden soll. Voraussetzung für einen erfolgreichen Antrag sind nach der Generalnorm des § 1696 I BGB triftige Gründe, die das Wohl des Kindes nachhaltig berühren. Entsprechendes gilt, wenn anstelle der nach § 1671 I, II BGB angeordneten Alleinsorge wieder die gemeinsame Sorge gewünscht wird.

5. Das Ruhen der elterlichen Sorge

29   Wenn die elterliche Sorge ruht, so hat sie der Elternteil zwar noch inne, er ist jedoch nicht berechtigt, sie auszuüben. Das betrifft folgende Fälle:

- Geschäftsunfähigkeit eines Elternteils, § 1673 I BGB
- Beschränkte Geschäftsfähigkeit eines Elternteils, § 1673 II BGB (lesen!)
- Unmöglichkeit der Ausübung der Sorge auf längere Zeit (z.B. infolge Strafhaft), § 1674 BGB
- Kind wird „vertraulich geboren“, § 1674a BGB

Bei gemeinsamem Sorgerecht hat dies zur Konsequenz, dass der andere Elternteil die Sorge allein ausübt, § 1678 I Hs. 1 BGB. Stand die Sorge dem betreffenden Elternteil jedoch allein zu, so bedarf es zur Übertragung der Alleinsorge auf den anderen Elternteil der gerichtlichen Entscheidung und insoweit der Feststellung, dass die Alleinsorge des anderen Elternteils dem Kindeswohl nicht widerspricht, § 1678 II BGB. Ferner ruht die elterliche Sorge auch bei Einwilligung eines Elternteils in die Adoption des Kindes, § 1751 I 1 BGB. Dann wird regelmäßig kraft Gesetzes das Jugendamt zum Vormund, § 1751 I 2 BGB.

V. Sorgerechtsregelungen nach den §§ 1666 ff. BGB

30   Nicht immer sind die Sorgeberechtigten in der Lage, das Sorgerecht zum Wohle ihres Kindes auszuüben. Wenn dies allerdings dazu führt, dass das Kind ernsthaft gefährdet erscheint, so muss zum Schutz des Kindes eingeschritten werden. Demgemäß stellt das Grundgesetz das elterliche Sorgerecht unter das **Wächteramt des Staates**, Art. 6 II 2 GG. Die Rechtsgrundlage für gerichtliche Maßnahmen bei Gefährdung des körperlichen, geistigen oder seelischen Kindeswohls bildet § 1666 BGB. Danach kann das Familiengericht die zur Abwendung der Gefahr erforderlichen Maßnahmen treffen. Da solche Maßnahmen aber stets zugleich einen Eingriff in den Kernbereich der Personensorge bzw. in das verfassungsrechtlich geschützte Elternrecht bedeuten, gilt es, den Grundsatz der **Verhältnismäßigkeit** in striktester Weise zu beachten

(BVerfGE 79, 51, 60; 60, 79, 89). Gerichtliche Maßnahmen bei Gefährdung des Kindesvermögens erlaubt § 1667 BGB (s. Rn. 35).

1. Die Kindeswohlgefährdung gem. § 1666 I BGB

Voraussetzungen für gerichtliche Maßnahmen gem. § 1666 BGB

1. Gefährdung des körperlichen, geistigen oder seelischen Kindeswohls oder des Kindesvermögens
2. Eltern nicht gewillt oder nicht in der Lage, die drohende Gefahr selbst abzuwenden
3. Beachtung des Grundsatzes der Verhältnismäßigkeit

Das Kindeswohl ist gefährdet, wenn eine **gegenwärtige** oder zumindest **31** unmittelbar bevorstehende Gefahr für die Kindesentwicklung abzusehen ist, die bei ihrer Fortdauer eine erhebliche Schädigung des **körperlichen, geistigen oder seelischen Wohls** des Kindes mit einiger Sicherheit erwarten lässt (*BGH* NJW 2005, 672, 673; *OLG Brandenburg* FamRZ 2008, 1556). Nur künftig drohende Gefahren genügen nicht. Das Kindeswohl muss nachhaltig und schwerwiegend gefährdet sein (*BVerfG* FamRZ 1982, 567, 569; NJW 2010, 2333, 2334).

Beispiele für Kindeswohlgefährdungen:

- Körperliche und seelische Misshandlungen des Kindes (vgl. § 1631 II BGB), auch durch Dritte, z.B. durch einen neuen Lebenspartner des Sorgeberechtigten
- Geplante Beschneidung eines afrikanischen Mädchens (*BGH* NJW 2005, 672, 673)
- Verweigerung der Zustimmung zu notwendigen ärztlichen Maßnahmen (z.B. *Bay ObLG* FamRZ 1976, 43: Bluttransfusion)
- Ungerechtfertigte Umgangsverbote mit Personen, zu denen das Kind positive und förderliche Bindungen aufgebaut hat
- Weigerung, schulpflichtige Kinder zur Schule zu schicken (*BGH* FamRZ 2008, 45, Tz. 13; *OLG Hamm* FamRZ 2013, 708), vgl. § 1666 III Nr. 2 BGB
- Mangelnde Rücksichtnahme auf Eignung und Neigung des Kindes in Angelegenheiten der Ausbildung und des Berufes (vgl. § 1631a BGB)
- Verleitung des Kindes zur Kriminalität oder Prostitution
- Deutliche Unterernährung des Kindes (*BayObLG* FamRZ 1988, 748)
- Vernachlässigung des Kindes mit Folge der Verwahrlosung, etwa aufgrund Alkohol- oder Drogenabhängigkeit des Sorgeberechtigten (s. auch *OLG Karlsruhe* NJW-RR 2007, 443: Traumatisierung der Mutter).

2. Fehlende Gefahrabwendung durch die Eltern

Zum Tatbestand der Kindeswohlgefährdung muss das Fehlen der Gefahr- **32** abwendungsbereitschaft oder -fähigkeit der Sorgeberechtigten hinzukommen. Sind die Eltern nämlich selbst in der Lage **und** bereit, einer erkannten Gefahr entgegen zu wirken, so ist ein staatlicher Eingriff in das Elternrecht grundsätzlich (noch) nicht gerechtfertigt. Anders liegt es jedoch, wenn Eltern trotz guten Willens praktisch hilflos sind oder sich trotz gegebener Möglichkeiten der Gefahrabwendung (insbesondere angebotener Hilfen) unwillig zeigen. Insoweit kommt es auf eine Pflichtwidrigkeit oder ein Verschulden der Eltern oder die Kausalität ihres Verhaltens nicht an.

Im Gerichtsverfahren können Elternteile nicht gezwungen werden, sich psychiatrisch oder **psychologisch untersuchen** zu lassen; die Verweigerung einer Mitwirkung darf auch nicht nach den Grundsätzen der Beweisvereitelung zu ihren Lasten gewürdigt werden. Das Gericht muss sich dann bemühen, alle anderen Möglichkeiten der Ermittlung (Anordnung des persönlichen Erscheinens, Anhörung des Jugendamtes etc.) auszuschöpfen (*BGH* NJW 2010, 1351).

3. Auswahl der Maßnahme und Grundsatz der Verhältnismäßigkeit

33   § 1666 BGB bietet dem Gericht eine Vielfalt von Reaktionsmöglichkeiten. Die denkbaren **Maßnahmen** reichen von Ermahnungen, Verwarnungen, Verhaltensgeboten, Verboten oder der Anordnung von Umgangsregelungen bis zum gänzlichen oder teilweisen Entzug des Sorgerechts. In § 1666 III Nr. 1–6 BGB sind beispielhaft verschiedene Maßnahmen aufgezählt. Insbesondere können Erklärungen des Sorgeberechtigten (z.B. Einwilligung in eine notwendige Operation des Kindes) durch das Gericht ersetzt werden, § 1666 III Nr. 5 BGB. Das Gericht hat die Möglichkeiten der Gefahrenabwehr mit den Eltern und ggf. auch mit dem Kind zu erörtern und dazu regelmäßig das persönliche Erscheinen der Eltern anzuordnen, § 157 I, II FamFG. Kommt ein Entzug des Personensorgerechts in Betracht, ist dem Kind ein Verfahrensbeistand zu bestellen, § 158 II Nr. 2 FamFG.

Die vom Gericht anzuordnende Maßnahme muss in jedem Fall **verhältnismäßig** sein. Sie muss geeignet sein, die Situation des Kindes zu verbessern und sie muss von Art und Reichweite her im Hinblick auf die konkret drohende Gefahr erforderlich sein. Insoweit ist stets der geringst mögliche Eingriff zu wählen. Die gesamte Personensorge darf nur entzogen werden, wenn andere Maßnahmen erfolglos geblieben sind oder wenn anzunehmen ist, dass sie zur Abwendung der Gefahr nicht ausreichen, § 1666a II BGB; denn die Trennung des Kindes von den Eltern ist der stärkste Eingriff in das Elternrecht aus Art. 6 II GG und nur unter den Voraussetzungen von Art. 6 III GG zulässig (*BVerfG* FamRZ 2010, 713; FamRZ 2014, 907).

Beispiele:
- Ein Entzug des gesamten Sorgerechts scheidet aus, wenn der Entzug eines Teilbereichs (z.B. des Aufenthaltsbestimmungsrechts) zur Gefahrabwendung genügt.
- Das Aufenthaltsbestimmungsrecht ist erst dann zu entziehen, wenn konkrete Verbote (z.B. Reiseverbot in ein bestimmtes Land) nicht hinreichend wären.
- Lebt das Kind in einer Pflegefamilie und würde die Rückführung zu den Eltern das Kindeswohl gefährden, kann eine Verbleibensanordnung i.S.v. § 1632 IV BGB Vorrang vor einer Entziehung des Aufenthaltsbestimmungsrechts haben (*BVerfG* FamRZ 1989, 145; *BGH* NJW 2014, 1004).

- Bei einer Umgangsvereitelung und massiven Beeinflussung des Kindes durch den sorge-berechtigten Elternteil ist primär eine Umgangspflegschaft einzurichten; nur wenn dies offensichtlich aussichtslos erscheint, ist das Aufenthaltsbestimmungsrecht zu entziehen (*BGH* NJW 2012, 151).
- Geht die Gefahr nur von einem Elternteil aus, ist nur ihm das Sorgerecht zu entziehen. Allerdings muss der andere sorgeberechtigte Elternteil auch in der Lage sein, den ge-fährdenden Einfluss zu unterbinden.
- Zur Durchführung einer notwendigen Operation genügt die gerichtliche Ersetzung der elterlichen Einwilligung; es bedarf nicht des Entzugs des Personensorgerechts.

Kindesschutzrechtliche Maßnahmen nach § 1666 BGB sind aufzuheben, wenn eine Gefahr für das Wohl des Kindes nicht mehr besteht, § 1696 II BGB.

4. Konsequenzen für die Sorgerechtssituation

Wird einem Elternteil gem. § 1666 BGB die Sorge ganz oder teilweise entzogen, so übt **34** der andere Elternteil die Sorge nun insoweit allein aus, § 1680 I, III BGB. Wird beiden Elternteilen die Sorge oder ein Teil davon entzogen, so muss ein Vormund bzw. Pfleger für das Kind bestellt werden (§ 1909 I 1 BGB). Wird einem allein sorgeberechtigten Elternteil die Sorge ganz oder teilweise entzogen, so kann die Sorge unter den Voraussetzungen des § 1680 II BGB vom Gericht auf Antrag auf den anderen Elternteil übertragen werden. Scheidet dieser Weg aus, bedarf es wiederum der Pflegerbestellung oder sogar der Bestel-lung eines Vormunds (§ 1773 I BGB; zur Abgrenzung § 40 Rn. 3).

5. Maßnahmen bei Gefährdung des Kindesvermögens, § 1667 BGB

§ 1667 BGB bietet die gesetzliche Grundlage für gerichtliche Maßnahmen bei einer **35** Gefährdung des Kindesvermögens. Von einer **Vermögensgefährdung** kann gesprochen werden, wenn die Eltern durch eigennützige oder wirtschaftlich unsinnige Maßnahmen die Schmälerung oder den Verlust des vorhandenen Kindesvermögens oder eine unan-gemessene Verschuldung des Kindes riskieren (*Schwab*, FamR, Rn. 755). In der Regel ist anzunehmen, dass das Vermögen des Kindes gefährdet ist, wenn der Sorgeberechtigte seine Unterhaltpflicht gegenüber dem Kind oder seine mit der Vermögenssorge verbundenen Pflichten verletzt oder gerichtliche Anordnungen nicht befolgt, § 1666 II BGB. Die zu § 1666 BGB dargelegten Grundsätze (Rn. 30 f.) gelten im Rahmen von § 1667 BGB sinn-gemäß (Palandt/*Götz*, § 1667 Rn. 1). Bei der Auswahl der **gerichtlichen Maßnahmen** ist ebenfalls der Grundsatz der Verhältnismäßigkeit zu beachten.

Beispiele für gerichtliche Anordnungen gem. § 1667 BGB sind:
- Pflicht zur Einreichung eines Verzeichnisses über das Kindesvermögen bei Gericht, § 1667 I 1 BGB
- Pflicht zur Rechnungslegung über die Verwaltung, § 1667 I 1 BGB
- Vorschreiben von Formen der Geldanlage, § 1667 II 1 BGB
- Anordnung der Erforderlichkeit einer Genehmigung für das Abheben von Kindesgeld, § 1667 II 1 BGB
- Verpflichtung zur Sicherheitsleistung, § 1667 III 1 BGB
- Im äußersten Fall gänzlicher oder teilweiser Entzug des Vermögenssorgerechts

Empfehlungen zur vertiefenden Lektüre

Zur Vertiefung: *Dürbeck*, Das Gesetz zur Reform der elterlichen Sorge nicht mit-einander verheirateter Eltern aus Sicht der Praxis, ZKJ 2013, 330; *Fahl*, § 1626a BGB

und das Kindeswohl, NZFam 2014, 155; *Heilmann,* Die Gesetzeslage zum Sorge- und
Umgangsrecht, NJW 2012, 16; *Huber/Antomo,* Die Neuregelung der elterlichen Sorge
nicht miteinander verheirateter Eltern, FamRZ 2012, 1257; *dies.,* Zum Inkrafttreten der
Neuregelung der elterlichen Sorge nicht miteinander verheirateter Eltern, FamRZ 2013,
665; *Kloster-Harz,* Gemeinsame elterliche Sorge nach Trennung und Scheidung, FPR
2008, 129; *Löhnig,* Konsequenzen aus der Entscheidung des Europäischen Gerichtshof für
Menschenrechte zum Sorgerecht des nicht mit der Kindesmutter verheirateten Vaters,
FamRZ 2010, 338; *Wanitzek,* Rechtsprechungsübersicht zum Recht der elterlichen Sorge
und des Umgangs, FamRZ 2014, 808; *Willutzki,* Das Gesetz zur Reform der elterlichen
Sorge nicht miteinander verheirateter Eltern, FPR 2013, 236.

Fälle und Klausuren: *Löhnig,* Fall 12; *Schwab,* PdW, Fälle 177–185; 230–246.

§ 33. Ausübung und Grenzen der elterlichen Sorge; gesetzliche Vertretung des Kindes

I. Die Ausübung der elterlichen Sorge

1. Die Ausübung der Personensorge

a) Allgemeines

1   Die Personensorge umfasst insbesondere die **Pflicht und das Recht**, das
Kind zu pflegen, zu erziehen, zu beaufsichtigen und seinen Aufenthalt zu
bestimmen, § 1631 I BGB. Die wenigen ges. Regelungen dazu finden sich in
den §§ 1631 bis 1633 BGB. Die Personensorge realisiert sich in der faktischen
Fürsorge (Ernährung; Körperpflege; Lernbetreuung etc.) sowie in Rechts-
geschäften (z.B. Abschluss eines Vertrags über eine ärztliche Behandlung des
Kindes). Damit korrespondiert die ges. Vertretung des Kindes in diesem Be-
reich (dazu Rn. 11 ff.). Leitlinie der Sorgerechtsausübung ist das **Kindeswohl.**
Mit fortschreitendem Heranwachsen sollte dabei dem Kindeswillen bzw. der
Selbstbestimmung des Kindes ein immer stärkeres Gewicht zukommen.

> **Beispiel:** Bei der **Heilbehandlung** eines 16-jährigen Kindes sollte diesem zumindest
> ein Mitspracherecht zukommen. Das Kind sollte ein Vetorecht haben, wenn die ärztliche
> Maßnahme nicht unbedingt notwendig ist und wesentliche Folgen für die künftige Le-
> bensgestaltung des Kindes hätte (*BGH* FamRZ 2007, 130). Jugendliche mit ausreichender
> Urteilsfähigkeit sind daher auch in ein ärztliches Aufklärungsgespräch mit einzubeziehen.
> Im Detail ist hier freilich vieles umstritten.

b) Aufenthaltsbestimmung

2   Zur Personensorge zählt auch das **Aufenthaltsbestimmungsrecht,** vgl.
§ 1631 I BGB. Die Eltern können bestimmen, wo das minderjährige Kind
wohnen soll und an welchen Orten es sich aufhalten darf. Sie können das Kind
von jedem heraus verlangen, der es ihnen widerrechtlich vorenthält, § 1632 I
BGB. Als Teil der Personensorge und absolutes Recht genießt das Aufenthaltsbestimmungsrecht auch den Schutz des § 823 I BGB. Streiten gemeinsam

sorgeberechtigte Eltern untereinander über den Aufenthalt des Kindes, müssen sie den Weg über § 1671 (s. § 32 Rn. 18 ff.) oder § 1628 BGB (s. Rn. 9) suchen.

Bei akuter Kindeswohlgefährdung kommt als Maßnahme nach § 1666 BGB insbesondere der Entzug des Aufenthaltsbestimmungsrechts in Betracht (s. § 32 Rn. 30 f.). Als Folge mag das Kind (vorübergehend) bei Verwandten oder in einer Pflegefamilie untergebracht werden. Eine mit Freiheitsentziehung verbundene **Unterbringung des Kindes** in einer Heil- oder Pflegeanstalt ist nur mit Genehmigung des Familiengerichts zulässig, vgl. § 1631b BGB. Die nächtliche Fixierung eines Kindes in einer offenen heilpädagogischen Einrichtung unterliegt dagegen nicht dem gerichtlichen Genehmigungserfordernis; § 1906 IV BGB gilt nicht analog (*BGH* NJW 2013, 2969).

c) Bestimmung des Umgangs des Kindes

Weiterhin können die Personensorgeberechtigten den Umgang des Kin- **3** des mit anderen Personen bestimmen, vgl. § 1632 II BGB. Dabei haben die Eltern allerdings zu berücksichtigen, dass der Umgang mit Personen, zu denen das Kind Bindungen besitzt, für seine Entwicklung förderlich sein kann, § 1626 III 2 BGB. Beschränkt wird das Umgangsbestimmungsrecht durch die gesetzlichen Umgangsrechte bestimmter Personen, nämlich der Großeltern, Geschwister und enger Bezugspersonen des Kindes (z.B. Stiefelternteilen), § 1685 BGB, sowie des leiblichen Vaters, § 1686a BGB. Bei getrennt lebenden Eltern spielt zudem das Umgangsrecht des anderen Elternteils eine wichtige Rolle, § 1684 I BGB (dazu § 34).

d) Recht auf gewaltfreie Erziehung

Kinder haben ein Recht auf gewaltfreie Erziehung. Körperliche Bestra- **4** fungen, seelische Verletzungen und andere entwürdigende Maßnahmen sind unzulässig, § 1631 II BGB (dazu *Coester*, FS Schwab, 2005, S. 747 ff.). Das elterliche Erziehungsrecht liefert insofern keinen Rechtfertigungsgrund dafür, das Kind – etwa zum Zweck einer Bestrafung – zu schlagen.

e) Einwilligung in die Beschneidung des männlichen Kindes

Nachdem das LG Köln in der fachkundigen Beschneidung eines nicht ein- **4a** willigungsfähigen männlichen Kleinkindes auf Wunsch der Eltern durch einen Arzt einen Fall von Körperverletzung (§ 223 I StGB) gesehen, aber zu Gunsten des Arztes angesichts der sehr unklaren Rechtslage einen unvermeidbaren Verbotsirrtum angenommen hatte (FamRZ 2012, 1421), wurde umfassend über die Beschneidung aus religiösen Gründen diskutiert (z.B. *Fegert*, ZKJ 2012, 418). Der Gesetzgeber sah Klarstellungsbedarf und schuf mit Wirkung zum 28.12.2012 den neuen § 1631d BGB (BGBl. I S. 2749). Danach umfasst das Personensorgerecht auch das Recht, in die medizinisch nicht indizierte Beschneidung des männlichen Kindes einzuwilligen, sofern die Beschneidung nicht das Kindeswohl gefährdet, S. 2 (näher dazu *Spickhoff*, FamRZ 2013, 337).

2. Die Ausübung der Vermögenssorge

5   Die Vermögenssorge soll dazu dienen, das Vermögen des Kindes zu erhalten bzw. zu vermehren. Eigenes Vermögen des Kindes wird meist aus Erbschaften stammen, z.B. von den Großeltern. Sofern nichts anderes bestimmt ist, unterliegt das gesamte Kindesvermögen der elterlichen Sorge, vgl. § 1638 BGB. Damit das Kind vor ungünstigen Verwaltungsmaßnahmen oder Nachlässigkeit der Eltern bewahrt wird, sieht das Gesetz eine Reihe von Schutzvorschriften vor.

- Die Eltern müssen ein Vermögensverzeichnis errichten (Inventarisierungspflicht) und beim Familiengericht einreichen, § 1640 I 1 BGB, sofern das Vermögen mehr als 15.000 € beträgt, vgl. § 1640 II BGB.
- Das Geld des Kindes ist nach den Grundsätzen einer wirtschaftlichen Vermögensverwaltung anzulegen, § 1642 BGB.
- Bestimmte (riskante) Rechtsgeschäfte sind genehmigungsbedürftig, § 1643 I BGB.
- Ein neues Erwerbsgeschäft im Namen des Kindes bedarf der Genehmigung des Familiengerichts, § 1645 BGB.
- Erwerben die Eltern in eigenem Namen mit Mitteln des Kindes bewegliche Sachen, so geht das Eigentum daran automatisch auf das Kind über, § 1646 I BGB (dingliche Surrogation).
- Im Namen des Kindes können keine Schenkungen aus dem Vermögen des Kindes gemacht werden, § 1641 BGB. Eine Ausnahme gilt nur für Anstandsgeschenke, S. 2. Dennoch erfolgte Schenkungen sind unheilbar nichtig (§ 134 BGB).

Beispielsfall: Die 10-jährige Nadja hat von ihrer Mutter viel Schmuck geerbt. Als ihr Vater zwei Jahre später wieder heiratet, will N ihrer neuen Stiefmutter Sarah, die sie sehr mag, einen Ring im Wert von 20.000 € aus dem Nachlass schenken. Der allein sorgeberechtigte Vater von N ist mit der Schenkung einverstanden. Hat S nun mit Übergabe das Eigentum am Ring erworben?
Die dingliche Einigung vollzieht sich nach § 929 S. 1 BGB. N kann, da es sich für sie um ein rechtlich nachteilhaftes Rechtsgeschäft handelt, insoweit keine wirksame Einigungserklärung abgeben, § 107 BGB. Sie bedarf dazu der Zustimmung des ges. Vertreters. V jedoch kann wegen § 1641 BGB weder die Einigung als Vertreter von N erklären noch eine von ihr abgegebene Erklärung gem. § 108 BGB genehmigen. Sowohl das Verpflichtungsgeschäft (§ 516 BGB) als auch das Verfügungsgeschäft (§ 929 S. 1 BGB) sind in solchen Fällen nichtig, § 134 BGB. Eine Ausnahme gilt nur, wenn es sich um Geschenke handelt, die einer sittlichen Pflicht oder einer auf den Anstand zu nehmenden Rücksicht entsprechen, § 1641 S. 2 BGB. Das ist bei einem so wertvollen Ring jedoch zu verneinen. S ist somit nicht Eigentümerin geworden.

3. Ausübung der gemeinsamen Sorge bei Getrenntleben der Eltern

6   Die Trennung der gemeinsam sorgeberechtigten Eltern hat als solche keinen Einfluss auf das Sorgerecht. Es bleibt bei der gemeinsamen Sorge. Das gilt auch im Fall der Scheidung. Der Antrag auf Scheidung muss allerdings Angaben darüber enthalten, ob minderjährige Kinder vorhanden sind (§ 133 I Nr. 1 FamFG) und ob die Ehegatten eine Regelung über die elterliche Sorge, den Umgang

und die Unterhaltspflicht getroffen haben (§ 133 I Nr. 2 FamFG). Getrennt lebende Eltern haben aber die Möglichkeit, eine andere Regelung gerichtlich zu beantragen, s. § 1671 BGB (dazu § 32 Rn. 18 ff.). Unterlassen sie dies oder hat der Antrag keinen Erfolg, müssen sich die Eltern bemühen, die gemeinsame Sorge trotz des Getrenntlebens zu bewältigen. Die meisten Fälle sind davon gekennzeichnet, dass das Kind bei einem Elternteil seinen festen Wohnsitz hat, während mit dem anderen Elternteil nur Umgangskontakte bestehen. Denkbar wäre aber auch ein „Wechselmodell", bei dem das Kind abwechselnd bei beiden Elternteilen wohnt, z.B. jeweils drei Wochentage beim Vater, vier Wochentage bei der Mutter (s. dazu § 35 Rn. 21).

Für die Ausübung der elterlichen Sorge bestimmt **§ 1687 I BGB** in diesen Fällen eine Aufspaltung des Sorgerechts:

- Für Entscheidungen in Angelegenheiten, die für das Kind von erheblicher Bedeutung sind, ist (nach wie vor) das gegenseitige Einvernehmen der Eltern erforderlich.
- Für Angelegenheiten des täglichen Lebens und der tatsächlichen Betreuung hingegen hat der Elternteil, bei dem das Kind lebt, die Befugnis zur alleinigen Entscheidung.

Es kommt somit zu einer **Alleinentscheidungszuständigkeit** des betreu- **7** enden Elternteils in den laufenden Angelegenheiten und zur alleinigen diesbezüglichen gesetzlichen Vertretung durch ihn. Das Gesetz hat sich auf diese Weise für eine praktikable Lösung entschieden. Schließlich wäre eine Verständigung der getrennt lebenden Eltern über jede Kleinigkeit höchst umständlich und zeitraubend. Zudem sollen permanente diesbezügliche Streitigkeiten vermieden werden. Voraussetzung für die Alleinzuständigkeit des Elternteils ist allerdings, dass sich das Kind bei ihm mit Einwilligung des anderen Elternteils oder aufgrund einer gerichtlichen Entscheidung ständig aufhält. Wer das Kind eigenmächtig zu sich holt, erlangt damit keine Sonderbefugnisse.

**Voraussetzungen der Alleinentscheidungsbefugnis gem.
§ 1687 I BGB**

1. Eltern leben nicht nur vorübergehend getrennt (vgl. § 1567 BGB)
2. Eltern haben gemeinsames Sorgerecht
3. Das Kind hält sich mit Einwilligung des anderen Elternteils oder aufgrund einer gerichtlichen Entscheidung ständig bei diesem Elternteil auf
4. Angelegenheit des täglichen Lebens, § 1687 I 3 BGB

Im Einzelfall kann es Streit geben, ob eine Angelegenheit von „erheblicher **8** Bedeutung" ist oder dem „täglichen Leben" zuzuordnen ist. Deshalb stellt § 1687 I 3 BGB klar, dass Angelegenheiten des täglichen Lebens in der Regel solche sind, die **häufig** vorkommen und die keine schwer abzuändernden Auswirkungen auf die Entwicklung des Kindes haben.

Der **Alltagssorge** sind zuzuordnen:

- Angelegenheiten des Schulalltags einschließlich Nachhilfeunterricht (*OLG Düsseldorf* NJW-RR 2005, 1529)
- Beantragung eines Kinderreisepasses (*OLG Bremen* FamRZ 2008, 810)
- Ärztliche Vorsorgeuntersuchungen (Palandt/*Götz*, § 1687 Rn. 11)
- Ärztliche Behandlung leichter Erkrankungen, z.B. von Grippe oder Husten
- Entscheidung über Höhe des Taschengeldes

Erhebliche Bedeutung haben demgegenüber folgende Angelegenheiten:

- Anmeldung des Kindes in bestimmter Kinderbetreuungseinrichtung (*OLG Brandenburg* JAmt 2005, 47)
- Schul- und Ausbildungswahl (Palandt/*Götz*, § 1628 Rn. 7)
- Medizinische Operationen
- Religiöse Erziehung und Taufe
- Anstrengende oder längere Fernreisen in nicht vertraute Kulturkreise (*OLG Naumburg* FuR 2000, 235; *OLG Köln* FamRZ 2005, 644; *OLG Frankfurt* FamRZ 2007, 753).

4. Meinungsverschiedenheiten der Eltern bei gemeinsamem Sorgerecht

9   Gem. § 1627 S. 1 BGB haben die Eltern die Sorge in eigener Verantwortung und in gegenseitigem Einvernehmen zum Wohle des Kindes auszuüben. Bei Meinungsverschiedenheiten müssen sie versuchen sich zu einigen, S. 2. Erscheinen Einigungen gar nicht mehr möglich, können getrennt lebende Eltern bei Gericht eine Änderung der Sorgerechtszuordnung gem. § 1671 BGB beantragen (dazu § 32 Rn. 18). Betrifft der Streit aber nur eine einzelne Angelegenheit (z.B. die Namenswahl; die Auswahl von Schule oder Kindergarten; die Zustimmung zur Anmeldung des Kindes zum begleiteten Fahren ab 17, dazu AG Hannover FamRZ 2014, 856), so besteht im Ernstfall ebenfalls die Möglichkeit, das Gericht einzuschalten. Es kann die Übertragung der Entscheidungszuständigkeit auf einen Elternteil beantragt werden, § 1628 BGB.

> **Voraussetzungen der gerichtlichen Entscheidung nach § 1628 BGB**
>
> 1. Antrag eines Elternteils
> 2. Gemeinsames Sorgerecht der Eltern (im betreffenden Bereich)
> 3. Mangelnde Einigung der Eltern in einer einzelnen Angelegenheit oder bestimmten Art von Angelegenheiten der elterlichen Sorge
> 4. Angelegenheit von erheblicher Bedeutung
> 5. Kindeswohlverträglichkeit der Entscheidung, vgl. § 1697a BGB

10   Primär wird das Gericht versuchen, auf ein Einvernehmen der Eltern hinzuwirken, vgl. § 156 FamFG. Kommt man gleichwohl zu keiner Einigung, entscheidet nicht das Gericht selbst in der Angelegenheit, sondern bestimmt

in seinem Beschluss lediglich, welchem Elternteil es die Entscheidungsbefugnis überträgt. Insofern gilt es zu überlegen, welcher Elternteil nach Überzeugung des Gerichts zum **Wohl des Kindes** die bessere Entscheidung treffen kann. Dazu muss sich das Gericht ggf. auch in der betreffenden Angelegenheit zunächst die entsprechende Sachkunde verschaffen. Das Gericht kann mit der Übertragung der Entscheidungsbefugnis Beschränkungen und Auflagen verbinden, § 1628 S. 2 BGB, darf den Eltern aber nicht seine eigene Meinung in der Sache aufdrängen (vgl. *BVerfG* NJW 2003, 1031).

Beispielsfall: Marlon und Franziska sind verheiratet und haben den sechsjährigen Sohn Simon. Inzwischen leben M und F getrennt. F ist katholisch, M gehört dem Islam an. F zieht mit S ins bayerische Oberland. F drängt nun darauf, dass S katholisch getauft wird, weil dies zur Integration des S in seine katholische Gemeinde wie auch für seine seelische Entwicklung notwendig sei. M hingegen lehnt die Taufe ab. Er will nicht, dass das Bekenntnis des Kindes so früh festgelegt wird, insbesondere möchte M auch noch die Chance haben, S die Grundlagen seines Glaubens zu vermitteln. Der Pfarrer lehnt das Taufgesuch von F ab, solange M nicht auch zustimmt.

M und F haben vorliegend kraft Verheiratung gemeinsames Sorgerecht. Das Getrenntleben ändert daran nichts. Somit kann die Taufe grundsätzlich nur erfolgen, wenn beide Eltern mit ihr einverstanden sind. Anders läge es nur dann, wenn F hier ausnahmsweise ein alleiniges Entscheidungsrecht zukommt.
1. Da S bei F wohnt, ist sie befugt, in Angelegenheiten des täglichen Lebens allein zu entscheiden, § 1687 I 2 BGB. Angelegenheiten des täglichen Lebens sind jedoch nur solche, die häufig vorkommen, § 1687 I 3 BGB. Das trifft im Hinblick auf die Taufe nicht zu.
2. F wäre ferner dann allein entscheidungsbefugt, wenn M insoweit die elterliche Sorge entzogen werden würde. Indes ist nicht ersichtlich, dass das Verhindern der Taufe eine ernsthafte Gefährdung des Kindeswohls i.S.v. § 1666 BGB bewirkt. Daher muss ein Sorgerechtsentzug auf Grundlage von § 1666 BGB ausscheiden.
3. F könnte weiterhin bei Gericht beantragen, dass ihr die Alleinsorge für S übertragen wird oder zumindest ein Teil der Sorge (partielle Alleinsorge) einschließlich der religiösen Erziehung, vgl. § 1671 BGB. Es ist jedoch nicht erkennbar, dass M und F in den Angelegenheiten des S generell nicht mehr kooperationsfähig oder -willig sind. Daher besteht kein Anlass, die gemeinsame Sorge aufzuheben. Es sind aber auch keine Umstände ersichtlich, die für eine partielle Alleinsorge der F sprechen würden. Betrifft die Meinungsverschiedenheit der Eltern nur eine einzelne Angelegenheit, sind Anträge nach § 1671 BGB auch nicht der richtige Weg.
4. Es bleibt somit die Möglichkeit, gem. § 1628 BGB durch das Gericht die Entscheidungszuständigkeit auf einen Elternteil übertragen zu lassen.
   a) F könnte einen solchen Antrag beim Familiengericht stellen.
   b) M und F sind gemeinsam sorgeberechtigt.
   c) Gestritten wird über eine einzelne Angelegenheit der elterlichen Sorge, die Taufe.
   d) Fraglich erscheint allenfalls, ob es sich um eine Angelegenheit von „erheblicher Bedeutung" handelt. Man könnte daran denken, eine erhebliche Bedeutung zu verneinen, solange eine Angelegenheit nicht von aktueller Bedeutung ist bzw. auch noch aufgeschoben werden kann. Anders als etwa bei der Schulwahl, die zu einem bestimmten Zeitpunkt erfolgen muss, gibt es für eine Taufe nämlich

keinen festen Zeitpunkt. Die wohl h.M. stellt aber nicht auf die Dringlichkeit im Einzelfall, sondern auf die generelle Erheblichkeit ab. Und insoweit fällt auch die Entscheidung über das religiöse Bekenntnis des Kindes unter die Angelegenheiten von erheblicher Bedeutung (vgl. Palandt/*Götz*, § 1628 Rn. 7).

e) Es bleibt dann zu entscheiden, auf welchen Elternteil das Gericht die Entscheidungsbefugnis übertragen soll. Für F spricht, dass die Taufe dazu dienen soll, S in seine Umgebung zu integrieren. Für M spricht, dass nicht ersichtlich ist, dass S durch das momentane Unterbleiben der Taufe besondere Nachteile drohen. Schließlich ist F auch ohne Taufe nicht gehindert, S faktisch in ihrem Glauben zu erziehen oder in die Kirche mitzunehmen.Was hier dem Wohl des Kindes am besten entspricht, ist somit nicht leicht zu entscheiden.

Das Gericht sollte in diesem Fall auch das Kind S anhören, dessen Willen erforschen und seine Entscheidung danach ausrichten.

II. Die gesetzliche Vertretung des Kindes

1. Bedeutung der gesetzlichen Vertretung

11   Soweit ihr Sorgerecht reicht, sind die Eltern auch die gesetzlichen Vertreter ihres Kindes, § 1629 I 1 BGB. Die Eltern können im Namen ihres Kindes Willenserklärungen abgeben und empfangen, Prozesse führen (§§ 51, 52 ZPO) und Verträge schließen. Ihre Willenserklärungen wirken unmittelbar für und gegen das vertretene Kind, § 164 I 1 BGB. Schwebend unwirksame Rechtsgeschäfte des beschränkt geschäftsfähigen Kindes bedürfen zu ihrer Wirksamkeit der Genehmigung des gesetzlichen Vertreters, § 108 I BGB. Im Übrigen gilt, dass sich Kinder das Verschulden ihrer gesetzlichen Vertreter wie eigenes Verschulden zurechnen lassen müssen, § 278 S. 1 BGB (dazu Fall bei Rn. 25).

Im Einzelfall kann zu klären sein, ob ein **Eigengeschäft** der Eltern vorliegt oder ein Geschäft als gesetzliche Vertreter im Namen des Kindes. Laufende Bedarfsdeckungsgeschäfte (Nahrung, Kleidung, Spielzeug) schließen die Eltern regelmäßig im eigenen Namen und nicht als Vertreter des Kindes. Auch Mietverträge oder Reisebuchungen erfolgen regelmäßig nur im Namen der Eltern, entfalten aber Schutzwirkung auch zu Gunsten des Kindes. Der Beitritt des Kindes zum Sportverein hingegen, der Vertrag über die ärztliche Behandlung oder Verfügungen über das Kindesvermögen stellen echte Vertretergeschäfte im Namen des Kindes dar.

2. Alleinvertretung und gemeinschaftliche Vertretung des Kindes

12   Ist ein Elternteil allein sorgeberechtigt, so ist dieser Elternteil alleiniger ges. Vertreter des Kindes, § 1629 I 3 BGB. Sind beide Elternteile gemeinsam sorgeberechtigt, gilt **gemeinschaftliche Vertretung**, § 1629 I 2 BGB. Gemeinschaftliche Vertretung bedeutet grundsätzlich, dass beide Elternteile durch Abgabe von Willenserklärungen mitwirken müssen, um etwa einen Vertrag im Namen des Kindes wirksam abschließen zu können.

Beispiel: Soll Geld des Kindes angelegt werden, so wird die Bank die Unterschrift beider Elternteile fordern. Solange nur ein Elternteil unterschrieben hat, ist der Vertrag nach § 177 BGB noch schwebend unwirksam. Die Gültigkeit des Geschäfts hängt von der Genehmigung des anderen Elternteils ab, §§ 184, 182 BGB.

Allerdings genügt es, wenn ein Elternteil den anderen bevollmächtigt, in **13** einem bestimmten Geschäft oder Geschäftskreis zugleich für ihn als **Untervertreter** zu handeln. Eine solche Unterbevollmächtigung kann auch durch konkludentes Handeln erfolgen, indem die Eltern Aufgaben der Personensorge (Schulangelegenheiten; Freizeitbetätigung; laufende ärztliche Versorgung) unter sich aufteilen. Ist etwa klar, dass aufgrund der Vollzeitberufstätigkeit des Vaters allein die Mutter für Arztbesuche mit dem Kind zur Verfügung steht, so wird sie laufende Entscheidungen betreffend Impfungen oder Vorsorgeuntersuchungen auch zugleich im Namen ihres Mannes treffen dürfen.

Klausurhinweis: Liegt trotz gemeinschaftlicher ges. Vertretung durch beide Elternteile nur die Willenserklärung eines Elternteils vor, ist sorgfältig zu prüfen, ob diese nicht ausnahmsweise zur Vertretung des Kindes genügt.

So genügt trotz grundsätzlich gemeinschaftlicher Elternvertretung die Mit- **14** wirkung bzw. Willenserklärung **nur eines Elternteils**, wenn:

- der handelnde Elternteil zugleich als **Untervertreter** des anderen auftritt (Rn. 13);
- **Erklärungen von Dritten** gegenüber dem Kind abgegeben werden sollen; hier genügt die Abgabe durch einen Elternteil bzw. der Zugang bei einem Elternteil, § 1629 I 2 Hs. 2 BGB, § 170 III ZPO;
- **Gefahr in Verzug** vorliegt und Rechtshandlungen vorzunehmen sind, die zum Wohl des Kindes notwendig sind, § 1629 I 4 BGB (z.B. ärztliche Behandlung nach Unfall);
- eine konkrete Entscheidung (z.B. über Schulwahl) durch gerichtlichen Beschluss gem. § 1628 BGB auf einen Elternteil allein übertragen worden ist, § 1629 I 3 Alt. 2 BGB (dazu Rn. 9);
- ein bestimmter **Teil der Sorge** (z.B. Gesundheitsfürsorge) auf einen Elternteil allein übertragen worden ist (sog. partielle Alleinsorge; vgl. § 32 Rn. 24). In diesem Fall hat dieser Elternteil für diesen Teilbereich auch die alleinige ges. Vertretung;
- ein **Unterhaltsanspruch** gegen den anderen Elternteil geltend gemacht werden soll; hier kann der betreuende Elternteil das Kind allein vertreten, § 1629 II 2 BGB;
- die Eltern **getrennt leben** und es um die Erledigung der Angelegenheiten des täglichen Lebens geht, § 1687 I BGB; insoweit kann der betreuende Elternteil allein entscheiden und das Kind gesetzlich vertreten (s. Rn. 6 ff.).

III. Grenzen der gesetzlichen Vertretung des Kindes durch die Eltern

1. Überblick

15   Die gesetzliche Vertretungsmacht der Eltern kennt – bei Alleinsorge wie gemeinsamer Sorge gleichermaßen – zum Schutz des Kindes vielfache **Beschränkungen**. Das betrifft:

- die Ausübung höchstpersönlicher Rechte des Kindes (Rn. 16);
- die Vornahme besonders weitreichender oder riskanter Geschäfte im Namen des Kindes (Rn. 17);
- Geschäfte, bei denen eine Interessenkollision zwischen Eltern und Kind bestehen kann (Rn. 19);
- Geschäfte im Rahmen eines vom Minderjährigen nach § 112 BGB betriebenen Erwerbsgeschäfts oder von ihm nach § 113 BGB eingegangenen Dienstverhältnisses.

2. Höchstpersönliche Rechte

16   Bei der Wahrnehmung höchstpersönlicher Rechte bedarf es zwar regelmäßig auch der Mitwirkung des ges. Vertreters (etwa in Form seiner Zustimmung), dieser soll aber nicht über den Kopf des Kindes hinweg allein entscheiden können. Vielmehr muss dem Kind ab einem gewissen Alter ein Mitspracherecht zukommen. Daher gelten für die Ausübung höchstpersönlicher Rechte eine Reihe von Sonderregelungen, z.B. für die Eheschließung des Kindes (vgl. § 1303 BGB; dazu § 5 Rn. 9), die Adoption des Kindes (§ 1746 BGB, dazu § 36 Rn. 9), die Namensbestimmung (§§ 1617c, 1618 BGB), die Abgabe einer Sorgeerklärung durch das Kind (§ 1626c II BGB) sowie die Vaterschaftsanerkennung oder -anfechtung durch das Kind (§§ 1596, 1600a BGB). Zur Testamentserrichtung hingegen bedarf der Minderjährige nicht der Zustimmung seines ges. Vertreters, vgl. § 2229 I, II BGB. Schwierig zu beurteilen ist im Übrigen, welche Zustimmungs- und Vetorechte dem älteren Jugendlichen bei ärztlichen Eingriffen zukommen sollen.

3. Rechtsgeschäfte von besonderer Tragweite

17   Im Rahmen der Normen zur Vermögenssorge bestimmt **§ 1643 I BGB**, dass die Eltern zu Rechtsgeschäften im Namen des Kindes in den Fällen des § 1821 sowie des § 1822 Nr. 1, 3, 5, 8–11 BGB wie ein Vormund der gerichtlichen **Genehmigung** bedürfen. Das betrifft u.a. folgende Rechtsgeschäfte:

- Verfügung über **Grundstücke** oder Grundstücksrechte oder Verpflichtung dazu, § 1821 I Nr. 1, 4 BGB, außer über Hypotheken, Grundschulden und Rentenschulden, § 1821 II BGB;
- Verträge, die auf den entgeltlichen Erwerb eines Grundstücks oder Grundstücksrechts gerichtet sind, § 1821 I Nr. 5 BGB, vorbehaltlich § 1821 II BGB;

- Rechtsgeschäft, welches das Kind zu einer Verfügung über sein Vermögen im Ganzen oder eine **Erbschaft** oder über seinen künftigen gesetzlichen Erbteil oder künftigen Pflichtteil verpflichtet, sowie eine Verfügung über den Anteil des Kindes an einer Erbschaft, § 1822 Nr. 1 BGB;
- Ausschlagung einer Erbschaft oder eines Vermächtnisses und der Verzicht auf einen Pflichtteil, § 1643 II 1 BGB, vorbehaltlich S. 2;
- Vertrag, der auf Erwerb oder Veräußerung eines **Erwerbsgeschäfts** gerichtet ist, § 1822 Nr. 3 BGB;
- Miet- und Pachtverträge sowie sonstige Verträge, durch die das Kind zu wiederkehrenden Leistungen verpflichtet wird, wenn das Vertragsverhältnis länger als ein Jahr über Eintritt der Volljährigkeit des Kindes hinaus fortdauern soll, § 1822 Nr. 5 BGB;
- Aufnahme eines **Geldkredits** im Namen des Kindes, § 1822 Nr. 8 BGB;
- Eingehung einer Bürgschaft und die sonstige Übernahme einer fremden Verbindlichkeit, § 1822 Nr. 10 BGB;
- Erteilung einer **Prokura**, § 1822 Nr. 11 BGB;
- Ermächtigung des beschränkt geschäftsfähigen Kindes zum selbstständigen Betrieb eines Erwerbsgeschäfts (§ 112 I BGB) und die Rücknahme einer solchen Ermächtigung (§ 112 II BGB).

Messlatte für die gerichtliche Entscheidung über die **Erteilung der Genehmigung** ist das Kindeswohl, vgl. § 1697a BGB. Die Genehmigung wird gegenüber den vertretungsberechtigten Eltern erteilt, die dann noch überlegen können, ob sie von ihr Gebrauch machen oder nicht, § 1643 III i.V.m. § 1828 BGB. Für bestimmte Geschäfte kann den Eltern auch im Voraus eine allgemeine Ermächtigung erteilt werden, § 1825 BGB. Wird ein Vertrag ohne die erforderliche gerichtliche Genehmigung geschlossen, so entsteht ein Schwebezustand, für den die §§ 1829 ff. BGB gelten. **18**

4. Geschäfte mit möglicher Interessenkollision

Ausgeschlossen ist die gesetzliche Vertretung des Kindes durch seine Eltern, wenn die Gefahr einer Interessenkollision besteht. Insoweit verweist § 1629 II 1 BGB auf die für den Vormund geltende Regelung des **§ 1795 BGB**. Danach ist die Vertretung ausgeschlossen bei: **19**

- Rechtsgeschäften zwischen Eltern und Kind (Insichgeschäften), es sei denn, es handelt sich nur um die Erfüllung einer Verbindlichkeit, §§ 181, 1795 II BGB;
- Rechtsgeschäften zwischen dem Ehegatten, Lebenspartner oder einem Verwandten des Elternteils in gerader Linie auf der einen Seite und dem Kind auf der anderen Seite, es sei denn, es handelt sich nur um die Erfüllung einer Verbindlichkeit, § 1795 I Nr. 1 BGB;
- Rechtsgeschäften nach § 1795 I Nr. 2 BGB (z.B. die mit einer Grundschuld gesicherte Darlehensforderung des Kindes gegen den ges. Vertreter soll an einen Dritten abgetreten werden);
- gerichtlichen Verfahren, die einen Rechtsstreit der vorgenannten Art betreffen; darunter hat der BGH auch das Vaterschaftsanfechtungsverfahren subsumiert. Der anfechtende (rechtliche) Vater und seine Ehefrau (als Mutter) sind insoweit von der gesetzlichen Vertretung des minderjährigen Kindes kraft Gesetzes ausgeschlossen (BGHZ 193, 1).

Dabei kommt es nicht darauf an, ob im Einzelfall tatsächlich eine Interessenkollision besteht. Das Gesetz lässt die **abstrakte Gefahr** genügen. Ist ein

Elternteil nach den genannten Vorschriften von der Vertretung ausgeschlossen, so gilt dies auch für den anderen Ehegatten. Für das geplante Geschäft ist somit ein **Pfleger** zu bestellen, § 1909 I 1 BGB, der die Interessen des Kindes wahrnehmen kann. Für lediglich **rechtlich vorteilhafte Geschäfte** ist der Anwendungsbereich von § 1795 BGB allerdings teleologisch zu reduzieren. Hier bedarf es keiner Pflegerbestellung; das beschränkt geschäftsfähige Kind bedarf noch nicht einmal der elterlichen Zustimmung, § 107 BGB. Schließen die Eltern ein Rechtsgeschäft trotz des Vertretungsverbots des § 1795 BGB, so liegt ein Fall von Vertretung ohne Vertretungsmacht vor (§§ 177 ff. BGB). Denkbar bleibt die Genehmigung durch den Pfleger oder das inzwischen volljährig gewordene Kind.

> **Beispielsfall** (nach *BGH* NJW 2005, 1430): Großvater Gustav will seinem 12-jährigen Enkel Emil ein verpachtetes, landwirtschaftliches Grundstück schenken, sich aber zugleich den lebenslangen Nießbrauch daran vorbehalten. Dabei soll bestimmt werden, dass G als Nießbraucher die Kosten außergewöhnlicher Ausbesserungen und Erneuerungen sowie die außerordentlichen Lasten des Grundstücks zu tragen hat. Im Hinblick auf die notarielle Beurkundung des Vertrags und die Auflassung des Grundstücks stellt sich nun die Frage, ob aufseiten des E er selbst, seine Eltern oder ein Pfleger mitzuwirken hat.
>
> 1. Vorliegend handelt es sich um den unentgeltlichen **Erwerb eines Grundstücks**, so dass es jedenfalls nicht der gerichtlichen Genehmigung des Vertrags nach § 1821 I Nr. 5 BGB bedarf.
> 2. Jedoch handelt es sich um ein Geschäft, bei dem auf der einen Seite der Großvater steht, also eine Person, die mit einem vertretungsberechtigten Elternteil in gerader Linie verwandt ist. Daher könnte § 1795 I Nr. 1 i.V.m. § 1629 II 1 BGB erfüllt sein mit der Folge, dass die sorgeberechtigten Eltern den E bei dem vorliegenden Rechtsgeschäft nicht vertreten könnten; denn es geht nicht nur um die Erfüllung einer Verbindlichkeit. Somit könnte ein Pfleger zu bestellen sein.
> 3. Anders läge es nur, wenn es sich hier um ein für E lediglich rechtlich vorteilhaftes Geschäft handeln würde. Denn dann bedürfte E als beschränkt Geschäftsfähiger gem. § 107 BGB gar nicht der Einwilligung seines ges. Vertreters, so dass auch eine Pflegerbestellung hinfällig wäre. Vorliegend handelt es sich jedoch um ein verpachtetes Grundstück. Mit dem Erwerb eines verpachteten Grundstücks ist eine persönliche Haftung des Eigentümers für die sich aus dem Pachtverhältnis ergebenden Verpflichtungen verbunden, vgl. §§ 566 I, 581 II, 593b BGB (näher *BGH* NJW 2005, 1430 f.; auch der schenkweise Erwerb einer Eigentumswohnung ist für den Minderjährigen nicht lediglich rechtlich vorteilhaft, *BGH* FamRZ 2010, 2065). Daher liegt kein lediglich rechtlich vorteilhaftes Geschäft vor.
> Für E muss somit ein Pfleger bestellt werden.

Außerdem kann das Familiengericht im Einzelfall den Eltern die Vertretung für einzelne Angelegenheiten oder für einen bestimmten Geschäftskreis entziehen, wenn tatsächlich eine erhebliche Interessenkollision zu befürchten ist, §§ 1629 II 3, 1796 BGB. Dies gilt nach dem Wortlaut des Gesetzes jedoch nicht für die Feststellung der Vaterschaft.

5. Beschränkung der Minderjährigenhaftung, § 1629a BGB

Trotz der genannten Beschränkungen bleibt die Gefahr, dass die Eltern das Kind im **20** Rahmen ihrer Vertretungsmacht in einem weitreichenden Umfang verpflichten. Das Kind mag sich dann mit Erreichen der Volljährigkeit einer nicht unerheblichen Schuldenlast gegenüber sehen. Davor gilt es das Kind jedoch zu schützen (BVerfGE 72, 155). In Erfüllung der aus dem staatlichen Wächteramt des Art. 6 II 2 GG fließenden Pflichten schuf der Gesetzgeber daher 1999 nach den Vorgaben des BVerfG die Norm des § 1629a BGB (dazu *Habersack*, FamRZ 1999, 1).

§ 1629a I BGB gibt dem volljährig gewordenen Kind die Möglichkeit der **Haftungsbeschränkung** auf das bei Eintritt der Volljährigkeit vorhandene Vermögen. Die Schulden können sich insoweit aus Rechtsgeschäften der Eltern als ges. Vertreter ergeben, aus Rechtsgeschäften des Kindes, die nach den §§ 107 ff. BGB mit Zustimmung der Eltern erfolgten, aus Rechtsgeschäften, die die Eltern mit Zustimmung des Familiengerichts durchführten, oder aus Erwerb von Todes wegen. Die Haftungsbeschränkung gilt nach § 1629a II BGB jedoch nicht für Verbindlichkeiten aus dem selbstständigen Betrieb eines Erwerbsgeschäfts, zu dem der Minderjährige nach § 112 BGB ermächtigt war, sowie für Verbindlichkeiten aus Rechtsgeschäften, die allein der Befriedigung der persönlichen Bedürfnisse dienten (z.B. Fahrrad, Computer).

Beispielsfall: Mit Einwilligung seiner Eltern erwirbt der 17-jährige Konstantin die Mitgliedschaft im elitären Golfclub Ritterhaus zum Preis von 8000 €. Als K drei Monate später volljährig wird, fordert der Golfclub sein Geld ein. Muss K, der über diese Summe nicht verfügt, zahlen?

Die vorliegende Verbindlichkeit resultiert aus einem Rechtsgeschäft des Minderjährigen, das er gem. § 108 BGB mit Zustimmung seiner ges. Vertreter geschlossen hat. Daher könnte sich K auf die Haftungsbeschränkung des § 1629a BGB berufen, es sei denn, diese Verbindlichkeit diente allein der Befriedigung seiner persönlichen Bedürfnisse. Das wird jedoch für solche Geschäfte abgelehnt, die nach der Verkehrsanschauung für die jeweilige Altersstufe untypisch oder außergewöhnlich sind (MünchKomm/*Huber*, § 1629a Rn. 29). Eine Golfculbmitgliedschaft zum genannten Preis ist für einen 17-Jährigen regelmäßig ungewöhnlich.
Somit kann K die Haftungsbeschränkung geltend machen.

Die Haftungsbeschränkung gilt nicht kraft Gesetzes, sondern muss vom Volljährigen **21** **einredeweise geltend** gemacht werden, § 1629a I 2 BGB. Eine Frist dafür besteht nicht. Wird die Haftungsbeschränkung geltend gemacht, führt dies zur entsprechenden Anwendung der für die Haftung des Erben geltenden Vorschriften der §§ 1990, 1991 BGB. Besondere praktische Bedeutung hat § 1629a BGB nicht erlangt.

IV. Haftungsfragen im Eltern-Kind-Verhältnis

1. Die Regelung des § 1664 BGB

Im Innenverhältnis zwischen Eltern und Kind kann es – wie zwischen **22** Ehegatten oder Dritten – zu Pflichtverletzungen sowie sonstigen unerlaubten Handlungen kommen. Dazu bestimmt § 1664 I BGB, dass die Eltern bei Ausübung der elterlichen Sorge dem Kind nur für die eigenübliche Sorgfalt einzustehen haben. Sind für einen Schaden beide Eltern verantwortlich, haften sie als Gesamtschuldner, § 1664 II BGB.

a) Haftungsmilderung

§ 1664 I BGB enthält zunächst zu Gunsten der Eltern eine Haftungsprivilegierung für das Innenverhältnis. Wer nur für die eigenübliche Sorgfalt einzustehen hat, ist zwar von der Haftung wegen grober Fahrlässigkeit nicht befreit (vgl. § 277 BGB), wohl aber entfällt regelmäßig die Haftung für leichte Fahrlässigkeit. Der Zweck des milderen Haftungsmaßstabs liegt in der Erhaltung des **Familienfriedens** (s. bereits § 11 Rn. 1 zur entsprechenden Regelung des § 1359 BGB im Ehegattenverhältnis). Nach h.M. gilt § 1664 I BGB für alle Bereiche der Sorgerechtsausübung. Eine Ausnahme wird allerdings für Pflichtverletzungen der Eltern als Führer eines Kfz im Straßenverkehr gemacht (MünchKomm/*Huber*, § 1664 Rn. 10; zur Begründung s. schon § 11 Rn. 6).

Beispiel: Wenn das Kind sich beim Spielen verletzt, weil es von der Mutter nicht hinreichend beaufsichtigt wurde, so haftet die Mutter nicht für die Körperverletzung, solange ihr nur leichte Fahrlässigkeit zur Last fällt bzw. sie die ihr eigenübliche Sorgfalt beachtet hat.

b) § 1664 BGB als Anspruchsgrundlage

23   Nach h.M. enthält § 1664 BGB entgegen seinem Wortlaut nicht nur – wie § 1359 BGB – eine Haftungsmilderung, sondern zugleich auch eine Anspruchsgrundlage für Schadensersatzansprüche des Kindes im Fall von Pflichtverletzungen der Eltern bei Ausübung der elterlichen Sorge (*OLG Karlsruhe* NJW 2012, 3043; *Schwab*, FamR, Rn. 723 f.). Folgt man dem, können gleichwohl auch weitere Anspruchsgrundlagen zu bejahen sein, z.B. § 823 I BGB, wobei dann – sofern es um die Ausübung der elterlichen Sorge geht – ebenfalls die Haftungsmilderung des § 1664 BGB zu beachten wäre.

Beispiel: Die Eltern besichtigten in Begleitung ihres Kindes eine Baustelle. Da sie sich gerade mit dem Grundriss des Rohbaus beschäftigen, achten sie nicht auf ihr Kind, das in einen Kellerschacht fällt und sich verletzt. Hier haften die Eltern sowohl aus § 1664 BGB als auch aus § 823 I, II BGB infolge der Aufsichtspflichtverletzung auf Schadensersatz. Ein Verstoß gegen die eigenübliche Sorgfalt dürfte hier regelmäßig zu bejahen sein.

24   Folgt man der **Gegenauffassung**, die in § 1664 BGB keine Anspruchsgrundlage sieht (*Gernhuber/Coester-Waltjen*, § 57 Rn. 37; Staudinger/*Engler*, § 1664 Rn. 6), so bleibt im Einzelfall zu prüfen, ob Ansprüche des Kindes aus § 280 I BGB bestehen. Schließlich bildet das Sorgerechtsverhältnis zwischen Eltern und Kind ein gesetzliches Schuldverhältnis, so dass § 280 I BGB grundsätzlich anwendbar wäre. Die Haftung hängt dann von der Frage ab, welche genauen Pflichten bzw. Nebenpflichten (vgl. § 241 II BGB) man aus dem Eltern-Kind-Verhältnis herleiten will. Ansonsten wäre aber auch im Rahmen von § 280 I BGB wiederum die Haftungsmilderung des § 1664 I BGB zu berücksichtigen. Sieht man hingegen in § 1664 I BGB mit der h.M. auch eine

Anspruchsgrundlage, so verdrängt diese speziellere Norm den allgemeinen § 280 BGB. Das erscheint indes auch vorzugswürdig, da Normen wie § 280 BGB oder auch § 241 II BGB weniger geeignet erscheinen, die familienrechtlichen Besonderheiten angemessen zu erfassen.

2. Die Zurechnung des Verschuldens der Eltern

Ein beliebtes Klausurproblem betrifft das **Mitverschulden** der Eltern bei 25 Haftungsansprüchen von Kindern gegen Dritte. Ausgangspunkt ist insoweit, dass sich der Geschädigte einen Abzug von seiner Schadensersatzsumme gefallen lassen muss, wenn ihn bei der Entstehung des Schadens oder im Hinblick auf den Umfang des Schadens ein Mitverschulden trifft, § 254 BGB. Dabei bestimmt § 254 II 2 BGB, dass § 278 BGB entsprechende Anwendung findet, also auch das Mitverschulden von Erfüllungsgehilfen oder gesetzlichen Vertretern zuzurechnen sein kann. Die gesamte Problematik soll anhand eines Falles verdeutlicht werden:

Beispielsfall: Der vierjährige Konrad ist mit seinem Vater V auf einem öffentlichen Spielplatz der Stadt S. K benutzt die Rutsche, die allerdings auf einer Seite nicht mehr fest im Boden verankert ist und bereits etwas wackelt. V passt daher genau auf. Dann ist V allerdings kurzfristig abgelenkt, weil die schöne Nachbarin Nina auftaucht. In diesem Moment klettert K wieder auf die Rutsche, kommt ins Schwanken, stürzt herab und verletzt sich erheblich. Welche Ansprüche hat K gegen S? (Vgl. auch BGHZ 103, 338, 346 ff.)

I. Hier könnte ein **Anspruch** des K **aus § 823 I BGB** gegen die Stadt S bestehen.
1. Der Tatbestand des § 823 I BGB ist hinsichtlich der Körperverletzung von K erfüllt. Die Stadt S hat ihre Verkehrssicherungspflichten im Hinblick auf die Instandhaltung des Spielplatzes bzw. der Rutsche fahrlässig verletzt. Ein öffentlicher Spielplatz muss laufend auf seine Verkehrssicherheit überprüft werden.
2. Fraglich ist allerdings, ob sich K ein **Mitverschulden** seines Vaters zurechnen und somit einen Abzug von seinem Schadensersatzanspruch gefallen lassen muss. Ein eigenes Mitverschulden muss sich K nicht anrechnen lassen, da er schuldunfähig ist, § 828 I BGB. Die Wertung des § 828 I BGB muss insoweit auch beim Mitverschulden Berücksichtigung finden (Erman/*Ebert*, § 254 Rn. 25). Eine Zurechnung des Mitverschuldens von V könnte aus der Verweisung des § 254 II 2 BGB auf § 278 BGB folgen.
a) Dabei ist nach ganz h.M. zunächst zu beachten, dass § 254 II 2 BGB wie ein eigener Absatz der Norm zu lesen ist (*BGH* NJW 2009, 582). Die Stellung am Ende von Abs. 2 wird als Redaktionsversehen des Gesetzgebers gedeutet (vgl. nur Erman/*Ebert*, § 254 Rn. 71). Eine Zurechnung des Mitverschuldens eines gesetzlichen Vertreters kommt also auch in den Fällen des § 254 I BGB in Betracht.
b) Die Anwendung von § 278 BGB setzt jedoch nach dem Wortlaut voraus, dass ein „Schuldner" vorhanden ist; es müsste also (schon vor der schadenstiftenden Handlung) ein Schuldverhältnis bzw. eine Sonderverbindung zwischen dem Schädiger (hier Stadt S) und dem Geschädigten (K) bestanden haben. Das trifft vorliegend nicht zu. Zum Teil wird allerdings geltend gemacht, dass es hierauf gar nicht ankomme, weil der Verweis des § 254 II 2 BGB auf § 278 BGB als **Rechtsfolgenverweisung** zu begreifen sei (*Lange*, NJW 1953, 967). Das Verschulden des ges. Vertreters sei daher auch dann an-

zurechnen, wenn es an einer Sonderverbindung zwischen Schädiger und Geschädigtem fehle. Andernfalls wäre der Anwendungsbereich der Verweisung zu schmal. Danach müsste sich K hier die Nachlässigkeit bzw. Fahrlässigkeit des V gem. §§ 254 I, II 2, 278 BGB als Mitverschulden anrechnen lassen.

Nach zutreffender h.M. handelt es sich bei § 254 II 2 BGB jedoch um eine **Rechtsgrundverweisung** (BGHZ 103, 133; Palandt/*Grüneberg*, § 254 Rn. 48). Folgt man dem, kann das Verschulden des ges. Vertreters dem Schädiger nur dann zugerechnet werden, wenn zwischen dem Schädiger und dem Geschädigten eine vertragliche Beziehung oder eine sonstige rechtliche Sonderverbindung besteht. Für den Fall, dass eine solche Sonderverbindung fehlt, wird zwar überwiegend die Auffassung vertreten, dass dann für die Frage der Zurechnung des Mitverschuldens auf den Gedanken des § 831 I BGB zurückgegriffen werden könne (*BGH* NJW 1992, 563; Erman/*Ebert*, § 254 Rn. 77). Das passt im Eltern-Kind-Verhältnis jedoch nicht (vgl. *Medicus/Petersen*, Bürgerliches Recht, Rn. 867). Der gesetzliche Vertreter kann nicht mit einem Verrichtungsgehilfen verglichen werden; insbesondere hat das Kind nicht auf den Elternteil aufzupassen oder diesen anzuleiten. Somit scheidet eine Zurechnung des Mitverschuldens von V zu Lasten von K aus.

3. Zu prüfen bleibt, ob eine Anspruchskürzung nach den Grundsätzen der **gestörten Gesamtschuld** vorzunehmen ist.

a) Die „gestörte Gesamtschuld" betrifft Fälle, bei denen zwei (oder mehr) Personen den haftungsbegründenden Tatbestand gegenüber dem Verletzten erfüllt haben, bei denen infolge einer Haftungsprivilegierung zu Gunsten eines Schädigers (z.B. vertraglicher Haftungsausschluss oder gesetzliche Haftungsprivilegierung) aber letztlich nur der andere Schädiger haftet. Während der in Anspruch genommene Schädiger bei der „normalen" Gesamtschuld beim anderen Schädiger anteilig nach § 426 BGB Regress nehmen kann, ist ihm dies bei der „gestörten Gesamtschuld" (bei der streng genommen erst gar keine Gesamtschuld im Sinne von §§ 840, 421 BGB entstanden ist) versagt. Wenn der Grund für die Haftungsprivilegierung aus der Sphäre des Geschädigten kommt, könnte es jedoch mit Treu und Glauben unvereinbar sein, wenn dies zu Lasten des Schädigers geht. So würde sich etwa ein vertraglicher Haftungsausschluss als Vereinbarung zu Lasten Dritter auswirken. Daher erlaubt man dem Schädiger in solchen Fällen, von der Schadensersatzsumme sogleich den Betrag abzuziehen, den er bei fingiertem Gesamtschuldverhältnis bzw. unterstelltem Regress vom anderen Schädiger wieder bekommen hätte. Die Details sind indes umstritten; auch die Rechtsprechung ist uneinheitlich (s. dazu *Medicus/Petersen*, Bürgerliches Recht, Rn. 865 ff.).

b) Vorliegend könnte eine Kürzung nach diesen Grundsätzen in Betracht kommen, wenn V dem K zwar dem Grunde nach, wegen der Regelung in § 1664 BGB aber doch nicht haften müsste und daher auch ein Rückgriff von S bei V von vornherein nicht möglich wäre. Daher ist inzident zu prüfen, ob K auch einen Haftungsanspruch gegen V hat oder nicht.

aa) V könnte K aus § 1664 I BGB auf Schadensersatz haften. Voraussetzung dafür wäre zunächst, dass **§ 1664 BGB** eine eigene **Anspruchsgrundlage** bildet. Die h.M. sieht in § 1664 BGB entgegen seinem Wortlaut nicht nur – wie in § 1359 BGB – eine Haftungsmilderung, sondern zugleich auch eine Anspruchsgrundlage für Schadensersatzansprüche des Kindes im Fall von Pflichtverletzungen der Eltern bei Ausübung der elterlichen Sorge (*OLG Köln* NJW-RR 1997, 1436; *Schwab*, FamR, Rn. 724 f.). Dem ist zu folgen, weil der Rückgriff auf Normen des allgemeinen Schuldrechts (v.a. § 280 I BGB) im Eltern-Kind-Verhältnis unpassend erscheint (s. Rn. 23).

Vorliegend sind die Voraussetzungen von § 1664 I BGB erfüllt. V hat als Sorgeberechtigter (vgl. § 1626 BGB) bei Ausübung der elterlichen Sorge pflichtwidrig gehandelt, da er seine Aufsichtspflicht (vgl. § 1631 I BGB) gegenüber K (kurzfristig) vernachlässigt hat. Insoweit ist allerdings umstritten, ob der Maßstab des § 1664 BGB (subjektive eigenübliche Sorgfalt) auch für Aufsichtspflichtverletzungen gilt. Man könnte vertreten, dass insoweit zum Schutz des Kindes generell objektive Maßstäbe zu gelten haben. Die h.M. wendet die Norm jedoch auch auf Aufsichtspflichtverletzungen an (*OLG Stuttgart* NJW-RR 2011, 239; MünchKomm/*Huber*, § 1664 Rn. 12). Andernfalls bliebe der Anwendungsbereich auch zu eng. Zudem lässt sich dem Normwortlaut auch keine diesbezügliche Einschränkung entnehmen. Die Norm dient vielmehr dem Schutz des Familienfriedens, der gerade bei Aufsichtspflichtverletzungen gefährdet sein kann. Um nach § 1664 I BGB zu haften, müsste V gegen die eigenübliche Sorgfalt (vgl. § 277 BGB) verstoßen haben. Nachdem V aber nur ganz kurz abgelenkt war, kann ihm ein größerer Pflichtenverstoß nicht vorgeworfen werden. V haftet daher nicht aus § 1664 BGB.

bb) V könnte dem K allerdings aus § 823 I BGB zu Schadensersatz verpflichtet sein. Auch diese Haftung ist jedoch zu verneinen, weil es infolge der Haftungsmilderung gem. § 1664 I BGB auch an einem Verschulden i.S.v. § 823 I BGB fehlt. § 1664 BGB kommt auch im Rahmen der konkurrierenden deliktischen Ansprüche zur Anwendung (MünchKomm/*Huber*, § 1664 Rn. 9).

c) Im Zwischenergebnis steht damit fest, dass V zwar sowohl im Hinblick auf § 1664 BGB als auch auf § 823 I BGB den Tatbestand der unerlaubten Handlung erfüllt hat, wegen der Haftungsprivilegierung jedoch nicht haften muss. Somit könnte ein Fall der sog. „gestörten Gesamtschuld" zu bejahen sein. Schließlich könnte die Stadt S, wenn sie den Schaden von K beglichen hat, nicht bei V anteilig Regress nehmen, weil V gegenüber K infolge der Haftungsprivilegierung nicht zum Gesamtschuldner wurde. Allerdings ist im Hinblick auf die § 1664 BGB-Fälle umstritten, ob auch hier eine Anspruchskürzung zu Gunsten des Schädigers zuzulassen ist. Der BGH hat dies abgelehnt (BGHZ 103, 338). Gegen die Anspruchskürzung spricht in der Tat, dass § 1664 BGB dem Schutz des Familienfriedens dienen soll, der andernfalls mittelbar wiederum in Gefahr wäre. Auch soll die Norm einen gewissen Freiraum im Eltern-Kind-Verhältnis schaffen. Diese Normzwecke wären aber in Frage gestellt, wenn das Kind bei Drittschädigungen, die mit einem Mitverschulden der Eltern einhergehen, sich stets eine Anspruchskürzung gefallen lassen müsste, die schließlich auch die Familienkasse belasten würde. Daher spricht viel dafür, die Anspruchskürzung bzw. die Anwendung der Grundsätze über die gestörte Gesamtschuld hier zu verneinen (a.A. vertretbar).

II. Ergebnis: K hat einen vollen Schadensersatzanspruch gegen S.

V. Elterliche Sorge und Familienpflege

1. Überblick

Sind Eltern (vorübergehend) nicht in der Lage, ihr Kind in angemessener **26** Weise zu erziehen, kann das Kind durch Vermittlung des Jugendamtes in eine Pflegefamilie gegeben werden. Zu den Leistungen der Jugendhilfe zählt insoweit auch, für entwicklungsbeeinträchtigte Kinder und Jugendliche geeignete Formen der Familienpflege zu schaffen, § 33 SGB VIII. Familienpflege wird insbesondere relevant, wenn den Eltern das Aufenthaltsbestimmungsrecht für ihr Kind nach § 1666 BGB entzogen worden ist und das Jugendamt als Pfleger die Unterbringung des Kindes in einer Pflegefamilie bestimmt. Soweit den leiblichen Eltern das Sorgerecht noch zusteht, stellt sich dann freilich die Frage nach der Abgrenzung zu den Befugnissen der Pflegeeltern. Weiterhin mögen sich nach einiger Zeit schützenswerte Bindungen des Kindes an die Pflegeeltern ergeben, die rechtlicher Absicherung bedürfen.

2. Das kleine Sorgerecht der Pflegeperson

27   Lebt ein Kind für längere Zeit in Familienpflege, so ist die Pflegeperson berechtigt, in Angelegenheiten des täglichen Lebens zu entscheiden sowie den Inhaber der elterlichen Sorge in solchen Angelegenheiten zu vertreten, § 1688 I 1 BGB. Bei Gefahr in Verzug steht ihr das Notvertretungsrecht des § 1629 I 4 BGB zu, § 1688 I 3 BGB. Die Regelung steht allerdings unter dem Vorbehalt, dass der Inhaber der elterlichen Sorge nichts anderes erklärt. Außerdem kann das Familiengericht die Befugnisse der Pflegepersonen einschränken oder ausschließen, wenn dies zum Wohl des Kindes erforderlich ist, § 1688 III 2 BGB.

Geben die Eltern das Kind für längere Zeit in Familienpflege, so kann das Familiengericht auf Antrag der Eltern oder der Pflegeperson Angelegenheiten der elterlichen Sorge auf die Pflegeperson übertragen, § 1630 III 1 BGB. Stellt die Pflegeperson den Antrag, ist die Zustimmung der Eltern erforderlich, S. 2.

3. Die gerichtliche Bleibeanordnung

28   Lebt das Kind seit längerer Zeit in Familienpflege und begehren die Eltern die Rückführung des Kindes in ihren Haushalt, so kann das Familiengericht von Amts wegen oder auf Antrag der Pflegeperson anordnen, dass das Kind bei der Pflegeperson verbleibt, wenn und solange das Kindeswohl durch die Wegnahme gefährdet wäre, § 1632 IV BGB (sog. **Verbleibensanordnung**). Gerade dann, wenn das Kind schon als Kleinkind in die Pflegefamilie kam und nun intensive Bindungen zu den Pflegeeltern bestehen, wird die Herausnahme aus der Pflegefamilie das Kindeswohl gefährden können (dazu *BVerfG* FamRZ 2010, 353; *OLG Hamm* FamRZ 2013, 1228). Andererseits muss aber auch das verfassungrechtlich gewährleistete Elternrecht angemessen gewürdigt werden (vgl. *OLG Stuttgart* FamRZ 2014, 320). Die Gerichte haben hier nicht selten schwierige Entscheidungen zu treffen. Zuletzt hat der BGH die Verbleibensanordnung im Vergleich zu einem (teilweisen) Sorgerechtsentzug als das vorzugswürdige mildere Mittel bezeichnet (*BGH* FamRZ 2014, 543). Letztlich muss aber das Wohl des Kindes den Ausschlag geben, und insoweit mag eine Verbleibensanordnung im Einzelfall auch zu kurz greifen (näher *Heilmann/Salgo*, FamRZ 2014, 705).

VI. Der Schutz der Stieffamilie

29   Heiratet ein Elternteil erneut und lebt das Kind nun mit einem leiblichen Elternteil und dessen neuem Ehepartner zusammen, so spricht man von einer Stieffamilie. Der neue Partner von Mutter oder Vater wird zum Stiefvater

oder zur Stiefmutter. Hier können schützenswerte Bindungen des Kindes zum Stiefelternteil entstehen; allerdings können sich in solchen Konstellationen auch Konflikte mit dem anderen leiblichen Elternteil ergeben. Im Übrigen wird der Stiefelternteil häufig mit in die Kindererziehung eingebunden sein. Demgemäß bestehen folgende Regelungen:

- Der Stiefelternteil hat ein begrenztes **Mitsorgerecht** in Angelegenheiten des täglichen Lebens, wenn der leibliche Elternteil allein sorgeberechtigt ist, § 1687b I BGB.
- Bei Gefahr in Verzug hat der Stiefelternteil ein Notsorgerecht, § 1687b II BGB.
- Es besteht die Möglichkeit einer **gerichtlichen Bleibeanordnung** (vgl. Rn. 28), wenn der andere Elternteil das Kind aus der Stieffamilie herausnehmen will, z.B. nach dem Tod des betreuenden Elternteils, vgl. § 1682 S. 1 BGB.

Entsprechendes gilt, wenn es sich bei dem neuen Partner von Mutter oder Vater um einen eingetragenen Lebenspartner handelt, vgl. § 9 I, II LPartG, § 1682 S. 2 BGB. Vom Gesetzgeber vernachlässigt wurde indes die sog. „nichteheliche Stieffamilie", also das unverheiratete Zusammenleben eines Paares mit Kindern, die in die Beziehung mitgebracht wurden. Hier ist die Beziehung der Kinder zu dem Stiefelternteil – und das mag im Einzelfall der Ernährer der Familie sein – bislang rechtlich kaum abgesichert. Als enge Bezugsperson kann der Stiefelternteil zwar ein Umgangsrecht erlangen, § 1685 II BGB. Zu bemängeln ist jedoch Folgendes: **30**

- Es gibt keine Stiefkindadoption und somit z.B. keine Möglichkeit, Unterhaltsansprüche gegen den nichtehelichen Stiefelternteil zu erlangen.
- Der nichteheliche Stiefelternteil hat kein Sorgerecht, kein Mitsorgerecht, nicht einmal ein Notsorgerecht, und zwar auch dann nicht, wenn der leibliche Elternteil stirbt. Es bleibt allenfalls die Möglichkeit, dass der Stiefelternteil zum Vormund bestellt wird, § 1779 I, II BGB.

Empfehlungen zur vertiefenden Lektüre

Zur Vertiefung: *Bittner,* Die Einrede der beschränkten Haftung auf das Volljährigkeitsvermögen aus § 1629a BGB, FamRZ 2000, 325; *Führ/Menzel,* Grundstücksschenkung des gesetzlichen Vertreters an Minderjährige, FamRZ 2005, 1729; *Heilmann/Salgo,* Sind Pflegekinder nicht (mehr) schutzbedürftig?, FamRZ 2014, 705; *Petersen,* Der Minderjährige im Familien- und Erbrecht, Jura 2006, 280; *Schwab,* Elterliche Sorge und Religion, FamRZ 2014, 1; *Spickhoff,* Grund, Voraussetzungen und Grenzen des Sorgerechts bei Beschneidung männlicher Kinder, FamRZ 2013, 337; *Steenbuck,* Haftungsrechtliche Konsequenzen des Missbrauchs elterlicher Vertretungsmacht, FamRZ 2007, 1064; *Wanitzek,* Rechtsprechungsübersicht zum Recht der elterlichen Sorge und des Umgangs, FamRZ 2013, 1169 und FamRZ 2014, 808; *Wilhelm,* Das Merkmal „lediglich rechtlich vorteilhaft" bei Verfügungen über Grundstücksrechte, NJW 2006, 2353.

Fälle und Klausuren: *Löhnig,* Fälle 2, 5; *Röthel,* Fall 4, 5; *Roth,* Fall 10; *Schwab,* PdW, Fälle 186–229.

§ 34. Umgangsrecht

I. Begriff und Bedeutung

1   Der Sorgeberechtigte wird regelmäßig mit dem minderjährigen Kind zusammenwohnen. Der persönliche Kontakt ist in diesem Fall bereits als Folge des Sorgerechts gewährleistet. Wenn der Sorgeberechtigte jedoch nicht mit dem Kind unter einem Dach zusammenlebt oder ein Elternteil gar kein Sorgerecht (mehr) hat, so gewinnt das Umgangsrecht an Bedeutung. Es bezeichnet das Recht zu zeitlich begrenzten Kontakten des Elternteils mit dem Kind bzw. des Kindes mit dem Elternteil. § 1626 III 1 BGB bestimmt dazu, dass zum **Wohl des Kindes** in der Regel der **Umgang mit beiden Elternteilen** gehört. Demgemäß gewährt § 1684 I BGB beiden Seiten ein Umgangsrecht. Das Kind hat ein Recht auf Umgang mit jedem Elternteil, § 1684 I Hs. 1 BGB; der BGH spricht von einem höchstpersönlichen Recht des Kindes (FamRZ 2008, 1334). Die Eltern haben auf Grundlage ihres natürlichen Elternrechts aus Art. 6 II 1 GG das Recht und die Pflicht zum Umgang mit dem Kind, § 1684 I Hs. 2 BGB. Das Umgangsrecht steht zudem unter dem Schutz von Art. 8 EMRK, der das Recht auf Achtung des Privat- und Familienlebens schützt (s. § 2 Rn. 13).

2   Das Umgangsrecht umfasst den unmittelbaren persönlichen **Kontakt** (an bestimmten Tagen, Wochenenden oder im Urlaub), aber auch alle anderen Formen der **Kommunikation** in brieflicher, telefonischer und elektronischer Form (Palandt/*Götz*, § 1684 Rn. 13).

Im **Eltern-Kind-Verhältnis** geht es beim Umgangsrecht um folgende **Konstellationen:**

- Die Eltern haben gemeinsames Sorgerecht, leben aber (inzwischen) getrennt. Das Kind wohnt bei einem Elternteil, z.B. der Mutter. Hier haben der andere Elternteil und das Kind wechselseitige Umgangsrechte, um den Kontakt miteinander bewahren zu können.
- Die Eltern leben (vielleicht schon immer) getrennt, ein Elternteil hat das alleinige Sorgerecht (z.B. nach § 1626a III oder § 1671 BGB). Auch hier haben der andere Elternteil und das Kind Umgangsrechte.
- Eine Pflegefamilie hat das Kind bei sich aufgenommen. Hier stehen den leiblichen Eltern und dem Kind wechselseitige Umgangsrechte zu.
- Den Eltern wurde die elterliche Sorge entzogen; das Kind lebt bei anderen Personen, z.B. bei der Großmutter. Auch hier bestehen Umgangsrechte für Eltern und Kind.

3   Das Umgangsrecht soll demgemäß dem Elternteil, bei dem das Kind nicht ständig lebt, ermöglichen, sich mit eigenen Augen vom Befinden und der Entwicklung des Kindes zu überzeugen und die verwandtschaftlichen Bande zu pflegen (*BVerfG* FamRZ 1995, 86).

Merksatz: Sorgerecht und Umgangsrecht schließen sich nicht gegenseitig aus. Auch ein sorgeberechtigter Elternteil kann auf die Geltendmachung des Umgangsrechts angewiesen sein.

Außerhalb des Eltern-Kind-Verhältnisses i.S.v. § 1684 BGB gibt es unter den Voraussetzungen der §§ 1685, 1686a BGB **Umgangsrechte** gegenüber dem Kind für

* Großeltern und Geschwister, § 1685 I BGB
* enge Bezugspersonen des Kindes, § 1685 II BGB; das betrifft vor allem Stiefelternteile (s. Rn. 14 f.), z.B. auch eine Lebenspartnerin der Mutter i.S.d. LPartG (*OLG Karlsruhe* FamRZ 2011, 1155)
* den (vom rechtlichen Vater abweichenden) leiblichen Vater des Kindes, § 1686a BGB (Rn. 16 f.).

II. Gerichtliche Anordnungen zur Regelung des Umgangsrechts

1. Überblick

Man kann hoffen, dass getrennt lebende Eltern in der Lage sind, in gegen- **4** seitigem Einvernehmen eine sachgerechte Regelung des Umgangs zu treffen und dabei auch die Wünsche des Kindes berücksichtigen. Insoweit ist dann die getroffene Vereinbarung maßgeblich für die Art und Häufigkeit der Umgangskontakte. In der Praxis entsteht hierüber jedoch sehr oft Streit zwischen den Eltern; sei es, weil sie sich nicht über die Umgangszeiten einigen können, sei es, weil sich ein Elternteil nicht an die getroffene Vereinbarung hält. Leidtragender ist in diesen Fällen das Kind, das zwischen den Eltern hin- und hergerissen oder vom einen gegen den anderen Elternteil aufgehetzt wird. Im Zusammenhang mit den Umgangsrechten und -pflichten gebietet das Gesetz den Eltern freilich, alles zu unterlassen, was das Verhältnis des Kindes zum jeweils anderen Elternteil beeinträchtigt oder die Erziehung erschwert, § 1684 II BGB. Dieses **Wohlverhaltensgebot** wird jedoch oft missachtet.

Beispiel: Nach der Trennung der Eltern Mona und Viktor lebt Kind Kira bei M. Es ist vereinbart, dass K jedes zweite Wochenende von Freitag 15 Uhr bis Sonntag 15 Uhr bei V verbringt und dass V das Kind stets pünktlich zu M zurückzubringen hat. V jedoch bringt K oft erst gegen 21 Uhr zurück. Außerdem redet V in Gegenwart von K oft schlecht über M und bringt das Kind auch immer wieder mit einem Bekannten zusammen, der bereits wegen sexuellen Missbrauchs von Kindern (§ 176 StGB) vorbestraft ist. M begehrt daher eine gerichtliche Regelung.

Im Streitfall können sich die Beteiligten an das Familiengericht wenden, **5** das geeignete Anordnungen treffen kann. Die Bandbreite der Streitigkeiten ist dabei ebenso groß wie die Auswahl der **gerichtlichen Anordnungsmöglichkeiten**. Im Vordergrund steht die Regelung von Art und Umfang des Umgangs nach § 1684 III 1 BGB. Die gerichtliche Umgangsregelung hat insoweit zum Ziel, den Umgangskontakt der Art nach zu umschreiben sowie Zeitpunkte und Häufigkeit festzulegen, um weitere Streitigkeiten um Details zu verhindern. Dabei haben sich gerichtliche Standards herausgebildet, die je nach Alter des Kindes und den Lebensumständen im Einzelfall zu konkretisieren sind.

Beispiel für eine gerichtliche Regelung: „Der Antragsteller hat das Recht, die gemeinsamen Kinder der Beteiligten (1) an jedem 1. und 3. Wochenende im Monat von Samstagmorgen 10.00 Uhr bis Sonntagabend 19.00 Uhr, (2) in den ersten drei Wochen der Sommerferien und (3) zu Ostern, Pfingsten und Weihnachten an jedem zweiten Feiertag von 10.00 bis 19.00 Uhr zu sich zu nehmen. Der Antragsteller holt die Kinder zur Ausübung des Umgangsrechts bei der Mutter ab und bringt die Kinder wieder pünktlich zurück".

6   Darüber hinaus können **gerichtlich angeordnet** werden:
- Regelungen zur Ausübung des Umgangs (z.B. Anordnung des durch eine weitere Person begleiteten Umgangs, § 1684 IV 3, 4 BGB)
- Einschränkungen des Umgangsrechts (z.B. zeitlich oder örtlich oder in Bezug auf Kontakt mit bestimmten dritten Personen), § 1684 IV 1 BGB (zur örtlichen Beschränkung *BVerfG* FamRZ 2010, 109)
- Anordnung einer **Umgangspflegschaft** als Reaktion auf wiederholte, erhebliche Pflichtverletzungen, § 1684 III 4 BGB
- Ausschluss des Umgangsrechts, § 1684 IV 1 BGB
- Regelungen gegenüber Dritten (z.B. Verpflichtung der Großmutter, bei der sich das Kind freitags aufhält, zur Herausgabe des Kindes an den umgangsberechtigten Vater; Verpflichtung der Mutter, das Kind zum Bahnhof zu bringen, damit es zum Vater fahren kann; Verpflichtung der Mutter, auf das Kind mit dem Ziel einzuwirken, dass es Vorbehalte gegenüber einem Umgang mit dem Vater abbaut)
- Anordnungen gegen einen Elternteil, die ihn zum Wohlverhalten verpflichten, vgl. § 1684 II BGB (z.B. Pflicht zur Unterlassung bestimmter Behauptungen über den anderen Elternteil)
- Anordnungen betreffend die Auskunftspflicht des Elternteils, bei dem das Kind lebt, über die persönlichen Verhältnisse des Kindes, § 1686 BGB.

Eine gerichtliche Umgangsregelung kann später auf Antrag jederzeit wieder **abgeändert** werden, wenn dies aus triftigen, das Wohl des Kindes nachhaltig berührenden Gründen angezeigt ist, § 1696 I 1 BGB.

2. Hinweise zum Verfahren

7   Verfahren betreffend das Umgangsrecht sind **Kindschaftssachen** i.S.v. § 151 Nr. 2 FamFG. Vorbehaltlich der Regelung des § 152 I FamFG ist grundsätzlich das Familiengericht örtlich zuständig, in dessen Bezirk das Kind seinen gewöhnlichen Aufenthalt hat, § 152 II FamFG. Es gilt das Vorrang- und Beschleunigungsgebot des § 155 FamFG (s. auch *BVerfG* NJW 2001, 961; *EGMR* FamRZ 2011, 1283). Das Gericht soll nach Möglichkeit auf ein Einvernehmen der Beteiligten hinwirken und auf Möglichkeiten der Beratung hinweisen, § 156 I FamFG. Hat das Verfahren den Ausschluss oder eine wesentliche Beschränkung des Umgangs zum Gegenstand, ist dem Kind in der Regel ein Verfahrensbeistand zu bestellen, § 158 I, II Nr. 5 FamFG.

3. Maßstäbe der gerichtlichen Entscheidung

Bei Umgangsstreitigkeiten steht das Familiengericht vor der schwierigen **8** Aufgabe, eine Regelung zu finden, die sowohl die beiderseitigen Grundrechtspositionen der Eltern aus Art. 6 II GG als auch das **Wohl des Kindes** und dessen Individualität als Grundrechtsträger berücksichtigt. Das Gericht muss sich um eine **Konkordanz der verschiedenen Grundrechte** bemühen (*BVerfG* FamRZ 2008, 494; 2005, 1816). Das setzt insbesondere voraus, dass sich die Gerichte intensiv mit den Besonderheiten des Einzelfalls auseinander setzen und alle Umstände erforschen, die für eine am Kindeswohl orientierte Entscheidung relevant sind. Sehr oft – und ggf. in jedem Rechtszug erneut – werden familienpsychologische Sachverständigengutachten einzuholen sein, mit denen sich das Gericht dann näher auseinander zu setzen hat. Es gilt der Amtsermittlungsgrundsatz, § 26 FamFG.

Regelungen zur Beschränkung oder zum Ausschluss des Umgangs sind nur rechtmäßig, wenn sie zum Wohl des Kindes wirklich erforderlich sind. So ist ein unbefristeter Ausschluss nicht erforderlich, wenn auch ein befristeter Ausschluss das Kind hinreichend schützt (*BGH* FamRZ 1994, 158; *OLG Rostock* FamRZ 2004, 968).

Beispiel: Das Umgangsrecht wird für ein Jahr ausgeschlossen, weil der Vater den 10-jährigen Jungen in einen dauernden Loyalitätskonflikt zur Mutter bringt, der zu großen emotionalen Belastungen und somatischen Symptomen beim Kind (Einnässen) führt (*OLG Nürnberg* FamRZ 2008, 715).

Eine große Rolle spielt auch der **Wille des Kindes**. Bei Kindern ab dem **9** 12. Lebensjahr ist in der Regel davon auszugehen, dass sie die Bedeutung des Umgangsrechts verstehen und ihr Wille daher beachtlich ist. Eine erzwungene Durchsetzung des Umgangsrechts gegen den Willen des Kindes ist dann mit dem Persönlichkeitsrecht nicht vereinbar (*OLG Hamburg* FamRZ 2008, 1372; *OLG Saarbrücken* NJW-RR 2011, 436). Bei älteren Kindern (ca. ab 10 Jahren) ist auch nicht mehr davon auszugehen, dass ihr Widerstand mit erzieherischen Maßnahmen (v.a. des sorgeberechtigten Elternteils) überwunden werden kann (*OLG Hamm* FamRZ 2008, 1371). In solchen Fällen scheidet also bereits die Titulierung des Umgangsrechts aus.

Beispiel: Das Umgangsrecht kann befristet ausgeschlossen werden, wenn die 7-jährige Tochter den Kontakt zum Vater kategorisch ablehnt und das Gericht zu der Auffassung gelangt, dass dieser Wille auf einer autonomen Entscheidung des Kindes beruht und nicht Folge einer Suggestion des betreuenden Elternteils ist (*OLG Celle* FamRZ 2008, 1369).

4. Die Durchsetzung von Umgangsregelungen

a) Fallgruppen

Umgangsbezogene Pflichten, z.B. die Pflicht des Vaters zum Umgang mit **10** dem Kind oder die Pflicht der Mutter, an der Durchführung der Umgangsregelung mitzuwirken (vgl. Rn. 11), können auch gegen den Willen dieser Beteiligten tituliert bzw. gerichtlich festgelegt werden. Freilich mag die Bereitschaft der Betroffenen, die gerichtlichen Anordnungen zu befolgen, dann nicht allzu groß sein. In diesem Fall stellt sich die Frage, wie gerichtliche Umgangsregelungen durchgesetzt werden können.

Beispiele:
- Obwohl durch gerichtlichen Beschluss festgelegt ist, dass Vater V die Tochter stets freitags um 16.00 Uhr abholt, sind Mutter und Tocher wiederholt freitags nicht zu Hause, so dass V sein Umgangsrecht nicht verwirklichen kann.
- Der zweijährige Mario ist das Ergebnis eines außerehelichen Seitensprungs des V. Die Mutter von M will nun, dass M seinen Vater kennenlernt und lässt sein Umgangsrecht mit V gerichtlich regeln. V hingegen will mit M nichts zu tun haben und erscheint nicht zu den festgelegten Umgangsterminen.

b) Fehlende Mitwirkung des betreuenden Elternteils

11   Das Problem des nicht mitwirkungsbereiten betreuenden Elternteils versucht das Gesetz insbesondere mit der Möglichkeit der Verhängung von **Ordnungsgeld** zu lösen, § 89 FamFG (Fallbeispiel: *BGH* NJW-RR 2012, 324). Werden Pflichtverletzungen mit Ordnungsgeld geahndet, kann es auf Dauer teuer werden. Das wird den mitwirkungsverpflichteten Elternteil im Zweifel davon abhalten, der Umgangsabsprache zuwider zu handeln. Abgesehen davon sind zwischen den Eltern Schadensersatzansprüche möglich (unten Rn. 22). Weiterhin kommen die allgemeinen Zwangsmittel in Betracht (v.a. Zwangsgeld). Allerdings stellt § 90 II 1 FamFG klar, dass die Anwendung unmittelbaren Zwangs gegen ein Kind nicht zugelassen werden darf, wenn das Kind herausgegeben werden soll, um das Umgangsrecht auszuüben. Ferner kann als ultima ratio der (teilweise) Entzug des Sorgerechts nach § 1666 BGB in Betracht kommen.

c) Zwangsmittel gegen den umgangsunwilligen Elternteil?

12   Liegt das Problem darin, dass der umgangsverpflichtete Elternteil selbst umgangsunwillig ist, so stellt sich die Frage, ob die gerichtliche Umgangsregelung mit **Zwangsmitteln** durchgesetzt werden kann. Im Grunde verweist das FamFG hinsichtlich der Vollstreckung auf die Vorschriften der ZPO über die Zwangsvollstreckung, § 95 I FamFG, sodass auch der Einsatz von Zwangsmitteln (Zwangsgeld, Zwangshaft) möglich erscheint. Gleichwohl war diese Frage lange umstritten (Zwangsmittel bejahend z.B. *OLG Köln* FamRZ 2001, 1023), denn es erscheint zweifelhaft, ob man dem Kind etwas Gutes tut, wenn man einen umgangsunwilligen Elternteil mit Zwangsgeldandrohungen zum Umgang zwingt (ablehnend daher *OLG Nürnberg* FamRZ 2002, 413 und 2007, 925; tendenziell auch schon *BVerfG* NJW 2002, 1863). Die Entscheidung des BVerfG vom 1. 4. 2008 brachte hier Licht ins Dunkel.

Sachverhalt (*BVerfG* NJW 2008, 1287 = JuS 2008, 749): Der verheiratete Familienvater V hat aus einer außerehelichen Beziehung Sohn S. Die Vaterschaft ist zwar anerkannt, einen Kontakt mit S lehnt V aber konsequent ab. Die Mutter von S will V jedoch zum Umgang verpflichten und stellt als gesetzliche Vertreterin im Namen von S einen entsprechenden Antrag bei Gericht. Schließlich wird vom Gericht betreuter Umgang von V mit S für die Dauer von zwei Stunden alle drei Monate angeordnet. Für den Fall der Verweigerung wird ein Zwangsgeld von bis zu 25.000 € angedroht. Gegen die Zwangsgeldandrohung und die zu Grunde liegende Regelung des § 33 I 1, III FGG a.f. erhebt V Verfassungsbeschwerde, da er sich in seinem Grundrecht aus Art. 2 I i.V.m. 1 I GG und Art. 6 I GG verletzt sieht.

Laut BVerfG ist der mit der Verpflichtung eines Elternteils zum Umgang mit seinem **13** Kind verbundene Eingriff in das Persönlichkeitsrecht aus Art. 2 I i.V.m. Art. 1 I GG wegen der den Eltern durch Art. 6 II 1 GG auferlegten Verantwortung für ihr Kind und dessen Recht auf Pflege und Erziehung durch seine Eltern gerechtfertigt. Der **Persönlichkeitsentwicklung** sei insoweit grundsätzlich ein erheblich größeres Gewicht beizumessen als den Elterninteressen. Allerdings sei zu beachten, dass es der Kindesentwicklung kaum diene, wenn das Kind beim erzwungenen Umgang mit der Ablehnung durch den anderen Elternteil konfrontiert werde.

„Dies birgt die große Gefahr, dass das Selbstwertgefühl des Kindes dabei Schaden nimmt. Denn es kann schwerlich verstehen, weshalb sein Elternteil nichts von ihm wissen will und sich abweisend verhält, sodass es die Schuld dafür bei sich selber suchen könnte. Dies dient regelmäßig nicht seinem Wohl, sondern schadet ihm" (*BVerfG* NJW 2008, 1287, Tz. 83). „Der durch die Zwangsmittelandrohung bewirkte Eingriff in das Grundrecht des Elternteils auf Schutz der Persönlichkeit ist insoweit nicht gerechtfertigt, es sei denn, es gibt im Einzelfall hinreichende Anhaltspunkte, die darauf schließen lassen, dass ein erzwungener Umgang dem Kindeswohl dienen wird" (a.a.O., Leitsatz 3).

Im Einzelfall mag die Situation aber anders zu beurteilen sein. So mag das Kind aufgrund seiner bereits gefestigten Persönlichkeit nicht der Gefahr nachteiliger Auswirkungen durch den erzwungenen Kontakt ausgesetzt sein. Das einzelne Kind mag auch in der Lage sein, durch sein Verhalten den Widerstand des Elternteils aufzulösen und einen zufriedenstellenden Umgangskontakt herzustellen. Wenn somit im Einzelfall hinreichende Anhaltspunkte dafür vorliegen, dass mit günstigen Auswirkungen auf das Kindeswohl zu rechnen ist, kann die zwangsweise Durchsetzung der Umgangspflicht in Betracht kommen. Eben das muss aber positiv feststehen (*BVerfG* a.a.O., Tz. 90 f.).

III. Umgangsrechte weiterer Personen

1. Überblick

Umgangsrechte bestehen nicht nur im Eltern-Kind-Verhältnis, sondern auch **14** für die **Großeltern** des Kindes und seine Geschwister, § 1685 I BGB. Zudem haben nach § 1685 II BGB enge Bezugspersonen des Kindes ein Umgangsrecht, wenn sie für das Kind tatsächliche Verantwortung tragen oder getragen haben (sozial-familiäre Beziehung; s. zum Begriff § 31 Rn. 30), also vor allem, wenn sie längere Zeit mit dem Kind in häuslicher Gemeinschaft zusammengelebt haben. Das Zusammenleben in der Vergangenheit genügt, um eine sozial-familiäre Beziehung im Sinne der Norm zu begründen; es muss sich nicht um aktuelle Bezugspersonen handeln (*BGH* FamRZ 2005, 705, Tz. 9). § 1685 II BGB kann somit betreffen:

- Gegenwärtige oder frühere Ehegatten eines Elternteils (Stiefmutter, Stiefvater)
- Gegenwärtige oder frühere nichteheliche Partner eines Elternteils
- Gegenwärtige oder frühere eingetragene Lebenspartner eines Elternteils
- Personen, bei denen das Kind längere Zeit in Familienpflege war (Pflegeeltern).

15   Das förmliche Umgangsrecht setzt in allen Varianten voraus, dass der Umgang dem **Wohl des Kindes dient.** Berufen dies zu beurteilen sind grundsätzlich die sorgeberechtigten Eltern (*Schwab*, FamR, Rn. 806). Dabei gilt es, § 1626 III 2 BGB zu beachten, wonach zum Wohl des Kindes auch der Umgang mit Personen zählt, zu denen das Kind Bindungen besitzt, sofern die Aufrechterhaltung dieser Bindungen für seine Entwicklung förderlich ist. Bei Streit über das Umgangsrecht kann eine gerichtliche Entscheidung beantragt werden. Beachtlich ist, dass in den Fällen des § 1685 BGB dem Kind selbst kein Umgangsanspruch zusteht.

2. Das Umgangsrecht des leiblichen Vaters

a) Rechtsentwicklung

16   Wenn § 1684 I BGB den „Eltern" Umgangsrechte gewährt, so sind allein die Eltern i.S.d. BGB gemeint, also der Vater i.S.d. § 1592 BGB und die Mutter i.S.d. § 1591 BGB. Beim Auseinanderfallen von rechtlicher und leiblicher Vaterschaft stellt sich die Frage, ob auch dem leiblichen Vater, der nicht zugleich rechtlicher Vater ist, ein Umgangsrecht zusteht. Die **Kindschaftsrechtsreform** von 1998 hatte insoweit keine einschlägige Regelung erlassen. Der daraus folgende, ausnahmslose Ausschluss des leiblichen Vaters vom Umgangsrecht erachtete das **BVerfG im Jahr 2003** jedoch mit Blick auf Art. 6 I GG als verfassungswidrig (BVerfGE 108, 82); denn auch der leibliche Vater, der bereits eine sozial-familiäre Beziehung zu seinem Kind aufgebaut hatte und sich insoweit auf eine (zeitweilig) bestehende Familie i.S.v. Art. 6 I GG berufen konnte, hatte kein Umgangsrecht. Das führte zunächst zur Neuregelung in § 1685 II BGB, der nun allgemein von „engen Bezugspersonen" spricht, worunter im Einzelfall auch der leibliche Vater subsumiert werden kann. Ein Umgangsrecht bestand damit immerhin für den Fall, dass der leibliche Vater bereits eine persönliche Beziehung zu dem Kind aufgebaut hatte.

Beispiel: M und V leben in nichtehelicher Lebensgemeinschaft. Sie bekommen ein Kind, für das sie ein Jahr lang gemeinsam sorgen. Danach trennen sich M und V, wobei K weiter bei M lebt. Der Vaterschaftsanerkennung durch V hatte M immer noch nicht zugestimmt. Als V nun seine Vaterschaft gerichtlich feststellen lassen will, muss er erfahren, dass inzwischen der neue Lebensgefährte von M die Vaterschaft anerkannt hat. In diesem

Fall steht V als bisheriger enger Bezugsperson des Kindes immerhin ein Umgangsrecht nach § 1685 II BGB zu.

Lange rechtlos war aber der leibliche Vater, der keine sozial-familiäre Bezie- **17** hung zu seinem Kind aufbauen konnte (s. auch *OLG Karlsruhe* FamRZ 2007, 924). Auch wenn er die Verantwortung für sein Kind übernehmen wollte und ihm dies allein aufgrund der Weigerung der rechtlichen Eltern nicht möglich war, blieb ihm der Kontakt mit dem Kind verwehrt (vgl. BT-Drs. 17/12163, S. 1). Das BVerfG hielt diese Rechtslage zwar für verfassungsgemäß (NJW-RR 2005, 153; FamRZ 2006, 1661), der **EGMR** sah darin jedoch einen Verstoß gegen das **Recht auf Achtung des Privatlebens** (Art. 8 EMRK), denn dieses umfasse auch das Recht, Beziehungen zu anderen Personen herzustellen und zu entwickeln. Es könnte ein nicht gerechtfertigter Eingriff in das Recht auf Achtung des Privatlebens vorliegen, wenn der leibliche Vater von Geburt an sein Interesse für das Kind deutlich gemacht habe, gleichwohl aber vom Umgangsrecht ausgeschlossen werde, ohne dass geprüft werde, ob der Umgang dem Kindeswohl dienlich sein könne oder nicht. Die Voraussetzung der (früheren) sozial-familiären Beziehung sei problematisch, da nicht berücksichtigt werde, ob der leibliche Vater aus rechtlichen oder praktischen Gründen überhaupt in der Lage gewesen sei, diese Voraussetzung von § 1685 II BGB zu erfüllen (vgl. Verfahren „*Anayo*", FamRZ 2011, 269; „*Schneider/Deutschland*", FamRZ 2011, 1715).

b) Neuregelung in § 1686a BGB

Diese Ausführungen des EGMR veranlassten den deutschen Gesetzgeber, **18** die Regelung des § 1686a BGB zu erlassen. Danach hat der leibliche Vater, der ein ernsthaftes **Interesse am Kind** gezeigt hat, ein Recht auf Umgang mit dem Kind, wenn dies dem **Kindeswohl** dient. Dazu kommt ein Recht auf Auskunft über die persönlichen Verhältnisse des Kindes.

> **Beispielsfall** (nach *BVerfG* FamRZ 2006, 1661): Ehefrau Marta lebt getrennt von ihrem Mann Erhard. Nun lernt M den Leo kennen, zieht mit ihm zusammen und sie verwirklichen gemeinsam ihren Kinderwunsch. L unterstützt M während ihrer Schwangerschaft und ist auch bei der Geburt des Kindes mit dabei. Wenige Tage nach der Entbindung kehrt M jedoch samt Kind zu E zurück, um wieder mit ihm zusammen zu leben. L will die Vaterschaft für Sohn Kilian anerkennen, muss aber erfahren, dass dies wegen der gesetzlichen Vaterschaft des E gem. § 1592 Nr. 1 BGB nicht möglich ist (vgl. § 1594 II BGB; s. § 31 Rn. 15). Unter diesen Umständen will L zumindest ein Umgangsrecht mit K.
>
> 1. Da L nicht Vater i.S.d. § 1592 BGB ist, kann er sich nicht auf ein Umgangsrecht aus § 1684 I BGB berufen. Angesichts der nun bestehenden sozial-familiären Beziehung zwischen dem Kind und seinem rechtlichen Vater hat L auch keine Chance, die Vaterschaft des E mit Erfolg anzufechten (vgl. § 1600 I Nr. 2, II BGB; s. oben § 31 Rn. 28), um auf diesem Wege selbst rechtlicher Vater und Umgangsberechtigter zu werden.

2. Ein **Umgangsrecht gem. § 1685 II BGB** scheidet ebenfalls aus, weil L keine Möglichkeit hatte, zu einer engen Bezugsperson des Kindes zu werden. Da M ihn gleich nach der Geburt des Kindes verlassen hat, konnte er nie tatsächliche Verantwortung für K übernehmen.
3. In Betracht kommt aber ein **Umgangsrecht nach § 1686a I Nr. 1 BGB**, sofern nach den Umständen davon ausgegangen werden kann, dass dieser Umgang dem Wohl von K dient.

c) Die Voraussetzungen des Umgangsrechts aus § 1686a BGB

19

> ### Das Umgangsrecht des leiblichen Vaters aus § 1686a BGB
>
> 1. Rechtliche Vaterschaft eines anderen Mannes (§ 1592 BGB)
> 2. Eidesstattliche Versicherung des Antragstellers, der Mutter in der Empfängniszeit beigewohnt zu haben, § 167a I FamFG
> 3. Leibliche Vaterschaft des Antragstellers
> 4. Ernsthaftes Interesse des Antragstellers am Kind
> 5. Kindeswohldienlichkeit des Umgangs, § 1686a I Nr. 1 BGB

Voraussetzung ist zunächst, dass ein **anderer Mann rechtlicher Vater** des Kindes i.S.v. § 1592 BGB ist. Irrelevant ist dabei, ob der leibliche Vater diese Vaterschaft nach § 1600 I Nr. 2, II BGB anfechten könnte oder nicht. Hat das Kind indes keinen rechtlichen Vater, so muss der umgangswillige leibliche Vater zunächst per Vaterschaftsanerkennung oder -feststellung die rechtliche Vaterschaft erlangen, um dann das Umgangsrecht nach § 1684 BGB geltend zu machen (BT-Drs. 17/12163, S. 12).

Das Erfordernis der **eidesstattlichen Versicherung** der Beiwohnung (§ 167a I FamFG) soll verhindern, dass sich Personen einmischen, die von vornherein nicht als leiblicher Vater in Betracht kommen. Zudem bleibt damit der (unbekannte) Samenspender vom Umgangsrecht ausgeschlossen (BT-Drs. 17/12163, S. 14). Das entspricht der Regelung in § 1600 I Nr. 2 BGB (dazu § 31 Rn. 29).

20   Sofern zwischen den Beteiligten nicht ohnehin unstreitig ist, dass der Antragsteller der leibliche Vater ist, erfolgt eine **inzidente Abstammungsklärung** durch ein genetisches Gutachten, §§ 167a II, III, 177 II FamFG. Dabei steht es im Ermessen des Gerichts, ob es – insbesondere aus Gründen der Verfahrensökonomie – erst die Kindeswohldienlichkeit des Umgangs klärt oder erst die Abstammungsfrage. Fehlt es an ersterem, wird der Umgang schon aus diesem Grund ausscheiden und eine Beweisaufnahme über die Abstammung entfällt. Auf diese Weise kann auch verhindert werden, dass der Antragsteller das Verfahren lediglich zur Abstammungsklärung missbraucht (vgl. *Peschel-Gutzeit*, NJW 2013, 2465, 2467).

Der leibliche Vater muss weiterhin ein **ernsthaftes Interesse am Kind gezeigt** haben. Dies kann sich etwa darin äußern, dass er bei der Entbindung anwesend war, dass er wiederholt seinen Wunsch nach Umgang geäußert oder die Bereitschaft gezeigt hat, für das Kind zu sorgen, etwa auch in finanzieller Hinsicht (vgl. BT-Drs. 17/12163 S. 13).

Vor allem aber muss das Gericht zu der Feststellung gelangen, dass der 21 Umgang mit dem leiblichen Vater dem **Wohl des Kindes** dient. Die Gesetzesbegründung (BT-Drs. 17/12163 S. 13) verweist darauf, dass diese Beurteilung insbesondere abhängen wird von der konkreten familiären Situation, der Stabilität und Belastbarkeit des Familienverbands, der Beziehungskonstellation bzw. dem Konfliktniveau zwischen den betroffenen Erwachsenen, Alter und Resilienz des Kindes, Grad der Bindung des Kindes an seine rechtlich-sozialen Eltern sowie der Dauer der Kenntnis von der Existenz eines biologischen Vaters. Man wird abzuwarten haben, was erste Gerichtsentscheidungen dazu beitragen werden.

IV. Das Umgangsrechtsverhältnis als gesetzliches Schuldverhältnis

Das beiderseitige Umgangsrecht mit dem Kind begründet zwischen den 22 Eltern ein gesetzliches Rechtsverhältnis familienrechtlicher Art, das durch § 1684 BGB näher ausgestaltet wird. Zwar treffen die Kosten für die Ausübung des Umgangs (z.B. Fahrtkosten) den umgangsberechtigten Elternteil (*BGH* FamRZ 2007, 707), der andere Elternteil hat aber die Pflicht, an der Durchführung der Umgangskontakte mitzuwirken. Pflichtverletzungen können Schadensersatzansprüche auslösen.

Beispielsfall (nach *BGH* NJW 2002, 2566): Nach ihrer Scheidung wohnen Mia und Tom in München und Berlin. Die gemeinsamen Kinder wohnen bei M in München. Durch gerichtlichen Beschluss wird festgelegt, dass T die Kinder an einem Wochenende pro Monat bei sich in Berlin haben darf und dass M die Kinder dann jeweils in München zum Flughafen zu bringen und dort auch wieder abzuholen hat. M hält die Regelung jedoch für unangemessen, weil sie für das Abliefern und Abholen der Kinder am Flughafen insgesamt pro Wochenende drei Stunden aufwenden muss. Als M die Kinder nicht vereinbarungsgemäß zum Flughafen bringt, muss T extra anreisen, um die Kinder abzuholen. Er verlangt die Mehrkosten in Höhe von 250 € nun von M ersetzt. Zu Recht?

I. Der Anspruch von T gegen M könnte sich aus § 280 I i.V.m. § 1684 I BGB ergeben.
1. Das Umgangsrechtsverhältnis begründet laut BGH ein gesetzliches Schuldverhältnis zwischen den Eltern, das ihnen entsprechende Mitwirkungspflichten auferlegt (krit. *Heiderhoff,* FamRZ 2004, 324 ff.). Damit liegt ein Schuldverhältnis i.S.v. § 280 I BGB vor.
2. M hat ihre durch den gerichtlichen Beschluss konkretisierten Mitwirkungspflichten verletzt. Sie ist an den Beschluss gebunden; sofern sie eine andere Regelung begehrt, müsste sie diese durch eine erneute gerichtliche Entscheidung herbeiführen. Der Be-

schluss war auch rechtmäßig. Wenn das grundrechtlich geschützte Umgangsrecht eines Elternteils im Fall fehlender Mitwirkung des anderen Elternteils faktisch vereitelt würde, kann der andere Elternteil anteilig zur Übernahme an dem für das Holen und Bringen der Kinder zur Ausübung des Umgangsrechts erforderlichen zeitlichen und organisatorischen Aufwand verpflichtet werden (*BVerfG* NJW 2002, 1863, 1864).
3. M hat ihre Mitwirkung vorsätzlich und somit schuldhaft unterlassen, § 276 I 1 BGB.
II. Der Anspruch könnte zudem aus § 823 I BGB begründet sein.
Sorgerecht und Umgangsrecht stellen sonstige Rechtsgüter i.S.v. § 823 I BGB dar (*AG Essen* FamRZ 2008, 717). Sie sind absolute Rechte, die von jedermann zu beachten sind. M hat das Umgangsrecht des T in rechtswidriger Weise vorsätzlich verletzt. Somit hat T gegen M Anspruch auf Schadensersatz.

Empfehlungen zur vertiefenden Lektüre

Zur Vertiefung: *Gottschalk,* Boykottierter Umgang – Zwangsweise Durchsetzung von Umgangsregelungen und Grenzen staatlicher Interventionsmöglichkeiten, FPR 2007, 308; *Hammer,* Das neue Verfahren betreffend das Umgangs- und Auskunftsrecht des leiblichen, nicht rechtlichen Vaters, FamRB 2013, 298; *Heiderhoff,* Schuldrechtliche Ersatzansprüche zwischen Eltern bei Verletzung des Umgangsrechts?, FamRZ 2004, 324; *Kölch/Fegert,* Die umgangsrechtliche Praxis aus Sicht der Kinder- und Jugendpsychiatrie, FamRZ 2008, 1573; *Lang,* Entwurf eines Gesetzes zur Stärkung der Rechte des leiblichen, nicht rechtlichen Vaters, FPR 2013, 233; *Löhnig/Preisner,* Zur Reichweite des Einflusses der Rechtsprechung des EuGHMR auf das deutsche Kindschaftsrecht, FamRZ 2012, 489; *Peschel-Gutzeit,* Der doppelte Vater – Kritische Überlegungen zum Gesetz zur Stärkung der Rechte des leiblichen, nicht rechtlichen Vaters, NJW 2013, 2465; *Salgo,* Wie man aus einer ungünstigen Situation eine das Wohl des Kindes gefährdende machen kann – Grenzen der Staatsintervention zur Durchsetzung des Umgangsrechts, FPR 2008, 401; *Wanitzek,* Rechtsprechungsübersicht zum Recht der elterlichen Sorge und des Umgangs, FamRZ 2013, 1169 und FamRZ 2014, 808.
Fälle und Klausuren: *Löhnig,* Fall 3; *Schwab,* PdW, Fälle 243, 246, 247.

§ 35. Unterhalt unter Verwandten, insbesondere Kindesunterhalt

I. Allgemeines zum Verwandtenunterhalt

1   Verwandte in gerader Linie (vgl. § 1589 S. 1 BGB) sind sich kraft Gesetzes gegenseitig zu Unterhalt verpflichtet, § 1601 BGB. Das betrifft Eltern im Verhältnis zu ihren Kindern und Enkelkindern, aber auch in der anderen Richtung Kinder gegenüber ihren Eltern und Großeltern. Die Verwandtschaft kann auf Abstammung (§§ 1589 ff. BGB) oder auf Adoption (§§ 1741 ff. BGB) beruhen. Keine gesetzliche Unterhaltpflicht besteht demgegenüber unter Geschwistern oder sonstigen Verwandten in der Seitenlinie.
Für die Unterhaltsansprüche zwischen Verwandten gelten folgende Grundsätze:

- Die Ansprüche sind (für die Zukunft) unverzichtbar, § 1614 BGB.
- Die Ansprüche erlöschen mit dem Tod des Berechtigten oder Verpflichteten, § 1615 BGB.
- Die Ansprüche sind grundsätzlich unpfändbar, § 850b I Nr. 2 ZPO.
- Die Ansprüche sind daher unabtretbar, § 400 BGB.
- Die Aufrechnung gegen die Unterhaltsansprüche ist ausgeschlossen, § 394 BGB.
- Öffentliche Sozialleistungen sind grundsätzlich subsidiär gegenüber Unterhaltsansprüchen (vgl. z.B. § 2 SGB XII), so dass Regressansprüche beim Unterhaltspflichtigen in Betracht kommen (vgl. z.B. § 94 SGB XII).

II. Die Anspruchsvoraussetzungen

Der Unterhaltsanspruch aus § 1601 BGB

1. Verwandtschaft in gerader Linie, vgl. § 1589 S. 1 BGB
2. Leistungsfähigkeit des Unterhaltspflichtigen, § 1603 BGB
3. Unterhaltsbedarf, § 1610 BGB
4. Bedürftigkeit des Unterhaltsberechtigten, § 1602 BGB
5. Art der Unterhaltsgewährung, § 1612 BGB
6. Keine Einwendungen/Einreden, insbesondere § 1611 BGB

Hinweis: Je nach Sachverhalt prüft man die Leistungsfähigkeit vor oder nach Bedarf und Bedürftigkeit. Beim Unterhalt minderjähriger Kinder hängt die Bedarfsermittlung vom Einkommen des Barunterhaltpflichtigen ab, so dass es sich anbietet, erst die Leistungsfähigkeit zu untersuchen. Beim Elternunterhalt (Rn. 26) hingegen werden erst Bedarf und Bedürftigkeit ermittelt und danach die Leistungsfähigkeit.

1. Verwandtschaft und Rang der Unterhaltspflichtigen

Der Unterhaltsanspruch besteht zwischen Verwandten in gerader Linie **2** (s. Rn. 1). Im Einzelfall können mehrere unterhaltspflichtige Personen zusammentreffen. Insoweit gelten für die Rangfolge der Unterhaltspflichtigen die §§ 1606, 1608 BGB. So haftet der Ehegatte bzw. eingetragene Lebenspartner grundsätzlich vor den Verwandten des Unterhaltsbedürftigen, § 1608 I BGB. Unterhalb der Verwandten haften die Abkömmlinge vor den Verwandten der aufsteigenden Linie, § 1606 I BGB. Mehrere gleich nahe Verwandte haften anteilig nach ihren Erwerbs- und Vermögensverhältnissen, § 1606 III 1 BGB.

Beispiel: Großmutter Gisela muss sich mit Unterhaltsansprüchen zunächst an ihren Sohn halten, hilfsweise an den Enkelsohn (Abkömmlinge), die Eltern der G (Urgroßeltern) haften als Verwandte der aufsteigenden Linie erst an dritter Stelle.

2. Leistungsfähigkeit und Rangfolge

a) Allgemeines

3   Der Unterhaltspflichtige muss in der Lage sein, den geschuldeten Unterhalt leisten zu können, ohne seinen eigenen angemessenen Lebensunterhalt
zu gefährden, § 1603 I BGB. Wie beim Ehegattenunterhalt (s. § 23 Rn. 22)
ist zunächst das bereinigte **Nettoeinkommen** des Unterhaltspflichtigen zu
ermitteln. Unterlässt der Unterhaltspflichtige einen zumutbaren und objektiv
möglichen Einsatz seiner Arbeitskraft, kann ein (fiktives) Einkommen anzusetzen sein (vgl. *BVerfG* FamRZ 2010, 626 und 793). Entsprechendes gilt für die
Obliegenheit, Vermögen ertragreich anzulegen oder möglichen Vermögenserwerb (z.B. Pflichtteilsansprüche) auch zu realisieren (*BGH* NJW 2013, 530).
Für die Deckung des eigenen Unterhalts ist ein Abzug in Höhe des sog. Selbstbehalts vorzunehmen; denn eine Unterhaltspflicht, die dem Unterhaltsschuldner das Existenzminimum nehmen würde, das er selbst zum Leben braucht,
wäre unverhältnismäßig und verfassungswidrig (*BVerfG* FamRZ 2001, 1685).
Der **Selbstbehalt** beläuft sich laut Düsseldorfer Tabelle (Stand: 1.1.2013):

- gegenüber minderjährigen Kindern bei erwerbstätigen Unterhaltspflichtigen auf
  1.000 € (sog. notwendiger Selbstbehalt), bei Arbeitslosen auf 800 €
- gegenüber unterhaltsberechtigten Ehegatten auf 1.100 €
- gegenüber volljährigen, nicht im Haushalt lebenden Kindern auf 1.200 € (sog. angemessener Selbstbehalt)
- gegenüber Eltern als Unterhaltsberechtigten auf 1.600 €.

Gegenüber einem volljährigen Kind, das seine bereits erlangte wirtschaftliche Selbstständigkeit wieder verloren hat, kann der Selbstbehalt auch höher
angesetzt werden (*BGH* NJW 2012, 530). Das nach Abzug des Selbstbehalts
verbleibende Einkommen ist für Unterhaltszwecke einzusetzen. Bei mehreren
Unterhaltspflichtigen ist die Rangfolge des § 1609 BGB zu beachten (s. Rn. 6).
Ist ein vorrangig Verpflichteter nicht leistungsfähig, hat der nach ihm haftende
Verwandte den Unterhalt zu gewähren, § 1607 I BGB.

b) Erhöhte Leistungspflichten gegenüber minderjährigen Kindern

4   Minderjährigen unverheirateten Kindern gegenüber gelten Verschärfungen.
Eltern sind insoweit verpflichtet, alle verfügbaren Mittel zu ihrem und der
Kinder Unterhalt gleichmäßig zu verwenden, § 1603 II 1 BGB. Die Eltern
sind zu absoluter Solidarität mit ihren minderjährigen Kindern verpflichtet
(vgl. *Schwab*, FamR, Rn. 878). Insoweit gelten unterhaltsrechtlich strenge
Maßstäbe (*BGH* NJW 2014, 932). Die Eltern müssen ggf. auch die Substanz
ihres Vermögens angreifen, um den Kindesunterhalt leisten zu können (*BGH*
FamRZ 1980, 1113; 1989, 170). Dementsprechend ist der Selbstbehalt niedriger
als gegenüber anderen Unterhaltsbedürftigen anzusetzen. Den minderjährigen,
unverheirateten Kindern sind volljährige, **unverheiratete Kinder bis zum
21. Lebensjahr gleichgestellt**, solange sie im Haushalt der Eltern leben und
sich in der allgemeinen Schulausbildung befinden, § 1603 II 2 BGB.

Beispiele:

- Die gesteigerte Unterhaltspflicht gegenüber minderjährigen und privilegiert volljährigen Kindern kann dazu führen, dass dem Unterhaltspflichtigen **Nebenbeschäftigungen** (*BGH* NJW 2009, 1410) oder eine Umschulung (*OLG Karlsruhe* FamRZ 2010, 1342) zugemutet werden, damit er den angemessenen Unterhalt der Kinder sicher stellen kann.
- Weiterhin kann auch ein **Arbeitsplatzwechsel** (*BGH* NJW 2009, 1410) in Betracht kommen oder zur Einsparung von Fahrtkosten ein Wohnortwechsel (*OLG Naumburg* NJW-RR 2009, 873) zumutbar sein.
- Die **eigene Erstausbildung** des Unterhaltspflichtigen zählt allerdings zum eigenen Lebensbedarf, welcher vorrangig vor dem Kindesunterhalt befriedigt werden darf (BGHZ 189, 284).

Die gesteigerten Verpflichtungen des barunterhaltspflichtigen Elternteils treten dann nicht ein, wenn das Kind seinen Unterhalt durch die Verwertung seines eigenen Vermögensstammes bestreiten kann oder ein anderer leistungsfähiger, unterhaltspflichtiger **Verwandter** (z.B. der reiche Opa) vorhanden ist, § 1603 II 3 BGB. Dabei kann im Einzelfall auch der betreuende Elternteil i.S.v. § 1606 III 2 BGB ein solcher leistungsfähiger Verwandter sein (BGHZ 189, 284; *BGH* NJW 2013, 2897).

c) Leistungsfähigkeit und „Hausmannrechtsprechung"

Die gesetzliche Unterhaltspflicht gegenüber minderjährigen Kindern setzt **5** der **Handlungsfreiheit** des Unterhaltspflichtigen und seines neuen Partners Grenzen. In einer neuen Beziehung kann der bis dahin erwerbstätige Unterhaltspflichtige nicht ohne Weiteres seinen Beruf aufgeben, um nun die „Hausmann"- bzw. Hausfrauenrolle zu übernehmen und Kinder aus dieser Beziehung zu betreuen (sog. Hausmannrechtsprechung).

Beispielsfall: Volker hat aus seiner ersten Ehe Sohn Sam, der von seiner Exfrau Evi betreut wird. V schuldet S daher den Barunterhalt (vgl. § 1606 III BGB). In seiner zweiten Ehe übernimmt V nun nach Geburt von Tochter Tara die Hausmannrolle, während seine neue Frau Franziska arbeiten geht. Daher beruft sich V mangels Einkommens gegenüber S auf Leistungsunfähigkeit. Zu Recht?

Die Rechtsprechung betont die Gleichrangigkeit der Kinder aus beiden Ehen. Daher muss sich der Unterhaltspflichtige grundsätzlich bemühen, allen Unterhaltsansprüchen in gleicher Weise nachzukommen. Er kann sich in einer neuen Beziehung (Ehe oder nichteheliche Lebensgemeinschaft) nicht beliebig auf die Hausmannrolle zurückziehen. Anders liegt es nur dann, wenn die neue Rollenverteilung zu wirtschaftlich deutlich günstigeren Verhältnissen führt, etwa weil die neue Ehefrau mehr verdienen kann. Auch dann aber bleibt der Unterhaltspflichtige zur Aufnahme einer Nebentätigkeit verpflichtet, um den minderjährigen unverheirateten Kindern aus erster Ehe Barunterhalt leisten zu können (BGHZ 75, 272; *BGH* FamRZ 1987, 472; 2001, 1065; 2006, 1827; *OLG Brandenburg* BeckRS 2013, 18144). Unterlässt der Unterhaltspflichtige diesbezügliche Bemühungen, so ist ihm ein entsprechendes Einkommen fiktiv anzurechnen.

d) Rangfolge, § 1609 BGB

6   Unmittelbar mit der Leistungsfähigkeit hängt die Klärung der Rangfolge zusammen. Steht der Unterhaltspflichtige mehreren Unterhaltsberechtigten gegenüber (z.B. der Exfrau, zwei Kindern und der neuen Ehefrau), reicht sein Einkommen nach Abzug des Selbstbehalts aber nicht aus, um alle Ansprüche zu befriedigen, so muss geklärt werden, welche Unterhaltsberechtigten vorrangig sind. Die Rangfolge wird durch § 1609 BGB bestimmt (dazu schon § 23 Rn. 24). Danach stehen minderjährige, unverheiratete Kinder und Kinder i.S.v. § 1603 II 2 BGB im ersten Rang, § 1609 Nr. 1 BGB. Das Einkommen des Unterhaltspflichtigen ist also primär zur Befriedigung dieser Ansprüche zu verwenden. Nachrangig Berechtigte gehen ggf. leer aus. Reicht das Einkommen für eine zu bedienende Rangstufe nicht aus, so sind die Ansprüche anteilig zu kürzen (Quotenkürzung).

> **Beispiel:** Vater V verdient netto bereinigt 1.300 €. Er schuldet den im Haushalt der Mutter lebenden Kindern S (fünf Jahre), T (sieben Jahre) und U (achtzehn Jahre) Barunterhalt. Der Mindestunterhalt beträgt laut Düsseldorfer Tabelle (s. Rn. 8) für S 317 €, für T 364 € und für U 488 €. Zieht man jeweils das hälftige Kindergeld, also jeweils 92 € für das erste und zweite Kind sowie 95 € für das dritte Kind, ab, so ergibt sich ein geschuldeter Gesamtbetrag von 890 €. Nach Abzug des Selbstbehalts in Höhe von 1.000 € stehen V für Unterhaltszwecke aber nur 300 € zur Verfügung. Also müssen alle Ansprüche anteilig herabgesetzt werden im Verhältnis von 300 ./. 890. Das ergibt für S einen Betrag von 74,83 € (222 × 300 ./. 890), für T 91,69 € (272 x 300 ./. 890) und für U 133,48 € (396 × 300 ./. 890).

3. Unterhaltsbedarf

a) Allgemeines

7   Der Umfang des Unterhaltsanspruchs (Unterhaltsmaß) bestimmt sich nach der Lebensstellung des Bedürftigen, § 1610 I BGB. Verlangt werden kann der Geldbetrag, den der Berechtigte nach seinen bisherigen Einkommens- und Vermögensverhältnissen zum Leben braucht. Dem Umfang nach umfasst der zu zahlende Unterhalt den **gesamten Lebensbedarf** (Nahrung, Kleidung, Wohnung, ärztliche Versorgung, Freizeit etc.). Dazu gehören auch die Kosten einer angemessenen Schul- und Berufsausbildung (dazu Rn. 23 f.) und sonstige Aufwendungen für die Erziehung, § 1610 II BGB. In der Sache ist nach der Person des Unterhaltsbedürftigen zu differenzieren.

> Bei erwachsenen, wirtschaftlich selbstständigen Personen ist der angemessene Unterhaltsbedarf einzelfallabhängig nach ihrer konkreten Stellung zu ermitteln. **Kinder** hingegen leiten ihre Lebensstellung von der Lebensstellung bzw. dem Einkommen ihrer Eltern ab. Zugleich zeigt die Erfahrung, dass ein im Studium befindliches Kind einen höheren Bedarf hat als ein Schulkind und dieses wiederum einen höheren Bedarf als ein Kleinkind. Die daraus folgenden Abstufungen nach **Einkommensklasse** sowie nach **Alter des Kindes** spiegeln sich in den Unterhaltstabellen der Oberlandesgerichte wider.

b) Der Tabellenunterhalt

In der Praxis wird der Kindesunterhalt erst relevant, wenn die Eltern ge- **8**
trennt leben. Während der kinderbetreuende Elternteil seinen Beitrag zum
Kindesunterhalt in diesem Fall durch die Pflege und Erziehung des Kindes
erbringt (vgl. § 1606 III 2 BGB), ist der andere Elternteil zur Leistung des
Barunterhalts verpflichtet. Zur Vereinfachung der Ermittlung des konkreten
Barunterhaltsbedarfs des Kindes bedient sich die Praxis sog. Unterhaltstabellen.
Der Unterhaltsbedarf wird hier als fester Betrag abhängig vom Nettoeinkommen des Barunterhaltspflichtigen und dem Alter des Kindes angesetzt. Die
bekannte Düsseldorfer Tabelle (Abdruck mit Anmerkungen in FamRZ 2013,
96) unterscheidet vier Altersklassen.

Düsseldorfer Tabelle (Stand 1. 1. 2013)

	Altersstufen in Jahren (§ 1612a Abs. 1 BGB)				Prozent-satz	Bedarfs-kontrollbetrag
	0–5	6–11	12–17	ab 18		
1. bis 1.500	317	364	426	488	100	800/1000
2. 1.501–1.900	333	383	448	513	105	1.100
3. 1.901–2.300	349	401	469	537	110	1.200
4. 2.301–2.700	365	419	490	562	115	1.300
5. 2.701–3.100	381	437	512	586	120	1.400
6. 3.101–3.500	406	466	546	625	128	1.500
7. 3.501–3.900	432	496	580	664	136	1.600
8. 3.901–4.300	457	525	614	703	144	1.700
9. 4.301–4.700	482	554	648	742	152	1.800
10. 4.701–5.100	508	583	682	781	160	1.900
ab 5.101	nach den Umständen des Falles					

Alle Beträge in €.

Beispiel: Verdient der Vater (netto bereinigt) monatlich 3.000 €, so kann das 10-jährige
Kind auf einen Barunterhaltsbedarf von 437 € verweisen (vgl. Tabelle Einkommensstufe 5;
zweite Altersstufe).

Unterhaltstabellen haben keine gesetzesähnliche Wirkung. Die Tabellenwerte sind lediglich
Richtwerte für die gerichtliche Praxis, die im Einzelfall auf ihre Angemessenheit zu überprü-
fen sind (*BGH* NJW 2002, 1269). Hält sich der geltend gemachte Anspruch im Rahmen des
Tabellenwerts, trifft das Kind indes keine weitere Darlegungs- und Beweislast mehr. Insoweit
wird vermutet, dass ein Bedarf in dieser Höhe besteht. Alternativ kann aber auch (nur) der sog.
Mindestunterhalt im vereinfachten Verfahren geltend gemacht werden (s. Rn. 19).

c) Die Kindergeldanrechnung

9   Der Tabellenbetrag ist meistens nicht zugleich der **Zahlbetrag**. Zu berücksichtigen ist noch das Kindergeld, das regelmäßig an den betreuenden Elternteil
ausgezahlt wird. Das Kindergeld soll aber beide Elternteile sowohl bei der
Barunterhaltspflicht als auch bei der tatsächlichen Betreuung entlasten und
steht daher eigentlich beiden Elternteilen zu gleichen Teilen zu. Bei getrennt
lebenden Elternteilen kann der Barunterhaltspflichtige daher das hälftige Kindergeld von dem geschuldeten Barbedarf abziehen, vgl. § 1612b I BGB. Das gilt
aber nur soweit der Barbedarf, d.h. der Mindestunterhalt i.S.v. § 1612a I BGB,
auch tatsächlich geleistet wird (vgl. dazu BVerfGE 108, 52 ff.). In dem Umfang,
in dem die tatsächliche Unterhaltsleistung mangels Leistungsfähigkeit nicht
das Existenzminimum des Kindes abdeckt, scheidet eine Anrechnung aus. Bei
volljährigen, nicht mehr bei den Eltern wohnenden Kindern ist das Kindergeld
in voller Höhe auf deren Barbedarf anzurechnen (BGHZ 164, 375).

d) Sonderbedarf und Mehrbedarf

10   Unter **Sonderbedarf** versteht man einen unregelmäßig bzw. nur einmalig auftretenden
besonderen zusätzlichen Bedarf, vgl. Definition in § 1613 II Nr. 1 BGB. Das kann z.B.
die Säuglingserstausstattung (*OLG Koblenz* FamRZ 2009, 2098) oder die unvorgesehene
Zahnbehandlung betreffen. Die Abgrenzung zum laufenden Bedarf, der bereits über den
Tabellenunterhalt abgedeckt wird, ist nicht immer leicht zu treffen. Der Sonderbedarf ist
einzelfallabhängig geltend zu machen und grundsätzlich vom Barunterhaltspflichtigen
zu tragen.

   Davon abzugrenzen ist vorhersehbarer, vorübergehender **Mehrbedarf**. Das betrifft
etwa die Kosten für die Konfirmation (*KG* FamRZ 1987, 306), den privaten Förder-
unterricht wegen Legasthenie (*BGH* NJW 2013, 2900) oder für das Repetitorium eines
Jurastudenten (*OLG Hamm* FamRZ 2014, 222). Für berechtigten Mehrbedarf eines minderjährigen Kindes haben grundsätzlich beide Elternteile nach ihren Einkommensverhält-
nissen und nach den Maßstäben des § 1603 I BGB aufzukommen (*BGH* NJW 2013, 2900).

4. Bedürftigkeit

11   Bedürftig ist, wer außerstande ist, sich selbst zu unterhalten, § 1602 I BGB.
Es besteht somit kein Anspruch, wenn oder soweit der Unterhaltsbegehrende
seinen angemessenen Unterhalt aus tatsächlichen oder zumindest zumutbar
erzielbaren eigenen Einkünften aus Erwerbstätigkeit oder aus einer zumutbaren Verwertung von Vermögen oder sonstigen Einkünften selbst bestreiten
kann (*Schwab*, FamR, Rn. 852). Der Unterhaltsbedürftige muss insoweit alle
zumutbaren Möglichkeiten ausschöpfen.

   Das **minderjährige, unverheiratete Kind** wird allerdings vom Gesetz
privilegiert behandelt: Es kann von seinen Eltern, auch wenn es Vermögen
hat, die Gewährung des Unterhalts insoweit verlangen, als die Einkünfte seines Vermögens und der Ertrag seiner Arbeit zum Unterhalt nicht ausreichen,
§ 1602 II BGB. Es muss somit grundsätzlich nicht den Stamm seines Vermögens
angreifen, um seinen Unterhalt sicherzustellen. Im Übrigen ist das minderjäh-

rige Kind nicht verpflichtet, eine Erwerbstätigkeit aufzunehmen, um seinen Unterhalt bestreiten zu können. In dieser Lebensphase hat es vielmehr einen Anspruch gegen die Eltern auf Finanzierung einer angemessenen Ausbildung, vgl. § 1610 II BGB. Entsprechendes gilt nach h.M. auch noch für das volljährige Kind, solange es zur Schule geht, eine Ausbildung oder ein Studium absolviert (*Dethloff*, § 11 Rn. 22). Hier mag allenfalls eine ergänzende Teilerwerbstätigkeit in Betracht kommen (s. Rn. 22 ff.).

5. Art der Unterhaltsgewährung

Im Normalfall richtet sich der Unterhaltsanspruch auf Zahlung einer monat- **12** lich im Voraus zu zahlenden **Geldrente**, § 1612 I 1, III 1 BGB. Ausnahmsweise kann der Verpflichtete verlangen, dass ihm die Gewährung des Unterhalts (teilweise) in anderer Art (z.B. in Form von Lebensmitteln) gestattet wird, wenn besondere Gründe es rechtfertigen, § 1612 I 2 BGB.

Im Hinblick auf minderjährige unverheiratete **Kinder** stellt § 1606 III 2 BGB klar, dass auch die **Pflege und Erziehung** durch die Eltern eine Unterhaltsleistung an das Kind darstellt. Bei getrennt lebenden Eltern erfüllt der kinderbetreuende Elternteil seine Unterhaltsverpflichtung gegenüber dem Kind somit bereits durch Pflege und Erziehung des Kindes (Naturalunterhalt). Der andere Elternteil hat dann den Barunterhalt zu leisten. Zu Wechselmodellen s. Rn. 21. Ist der betreuende Elternteil gestorben und wird das Kind nun von Dritten betreut, schuldet der überlebende Elternteil sowohl den Bar- als auch den Betreuungsunterhalt. Letzterer ist dann pauschal in Höhe des Barunterhalts zu bemessen (*BGH* NJW 2006, 3421).

Gegenüber dem älter werdenden und auch volljährigen Kind haben die Eltern das Recht zu bestimmen, in welcher Art und für welche Zeit im Voraus der Unterhalt gewährt werden soll, sofern auf die Belange des Kindes die gebotene Rücksicht genommen wird, **§ 1612 II 1 BGB (Unterhaltsbestimmungsrecht)**. Relevant wird das vor allem, wenn sich das Kind in Ausbildung befindet. Hier müssen die Eltern nicht dem Wunsch des Kindes nach Barunterhalt folgen, sondern können weiterhin überwiegend Naturalunterhalt in Form von Wohnungsgewährung, Kost und Taschengeld leisten. Damit werden der Selbstbestimmung des volljährigen Kindes freilich Grenzen gesetzt (akzeptiert von *BGH* FamRZ 1981, 250, 252). Ausnahmen gelten nur, wenn es dem Kind nach den Umständen unzumutbar ist, weiterhin bei den Eltern zu wohnen (z.B. nach Misshandlungen, bei unangemessenen Wohnbedingungen, zu weiter Entfernung zwischen Elternhaus und Ausbildungsstätte oder bei unerträglichen Spannungen im Eltern-Kind-Verhältnis, vgl. dazu *BayObLG* FamRZ 1989, 1298; *OLG Zweibrücken* FamRZ 1988, 205, 206). Bei getrennt lebenden Elternteilen kann sich das Problem stellen, dass beide nur Naturalunterhalt leisten wollen (dazu *BGH* FamRZ 1983, 892; 1984, 37; 1988, 831; BGHZ 104, 224). Hier muss das Gericht ggf. die Interessen der Eltern gegeneinander abwägen.

6. Fehlen von Einwendungen und Einreden

Trotz Erfüllung der Voraussetzungen der §§ 1601 ff. BGB können im Ein- **13** zelfall Einwendungen gegen den Unterhaltsanspruch bestehen. So erlischt der

Anspruch mit dem Tod von Unterhaltpflichtigem oder Unterhaltsleistendem, § 1615 I BGB. Weiterhin ist vor allem an die folgenden Einwendungen und Einreden zu denken:

a) Einwendung der Unbilligkeit, § 1611 BGB

14   Ausnahmsweise kann die Verpflichtung zur Leistung von Unterhalt **unbillig** sein (vgl. für Ehegattenunterhalt § 1579 BGB; § 23 Rn. 27 ff.). In solchen Fällen reduziert sich die Unterhaltspflicht auf einen Betrag, der der Billigkeit entspricht, § 1611 I 1 BGB. In Fällen grober Unbilligkeit kann die Unterhaltspflicht komplett entfallen, § 1611 I 2 BGB. Das Gericht hat insoweit alle Umstände des Einzelfalls abzuwägen. Die Unterhaltspflicht von Eltern gegenüber ihren minderjährigen Kindern kann allerdings nicht gekürzt werden, § 1611 II BGB.

Die Härteklausel des § 1611 I BGB nennt (abschließend) folgende Unbilligkeitstatbestände:

- Der Unterhaltsberechtigte ist durch eigenes sittliches Verschulden bedürftig geworden (z.B. Verschwendung; leichtfertiger Verlust des Arbeitsplatzes);
- der Unterhaltsberechtigte hatte seine eigene Unterhaltspflicht gegenüber dem Pflichtigen gröblich vernachlässigt (z.B. die Mutter, die jetzt von ihrem Kind Unterhalt fordert, hatte ihrerseits das Kind bald nach seiner Geburt im Stich gelassen, *BGH* FamRZ 2004, 1559);
- der Unterhaltsberechtigte hat vorsätzlich eine schwere Verfehlung gegen den Unterhaltsschuldner oder dessen nahe Angehörige begangen (z.B. der unterhaltsbegehrende Vater hatte die Tochter körperlich misshandelt).

Beispielsfall: Sohn S erhält von seinem Vater Unterhalt zur Finanzierung des Jurastudiums. Nach der Trennung der Eltern hatte S sich immer mehr von V abgewandt, zumal er schon zuvor viel Streit mit V gehabt hatte. Inzwischen verweigert S jeden Kontakt mit V und nimmt auch dessen gelegentliche Einladungen nicht mehr an. V meint nun, eine fortdauernde Unterhaltsverpflichtung sei ihm angesichts der Umgangsverweigerung des S nicht mehr zumutbar.

Hier stellt sich die Frage, ob die **Umgangsverweigerung** eine schwere Verfehlung i.S.v. § 1611 I BGB darstellt. Im Regelfall wird dies jedoch zu verneinen sein. Insbesondere die aus einer persönlichen Entfremdung resultierende Ablehnung des Kontakts mit dem Elternteil kann nicht als Verfehlung begriffen werden, die es rechtfertigen könnte, daraus unterhaltsrechtliche Sanktionen abzuleiten (*BGH* NJW 1995, 1215; *OLG Frankfurt a.M.* NJW-RR 1996, 708).

b) Einwendung der abweichenden Regelung durch Vertrag

15   Der gesetzliche Unterhaltsanspruch kann insoweit vertraglich modifiziert werden, als eine bestimmte Art der Unterhaltsleistung oder ein höherer als der gesetzlich geschuldete Unterhalt vereinbart werden kann. Zu beachten ist jedoch § 1614 I BGB: Für die Zukunft kann auf den Unterhaltsanspruch nach § 1601 BGB **nicht verzichtet** werden. Eine spürbare vertragliche Herabsetzung des Unterhalts – etwa bei minderjährigen Kindern unter den Betrag des Mindestunterhalts (vgl. Rn. 19) – wäre somit unwirksam. Hieraus könnte keine

Einwendung gegen den Unterhaltsanspruch hergeleitet werden. Wirksam sein können allerdings Freistellungsvereinbarungen zwischen den Eltern, zumal sie im Außenverhältnis den Anspruch des Kindes unberührt lassen (dazu *BGH* FamRZ 2009, 856).

c) Einrede der Verjährung

Das die Unterhaltspflicht begründende Rechtsverhältnis der Verwandtschaft kann als **16** solches nicht verjähren, denn nur Ansprüche verjähren, vgl. § 194 I BGB. Demgemäß stellt § 194 II BGB klar, dass Ansprüche aus einem familienrechtlichen Verhältnis der Verjährung nicht unterliegen, soweit sie auf Herstellung des dem Verhältnis entsprechenden Zustands für die Zukunft gerichtet sind. Was hingegen in der Vergangenheit entstandene Ansprüche angeht, kann Verjährung nach allgemeinen Regeln eintreten. Auch für familienrechtliche Ansprüche gilt insoweit die regelmäßige Verjährungsfrist des § 195 BGB von drei Jahren. Allerdings ist die Hemmungsvorschrift des § 207 BGB zu beachten.

d) (Kein) Unterhalt für die Vergangenheit, § 1613 BGB

Unabhängig von der Frage der Verjährung setzt § 1613 BGB der Geltend- **17** machung von Unterhaltsansprüchen für die Vergangenheit Grenzen. Es gilt der Grundsatz „in praeteritum non vivitur" (in der Vergangenheit wird nicht gelebt). Unterhaltsleistungen dienen schließlich der Abdeckung des laufenden, anstehenden Lebensbedarfs und nicht dem Ersatz von Aufwendungen in der Vergangenheit. Zugleich geht es um den Schutz des Unterhaltspflichtigen, der nicht plötzlich mit dem Hinweis auf hohe Unterhaltsrückstände überrascht werden darf.

Daher können Unterhaltsansprüche für einen zurückliegenden Zeitraum gem. § 1613 I BGB nur **ab dem Zeitpunkt** verlangt werden,

- ab dem der Verpflichtete im Hinblick auf den Unterhaltsanspruch zur Erteilung von **Auskunft** über seine Einkünfte und sein Vermögen aufgefordert worden ist, oder
- ab dem der Verpflichtete mit der Unterhaltsleistung in **Verzug** (§§ 286 f. BGB) gekommen ist oder
- ab dem der Unterhaltsanspruch **rechtshängig** geworden ist.

> **Beispielsfall:** Infolge eines Streits über die Erziehung des gemeinsamen Kindes Konrad stellt Vater V seine Unterhaltszahlungen für K ein. Bislang hatte er aufgrund außergerichtlicher Vereinbarung den Kindesunterhalt jeweils zum Monatsersten auf das Konto der Kindesmutter M überwiesen. Die das Kind betreuende M ist nun zu stolz, von V den Unterhalt zu erbitten und unternimmt zunächst nichts. Anwaltlich beraten tritt M jedoch neun Monate später wieder an V heran und verlangt Fortzahlung des Kindesunterhalts sowie Nachzahlung für die letzten neun Monate. Zu Recht?
>
> Der **Anspruch** von K gegen V ergibt sich **aus § 1601 BGB**. Auch im Fall gemeinsamen Sorgerechts kann der Anspruch von M im Namen des Kindes gegen V geltend gemacht werden, § 1629 II 2 BGB.
> 1. Der Anspruch für die Zukunft ist unproblematisch. Das zu Grunde liegende Rechtsverhältnis ist unverjährbar, § 194 I BGB.
> 2. Fraglich ist, was für die Nachzahlungen zu gelten hat.
> a) Da insoweit Unterhalt für die Vergangenheit eingefordert wird, könnte es auf die Voraussetzungen des § 1613 I BGB ankommen. Hier könnte V in Verzug sein. Zwar

erfolgte keine Mahnung, indes war V aufgrund der Vereinbarung verpflichtet, den festliegenden Betrag jeweils zum Monatsersten zu zahlen. Damit war seine Leistung dem Kalender nach bestimmt und eine Mahnung entbehrlich, § 286 II Nr. 1 BGB. Verzug ist daher zu bejahen.

M kann demnach Nachzahlung verlangen.

b) Es ist allerdings fraglich, ob es auf die Voraussetzungen des § 1613 BGB vorliegend überhaupt ankommt. Die Norm hat den Zweck, den Pflichtigen vor ungeahnten, rückwirkenden Ansprüchen zu schützen. Dieser Schutzzweck entfällt, wenn eine Unterhaltspflicht vertraglich fixiert ist und nun – in Kenntnis der Schuld – nicht gezahlt wird. In diesem Fall wendet die Rechtsprechung § 1613 BGB nicht an (*BGH* FamRZ 1989, 150; RGZ 164, 65, 69). Eine Grenze wird lediglich analog § 1585b III BGB gezogen.

Der Anspruch auf Nachzahlung besteht daher in jedem Fall.

18   **Ausnahmen** von der Zeitsperre des § 1613 I BGB macht § 1613 II BGB – vorbehaltlich der Härteregelung in Abs. 3 – für folgende Fälle:

- für die Zeiträume, in denen der Berechtigte aus rechtlichen Gründen an der Geltendmachung des Unterhalts verhindert war (z.B. weil die Vaterschaft des Schuldners noch nicht im Rechtssinne festgestellt war);
- für Zeiträume, in denen der Berechtigte aus tatsächlichen Gründen, die in den Verantwortungsbereich des Unterhaltspflichtigen fallen, an der Geltendmachung des Unterhalts verhindert war (z.B. weil der unterhaltspflichtige Vater untergetaucht war);
- für Sonderbedarf (Rn. 10) bei Geltendmachung innerhalb eines Jahres.

III. Besondere Problemkreise des Kindesunterhalts

1. Der Mindestunterhalt und das vereinfachte Verfahren

19   Um den Anspruch des Kindes auf Tabellenunterhalt durchzusetzen, muss ggf. ein gerichtliches Verfahren durchgeführt werden, das sich – insbesondere wenn zunächst erst Auskunft über die Vermögensverhältnisse begehrt wird – erheblich hinziehen kann und auch entsprechende Kosten erzeugt. Zur Vereinfachung und Beschleunigung der Anspruchsdurchsetzung hat der Gesetzgeber daher das vereinfachte Verfahren gem. §§ 249 ff. FamFG als Alternative zum regulären (Stufen-)Verfahren vorgesehen.

**Voraussetzungen des vereinfachten Verfahrens,
§§ 1612a BGB, 249 ff. FamFG**

1. Minderjähriges Kind als Unterhaltsberechtigter
2. Keine Haushaltszugehörigkeit des Kindes zum unterhaltspflichtigen Elternteil
3. Antrag mit den Angaben gem. § 250 FamFG
4. Antrag auf maximal das 1,2fache des Mindestunterhalts nach § 1612a I BGB
5. Kein vorrangiges gerichtliches Unterhaltsverfahren, § 249 II FamFG

Der **Unterhaltsbedarf** nach dem vereinfachten Verfahren orientiert sich **20** am doppelten steuerlichen Freibetrag für das sächliche Existenzminimum des Kindes (Kinderfreibetrag; § 32 VI 1 EStG) von derzeit jährlich 4.368 €. Für die erste Altersstufe (0–5 Jahre) werden davon 87 % (317 € monatlich), für die zweite Altersstufe (6–11 Jahre) 100 % (364 €) und für die dritte Altersstufe (12–17 Jahre) 117 % (426 €) angesetzt, § 1612a BGB. Dieser **Mindestunterhalt** (bzw. das 1,2 fache davon) kann (abzüglich des hälftigen Kindergeldes, § 1612a I Nr. 1 BGB) in jedem Fall eingefordert werden, der Unterhaltsbedarf ist insoweit nicht näher zu begründen. Ein weiterer Vorteil des vereinfachten Verfahrens liegt darin, dass der Unterhaltsbedarf auch **dynamisch** als Prozentsatz des für die jeweilige Altersgruppe des Kindes maßgeblichen Mindestunterhalts geltend gemacht werden kann. Somit passt sich der geschuldete Betrag laufend automatisch dem jeweils geltenden Mindestunterhaltssatz an, ohne dass eine Abänderung des Unterhaltstitels nötig wäre.

Für das vereinfachte Verfahren sind die **Familiengerichte** zuständig, § 23a I Nr. 1 GVG. Es entscheidet der **Rechtspfleger**, § 25 Nr. 2c RPflG. Es ist zwingend ein bestimmtes Formular zu verwenden (vgl. §§ 257, 259 FamFG; Formular abrufbar unter www.bmj.de). Der Antragsgegner muss seine Einwendungen alsbald geltend machen (§§ 251 I Nr. 3, 252 FamFG), zum Teil können die möglichen Einwendungen beschränkt werden (§ 251 I Nr. 4 FamFG). Die Entscheidung kann **ohne mündliche Verhandlung** ergehen (vgl. § 113 I FamFG i.V.m. § 128 IV ZPO). Sie erfolgt in Form eines Beschlusses, durch den der vom Elternteil an das Kind zu leistende Unterhalt festgesetzt wird (**Festsetzungsbeschluss**, § 253 FamFG). Gegen diesen Beschluss kann Beschwerde eingelegt werden (§§ 58 ff., 256 FamFG). Im Übrigen kann jede Partei durch Antrag bewirken, dass die Unterhaltssache aus dem vereinfachten in das normale streitige Unterhaltsverfahren übergeleitet wird (§ 255 FamFG).

2. Die Baruntterhaltspflicht beim sog. Wechselmodell

Nach der Regelung des § 1606 III 1 BGB haften auch die Eltern anteilig **21** nach ihren Einkommens- und Vermögensverhältnissen. Allerdings erfüllt der betreuende Elternteil seine Unterhaltpflicht in der Regel schon durch die Pflege und Erziehung des minderjährigen Kindes, sodass den anderen Elternteil automatisch die Baruntterhaltspflicht trifft. Teilen sich getrennt lebende Eltern die Betreuung des Kindes jedoch zu gleichen Teilen, so ist die Baruntterhaltspflicht auf beide Eltern zu verteilen (*BGH* FamRZ 2006, 1015, 1017; 2014, 917). Man spricht dann vom Wechselmodell (dazu etwa *Wohlgemuth*, FPR 2013, 157 und FamRZ 2014, 84). Fraglich ist indes, was gelten soll, wenn die Eltern die Betreuung im Verhältnis von etwa $\frac{1}{3}$ zu $\frac{2}{3}$ aufteilen.

Beispielsfall (nach *BGH* FamRZ 2007, 707): Mutter M und Vater V teilen sich die Betreuung ihrer Tochter in der Weise, dass T an etwa neun von vierzehn Tagen bei M lebt und an den verbleibenden fünf Tagen bei V. Daher will V nun auch weniger Baruntterhalt zahlen.

Hier könnte man die Auffassung vertreten, dass V in dem Umfang, in dem er sich an der Betreuung beteiligt, einen Abzug vom Barunterhalt vornehmen darf und insoweit dann auch M eine Barunterhaltspflicht trifft. Immerhin hat V an den Betreuungstagen Kosten für Nahrung, Spielzeug u.a. zu tragen, während der Aufwand der M entsprechend gemindert sein könnte. Der BGH ist jedoch anderer Ansicht. Solange der **Schwerpunkt der Betreuung** bei einem Elternteil liege (hier bei der Mutter), sei die Grundregel des § 1606 III 2 BGB nicht in Frage zu stellen. Eine spürbare Ersparnis sei in solchen Fällen beim hauptbetreuenden Elternteil nicht festzustellen. Zu Gunsten des Kindes müsse hier weiterhin der volle Barunterhalt geleistet werden. Anders läge es nur beim echten Wechselmodell, bei dem die Eltern die Betreuung zu gleichen Anteilen erbringen. Hohe Aufwendungen des Barunterhaltspflichtigen für die Ausübung des erweiterten Umgangsrechts (v.a. Fahrt- und Unterbringungskosten) können aber zum Anlass genommen werden, den Barunterhaltsbedarf des Kindes unter Herabstufung um eine oder mehrere Unterhaltsgruppen der Düsseldorfer Tabelle zu bestimmen (*BGH* FamRZ 2014, 917).

3. Der Anspruch des Kindes auf Ausbildungsfinanzierung

a) Allgemeines

22   Der Unterhaltsbedarf des Kindes erfasst auch die Kosten einer beruflichen Ausbildung, § 1610 II BGB. Über den allgemeinen Kindesunterhalt hinaus müssen die Eltern während der Ausbildungszeit im Rahmen ihrer wirtschaftlichen Leistungsfähigkeit somit auch die Ausbildungskosten tragen. Unter Ausbildung versteht man die Ausbildung auf ein anerkanntes Berufsbild hin (z.B. Erzieher; Pharmareferent; Rechtsanwalt). Betroffen ist demgemäß ein Zeitraum, der durchaus über das Erreichen des Volljährigkeitsalters hinausreichen kann. Eine „angemessene Vorbildung zu einem Beruf" i.S.v. § 1610 II BGB meint dabei eine Ausbildung, die der Begabung und den Fähigkeiten, dem Leistungswillen und den beachtenswerten, nicht nur vorübergehenden Neigungen des Kindes am besten entspricht (*BGH* FamRZ 2000, 420; NJW 1989, 2253).

b) Dauer der Finanzierung

23   Im Detail ergeben sich viele Zweifelsfragen. Das betrifft zum einen die Dauer der Ausbildungsfinanzierung. Hier gilt im Grundsatz, dass Unterhalt nur für eine angemessene Dauer geschuldet ist, in der bei zielstrebigem und fleißigem Arbeiten – unter Berücksichtigung der individuellen Umstände – das Ausbildungsziel üblicherweise erreicht werden kann (vgl. *BGH* FamRZ 2000, 420; 1984, 777; 1998, 671). Wegen Schwangerschaft und anschließender Kinderbetreuung darf eine Ausbildung – entsprechend der Wertung in § 1615l II 2 BGB – allerdings ausgesetzt oder verzögert begonnen werden (*BGH* NJW 2011, 2884). Wird ein Studium indes nachhaltig vernachlässigt, ohne dass dies auf Krankheit oder anderen relevanten Gründen beruht, so kann dies den Verlust des Unterhaltsanspruchs zur Folge haben. Leichteres „vorübergehendes

Versagen" gefährdet den Unterhaltsanspruch aber auch dann nicht, wenn es dadurch zu einer Ausbildungsverzögerung kommt (*BGH* NJW 2006, 2984, 2986). Der Ausbildungsunterhaltsanspruch bleibt erhalten, wenn es dem notenschwachen Kind erst längere Zeit nach dem Schulabschluss gelingt, einen Ausbildungsplatz zu erlangen (*BGH* NJW 2013, 2751). Auslandssemester sind von leistungsfähigen Eltern zu finanzieren, sofern sie der Verbesserung der Berufsaussichten dienen (vgl. *BGH* FamRZ 1992, 1064). Im Übrigen besteht bei der Gestaltung eines Studiums generell ein gewisser Entscheidungsspielraum des Kindes (*BGH* a.a.O.).

c) Ausbildungswechsel und Zweitausbildungen

Vielfältig ist die Rechtsprechung zur Finanzierung von **Zweitausbildun-** 24 **gen**. In der Regel wird von den Eltern nur eine einzige Berufsausbildung geschuldet. Indes wird nach dem Abbruch einer ersten Ausbildung, die wider Erwarten nicht den Begabungen entsprach, meist eine zweite Ausbildung zu finanzieren sein. So können Ausbildungs- bzw. **Fachwechsel** sowie Zweitausbildungen in Betracht kommen (vgl. *BGH* FamRZ 2000, 420), wenn

- das Kind zunächst von den Eltern gegen seinen Willen in eine unbefriedigende, seiner Begabung und Neigung nicht entsprechende Ausbildung gedrängt wurde (*BGH* FamRZ 1991, 322);
- dem Kind eine Finanzierung zu Unrecht versagt worden war und es sich deshalb zunächst für eine seinen Begabungen nicht gerecht werdende Ausbildung entscheiden musste;
- die Entscheidung für die erste Ausbildungswahl auf einer Fehleinschätzung der Begabungen und Neigungen beruhte (*BGH* FamRZ 2000, 420; 1993, 1057);
- die weitere Ausbildung eine Weiterbildung darstellt, die von vornherein geplant war oder die sich angesichts der nun offensichtlich gewordenen Fähigkeiten des Kindes besonders aufdrängt (vgl. *BGH* NJW 1989, 2253).
- Will das Kind nach einem Bachelorstudium einen **Masterstudiengang** anschließen, wird man aufgrund des engen zeitlichen wie sachlichen Zusammenhangs allerdings nicht von einer Zweitausbildung sprechen können, so dass der Unterhaltsanspruch im Regelfall auch für das Masterstudium besteht (*OLG Brandenburg* FamRZ 2011, 1067; *AG Frankfurt/M.* NJW-RR 2012, 709).

Mit der Finanzierung einer Lehre haben die Eltern im Grunde bereits eine 25 angemessene Berufsausbildung gewährt. Die Rechtsprechung bejaht indes in den sog. **Abitur-Lehre-Studium**-Fällen auch eine Pflicht zur anschließenden Finanzierung des Hochschulstudiums, wenn dieses mit den vorangegangenen Ausbildungsabschnitten in einem engen zeitlichen und sachlichen Zusammenhang steht und die Unterhaltslast den Eltern wirtschaftlich zumutbar ist (*BGH* FamRZ 1992, 1407; *OLG Celle* NJW 2013, 2688). Dabei ist unerheblich, ob die Kombination von Lehre und Studium bereits von vornherein geplant war oder nicht (*BGH* NJW 1989, 2253).

Beispiele:

- Zur Banklehre passt im Anschluss ein Wirtschafts- oder Jurastudium, um höhere Positionen im Bankwesen besetzen zu können. Nach einer Lehre zum Speditionskaufmann ist aber kein Jurastudium mehr zu finanzieren (*BGH* FamRZ 1992, 1407).
- Zur Ausbildung als Erzieherin passt im Anschluss ein Studium der Sozialpädagogik, nicht aber der Kunstgeschichte.
- Nach einer Lehre zum Bauzeichner kann ein Architekturstudium zu finanzieren sein (*BGH* NJW 1989, 2253).
- Kein Abitur-Lehre-Studium-Fall liegt vor, wenn nach dem Realschulabschluss eine Lehre gemacht wird und dann nach der Fachoberschule noch ein Fachhochschulstudium angestrebt wird (*BGH* NJW 2006, 2984, 2985).

IV. Der Elternunterhalt

26   Dass Eltern, etwa im Alter, ihre (berufstätigen) Kinder oder Enkelkinder auf Unterhalt verklagen, kommt in der Praxis kaum vor. Die Prozesse werden vielmehr von Sozialhilfeträgern angestrengt, die z.B. für die Kosten von Alters- oder Pflegeheimen aufgekommen sind, und nun bei den vorrangig haftenden Verwandten kraft gesetzlichen Forderungsübergangs (§ 94 I 1 SGB XII) **Regress** nehmen wollen; denn insoweit gilt der Grundsatz des Nachrangs der Sozialhilfe. Anspruchsgrundlage für den Elternunterhalt ist ebenfalls § 1601 BGB. Das BVerfG hat die Verfassungsmäßigkeit der gesetzlichen Unterhaltsverpflichtung dem Grunde nach bestätigt (BVerfGE 113, 88).

Der **Unterhaltsbedarf** eines Elternteils richtet sich nach § 1610 I BGB nach dessen Lebensstellung und umfasst somit alles, was dieser Mensch zum Leben braucht, im Einzelfall auch die Kosten für ein angemessenes **Pflegeheim** (dazu *BGH* NJW 2013, 301). Bedürftigkeit liegt vor, soweit Erwerbseinkommen, Renten, Pensionen, Vermögenseinkünfte und Vermögensstamm (vorbehaltlich eines Schonbetrags; vgl. *BGH* FamRZ 2006, 935, 937) sowie Leistungen nach dem Grundsicherungsgesetz wegen Alters oder dauerhafter Erwerbsminderung (vgl. § 41 SGB XII) den Unterhaltsbedarf nicht abdecken.

27   Im Hinblick auf die **Leistungsfähigkeit** des in Anspruch genommenen Kindes gilt nach der Düsseldorfer Tabelle ein Selbstbehalt in Höhe von 1.600 €. Der BGH betont, dass der Unterhaltspflichtige grundsätzlich keine spürbare und dauerhafte Senkung seines Lebensstandards durch die Leistung von Elternunterhalt hinzunehmen braucht. Beim einzusetzenden bereinigten Einkommen wird regelmäßig nur auf die Hälfte des Betrages abgestellt, der nach Abzug des genannten Mindestselbstbehalts verbleibt. Dadurch soll ein angemessener Ausgleich zwischen dem Unterhaltsinteresse der Eltern einerseits und dem Interesse des Unterhaltspflichtigen an der Wahrung seines angemessenen Selbstbehalts andererseits bewirkt werden (BGHZ 186, 350). Bei der Einkommensermittlung sind aber auch ein Taschengeldanspruch (BGHZ 196, 21) sowie ein Wohnvorteil (dazu *BGH* FamRZ 2014, 538) angemessen zu berücksichtigen. Im Übrigen werden indes vielfältige **Abzüge** vom Nettoeinkommen zugelassen (vor allem für Altersvorsorge, vgl. *BGH* FamRZ 2003, 860; NJW 2013, 3024). Außerdem bleibt zu beachten, dass der Elternunterhalt im Rang erst weit hinten steht, § 1609 Nr. 6 BGB. Der verheiratete oder geschiedene Unterhaltspflichtige kann daher vom Einkommen zunächst den Unterhalt für seinen Ehegatten abziehen (zur Berechnung *BGH* NJW 2010, 3161). Vermögen ist ebenfalls nach Billigkeit

zu verwerten; auch insoweit ist aber eine angemessene eigene Altersversorgung im Blick zu behalten. Zudem darf man sich einen „Notgroschen" bewahren (*BGH* NJW 2013, 3024).

Bei schweren **schuldhaften Verfehlungen** des Elternteils gegenüber dem Kind kann **28** der Anspruch auf Elternunterhalt nach § 1611 I Alt. 3 BGB verwirkt sein (dazu *BGH* FamRZ 2010, 1888). Näher zum Elternunterhalt: *Dose*, FamRZ 2013, 993; *Gutdeutsch*, FamRZ 2011, 77; *Hußmann*, NJW 2010, 3695; *Viefhus*, FamRZ 2014, 624.

> **Beispielsfall** (nach *BGH* FamRZ 2014, 541): Der Vater hatte noch für den Unterhalt seines minderjährigen Sohnes gesorgt, sich nach dessen Abitur aber völlig von ihm abgewandt und ihn in seinem Testament auch enterbt. Jahrzehnte später wurde der Sohn vom Sozialleistungsträger wegen der Heimkosten des Vaters auf Elternunterhalt in Anspruch genommen. Der BGH sah im Kontaktabbruch durch den Vater gegenüber dem volljährigen Sohn zwar durchaus eine persönliche Verfehlung, jedoch keine schwere Verfehlung i.S.v. § 1611 I 1 Alt. 3 BGB. Der Anspruch auf Elternunterhalt war daher nicht verwirkt.

V. Durchsetzung des Unterhaltsanspruchs und Unterhaltsregress

1. Auskunftserteilung

a) Grundlagen für Auskunftsansprüche

Bevor der Unterhaltsanspruch geltend gemacht werden kann, bedarf es oft **29** in einem ersten Schritt der Auskunft über die Einkommens- und Vermögensverhältnisse des Unterhaltspflichtigen. Schließlich hängt hiervon meist die Bezifferung des Unterhaltsanspruchs ab (vgl. z.B. die Einkommensstufen der Düsseldorfer Tabelle, Rn. 8).

> **Anspruchsgrundlagen für Auskunftsansprüche im Unterhaltsrecht**
>
> - § 1361 IV 4 i.V.m. § 1605 BGB für Trennungsunterhalt von Ehegatten
> - § 1580 BGB für nachehelichen Unterhalt
> - § 12 LPartG für Trennungsunterhalt von eingetragenen Lebenspartnern
> - § 16 LPartG i.V.m. § 1580 BGB für den nachpartnerschaftlichen Unterhalt
> - § 1605 BGB für den Unterhalt zwischen Verwandten

Abgesehen davon kann das **Gericht anordnen**, dass der Antragsteller und der Antragsgegner Auskunft über ihre Einkünfte, ihr Vermögen und ihre persönlichen und wirtschaftlichen Verhältnisse zu erteilen und entsprechende Belege vorzulegen haben, soweit dies für die Unterhaltsbemessung erforderlich ist, § 235 I FamFG. Kommen die Beteiligten ihren Auskunftspflichten nicht nach, kann sich das Gericht die Auskünfte auch von Dritten besorgen, z.B. von Arbeitgebern oder Finanzämtern, vgl. § 236 FamFG. Eine Pflicht zur ungefragten Auskunftserteilung besteht grundsätzlich nicht. Eine Ausnahme besteht nach Treu und Glauben (§ 242 BGB) aber dann, wenn auf der anderen Seite ein offensichtliches Interesse an Mitteilungen besteht und ein Schweigen unredlich wäre (z.B.

bei erheblichen Einkommenszuwächsen, die auf Seiten des Unterhaltspflichtigen zu einer höheren Unterhaltspflicht führen bzw. auf Seiten des Unterhaltsberechtigten zu einer Herabsetzung des Anspruchs).

b) Voraussetzungen des Auskunftsanspruchs

30 Voraussetzung für den Auskunftsanspruch des Unterhaltsberechtigten ist, dass der Unterhaltsanspruch dem Grunde nach besteht. Denn nur wenn ein Unterhaltsanspruch besteht, ist es gerechtfertigt, dass Auskunft über Einkommen und Vermögen erteilt wird. Folge ist, dass der **Unterhaltsanspruch** im Rahmen des Auskunftsbegehrens **inzident** überschlägig **zu prüfen** ist. Insoweit sind alle Voraussetzungen zu prüfen mit Ausnahme derjenigen, die erst an die Leistungsfähigkeit bzw. die wirtschaftlichen Verhältnisse des Unterhaltspflichtigen anknüpfen. Weiterhin ist Voraussetzung des Auskunftsanspruchs, dass die begehrte Auskunft Einfluss auf den Anspruch haben kann.

> **Klausurhinweis:** Unterhaltsansprüche lassen sich besonders gut eingebettet in den Antrag auf Auskunft abprüfen.

c) Umfang der Auskunftspflicht

31 Im Einzelfall kann der Antragsgegner verpflichtet sein, eine systematische Aufstellung der erforderlichen Angaben beizubringen, die dem Unterhaltsberechtigten ohne übermäßigen Arbeitsaufwand die Berechnung des Unterhaltsanspruchs ermöglichen, vgl. § 259 BGB. Betreffen die Berechnungen einen größeren Zeitraum, sind ggf. Belege für ein ganzes Jahr oder für einen längeren Zeitraum vorzulegen (*BGH* NJW 1983, 2243). Von einem selbstständigen Gewerbetreibenden kann die Vorlage des Einkommensteuerbescheids verlangt werden. Bei schwankendem Einkommen können Nachweise über einen Dreijahres-Zeitraum verlangt werden.

2. Gerichtliche Geltendmachung des Unterhaltsanspruchs

32 Die Unterhaltssachen (Familiensachen gem. § 111 Nr. 8 FamFG) sind in den §§ 231 ff. FamFG geregelt. Bedeutsam ist in Unterhaltssachen vor allem die Möglichkeit der einstweiligen Anordnung (§§ 246 ff. FamFG), die bereits vor der Geburt des Kindes erfolgen kann, § 247 FamFG. Auf diese Weise kann rasch eine (vorläufige) Unterhaltsleistung erreicht werden. Der (Mindest-)Unterhalt Minderjähriger kann auch im vereinfachten Verfahren geltend gemacht werden, §§ 249 ff. FamFG (Rn. 19). Endentscheidungen sind nach allgemeinen Regeln vollstreckbar. Zur Abänderung von unterhaltsbezogenen Gerichtsentscheidungen oder Vergleichen s. §§ 238, 239 FamFG.

Geht es um den **Unterhalt eines minderjährigen Kindes**, so erfolgt die Geltendmachung des Unterhaltsanspruchs **im Namen des Kindes** durch den **gesetzlichen Vertreter**. Das kann der alleinsorgeberechtigte Elternteil sein, bei dem das Kind lebt. Für den Fall des gemeinsamen Sorgerechts stellt § 1629 II 2 BGB klar, dass der Elternteil, in dessen Obhut sich das Kind hauptsächlich befindet, die Unterhaltsansprüche gegen den anderen Elternteil geltend machen kann. Bei verheirateten Eltern kann ein Elternteil, solange die

Eltern getrennt leben oder eine Ehesache zwischen ihnen anhängig ist, den Unterhaltsanspruch des Kindes gegen den anderen Elternteil nur **im eigenen Namen** geltend machen, § 1629 III 1 BGB.

3. Der Unterhaltsregress

Leistet ein Dritter Unterhalt, obwohl ein anderer allein oder vorrangig   **33** unterhaltspflichtig war, so wird aus Sicht des Dritten ein Interesse daran bestehen, die geleisteten Beträge erstattet zu bekommen. Da Ansprüche aus Bereicherungsrecht oder GoA meist nicht weiterhelfen (vgl. § 31 Rn. 48), sieht § 1607 II, III BGB hier einen gesetzlichen Forderungsübergang (cessio legis) vor. Das betrifft folgende Konstellationen:

- Der (leistungsfähige) primär Unterhaltspflichtige entzieht sich der Unterhaltsverpflichtung (z.B. der unterhaltspflichtige Vater setzt sich ins Ausland ab), mit der Folge, dass ein anderer (nur sekundär) Unterhaltspflichtiger (z.B. der Großvater) Unterhalt leistet, § 1607 II BGB.
- Zudem kann eine dritte, selbst gar nicht unterhaltspflichtige Person an Stelle des Unterhaltspflichtigen leisten, z.B. die Tante oder ein Ehegatte des anderen Elternteils (Stiefvater/Stiefmutter), § 1607 III 1 BGB.
- Der (Schein-)Vater des Kindes leistet aufgrund seiner gesetzlichen Unterhaltsverpflichtung Unterhalt, ficht dann aber (mit Rückwirkung) die Vaterschaft an, so dass ex tunc auch seine Unterhaltspflicht entfällt. Hier kann er beim leiblichen Vater, sobald dieser als Vater i.S.v. § 1592 BGB festgestellt ist, Regress nehmen, § 1607 III 2 BGB (s. dazu § 31 Rn. 48).
- Wenn sich ein (Ex-)Ehegatte oder Lebenspartner, der vor den Verwandten haftet (§ 1608 I 1 BGB), seiner Unterhaltspflicht entzieht, gilt der gesetzliche Forderungsübergang entsprechend für den in diesem Fall Unterhalt Leistenden, § 1608 I i.V.m. § 1607 II, IV BGB.
- Außerdem kennen sozialrechtliche Normen einen Forderungsübergang, wenn ein öffentlicher Träger Leistungen erbracht hat, die nur subsidiär zur gesetzlichen Unterhaltspflicht bestehen (s. Rn. 1, 26). Das betrifft bei Kindern unter 12 Jahren, deren Eltern nicht zusammenleben, insbesondere öffentliche Leistungen nach dem Unterhaltsvorschussgesetz, vgl. § 7 des Gesetzes.

Empfehlungen zur vertiefenden Lektüre

Zur Vertiefung: *Elden*, Die gesteigerte Erwerbsobliegenheit von Eltern minderjähriger Kinder, FamFR 2010, 241; *Krumm*, „Das Studium zahlen meine Eltern!" – Ausbildungsunterhalt für das nach der Schule erstmals studierende volljährige Kind, NZFam 2014, 54; *Lucht*, Das vereinfachte Verfahren über den Unterhalt Minderjähriger, FuR 2010, 197; *Schürmann*, Kinder – Eltern – Rang, Die neue Rangordnung nach dem Unterhaltsrechtsänderungsgesetz, FamRZ 2008, 313; *Spangenberg*, Wechselmodell und Unterhalt, FamFR 2010, 125; *Vossenkämper*, Der Kindesunterhalt nach neuem Recht ab 1.1.2008, FamRZ 2008, 201.

Fälle und Klausuren: *Löhnig*, Fälle 2, 4, 12; *Röthel*, Fall 7; *Roth*, Fall 6; *Schwab*, PdW, Fälle 248–278.

§ 36. Die Adoption

I. Überblick

1   Die Annahme als Kind (Adoption) begründet ein Eltern-Kind-Verhältnis zwischen Annehmendem und Anzunehmendem, das unabhängig von der genetischen Abstammung ist. Geregelt ist die Adoption in den §§ 1741–1772 BGB. Während der Hauptzweck der Adoption ursprünglich darin bestand, dem Annehmenden einen Ersatz für fehlende eigene Nachkommen zu gewähren, steht heute der **Gedanke der Fürsorge** für das anzunehmende Kind im Vordergrund.

Das Gesetz unterscheidet zwischen der **Adoption von Minderjährigen**, §§ 1741–1766 BGB, und der **Adoption von Volljährigen**, §§ 1767–1772 BGB. Die Adoption von Volljährigen ist dabei regelmäßig keine Volladoption und unterliegt anderen Voraussetzungen als die Annahme eines Minderjährigen als Kind. Die Adoption erfordert stets eine gerichtliche Entscheidung (Familiensache bzw. Adoptionssache gem. §§ 111 Nr. 4, 186 FamFG). Zuständig ist das Familiengericht. Was Adoptionssachen sind, klärt § 186 FamFG.

Die Adoptionsvorschriften des BGB werden ergänzt durch die Normen des **Adoptionsvermittlungsgesetzes**. Unter Adoptionsvermittlung versteht man das Zusammenführen von Minderjährigen mit Personen, die ein Kind adoptieren wollen, § 1 S. 1 AdVermiG. Dies ist primär Aufgabe des Jugendamtes sowie des Landesjugendamtes, kann aber auch durch bestimmte gemeinnützige Organisationen durchgeführt werden, § 2 I, II AdVermiG. Ansonsten gilt ein Vermittlungsverbot, das nur wenige Ausnahmen kennt. Nicht gestattet sind im deutschen Recht der Kinderhandel sowie die Vermittlung einer Ersatzmutter (vgl. § 31 Rn. 6).

II. Die Voraussetzungen der Adoption Minderjähriger

2   Aufgrund der schwerwiegenden Folgen, die mit der Herauslösung eines Kindes aus seinen bisherigen familienrechtlichen Beziehungen und dem Einfügen in eine neue Familie für alle Beteiligten verbunden sind, wird die Annahme als Kind an eine Vielzahl von sachlichen wie verfahrensrechtlichen Voraussetzungen geknüpft.

Voraussetzungen der Adoption Minderjähriger

1. Antrag des Annehmenden bei Gericht, § 1752 BGB
2. Kindeswohldienlichkeit, § 1741 I 1 BGB
3. Zu erwartendes Eltern-Kind-Verhältnis, § 1741 I 1 BGB
4. Anforderungen nach Familienstand des Annehmenden
   a) Ehegatten: grundsätzlich nur gemeinsame Annahme oder Stiefkindadoption,
      §§ 1741 II 2, 1754 I BGB
   b) Unverheiratete: alleinige Adoption, §§ 1741 II 1, 1754 II BGB
   c) Eingetragene Lebenspartner: vgl. § 9 VI, VII LPartG
5. Mindestalter und Geschäftsfähigkeit des Annehmenden, § 1743 BGB
6. Einwilligungen
   a) des Kindes, § 1746 BGB
   b) der Kindeseltern, §§ 1747, 1748 BGB
   c) der Ehegatten von Annehmendem und Anzunehmendem, § 1749 BGB

---

1. Antrag des Annehmenden bei Gericht

Das Adoptionsverfahren wird durch einen **persönlich** gestellten und **notariell beurkundeten Antrag** auf Annahme einer Person als Kind bei Gericht **3** eingeleitet. Der Antrag darf weder eine Bedingung noch eine Befristung enthalten, § 1752 BGB.

2. Kindeswohl und Förderungsprinzip

Die Adoption ist nur zulässig, wenn sie dem Wohl des Kindes dient, § 1741 I 1 **4** BGB. Insoweit bedarf es einer umfassenden Ermittlung und sorgfältigen Abwägung aller Interessen durch das Gericht. Grundsätzlich dient die Adoption nur dann dem Kindeswohl, wenn dadurch die gesamten Lebensbedingungen des Kindes im Vergleich zu seiner gegenwärtigen Lage so verändert werden, dass eine **merklich bessere Persönlichkeitsentwicklung des Kindes** zu erwarten ist (sog. **Förderungsprinzip**; *BayObLG* FamRZ 1997, 839, 840; *Bamberger/Roth/Enders*, § 1741 Rn. 13; *Schlüter*, Rn. 429). Dies ist regelmäßig zu bejahen, wenn eine rechtlich oder faktisch nicht mehr existierende Eltern-Kind-Beziehung durch ein aktives Betreuungsverhältnis ersetzt wird und der Annehmende zur persönlichen Betreuung geeignet und bereit ist (*Dethloff*, § 15 Rn. 9). Die Eignung richtet sich dabei nach dem Alter des Annehmenden, seiner körperlichen Leistungsfähigkeit, seinem Charakter, seiner beruflichen und gesellschaftlichen Stellung, nach der Erziehungsfähigkeit und -willigkeit sowie auch nach den Wohn- und Vermögensverhältnissen.

3. Herstellung eines Eltern-Kind-Verhältnisses

§ 1741 I 1 BGB setzt weiterhin die Erwartung voraus, dass zwischen dem **5** Anzunehmenden und dem Annehmenden ein Eltern-Kind-Verhältnis entsteht.

Um hier eine fundierte Prognose abgeben zu können, soll das Gericht die Annahme erst aussprechen, nachdem der Annehmende das Kind eine angemessene
Zeit in Pflege gehabt hat, § 1744 BGB.

4. Anforderungen nach Familienstand des Annehmenden

6   **Nicht verheiratete Personen** können ein Kind nur alleine annehmen,
§ 1741 II 1 BGB. Eine gemeinschaftliche Adoption durch nichteheliche Lebensgefährten ist nach deutschem Recht nicht möglich. Ein **Ehepaar** hingegen
kann ein Kind grundsätzlich nur gemeinschaftlich adoptieren, §§ 1741 II 2,
1754 I BGB. Die auf einen Ehegatten beschränkte Adoption ist ausnahmsweise dann zulässig, wenn dieser ein Kind seines Ehepartners annehmen will
(**Stiefkindadoption**) oder der andere Ehegatte nicht adoptieren kann, weil er
entweder geschäftsunfähig ist oder noch nicht das Mindestalter zur Adoption
erreicht hat, § 1741 II 3, 4 BGB.

Solange das Adoptionsverhältnis besteht, kann das Kind zu Lebzeiten des Annehmenden
nicht zugleich von einer weiteren Person adoptiert werden (**Verbot der Kettenadoption**).
Eine Ausnahme hat der Gesetzgeber aber für den Fall vorgesehen, dass der Annehmende
später heiratet. In diesem Fall kann der neue Ehepartner sich der Adoption anschließen,
§ 1742 BGB. Zur Sukzessivadoption bei eingetragenen Lebenspartnern § 26 Rn. 14.

Beispiel: Die unverheiratete Undine hat ihren minderjährigen Neffen Konstantin
adoptiert, nachdem dessen Eltern bei einem Verkehrsunfall ums Leben gekommen sind.
Nach der Adoption macht U die Bekanntschaft von Alexander und heiratet ihn schließlich.
A hat nun die Möglichkeit, sich der Adoption von K anzuschließen und der rechtliche
Vater von K zu werden.

5. Mindestalter und Geschäftsfähigkeit des Annehmenden

7   Abgesehen von der vollen Geschäftsfähigkeit muss der Annehmende ein
Mindestalter aufweisen. Dieses liegt grundsätzlich bei **25 Jahren**. Eine Ausnahme macht der Gesetzgeber bei der Stiefkindadoption. Hier genügt es,
wenn der annehmende Ehegatte 21 Jahre alt ist, § 1743 S. 1 BGB. Bei einer
gemeinschaftlichen Adoption durch Ehegatten ist es nach § 1743 S. 2 BGB
ausreichend, wenn einer der Ehegatten mindestens 25 Jahre alt ist, solange der
andere das 21. Lebensjahr vollendet hat. Ein Höchstalter oder ein bestimmter
Altersabstand zwischen Annehmendem und Kind ist nicht ausdrücklich normiert, kann sich aber aus Kindeswohlaspekten oder aus den Anforderungen an
die Herstellung eines Eltern-Kind-Verhältnisses ergeben (*Dethloff*, § 15 Rn. 21;
Tschernitschek/Saar, Rn. 629).

6. Die erforderlichen Einwilligungen

8   Die Adoption stellt einen tiefen Eingriff in die bisherige und in die zukünf-
tige Familie des Kindes dar. Daher sind die Einwilligungen aller unmittelbar
Betroffenen, nämlich des Kindes, der Kindeseltern und der jeweiligen Ehegatten, erforderlich. Die Einwilligungen bedürfen der notariellen Beurkun-

dung und sind bedingungs- und befristungsfeindlich sowie unwiderruflich, § 1750 I 2, II BGB.

a) Einwilligung des Kindes

Erforderlich ist nach **§ 1746 I 1 BGB** die Einwilligung des Kindes. Diese 9 gibt der gesetzliche Vertreter des Kindes im Namen des Kindes ab, sofern es geschäftsunfähig oder noch nicht 14 Jahre alt ist, § 1746 I 2 BGB. Ansonsten kann es die Erklärung nur selbst mit Zustimmung seines gesetzlichen Vertreters abgeben, § 1746 I 3 BGB. Sofern das Kind durch einen Pfleger oder Vormund vertreten wird und dieser seine Zustimmung ohne triftigen Grund verweigert, kann diese durch das Gericht ersetzt werden, § 1746 III BGB.

b) Einwilligung der Eltern des Kindes

Weiterhin muss die Einwilligung der Kindeseltern vorliegen, **§ 1747 I 1** 10 **BGB,** und zwar unabhängig davon, ob sie das Sorgerecht innehaben oder nicht. Ist der einwilligende Elternteil in der Geschäftsfähigkeit beschränkt, so bedarf seine Einwilligung nicht der Zustimmung seines gesetzlichen Vertreters, § 1750 III 1, 2 BGB. Sind die Eltern nicht miteinander verheiratet und haben sie keine Sorgeerklärungen abgegeben, ist § 1747 III BGB zu beachten. Um die Eltern, insbesondere eine nicht verheiratete Mutter, vor unüberlegten und überstürzten Schritten zu bewahren, kann die Einwilligung erst dann abgegeben werden, wenn das Kind mindestens acht Wochen alt ist, § 1747 II 1 BGB. Einzig der nichteheliche Vater kann schon vor Geburt des Kindes in die Adoption einwilligen, § 1747 III Nr. 1 BGB.

Die Einwilligung der Eltern darf sich nicht schlechthin darauf beziehen, dass das Kind zur Adoption freigegeben wird (keine Blankoadoption). Vielmehr muss zum Zeitpunkt der Abgabe der Erklärungen die Person des Annehmenden bereits feststehen; andernfalls ist die Einwilligungserklärung unwirksam. Die Eltern müssen die Person des Annehmenden aber nicht persönlich oder namentlich kennen, § 1747 II 2 BGB. Das Gesetz ermöglicht insofern eine **Inkognito-Adoption.** Die Eltern stimmen in diesem Fall einer Adoption durch eine Person zu, die unter einer bestimmten Nummer auf der Liste einer Adoptionsvermittlungsstelle geführt wird (*Schwab,* FamR, Rn. 823).

Die Einwilligung der Eltern ist ausnahmsweise **entbehrlich,** wenn ein 11 Elternteil zur Abgabe einer Erklärung dauernd außerstande ist oder sein Aufenthalt unbekannt ist, § 1747 IV BGB. Unter den Voraussetzungen des § 1748 BGB kann die Einwilligung zudem in bestimmten Fällen durch gerichtliche Entscheidung **ersetzt werden,** wenn das Unterbleiben der Annahme schwerwiegende Folgen für die Entwicklung des Kindes hätte.

Das betrifft die folgenden Fälle:

- Anhaltende, gröbliche Pflichtverletzungen des Elternteils gegenüber dem Kind, § 1748 I 1 BGB (dazu *OLG Frankfurt a.M.* FamRZ 2008, 296)
- Schwere (auch einmalige) Pflichtverletzung gegenüber dem Kind, die zur Folge hat, dass das Kind auf Dauer nicht mehr der Obhut des Elternteils anvertraut werden kann, § 1748 I 2 BGB

- Fortwährende Gleichgültigkeit des Elternteils gegenüber dem Kind, § 1748 II BGB
- Unfähigkeit des Elternteils zur Pflege und Erziehung des Kindes wegen besonders schwerer psychischer Krankheit oder besonders schwerer geistiger oder seelischer Behinderung, § 1748 III BGB.

Damit ermöglicht der Gesetzgeber auch eine **Adoption gegen den Willen der Eltern** (zur verfassungsrechtlichen Zulässigkeit s. BVerfGE 24, 119, 135 ff.). Problematisch ist dabei vor allem, dass die Einwilligung des nichtehelichen Vaters gem. **§ 1748 IV BGB** unter erleichterten Bedingungen ersetzt werden kann, wenn die Mutter das alleinige Sorgerecht ausübt (krit. *R. Frank,* FamRZ 1998, 393, 394 f.). Hier lässt das Gesetz an sich genügen, dass das Unterbleiben der Annahme dem Kind zu **unverhältnismäßigem Nachteil** gereichen würde. Das wird laut BGH (NJW 2005, 1781) bejaht, wenn die Adoption einen so erheblichen Vorteil für das Kind bieten würde, dass ein sich verständig um sein Kind sorgender Elternteil auf der Erhaltung des Verwandtschaftsbandes nicht bestehen würde. Allerdings hat das BVerfG (NJW 2006, 827 und 2470, jeweils zur Stiefkindadoption) die herausragende Bedeutung des **Elternrechts des nichtehelichen Vaters** aus Art. 6 II GG bei der Interessenabwägung wiederholt betont. Insoweit ist insbesondere zu berücksichtigen, ob und inwieweit bereits eine Vater-Kind-Beziehung besteht oder bestanden hat bzw. welche Gründe den Vater am Aufbau einer solchen Beziehung gehindert haben. Eine Ersetzung der Einwilligung nach § 1748 IV BGB komme daher regelmäßig nur dann in Betracht, wenn der Vater selbst durch sein Verhalten das Scheitern des Eltern-Kind-Verhältnisses zu verantworten hat.

Beispielsfall: Die unverheiratete, allein sorgeberechtigte Mutter M will ihren Sohn S zur Adoption freigeben. Daher wird S bei adoptionswilligen Ehegatten in Pflege gegeben. Ein Jahr später soll über die Adoption durch die Pflegeeltern entschieden werden. Inzwischen hat man auch Viktor, den Vater des S, ausfindig gemacht, der erst jetzt von seiner Vaterschaft erfährt. V ist 20 Jahre alt und ohne Ausbildung. V erkennt nun die Vaterschaft für S wirksam an und stellt den Antrag, ihm nach § 1671 II 1 BGB die Alleinsorge für S zu übertragen.

In diesem Fall ist zunächst über den **Sorgeantrag gem. § 1671 II BGB** zu entscheiden, vgl. § 1747 III Nr. 3 BGB. Dem Antrag ist stattzugeben, wenn die Übertragung der Sorge auf V dem Wohl des Kindes S am besten entspricht, § 1671 II 2 Nr. 2 BGB. Das muss einzelfallbezogen ermittelt werden. Hat sich S schon gut bei den Pflegeeltern eingewöhnt und zu ihnen eine Eltern-Kind-Beziehung aufgebaut und ist daher zu erwarten, dass die Herausnahme aus der Familie nicht zu seinem Wohl gereicht, so mag dies dafür sprechen, die Sorge nicht auf V zu übertragen, sondern dessen Antrag abzulehnen und im nächsten Schritt aus den gleichen Erwägungen heraus seine Einwilligung in die Adoption nach § 1748 IV BGB zu ersetzen. Indes bliebe damit unberücksichtigt, dass V vorliegend die bislang fehlende Vater-Kind-Beziehung nicht zu vertreten hat. Weiterhin muss das verfassungsrechtlich geschützte Elternrecht des Vaters aus Art. 6 II 1 GG beachtet werden. Das bedürfte im Beispielsfall noch näherer Ermittlungen.

c) Einwilligungen der Ehegatten

Außerdem sind, sofern nicht ohnehin eine gemeinschaftliche Adoption beantragt ist, die **12** Einwilligung des **Ehegatten des Annehmenden**, § 1749 I BGB, sowie die Einwilligung des **Ehegatten des Kindes** erforderlich, § 1749 II BGB. Da Ehegatten grundsätzlich nur gemeinschaftlich adoptieren können, spielt die Einwilligung nach § 1749 I BGB nur bei der Stiefkindadoption und in solchen Fällen eine Rolle, in denen einer der Ehegatten nicht adoptieren kann (vgl. Rn. 6).

III. Das Adoptionsverfahren

1. Vorbereitung der Adoption und Adoptionspflege

Dem gerichtlichen Verfahren, an dessen Ende der Adoptionsbeschluss steht, **13** geht ein längerer Prozess der Annäherung von Kind und Annehmendem voraus. Dieser wird weitgehend vom Jugendamt oder der dort eingerichteten Adoptionsvermittlungsstelle mitgestaltet. Insbesondere wird die Eignung der potenziellen Adoptiveltern geprüft, bevor ein Kind zur Eingewöhnung bei den Adoptionsbewerbern in **Adoptionspflege**, § 1744 BGB, gegeben wird. Das Pflegeverhältnis soll die Beurteilung erleichtern, ob zwischen den Beteiligten eine Eltern-Kind-Beziehung entstehen kann (krit. zur Adoptionspflege *Erman/Saar*, § 1744 Rn. 2). Es handelt sich praktisch um eine „Probezeit", deren Dauer nicht vorgeschrieben ist, durchschnittlich aber etwa ein Jahr beträgt (*Tschernitschek/Saar*, Rn. 647). Lebt das Kind schon längere Zeit in der Adoptionsfamilie, z.B. weil es sich um eine Stiefkindadoption handelt, kann auf die Adoptionspflege verzichtet werden. Darüber entscheidet das Gericht nach pflichtgemäßem Ermessen.

Das durch die Adoptionspflege entstehende Rechtsverhältnis entfaltet weitgreifende **Rechtswirkungen**, vgl. **§ 1751 BGB**. Mit der Einwilligung in die Adoption ruhen Sorge- und Umgangsrecht der Eltern, das Jugendamt wird regelmäßig Vormund. Der Annehmende erhält die Befugnis, in Angelegenheiten des täglichen Lebens zu entscheiden und das Kind auch insoweit zu vertreten. Gleichzeitig entsteht kraft Gesetzes ein Unterhaltsanspruch des Kindes gegen den Annehmenden.

2. Gerichtliches Annahmeverfahren und Adoptionsdekret

Nach Einleitung des Verfahrens durch den Antrag des Annehmenden prüft **14** das Gericht die Annahmevoraussetzungen. Dabei hat es das Gutachten einer Adoptionsvermittlungsstelle bzw. des Jugendamtes einzuholen, § 189 S. 1, 2 FamFG. Zudem können weitere Ermittlungen angestellt werden. Das Kind ist anzuhören, § 192 I FamFG. Im Annahmeverfahren prüft das Gericht die gesetzlichen Erfordernisse und die sachliche Rechtfertigung der Adoption. Dabei hat es auch entgegenstehende Belange der Kinder des Annehmenden oder des Anzunehmenden zu berücksichtigen. Vermögensrechtliche Interessen werden ebenfalls berücksichtigt, sollen aber nicht ausschlaggebend sein, § 1745 S. 2 BGB.

Liegen die Voraussetzungen der Adoption vor, spricht das Gericht die Annahme durch **Beschluss** aus, § 197 I 1 FamFG. Dieser ist **unanfechtbar** und unabänderlich, § 197 III FamFG, und wird mit Zustellung an den Annehmenden wirksam, § 197 II FamFG. Es bleibt allenfalls die Möglichkeit der Aufhebung der Adoption unter engen Voraussetzungen (vgl. Rn. 18).

IV. Die Rechtswirkungen der Adoption Minderjähriger

Rechtswirkungen der Minderjährigenadoption

- Rechtliche Stellung eines leiblichen Kindes, § 1754 BGB
- Erlöschen der bisherigen Verwandtschaftsverhältnisse, § 1755 BGB
  (Ausnahme bei Stiefkindadoption und Adoption im Verwandtenkreis, § 1756 BGB)
- Namensrechtliche Auswirkungen, § 1757 BGB
- Erwerb der deutschen Staatsangehörigkeit nach § 6 S. 1 StAG bei Adoption eines ausländischen Kindes

---

1. Rechtliche Stellung eines leiblichen Kindes

15   Die Ausgestaltung der Annahme als **Volladoption** hat die vollständige rechtliche Integration des Kindes in die neue Familie zur Folge. Mit der Adoption erhält der Angenommene gem. § 1754 II BGB die rechtliche Stellung eines leiblichen Kindes des Annehmenden mit allen diesbezüglichen, beiderseitigen Rechten und Pflichten (Unterhaltsrecht, Erbrecht, Sorgerecht etc.). Es entsteht eine Familie i.S.v. Art. 6 I GG. Nimmt ein Ehepaar ein Kind gemeinsam an, erwirbt das Kind gem. § 1754 I BGB die rechtliche Stellung eines gemeinschaftlichen Kindes der Ehegatten.

2. Auswirkungen auf die Verwandtschaftsverhältnisse

16   Im Verhältnis zu den Verwandten des Annehmenden treten infolge der Adoption die vollen verwandtschaftlichen Beziehungen einschließlich der gesetzlichen Erbansprüche und der Unterhaltsansprüche ein. Die Verwandtschaftsverhältnisse des Kindes und seiner Abkömmlinge zu den bisherigen Verwandten erlöschen, § 1755 I 1 BGB. Besonderheiten gelten, wenn ein Ehepartner das Kind seines Ehegatten adoptiert. In diesem Fall erlischt nur die Verwandtschaft des Kindes im Verhältnis zum anderen Elternteil und zu dessen Verwandten, § 1755 II BGB. Das Verwandtschaftsverhältnis bleibt allerdings bestehen, falls dieser Elternteil die elterliche Sorge innehatte und verstorben ist, § 1756 II BGB.

Beispiel: Max adoptiert Paul, den Sohn von seiner Ehefrau Flora und deren geschiedenen Ehemann Gerhard. P ist demgemäß nicht mehr mit G und dessen Verwandten verwandt, bleibt aber selbstverständlich mit seiner Mutter und ihren Verwandten verwandt.

Ist G, der aufgrund der Ehe mit F automatisch sorgeberechtigt war, jedoch verstorben, so bleiben die Verwandtschaftsverhältnisse zu den Verwandten von G bestehen. Damit erhält P doppelte Verwandtschaftsverhältnisse väterlicherseits einschließlich aller Rechte, z.B. gesetzliches Erb- und Pflichtteilsrecht, aber auch mitsamt aller Pflichten, z.B. den gesetzlichen Unterhaltspflichten.

3. Das Adoptionsgeheimnis

Zum Schutz vor einer unerwarteten Konfrontation zwischen den leiblichen Eltern und **17** der Adoptivfamilie unterliegt die Adoption einem besonderen Offenbarungs- und Ausforschungsverbot, § 1758 BGB. Die Verfügungsgewalt über die Umstände der Annahme haben damit ausschließlich der Annehmende und der Angenommene (*BayObLG* FamRZ 1996, 1436, 1437; *Rauscher*, Rn. 1179). In der Geburtsurkunde erscheinen ausschließlich die Annehmenden als Eltern; aus der Abstammungsurkunde ist jedoch auch die leibliche Abstammung ersichtlich. Dies ist erforderlich, damit z.B. bei einer Eheschließung überprüft werden kann, ob eine biologische Verwandtschaft besteht. Nach § 62 I 3, II PStG steht dem Kind ab Vollendung des 16. Lebensjahres ein Recht auf Einsicht in den Geburtseintrag zu, damit es von den Adoptionsumständen Kenntnis nehmen kann.

4. Die Aufhebung des Adoptionsverhältnisses bei der Minderjährigenadoption

Die Annahme als Kind ist grundsätzlich unwiderruflich und unanfechtbar. **18** Der Gesetzgeber wollte die Rechtsstellung von leiblichen und adoptierten minderjährigen Kindern auch insoweit so vollständig wie möglich einander angleichen (*BGH* FamRZ 2014, 930). Es bestehen lediglich zwei Ausnahmen. So ist die Adoption während der Minderjährigkeit des Kindes unter den engen Voraussetzungen des § 1763 BGB möglich. Außerdem ist die Aufhebung im Interesse von Einwilligungsberechtigten denkbar, wenn bestimmte für die Adoption erforderliche Erklärungen nicht oder nicht wirksam abgegeben wurden, §§ 1760 ff. BGB.

Ist das angenommene Kind **volljährig geworden**, kann das Adoptionsverhältnis nicht mehr aufgehoben werden. Die für die Volljährigenadoption geltende Vorschrift des § 1771 BGB, die eine Aufhebung des Annahmeverhältnisses aus wichtigem Grund erlaubt, kann nach Ansicht des BGH mangels planwidriger Regelungslücke nicht analog angewandt werden; dem Gesetz liegt das Konzept der **grundsätzlichen Unauflösbarkeit der Minderjährigenadoption** zugrunde (*BGH* FamRZ 2014, 930). Auch in krassen Fällen, etwa nach jahrelangem sexuellem Missbrauch, scheidet somit eine Aufhebung der Adoption aus. Wie ein leibliches Kind auch, kann das Kind aber eine Namensänderung herbeiführen (§ 3 NamÄndG) sowie etwaige eigene Unterhaltspflichten über § 1611 BGB abwehren.

V. Die Besonderheiten der Adoption Volljähriger

1. Annahmevoraussetzungen

19   Neben der in der Praxis bedeutsameren Minderjährigenadoption gestattet das Gesetz auch die Annahme Volljähriger. In ihren Grundzügen ist sie der Minderjährigenadoption nachgebildet; es gibt allerdings auch erhebliche Unterschiede, insbesondere im Hinblick auf die mit der Annahme verbundenen Wirkungen.

Bei der Annahme eines Volljährigen ist zusätzlich zur Erwartung der Herstellung eines Eltern-Kind-Verhältnisses die **sittliche Rechtfertigung** der Adoption Annahmevoraussetzung, § 1767 I Hs. 1 BGB. Diese ist regelmäßig zu bejahen, wenn es um die Verrechtlichung eines bereits bestehenden Eltern-Kind-Verhältnisses geht, § 1767 I Hs. 2 BGB; in anderen Fällen jedoch bedarf es einer umfassenden Prüfung (vgl. etwa *KG* FamRZ 2014, 225). Dabei sind ggf. auch die materiellen und immateriellen Interessen der leiblichen Eltern des Anzunehmenden zu berücksichtigen (*OLG München* NJW-RR 2011, 731). Allein der Wunsch auf Fortführung eines Adelstitels rechtfertigt eine Adoption in sittlicher Hinsicht noch nicht (*BayObLG* NJW-RR 1993, 456). Der **Antrag** auf Adoption ist bei der Annahme eines Volljährigen von dem Annehmenden und dem Anzunehmenden zu stellen, § 1768 I 1 BGB. Den leiblichen Eltern ist rechtliches Gehör zu gewähren (*BVerfG* FamRZ 2008, 243).

2. Rechtswirkungen

20   Die Annahme eines Volljährigen hat gem. § 1770 BGB nur **eingeschränkte Wirkungen** und erstreckt sich nicht auf die Verwandten des Annehmenden und des Angenommenen, soweit das Gesetz nichts Gegenteiliges vorsieht. Die Volljährigenadoption ist also regelmäßig **keine Volladoption**. Allerdings ist auf Antrag unter den Voraussetzungen des § 1772 BGB auch eine Annahme mit den Wirkungen nach §§ 1754–1756 BGB möglich. Eine Aufhebung der Volljährigenadoption kommt aufgrund ihrer schwächeren Wirkung bereits dann in Betracht, wenn ein **wichtiger Grund** vorliegt, § 1771 S. 1 BGB (dazu BGHZ 103, 12). Dies ist der Fall, wenn dem Annehmenden oder dem Angenommenen die Fortsetzung des Annahmeverhältnisses nicht mehr zugemutet werden kann. Das ist von Amts wegen zu prüfen.

Empfehlungen zur vertiefenden Lektüre

Zur Vertiefung: *Braun,* Das Verfahren in Adoptionssachen nach §§ 186 ff. FamFG, FamRZ 2011, 81; *Coester,* Elternrecht des nichtehelichen Vaters und Adoption, FamRZ 1995, 1245; *Dethloff,* Adoption und Sorgerecht – Problembereiche für die eingetragenen Lebenspartner?, FPR 2010, 208; *Dodegge,* Das formelle und materielle deutsche Adoptionsrecht, FPR 2001, 321; *Enders,* Stiefkindadoption, FPR 2004, 60; *Frank,* Die Stiefkindadoption, StAZ 2010, 324; *Krause,* Annahme Minderjähriger als Kind, ZFE 2011, 170; *ders.,* Neuere Rechtsprechung zum Adoptionsrecht, ZKJ 2010, 64; *Maurer,* Zum Recht gleichgeschlechtlicher Partner auf Adoption, FamRZ 2013, 752; *Muscheler,* Offene und verdeckte Adoption – Recht des Kindes auf Kenntnis seiner Abstammung, FPR 2008, 496; *Müller,* Adoption in der gleichgeschlechtlichen Partnerschaft – de lege lata und de lege ferenda, FF 2011, 56.

Fälle und Klausuren: *Löhnig,* Fall 9; *Schwab,* PdW, Fälle 171–176.

§ 37. Wiederholung

I. Kontrollfragen

1. Welche wesentlichen Rechtswirkungen entfaltet das Eltern-Kind-Verhältnis?
2. Welche Bedeutung hat die Dienstleistungspflicht des Kindes aus § 1619 BGB für deliktische Ansprüche?
3. Welche verfahrensrechtlichen Familiensachen betreffen das Kindschaftsrecht?
4. In welchen Fällen kommt es zu einer „gespaltenen Mutterschaft" und wie wird diese rechtlich behandelt?
5. Welche drei Tatbestände begründen eine Vaterschaft im Rechtssinne?
6. In welchen Fällen bedarf es einer gerichtlichen Vaterschaftsfeststellung?
7. Sind heimliche Vaterschaftstests rechtlich zulässig?
8. Unter welchen Voraussetzungen kann der nur leibliche Vater die Vaterschaft eines anderen Mannes anfechten?
9. Was ist unter dem „Scheinvaterregress" zu verstehen?
10. Welche Bedeutung hat das Verfahren nach § 1598a BGB für die Vaterschaftsanfechtung?
11. In welche beiden Teilbereiche ist die elterliche Sorge zu unterteilen? Welche Möglichkeiten der Zuordnung der elterlichen Sorge gibt es?
12. Hat ein Vater, der nicht mit der Mutter verheiratet ist, aber die Vaterschaft wirksam anerkannt hat, auch die elterliche Sorge für das Kind?
13. In welchen Fällen ruht die elterliche Sorge?
14. Welcher allgemeine Rechtsgrundsatz prägt das Verständnis der §§ 1666 ff. BGB?
15. Die Eltern von K sind geschieden. Die elterliche Sorge für K steht den Eltern weiterhin gemeinsam zu. K lebt bei seiner Mutter. Diese möchte K nun beim Schulorchester anmelden. Kann M diese Entscheidung alleine treffen oder muss sie sich darüber mit dem Vater verständigen?
16. Hat ein Mann, der zwar leiblicher aber nicht rechtlicher Vater eines Kindes ist, Recht auf Umgang mit dem Kind?
17. Unter welchen Voraussetzungen besteht ein Unterhaltsanspruch zwischen Verwandten in gerader Linie?
18. Auf welche Art können Eltern ihren Kindern Unterhalt gewähren?
19. Müssen Eltern, die ihrem Kind bereits zum Zweck einer Erstausbildung Unterhalt geleistet haben, auch ein sich daran anschließendes Studium finanzieren?
20. Was ist die Grundvoraussetzung der Adoption eines Kindes?
21. Welche Rechtswirkungen hat eine Minderjährigenadoption?

Die Antworten zu den Kontrollfragen finden Sie am Ende des Buches.

II. Klausurfall 3 (Ein Kind und viele Väter)

Bearbeitungszeit: 120 Minuten

Sachverhalt

Mia (M) ist mit Emil (E) verheiratet, aber unglücklich. Sie trennt sich von E und wendet sich Vito (V) zu, mit dem sie fortan zusammenlebt. Mit V möchte M ein Kind haben, was aber wegen der eingeschränkten Zeugungsfähigkeit des V nicht klappt. Daher unterzieht sich M mit medizinischer Unterstützung einer künstlichen Befruchtung mit Spendersamen. Als M auf diese Weise schwanger wird, erkennt V im Januar 2007 mit Zustimmung von M beim Notar die Vaterschaft an. Außerdem geben M und V im März 2007 Sorgeerklärungen ab, und zwar V beim Notar und M beim Jugendamt.

Am 2. 3. 2007 reicht M die Scheidung ein. Im April 2007 kommt das Kind Kira (K) zur Welt. Am 5. 10. 2007 wird die Ehe geschieden. M und E legen gegen den Scheidungsbeschluss keine Rechtsmittel ein. Im Mai 2008 erklärt E notariell die Zustimmung zur Vaterschaft des V. Im Juni 2008 ficht E seine Erklärung allerdings durch Schreiben an M, V und den Notar wieder an, schließlich habe er erfahren, dass nicht V sondern ein unbekannter Spender der „wahre" Vater sei.

Die Beziehung zwischen M und V läuft auch nicht wie erwartet. M trennt sich 2011 von V und zieht mit ihrer Schulfreundin Livia (L) zusammen, mit der sie schon immer „zarte Gefühle" verbanden. K lebt mit Einverständnis des V bei ihnen. V missfällt zwar der Einfluss von L auf M und K, gleichwohl können sich M und V in den Angelegenheiten, die K betreffen, regelmäßig ganz gut einigen. Nun steht im Mai 2013 die Schuleinschreibung von K an, die in diesem Jahr schulpflichtig wird. L überredet M jedoch, das Kind noch nicht einzuschulen und ein Jahr zurückstellen zu lassen. Schließlich sei K ein „Trennungskind und noch nicht reif für den Ernst des Lebens". V ist entsetzt und droht M an, dass er alles unternehmen werde, um seine Tochter dem Einfluss dieser „Lesbe Livia" zu entziehen. V will unbedingt, dass K, die für ihr Alter normal entwickelt ist, „wie alle anderen Sechsjährigen auch" eingeschult wird; schließlich habe sich inzwischen herumgesprochen, wie wichtig die frühkindliche Förderung sei. M meint, V habe hier „nichts zu melden", da sie ohnehin allein sorgeberechtigt bzw. zumindest für die Schulfrage allein zuständig sei.

V wendet sich daher an den Rechtsanwalt Lex Radix, der gutachterlich klären soll,
1. wer für K sorgeberechtigt ist und welche Konsequenzen das für die Entscheidung über die Einschulung der K habe;
2. ob ein Antrag des V, die Alleinsorge auf ihn zu übertragen, Aussicht auf Erfolg haben würde (insoweit ist die rechtliche Vaterschaft des V zu unterstellen);
3. ob es eine andere Möglichkeit gibt, der M das Sorgerecht – zumindest für die Schulfrage – zu entziehen;
4. wie der Streit um die Einschulung sonst noch beigelegt werden könnte;
5. wer in den zurückliegenden Zeiträumen der K in irgendeiner Form Kindesunterhalt schuldete und welche Ansprüche insoweit – fehlende Erfüllung unterstellt – noch bestehen.

Lösung

Frage 1: Sorgerecht für K

I. Klärung der Elternschaft

Bei Verheiratung der Eltern haben diese das gemeinsame Sorgerecht. Das ergibt sich indirekt aus der Regelung der §§ 1626 ff. BGB. Also muss geklärt werden, wer die Eltern von K sind. Mutter ist M, § 1591 BGB. Vater war im Zeitpunkt der Geburt E als Ehemann, § 1592 Nr. 1 BGB. Zunächst hatten daher M und E das Sorgerecht für K.

Durch die Vaterschaftsanerkennung des V hat sich nichts geändert, da diese wegen § 1594 II BGB erst Wirksamkeit erlangt, wenn keine andere Vaterschaft mehr besteht bzw. die Vaterschaft des E durch Anfechtung beseitigt ist.

II. Vaterschaft des V gem. § 1599 II BGB (+)

Vorliegend könnte allerdings der Ausnahmefall des § 1599 II BGB gegeben sein, wonach eine Vaterschaft im Sinne von § 1592 Nr. 1 BGB ohne Anfechtungsverfahren beseitigt werden kann.

1. Das Kind K wurde nach Anhängigkeit des Scheidungsantrags geboren. Anhängigkeit ist gegeben, sobald der Antrag bei Gericht eingegangen ist, also schon vor Zustellung an den anderen Ehegatten.

2. Der Scheidungsbeschluss wurde rechtskräftig, da keine Rechtsmittel eingelegt wurden.

3. Ein „Dritter" muss wirksam anerkannt haben. Hier hat V die Vaterschaft wirksam und formgerecht anerkannt, §§ 1594, 1596, 1597 I BGB. Wirksamkeitshindernisse für seine Erklärung sind nicht erkennbar. Unerheblich ist, dass V wissentlich „falsch" anerkennt bzw. weiß, dass er gar nicht der biologische Vater ist. Darauf stellt das Gesetz nicht ab; insoweit findet keine „Richtigkeitskontrolle" statt.

4. Die Mutter stimmte formgerecht zu, § 1595 I BGB.

5. Alle Erklärungen konnten pränatal erfolgen, §§ 1594 IV, 1595 III BGB.

6. Der rechtliche Vater E stimmte auch zu. Allerdings hat er seine Erklärung laut Sachverhalt wieder „angefochten". Fraglich ist, wie das rechtlich einzuordnen ist.

a) Eine Auslegung dieser Erklärung als Vaterschaftsanfechtung scheidet aus, da dafür zwingend ein gerichtliches Verfahren vorgeschrieben ist, §§ 1599 ff. BGB.

b) Ein Widerruf im Sinne von § 1597 III BGB kommt auch nicht in Betracht, da ein Widerrufsrecht ausschließlich dem anerkennenden Mann zusteht, nicht aber den anderen Beteiligten. Für eine analoge Anwendung dieser Norm gibt es mangels Regelungslücke keinen Anlass.

c) E hat die Erklärung also als Anfechtung im Sinne von § 119 BGB (Irrtumsanfechtung) gemeint. Indes liegt weder ein Erklärungs- noch ein Inhaltsirrtum, sondern nur ein Motivirrtum vor. Abgesehen davon bestimmt § 1598 I BGB aber ohnehin, dass sich die Nichtigkeit einer Zustimmung ausschließlich aus der Nichtbeachtung der §§ 1594 ff. BGB ergeben kann und andere Nichtigkeitsgründe ausgeschlossen sind. Damit sind die §§ 116 ff. BGB hier nicht anwendbar. Die „Anfechtung" ist somit unbeachtlich.

7. Alle Voraussetzungen lagen innerhalb eines Jahres vor.

Damit sind alle Voraussetzungen des § 1599 II BGB im Mai 2008 erfüllt und M und V von diesem Zeitpunkt an als Eltern anzusehen.

III. Konsequenzen für die sorgerechtliche Situation

Fraglich ist, welche Konsequenzen die gem. § 1599 II BGB begründete Vaterschaft des V für das Sorgerecht hat. Kraft der Sorgeerklärungen könnte gem. § 1626a I Nr. 1 BGB gemeinsames Sorgerecht bestehen.

1. M und V haben formgerechte Sorgeerklärungen abgegeben, §§ 1626b ff. BGB. Die Form des § 1626d I BGB wurde gewahrt; die Eltern können auch unterschiedliche Beurkundungsstellen aufsuchen (vgl. § 32 Rn. 7). Die Erklärungen sind schon vor der Geburt des Kindes möglich, § 1626b II BGB.

2. Problematisch ist aber, dass V im Zeitpunkt der Erklärungen noch nicht als Vater galt. Das könnte die Erklärung von vornherein unwirksam sein lassen und nun erneute Sorgeerklärungen erforderlich machen. In diesem Fall bestände derzeit Alleinsorge von M, § 1626 III BGB.

Tatsächlich erfolgten die Sorgeerklärungen von M und V jedoch in der Erwartung bzw. unter der Bedingung, dass die Voraussetzungen des § 1599 II BGB erfüllt werden bzw. V die rechtliche Vaterschaft erlangt. Das könnte zwar mit der Bedingungsfeindlichkeit von Sorgeerklärungen, vgl. § 1626b I BGB, unvereinbar sein. Zu beachten ist aber, dass der Gesetzgeber für das parallele Problem im Bereich der Vaterschaftsanfechtung eine ausdrückliche Regelung in § 1599 II 2 Hs. 2 BGB getroffen hat. Zwar fehlt für Sorgeerklärungen eine entsprechende Regelung; es ist jedoch nicht erkennbar, dass es sich insoweit um eine absichtliche Regelungslücke handelt. Zudem ist beachtlich, dass es ohnehin nicht um eine echte Bedingung im Sinne von § 158 BGB geht, sondern nur um eine Rechtsbedingung. Nach h.M. und Rechtsprechung (BGHZ 158, 74 = NJW 2004, 1595) können daher auch Sorgeerklärungen analog § 1599 II BGB vorläufig bzw. schwebend unwirksam abgegeben werden und dann voll wirksam werden, sobald die Elternschaft geklärt ist. Das hat den Vorteil, dass der „neue" Vater mit Erwerb der Vaterschaft auch sogleich sorgeberechtigt ist.

V. Ergebnis

Es besteht gemeinsame Sorge von M und V.

VI. Konsequenz für die Schulfrage

Folglich haben M und V gemeinsam über die Einschulung zu entscheiden, vgl. § 1629 I 1 BGB. Eine Ausnahmeregelung, wonach M allein zuständig wäre, besteht nicht. Die sonstigen Fälle des § 1629 BGB sind nicht einschlägig. Vielmehr stellt § 1687 BGB klar, dass auch bei Getrenntleben der Eltern nur die Angelegenheiten des täglichen Lebens vom betreuenden Elternteil allein entschieden werden können. Die Frage des Einschulungszeitpunkts ist jedoch eine Angelegenheit von erheblicher Bedeutung, § 1687 I 1 BGB. Daher bleibt es bei der gemeinsamen Entscheidungszuständigkeit.

Frage 2: Sorgerechtsantrag

I. Antrag auf Übertragung der Alleinsorge (–)

Vorliegend könnte V einen Antrag auf Übertragung der Alleinsorge auf sich nach § 1671 I 1 BGB stellen.

1. Es müsste ein Antrag gem. § 1671 BGB beim Familiengericht gestellt werden.
2. Es besteht gemeinsame Sorge der Eltern (siehe oben).
3. Die Eltern leben nicht nur vorübergehend getrennt, vgl. § 1567 BGB.
4. M stimmt nicht zu, daher ist die Variante des Abs. 1 S. 2 Nr. 1 nicht einschlägig.
5. Zu prüfen sind die Voraussetzungen von § 1671 I S. 2 Nr. 2 BGB.

a) Danach müsste zum einen die Aufhebung der gemeinsamen Sorge für das Kind die bessere Lösung sein.

b) Zudem müsste gerade die Übertragung der Sorge auf V dem Kindeswohl mehr entsprechen.

Beides ist hier zu verneinen. Entscheidend ist, dass sich M und V in Sachen der Sorge bislang immer gut einigen konnten. Die notwendige Kooperationsfähigkeit ist daher gegeben. Dass einmal in einer Einzelfrage eine Meinungsverschiedenheit besteht, ist unwesentlich, das kommt bei zusammenlebenden Ehegatten in gleicher Weise vor. Zwar ergibt sich aus dem Gesetz kein Vorrang der gemeinsamen Sorge; soweit diese funktioniert, gibt es aber keinen Anlass, die Alleinsorge eines Elternteils für vorzugswürdig zu erachten. Das Kind scheint bei M gut aufgehoben zu sein. Ein Wechsel zu V wäre aus Kontinuitätsgründen im Zweifel nicht von Vorteil. Eine etwaige Homosexualität der Mutter disqualifiziert sie nicht als Sorgeberechtigte. Der Einfluss der L scheint nicht weiter bedrohlich zu sein. Dass Stiefelternteile ggf. andere Auffassungen vertreten und vom anderen leiblichen Elternteil oft misstrauisch beobachtet werden, lässt sich nicht immer vermeiden. Auch Argumente für die Übertragung eines Teils der Sorge sind nicht ersichtlich. Insbesondere geht es hier ja nur um eine punktuelle Regelung und nicht um Erziehungsfragen schlechthin. Unerheblich ist im Übrigen, dass V nicht der biologische Vater ist.

II. Ergebnis

Der Antrag hat keine Aussicht auf Erfolg.

Frage 3: Sorgerechtsentzug

I. „Antrag" nach § 1666 BGB (–)

Denkbar wäre, die Einleitung eines Verfahrens nach § 1666 BGB anzuregen.

1. Dazu müsste eine Gefährdung des körperlichen, geistigen oder seelischen Kindeswohls oder des Kindesvermögens zu bejahen sein.

2. Weiterhin müssten die Eltern nicht gewillt oder nicht in der Lage sein, die Gefahr selbst abzuwenden.

3. Bei der zu treffenden Maßnahme wäre der Verhältnismäßigkeitsgrundsatz zu beachten.

Hier ist schon eine Kindeswohlgefährdung nicht ersichtlich. Eltern können beantragen, ihr Kind aus bestimmten Gründen erst später einzuschulen. Insofern gibt es eine Reihe von Kindern, die erst mit sieben Jahren eingeschult werden. Zum Teil ergibt sich das sogar aus den Stichtagsregelungen in den jeweiligen Bundesländern. Eine Kindeswohlgefährdung ist damit grundsätzlich noch nicht verbunden. M müsste, wenn K schulpflichtig ist, ohnehin zunächst einen Antrag auf Zurückstellung einreichen, bei dem noch eine Kontrolle durch die Schule bzw. Schulbehörde stattfindet. Solange V als Mitsorgeberechtigter nicht auch hinter dem Zurückstellungsantrag steht, könnte M die Zurückstellung wohl gar nicht durchsetzen. Für Eingriffsmaßnahmen auf der Ebene von § 1666 BGB ist hier kein Raum. Auch der Einfluss von L scheint eine Kindeswohlgefährdung vorliegend nicht zu begründen.

II. Ergebnis

Ein Verfahren nach § 1666 BGB hätte keine Aussicht auf Erfolg.

Frage 4: Andere Möglichkeiten der Streitbeilegung

I. Antrag nach § 1628 BGB (+)

In Betracht kommt ein Antrag bei Gericht nach § 1628 BGB.

1. Es wäre ein Antrag beim Familiengericht zu stellen.

2. Die Eltern haben die gemeinsame Sorge inne.

3. Es geht um eine einzelne Angelegenheit der elterlichen Sorge, nämlich den Zeitpunkt der Einschulung, über den sich die Eltern nicht einigen können.

4. Die Entscheidung ist von erheblicher Bedeutung. Insbesondere muss die Entscheidung jetzt getroffen werden, da nun die Einschreibungstermine anstehen. Ein Aufschub kommt nicht in Betracht.

5. Das Gericht hätte die Entscheidung auf einen Elternteil zu übertragen, der dann in seiner Entscheidung völlig frei wäre. Vorliegend spricht viel für die Auffassung von V; denn sie entspricht dem „Normalen", also der gesetzlich an sich vorgesehenen Schulpflicht von Sechsjährigen. Ernsthafte Gründe, die für eine Zurückstellung von K sprechen, die altersgerecht entwickelt ist, sind nicht ersichtlich.

II. Ergebnis

Demgemäß wäre ein Antrag von V erfolgversprechend.

Frage 5: Unterhaltsrechtliche Situation

Anspruch auf Kindesunterhalt

K könnte gegen E, V und M Ansprüche auf Kindesunterhalt gem. § 1601 BGB haben.

1. Erste Voraussetzung ist Verwandtschaft in gerader Linie.

a) Demnach ist jedenfalls seit Geburt M als Mutter i.S.v. § 1591 BGB der K unterhaltspflichtig.

b) Bei Geburt des Kindes war E Vater im Rechtssinne und schuldete daher zunächst Unterhalt. Infolge der wirksamen Anerkennung durch V ist die Vaterschaft des E aber inzwischen mit ex-tunc-Wirkung entfallen. Aus heutiger Sicht hat E daher nie Unterhalt geschuldet.

c) Mit Wirksamkeit der Vaterschaftsanerkennung ist V Vater geworden und kann seit diesem Tag auf Unterhalt in Anspruch genommen werden. Die Vaterschaft wirkt allerdings auch zurück auf den Zeitpunkt der Geburt, so dass nachträglich eine Unterhaltspflicht des V seit Geburt zu bejahen ist.

2. Die Bedürftigkeit ist beim Kleinkind unproblematisch, § 1602 II BGB.

3. Zur Leistungsfähigkeit ist nichts Negatives bekannt; hier gilt § 1603 II 1 BGB.

4. Die Eltern haften für den Unterhalt des Kindes anteilig, § 1606 III 1 BGB. Zu klären bleibt die jeweilige Art der Unterhaltsleistung.

a) M hat K stets betreut und damit ihre Unterhaltspflicht erfüllt, § 1606 III 2 BGB.

b) V hat als vom Kind getrennt lebender Elternteil den Barunterhalt zu leisten, § 1612 I BGB. Das Maß des Unterhalts wird über die Unterhaltstabellen bestimmt. Berechnungsgrundlagen dazu enthält der Sachverhalt nicht.

5. Einwendungen: Zu beachten wäre hier gegenüber V nur § 1613 BGB.

a) Für die Zeit, in der zunächst E als Vater galt, kann K (soweit nicht erfüllt wurde) von V auch rückwirkend Unterhalt verlangen. Ausnahmsweise kann hier für die Vergangenheit Unterhalt geltend gemacht werden, weil ein rechtliches Hindernis im Sinne von § 1613 II Nr. 2a BGB vorlag; es fehlte schließlich noch an der rechtlichen Vaterschaft des V. Macht K diesen rückwirkenden Unterhalt jedoch längere Zeit nicht geltend, etwa mehr als ein Jahr lang, so kann zeitliche Verwirkung eintreten. Eine Verwirkung (§ 242 BGB) kommt in Betracht, wenn der Unterhaltsberechtigte sein Recht längere Zeit nicht verfolgt (Zeitmoment), obwohl er dazu in der Lage wäre, und der Verpflichtete sich mit Rücksicht auf das gesamte Verhalten des Berechtigten darauf einrichten durfte und eingerichtet hat, dass der Berechtigte auch in Zukunft sein Recht nicht geltend machen werde (Umstandsmoment). Das Zeitmoment kann dabei bereits erfüllt sein, wenn die Rückstände Zeitabschnitte betreffen, die mehr als ein Jahr zurückliegen (vgl. z.B. *BGH* NJW 2003, 128).

b) Für die Zeiträume nach Eintritt seiner Vaterschaft schuldet V Unterhalt für die Vergangenheit erst ab dem Zeitpunkt, in dem die Voraussetzungen des § 1613 I BGB erfüllt waren. Dazu ist nichts Näheres bekannt.

c) Für die Verjährung gilt im Übrigen nach § 197 II BGB eine Dreijahresfrist. Im Eltern-Kind-Verhältnis ist jedoch der Hemmungstatbestand des § 207 I 2 Nr. 2a BGB zu beachten. Die Ansprüche von K sind daher noch nicht verjährt.

Kapitel 8. Vormundschaft, Pflegschaft, Betreuung

§ 38. Die Vormundschaft

I. Überblick

1   Unter Vormundschaft versteht man die rechtlich geregelte, umfassende Sorge für einen Minderjährigen, dessen Eltern entweder gestorben sind oder mangels Sorgerechts nicht als ges. Vertreter in Betracht kommen. Für Volljährige wurde die Vormundschaft im Wege des Betreuungsgesetzes vom 1. 1. 1992 durch das Institut der Betreuung ersetzt (dazu § 40). Den Regelungen des Vormundschaftsrechts kommt besondere Bedeutung zu, weil die Vorschriften über die Betreuung, § 1908i I, II BGB, und Pflegschaft, §§ 1915, 1917 I, II BGB, auf sie verweisen.

Die Vormundschaft (munt = Schutzgewalt) soll für das Kind den Schutz der Familie ersetzen. Der Vormund hat daher grundsätzlich die gleichen Rechte und Pflichten, wie sie ansonsten den Eltern aufgrund der elterlichen Sorge zustehen, § 1793 BGB. Ihm obliegen die **Personensorge** und die **Vermögenssorge** sowie die ges. **Vertretung** des Kindes. Während die Vormundschaft historisch gesehen vor allem für Waisenkinder eine Rolle spielte, greift das Institut heute insbesondere auch in den Fällen, in denen den Eltern das Sorgerecht entzogen wurde.

II. Anordnung der Vormundschaft

1. Voraussetzungen

2   Im Regelfall wird die Vormundschaft durch Anordnung des Familiengerichts begründet, welche **von Amts wegen** zu treffen ist, § 1774 S. 1 BGB. Daneben gibt es aber auch die Vormundschaft kraft Gesetzes. Sie tritt ein mit Geburt eines nichtehelichen Kindes, welches eines Vormunds bedarf, § 1791c I BGB, sowie mit der Einwilligung der Eltern in die Adoption ihres Kindes, § 1751 I BGB. Hier wird jeweils das Jugendamt Vormund.

Ein Bedürfnis für die Anordnung der Vormundschaft besteht nach **§ 1773 BGB** nur dann, wenn

- der Familienstand des Minderjährigen nicht zu ermitteln ist, § 1773 II BGB (sog. Findelkind; z.B. Babyklappenkind, anonym geborenes Kind)
- der Minderjährige nicht unter elterlicher Sorge steht oder
- beide Elternteile nicht zu seiner Vertretung befugt sind, § 1773 I BGB

In der Sache betrifft das die Fälle, in denen beide Elternteile tot oder für tot **3** erklärt sind, beiden das gesamte Sorgerecht nach §§ 1666, 1666a BGB entzogen worden ist oder die elterliche Sorge ruht, § 1675 i.V.m. §§ 1673 f. BGB. Treten solche Umstände hingegen nur bei **einem Elternteil** ein, so übt – wenn bislang beide Elternteile die gemeinsame Sorge innehatten – der andere Teil die elterliche Sorge aus, vgl. §§ 1678 I, 1680 I, III BGB. Sofern ein **Alleinsorgeberechtigter** die elterliche Sorge nicht ausüben kann, bedarf es einer Vormundschaft nur dann, wenn eine Übertragung der elterlichen Sorge auf den anderen Elternteil unter Beachtung des Kindeswohls ausscheiden muss, vgl. §§ 1678 II, 1680 II BGB. Soweit den Eltern die Sorge nur für einen Teilbereich nicht zusteht, bedarf es keines Vormunds. In diesem Fall ist ein (Ergänzungs-) Pfleger zu bestellen (dazu § 39 Rn. 3).

2. Bestellung und Auswahl des Vormunds

Der Vormund erhält mit Benennung eine Urkunde, § 1791 BGB, die al- **4** lerdings keine materiell-rechtliche Wirkung entfaltet und damit auch keinen Rechtsschein i.S.d. §§ 172, 174 BGB erzeugt. Regelmäßig wird lediglich *ein* Vormund bestellt, § 1775 S. 2 BGB. Aus besonderen Gründen können auch mehrere Vormünder bestellt werden, die entweder nach § 1797 I BGB gemeinschaftlich oder nach § 1797 II BGB in ihrem Wirkungsbereich selbstständig die Geschäfte des Mündels führen (**Mitvormund**). Möglich ist ferner unter den Voraussetzungen des § 1792 BGB die Bestellung eines **Gegenvormunds**, dessen Aufgaben im Wesentlichen in der Überwachung und Kontrolle des Vormunds bestehen, § 1799 BGB. Die Kontrollmöglichkeit wird insbesondere durch die Genehmigungserfordernisse in §§ 1809, 1810, 1812 BGB gesichert.

Bei der **Auswahl** des Vormunds ist das Gericht nicht frei, sondern durch strikte ge- **5** setzliche Vorgaben gebunden, die sicherstellen sollen, dass primär im privaten Umfeld des Kindes ein geeigneter Vormund gefunden wird. Hilfsweise besteht die Möglichkeit, das Jugendamt (**Amtsvormundschaft**, §§ 1791b, 1791c BGB) oder einen rechtsfähigen Verein (**Vereinsvormundschaft**, § 1791a BGB) als Vormund zu bestellen. Bei der Auswahl des Vormunds ist das Gericht zunächst an den **Willen der Eltern** gebunden, sofern diese durch letztwillige Verfügung einen Vormund benannt haben und zum Todeszeitpunkt das Sorgerecht innehatten, §§ 1776, 1777 BGB. Abweichungen vom Willen der Eltern sind nur unter den Voraussetzungen des § 1778 BGB möglich. Nicht bindend sind hingegen Wünsche der Eltern, die bei Entziehung des Sorgerechts gemacht werden.
Sofern die Eltern keinen Vormund benannt haben, **wählt das Gericht** unter Beachtung der Kriterien des § 1779 BGB den Vormund aus. Geschäftsunfähige können gar nicht, Minderjährige und unter Betreuung stehende Personen sollen nicht als Vormund bestellt werden, §§ 1780, 1781 BGB. Zudem soll nicht ernannt werden, wer von den Eltern in ihrer letztwilligen Verfügung als Vormund ausgeschlossen wurde, § 1782 BGB. Das Jugendamt als Vormund kann indes nicht ausgeschlossen werden, § 1791b I 2 BGB. Die vom Gericht ausgewählte Person ist gem. § 1785 BGB zur Übernahme des Amtes verpflichtet (Ausnahme bei Vereinen, § 1791a I BGB); eine Ablehnung kommt nur unter den Voraussetzungen des § 1786 BGB in Betracht. Bei unbegründeter Ablehnung der Vormundschaft sind sogar die Festsetzung von Zwangsgeld, § 1788 BGB, sowie Schadensersatzpflichten, § 1787 BGB, denkbar.

III. Ausübung der Vormundschaft

1. Personen- und Vermögenssorge

6   Die Vormundschaft ersetzt die elterliche Sorge für den Minderjährigen und umfasst damit ebenfalls die Personen- und Vermögenssorge für das Kind sowie seine gesetzliche Vertretung, § 1793 I 1 BGB. Im Hinblick auf die Personensorge verweist § 1800 BGB auf die §§ 1631–1633 BGB. Der Vormund hat mit dem Mündel persönlichen Kontakt zu halten, § 1793 Ia BGB. Die Ausübung der Personensorge erfolgt unter Aufsicht des Familiengerichts, das dabei vom Jugendamt unterstützt wird, § 1837 II BGB, §§ 50, 53 SGB VIII. Das Gericht berät die Vormünder, kann aber auch Ge- und Verbote aussprechen und Zwangsgelder verhängen, vgl. § 1837 I, III BGB. Bei der Vermögenssorge ist der Vormund – im Vergleich zu den Eltern – an deutlich weitergehende Vorschriften gebunden, vgl. §§ 1802 ff. BGB. Insbesondere muss der Vormund bei Antritt seines Amtes ein Vermögensverzeichnis anlegen und es auch beim Gericht einreichen, § 1802 BGB. Hinsichtlich der Vermögensanlage von Mündelgeld bestehen strikte Vorgaben, §§ 1806 ff. BGB.

2. Gesetzliche Vertretung

> **Klausurhinweis:** Klausurrelevant sind vor allem die gesetzlichen Einschränkungen der Vertretungsmacht des Vormunds.

7   Hinsichtlich der gesetzlichen Vertretung unterliegt der Vormund strengeren Restriktionen als die sorgeberechtigten Eltern. Die Anzahl der Geschäfte, die der Genehmigung durch das Familiengericht bedürfen, ist deutlich größer. Hinzukommen kann zudem das Erfordernis der Genehmigung durch einen Gegenvormund, §§ 1812, 1813 BGB.

a) Vertretungsverbote

8   In bestimmten Fällen darf der Vormund das Kind (den „Mündel") nicht vertreten. Dazu zählen zunächst die Fälle der **Interessenkollision** gem. §§ 1795, 181 BGB (s. auch § 33 Rn. 19). Ausgenommen davon sind aber – in teleologischer Reduktion – Rechtsgeschäfte, die dem Kind lediglich einen rechtlichen Vorteil i.S.d. § 107 BGB bringen (MünchKomm/*Wagenitz,* § 1795 Rn. 19, 30). Nimmt der Vormund trotz des Vertretungsverbots das Rechtsgeschäft vor, gelten die §§ 177 ff. BGB. Eine Genehmigung kann durch einen Ergänzungspfleger oder das volljährig gewordene Kind erfolgen, nicht aber durch das Gericht.

Ausgeschlossen ist die Vertretung des Kindes durch den Vormund ferner für Aufgabenbereiche, für die ein Pfleger bestellt ist, **§ 1794 BGB**, und für Aufgabenkreise, in denen dem Vormund nach **§ 1796 BGB** die Vertretungsmacht gerichtlich entzogen wurde. Außerdem sind Schenkungen im Namen des Kindes gem. § 1804 BGB grundsätzlich nicht möglich. Eine dennoch vorgenommene Schenkung wäre nichtig (Palandt/*Götz,* § 1804 Rn. 1; a.A. *Canaris,* JZ 1987, 993, 998).

b) Genehmigungsbedürftige Geschäfte

Eine Reihe von Rechtsgeschäften (§§ 1812, 1821, 1822 BGB) kann der Vor- **9** mund nur mit Zustimmung des Familiengerichts vornehmen (wobei das Gesetz schief von „Genehmigung" spricht). Fehlt die Zustimmung, ist das Geschäft schwebend unwirksam, § 1829 I 1 BGB, bis die (nachgeholte gerichtliche) Genehmigung oder Ablehnung dem Geschäftspartner vom Vormund mitgeteilt wird, § 1829 I 2 BGB. Die Genehmigung allein macht das Geschäft noch nicht wirksam. Der Vormund muss vielmehr noch entscheiden, ob er von ihr Gebrauch macht, und dies dem Vertragspartner mitteilen.

3. Das Rechtsverhältnis zwischen Vormund und Mündel

Zwischen Vormund und Mündel besteht ein gesetzliches Dauerschuldver- **10** hältnis eigener Art, das wesentliche Elemente einer unentgeltlichen Geschäftsbesorgung enthält (*Schwab*, FamR, Rn. 931).

Die **Kosten** der Geschäftsführung trägt der Mündel; der Vormund kann insoweit Vorschuss des Mündels (§ 1835 I BGB) oder der Staatskasse (§ 1835 IV BGB) verlangen bzw. Aufwendungsersatz nach § 1835 I BGB geltend machen, sofern er aus seinem eigenen Vermögen Aufwendungen macht. Dienstleistungen sind nur dann ersatzpflichtig, soweit die Dienste zum Gewerbe oder Beruf des Vormunds gehören, § 1835 III BGB. Die Führung der Vormundschaft an sich ist **grundsätzlich unentgeltlich**, § 1836 I 1 BGB. Da sich die Suche nach geeigneten Vormündern jedoch zunehmend schwierig gestaltet, kann das Familiengericht auch einen Entgeltanspruch des Vormunds bewilligen, wenn der Vormund die Vormundschaft berufsmäßig führt (Berufsvormund, § 1836 I 2 BGB) oder Umfang und Schwierigkeit der Amtsführung die Entgeltlichkeit rechtfertigen, § 1836 II BGB. Für den Berufsvormund können die Kosten auch von der Staatskasse übernommen werden.

Vormund und Gegenvormund sind für Schäden, die aus ihren **Pflichtver-** **11** **letzungen** entstehen, dem Mündel gegenüber ersatzpflichtig (*Schwab*, FamR, Rn. 895). Anders als für Eltern gilt für sie nicht der **Haftungsmaßstab** der eigenüblichen Sorgfalt (vgl. § 33 Rn. 22), vgl. **§ 1833 BGB**. Eine Ausnahme gilt nur in dem Fall, dass das Kind auf längere Dauer in den Haushalt des Vormundes aufgenommen wurde, § 1793 I 3 BGB. Eine Haftung kann insbesondere aus dem Verstoß gegen gesetzliche Sollvorschriften (z.B. §§ 1810, 1811, 1823 BGB) resultieren, die die Wirksamkeit der dennoch abgeschlossenen Rechtsgeschäfte unberührt lassen. Weiterhin kann sich der Vormund auch im Rahmen von Rechtsgeschäften haftbar machen, die vom Gericht genehmigt worden waren (*BGH* JZ 1964, 324). Mehrere Vormünder haften als Gesamtschuldner, § 1833 II 1 BGB.

IV. Beendigung der Vormundschaft

Die Vormundschaft endet kraft Gesetzes mit Wegfall ihrer Voraussetzungen, § 1882 **12** BGB, also mit Volljährigkeit des Kindes, Eintritt oder Wiedereintritt der elterlichen Sorge bzw. mit Beendigung ihres Ruhens oder mit Tod des Mündels. Davon zu unterscheiden ist das Ende der Amtsführung des Vormunds. Dieses tritt zwangsläufig mit seinem Tod oder seiner Entlassung durch das Familiengericht ein. Wenn die Voraussetzungen des § 1773 BGB in der Person des Mündels aber weiterhin gegeben sind, ist ein neuer Vormund zu bestellen.

Empfehlungen zur vertiefenden Lektüre

Zur Vertiefung: *Brüggemann*, Der sperrige Katalog der §§ 1821, 1822 BGB: Anwendungskriterien – Grenzfälle, FamRZ 1990, 5 ff. und 124 ff.; *Harm/Mix u.a.,* Amtsvormundschaft und Familiengericht im Spannungsfeld der unterschiedlichen Aufgabenwahrnehmung vor dem Hintergrund der Vormundschaftsrechtreform, FamRZ 2012, 1849; *Veit*, Was muss die große Reform der Vormundschaft noch bewegen?, FamRZ 2012, 1841.
Fälle: *Schwab*, PdW, Fälle 170, 196, 279, 280.

§ 39. Pflegschaft

I. Überblick

1   Wie die Vormundschaft dient die Pflegschaft in der Regel der Fürsorge für eine Person (**Personenpflegschaft**, v.a. für Minderjährige), allerdings mit dem Unterschied, dass sich die Pflegschaft nur auf eine bestimmte Aufgabe bzw. einen beschränkten Kreis von Angelegenheiten richtet. Daneben gibt es aber auch die **Sachpflegschaft** als Fürsorge für ein Sachvermögen. Das Gesetz kennt folgende Arten der Pflegschaft:

- Ergänzungspflegschaft, § 1909 BGB
- Abwesenheitspflegschaft, § 1911 BGB
- Pflegschaft für eine Leibesfrucht, § 1912 BGB (dient der Wahrung der künftigen Rechte eines nicht geborenen Kindes)
- Pflegschaft für unbekannte Beteiligte, § 1913 BGB
- Pflegschaft für ein Sammelvermögen, § 1914 BGB
- Nachlasspflegschaft, § 1961 BGB
- Prozesspflegschaft, § 57 ZPO

2   Angesichts der Parallelen von Personenpflegschaft und Vormundschaft erklärt das Gesetz die weitgehende Anwendbarkeit der Normen des Vormundschaftsrechts auf die Pflegschaft, § 1915 I BGB. Zuständig für die Anordnung der Pflegschaft sowie für die Auswahl und Bestellung des Pflegers ist das **Familiengericht**. Die Pflegschaft **endet** entweder kraft Gesetzes (§§ 1918, 1921 III BGB) oder durch gerichtliche Aufhebung (§§ 1919, 1921 I, II BGB). Die Aufhebung hat zu erfolgen, wenn der Grund für die Anordnung der Pflegschaft entfallen ist, § 1919 BGB.

II. Die Pflegschaft für Minderjährige

Sind beide Elternteile dauerhaft nicht in der Lage, das Sorgerecht auszu- **3** üben – insbesondere weil sie gestorben sind – so erhält das Kind einen Vormund (dazu § 38 Rn. 2). Der Vormund tritt dann auf Dauer an die Stelle der Eltern und wird ges. Vertreter des Kindes. Sofern die Verhinderung der Eltern (oder des Vormunds) jedoch ihrer Art nach nur vorübergehend ist oder nur einen Teilbereich der Sorge oder ein einzelnes Rechtsgeschäft betrifft, so erhält das Kind einen Pfleger, § 1909 I 1 BGB. Die Ergänzungspflegschaft ergänzt insoweit die elterliche Sorge.

Beispiele:

- Den Eltern ist das Aufenthaltsbestimmungsrecht (oder ein anderer Teil des Sorgerechts) nach § 1666 BGB entzogen worden (dazu § 32 Rn. 27). Dieses wird nun von einem zu bestellenden Pfleger wahrgenommen.
- Bei Insichgeschäften sind Eltern nach §§ 1629 II 1, 1795 II, 181 BGB von der Vertretung des Kindes ausgeschlossen. Soll das Rechtsgeschäft vorgenommen werden, muss das Kind durch einen Pfleger vertreten werden.
- Dem Vormund wurde für eine einzelne Angelegenheit die Vertretung entzogen (§ 1796 BGB). Diese Aufgabe ist dann von einem Pfleger wahrzunehmen.
- Das Kind hat Vermögen geerbt oder geschenkt bekommen, dessen Verwaltung der Erblasser/Schenker nicht den Eltern bzw. dem Vormund überlassen will, § 1909 I 2 BGB.
- Sind die Eltern verstorben und muss ein Vormund bestellt werden, so kann für die Zeit bis zur Ernennung des Vormunds für das Kind ein Pfleger zu bestellen sein, sog. Ersatzpflegschaft, § 1909 III BGB.

Weitere Voraussetzung ist allerdings, dass zusätzlich ein gegenwärtiges **4** **Bedürfnis** für die Anordnung der Ergänzungspflegschaft besteht; es genügt nicht jegliche Verhinderung der Sorgeberechtigten (s. z.B. *BVerfG* FamRZ 2003, 921). Zuständig für die Bestellung und Beaufsichtigung des Ergänzungspflegers ist das Familiengericht (Kindschaftssache gem. § 151 Nr. 5 FamFG). Es entscheidet der Rechtspfleger, § 3 Nr. 2a RPflG, durch Beschluss. Der Umfang der Pflegschaft muss in dem Beschluss genau bezeichnet werden. Damit das Gericht seine Aufgaben erfüllen kann und Kenntnis von der Notwendigkeit der Pflegerbestellung erlangt, treffen die Angehörigen des Pfleglings Anzeigepflichten gegenüber dem Gericht, § 1909 II BGB.

Kraft Gesetzes endet die Ergänzungspflegschaft mit dem Ende der elterlichen Sorge (Volljährigkeit des Kindes) oder der Vormundschaft, § 1918 I BGB. Zum anderen endet eine Pflegschaft, die für eine einzelne Angelegenheit angeordnet war, mit der Erledigung dieser Angelegenheit, § 1918 III BGB.

Von der Ergänzungspflegschaft zu unterscheiden ist die Pflege bzw. Pflegschaft in einer **Pflegefamilie** (s. § 33 Rn. 26). Hier geht es nicht um die Ausfüllung einer Lücke in der elterlichen Sorge, sondern um die Ermöglichung der Wahrnehmung der Pflegeaufgaben. Insoweit können der Pflegeperson auf ihren Antrag oder auf Antrag der Eltern Angelegenheiten der elterlichen Sorge übertragen werden. Im Umfang der Übertragung hat die Pflegeperson die Rechte und Pflichten eines Pflegers, § 1630 III 3 BGB.

III. Die Rechtsstellung des Pflegers

5   Der Wirkungskreis des Pflegers wird durch das konkrete Fürsorgebedürfnis bestimmt. In diesem begrenzten Rahmen ist der Pfleger **gesetzlicher Vertreter** des minderjährigen Pfleglings, §§ 1915 I, 1793 I 1 BGB. Insoweit geht er auch einem Vormund oder Betreuer vor, vgl. § 1794 BGB. Den Eltern des Kindes steht für diesen Bereich die elterliche Sorge nicht zu, § 1630 I BGB. Bei volljährigen Pfleglingen kommt dem Pfleger eine Art Vollmacht zu, die nicht auf Rechtsgeschäft sondern auf einem Hoheitsakt beruht (BGHZ 48, 147, 160 f.). Die gesetzlichen Beschränkungen der Vertretungsmacht nach den §§ 1795 f., 1812 ff., 1821 ff. BGB gelten allerdings auch für den Pfleger. Auch beim Handeln eines Pflegers, insbesondere beim Abschluss eines Vertrages durch den Pfleger, kann also zu prüfen sein, ob das Geschäft ohne gerichtliche Genehmigung wirksam ist oder nicht.

§ 40. Betreuung

I. Überblick

1   Volljährigen, die ihre Angelegenheiten nicht (mehr) selbst besorgen können, kann ein Betreuer als Hilfsperson zugeordnet werden, vgl. § 1896 I 1 BGB. Das zum 1. 1. 1992 in Kraft getretene Betreuungsrecht löste die bis dahin geltende Entmündigung, die Vormundschaft über Volljährige und die Gebrechlichkeitspflegschaft ab. Ziel der Reform war die Stärkung der Rechte der zu Betreuenden (BT-Drs. 11/4528, S. 52). Neben den materiellrechtlichen Normen der §§ 1896 ff. BGB finden sich die verfahrensrechtlichen Vorschriften zu Betreuungssachen in den §§ 271 ff. FamFG. Zuständig ist das Betreuungsgericht (Amtsgericht), § 23c I GVG.

II. Voraussetzungen der Bestellung eines Betreuers

2   Nach § 1896 I 1 BGB wird **auf Antrag** oder von Amts wegen vom Betreuungsgericht ein Betreuer bestellt, wenn ein Volljähriger auf Grund einer psychischen Krankheit oder einer körperlichen, geistigen oder seelischen Behinderung seine Angelegenheiten ganz oder teilweise nicht zu besorgen vermag (zum Verfahren *Müther*, FPR 2012, 1 ff.). Die wesentlichen Voraussetzungen ergeben sich aus der folgenden Übersicht.

Voraussetzungen der Betreuerbestellung

1. Volljährigkeit des Hilfsbedürftigen, § 1896 I 1 BGB
2. Krankheit oder Behinderung des zu Betreuenden, § 1896 I 1 BGB
3. Erforderlichkeit der Betreuung, § 1896 II BGB
4. Antrag auf Bestellung eines Betreuers, § 1896 I 1 BGB,
   hilfsweise Bestellung von Amts wegen

---

1. Volljährigkeit des Betroffenen

Der Betroffene muss volljährig sein, § 1896 1 BGB. Nach § 1908a S. 1 BGB **3**
sind bei Heranwachsenden zwar bereits vorsorgliche Maßnahmen möglich.
Die Betreuung wird aber auch in diesem Fall erst mit der Volljährigkeit des
Hilfsbedürftigen wirksam, § 1908a S. 2 BGB. Minderjährige brauchen keinen
Betreuer, für sie handelt ihr gesetzlicher Vertreter.

2. Krankheit oder Behinderung

Weitere Voraussetzung ist, dass der Betroffene an einer psychischen Krank- **4**
heit oder an einer körperlichen, geistigen oder seelischen Behinderung leidet, § 1896 I 1 BGB (zu den Begriffen s. BT-Drs. 11/4528, S. 116). Es reicht
allerdings nicht das Vorliegen der Krankheit oder Behinderung an sich. Der
Betroffene muss gerade **aufgrund** der Krankheit oder Behinderung seine
Angelegenheiten ganz oder teilweise nicht mehr besorgen können. Um die
Notwendigkeit der Betreuung im Einzelfall feststellen zu können, bedarf es
eines Sachverständigengutachtens oder eines ärztlichen Zeugnisses, §§ 280 ff.
FamFG. Das Betreuungsgericht hat von Amts wegen alle erforderlichen Ermittlungen durchzuführen; es kann sich nicht auf die bloße Verdachtsdiagnose
eines Sachverständigen stützen (*BGH* NJW-RR 2012, 964).

Beispiele:

- Psychosen, die zur vollkommenen oder partiellen Geschäftsunfähigkeit führen, können
  auch bei unregelmäßigem Auftreten eine Betreuerbestellung begründen (*BayObLG*
  FamRZ 1994, 319, 320).
- Allein altersbedingter Abbau, „Altersstarrsinn" oder senile Verlangsamung begründen
  noch keine Betreuungsnotwendigkeit (*BayObLG* FamRZ 1995, 1082; 2001, 1244,
  1245; 2002, 494).
- Drogenabhängigkeit oder Trunksucht muss zur Verringerung geistiger Fähigkeiten
  führen, um eine Betreuung zu rechtfertigen (*BayObLG* FamRZ 1999, 1306, 1307).
- Als für die Betreuerbestellung relevante körperliche Behinderungen kommen insbesondere Blindheit oder Taubheit in Betracht (*Dethloff*, § 17 Rn. 9).

3. Erforderlichkeit der Betreuung

Das Erforderlichkeitsprinzip durchdringt das gesamte Betreuungsrecht; **5**
denn die Bestellung eines Betreuers stellt für den Betroffenen einen schweren

Grundrechtseingriff dar (*BVerfG* FamRZ 2010, 1624). Ein Betreuer darf nur
für Aufgabenkreise bestellt werden, in denen die Betreuung erforderlich ist,
§ 1896 II 1 BGB. Der Umfang der rechtlichen Betreuung wird durch den **konkreten Betreuungsbedarf** beschränkt (*BayObLG* FamRZ 1995, 1085; 2002,
1225). Der Aufgabenbereich des Betreuers muss demgemäß auch so konkret
wie möglich bestimmt werden (*BayObLG* FamRZ 1994, 1059). Eine Betreuung
für alle Angelegenheiten des Hilfsbedürftigen bleibt die Ausnahme.

Eine Betreuerbestellung ist nicht erforderlich, wenn der Betroffene noch
in der Lage ist, jemanden mit der Wahrnehmung seiner Angelegenheiten zu
beauftragen (*BGH* NJW-RR 2014, 385) bzw. ein **Bevollmächtigter** oder eine
andere Hilfe ebenso gut die Angelegenheiten des Hilfsbedürftigen erledigen
können (Subsidiarität), vgl. § 1896 II 2 BGB. Eine Vorsorgevollmacht steht
der Bestellung eines Betreuers aber nicht entgegen, wenn ihre Wirksamkeit
zweifelhaft ist (*BGH* NJW 2011, 2135) oder wenn der Bevollmächtigte – auch
unverschuldet – nicht in der Lage bzw. ungeeignet ist, die Vorsorgevollmacht
zum Wohle des Betroffenen auszuüben (*BGH* FamRZ 2012, 868; 2013, 1724).
Im Einzelfall kann auch in Betracht kommen, einen Betreuer nur zum Zweck
der Kontrolle eines Generalbevollmächtigten zu bestellen (dazu *BGH* FamRZ
2012, 871 und 1631).

Gegen den *freien* Willen des Betreuten darf eine Betreuung nicht angeordnet werden,
§ 1896 Ia BGB. Bei fehlender Zustimmung muss daher geprüft werden, ob der Betroffene
über hinreichende Einsichtsfähigkeit verfügt (dazu *BGH* FamRZ 2011, 630; 2012, 869;
2014, 647). Der Betroffene ist grundsätzlich **persönlich anzuhören**, § 278 FamFG, und
zwar auch im Beschwerdeverfahren (dazu *BGH* FamRZ 2011, 880; 2012, 968; 2014, 293).

4. Antragstellung oder Betreuung von Amts wegen

6   Grundsatz ist die Bestellung eines Betreuers auf Antrag. Meist werden Angehörige die
Einleitung des Verfahrens anregen. Den Antrag kann auch ein Geschäftsunfähiger stellen, § 1896 I 2 BGB. Der Betroffene ist ohne Rücksicht auf seine Geschäftsfähigkeit auch
verfahrensfähig, § 275 FamFG. Bei Betreuungsbedarf aufgrund körperlicher Behinderung
kann nur der Hilfsbedürftige selbst den Antrag stellen, es sei denn er kann seinen Willen
nicht kundtun, § 1896 I 3 BGB. Die Bestellung eines Betreuers von Amts wegen bildet
demgegenüber die Ausnahme.

5. Auswahl des Betreuers

7   Grundsätzlich wird eine **natürliche Person** als Betreuer ausgewählt,
§ 1897 I BGB. Die Vorschläge und **Wünsche** des zu Betreuenden werden bei
der Auswahl berücksichtigt, sofern nicht die konkrete Gefahr besteht, dass dies
dem Wohl des Betroffenen zuwiderläuft, § 1897 IV BGB (dazu *BGH* FamRZ
2011, 100 und 1577). Ein solcher Vorschlag erfordert in der Regel weder
Geschäftsfähigkeit noch natürliche Einsichtsfähigkeit (*BGH* NJW-RR 2013,
1473). Doch auch ohne Vorschlag des Betroffenen wird soweit möglich eine
Person ausgewählt, die ihm nahe steht, § 1897 V BGB.

Im Übrigen eignen sich auch Mitarbeiter eines **Betreuungsvereins** oder einer Behörde als Betreuer, § 1897 II BGB. Hilfsweise kann zudem ein Betreuungsverein selbst oder eine Behörde zum Betreuer bestellt werden, § 1900 I, IV BGB. Das gilt etwa dann, wenn ein zum Betreuer geeigneter Mitarbeiter erst durch Erprobung gefunden werden muss (BT-Drs. 11/4528, S. 132). Wenn der Ausgewählte zur Betreuung geeignet ist und ihm die Übernahme des Amtes zugemutet werden kann, ist er verpflichtet, die Betreuung zu übernehmen, § 1898 I BGB. Die Bestellung kann aber in jedem Fall erst erfolgen, wenn seine ausdrückliche Bereitschaftserklärung vorliegt, § 1898 II BGB.

III. Das Rechtsverhältnis der Betreuung

1. Aufgabenkreis des Betreuers

Wurde die Betreuung nicht für alle Angelegenheiten des Hilfsbedürftigen 8 angeordnet, so erstreckt sich die Betreuung nur auf die festgelegten Aufgabenkreise. Denkbar ist auch, dass dem Betreuer nur eine einzelne Angelegenheit zugewiesen wird (*BGH* FamRZ 2012, 868). Innerhalb der Aufgabenkreise umfasst die Betreuung alle Tätigkeiten, die erforderlich sind, um die Angelegenheiten des Betreuten zu besorgen, § 1901 I BGB. Der objektive Betreuungsbedarf ist aufgrund der konkreten, gegenwärtigen Lebenssituation des Betroffenen zu beurteilen (*BGH* FamRZ 2011, 1391).

Beispiele für typische Aufgabenkreise:
- Vermögenssorge, ganz oder für Teilbereiche (z.B. *BayObLG* 1995, 117; 1997, 902)
- Mietverhältnis (vgl. § 1907 II 1 BGB) bzw. Wohnungsangelegenheiten (*BayObLG* FamRZ 1994, 320; 1995, 116: als Teil der Vermögenssorge)
- Gesundheitssorge und Heilbehandlung (dazu *BGH* FamRZ 2013, 618; zur Wahrung seines Selbstbestimmungsrechts bleibt dem Betreuten auch die Möglichkeit einer Patientenverfügung, vgl. § 1901a BGB)
- Aufenthaltsbestimmung (vgl. auch § 1907 II 1 BGB), etwa bei Notwendigkeit stationärer Behandlung (*BayObLG* FamRZ 1994, 1060; 1999, 1299; 2004, 977), oder auch Befugnis zur Unterbringung (*BGH* FamRZ 2013, 1726).

2. Das Innenverhältnis zwischen Betreuer und Betreutem

Im **Innenverhältnis** zwischen dem Betreuer und dem Betreuten hat der 9 Betreuer das **Wohl** des Betreuten bei der Erledigung von dessen Angelegenheiten zu beachten, § 1901 II 1 BGB. Den **Wünschen** des Betreuten ist möglichst zu entsprechen, § 1901 II 2, III BGB. Seine Selbstbestimmung hat Vorrang. Die Grenze bildet erst das Wohl des Betreuten, § 1901 III 1 BGB. Ein Wunsch läuft dem Wohl des Betreuten aber nicht schon deshalb zuwider, weil er dessen objektivem Interesse widerspricht, sondern erst dann, wenn höherrangige Rechtsgüter des Betreuten oder seine Versorgungssituation gefährdet würden (*BGH* NJW 2009, 2814). Weiterhin soll der Betreuer stets alle Möglichkeiten nutzen, um zur Rehabilitation des Betreuten beizutragen, vgl. § 1901 IV 1 BGB. Daraus folgende Beschränkungen der Vertretungsmacht des Betreuers

im Innenverhältnis haben auf die Wirksamkeit der vom Betreuer im Außen-
verhältnis zu Dritten abgegebenen Willenserklärungen aber keinen Einfluss.
Wie bei der Stellvertretung auch ist also stets auf die Trennung von Innen- und
Außenverhältnis zu achten.

Das Innenverhältnis zwischen Betreutem und Betreuer ist **privatrechtlicher Natur**.
Auf einen Großteil der Vorschriften des Vormundschaftsrechts wird über § 1908i 1
verwiesen, etwa für eine Haftung wegen Pflichtverletzungen des Betreuers (§ 1908i I 1
i.V.m. § 1833 BGB) oder für Aufwendungsersatz (§ 1908i I 1 i.V.m. § 1835 BGB). Im
Übrigen sind die Normen des Auftragsrechts, etwa § 667 BGB, zwischen dem Betreuten
und dem Betreuer entsprechend anzuwenden (*OLG Naumburg* FamRZ 2008, 182; *OLG
Karlsruhe* FamRZ 2004, 1601).

3. Das Außenverhältnis: Betreuer als gesetzlicher Vertreter

10   Nach außen ist der Betreuer **im Rahmen seines Aufgabenkreises** gesetzlicher Vertreter des Betreuten, § 1902 BGB. Handelt der Betreuer außerhalb
seines Aufgabenbereiches, so handelt er als Vertreter ohne Vertretungsmacht;
die §§ 177 ff. BGB finden Anwendung. Wichtig ist, dass die Betreuerbestellung
die Geschäftsfähigkeit des Betreuten grundsätzlich nicht beeinflusst. Der Betreute mag aber aufgrund seiner Krankheit oder Behinderung geschäftsunfähig
i.S.v. § 104 Nr. 2 BGB sein. Außerdem bleibt **§ 53 ZPO** zu beachten, wonach
die Prozessführung durch den Betreuer zur Folge hat, dass der Betreute für den
Rechtsstreit einer nicht verfahrensfähigen Person gleichgestellt wird.

Da der Betreute trotz der Betreuung, außer bei Geschäftsunfähigkeit nach § 104 Nr. 2
BGB, voll geschäftsfähig bleibt, kann es zu **widersprüchlichen Handlungen** des ver-
tretenden Betreuers und des Betreuten kommen. In diesem Fall wird grundsätzlich das
zeitlich frühere Geschäft gelten. Weiterhin sind Doppelverpflichtungen denkbar; allein
die Sinnlosigkeit doppelter Geschäftsabschlüsse hindert die Wirksamkeit des einzelnen
Geschäfts allerdings nicht.

11   Die **Vertretungsmacht des Betreuers** kann wie bei einem Vormund ausgeschlossen sein (§ 1908i I 1 i.V.m. § 1795 BGB) oder entzogen werden (§ 1908i I 1
i.V.m. § 1796 BGB). In zahlreichen Fällen benötigt der Betreuer die **Genehmigung des Betreuungsgerichts**, insbesondere bei bestimmten therapeuti-
schen Maßnahmen (vgl. § 1904 I BGB), bei freiheitsentziehenden Maßnahmen
(§ 1906 BGB; vgl. auch Art. 104 GG) oder bei der Aufgabe einer Mietwohnung
(§ 1907 I BGB). Außerdem ist eine Genehmigung des Betreuungsgerichts in den
Fällen notwendig, in denen auch ein Vormund einer Genehmigung bedarf, vgl.
§ 1908i I 1 BGB mit Verweis auf §§ 1803, 1812, 1814 ff. BGB.

Beispiel: Damit die gebrechliche Betreute Beate, die in einem Pflegeheim wohnt, nicht
aus dem Bett fallen kann, möchte ihr Betreuer, dass nachts dauerhaft **Bettgitter** ange-
bracht werden. Das kann der Betreuer (oder Vorsorgebevollmächtigte, vgl. § 1906 V BGB)
ohne oder gegen den Willen der B indes nicht selbst entscheiden, sondern bedarf hierfür,
sofern B dadurch tatsächlich in ihrer körperlichen Bewegungsfreiheit eingeschränkt wird,
der Genehmigung des Betreuungsgerichts, § 1906 IV, II BGB (dazu *BGH* FamRZ 2012,
1372 = JuS 2013, 260).

In der Praxis bedeutsam ist die gerichtliche Genehmigung der freiheitsent- **12**
ziehenden **Unterbringung des Betreuten in einer geschlossenen Einrichtung**, § 1906 I BGB. Die Variante des § 1906 I Nr. 1 BGB setzt dafür keine
akute, unmittelbar bevorstehende, wohl aber eine ernstliche und konkrete
Gefahr für Leib oder Leben des Betreuten voraus, wofür völlige Verwahrlosung ausreichen kann (*BGH* FamRZ 2011, 1141; 2012, 1705). Eine Unterbringung ist unzulässig, wenn durch sie lediglich die regelmäßige Einnahme von
Medikamenten sichergestellt werden soll und diese Überwachung auch durch
einen ambulanten Pflegedienst gewährleistet werden könnte (*BGH* NJW 2011,
3579).

Durch das Gesetz zur Regelung der betreuungsrechtlichen Einwilligung in eine ärztliche Zwangsmaßnahme (BGBl. 2013 I S. 266) sind inzwischen die Voraussetzungen für
eine Einwilligung des Betreuers in eine **medizinische Zwangsbehandlung** gegen den
natürlichen Willen des Betroffenen geregelt worden (Fallbeispiel *LG München II* FamRZ
2014, 418). Der BGH hatte zuvor eine entsprechende Regelung angemahnt (BGHZ 193,
337; *BGH* FamRZ 2013, 289).

> **Klausurhinweis:** Klausurrelevant ist das Betreuungsrecht vor allem im Zusammen-
> spiel mit den Normen des Vertretungsrechts (§§ 164 ff. BGB).

4. Der Einwilligungsvorbehalt

Soweit es zur Abwendung einer erheblichen Gefahr für die Person oder das **13**
Vermögen eines (geschäftsfähigen) Betreuten erforderlich ist, ordnet das Betreuungsgericht von Amts wegen an, dass der Betreute zu Willenserklärungen,
die den Aufgabenkreis des Betreuers betreffen, dessen Einwilligung bedarf
(Einwilligungsvorbehalt), § 1903 I 1 BGB. Auf diese Weise können insbesondere widersprüchliche Rechtshandlungen von Betreuer und Betreutem, aber
auch unvorteilhafte Geschäfte des Betreuten, dessen freie Willensbildung eingeschränkt ist, verhindert werden. Für höchstpersönliche Willenserklärungen
wie bei Eheschließung oder Testamentserrichtung kann kein Einwilligungsvorbehalt angeordnet werden, vgl. § 1903 II BGB.

Folge des Einwilligungsvorbehaltes ist, dass der Betreute für den betreffen- **14**
den Aufgabenbereich (und nur dafür!) rechtlich einem beschränkt Geschäftsfähigen gleichsteht. § 1903 I 2 BGB ordnet die entsprechende Geltung der
§§ 108 ff. BGB an. Der Betreute kann zwar Willenserklärungen abgeben, bedarf zu deren Wirksamkeit jedoch der **Zustimmung des Betreuers**. Fehlt die
(vorherige) Einwilligung, ist die Erklärung zunächst schwebend unwirksam,
so dass es auf die (nachträgliche) Genehmigung durch den Betreuer ankommt,
§ 1903 I 2 i.V.m. § 108 I BGB. Der Betreute bedarf indes nicht der Einwilligung des Betreuers, wenn die Willenserklärung dem Betreuten lediglich einen
rechtlichen Vorteil bringt, § 1903 III 1 BGB (vgl. § 107 BGB), oder wenn die
Willenserklärung eine geringfügige **Angelegenheit des täglichen Lebens**
betrifft, § 1903 III 2 BGB.

Probleme im Rechtsverkehr können auftreten, wenn ein **Geschäftsunfähiger** eine Willenserklärung mit Einwilligung seines Betreuers abgibt. Hier kann die Unwirksamkeit der abgegebenen Erklärung nach § 105 I BGB nicht durch die Einwilligung des Betreuers geheilt werden; mag auch für Außenstehende der Anschein der Wirksamkeit bestehen. Eine **Umdeutung** (§ 140 BGB) der Einwilligung in ein Handeln des Betreuers als Vertreter des Betreuten scheitert schon daran, dass die Einwilligung ein Minus zur Vornahme des Rechtsgeschäfts bildet (Palandt/*Götz*, § 1903 Rn. 10). Der Betreuer ist somit darauf angewiesen, im Namen des Betreuten eine neue Erklärung in Bezug auf das Rechtsgeschäft abzugeben.

Merksätze:
- In seinem konkreten Aufgabenkreis **vertritt** der Betreuer den Betreuten gerichtlich und außergerichtlich, § 1902 BGB.
- Die Anordnung der Betreuung hat grundsätzlich **keinen Einfluss auf die Geschäftsfähigkeit** des Betreuten. Diese beurteilt sich weiter nach § 104 Nr. 2 BGB.
- Ist jedoch ein **Einwilligungsvorbehalt** angeordnet, ähnelt die Stellung des Betreuten im jeweiligen Aufgabenbereich einem beschränkt Geschäftsfähigen, vgl. § 1903 BGB.

IV. Beendigung und Änderung der Betreuung

1. Aufhebung oder Änderung

15   Nach § 1908d I 1 BGB ist die Betreuung vom Gericht aufzuheben, wenn ihre **Voraussetzungen** (§ 1896 BGB) **wegfallen** (zur diesbezüglichen Ermittlung von Amts wegen *BGH* FamRZ 2011, 556). Das wird insbesondere beim Wegfall der Hilfsbedürftigkeit der Fall sein. Bei teilweisem Wegfall ist der Aufgabenkreis des Betreuers entsprechend einzuschränken, § 1908d I 2 BGB. Das Gericht hat spätestens sieben Jahre nach der Betreuerbestellung über eine Aufhebung oder Verlängerung der Maßnahme zu entscheiden, vgl. § 295 II FamFG; eine Dauerbestellung des Betreuers ist somit nicht zulässig. Eine notwendig werdende **Erweiterung** der Betreuung kann unter entsprechender Anwendung der Vorschriften über die Betreuerbestellung angeordnet werden, § 1908d III BGB.

2. Entlassung des Betreuers

16   Das Betreuungsgericht hat den Betreuer zu entlassen bzw. kann ihn entlassen, wenn ein **wichtiger Grund** vorliegt, § 1908b I 1 BGB bzw. einer der anderen in § 1908b BGB genannten Fälle eintritt.

Da Betreuung und Betreuerbestellung grundsätzlich eine Einheit bilden, wirkt die Betreuerentlassung in der Regel wie eine Beendigung der Betreuung. Allerdings bleibt ein angeordneter Einwilligungsvorbehalt (§ 1903 BGB) trotz Beendigung des Amts des Betreuers bestehen. Bei fortbestehendem Betreuungsbedarf ist nach der Entlassung des Betreuers ein **neuer Betreuer** zu bestellen, § 1908c BGB. Gleiches gilt im Fall des Todes des Betreuers. Stirbt der Betreute, erledigt sich die Betreuung von selbst.

V. Die Patientenverfügung

Mit dem dritten Betreuungsrechtsänderungsgesetz von 2009 hat der Gesetz-   **17**
geber den Umgang mit sog. Patientenverfügungen näher ausgestaltet. Mit der
Regelung in § 1901a BGB soll das Recht des entscheidungsfähigen Patienten
anerkannt werden, sein Selbstbestimmungsrecht vorausschauend und planend
durch eine erst in der Zukunft wirkende verbindliche Verfügung auszuüben
(BT-Drs. 16/8442, S. 12). Eine Patientenverfügung kann nur ein **Volljähriger**
errichten, er muss aber nicht geschäftsfähig sein. Die natürliche Einsichts-
und Steuerungsfähigkeit genügt, soweit der Betroffene Art, Bedeutung und
Risiken der medizinischen Behandlungen erfassen und seinen Willen danach
ausrichten kann. Es muss keine ärztliche Beratung vorausgegangen sein. Für die
Erfüllung der Schriftform genügt die eigenhändige Unterschrift, § 126 I BGB.
Die Patientenverfügung kann jederzeit formlos widerrufen werden.

Dem Inhalt nach betrifft die Patientenverfügung Entscheidungen über
„bestimmte" ärztliche Maßnahmen, die noch nicht unmittelbar bevorstehen,
§ 1901a I 1 BGB. Wie streng man dieses Bestimmtheitserfordernis handhaben
wird, dürfte eine der Kernfragen darstellen (dazu *Beermann*, FPR 2010, 252,
253; *Rieger*, FamRZ 2010, 1601, 1603). Eine Bindung an die Patientenverfügung im Einzelfall besteht nur dann, wenn die angeordnete Einwilligung oder
Untersagung auch die konkret in Frage stehende ärztliche Behandlung abdeckt.
Es reicht allerdings, wenn die Festlegung nach der aktuellen Lebens- und Be-
handlungssituation zutrifft, § 1901a I 1 BGB. Umsetzung und Auslegung der
Patientenverfügung im Einzelfall obliegen – vorbehaltlich der gerichtlichen
Überprüfung nach § 1904 BGB – dem Patientenvertreter. Das ist entweder
ein Betreuer oder eine vom Patienten zuvor hierzu bevollmächtigte Person
(§ 1901a V BGB).

Empfehlungen zur vertiefenden Lektüre

Zur Vertiefung: *Beermann*, Die Patientenverfügung, FPR 2010, 252; *Lipp*, Erwachse-
nenschutz und Verfassung – Betreuung, Unterbringung, und Zwangsbehandlung, FamRZ
2013, 913; ders., Betreuungsrecht und UN-Behindertenrechtskonvention, FamRZ 2012,
669; *Olzen/Metzmacher*, Rechtliche Probleme der Patientenverfügung – Einleitung in das
Thema, FPR 2010, 249; *Rebhan*, Vorsorgevollmacht und Patientenverfügung, NJW 2010,
326; *Rieger*, Gesetzliche Regelung von Patientenverfügungen und Behandlungswünschen:
Auswirkungen auf die Beratungspraxis, FamRZ 2010, 1601; *Schwab*, Vorsorgevollmacht
und Selbstbestimmung, FamRZ 2014, 888; *Sonnenfeld*, Bericht über die Rechtsprechung
zum Betreuungsrecht, FamRZ 2013, 1773 und 2012, 1525.

Fälle und Klausuren: *Baldus/Böhr*, Übungsklausur Zivilrecht, Jura 2001, 34; *Roth*, Fall
15; *Schwab*, PdW, Fälle 281–287.

§ 41. Wiederholung

1. Was ist der Unterschied zwischen Vormundschaft und Betreuung?
2. Worin unterscheiden sich Vormundschaft und Pflegschaft?
3. Welche Voraussetzungen müssen erfüllt sein, damit ein Betreuer bestellt werden kann?
4. Kann eine Person, für die ein Betreuer bestellt ist, wirksam Rechtsgeschäfte abschließen?
5. Wie kann verhindert werden, dass es zu widersprüchlichen Handlungen zwischen Betreuer und Betreuten kommt?

Die Antworten zu den Kontrollfragen finden Sie im nächsten Abschnitt.

Antworten zu den Kontrollfragen

Kapitel 1:

Zu 1:   Das Familienrecht lässt sich in drei Regelungsbereiche unterteilen: in das Eherecht, das Kindschaftsrecht sowie den Abschnitt über Vormundschaft, Betreuung und Pflegschaft (vgl. § 1 Rn. 1).

Zu 2:   Die wichtigsten Rechtsquellen des Familienrechts bilden das BGB, Art. 6 GG, das LPartG und das VersAusglG sowie für das Verfahrensrecht das FamFG (vgl. § 1 Rn. 5). Ferner kann man das PStG und das SGB VIII benennen.

Zu 3:   Für das familienrechtliche Verfahren sind primär die Normen der §§ 111 ff. FamFG einschlägig, ergänzt durch die allgemeinen Vorschriften der §§ 1 ff. FamFG. Zudem erklärt § 113 I 2 FamFG die allgemeinen Vorschriften der ZPO und die Vorschriften der ZPO über das Verfahren vor den Landgerichten weitgehend für entsprechend anwendbar (vgl. § 1 Rn. 7 f.).

Zu 4:   1. Instanz: AG (Familiengericht), § 23a GVG

2. Instanz: OLG (Familiensenat), § 119 I GVG

3. Instanz: BGH (XII. Senat), § 133 GVG (vgl. § 1 Rn. 6).

Zu 5:   Vom verfassungsrechtlichen Familienbegriff ist jede Gemeinschaft zwischen Eltern und Kindern umfasst, gleich ob die Eltern verheiratet sind, die Kinder voll- oder minderjährig sind oder ob es sich bei den Kindern um leibliche Kinder, Adoptiv-, Stief- oder Pflegekinder handelt (vgl. § 2 Rn. 3).

Kapitel 2:

Zu 1:   Das Verlöbnis spielt eine besondere Rolle in Fällen mit minderjährigen Verlobten. In diesbezüglichen Klausuren muss auf den Theorienstreit zur Rechtsnatur des Verlöbnisses eingegangen werden. Die einschlägigen Theorien sind die Vertragstheorie, die abgeschwächte Vertragstheorie, die Tatsächlichkeitstheorie und die Theorie vom gesetzlichen Rechtsverhältnis der Vertragsvorbereitung (vgl. § 4 Rn. 4 f.).

Zu 2:   Typische Aufwendungen in Erwartung der Ehe sind die Kosten der Verlobungsfeier, die Kosten der gebuchten Hochzeitsreise, die Kosten der geplanten Hochzeitsfeier und das bereits erworbene Brautkleid (vgl. § 4 Rn. 14).

Zu 3:   Nein. In der bloßen Auflösung eines Verlöbnisses ist noch keine schwere Verfehlung oder grober Undank zu sehen (vgl. § 4 Rn. 17).

Zu 4:   Heterosexualität, Monogamie, Lebenszeitprinzip (vgl. § 5 Rn. 1).

Zu 5:   Die von Art. 6 I GG gewährleistete Eheschließungsfreiheit bedeutet, dass grundsätzlich jeder frei entscheiden kann, ob und mit wem er eine Ehe eingeht. Eheschließungsfreiheit bedeutet nicht, dass frei über die Art und Weise der Eheschließung bestimmt werden kann.

Zu 6:   Für eine Eheschließung mit einem Minderjährigen ist die Befreiung vom Volljäh-
         rigkeitserfordernis durch das Familiengericht notwendig (§ 1303 II BGB). Diese
         Befreiung darf das Gericht nur erteilen, wenn der minderjährige Ehegatte min-
         destens das 16. Lebensjahr vollendet hat und sein zukünftiger Ehepartner bereits
         volljährig ist. Ob das Familiengericht die Befreiung erteilt, hängt davon ab, ob
         die Eheschließung dem Wohl des Minderjährigen dient (vgl. § 5 Rn. 9).

Zu 7:   Auflösungsgründe sind: Tod eines Ehegatten, Scheidung (§§ 1564 ff. BGB), Aufhe-
         bung (§§ 1313 ff. BGB) (vgl. § 6 Rn. 3). Ferner kann man aber auch die Regelung
         in § 1319 II BGB aufführen.

Zu 8:   Eine zwingende Regelung, wonach der Name des Ehemannes Ehename wird, ver-
         stößt gegen den Gleichbehandlungsgrundsatz des Art. 3 II GG und wurde daher
         vom BVerfG schon vor Jahren für verfassungswidrig erklärt (vgl. § 7 Rn. 1).

Zu 9:   Herr Wehr und Frau Wolf haben folgende Möglichkeiten:
         a) Sie behalten jeweils ihren Namen: Herr Wehr und Frau Wolf.
         b) Sie entscheiden sich für den Namen des Mannes: Herr und Frau Wehr.
         c) Sie entscheiden sich für den Namen der Frau: Herr und Frau Wolf.
         d) Sie entscheiden sich für den Namen des Mannes als Familiennamen; die Frau
            nimmt einen Doppelnamen an: Herr Wehr und Frau Wehr-Wolf oder Herr
            Wehr und Frau Wolf-Wehr.
         e) Sie entscheiden sich für den Namen der Frau als Familiennamen; der Mann
            nimmt einen Doppelnamen an: Herr Wehr-Wolf und Frau Wolf oder Herr
            Wolf-Wehr und Frau Wolf.

Kapitel 3:

Zu 1:   Das Eherecht kann man in das Recht der ehelichen Lebensgemeinschaft (§§ 1353 ff.
         BGB), das Recht des Getrenntlebens (§§ 1361 ff. BGB) und in das Scheidungs- und
         Scheidungsfolgenrecht (§§ 1564 ff. BGB) zerlegen (vgl. § 9 Rn. 1).

Zu 2:   Nach h.M. fallen im Wesentlichen drei Pflichtenbereiche unter die eheliche Le-
         bensgemeinschaft: die Pflicht zum Zusammenleben unter einem Dach, die Pflicht
         zur Geschlechtsgemeinschaft einschließlich ehelicher Treue und die Pflicht zu
         gegenseitiger Rücksichtnahme und Beistand (vgl. § 9 Rn. 2).

Zu 3:   Herr Müller könnte nach § 1353 I 2 BGB bei Gericht einen Antrag auf Herstellung
         und Verwirklichung der ehelichen Lebensgemeinschaft stellen (sog. Herstellungs-
         antrag). Allerdings scheidet auch im Fall der Verurteilung zur Herstellung der
         ehelichen Lebensgemeinschaft nach § 120 III FamFG eine Vollstreckung aus.
         Gegen den Willen von Frau Müller wird Herr Müller also praktisch nichts errei-
         chen können. Er ist darauf angewiesen, sich mit ihr einvernehmlich um eine neue
         Lösung zu bemühen (vgl. § 9 Rn. 9).

Zu 4:   Die Ehegatten können durch Barunterhalt oder durch Naturalunterhalt zum
         Familienunterhalt beitragen. In welcher Art und in welcher Höhe dies geschieht,
         legen die Ehegatten einvernehmlich mit Rücksicht auf die konkreten Lebensum-
         stände fest (vgl. § 9 Rn. 11).

Zu 5:   Der Normzweck des § 1357 BGB geht in zwei Richtungen. Zum einen ermöglicht
         die Schlüsselgewalt dem haushaltsführenden Ehegatten, der regelmäßig kein oder
         nur ein geringes Einkommen hat, Geschäfte zur Deckung des Lebensbedarfs der
         Familie mit wirtschaftlicher Bewegungsfreiheit nach außen ohne Mitwirkung des
         anderen Ehegatten tätigen zu können. Zum anderen dient § 1357 BGB dem Schutz

der Gläubiger, die beide Ehegatten auf Zahlung in Anspruch nehmen können (vgl. § 10 Rn. 1 f.).

Zu 6: Nein. Bei der Stellvertretung wird nur der Vertretene berechtigt und verpflichtet, während bei § 1357 BGB sowohl der am Geschäft beteiligte Ehegatte als auch der unbeteiligte Ehegatte berechtigt und verpflichtet wird. Darüber hinaus kommt es weder auf einen Mitverpflichtungswillen des Vertragsschließenden noch auf die Offenkundigkeit der Mitverpflichtung des anderen Ehegatten an. Der Vertragspartner muss auch nicht wissen, dass er es mit einem Ehegatten zu tun hat (vgl. § 10 Rn. 3).

Zu 7: Zweckmäßig ist eine Unterteilung der Prüfung in zwei Schritte. Zunächst sollte geprüft werden, ob das Geschäft objektiv der Bedarfsdeckung der Ehegatten bzw. der Familie dient. In einem zweiten Schritt ist zu prüfen, ob das Geschäft nach den individuellen Lebensverhältnissen auch subjektiv angemessen ist. Hierbei ist v.a. auf das Familieneinkommen und den konkreten Konsumstil abzustellen. Entscheidend sind insoweit die nach außen in Erscheinung getretenen Verhältnisse (vgl. § 10 Rn. 8 f.).

Zu 8: Keine Schlüsselgewaltgeschäfte sind: Luxusanschaffungen, Grundlagengeschäfte, Vermögensanlage und -verwaltung, (isolierte) Kreditaufnahme, berufsbezogene Geschäfte, Veräußerungen (vgl. § 10 Rn. 18).

Zu 9: Der räumlich-gegenständliche Bereich der Ehe ist vom BGH als sonstiges Recht bzw. Schutzgut im Sinne von § 823 I BGB anerkannt worden. Eine Rolle spielt der Begriff bei deliktsrechtlichen Ansprüchen aus § 823 I BGB, die sich primär auf Unterlassung (ehebrecherischer Maßnahmen in der Ehewohnung) bzw. auf Beseitigung (des/der Geliebten aus der Ehewohnung) beziehen (vgl. § 11 Rn. 13).

Zu 10: Gegenstände zum persönlichen Gebrauch eines Ehegatten sind typischerweise dessen Kleidung und Schmuck. So ist davon auszugehen, dass ein Damenpelzmantel der Frau gehört, während eine goldene Krawattennadel dem Mann gehören wird. Gleichwohl ist hier Vorsicht geboten, denn es ist nicht auszuschließen, dass Schmuckgegenstände im Einzelfall primär der Vermögensanlage dienen und nicht zum Gebrauch bestimmt sind. In einem solchen Fall greift wieder die Eigentumsvermutung des § 1362 I BGB ein, die dann von demjenigen, der sie bestreitet, zu widerlegen ist (vgl. § 12 Rn. 13).

Zu 11: Das BGB kennt mittlerweile vier Güterstände: den gesetzlichen Güterstand der Zugewinngemeinschaft (§§ 1363 ff. BGB) sowie die durch Ehevertrag zu vereinbarenden Güterstände der Gütertrennung (§ 1414 BGB), der Gütergemeinschaft (§§ 1415 ff. BGB) und der Wahl-Zugewinngemeinschaft (§ 1519 BGB) (vgl. § 13 Rn. 1).

Zu 12: Die Zugewinngemeinschaft zeichnet sich durch drei Merkmale aus. Während einer bestehenden Ehe bedeutet die Zugewinngemeinschaft für die Ehegatten, dass sie getrennte Vermögen haben. Hierbei ist zu beachten, dass die Ehegatten bestimmten Verfügungsbeschränkungen unterliegen. Nach Beendigung des Güterstandes (durch Scheidung oder Vereinbarung eines anderen Güterstandes) besteht zwischen den Ehegatten ein Anspruch auf Zugewinnausgleich aus § 1378 I BGB. Stirbt ein Ehegatte, so wirkt sich die Zugewinngemeinschaft auf das Erbrecht aus (vgl. § 13 Rn. 2).

Zu 13: Die Kontrolle von Eheverträgen ist in eine Wirksamkeitskontrolle nach § 138 I BGB (Rechtsfolge ggf. Nichtigkeit des Vertrags) und eine Ausübungskontrolle nach § 242 BGB (Rechtsfolge ggf. Vertragsanpassung) zu unterteilen (vgl. § 13 Rn. 13 f.).

Zu 14: Eine Vereinbarung im Ehevertrag ist gem. § 138 I BGB sittenwidrig, wenn ein Ehegatte durch den Vertragsinhalt objektiv massiv einseitig benachteiligt wird und zudem subjektiv ein Ehegatte die Unterlegenheitssituation des anderen ausgenutzt hat. Von einer solchen Benachteiligung ist umso eher auszugehen, je unmittelbarer die vertragliche Abbedingung gesetzlicher Regelungen in den Kernbereich des Scheidungsfolgenrechts eingreift (vgl. § 13 Rn. 13).

Zu 15: Nein. Ehegatten, die im Güterstand der Zugewinngemeinschaft leben, unterliegen den Verfügungsbeschränkungen der §§ 1365 und 1369 BGB. Möchten sie über ihr Vermögen im Ganzen oder einen ihnen gehörenden Haushaltsgegenstand verfügen, so benötigen sie hierfür die Einwilligung des Ehegatten.

Zu 16: Ein absolutes Veräußerungs- bzw. Verfügungsverbot gilt gegenüber jedem, unabhängig davon, ob ihm die Voraussetzungen des Verfügungsverbotes bekannt sind. Somit kann sich ein Käufer nicht darauf berufen, er habe nicht gewusst, dass es sich bei seinem Vertragspartner um einen Ehegatten handelt oder dass der Gegenstand zum Haushalt der Ehegatten gehört. Ein gutgläubiger Erwerb ist ausgeschlossen.

Zu 17: Nach h.M. kann das „Vermögen im Ganzen" auch ein einzelner Gegenstand sein. Dabei wird bei mittleren und großen Vermögen davon ausgegangen, dass § 1365 BGB nur erfüllt ist, wenn dem Verfügenden nach Veräußerung dieses Gegenstands (ohne Berücksichtigung der etwaigen Gegenleistung) maximal 10 % seines bisherigen Gesamtvermögens verbleiben. Bei kleineren Vermögen hingegen wird auch schon ein etwas kleinerer Anteil bei wirtschaftlicher Betrachtung faktisch das ganze Vermögen erfassen. Daher wird die Messlatte hier bei 15 % angelegt (vgl. § 14 Rn. 9).

Zu 18: Das Revokationsrecht des Ehegatten ist in § 1368 BGB geregelt. Das Revokationsrecht besagt, dass ein Ehegatte die Rechte seines Partners, die sich aus einer unwirksamen Verfügung ergeben (v.a. Herausgabeansprüche), in eigenem Namen geltend machen kann. Es wird also kein eigener Anspruch gewährt, sondern die Möglichkeit fremde Ansprüche geltend zu machen (vgl. § 14 Rn. 15).

Zu 19: Ob § 1369 BGB im Fall der Verfügung über Haushaltsgegenstände des anderen Ehegatten analog gilt, ist umstritten. Beide Auffassungen sind gut vertretbar. Für die Analogie spricht, dass dann nicht nur das Verfügungsgeschäft, sondern auch das Verpflichtungsgeschäft unwirksam wäre. Folglich könnte der Vertragspartner aus der Nichterfüllung des Vertrags (meist Kaufvertrag) keine Ansprüche (auf Schadens- oder Aufwendungsersatz) herleiten. Der Schutzzweck der Norm kann sich auf diese Weise noch effektiver durchsetzen (§ 14 Rn. 24).

Kapitel 4:

Zu 1: Das rechnerische Grundprinzip liegt darin, dass die beiderseitigen Zugewinne der Ehegatten saldiert werden und derjenige Ehegatte, der insoweit den höheren Zugewinn erzielt hat, die Hälfte des Saldos an den anderen Ehegatten auszuzahlen hat, § 1378 I BGB.

Zu 2: Der Stichtag hängt von der Art der Beendigung des Güterstands ab. Bei Beendigung aufgrund vertraglicher Vereinbarung gilt der Zeitpunkt des Vertragsschlusses. Bei Beendigung durch Scheidung ist der Zeitpunkt der Rechtshängigkeit des Scheidungsantrags entscheidend, § 1384 BGB. Das gilt entsprechend bei Auflösung der Ehe durch Tod, wenn in diesem Zeitpunkt die Scheidung bereits beantragt war und die Scheidungsvoraussetzungen auch vorlagen (vgl. § 16 Rn. 19).

Zu 3:   Wird lediglich der Zugewinnausgleich ausgeschlossen, so bleiben die anderen Wirkungen des gesetzlichen Güterstands erhalten, nämlich sowohl die Verfügungsbeschränkungen als auch das erweiterte gesetzliche Erbrecht des überlebenden Ehegatten.

Zu 4:   Kinder können in zwei Fällen zahlungspflichtig werden, zum einen als Erben, wenn der gesetzliche Güterstand durch Tod beendet wird und der überlebende Ehegatte nach § 1371 II oder III BGB den Zugewinnausgleich geltend macht. Der Ausgleichsanspruch fällt dann in den Nachlass und belastet die Kinder als Erben bzw. Erbengemeinschaft. Zum anderen können Kinder Empfänger einer unentgeltlichen Zuwendung i.S.v. § 1375 II Nr. 1 BGB sein und dann ggf. nach § 1390 I BGB als „Dritte" in Anspruch genommen werden.

Zu 5:   Wertgegenstände des Anfangsvermögens werden im Endvermögen mit dem Wert angesetzt, den sie zu dem dann maßgeblichen Stichtag haben. Damit werden im Zugewinnausgleich sowohl Wertsteigerungen als auch Wertverluste berücksichtigt. Das gilt auch für privilegiertes Vermögen (vgl. § 16 Rn. 15).

Zu 6:   Der Lottogewinn wird nicht als privilegiertes Vermögen behandelt und auch nicht analog § 1374 II BGB dem Anfangsvermögen zugerechnet (§ 16 Rn. 16). Was vom Gewinn am Stichtag noch vorhanden ist, fällt in das Endvermögen und ist ausgleichspflichtig. Eine Korrektur des Ergebnisses nach § 1381 BGB scheidet grundsätzlich aus (§ 16 Rn. 28).

Zu 7:   Das Erbrecht der Ehegatten im gesetzlichen Güterstand der Zugewinngemeinschaft bestimmt sich nach den §§ 1371, 1931 BGB. Das Erbrecht des überlebenden Ehegatten erhöht sich kraft Gesetzes pauschal um ein Viertel (vgl. § 17 Rn. 3).

Zu 8:   Das Wahlrecht des Ehegatten besteht, wenn ihm ein Erbteil oder ein Vermächtnis zugewandt wurde. Welche der beiden Lösungen für den überlebenden Ehegatten günstiger ist (Annahme des Zugewandten plus Auffüllung bis zum großen Pflichtteil oder Ausschlagung mit der Folge, dass Zugewinnausgleich und kleiner Pflichtteil verlangt werden können), muss einzelfallbezogen ermittelt werden (vgl. § 17 Rn. 6).

Zu 9:   In diesem Fall ist zunächst § 1381 BGB zu prüfen, der von der Rechtsprechung allerdings restriktiv gehandhabt wird (vgl. § 16 Rn. 27 f.). Ansonsten bleibt zu überlegen, ob einer der (sehr seltenen) Fälle vorliegt, in denen der Zugewinnausgleich im Ergebnis zu schlechthin untragbaren Ergebnissen führt (§ 18 Rn. 15). Dann mag eine Korrektur über § 242 BGB in Betracht kommen oder auch ein ergänzender Anspruch wegen Wegfalls der Geschäftsgrundlage.

Zu 10: Ja, der Anspruch aus beendeter Innengesellschaft ist ein vertraglicher Anspruch, der neben dem Zugewinnausgleich geltend gemacht werden kann (§ 18 Rn. 14).

Kapitel 5:

Zu 1:   Nein. Das Zerrüttungsprinzip als Voraussetzung der Ehescheidung ist zwingendes Recht und kann von Ehegatten durch einen Ehevertrag weder abbedungen, noch erweitert oder eingeengt werden (vgl. § 20 Rn. 4).

Zu 2:   Wann eine Ehe gescheitert ist, bestimmt sich nach § 1565 I 2 BGB. Danach ist eine Ehe gescheitert, wenn die Lebensgemeinschaft der Ehegatten nicht mehr besteht und nicht erwartet werden kann, dass die Ehegatten sie wieder herstellen.

Zu 3:   Siehe Beispiele in § 20 Rn. 13.

Zu 4:   Bei einer Härte nach § 1565 II BGB ist einem Ehegatten der Fortbestand der Ehe
          nicht mehr zumutbar. § 1568 BGB regelt den umgekehrten Fall. Hier ist einem
          Ehegatten die Scheidung (vorübergehend) unzumutbar.

Zu 5:   Hier kann auf die Vermutung des § 1568b II BGB zurückgegriffen werden. An
          Gegenständen, die für den gemeinsamen Haushalt angeschafft wurden, besteht die
          Vermutung des Miteigentums. Ansonsten hilft die Vermutung gem. §§ 1006 I 1,
          1008 I BGB (vgl. § 21 Rn. 6).

Zu 6:   Dem Versorgungsausgleich liegt der Gedanke zugrunde, dass die von den Ehe-
          gatten während der Ehe erwirtschafteten Versorgungsanrechte beiden Partnern
          zu gleichen Teilen zustehen sollen. Auch insoweit gilt das aus Art. 3 II, 6 I GG
          hergeleitete Halbteilungsprinzip (vgl. § 22 Rn. 1).

Zu 7:   Ein Versorgungsausgleich ist ausgeschlossen, wenn die Ehe von kurzer Dauer
          gewesen ist, es sei denn, die Ehegatten beantragen einen Versorgungsausgleich,
          § 3 I, III VersAusglG. Ist der Ausgleichswert gering, so soll nach § 18 I VersAusglG
          kein Versorgungsausgleich stattfinden. Weiterhin ist ein Versorgungsausgleich
          ausgeschlossen, soweit er grob unbillig wäre (vgl. § 22 Rn. 8 f.). Und nicht zuletzt
          kann der Versorgungsausgleich durch Ehevertrag ausgeschlossen worden sein,
          § 1414 S. 2 BGB.

Zu 8:   Der Unterhaltsberechtigte muss die allgemeinen Voraussetzungen des nacheheli-
          chen Unterhaltsanspruchs darlegen: Scheidung der Ehe, Erfüllung eines Unter-
          haltstatbestandes der §§ 1570 ff. BGB, Bedürftigkeit des Unterhaltsberechtigten,
          § 1577 BGB, und Leistungsfähigkeit des Unterhaltsverpflichteten, § 1581 BGB
          (vgl. § 23 Rn. 2).

Zu 9:   Die nachehelichen Unterhaltstatbestände befinden sich in den §§ 1570–1576 BGB.
          Dem geschiedenen Ehegatten kann danach vor allem Unterhalt wegen der Betreu-
          ung eines Kindes, wegen Alters, wegen Krankheit oder wegen eigener Erwerbs-
          losigkeit zustehen.

Zu 10:   Die Angemessenheit einer Erwerbstätigkeit nach § 1574 I BGB bestimmt sich
          nach den Erfordernissen des § 1574 II BGB. Dabei kann der Unterhaltsbegehrende
          einwenden, dass eine bestimmte Tätigkeit nach den ehelichen Lebensverhältnis-
          sen unbillig wäre. Hieran sind jedoch hohe Anforderungen zu stellen (vgl. § 23
          Rn. 12).

Zu 11:   § 1609 BGB regelt das Rangverhältnis mehrerer Unterhaltsberechtigter in sog.
          Mangelfällen. Ein Mangelfall liegt vor, wenn das Einkommen eines Unterhalts-
          verpflichteten nicht dazu ausreicht, allen Unterhaltsberechtigten Unterhalt in
          voller Höhe zu gewähren. Besonders häufig kommt es zu Mangelfällen bei ge-
          schiedenen Ehegatten, die in einer neuen Partnerschaft leben und eventuell aus
          beiden Beziehungen Kinder haben. Hier wird der Unterhaltspflichtige oft nicht in
          der Lage sein, allen Berechtigten den vollen Unterhalt zu zahlen (vgl. § 23 Rn. 24).

Zu 12:   Die Unterhaltsansprüche aus § 1615l BGB und § 1570 BGB sind weitgehend an-
          einander angepasst worden, weil das BVerfG die frühere unterschiedliche Rege-
          lung für mit Art. 6 V GG unvereinbar gehalten hatte (vgl. § 23 Rn. 45).

Zu 13:   § 1361a BGB betrifft die Verteilung von Haushaltsgegenständen (in Allein- oder
          Miteigentum) anlässlich der Trennung bzw. bei Getrenntleben. § 1568b BGB
          betrifft nur die Beanspruchung von in Miteigentum stehenden Haushaltsgegen-
          ständen und gilt anlässlich der Scheidung.

Kapitel 6:

Zu 1: Der Lebensgefährte ist kein gesetzlich definierter Begriff. Ein Lebenspartner im Sinne des BGB ist aber stets nur ein eingetragener Lebenspartner im Sinne des LPartG.

Zu 2: Die Begründung einer Lebenspartnerschaft ist nur zwischen Volljährigen möglich. Eine dem § 1303 II BGB entsprechende Regelung enthält das LPartG nicht. Ferner ist eine Lebenspartnerschaft nicht zwingend nur durch einen Standesbeamten zu begründen; die Länder können die Zuständigkeit anders bestimmen (vgl. § 26 Rn. 8). Ferner führt die Nichtbeachtung der Voraussetzungen des § 1 III LPartG stets zu einer nichtigen Lebenspartnerschaft, während entsprechende Mängel bei der Eheschließung lediglich Aufhebungsgründe liefern.

Zu 3: Die „Aufhebung" einer Lebenspartnerschaft entspricht zum einen der Scheidung einer Ehe; sie kommt aber gem. § 15 II 2 LPartG zudem in einigen Fällen in Betracht, in denen für Ehegatten die Eheaufhebung vorgesehen ist (vgl. § 26 Rn. 15).

Zu 4: Die nichteheliche Lebensgemeinschaft ist eine auf Dauer angelegte Lebensgemeinschaft zwischen einem Mann und einer Frau, die daneben keine weitere Lebensgemeinschaft gleicher Art zulässt und sich durch innere Bindungen auszeichnet, die ein gegenseitiges Einstehen der Partner füreinander begründen, also über die Beziehungen in einer reinen Haushalts- und Wirtschaftsgemeinschaft hinausgehen (vgl. BVerfGE 87, 234, 264).

Zu 5: Nein. Beim Eigentumserwerb in einer nichtehelichen Lebensgemeinschaft gelten die allgemeinen sachenrechtlichen Grundsätze. Der Erwerb richtet sich nach den §§ 929 ff. BGB, wobei die Regeln über das „Geschäft für den es angeht" zu beachten sind (vgl. § 27 Rn. 9).

Zu 6: Diese Frage ist umstritten. Der BGH hat die analoge Anwendung von § 1362 I BGB auf die nichteheliche Lebensgemeinschaft mit der Begründung abgelehnt, es fehle eine planmäßige Regelungslücke (vgl. § 27 Rn. 11).

Zu 7: Hier bestimmt sich das Innenverhältnis der Partner nach Gesellschaftsrecht, §§ 705 ff. BGB (§ 27 Rn. 16).

Zu 8: Nein. Der nichteheliche Partner ist kein gesetzlicher Erbe. Er kann aber durch Testament oder Erbvertrag bedacht werden (vgl. § 27 Rn. 19).

Zu 9: Die wichtigsten Anspruchsgrundlagen sind die §§ 730 ff. analog (Anspruch aus beendeter Innengesellschaft), § 812 I 2 Alt. 2 BGB (Zweckverfehlungskondiktion) und § 313 I BGB (Anspruch wegen Störung der Geschäftsgrundlage).

Zu 10: Wenn die Lebensgemeinschaft durch Tod beendet wird, muss danach differenziert werden, ob der Leistende gestorben ist oder der Leistungsempfänger. Regelmäßig ist nur in letzterem Fall die Geschäftsgrundlage gestört (§ 28 Rn. 30).

Zu 11: Schenkungen sind Zuwendungen aus dem Vermögen des Schenkers, die den Empfänger objektiv bereichern sollen, und bei denen sich die Parteien über die Unentgeltlichkeit einig sind, so bei Geburtstags-, Weihnachts- und sonstigen Geschenken. Sonstige Zuwendungen, die der Ausgestaltung und Förderung der Lebensgemeinschaft oder dem beiderseitigen Unterhalt dienen, erfolgen nicht unentgeltlich, sondern stellen Gegenleistungen für andere Zuwendungen dar. Für sie wurde der Begriff der unbenannten Zuwendung entwickelt (vgl. § 28 Rn. 7).

Zu 12: Eine Innengesellschaft besteht, wenn die Partner ausdrücklich oder stillschweigend eine Gesellschaft vereinbart haben. Dies ist nur der Fall, wenn sie einen Zweck verfolgen, der über die Verwirklichung der Lebensgemeinschaft hinausgeht. Ein solcher Zweck kann in der Schaffung eines hochwertigen Vermögensgegenstandes gesehen werden. Regelmäßig handelt es sich um den Bau eines Hauses oder den Aufbau eines Betriebes (vgl. § 28 Rn. 9 ff.).

Kapitel 7:

Zu 1:   Das Eltern-Kind-Verhältnis entfaltet folgende Rechtswirkungen: gegenseitige Unterhaltspflichten (§§ 1601 ff. BGB), Verpflichtung zu Beistand und Rücksicht (§ 1618a BGB), Dienstleistungspflicht des Kindes (§ 1619 BGB), Recht und Pflicht der Eltern zur Ausübung der elterlichen Sorge (§§ 1626 ff. BGB), Umgangsrechte und -pflichten (§ 1684 BGB), Haftungsmilderung zu Gunsten der Eltern im Innenverhältnis (§ 1664 BGB) (vgl. § 30 Rn. 3).

Zu 2:   § 1619 BGB begründet eine gesetzliche Dienstleistungspflicht des Kindes i.S.d. § 845 BGB. Wird ein Kind verletzt oder getötet, so kann seinen Eltern ein Schadensersatzanspruch gegen den Schädiger wegen entgangener Dienste zustehen (vgl. § 30 Rn. 5).

Zu 3:   Im Familienverfahrensrecht werden in Bezug auf kindschaftsrechtliche Verfahren Kindschaftssachen, Abstammungssachen, Adoptionssachen und Unterhaltssachen unterschieden (§ 111 Nr. 2, 3, 4, 8 FamFG) (vgl. § 30 Rn. 10).

Zu 4:   Wenn eine Frau ein genetisch nicht von ihr abstammendes Kind austrägt und zur Welt bringt, spricht man von gespaltener Mutterschaft, weil genetische und rechtliche Mutterschaft auseinanderfallen. Grund dafür wird meist eine Eizellspende oder eine Leihmutterschaft sein. Das deutsche Recht ignoriert die gespaltene Mutterschaft. Mutter ist – vorbehaltlich Adoption – unabänderlich die Frau, die das Kind geboren hat (vgl. § 31 Rn. 5 f.).

Zu 5:   Zu unterscheiden sind: Vaterschaft kraft Ehe mit der Mutter (§ 1592 Nr. 1 BGB), Vaterschaft kraft Anerkennung (§ 1592 Nr. 2 BGB) und Vaterschaft kraft gerichtlicher Feststellung (§ 1592 Nr. 3 BGB) (vgl. § 31 Rn. 7).

Zu 6:   Der gerichtlichen Vaterschaftsfeststellung bedarf es regelmäßig in den Fällen, in denen entweder der Vater die Anerkennung der Vaterschaft ablehnt oder die Mutter einer Vaterschaftsanerkennung nicht zustimmt. Ferner wird sich eine gerichtliche Vaterschaftsfeststellung aufdrängen, wenn nicht sicher ist, von wem das Kind abstammt (vgl. § 31 Rn. 21 f.).

Zu 7:   Nach der Rechtsprechung von BGH und BVerfG sind heimliche, also hinter dem Rücken von Mutter und Kind eingeholte Vaterschaftstests rechtwidrig, weil sie das Persönlichkeitsrecht des Kindes aus Art. 2 I i.V.m. Art. 1 I GG verletzen (vgl. § 31 Rn. 27).

Zu 8:   Die Vaterschaftsanfechtung durch den mutmaßlichen leiblichen Vater setzt voraus, dass zwischen dem Kind und dem rechtlichen Vater keine sozial-familiäre Beziehung i.S.v. § 1600 II BGB besteht (vgl. § 31 Rn. 30).

Zu 9:   Entfällt infolge eines Vaterschaftsanfechtungsverfahrens die Vaterschaft eines Mannes mit Rückwirkung, so steht auch fest, dass dieser „Scheinvater" in der Vergangenheit nicht zu Unterhaltsleistungen an das Kind verpflichtet war. Hat der Scheinvater jedoch in der Vergangenheit Unterhaltsleistungen erbracht, mag er daran interessiert sein, diese gem. § 1607 III 2 BGB vom leiblichen Vater erstattet zu bekommen. Das nennt man Scheinvaterregress (vgl. § 31 Rn. 48).

Zu 10: § 1598a BGB gibt den dort Benannten einen Anspruch auf Mitwirkung bei einer privaten Abstammungsuntersuchung bzw. einem Vaterschaftstest. Im Gegensatz zu einem heimlich eingeholten Vaterschaftstest können die so erlangten Untersuchungsergebnisse verwendet werden, um einen Antrag auf Vaterschaftsanfechtung schlüssig zu machen (vgl. § 31 Rn. 26, 55).

Zu 11: Die elterliche Sorge umfasst die Teilbereiche Personensorge und Vermögenssorge. Die elterliche Sorge kann einem Elternteil alleine (Alleinsorge) oder beiden Elternteilen gemeinsam (gemeinsame Sorge) zustehen (vgl. § 32 Rn. 2 f.).

Zu 12: Nein. Zwar setzt die elterliche Sorge zwangsläufig die rechtliche Elternschaft voraus, sie ist aber nicht ihre automatische Folge. Der nicht mit der Mutter verheiratete Vater kann die gemeinsame Sorge nur erlangen, wenn Sorgeerklärungen abgeben werden oder die gemeinsame Sorge durch gerichtliche Entscheidung angeordnet wird (vgl. § 32 Rn. 5).

Zu 13: Die elterliche Sorge eines Elternteils ruht bei Geschäftsunfähigkeit des Elternteils (§ 1673 I BGB), bei beschränkter Geschäftsfähigkeit des Elternteils (§ 1673 II BGB), bei Unmöglichkeit der Ausübung der Sorge auf längere Zeit (§ 1674 BGB), bei vertraulicher Geburt (§ 1674a BGB) sowie im Fall des § 1751 I 1 BGB (vgl. § 32 Rn. 29).

Zu 14: Die §§ 1666 ff. BGB sind vom Grundsatz der Verhältnismäßigkeit geprägt. Danach darf in die elterliche Sorge nur insoweit eingegriffen werden, als dies im konkreten Fall wirklich zum Schutz des Kindes erforderlich ist (vgl. § 32 Rn. 30).

Zu 15: Die Antwort hängt davon ab, ob die Teilnahme des K am Schulorchester für K eine Angelegenheit von erheblicher Bedeutung i.S.v. § 1687 I 1 BGB ist. Zwar ist die Wahl einer Schule eine solche Angelegenheit, regelmäßig aber nicht die Entscheidung über die Belegung von Wahlfächern oder Arbeitsgemeinschaften. Insoweit handelt es sich um Angelegenheiten des täglichen Lebens, über die die Mutter allein entscheiden darf, § 1687 I 2, 3 BGB. Anders würde es allenfalls liegen, wenn eine Überforderung des K zu befürchten wäre oder es sich bei K um einen außergewöhnlich begabten Musiker handelt, so dass genau über seine musikalische Ausbildung nachgedacht werden müsste (vgl. § 33 Rn. 8).

Zu 16: Der nur leibliche Vater hat als enge Bezugsperson des Kindes nach § 1685 II BGB oder unter den Voraussetzungen des § 1686a BGB ein Recht auf Umgang mit dem Kind (vgl. § 34 Rn. 18).

Zu 17: Ein Unterhaltsanspruch aus § 1601 BGB setzt voraus: Verwandtschaft in gerader Linie (§ 1589 S. 1 BGB), Bedürftigkeit des Unterhaltsberechtigten (§ 1602 BGB), Leistungsfähigkeit des Unterhaltspflichtigen (§ 1603 BGB) und das Fehlen von Einwendungen/Einreden. Die Höhe des Unterhalts, der sog. Unterhaltsbedarf, bemisst sich nach § 1610 BGB (vgl. § 35 Rn. 2 ff.).

Zu 18: Eltern können ihren Kindern Unterhalt in Form von Barunterhalt oder Naturalunterhalt bzw. Betreuungsunterhalt gewähren (vgl. § 35 Rn. 12).

Zu 19: Grundsätzlich müssen Eltern nur eine angemessene Berufsausbildung des Kindes finanzieren. Beginnt ein Kind nach einer Berufsausbildung ein Studium, so ist nach der Rechtsprechung auch während des Studiums Unterhalt zu leisten, wenn dieses in einem fachlichen Zusammenhang zur Ausbildung steht. Ausbildung und Studium werden insoweit als eine einheitliche Berufsausbildung angesehen (vgl. § 35 Rn. 24 f.).

Zu 20: Grundvoraussetzung einer Adoption ist die Kindeswohldienlichkeit (§ 1741 I 1 BGB) (vgl. § 36 Rn. 4).

Zu 21: Die Adoption eines Minderjährigen ist eine so genannte „Volladoption". Die Adoption führt dazu, dass das adoptierte Kind rechtlich einem leiblichen Kind gleichgestellt wird. Im Einzelnen bedeutet dies, dass die bisherigen Verwandtschaftsverhältnisse erlöschen (Ausnahme bei Stiefkindadoption und Adoption im Verwandtenkreis), das Kind den Familiennamen des Annehmenden als Geburtsnamen erhält und unter Umständen die deutsche Staatsangehörigkeit erwirbt (vgl. § 36 Rn. 15).

Kapitel 8:

Zu 1:   Wesentlicher Unterschied zwischen Vormundschaft und Betreuung ist, dass die Vormundschaft nur für Minderjährige und die Betreuung nur für Volljährige in Frage kommt. Ein Volljähriger wird heute nicht mehr entmündigt, sondern unter Betreuung gestellt (vgl. § 38 Rn. 1).

Zu 2:   Eine Vormundschaft tritt vollständig an die Stelle der elterlichen Sorge. Eine Pflegschaft hingegen ersetzt immer nur einen Teilbereich der elterlichen Sorge, z.B. die Vermögenssorge oder einen Teil davon. Darüber hinaus ist es auch möglich, dass bei einer bestehenden Vormundschaft ein Ergänzungspfleger bestellt wird (vgl. § 39 Rn. 3).

Zu 3:   Die Voraussetzungen der Betreuerbestellung sind: Volljährigkeit des zu Betreuenden (§ 1896 I 1 BGB), Krankheit oder Behinderung des zu Betreuenden (§ 1896 I 1 BGB), Erforderlichkeit der Betreuung (§ 1896 II BGB), Antrag auf Bestellung eines Betreuers (§ 1896 I 1 BGB), hilfsweise Bestellung von Amts wegen (vgl. § 40 Rn. 2).

Zu 4:   Ja. Zwar ist der Betreuer gesetzlicher Vertreter des Betreuten. Grundsätzlich beeinflusst die Betreuerbestellung die Geschäftsfähigkeit des Betreuten jedoch nicht (vgl. § 40 Rn. 10).

Zu 5:   Zur Abwendung einer erheblichen Gefahr für die Person oder das Vermögen eines (geschäftsfähigen) Betreuten kann das Betreuungsgericht von Amts wegen anordnen, dass der Betreute zu Willenserklärungen, die den Aufgabenkreis des Betreuers betreffen, dessen Einwilligung bedarf (Einwilligungsvorbehalt, § 1903 I 1 BGB) (vgl. § 40 Rn. 13).

Sachverzeichnis

Die **fett** gesetzten Zahlen verweisen auf die Paragraphen dieses Buches,
die mageren auf deren Randnummern.